Using SPSS Statistical Data Analysis

SPSS를 이용한 통계자료분석

이기훈 지음

자유아카데미

무슨 책인지 궁금하신 분들께

실증적인 데이터 분석이 모든 주장의 기초가 되고 마땅한 백데이터 없이 무슨 주장이라도 할라치면 과학적 사고나 합리적인 마인드가 부족한 미개인으로 취급받기 쉬운 시대에 우리는 살고 있다. 자신의 경험이나 통찰력보다는 주변사람들에게 얻은 허술한 설문결과를 더 믿는 시대가 되었지만 그보다 더 큰 문제는 그러한 자료조차 제대로 분석할 수 없는 부족한 분석능력과 이에 수반하는 분석 오류가 아닌가 싶다.

데이터를 분석하고자 하는 연구자들의 어려움은 적당한 책을 찾는 일에서부터 시작한다. 많은 통계자료분석 서적이 전공자를 위주로 쓰여 있다 보니 어렵고 체계도 비슷하여 일반 독자가 접근하기가 쉽지 않다. 물론 그것이 잘못되었다는 의미는 아니다. 이론적 체계를 쌓아서 분석을 원리부터 근본적으로 이해하는 것이 맞지만 일반 독자들은 그 많은 내용을 다 볼 여유도 없고 준비도 부족한 것이 문제이다.

분석방법을 사용법 위주로 설명한 매뉴얼 형식의 서적을 찾더라도 여전히 해결해야 할 문제는 남는다. 알고 싶은 내용을 데이터로부터 도출해내기 위해 어떤 분석을 적용해야 하는지 알기 어렵다는 것이다. 또한 원리에 대한 이해가 부족하여 책에 나온 예제와 약간이라도 다른 경우에는 어떻게 분석해야 할지 난감해지곤 한다.

그래서 본 책에서는 자료의 척도나 형태 등을 먼저 파악하고 그때 적용할 수 있는 분석방법을 이론과 함께 소개하는 형식을 따랐다. 분석방법에 대한 설명이 다른 교재와 많이 다른 것은 아니지만 자료와 가설에 따라 분석방법을 소개하고 개념을 강조한 점이 본서가 다른 자료분석 교재와 가장 큰 차이점이라 본다. 분석목적에 따라 분류한 각 챕터 앞장에 간략하게 소개되어 있는 분석법의 특징을 독자들이 반드시 참고해서 최소한 명목변수의 평균을 구하는 오류는 범하지 말기를 바라는 심정이다.

본 책에는 기초적인 통계분석인 빈도분석, 기술통계, 교차분석, 평균비교, 상관분석 등의 방법과 중급 통계분석 수준인 회귀분석, 판별분석, 요인분석, 군집분석 등을 포함하고 있다. 추가적으로 지난 20년간 주변의 동료교수들의 질문을 해결해주면서 필요하다고 생각되는 분석법(로그선형분석, 로지스틱분석, CFA, GLM, LLM, 컨조인트분석 등)을 모두 포함하다보니 수준이 높은 분야도 포함되어 있는 것이 사실이다. 본서를 자료분석 교재로 사용하는 독자들을 위해서 난이도가 높은 장이나 절은 "**"을 표시하여 생략(skip)할 수 있도록 하였다.

본 책을 통해 어려운 자료분석을 해결하고 자료분석에 자신감을 갖게 되는 독자가 많아지길 소망해 본다.

2014년 2월

저자

본 책에 나와 있는 예제파일은 자유아카데미
홈페이지(http://www.freeaca.com/)와 필자의
홈페이지(http://webbuilder.jj.ac.kr/user/khlee)에서
내려받을 수 있습니다.

차 례

Part Ⅲ. 데이터 수집

Part Ⅳ. 기초적 데이터 분석

Part Ⅴ. 변수 간의 관계 분석

Part Ⅰ. 확률과 확률분포

1. 확률
2. 모집단의 확률분포
3. 표본의 확률분포

Part Ⅰ. 확률과 확률분포를 공부하기 전에

□ 확률과 확률분포에 대하여 알아야 하는 이유

- 확률은 의사결정의 기초이다.
- 그러므로 확률의 계산은 의사결정을 위한 기초작업과 같다.
- 그러나 확률계산은 주머니에서 공을 뽑는 경우와 같이 단순하게 행해지지 않는다.
- 우리가 관심을 갖는 사건의 실현값은 어떤 규칙성을 갖게 되는데 이 패턴의 형태를 확률분포라 한다.
- 확률분포의 특성을 알면 확률의 계산이 용이하다.

□ 확률과 확률분포에 대하여 알아야 할 내용

- 확률의 개념과 성질, 기초적인 연산법칙
- 관심을 갖는 자료의 실현값인 확률변수의 개념
- 확률변수의 분포인 확률분포(모집단의 확률분포)
  - ▸정규분포, 일양분포, 지수분포, 감마분포 등의 연속형 분포
  - ▸이항분포, 포아송분포, 음이항분포 등의 이산형 분포
- 모집단으로 얻은 표본들을 원하는 값(모수)을 추측하기 위해 계산한 형태(함수)인 표본통계량
- 표본통계량의 분포인 표본 확률분포
  - ▸정규분포, t-분포, F 분포, χ^2 분포 등
- 표본평균의 근사법칙, 중심극한정리(Central Limit Theorem)

□ 확률과 확률분포의 사용 예

- 성인남성 중에 신장이 180㎝ 이상인 사람들의 비율
  ☞ 모집단분포(예. 정규분포) 이용해서 확률 계산
- 성인남성표본 100명의 평균이 실제평균과 5㎝ 이상 차이 날 확률
  ☞ 표본분포(예. t-분포) 이용해서 확률 계산

1장. 확률

1.1 확률의 개념

확률의 개요

확률(Probability)은 어떤 사건(event, 사상)이 일어날 가능성을 수리적으로 표현한 것이다. 어떤 사상 A가 일어날 확률을 $\Pr(A)$로 표시하며 이 값의 범위는 0에서 1까지이다.

어떠한 사건의 확률값이 크면 그러한 사건이 일어날 가능성(possibility)이 크고, 값이 작으면 가능성이 적다고 판단하게 된다. 간단한 예로 사건 A의 확률이 0이면 사건 A는 절대 일어나지 않으며 사건 B의 확률이 1이면 사건 B는 반드시 발생한다는 것이다. 사건 C의 확률이 0.5라면 사건 C는 50:50의 가능성으로 발생하다는 의미이다.

확률은 통계적 자료분석에서 의사결정의 기초가 되는데, 우리는 자료로부터 유의확률, 신뢰도 등의 확률을 계산하여 자료로부터 합리적이고 과학적인 추론을 하려고 한다. 단순한 예를 들면 비 올 확률이 높으면 외출할 때 우산을 준비하는 의사결정을 내리는 것과 같다.

확률의 개념 1

확률의 기본적인 개념은 경우의 수(number of cases) 개념으로부터 시작된다. 즉, 전체 경우의 수에서 사건이 발생한 경우의 수의 비율로 계산한다.

예를 들어 동전을 던져 앞면이 나올 확률은 누구나 알듯이 1/2인데, 이는 앞면과 뒷면 두 가지 경우 중에 한 가지 경우이기 때문에 이와 같이 계산하는 것이다. 또 다른 예로 주사위를 던져 1의 눈이 나올 확률 1/6, 홀수가 나올 확률 3/6 등도 경우의 수 개념으로 구한 확률이다. 즉, 경우의 수에 의한 확률의 정의는 다음과 같다.

$$\text{'경우의 수 개념'에 의한 사건 A의 확률} = \frac{\text{사건 A 경우의 수}}{\text{전체경우의 수}}$$

그러나 이러한 경우의 수에 의한 확률계산은 각 경우가 나올 가능성이 모두 같은 경우에만 적용할 수 있는 제한적인 방법이기 때문에 실제 우리가 사용하는 확률을 모두 이러한 방법으로 구할 수는 없다.

확률의 개념 2

직관적으로 가장 많이 사용되는 확률계산의 개념이 상대도수(relative frequency) 개념이다. 이는 전체 시행횟수에서 사건의 발생횟수의 비율로 계산한다.

예를 들어 어떤 생산라인에서 불량품이 발생할 확률, 교통사고가 발생할 확률, 특정한 날 날씨가 맑을 확률 등이 상대도수에 의해 구할 수 있는 확률이다.

$$\text{'상대도수 개념'에 의한 사건 A의 확률} = \frac{\text{사건 A 발생횟수}}{\text{전체시행횟수}}$$

그런데 어떤 사건에 대한 사전 정보가 없거나 과거에 존재하지 않았던 사건인 경우에는 상대도수에 의한 추론이 불가능하기 때문에 순전히 의사결정자가 개인의 경험이나 직관에 의존할 수밖에 없다. 예를 들어 최초의 화성탐사선이 무사히 화성에 착륙할 확률, 어떤 신제품이 시장에서 성공할 확률 등이다. 이러한 주관적(subjective) 확률도 확률의 범주에 포함시킬 수 있듯이 확률은 여러 가지 방법으로 정의하고 유도할 수 있는 여러 형태의 확률이 존재한다.

확률의 공리(axiom)적 정의

확률은 다음과 같은 성질을 만족해야 한다.

① 임의의 사상 A에 대하여 $0 \le \Pr(A) \le 1$, 즉 0과 1 사이의 값이다.

② 표본공간(전체집합: sample space)의 확률 $\Pr(S)=1$, 즉 확률의 최댓값은 1이고 전체집합일 때이다.

③ 동시에 나타나지 않는 사상, 즉 서로 배반인(exclusive) 사상[1)]들의 합집합의 확률은 각 사상들의 확률의 합으로 표시된다. 즉, $A_i \cap A_j = \phi$, $i \neq j$(공집합)이면 $\Pr(A_i \cup A_j) = \Pr(A_i) + \Pr(A_j)$.

확률에 대하여 수리적이고 명확한 정의를 내릴 수는 없지만 확률이라 명할 수 있으려면 최소한 위와 같은 성질을 만족해야 한다고 규정한 것이 확률의 공리적 정의이다.

1.2 확률의 성질

확률의 일반 연산 규칙

확률공리를 이용해 확률의 몇 가지 일반적인 성질들을 유도할 수 있다.

① $\Pr(A \cup B) = \Pr(A) + \Pr(B) - \Pr(A \cap B)$.

② $\overline{A}$(또는 A^c)는 A의 여집합일 때, $\Pr(\overline{A}) = 1 - \Pr(A)$.

③ A와 B가 서로 배반일 때, $\Pr(A \cap B) = \Pr(\phi) = 0$.

예를 들어 주사위를 던질 때 A는 짝수가 나오는 사건, B는 3의 배수가 나오는 사건이라면 A와 B의 합집합의 사건은 $\Pr(A)+\Pr(B)-\Pr(A \cap B) = \Pr([2,4,6]) + \Pr([3,6]) - \Pr([6]) = 1/2 + 1/3 - 1/6 = 2/3$이 된다. 또한 홀

---

1) **배반사건**(exclusive events): 동시에 일어나지 않는 사건, 예를 들어 2020년 올림픽에서 대한민국이 축구에서 우승과 준우승을 동시에 차지 할 수 없다.
독립사건(independent events): 서로에게 영향을 주지 않는 사건, 예를 들어 2020년 올림픽에 대한민국이 축구에서 우승, 야구에서 준우승을 하는 사건은 서로가 독립이다.

수가 나올 사건은 $\Pr(\overline{A}) = 1 - \Pr(A) = 1 - \Pr([2,4,6]) = 1 - 1/2 = 1/2$. 그리고 A와 $\overline{A}$가 서로 배반이므로 $\Pr(A \cap \overline{A}) = \Pr(\phi) = 0$ 이고 결과적으로 $\Pr(A \cup \overline{A}) = \Pr(A) + \Pr(\overline{A}) = 1 = \Pr(S)$ 가 성립한다.

조건부 확률의 정의

어떤 사건이 발생했다는 조건하에서 다른 사건이 발생할 확률을 조건부 확률(conditional probability)이라 한다. 즉 사상 B가 일어났다는 조건하에서 사상 A가 일어날 조건부확률은 다음과 같다.

$$\Pr(A|B) = \frac{\Pr(A \cap B)}{\Pr(B)}, \text{ 단 } \Pr(B) > 0 .$$

$\Pr(A|B)$는 "probability(또는 p) of A given B"라고 읽는다.

조건부 확률의 계산은 정의로 되어있지만 직관적으로 이해할 수 있다. 다음 그림에서와 같이 B가 발생했다는 조건은 B를 표본공간(전체)으로 간주하게 한다. 그런 조건하에서 A가 발생하는 경우는 $A \cap B$ 사상밖에 없으므로 위의 정의를 직관적으로 이해할 수 있다.

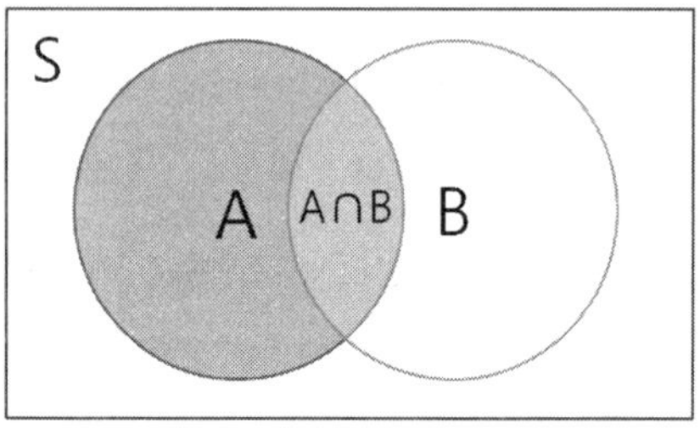

확률의 곱

사건 A와 B가 동시에 발생하는 교집합 $A \cap B$의 확률을 다음과 같이 표시할 수 있다.

$$\Pr(A \cap B) = \Pr(A)\Pr(B|A)$$

$$\text{또는 } \Pr(A \cap B) = \Pr(B)\Pr(A|B)$$

즉 A와 B가 동시에 발생하는 확률은 A가 일어날 확률 곱하기 A가 발생했다는 조건하에서 B가 일어날 확률로 이루어진다. 또한 이를 세 사상의 곱으로 확장하면

$$\Pr(A\cap B\cap C) = \Pr(A)\Pr(B|A)\Pr(C|A\cap B)$$

또는 $$\Pr(A\cap B\cap C) = \Pr(B)\Pr(C|B)\Pr(A|B\cap C)$$

또는 $$\Pr(A\cap B\cap C) = \Pr(C)\Pr(A|C)\Pr(B|A\cap C)$$

4개 이상 사상의 교집합의 확률도 이와 유사한 방법을 확장할 수 있다.

사상의 독립 (independent)

사건 A와 B가 서로 독립이라면 교집합 $A\cap B$의 확률을 다음과 같이 정의할 수 있다.

$$\Pr(A\cap B)=\Pr(A)\Pr(B)$$

A와 B가 서로 독립이라는 것은, A가 발생했다는 조건이 B가 발생하는데 영향을 주지 못한다는 것이다. 그러므로 $\Pr(B|A)=\Pr(B)$, 마찬가지로 $\Pr(A|B)=\Pr(A)$도 성립한다. 그러므로 확률의 곱 공식에서 다음과 같은 식을 유도할 수 있다.

$$\Pr(A\cap B)=\Pr(A)\Pr(B) \Leftrightarrow A\text{와 } B\text{가 서로 독립}$$

사상의 수가 증가하면 이와 같은 패턴으로 확장할 수 있다. 예를 들어 세 개의 사상이 서로 독립이라면

$$\Pr(A\cap B\cap C) = \Pr(A)\Pr(B)\Pr(C)$$

즉, 어떤 사상이 독립들이면 사상이 모두 일어날 확률은 각 사상이 일어날 확률의 곱과 같다. 예를 들어 2020년 올림픽게임에서 우리나라 야구팀이 우승할 확률이 0.3이고 축구팀이 우승할 확률이 0.2이라면 이 두 사싱은 독립인 것이 자명한 사실이므로 올림픽게임에서 두 종목 모두 우승할 확률은 $0.3\times0.2=0.06$이다.

베이스 정리 (Bayes Theorem)

표본공간이 $S = A_1 \cup A_2 \cup \cdots \cup A_n$($A_i$들은 서로 배반)와 같이 분할되면 임의의 사상 B는 다음과 같이 표현할 수 있다. 즉,

$$B = (B \cap A_1) \cup (B \cap A_2) \cup \cdots \cup (B \cap A_n)$$

이때 B가 일어났다는 조건하에서 A_k가 발생할 확률은 다음과 같다.

$$\Pr(A_k | B) = \frac{\Pr(A_k \cap B)}{\Pr(B)} = \frac{\Pr(A_k)\Pr(B|A_k)}{\sum_{i=1}^{n}\Pr(A_i)\Pr(B|A_i)}.$$

조건부 확률의 확장인 베이스정리는 사전정보(prior information)가 있는 상태에서 어떤 확률이 교정되는 과정을 보여준다. 예를 들어 아무런 정보가 없는 상태에서 어떤 기업이 분식회계를 했을 확률(사전확률)과 부실한 재무구조 또는 경영시스템(사전정보) 하에서 분식회계를 했을 확률(사후확률)은 다를 것이다. 이렇게 사전정보를 이용해 정확한 의사결정이 가능하도록 기초를 이룬 것이 베이스 정리이다.

통계학이 발달하던 초기에는 사전확률에 의하여 이론이 형성되었고 그 뒤로 좀 더 복잡한 사후확률에 의한 이론이 만들어졌는데 이러한 이론에 의거하여 통계적 의사결정을 하려고 했던 학자들을 베이지안 통계학자라 칭하였다. SPSS에서 제공하는 베이지안 방법들은 사전 정보를 최대한 활용하는 분석법이라 이해하면 된다.

언뜻 보면 베이스 정리는 매우 복잡한 공식인 것 같지만 조건부 확률을 이용하면 쉽게 유도할 수 있는 간단한 정리이다. 예를 들어 한 환자가 어떤 질병(disease)에 걸려있다(D)는 사상과 그 질병에 걸려 있지 않다($\overline{D}$)는 사상의 확률을 구하고자 한다고 가정하자. 진찰 전에 알 수 있는 것은 일반인들이 그 질병에 걸려 있을 확률 정도, 즉 사전확률 $\Pr(D)$만을 알 수 있다. 진찰 뒤에 그 질병에 흔히 나타나는 증상(symptoms)을

그 환자가 가졌는지(S) 안 가졌는지($\overline{S}$)에 따라 질병에 걸려 있을 확률이 다를 것이다. 수식으로 그 환자가 그 증상(prior information)을 보일 때 질병에 걸려 있을 확률, 즉 사후 확률 $\Pr(D|S)$은 다음과 같이 표시할 수 있다.

$$\Pr(D|S) = \frac{\Pr(D \cap S)}{\Pr(S)}.$$

이 식을 주어진 확률 등을 이용하여 풀기위해 약간씩 변형하는데 다음과 같은 사실을 이용한다. 증상이 나타나는 경우(S)는 질병에 걸려 있고 나타나는 경우 ($D \cap S$)와 질병에 걸려 있지 않고 나타나는 경우($\overline{D} \cap S$)로 나눌 수 있다. 즉, $S = (D \cap S) \cup (\overline{D} \cap S)$. 그리고 $\Pr(S|D)$, $\Pr(S|\overline{D})$ 등의 경험적 확률은 알고 있다고 가정한다. 그러므로 윗 식은 다음과 같이 변한다.

$$\Pr(D|S) = \frac{\Pr(D \cap S)}{\Pr(D \cap S) + \Pr(\overline{D} \cap S)}$$

$$= \frac{\Pr(D)\Pr(S|D)}{\Pr(D)\Pr(S|D) + \Pr(\overline{D})\Pr(S|\overline{D})}.$$

【예제 1.1】 일반인이 마약을 복용했을 확률은 대략 0.1이라 한다. 복용여부를 조사하기 위한 마약검사의 결과는 양성(+: 복용 판정)과 음성(−: 비복용 판정)의 두 가지인데, 마약복용을 한 사람이 조사 결과 양성이 나올 확률은 0.9이고 미 복용한 사람이 양성반응이 나올 확률은 0.05이다. 어떤 사람이 검사결과 양성이 나왔다면 이 사람이 실제로 마약을 복용했을 확률은? 또한 음성반응이 나온 사람이 마약을 복용하지 않았을 확률은?

<풀이>

D를 마약을 복용한 사상이라고 하고 $\overline{D}$를 복용하지 않은 사상이라 하자. 검사 전에 일반인의 복용여부에 대한 사전확률은 다음과 같다.

$$\Pr(D) = 0.1,\ \Pr(\overline{D}) = 0.9$$

또한 검사의 정확도에 대한 경험적 확률은 다음과 같다.

$$\Pr(+|D) = 0.9 \Rightarrow \Pr(-|D) = 0.1,$$
$$\Pr(+|\overline{D}) = 0.05 \Rightarrow \Pr(-|\overline{D}) = 0.95.$$

검사결과 양성일 때 마약을 복용했을 확률은

$$\Pr(D|+) = \frac{\Pr(D\cap +)}{\Pr(+)} = \frac{\Pr(D\cap +)}{\Pr(D\cap +)+\Pr(\overline{D}\cap +)}$$
$$= \frac{\Pr(D)\Pr(+|D)}{\Pr(D)\Pr(+|D)+\Pr(\overline{D})\Pr(+|\overline{D})}$$
$$= \frac{0.1\times 0.9}{0.1\times 0.9+0.9\times 0.05} = \frac{2}{3}.$$

검사결과가 음성일 때 마약을 복용하지 않았을 확률은

$$\Pr(\overline{D}|-) = \frac{\Pr(\overline{D}\cap -)}{\Pr(-)} = \frac{\Pr(\overline{D}\cap -)}{\Pr(D\cap -)+\Pr(\overline{D}\cap -)}$$
$$= \frac{\Pr(\overline{D})\Pr(-|\overline{D})}{\Pr(D)\Pr(-|D)+\Pr(\overline{D})\Pr(-|\overline{D})}$$
$$= \frac{0.9\times 0.95}{0.1\times 0.1+0.9\times 0.95} = \frac{171}{173}.$$

■

1.3 확률변수(random variable)

확률변수의 개요

확률변수(random variable)는 표본공간 내의 사상(event)들을 실수(real number)로 변환시킨 함수를 의미한다. 간단하게 설명하면 사상들을 수치적인 표현으로 바꾼 것이 확률변수이다.

예를 들어 동전을 두 번 던지는 실험에서 앞면의 수를 확률변수 X라 정의하면 표본공간은 S={(T,T), (T,H), (H,T), (H,H)} (H=Head(앞면), T=Tail(뒷면))이고 이들 각 사상을 X(T,T)=0, X(T,H)=1, X(H,T)=1, X(H,H)=2 등으로 바꾸는 함수 X를 확률변수라 한다. 확률변수 X(·)는 함수로 정의되지만 일반적으로 축약해서 숫자처럼 X로 표시한다.

확률함수의 개요

확률변수는 취하는 범위와 각 범위에서 출현할 확률(확률함수)을 갖게 된다. 확률변수가 이산형(discrete)일 때 x에서의 확률값은 확률함수(probability function)라 정의하고 $p(x)=\Pr(X=x)$로 표시한다. 연속형(continuous)일 때는 x에서의 확률값을 확률밀도함수(probability density function: pdf)라 정의하고 $f(x)$로 표시한다.

확률변수 X는 변수가 취하는 값($X=x$)의 범위에 따라 이산형(discrete)과 연속형(continuous)의 두 가지로 나눈다. x의 범위가 앞의 예($x=0,1,2$)처럼 분리된 값을 갖는 경우를 이산형, x의 범위가 연속적인 구간(예. 신장, 시간 등)으로 표시되는 경우를 연속형이라 한다.

예를 들어 동전을 세 번 던지는 실험에서 앞면의 수를 X라 하면 확률변수 X의 범위는 0,1,2,3이 되어 X는 이산형 확률변수라 하고 확률함수는 각 값에서 각각 다음과 같이 계산된다.

x	0	1	2	3
$\Pr(X=x)$	1/8	3/8	3/8	1/8

<표 1.1> 동전을 세 번 던져 앞면의 수 X의 확률분포표

이산형 확률함수의 성질

확률변수 X가 이산형일 때 x에서의 확률값인 $p(x)=\Pr(X=x)$, 즉 확률함수는 다음과 같은 성질을 갖는다.

① $p(x) \geq 0, \forall x$ ⇨ 확률이므로 0 이상의 값

② $\Sigma_x f(x)=1$ ⇨ 확률이므로 모든 구간의 확률값을 더하면 1

③ $\Pr(a \leq X \leq b)=\sum_{x=a}^{b} p(x)$ ⇨ 구간의 확률은 범위 내 확률합

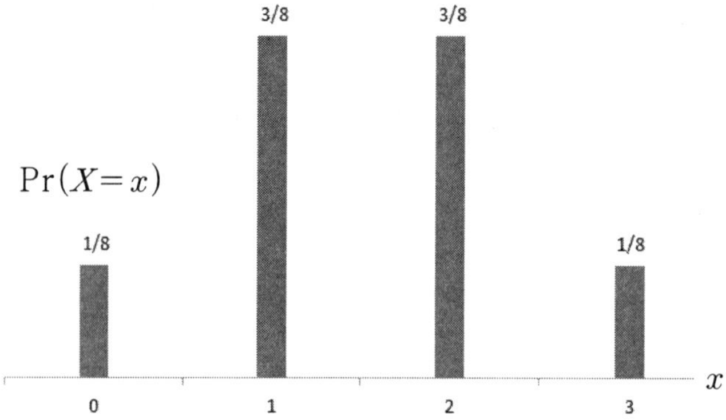

<그림 1.1> 이산형 확률변수 X의 확률함수

이산형 누적(확률)분포함수

확률변수 X의 누적분포함수(cumulative distribution function, cdf)는 $F(x)$라 하며, 이산형인 경우 다음과 같이 정의한다.

$$F(x)=\Pr(X \leq x)=\sum^{x} p(x).$$

앞의 예에서 누적분포함수는 다음과 같이 구한다.

$F(0) = \Pr(X=0) = 1/8,$

$F(1) = \Pr(X=0) + \Pr(X=1) = 4/8,$

$F(2) = \Pr(X=0) + \Pr(X=1) + \Pr(X=2) = 7/8,$

$F(3) = \Pr(X=0) + \Pr(X=1) + \Pr(X=2) + \Pr(X=3) = 1.$

이를 그림으로 그리면 다음과 같다. x의 최소범위보다 작은 범위에서 분포함수 값은 $F(x)=0$이고, 범위를 넘으면 $F(x)=1$이 된다. 즉, 최솟값이 0, 최댓값이 1이다.

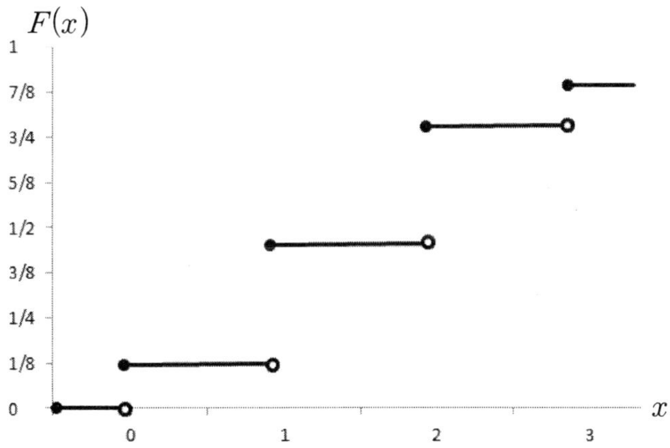

<그림 1.2> 이산형 확률변수 X의 분포함수

연속형 확률밀도함수의 성질

확률변수 X가 연속형일 때 확률밀도함수(pdf) $f(x)$는 다음과 같은 성질을 갖는다.

ⓐ $f(x) \geq 0, \forall x$ ⇨ 확률이므로 0 이상의 값

ⓑ $\int_{-\infty}^{\infty} f(x) = 1$ ⇨ 확률이므로 모든 구간의 확률값을 누적하면 1

ⓒ $\Pr(a \leq X \leq b) = \int_a^b f(x)dx$ ⇨ 구간의 확률은 범위의 적분값

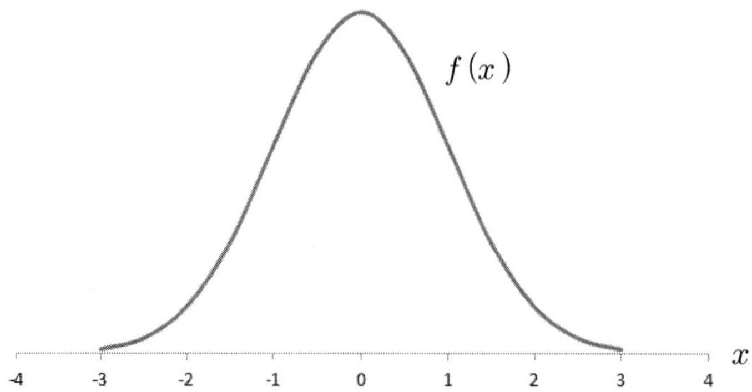

<그림 1.3> 연속형 확률변수 X의 확률함수

수학적으로 엄격히 말하면 X가 연속형일 때 한 점 x에서의 확률값은 0 이므로(∵ 한 점에서 적분값은 0) 확률밀도함수 $f(x)$는 x에서의 확률값이라기보다는 x의 확률함수라고 표현하는 것이 맞다.

연속형 누적(확률)분포함수

확률변수 X의 누적분포함수(cumulative distribution function, cdf)는 $F(x)$라 하며, 연속형인 경우 다음과 같이 정의한다.

$$F(x) = \Pr(X \le x) = \int_{-\infty}^{x} f(t)\,dt\,, \text{ 단 } F'(x) = \frac{dF(x)}{dx} = f(x).$$

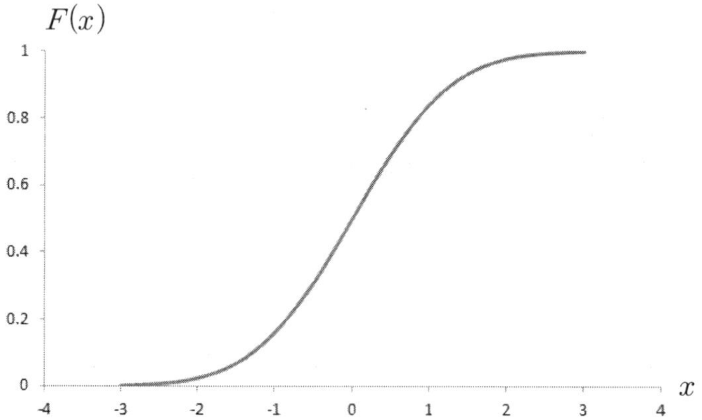

<그림 1.4> 연속형 확률변수 X의 분포함수

확률변수의 평균(기댓값)

확률변수는 정해진 범위 내에서 확률에 따라 여러 값을 가질 수 있는데, 이 값들의 평균(mean)을 기댓값(expectation)이라 부르며 다음과 같이 정의된다.

$$X\text{의 기댓값(평균)}: E(X)=\mu=\begin{cases}\sum xp(x), & x\text{는 이산형}\\ \int xf(x)dx, & x\text{는 연속형}\end{cases}$$

예를 들어 동전을 세 번 던지는 실험에서 앞면의 수, X의 기댓값, 즉 평균은 다음과 같다.

$$E(X)=\sum xp(x)=0\times\frac{1}{8}+1\times\frac{3}{8}+2\times\frac{3}{8}+3\times\frac{1}{8}=1.5.$$

확률변수의 분산

확률변수 X의 분산(variance)은 평균과의 거리제곱의 기댓값으로 표현된다. 분산은 확률변수값들이 평균을 중심으로 얼마나 넓게 산포(dispersion)하고 있는가를 측정한다.

$$X\text{의 분산}: Var(X)=\sigma^2=E(X-\mu)^2=\begin{cases}\sum(x-\mu)^2f(x), & \text{이산형}\\ \int(x-\mu)^2f(x)dx, & \text{연속형}\end{cases}$$

예를 들어 동전을 세 번 던지는 실험에서 앞면의 수, X의 분산은 다음과 같다.

$$\begin{aligned}Var(X)&=\sum(x-\mu)^2p(x)\\&=(0-1.5)^2\times\frac{1}{8}+(1-1.5)^2\times\frac{3}{8}+(2-1.5)^2\times\frac{3}{8}+(3-1.5)^2\times\frac{1}{8}\\&=0.75.\end{aligned}$$

여기서 앞의 식은 계산상의 편의를 위하여 다음과 같이 표현할 수 있다.

$$E(X-\mu)^2 = E(X^2) - 2\mu E(X) + \mu^2 = E(X^2) - E(X)^2$$

【참고】 모평균 : 표본평균, 모분산 : 표본분산

① 표준편차(standard deviation)는 분산의 제곱근이다.

$$Sd(X) = \sqrt{Var(X)} = \sigma$$

② 평균 μ(뮤)는 모집단(母集團)의 평균이므로 모평균이라 부르기도 하며 이는 표본평균 $\overline{X}$ (엑스바)와 구별된다.

③ 분산 σ^2(시그마제곱)은 모집단(population)의 분산이므로 모분산이라 부르기도 하며 이는 표본분산 S^2과 구별된다.

기댓값의 성질

a, b, c 가 상수일 때,

① $E(c) = c$ ⇨ 상수의 기댓값은 상수이다

② $E(aX+b) = aE(X) + b$

③ $Var(c) = 0$ ⇨ 상수의 분산은 0이다

④ $Var(aX+b) = a^2 Var(X)$

[**증명**] X가 이산형이라고 가정하고 증명한다.

① $E(c) = \sum c\,p(x) = c\sum p(x) = c$ ($\because \sum p(x) = 1$)

② $E(aX+b) = \sum(ax+b)p(x) = a\sum x p(x) + b\sum p(x)$

$$= aE(X) + b$$

③ $Var(c) = \sum(c - E(c))^2 p(x) = \sum(c-c)^2 p(x) = 0$

④ $Var(aX+b) = \sum(ax+b-E(aX+b))^2 p(x)$

$$= \sum(ax - aE(X) + b - E(b))^2 p(x)$$

$$= a^2 \sum(x - E(X))^2 p(x) = a^2 Var(X).$$

【예제 1.2】 원래 변수의 평균이 30점이고 편차가 5점인 확률변수 X를 다음과 같은 식으로 표준화하여 Y 값으로 변환시켰다고 하자.

$$Y = \frac{(X-30)}{5} \times 10 + 50.$$

이때, Y 값의 평균과 분산을 구하시오.

<풀이>

$$E(Y) = E\left\{\frac{(X-30)}{5} \times 10 + 50\right\} = 50,$$

$$Var(Y) = Var\left\{\frac{(X-30)}{5} \times 10 + 50\right\} = 4\,Var(X) = 100. \blacksquare$$

【참고】 표준화 점수의 비교

예제에서 원점수의 편차가 5점이었으므로 '평균을 중심으로 세배의 표준편차 안에 값들이 포함된다'는 사실로 원점수의 분포는 (30±3×5) 즉, 15점에서 45점 사이에 분포하였는데 표준점수는 편차가 10점이므로 (분산이 100) 분포는 (50±3×10) 즉, 20점에서 80점 사이에 분포하게 된다.

만약 변수의 평균이 40점이고 편차가 4점인 변수 W가 있어 이를 표준화해 주었다고 하자.

$$Z = \frac{(W-40)}{4} \times 10 + 50.$$

이때 표준화 점수 Z의 평균은 50이고, 분산은 100, 즉 편차가 동일하게 10이다.

$$Var(Z) = Var\left\{\frac{(W-30)}{4} \times 10 + 50\right\} = \frac{10^2}{4^2}\,Var(W) = 100.$$

그러므로 원점수 W의 분포는 대략 (40±3×4)=(28~52)이었지만 표준화 점수 Z의 분포는 (50±3×10)가 되어 예제의 표준화 점수 Y와 동일하게 된다.

2장. 모집단의 확률분포

확률분포의 개요

확률변수가 취하는 범위(x)와 각 값을 취할 확률($f(x)$, $\Pr(X=x)$)을 표시한 것이 확률분포(probability distribution)이다. 대부분의 확률변수는 어떤 특정한 확률분포를 따르게 되므로 확률변수의 특성을 어떤 모수(parameter)를 갖는 확률분포로 표현한다.

예를 들어 확률변수 X가 평균 μ와 분산 σ^2을 갖는 정규분포일 때 $X \sim N(\mu, \sigma^2)$로 표시하고, 확률변수 X가 시행횟수 n과 성공확률 p를 가지는(평균 $\mu = np$, 분산 $\sigma^2 = np(1-p)$) 이항분포라면 $X \sim B(n, p)$로 표시한다. 즉, 각 확률분포에 따라 특성을 지정하는 모수의 종류가 다르다.

모집단(population)은 우리가 관심을 갖는 대상이며 여기서 우리는 표본(sample, data)을 뽑아 모집단에 관해 분석하게 된다. 이러한 모집단은 특정한 분포를 갖게 되는데 여기서는 이러한 모집단의 확률분포에 대하여 설명한다. 확률변수가 이산형, 연속형인 경우로 나누어 자주 사용하는 확률분포의 특성에 대해 정리해본다.

2.1 이산형 확률분포

(1) 이항분포 (Binomial distribution)

베르누이 시행

실험의 결과가 두 가지(성공(S), 실패(F))로 나타나는 시행 또는 실험을 베르누이 시행이라 한다.

베르누이 시행에서 성공할 확률은 $\Pr(S)=p$ 라 정의한다. 그러므로 실패할 확률은 $(1-p)$가 된다. 단, 여기서 성공이라는 것은 관심이 있는 사건이 발생함을 뜻하는 것이지 좋은 의미의 성공을 의미하는 것은 아니다.

이항분포의 개요

실험의 결과가 두 가지(성공, 실패)로 나타나는 시행 또는 실험을 n 번 시행했을 때, 성공한 횟수에 대한 분포이다.

성공확률이 p 인 베르누이 시행을 독립적으로 n 번 시행했을 때, 성공 횟수를 확률변수 X라 하면 이는 모수 n, p 를 갖는 이항분포(Binomial distribution)를 따른다고 하고 다음과 같이 표시한다.

$$X \sim B(n, p).$$

【참고】 베르누이 시행은 한 번 시행한 것($n=1$)이므로 $B(1, p)$를 베르누이 분포(Bernoulli distribution)라 한다.

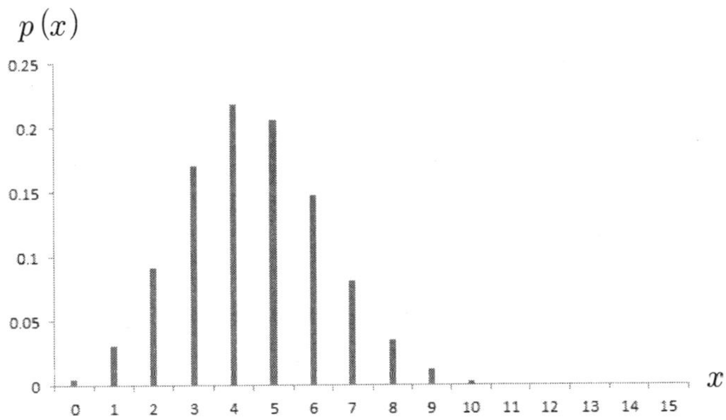

<그림 2.1> 이항 확률변수 $X \sim B(15,0.3)$의 확률함수

이항분포의 확률함수

$X \sim B(n, p)$일 때 확률변수 X의 확률함수는 다음과 같다.

$$\Pr(X=x) = p(x) = {}_nC_x \, p^x (1-p)^{n-x}, \quad x = 0,1,\ldots,n,$$

여기서 ${}_nC_x = \dfrac{{}_nP_x}{x!} = \dfrac{n(n-1)(n-2)\cdots(n-x+1)}{x(x-1)(x-2)\cdots 2 \cdot 1}$

예를 들어 공정한 동전을 세 번 던져서 나온 앞면의 수를 X라 정의하면, 앞면이 나온 사상이 성공이고 성공확률은 0.5이므로 $X \sim B(3, 0.5)$로 표현할 수 있다. 성공과 실패에 대한 모든 경우의 수에 따른 확률을 표로 나타내면 다음과 같이 표시할 수 있다. (H=앞면, T=뒷면)

시행의 결과	확률	성공횟수, x
H H H	p^3	3
H H T	$p^2(1-p)$	2
H T H	$p^2(1-p)$	2
T H H	$p^2(1-p)$	2
H T T	$p(1-p)^2$	1
T H T	$p(1-p)^2$	1
T T H	$p(1-p)^2$	1
T T T	$(1-p)^3$	0
합계	1	

<표 2.1> 앞면의 수 $X \sim B(3, 0.5)$의 각 경우의 학률

표에 의하여 $X \sim B(3, p)$일 때 각 X값을 취할 확률은 다음과 같다.

$$\Pr(X=3) = p^3,$$
$$\Pr(X=2) = 3p^2(1-p),$$
$$\Pr(X=1) = 3p(1-p)^2,$$
$$\Pr(X=0) = (1-p)^3.$$

즉, 성공확률을 성공횟수만큼 곱해 주고 실패확률을 실패횟수만큼 곱해 준 다음에 각 '경우의 수'만큼 앞에 계수를 붙여 주면 된다. '경우의 수'는 n번 시행 중 x번 성공하고 $(n-x)$번 실패하는 경우이므로 ${}_nC_x$개의 경우의 수에서 발생한다. 그래서 이 경우 확률 함수는 다음과 같다.

$$\Pr(X=x) = {}_3C_x\, 0.5^x (1-0.5)^{3-x}, \quad x=0,1,\ldots,3.$$

이항분포의 평균과 분산

> $X \sim B(n, p)$일 때 확률변수 X의 평균과 분산은 다음과 같다.
> $$E(X) = np,$$
> $$Var(X) = np(1-p).$$

[해법 1] 이항분포의 평균과 분산을 유도하는 방법 중에서 확률함수의 전체합은 1이라는 사실을 이용하여 구하겠다.

$$\begin{aligned} E(X) &= \sum_{x=0} x\,p(x) = \sum_{x=0} x \cdot {}_nC_x\, p^x (1-p)^{n-x} \\ &= \sum_{x=0} x \frac{n!(n-x)!}{x!} p^x (1-p)^{n-x} \\ &= \sum_{x=1} n \frac{(n-1)!(n-x)!}{(x-1)!} p \cdot p^{x-1} (1-p)^{n-x} \\ &= np \sum_{x=1} \frac{(n-1)!(n-x)!}{(x-1)!} p^{x-1} (1-p)^{n-x} = np \end{aligned}$$

$$\begin{aligned} E(X(X-1)) &= \sum_{x=0} x(x-1)\,p(x) = \sum_{x=1} x(x-1) \cdot {}_nC_x\, p^x (1-p)^{n-x} \\ &= \sum_{x=1} x(x-1) \frac{n!(n-x)!}{x!} p^x (1-p)^{n-x} \\ &= \sum_{x=2} n(n-1) \frac{(n-2)!(n-x)!}{(x-2)!} p^2 \cdot p^{x-2} (1-p)^{n-x} \\ &= n(n-1)p^2 \sum_{x=2} \frac{(n-1)!(n-x)!}{(x-1)!} p^{x-1} (1-p)^{n-x} \\ &= n(n-1)p^2 \end{aligned}$$

$$\therefore\ E(X^2) = E(X(X-1)) + E(X) = n^2p^2 - np^2 + np,$$

$$Var(X) = E(X^2) - E(X)^2 = np(1-p).$$

[해법 2] 베르누이 시행을 이용하는 평균과 분산을 유도하는 방법을 소개한다. 베르누이 분포를 따르는 변수를 $Y \sim B(1,p)$이라 하면 이의 확률 함수는

$$f(y) = p^y(1-p)^{1-y},\ y=0,1.$$

이때 Y의 평균은

$$E(Y) = \sum_{y=0,1} y \cdot p^y(1-p)^{1-y} = p.$$

그리고 $E(Y^2) = \sum_{y=0,1} y^2 \cdot p^y(1-p)^{1-y} = p$ 이므로 Y의 분산은 다음과 같다.

$$Var(Y) = E(Y^2) - [E(Y)]^2 = p - p^2 = p(1-p)\ .$$

이러한 베르누이 시행을 n 번($Y_1, Y_2, \ldots, Y_n$) 시행한 후 베르누이 변수값을 더한 합을 X라 하면 X는 성공횟수가 되므로 이항분포를 따르게 된다. 즉, $X = Y_1 + Y_2 + \cdots + Y_n \sim B(n,p)$이므로 평균과 분산은 다음과 같다.

$$E(X) = E(\sum Y_i) = \sum E(Y_i) = np,$$
$$Var(X) = Var(\sum Y_i) = \sum Var(Y_i) = np(1-p)\ \ (\because Y_i : \text{독립})$$

【예제 2.1】 이항분포의 평균과 분산의 개념적 이해
동전을 100번 던지면 앞면이 대략 몇 번에서 몇 번까지 나올까? 30번 미만 또는 70번 이상 나오는 경우도 자주 발생할까?

<풀이> 동전을 100번 던지는 시행을 하면 앞면의 수는 이항분포 $B(100, 0.5)$를 따르므로 앞면의 수는 평균 50번 나오고 분산은 100×0.5×0.5=25가 된다. 즉, 표준편차는 5가 된다.

우리가 일반적으로 접하는 정상적인 분포(이항분포, 정규분포 등)에서는 변수의 범위가 (평균±3×표준편차) 구간에 포함되기 때문에(정규분포 참

조) 앞면의 수에 대한 범위를 추론할 수 있다.

즉, 동전을 100번 던지면 그 앞면의 수는 50±3×5=(35~65) 범위에 위치한다는 것이다. 즉 공정한 동전을 100번 던졌을 때 앞면이 65번 이상 나오거나 35번 미만 나오는 경우는 거의 발생하지 않는다.

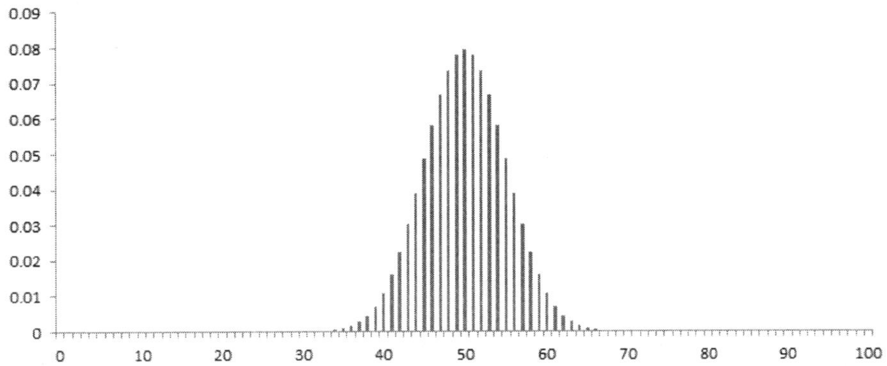

<그림 2.2> 이항변수 $X \sim B(100,0.5)$의 확률함수

(2) **포아송분포** (Poisson distribution)

포아송분포의 개요

> 포아송분포도 이항분포와 마찬가지로 성공한 횟수(또는 발생횟수)에 대한 분포이다.

포아송분포가 이항분포와 다른 점은 성공횟수를 측정할 때 개별적인 시행횟수와 성공확률(n과 p)은 모르지만 (흔히 n이 크고, p가 작을 때) 과거의 통계, 경험 등으로 인해 평균 $np = \lambda$는 알려져 있을 때, 성공횟수에 대한 확률분포로 사용된다는 것이다.

포아송분포는 어떤 단위기간(구간)에 평균 λ회 발생하는 어떤 사건(성공, S)이 일어난 횟수 X의 분포이다. 사건은 단위구간 내에서 발생할 가능성이 구간전체에서 동일하다고 가정한다. 확률분포는 단위시간(거리)의 평균발생횟수 λ가 주어지면 $X \sim P(\lambda)$라고 표기한다.

예를 들어 서울에서 하루에 교통사고에 의해 사망한 사람 수의 분포, $X \sim P(1.2)$, 1시간 동안 A 병원에 들어오는 손님의 수, $X \sim P(4)$, 대학 교재의 100쪽(page)당 발생하는 오자의 수, $X \sim P(10)$ 등이 있다.

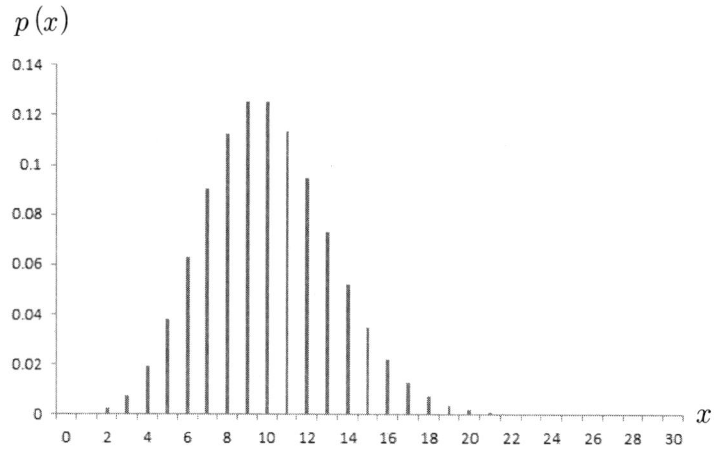

<그림 2.3> 포아송변수 $X \sim P(10)$의 확률함수

포아송분포의 확률함수

$X \sim P(\lambda)$일 때 확률변수 X의 확률함수는 다음과 같다.

$$\Pr(X=x) = p(x) = \frac{e^{-\lambda} \cdot \lambda^{x}}{x!}, \quad x = 0,1,2,\ldots$$

【예제 2.2】 어떤 지역에서 1년간 발생하는 태풍의 횟수가 평균이 3인 포아송분포를 따른다고 하자($X \sim P(3)$). 그 지역에서 한 해에 태풍이 한 번도 발생하지 않을 확률을 구하시오.

<풀이> 그 지역에서 한 해에 태풍이 한 번도 발생하지 않을 확률은 '$X=0$' 일 확률을 구하는 것이므로 발생횟수에 대한 포아송분포 확률함수를 이용하여 구한다.

$$\Pr(X=0) = \frac{e^{-3} \cdot 3^{0}}{0!} = 0.0498. \quad ■$$

포아송분포의 평균과 분산

> $X \sim P(\lambda)$일 때 확률변수 X의 평균과 분산은 다음과 같다.
>
> $$E(X) = \lambda,\ \ Var(X) = \lambda.$$

확률함수의 전체합은 1이라는 사실을 이용하여 포아송분포의 평균과 분산을 유도하면 다음과 같다.

$$E(X) = \sum_{x=0} x\,p(x) = \sum_{x=0} x \cdot \frac{e^{-\lambda} \cdot \lambda^{x}}{x!} = \sum_{x=0} \lambda \cdot \frac{e^{-\lambda} \cdot \lambda^{x-1}}{(x-1)!} = \lambda$$

그리고 $E(X(X-1)) = \lambda^2$ 이므로 $E(X^2) = \lambda^2 + \lambda$이 되어서,

$$Var(X) = E(X^2) - E(X)^2 = \lambda.$$

(3) 음이항분포 (부의 이항분포, Negative Binomial distribution)

음이항분포의 개요

> 음이항분포와 마찬가지로 성공한 횟수에 대한 분포이다. 단지 r번 실패하기 전까지의 성공한 횟수의 분포이다.

음이항분포(Negative Binomial distribution)는 성공확률이 p인 베르누이 시행을 반복 시행할 때 정해진 숫자의 실패횟수(r)가 나타나기 전까지 성공한 횟수에 대한 분포로 $X \sim NB(r, p)$라고 표기한다.

예를 들어 주사위를 던져 6의 눈(실패)이 2번 나올 때까지 6 미만의 수(성공)가 나오는 횟수는 $X \sim NB(2, 5/6)$이다.

음이항분포의 확률함수

> $X \sim NB(r, p)$일 때 확률변수 X의 확률함수는 다음과 같다.
>
> $$\Pr(X = x) = p(x) = {}_{x+r-1}C_x\, p^x (1-p)^r,\ x = 0,1,2,\ldots$$

예를 들어 주사위를 던져 6의 눈이 2번 나올 때까지 6 미만의 수가 나오는 횟수는 $X \sim NB(2, 5/6)$인데 6 미만의 수가 2회 이하로 나올 확률을 구하면 다음과 같다.

$$\begin{aligned} \Pr(X \le 2) &= \Pr(X=0)+\Pr(X=1)+\Pr(X=2) \\ &= {}_1C_0(\frac{5}{6})^0(\frac{1}{6})^2 + {}_2C_1(\frac{5}{6})^1(\frac{1}{6})^2 + {}_3C_2(\frac{5}{6})^2(\frac{1}{6})^2 \\ &= 0.1319. \end{aligned}$$

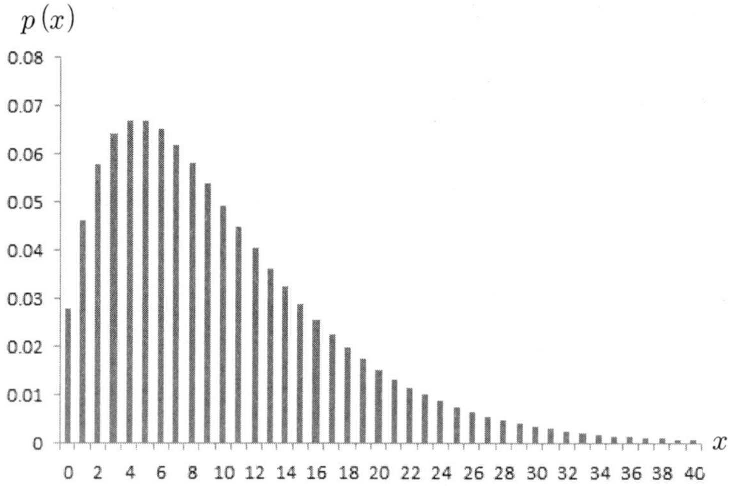

<그림 2.4> 음이항변수 $X \sim NB(2, 5/6)$의 확률함수

음이항분포의 평균과 분산

$X \sim NB(r, p)$일 때 확률변수 X의 평균과 분산은 다음과 같다.

$$E(X) = \frac{pr}{1-p}, \quad Var(X) = \frac{pr}{(1-p)^2}.$$

2.2 연속형 확률분포

(1) 일양분포(균일분포, Uniform Distribution)

일양분포의 개요

확률변수가 주어진 구간 내의 어떤 값을 취할 확률이 모두 균일할 때, 구간 내의 값은 일양분포를 따른다.

확률변수가 범위 내에서의 확률이 모두 동일할 때, 일양분포(Uniform distribution, 균등분포, 균일분포)를 따른다고 한다. 확률변수 X가 범위 (a, b)에서 일양분포를 따르는 경우 $X \sim U(a, b)$로 표시한다. 예를 들어 0에서 1까지의 실수에서 무작위로 값을 뽑을 때 그 값은 동일한 확률로 뽑히는 것이므로 균일분포 $U(0, 1)$을 따른다.

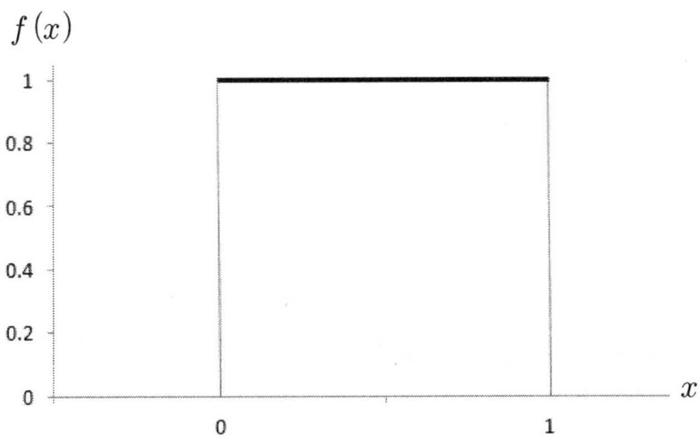

<그림 2.5> 일양변수 $X \sim U(0,1)$의 확률밀도함수

일양분포의 확률밀도함수

$X \sim U(a, b)$일 때 확률변수 X의 확률밀도함수는 다음과 같다.

$$f(x) = \frac{1}{b-a}, \quad a < x < b$$

일양분포의 평균과 분산

$X \sim U(a, b)$일 때 확률변수 X의 평균과 분산은 다음과 같다.

$$E(X) = \frac{a+b}{2}, \quad Var(X) = \frac{(a-b)^2}{12}.$$

일양분포는 난수(random number)의 생성에 이용되는 가장 기본적인 분포이다. 대부분 통계학 교재에 있는 난수표의 수들은 0~9 사이에서 균일한 확률로 수를 무작위 추출한 것이다. 통계적 실험시 피험자들을 무작위로 각 실험군에 배정해야 되는 경우에 일양분포를 따르는 난수를 추출하여 무작위 배정에 사용한다.

예를 들어 실험자들을 두 개의 실험군(A,B)에 배정하려면 0과 1 사이의 값을 갖는 난수를 생성(generating)하여 0.5 미만이면 A, 0.5 이상이면 B 등에 배정하는 방법을 사용할 수 있다. (2절 뒷부분의 **[참고]** 'SPSS에 의한 난수생성' 참조)

(2) 정규분포 (Normal Distribution)

정규분포의 개요

평균 근처에서 변수값이 출현할 확률이 높고, 평균에서 멀어질수록 그 확률이 점차 감소하는 대칭인 종모양의 확률밀도함수를 갖는 분포이다.

정규분포(Normal distribution)는 변수의 범위가 실수구간인 대표적 연속형(continuous) 분포이다. 평균이 μ이고 분산이 σ^2인 정규분포를 따르는 확률변수 X는 다음과 같이 표현한다.

$$X \sim N(\mu, \sigma^2).$$

정규분포는 평균을 중심으로 1배의 표준편차 안(즉, $(\mu \pm \sigma)$ 구간)에 있는 확률변수들의 확률값이 68.3%이고, ±2배의 편차 안에 95.4%, ±3배의 편차 안에 99.7%의 확률값을 갖는다. 즉, 평균을 중심으로 ±3배의 표준편차 범위 내에 거의 모든 확률변수 값이 포함되어 있다.

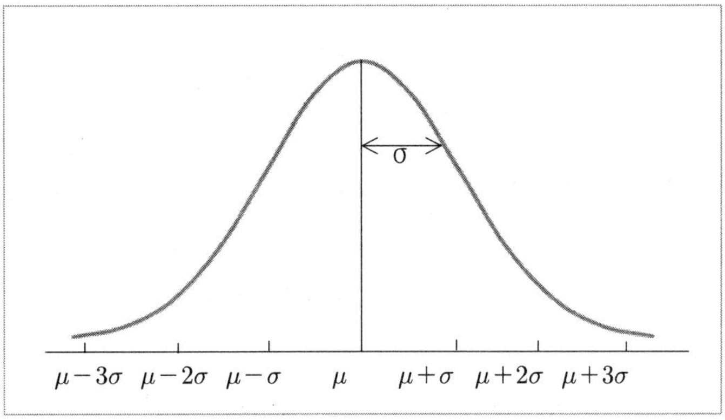

<그림 2.6> 평균 μ, 분산 σ^2인 정규분포의 확률밀도함수

정규분포의 확률밀도함수

$X \sim N(\mu, \sigma^2)$일 때 확률변수 X의 확률밀도함수는 다음과 같다.

$$f(x) = \frac{1}{\sqrt{2\pi}\,\sigma} e^{-\frac{(x-\mu)^2}{2\sigma^2}}, \quad -\infty < x < \infty$$

정규분포는 연속형 확률분포이므로 어떤 구체적인 확률을 계산하려면 다음과 같이 그 구간에서 확률밀도함수를 적분하여 주어야 한다.

$$\Pr(a < X < b) = \int_a^b \frac{1}{\sqrt{2\pi}\,\sigma} e^{-\frac{(x-\mu)^2}{2\sigma^2}} dx$$

그런데 이 적분계산은 쉽지 않기 때문에, 다음과 같은 변수변환(표준화, standardization)을 통해 표준정규분포 변수로 바꿔준 다음 주어진 표준정규분포표(통계학 책의 부록에 제공)를 이용한다.

$$Z = \frac{X-\mu}{\sigma} \quad (\text{표준화})$$

표준정규분포의 확률밀도함수

정규분포를 따르는 변수를 표준화해준 확률변수 Z는 표준정규분포를 따른다고 하고 확률밀도함수는 다음과 같다.

$$f(z) = \frac{1}{\sqrt{2\pi}} e^{-\frac{z^2}{2}}, \ -\infty < z < \infty$$

이때 Z는 $N(0, 1)$, 표준정규분포(Standard Normal Distribution: 평균이 0, 표준편차가 1인 정규분포)를 따른다. 다음과 같이 구하고자 하는 범위도 함께 표준화하여 주고 그 값을 표에서 찾아 그 확률을 구해 준다.

$$\Pr(a < X < b) = \Pr(\frac{a-\mu}{\sigma} < Z < \frac{b-\mu}{\sigma}) = \int_{\frac{a-\mu}{\sigma}}^{\frac{b-\mu}{\sigma}} \frac{1}{\sqrt{2\pi}} e^{-\frac{z^2}{2}} dz.$$

표준정규분포의 상위 백분위수

표준정규분포에서 상위 확률이 α가 되는 z값을 z_α라 한다.

$$\Pr(Z \geq z_\alpha) = \alpha$$

표준정규분포의 상위 백분위수는 추정의 신뢰구간(confidence interval)과 가설검정의 기각역(critical region) 설정에 자주 이용된다. 예를 들어 상위 5% 백분위수는 $z_{0.05} = 1.645$, 상위 2.5% 백분위수는 $z_{0.025} = 1.96$, 상위 0.5% 백분위수는 $z_{0.005} = 2.58$ 등이다.

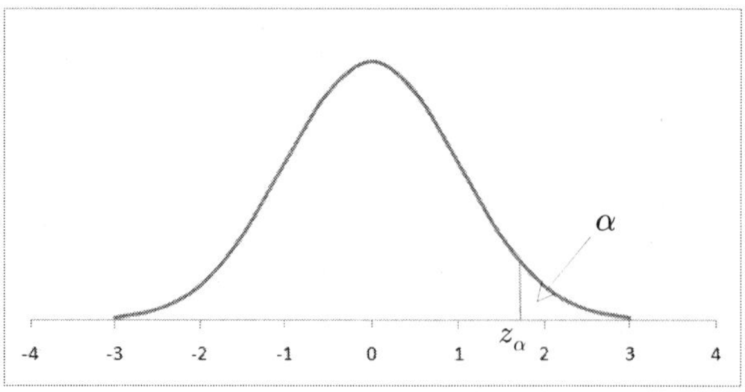

<그림 2.7> 표준정규분포의 상위백분위수 z_α

(3) 지수분포 (Exponential Distribution)

지수분포의 개요

지수분포는 어떤 사건이 한 번 발생할 때까지 걸리는 시간 또는 구간에 관한 분포이다.

통계적 실험에서 한 번만 발생하는 사건에 관심이 있다면, 그것은 사망, 고장, 발병 등의 치명적인 사건인 경우가 많다. 그러한 연유로 이 지수분포는 신뢰수명을 계산하는데 많이 이용되고 있다.

단위시간(또는 거리 등)당 사건발생횟수 평균이 λ인 사건이 1번 일어날 때까지 걸리는 시간(또는 거리 등)을 확률변수 X라 하면 이는 지수분포를 따른다고 하고 다음과 같이 표시한다.

$$X \sim E(\lambda).$$

예를 들어 10년에 한번 꼴로 전쟁이 발발할 때, 다음 전쟁이 발발할 때까지 걸리는 시간, $X \sim E(1/10)$, 1시간에 평균 3명의 환자가 오는 병원에 다음 환자가 올 때까지 걸리는 시간, $X \sim E(3)$ 등이 지수분포를 따른다.

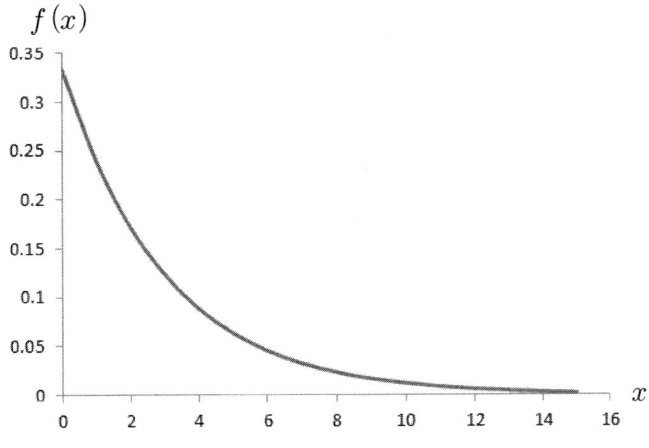

<그림 2.8> 지수변수 $X \sim E(3)$의 확률밀도함수

지수분포의 확률밀도함수

> $X \sim E(\lambda)$일 때 확률변수 X의 확률밀도함수는 다음과 같다.
>
> $$f(x) = \lambda e^{-\lambda x},\ 0 < x < \infty .$$

포아송분포는 단위시간에 어떤 사건이 일어나는 횟수에 대한 분포인데, 이를 이용해 어떤 사건이 일어날 때까지 걸리는 시간(또는 구간)의 분포인 지수분포(exponential distribution)를 유도할 수 있다.

예를 들어 확률변수 Y가 단위시간(또는 거리 등)당 사건발생횟수 평균이 λ인 포아송분포를 따른다고 하자($Y \sim P(\lambda)$). 이때 확률변수 X를 이런 사건이 1번 일어날 때까지 걸리는 시간(또는 거리 등)이라 정의하면 다음과 같은 식이 성립한다.

$$\Pr(X > x) = \Pr(Y=1 \text{ after time x}) = \Pr(Y=0 \text{ until time x})$$

$$= \frac{(\lambda x)^0 e^{-\lambda x}}{0!} = e^{-\lambda x} .$$

즉, 확률변수 X의 분포함수(Distribution Function)는 다음과 같다.

$$F(x) = \Pr(X \le x) = 1 - \Pr(X > x) = 1 - e^{-\lambda x} .$$

그러므로 분포함수를 미분한 지수분포의 확률밀도함수는 다음과 같다.

$$f(x) = F'(x) = \lambda e^{-\lambda x},\ 0 < x < \infty .$$

지수분포의 평균과 분산

> $X \sim E(\lambda)$일 때 확률변수 X의 평균과 분산은 다음과 같다.
>
> $$E(X) = \frac{1}{\lambda},\ Var(X) = \frac{1}{\lambda^2}$$

【참고】 지수분포는 시간이 지나도 변하지 않는 'memoryless 특성'을 갖고 있다. 즉, 어떤 사람의 수명이 지수분포를 따른다면 이 사람이 앞으로 10년 이상 살 확률을 계산하는데 30세에 계산한 확률이나 40세에 계산한 확률이 같게 된다. 실제로는 나이가 들면서 수명의 기댓값이 줄어들 것이기 때문에 시간에 따라 모수(λ)가 변화한다고 가정하는 것이 합리적일 것이다. 그래서 위험률(hazard)이 시간에 따라 증가 또는 감소하도록 지수분포를 일반화 시킨 와이블분포(Weibull Distribution)를 사용하기도 한다.

(4) 감마분포 (Gamma distribution)

감마분포의 개요

감마분포는 어떤 사건이 몇 회 발생할 때까지 걸리는 시간(또는 구간)에 관한 분포이다.

지수분포는 사건이 한 번 일어날 때까지의 시간에 관한 분포인데 반하여, 이러한 사건이 α회 일어날 때까지 걸리는 시간 X의 분포는 감마분포(Gamma distribution)를 따른다. 여기서 사건이 한 번 일어날 때까지 평균소요시간을 $\beta\,(=1/\lambda)$라 하면 확률변수 X는 다음과 같이 표기한다.

$$X \sim \Gamma(\alpha, \beta), \text{ 또는 } X \sim \Gamma(\alpha, \frac{1}{\lambda}).$$

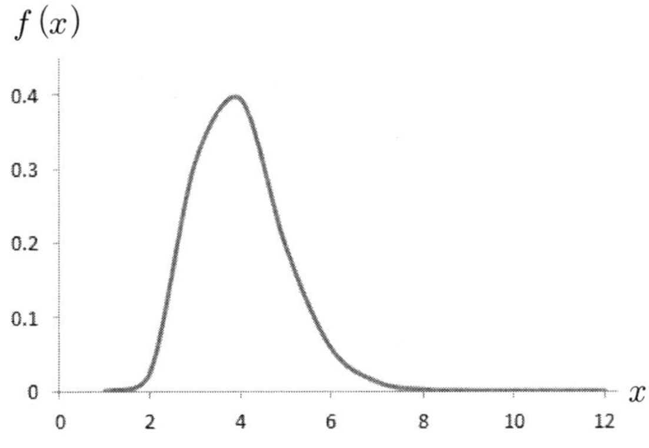

<그림 2.9> 감마변수 $\Gamma(9, 1/3)$의 확률밀도함수

예를 들어 어떤 주유소에 오는 고객의 수는 분당(per minute) 평균 3명이라면 (평균소요시간은 1/3분) 9명의 고객이 방문하는데 소요되는 시간(minute) X의 분포는 감마분포 $\Gamma(9, 1/3)$이다.

지수분포의 확률밀도함수

$X \sim \Gamma(\alpha, \beta)$일 때 확률변수 X의 확률밀도함수는 다음과 같다.

$$f(x) = \frac{1}{\Gamma(\alpha)\beta^{\alpha}} x^{\alpha-1} e^{-\frac{x}{\beta}}, \quad 0 < x < \infty \text{ , 단 } \Gamma(\alpha) = (\alpha-1)! \text{ .}$$

【예제 2.3】 어떤 매장에 방문하는 고객의 수가 분당(per minute) 평균 3명일 때, 3분 안에 9명의 고객이 방문할 확률을 구하시오.

<풀이> 9명의 고객이 방문하는데 소요되는 시간 X의 분포가 감마분포 $\Gamma(9, 1/3)$이므로 다음과 같이 확률을 계산한다.

$$\Pr(X \le 3) = \int_0^3 \frac{1}{\Gamma(9)(1/3)^9} x^8 e^{-3x} dx = 0.544 \text{ . } \blacksquare$$

【참고】 이 식의 계산은 부분적분을 이용한다.2)

감마분포의 평균과 분산

$X \sim \Gamma(\alpha, \beta)$일 때 확률변수 X의 평균과 분산은 다음과 같다.

$$E(X) = \alpha\beta, \ Var(X) = \alpha\beta^2 .$$

---

2) $\int_0^{\infty} xe^{-x}dx$를 계산하려면 부분적분을 이용한다. 여기서는 $(fg)' = f'g + fg'$를 이용하기 위하여 $f = x, g = -e^{-x}$로 간주한다.

$$\int_0^{\infty} xe^{-x}dx = \int_0^{\infty} x(-e^{-x})'dx = [-xe^{-x}]_0^{\infty} - \int_0^{\infty} -e^{-x}dx = 0 + \int_0^{\infty} e^{-x}dx = [-e^{-x}]_0^{\infty} = 1$$

【참고】 SPSS에 의한 난수생성 (random number generating)

연구자가 실험을 위해 난수(亂數)를 생성할 필요가 있을 때 통계학 서적 뒤의 난수표를 이용하거나 MS-Excel의 난수생성함수를 사용할 수 있다(예. =rand()). 그러나 아직 Excel에서 생성하는 난수의 사용에 대해서는 공인되지 못하는 실정이라서(예. McCullough & Wilson, 1999) 연구자들은 SAS나 SPSS와 같은 전문 통계패키지를 사용하여 난수를 만드는 것이 일반적이다.

여기서는 SPSS를 이용해 실험자들을 무작위로 두 개의 실험군(A,B)에 배정하는 예제를 통해 0과 1사이의 값을 갖는 난수를 생성(generating)하고 응용하는 절차를 소개하겠다.

① 12명의 실험자에게 난수를 배정하는 절차를 위해서는 우선 SPSS 데이터 파일에 변수(ID)가 포함되어 있어야 한다. 변수의 케이스 수가 12개이므로 12개의 난수가 생성될 것이다.

② [변환] 메뉴에서 <변수계산>을 클릭한다.

<변수계산>은 데이터 파일에 함수를 이용해 다른 변수를 추가하는 방법이다. (예. 몇 개 변수들의 평균, 논리값 등)

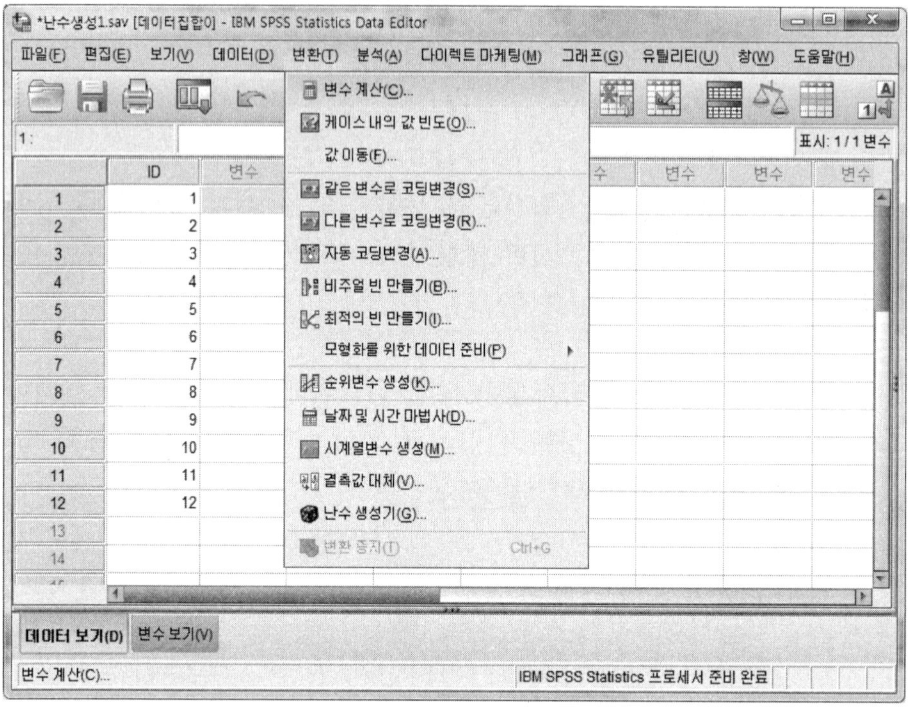

③ [변수계산] 대화상자에서 난수를 생성하여 저장할 변수명을 지정한다. 여기서는 'RandNumber' 라고 변수명을 지정하였다.

'RandNumber'를 어떻게 계산해서 구할 것인지를 <숫자표현식>에 작성해야 된다. 계산식은 간단히 변수들의 사칙연산 등으로 계산할 수도 있고 내장된 함수를 이용할 수도 있다. 난수생성은 함수로 제공하기 때문에 함수를 찾기 위해 <함수집단>에서 '난수'를 선택한다. 생성할 수 있는 난수의 종류는 아래의 <함수 및 특수변수>에 표시되는데 보이는 바와 같이 정규분포, 이항분포, 포아송분포, 일양분포 등 다양하다. 일양분포(균일분포)를 따르는 난수를 추출하기 위해서 함수로는 'Rv.Uniform'을 선택한다.

④ ‘Rv.Uniform’ 함수를 화살표를 이용해 숫자표현식으로 이동한다. 숫자표현식에 “RV.UNIFORM(?,?)”으로 표시되는데 (?,?)를 클릭하여 최솟값과 최댓값을 지정해야한다. 여기서는 0에서 1까지의 값을 갖는 난수를 생성하므로 “RV.UNIFORM(0,1)”로 적고 [확인]을 클릭한다.

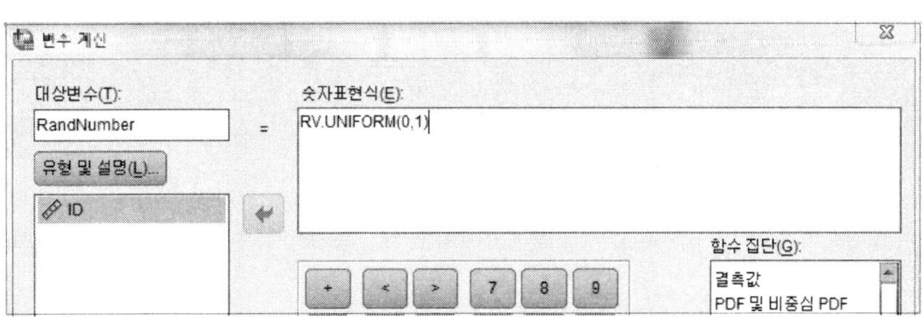

⑤ 데이터 파일에 새로운 변수 ‘RandNumber’가 추가되었다. 이 값은 0과 1사이에서 무작위로 추출한 난수들이다.

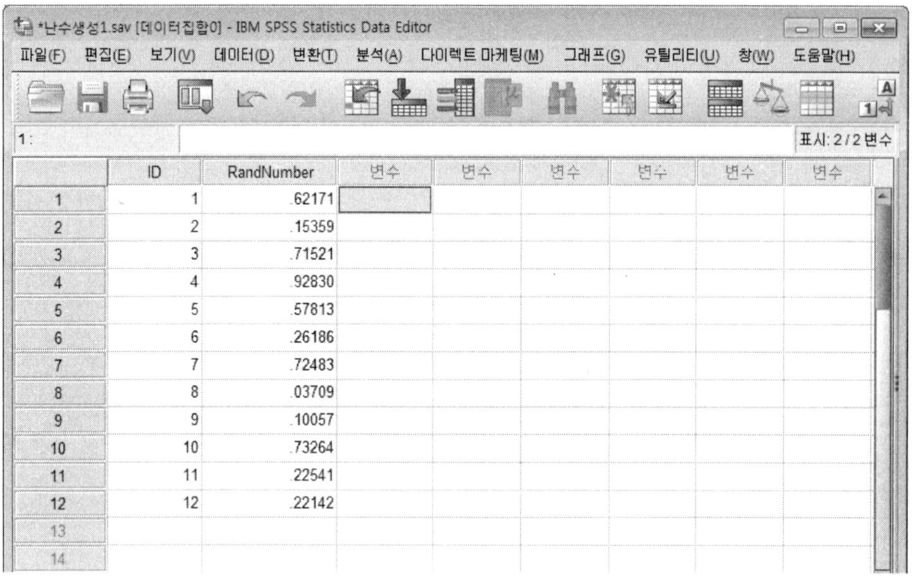

⑥ 다음 단계로는 난수값의 크기에 따라 실험군을 배정하는 절차이다. 난수가 0.5이하이면 실험군A에 배정, 0.5이상이면 실험군B에 배정하려한다. 실험군 변수를 추가하기 위해 [변환] 메뉴의 <다른 변수로 코딩변경>을 선택한다.

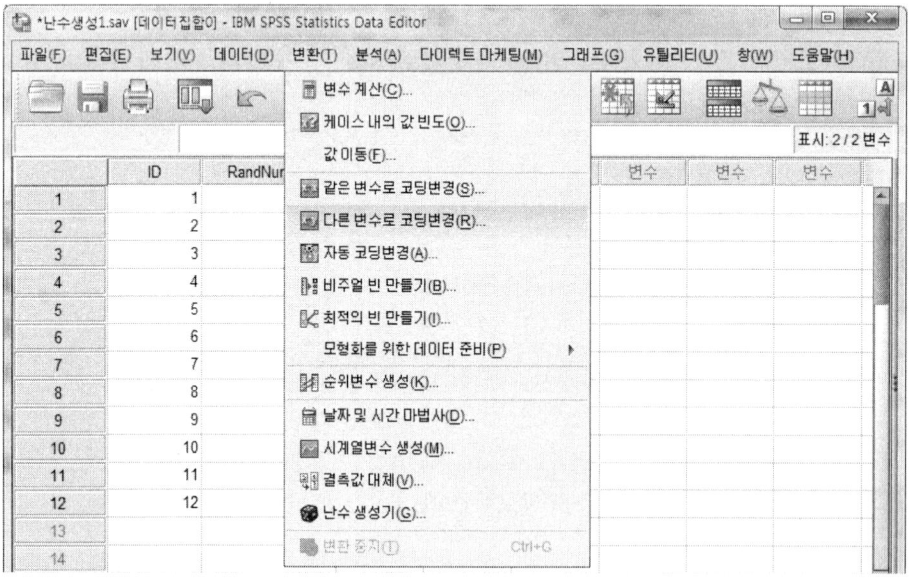

⑦ 'RandNumber' 값의 크기에 따라 코딩 변경할 것이므로 <숫자변수>에 'RandNumber'를 이동시키고 <출력변수>에 '실험군'이라는 새로운 변수명을 지정해준다. 다음은 [바꾸기] 버튼을 눌러 <숫자변수->출력변수> 창으로 이동한 후 [기존값 및 새로운 값]을 눌러 값을 지정한다.

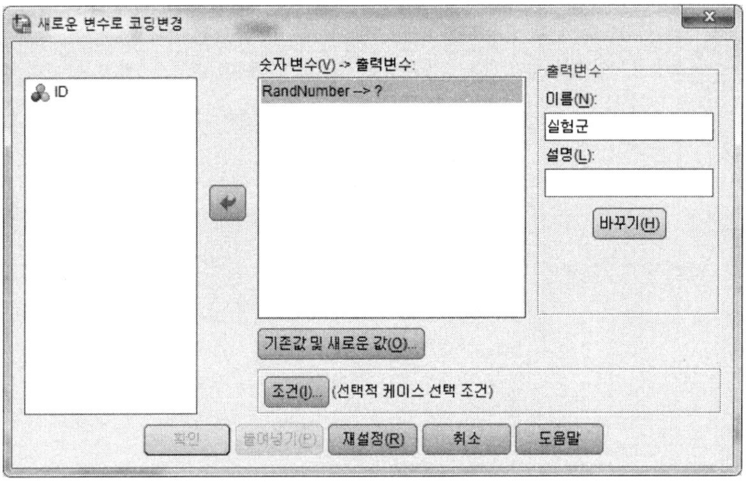

⑧ [새로운 변수로 코딩변경: 기존값 및 새로운 값]에서 '◎최저값에서 다음값까지 범위'에 0.5, '◎기준값'에 1을 적고 추가한다. 또한 '◎다음값에서 최고값까지 범위'에도 0.5를 적고 '◎기준값'에 2를 추가한다.

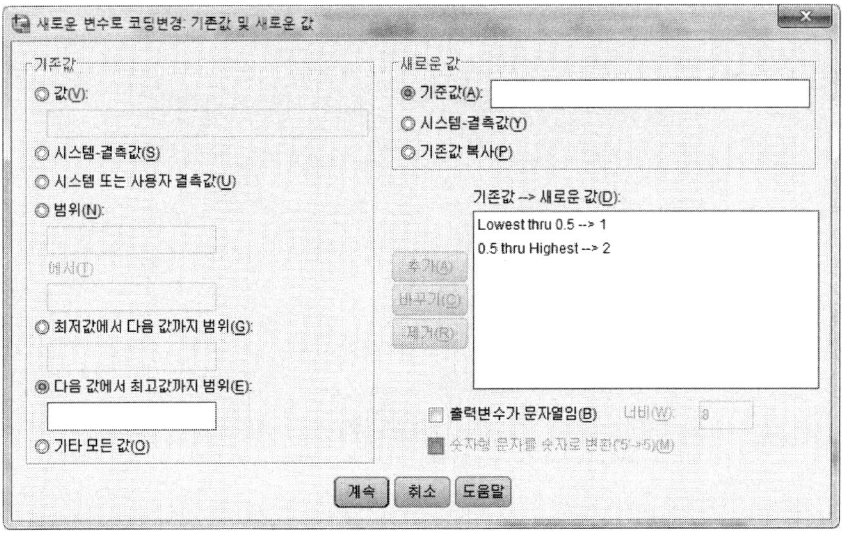

⑨ 데이터 파일에 '실험군'이라는 변수가 추가되었고, 이 값이 1은 "A", 2는 "B"를 의미함을 변수설명에 적어 주면 된다.

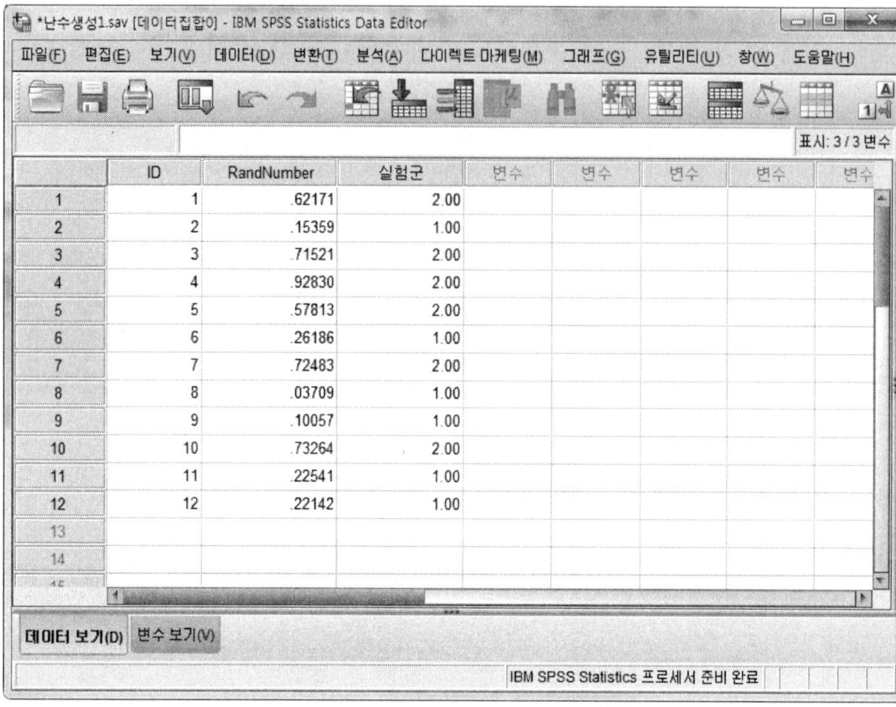

⑩ 데이터 파일의 아래 [변수보기] 탭을 눌러 '변수값 설명'을 클릭하고 1은 A, 2는 B를 지정하면 작업이 완료된다.

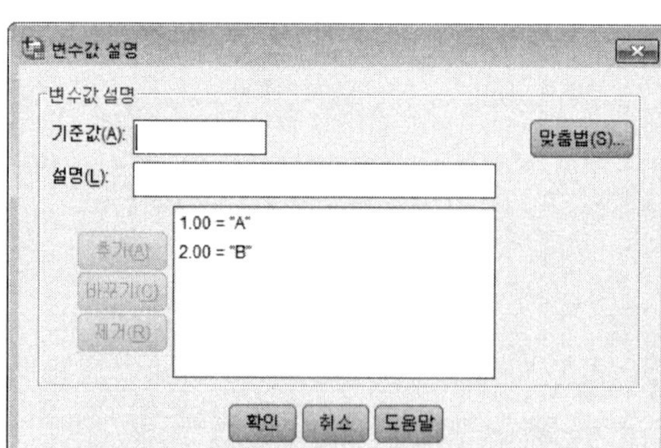

3장. 표본의 확률분포

표본통계량의 확률분포의 개요

통계자료분석은 표본(sample, data)을 이용해 우리의 관심의 대상인 모집단에 관해 추론하는 과정이다. 표본에 의해 만든 통계량(statistic)은 항상 일정한 값을 갖는 것이 아니고 변수(variable)이기 때문에 그 확률분포에 관심을 갖게 된다.

우리가 관심을 갖는 대상은 모집단(population)이지만 실제적으로는 모집단의 어떤 특성값, 즉 모수(parameter)에 대하여 알고자 한다. 모수에 따라 우리가 얻은 표본을 적당한 형태, 즉 표본통계량으로 변환하고 모수를 추론(inference) 한다. 또한 각각의 통계량은 다음 표와 같이 특정 확률분포를 따른다.

관심	모수	표본통계량	확률분포
모집단의 중심	모평균 μ	표본평균 $\overline{X}=\sum X_i/n$	정규분포 t 분포
모집단의 산포도	모분산 σ^2	표본분산 $S^2=\sum(X_i - X)^2/(n-1)$,	χ^2 분포 F 분포
모집단의 성공확률	모비율 p	표본비율 $\hat{p} = \dfrac{X}{n} = \dfrac{\text{성공횟수}}{\text{총시행횟수}}$	정규분포

<표 3.1> 모수와 표본통계량

이 장에서는 t 분포, χ^2 분포, F 분포 등을 소개하면서 표본통계량을 중심으로 대응하는 확률분포를 설명하도록 하겠다.

3.1 표본평균의 분포

모평균과 표본평균의 개요

평균(average, mean)은 모든 값의 합을 개체의 수로 나눈 것이다. 모평균(population mean)은 모집단의 평균을 의미하고 표본평균(sample mean)은 모집단에 얻은 표본자료의 평균을 의미한다.

평균을 구하는 공식은 둘 다 동일하지만 표기에서부터 차이가 나기 때문에 구별할 수 있어야 한다. 흔히 모평균은 μ로 표본평균은 $\overline{X}$와 같이 표기한다.

모평균, $\mu = \sum_{i=1}^{N} X_i / N$ (N은 모집단의 개수)은 미지(unknown)이지만 고정된(fixed) 상수이고 대부분의 경우 우리가 이 값을 정확히 알거나 또는 계산하기는 불가능하다. 표본평균, $\overline{X} = \sum_{i=1}^{n} X_i / n$ (n은 표본 집단의 개수)는 우리가 계산할 수 있지만 표본에 따라 그 값이 다르게 나오는 확률변수이기 때문에 확률분포를 갖는다.

표본평균의 분포에 관심을 갖는 이유

우리가 가정한 모평균의 값과 표본평균 값의 차이, $(\overline{X} - \mu)$의 가능한 크기를 판단하기 위해서이다. [3)]

$\overline{X}$의 확률분포에 대하여 관심을 갖는 이유는 모평균과의 비교를 위해서이기 때문에 실제적으로 표준화해 준 변수를 주로 사용하게 된다. 그래서 당연히 다음의 표준화 변수의 분포에 관심을 갖게 된다.

$$\frac{\overline{X} - \mu}{\sigma / \sqrt{n}} \sim ?$$

---

3) μ에 대한 추정량으로 구한 $\overline{X}$가 원래 μ값과 얼마나 차이가 있을까? 예를 들어 두 값의 차이가 2 이상일 확률 $\Pr(|\overline{X} - \mu| > 2)$를 구하려면 $\overline{X}$의 분포를 알아야 한다.

표준화된 표본평균의 분포

중심극한정리에 의해 표준화된 표본평균은 표준정규분포에 근사한다.

$$\frac{\overline{X}-\mu}{\sigma/\sqrt{n}} \to N(0,1).$$

"독립적인 표본의 합(ΣX)의 확률분포는 표본이 뽑힌 모집단(평균 μ, 분산 σ^2)의 분포에 관계없이 평균이 μ, 분산이 σ^2/n인 정규분포(Normal Distribution)에 근사한다". 즉, ($\Sigma X \to$ Normal) 이라는 중심극한정리(CLT: Central Limit Theorem)에 의하여 $\overline{X}$는 표본수 n이 커짐(30 이상)에 따라 정규분포에 근사한다. 이러한 사실은 흔히 다음과 같이 표준화(standardized)한 통계량을 사용하여 표현한다.

그러나 이러한 통계량을 실제로 사용할 때 σ를 모르는 경우가 대부분이므로 이의 추정값인 표본표준편차 S를 대입하여 다음 절과 같이 표준화한 값을 사용한다. 단, $S^2 = \Sigma(X_i - \overline{X})^2/(n-1)$.

추정값으로 표준화된 표본평균의 분포

표본표준편차로 표준화된 표본평균은 t 분포에 근사한다.

$$\frac{\overline{X}-\mu}{S/\sqrt{n}} \sim t(n-1).$$

모표준편차 σ대신 표본표준편차 S를 사용하여 표본평균 $\overline{X}$를 표준화(studentized)하면 n이 큰 경우, $\sigma \approx S$이므로 정규분포에 근사하다고 볼 수 있다.[4] 그러나 n이 작은 경우, 모집단이 정규분포라는 가정 하에 자유도(degree of freedom)가 $(n-1)$인 t 분포(student's t distribution)를 따른다.

---

4) 과거에는 계산상의 어려움 때문에 일반적으로 n이 30 이상이면 정규분포에 근사시켰으나, 최근에는 쉽게 사용가능한 통계패키지가 많아 굳이 정규분포에 근사시키지 않고 정확한 t 분포로 계산한다.

t 분포의 개요

표준정규분포와 유사한 형태의 분포이며 표본의 크기가 커질수록 표준정규분포에 접근한다. 즉, 표본의 크기(자유도)에 따라 분포의 형태가 결정된다.

t 분포는 표준화된 통계량에 σ의 추정값(확률변수)이 포함되어 있으므로 실제값을 사용한 경우(표준정규분포)보다는 변이(variation)가 큰 형태의 분포, 즉 넓게 퍼진 형태가 될 것이다. 또한 n이 커짐에 따라 추정값(S)과 실제값(σ)의 차이가 거의 없을 것이므로 이 분포는 표준정규분포에 접근할 것이다. 즉, 분포의 형태가 n에 의해 결정된다. t 분포는 정규분포와 유사하지만 정규분포보다는 넓게 퍼져있고, 표본의 개수에 따라 다른 형태의 분포이다.[5)]

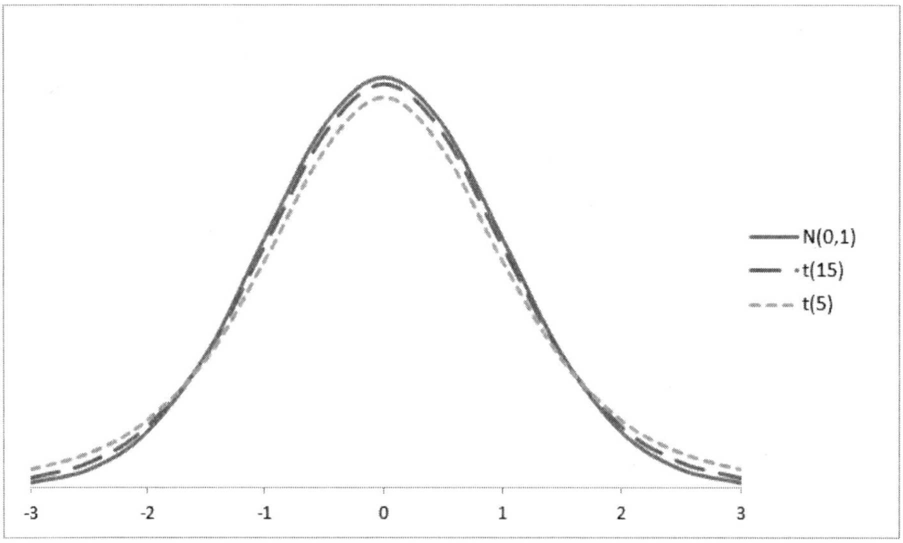

<그림 3.1> 자유도에 따른 t 분포

5) 이 분포의 특성을 밝혀낸 W. S. Gosset은 당시 영국의 맥주회사 Guinness사의 연구원이라서 개인의 이름으로 논문을 발표할 수 없어 표본표준편차로 표준화한 분포의 특성을 밝히는 논문을 'student'라는 필명으로 발표하였고, 이후 이 분포는 R. A. Fisher에 의해 student의 t 분포라 불리게 되었다.

자유도의 개요

자유로운 표본의 개수, 추정값을 추정하는데 사용된 정보를 갖는 표본의 개수로 표본분포의 형태를 결정한다.

DF=통계량 계산에 사용된 표본수

분포의 형태를 결정하는 표본의 수를 자유도(DF: Degree of Freedom)라 칭한다. 자유도는 모수를 추정하는데(여기서는 S) 사용된 표본의 개수를 의미하는데, 특히 정보를 갖고 있는 표본의 개수, 즉 자신의 위치가 결정되어 있지 않고 자유로운 표본의 개수를 의미한다.

S^2을 계산하는데 사용된 표본의 개수는 n개인 것처럼 보이지만 $\overline{X}$가 이미 계산된 상태에서 $(n-1)$개의 표본을 알면 나머지 하나의 표본은 위치가 결정되므로 자유로운 표본은 $(n-1)$개뿐이다. 흔히 통계학 교재에서 제약식 $\Sigma(X_i-\overline{X})=0$을 만족시키기 위하여 하나의 자유도를 잃었다고 자유도에 대해 설명하는 것은 이러한 의미이다.

만약 $\overline{X}$ 대신 μ를 사용하여 표본분산을 추정($S^2=\Sigma(X_i-\mu)^2/n$) 하였다면 $\Sigma(X_i-\mu)=0$이 될 필요가 없어 자동으로 위치가 결정되는 표본은 없으므로 자유도는 표본의 수 n이 되었을 것이다.

t 분포의 평균과 분산

확률변수 T가 $t(\phi)$(자유도가 ϕ인 t 분포)를 따른다면 T의 평균과 분산은 다음과 같다.

$$E(T)=0,\ Var(T)=\frac{\phi}{\phi-2},\ 단,\ \phi>2.$$

자유도가 커지면 평균과 분산도 표준정규분포와 동일해짐을 알 수 있다.

3.2 표본분산의 분포

분산과 표준편차의 개요

평균이 자료의 중심을 표시한다면 자료가 중심에서 얼마나 퍼져있는가를 표현하는 것이 표준편차(standard deviation), 이를 제곱한 값이 분산(variance)이다.

모분산(population variance)은 모집단의 분산을 의미하고 표본분산(sample variance)은 모집단에 얻은 표본자료의 분산을 의미한다. 표준편차도 이와 마찬가지이다. 우리가 보통 데이터의 표준편차(또는 분산)를 구한다는 것은 표본표준편차(또는 표본분산)를 구하는 것이다.

모분산과 표본분산을 구하는 공식은 다음과 같다.

$$\text{표본분산: } S^2 = \frac{\sum_{i=1}^{n}(X_i - \overline{X})^2}{n-1},$$

$$\text{모분산: } \sigma^2 = \frac{\sum_{i=1}^{N}(X_i - \mu)^2}{N}.$$

모분산은 분모가 N이고 평균값에 모평균값을 대입하는 점이 다르다. 표본분산을 구할 때 분모에 n이 아니고 $(n-1)$을 사용하는 이유는 표본분산의 기댓값(Expectation)이 모분산과 일치하도록 한 것이다.[6] 즉,

$$E(S^2) = \sigma^2 .$$

---

6) 모분산의 분자인 수정제곱합 $\Sigma(x_i - \mu)^2$ 을 최소화하여주는 μ의 값은 $\overline{x}$으로, 즉 $\Sigma(x_i - \mu)^2$ 의 최솟값은 $\Sigma(x_i - \overline{x})^2$ 이므로 이 값은 실제 편차제곱합 $\Sigma(x_i - \mu)^2$ 을 과소추정한다고 간주한다. 그래서 이를 교정하기 위해 나눠 주는 분모값을 줄여 주는데, 이러한 이유로 표본분산의 분모가 $(n-1)$이 된다고 직관적으로 설명할 수 있다.

【참고】 분산과 표준편차의 사용

앞에서 구한 분산과 표준편차는 서로가 제곱과 제곱근의 관계이다. 자료의 퍼진 정도를 표현하는 것이 목적이라면 굳이 왜 분산과 표준편차를 둘 다 표시할까 하는 의문이 들 수 있겠지만 분산은 산포도 공식을 설명하기 위하여 사용되는 개념이고 실질적으로 우리에게 자료 산포도의 정보를 제공하는 것은 표준편차이다.

자료의 분포가 정상적인 경우(정규분포, 이항분포 등)에 대부분의 자료가 평균을 중심으로 3배의 표준편차 내에 거의 포함된다. 예를 들어 어떤 소비자군의 수입 평균이 300이고 표준편차가 50(또는 분산이 2500)이라 하면 대부분의 수입이 (300 ± 3×50), 즉 (150 ~ 450) 사이라는 사실을 대략적으로 알 수 있다. 즉 자료의 퍼진 정도를 분산보다는 표준편차를 통해 직관적으로 빨리 파악할 수 있다.

카이제곱분포의 개요

$Z_1, Z_2, ..., Z_k$이 표준정규분포, $N(0, 1)$에서 뽑은 확률표본일 때, 그 값들의 제곱합 $\Sigma_{i=1}^{k} Z_i^2$은 자유도가 k인 카이제곱분포(chi-square distribution)를 따른다.

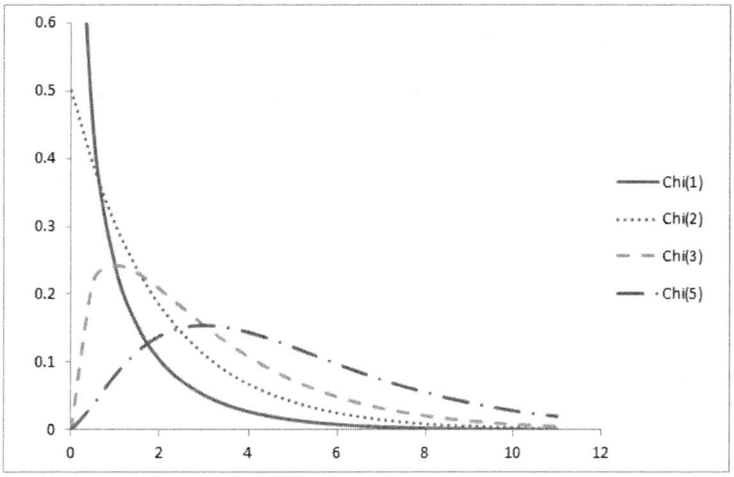

<그림 3.2> 자유도에 따른 카이제곱분포

분포함수의 형태는 자유도에 따라 다르지만 약간 우측으로 치우친 연속형 분포임을 짐작할 수 있고 독립된 값들의 합의 분포이므로 자유도가 커짐에 따라 중심극한정리에 의해 정규분포에 근사한다.

표본분산의 분포

표본분산은 모집단의 분산과 함께 다음과 같이 자유도 $(n-1)$을 갖는 χ^2 분포에 근사한다.

$$\frac{\sum_{i=1}^{n}(X_i-\overline{X})^2}{\sigma^2}=\frac{(n-1)S^2}{\sigma^2}\sim\chi^2(n-1)\,.$$

표준화한 변수들의 제곱합의 분포를 통해 표본분산의 분포를 유도하기 우선 다음과 같이 변형하도록 한다. $X_1, X_2, \ldots, X_n$이 정규분포, $N(\mu, \sigma^2)$에서 뽑은 확률표본일 때, 표준화한 변수들의 제곱합의 분포는 카이제곱분포의 정의에 따라 다음과 같이 자유도 n을 갖는 χ^2 분포를 따른다.

$$\sum_{i=1}^{n}\left(\frac{X_i-\mu}{\sigma}\right)^2=\frac{\sum_{i=1}^{n}(X_i-\mu)^2}{\sigma^2}\sim\chi^2(n)\,.$$

표본분산 S^2의 분포는 자유도 $(n-1)$을 갖는 카이제곱분포의 형태이다. 위 식에서 μ 대신 이의 추정값 $\overline{X}$을 사용함에 따라 자유도가 하나 줄었다고 이해하면 된다.

χ^2 분포의 평균과 분산

확률변수 X가 $\chi^2(k)$(자유도가 k인 χ^2 분포)를 따른다면 X의 평균과 분산은 다음과 같다.

$$E(X)=k,\ \ Var(T)=2k.$$

> **【예제 3.1】** 정규분포를 따르는 모집단에서 10개의 표본을 뽑아 표본분산을 구하였다. 이 표본분산의 크기가 실제 모분산의 크기의 2배 이상일 확률은?

<풀이> 구하고자 하는 확률은 다음과 같다.

$$\Pr(S^2 \geq 2\sigma^2) = \Pr\left(\frac{S^2}{\sigma^2} \geq 2\right) = \Pr\left(\frac{9S^2}{\sigma^2} \geq 18\right).$$

$9S^2/\sigma^2$은 자유도 9를 갖는 카이제곱분포를 갖는다. 그러므로 위 식은 다음과 같다.

$$\Pr\left(\frac{9S^2}{\sigma^2} \geq 18\right) = \Pr(X \geq 18),\ X \sim \chi^2(9).$$

이 값은 일반적인 통계학교재의 카이제곱분포표에서 구할 수는 없다. 그래서 위의 값은 엑셀이나 다른 통계패키지를 이용하여야만 구할 수 있는데 엑셀의 통계함수 CHISQ.DIST.RT를 이용해 구하면 위의 확률값으로 0.0352를 얻는다. ■

【참고】 엑셀의 통계함수 CHISQ.DIST와 CHISQ.DIST.RT

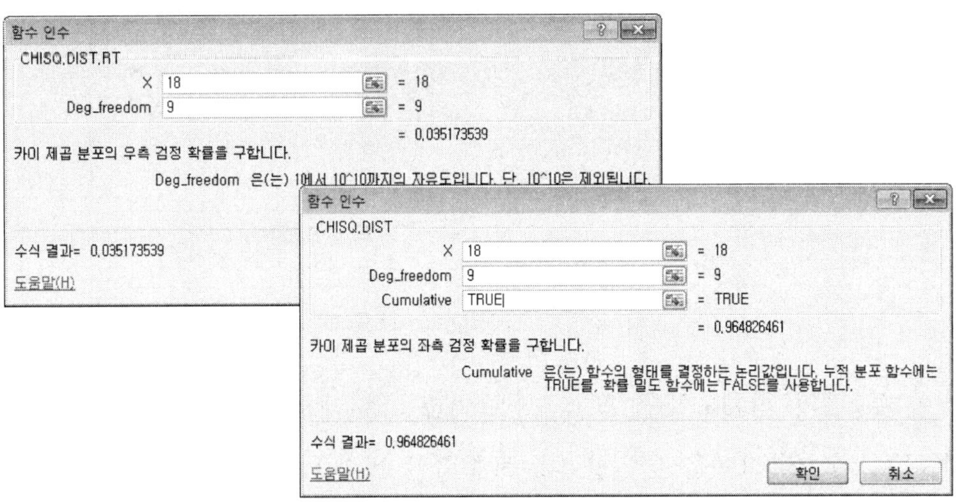

3.3 표본분산 비(ratio)의 분포

표본분산 비의 개요

통계자료분석에서 많은 분석방법이 분산분석(Analysis of Variance)에 기초하고 있다. 자료의 전체 변동(분산)을 어떤 특정 요인에 의해 생긴 변동과 우연히 발생한 오차 변동으로 나누고 이를 비교하는 것이 분산분석의 아이디어인데 두 변동을 비교할 때 그 비율(ratio)로 두 변동의 동일함을 판단한다.

F 분포의 개요

카이제곱 분포를 따르는 두 개의 변수를 각 자유도로 나눈 뒤에 그 값의 비(ratio)를 구하면 이는 F 분포를 따른다.

$$\frac{\chi^2(n_1)/n_1}{\chi^2(n_2)/n_2} \sim F(n_1, n_2).$$

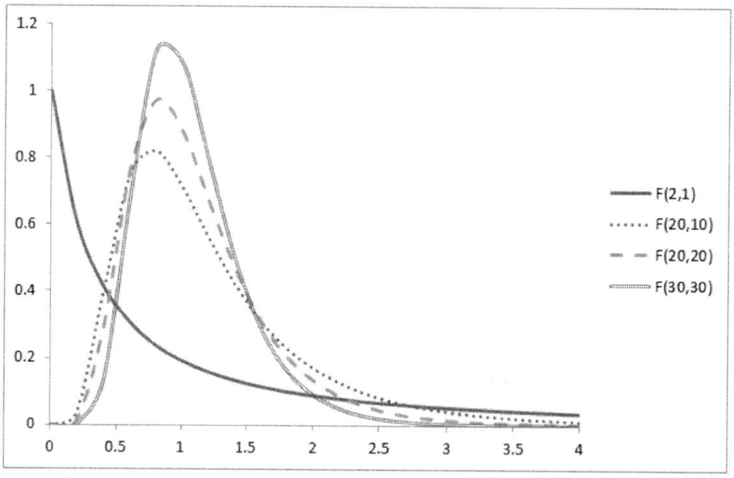

<그림 3.3> 자유도에 따른 F 분포

이 두 개의 정규모집단 $N(\mu_1, \sigma_1^2)$, $N(\mu_2, \sigma_2^2)$에서 각각 $X_1, X_2, ..., X_{n_1}$과 $Y_1, Y_2, ..., Y_{n_2}$의 표본을 얻었을 때, 표준화한 변수들의 제곱합의 비율의 분

포는 다음과 같이 유도할 수 있다.

$$\frac{\dfrac{\sum_{i=1}^{n_1}(X_i-\mu_1)^2}{\sigma_1^2}/n_1}{\dfrac{\sum_{j=1}^{n_2}(Y_j-\mu_2)^2}{\sigma_2^2}/n_2}=\frac{\chi^2(n_1)/n_1}{\chi^2(n_2)/n_2}\sim F(n_1, n_2).$$

이는 자유도 n_1, n_2를 갖는 F 분포(F distribution)를 따른다고 한다.

표본분산 비의 분포

두 집단의 모분산이 같다고 가정할 때 ($\sigma_1^2=\sigma_2^2$) 두 집단의 표본분산의 비는 다음과 같은 F 분포를 따른다.

$$\frac{S_1^2}{S_2^2}\sim F(n_1-1, n_2-1)$$

앞의 사실을 이용해 σ_1^2, σ_2^2의 추정값인 표본분산 S_1^2, S_2^2의 비(ratio)의 분포를 다음과 같이 유도할 수 있다.

$$\frac{S_1^2/\sigma_1^2}{S_2^2/\sigma_2^2}=\frac{\sum_{i=1}^{n_1}(X_i-\overline{X})^2/\sigma_1^2(n_1-1)}{\sum_{j=1}^{n_2}(Y_j-\overline{Y})^2/\sigma_2^2(n_2-1)}$$

$$=\frac{\chi^2(n_1-1)/(n_1-1)}{\chi^2(n_2-1)/(n_2-1)}\sim F(n_1-1, n_2-1)$$

각 (표본분산/모분산)이 자유도 n_1-1, n_2-1인 카이제곱분포의 형태이므로 이들의 비(ratio)가 $F(n_1-1, n_2-1)$분포를 따른다. 여기서 두 집단의 모분산이 같다고 가정하면($\sigma_1^2=\sigma_2^2$), 위 통계량이 두 표본분산의 비로 단순화된다.

3.4 표본비율의 분포

표본비율의 개요

성공확률 p의 추정값으로 전체 시행횟수 중에서 성공횟수의 비율로 정의된다. 이때 성공횟수 X는 이항분포를 따르는 확률변수이다.

$$\hat{p} = \frac{X}{n} = \frac{\text{성공횟수}}{\text{시행횟수}} \text{ , 단, } X \sim B(n, p).$$

예를 들어 100번 시행해서 30번 성공하면 성공확률에 대한 추정값인 표본비율은 0.3이 되는 것이다.

이항분포의 정규근사

이항분포를 따르는 확률변수는 정규분포에 근사한다. 즉,

$$X \sim B(n, p) \rightarrow N(np, np(1-p)), \text{ 단, } np \geq 5,\ n(1-p) \geq 5.$$

n이 클 때 이항분포의 계산은 정규분포에 근사하여 계산할 수 있다. 이항분포 변수 X는 독립적인 베르누이 시행의 합인 $X = \sum Y_i$로 표시할 수 있기 때문에 "독립적인 변수의 합(또는 평균)이 정규분포에 근사한다"는 중심극한정리(Central Limit Theorem)를 적용할 수 있기 때문이다.

정규분포에 수렴하기 위한 표본수의 조건으로 n의 크기보다는, 기댓값 np와 $n(1-p)$의 값이 5 이상 되어야 하는 조건이 더 중요하다. 비록 n이 10밖에 안 되더라도, $p = 0.5$이면 ($np \geq 5$, $n(1-p) \geq 5$ 조건 만족) 이항변수의 분포가 정규분포에 잘 근사한다. 반면에 n이 30이라도 $p = 0.1$이어서 $np = 3\ (\leq 5)$인 경우는 근사가 잘 이루어지지 않는다. 이는 평균이 최솟값(0)과 최댓값(n)에서 5정도는 떨어져 있어야 이항분포의 모양이 좌우대칭을 이룰 수 있는 여지가 있기 때문이다.

표본비율의 개요

성공확률 p의 추정값인 $\hat{p}$은 정규분포에 근사한다.

$$\hat{p} = \frac{X}{n} \to N\left(p, \frac{p(1-p)}{n}\right).$$

표본비율을 표준화한 값은 표준정규분포에 근사한다. 단, 표준화할 때 분산값에 미지의 p가 포함되어있으므로 이의 추정값을 쓴다.

$$\frac{\hat{p}-p}{\sqrt{\frac{\hat{p}(1-\hat{p})}{n}}} \to N(0, 1).$$

Part Ⅱ. 데이터 분석의 틀

4. 추정

5. 검정

Part Ⅱ. 추정과 검정을 공부하기 전에

□ 추정과 검정에 대하여 알아야 하는 이유

- 자료분석은 추정과 검정을 하는 절차이다.
- 자료분석은 자료를 통해서 미지의 사실에 대하여 규명할 때 2단계의 절차를 거친다.
- 1단계로는 미지의 사실을 계량적으로 측정한다(추정).
- 2단계로는 계량적 측정값을 근거로 미지의 사실에 대한 판단을 내린다(검정).
- 올바른 자료분석은 추정과 검정의 틀 안에서 가능하다.

□ 추정과 검정에 대하여 알아야 할 내용

- 100% 확신은 있을 수 없다. 틀릴 가능성, 유의수준.
- 100% 정확할 수는 없다. 표본이니까 표본오차.
- 추정값은 항상 같지는 않다. 추정통계량의 분포.
- 미지의 사실을 가설로 세운다. 귀무가설과 대립가설.
- 가설의 옳고 그름의 판단기준을 세운다. 기각역.
- 내 판단이 틀릴 확률, 제 1종의 오류, 제 2종의 오류.
- 귀무가설이 맞는다면 이런 결과가 나올까? 유의확률.

□ 추정과 검정의 사용 예

- 성인남성의 신장을 추정한다.
  ☞ 표본평균을 구하고 이를 기초로 95% 신뢰도에서 구간추정.
- 가전제품 구입시 남녀 간의 디자인 중요도 차이를 추정한다.
  ☞ 디자인 중요도를 측정하고 남녀 간 평균차를 구간추정
- 남녀 간의 디자인 중요도에 차이가 있는지를 검정한다.
  ☞ 남녀 간 평균차 크기의 유의성을 검정

4장. 추정

4.1 추정의 개요

통계적 추론(inference)의 개요

통계자료 분석에 의한 추론의 과정은 추정(推定, estimation)과 검정(檢定, test)의 단계로 이루어져 있다.

예를 들어 어떤 제품에 대하여 남녀 간에 선호도 차이가 있는지를 분석하고자 할 때 우선 조사한 남녀집단의 각 선호도의 평균을 계산하고(추정), 조사한 선호도 평균의 차이가 의미가 있는(significant) 차이인가를 판단(검정)하게 된다. 이는 대부분의 통계분석의 틀로 적용될 수 있는 사실이다. 복잡해 보이는 통계패키지의 출력결과를 정리하고자 할 때도 이러한 원칙(1단계로 추정하고 2단계로 검정한다)에 의거한다면 통계자료분석을 좀 더 쉽고 단순하게 수행할 수 있을 것이다.

추정의 종류

모집단에서 얻은 표본을 통하여 미지의 모수(parameter)를 추측하는 절차를 통계적 추정이라 한다. 추정은 모수를 하나의 점(값)으로 추정(점추정, 點推定, point estimation)하거나, 구간으로 추정(구간추정, 區間推定, interval estimation)하는 방법이 있다.

예를 들어 신문기사에 국가의 어떤 정책에 대한 여론조사 결과가 "찬성률이 45%이고, 조사의 표본오차가 3%(신뢰도는 95%)이다"라고 표현되었다고 가정하자. 이때 찬성률(모수)에 대한 점추정값이 45%이고, 구간추정값은 95% 신뢰수준에서 (45±3%)=(42~48%)라는 의미이다.

이렇게 점추정과 구간추정은 별개의 추정 방법이 아니라 점추정값을 중심으로 구간을 설정해 주는 상호 보완적인 방법이다.

4.2 점추정

점추정의 개요

미지의 모수(parameter)를 하나의 점(값)으로 추정하는 것을 점추정(點推定, point estimation)이라 한다.

하나의 모수를 추정하는 방법으로 다음 표와 같이 여러 가지 형태의 점추정량(point estimator)이 존재한다.

모수	점추정량
모평균 μ	표본평균($\overline{X} = \sum X_i / n$), 중앙값, 절삭평균
모분산 σ^2	표본분산($S^2 = \sum(X_i - \overline{X})^2/(n-1)$), $\hat{\sigma}^2 = \sum(X_i - \overline{X})^2/n$
모비율 p	표본비율($\hat{p} = \frac{X}{n} = \frac{\text{성공횟수}}{\text{총시행횟수}}$)

<표 4.1> 모수와 점추정량

점추정 통계량의 바람직한 성질

우수한 점추정량이 되기 위해서는 불편성, 최소평균오차제곱, 일치성 등을 만족해야 한다.

모평균 μ의 추정량 $\hat{\mu}$로는 주로 표본평균($\overline{X}$)이 사용되고 있지만, 중앙값(median), 절사평균(절삭평균, trimmed mean) 등도 유효한 점추정량으로 고려될 수 있다. 이렇듯 한 모수를 추정하는데 여러 가지의 추정량을 사용할 수 있기 때문에, 우리는 그중 어느 추정량이 가장 우수한가를 파악해야 할 것이다. 우수한 점추정량이 되려면 다음과 같은 특성을 만족해야 한다.

① 불편성(Unbiasedness)

추정량 $\hat{\theta}$의 기댓값이 모수 θ가 되면, 즉 $E(\hat{\theta})=\theta$이면, $\hat{\theta}$는 θ에 대한 불편추정량(不偏推定量, unbiased estimator)이라 한다. 예를 들어 모수 μ에 대한 점추정량인 표본평균의 기댓값이 $E(\overline{X})=\mu$이 되므로 $\overline{X}$는 μ에 대한 불편 추정량이다.

추정량의 불편성은 측정도구의 타당성(validity)과 유사한 개념을 가지고 있다.

② 최소평균제곱오차(Minimum Mean Squared Error)

추정량과 모수의 차이의 제곱 기댓값(평균제곱오차)이 적은 통계량이 우수한 통계량이라 할 수 있다. 모수 θ를 추정하는 추정량 $\hat{\theta}$의 평균제곱오차(MSE, Mean Squared Error)는 다음과 같이 정의되며 분산과 편의의 제곱으로 분해할 수 있다.

$$MSE(\hat{\theta})=E(\hat{\theta}-\theta)^2=E(\hat{\theta}-E(\hat{\theta}))^2+(E(\hat{\theta})-\theta)^2=Var(\hat{\theta})+bias^2.$$

예를 들어 모수 μ에 대한 점추정량인 표본평균 $\overline{X}$는 불편추정량이므로 평균제곱오차는 분산과 일치해서 $MSE(\overline{X})=\sigma^2/n$이 된다. 만약 모집단이 정규분포일 때 모수 μ에 대한 점추정량으로 중앙값(median)을 사용했다면 중앙값의 평균제곱오차는 $MSE(Med)=\sigma^2/n\times\pi/2$가 되므로 표본평균 $\overline{X}$가 더 작은 평균제곱오차를 갖게 된다. 그런데 MSE는 모집단의 분포에 따라 달리 계산된다. 모집단이 정규분포가 아닌 한쪽으로 치우친 분포이거나 꼬리가 두터운 경우에는 표본평균보다는 중앙값이 우수하게 나타난다.

추정량의 MSE가 적은 것은 측정도구의 신뢰성(reliability)이 높다는 것과 유사한 개념을 가지고 있다.

③ 일치성(Consistency)

$\hat{\theta}$이 표본의 크기가 커짐에 따라 모수 θ에 근사하면 일치성을 갖는다고 하고, 다음과 같이 표현한다.

$$\hat{\theta} \rightarrow \theta \ (n \rightarrow \infty \text{ 일 때}).$$

예를 들어 모수 μ에 대한 점추정량 표본평균 $\overline{X}$는 $MSE(\overline{X}) = \sigma^2/n$ 값이 $n \rightarrow \infty$에 따라 0에 수렴하므로 일치추정량이다.

4.3 구간추정

구간추정의 개요

미지의 모수(parameter)를 점추정값을 중심으로 구간으로 추정하는 것을 구간추정(區間推定, interval estimation)이라 한다.

구간추정의 형식은 점추정량을 중심으로 표본오차(sample error)을 구간너비로 하는데 표본오차는 일부 표본이기 때문에 필연적으로 발생할 수 밖에 없는 오차이며 이 크기는 표본의 개수와 신뢰도에 의해 결정된다.

모수= (점추정량-표본오차, 점추정량 +표본오차).

구간추정의 유의수준과 신뢰도

유의수준과 신뢰도는 모수를 추정함에 있어 추정된 구간의 정확성을 표시하는 값이다. 유의수준(α, significance level)은 추정이 정확하지 않을 확률이고 반대로 정확하게 추정될 확률을 신뢰도(confidence level)라 한다. 100% 신뢰도는 실제론 가능하지 않으며 주로 95%신뢰도(즉, 유의수준 5%)를 사용하게 된다.

우리가 사용하는 구간추정의 신뢰도는 95%라는 것은 모수가 신뢰구간 안에 포함될 확률이 95%라는 의미가 아니다. 이와 같은 구간추정 방법으로 추정을 했을 때 100번 중 95번 정도 구간 안에 모수가 포함되는 올바른 추정을 하게 된다는 의미이다. 이는 모수는 고정된(fixed) 상수이므로 상수가 어느 구간에 속할 확률로 이해하는 것은 잘못이기 때문이다.

모평균의 구간추정 (모표준편차를 알 때)

모평균 μ에 대한 $100\times(1-\alpha)\%$ 신뢰구간은 다음과 같다.

$$\mu=(\overline{X}-z_{\alpha/2}\frac{\sigma}{\sqrt{n}},\ \overline{X}+z_{\alpha/2}\frac{\sigma}{\sqrt{n}}).$$

정규분포, $N(\mu,\sigma^2)$에서 표본자료 $X_1,X_2,\ldots,X_n$을 얻었을 때, 모평균 μ의 신뢰구간은 점추정값인 표본평균 $\overline{X}$를 기초로 작성한다. 즉,

$$\mu = (\overline{X} \pm \text{구간너비})$$

형태인데, 여기서 우리는 구간너비를 수리적으로 결정해야 한다. $\overline{X}$의 분포는 다음과 같이 표준화(standardized)하면 표준정규분포를 따른다.[1)]

$$\frac{\overline{X}-\mu}{\sigma/\sqrt{n}} \sim N(0,1).$$

이러한 변수가 표준정규분포의 어떤 범위 안에 들어갈 확률을 신뢰도로 정하고 백분위수(z_α)을 이용해 다음과 같이 신뢰구간을 유도한다.[2)]

$$1-\alpha=\Pr\left(-z_{\alpha/2}\le\frac{\overline{X}-\mu}{\sigma/\sqrt{n}}\le z_{\alpha/2}\right)=\Pr\left(\overline{X}-z_{\alpha/2}\frac{\sigma}{\sqrt{n}}\le\mu\le\overline{X}+z_{\alpha/2}\frac{\sigma}{\sqrt{n}}\right).$$

즉, $\mu=(\overline{X}-z_{\alpha/2}\frac{\sigma}{\sqrt{n}},\ \overline{X}+z_{\alpha/2}\frac{\sigma}{\sqrt{n}})$: $100\times(1-\alpha)\%$ 신뢰구간.

그러나 여기서 우리는 모 표준편차 σ를 모르는 경우가 대부분이므로 실제로 이 공식을 이용하여 신뢰구간을 구하지는 않는다.

---

1) $E(\overline{X})=\mu$, $Var(\overline{X})=\sigma^2/n$ 이므로 표준화는 변수에서 평균을 빼주고 그 편차로 나누어 주는 것이다.

2) $\Pr(Z>z_\alpha)=\alpha$, 단, $Z\sim N(0,1)$.

모평균의 구간추정 (모표준편차를 모를 때)

모평균 μ에 대한 $100\times(1-\alpha)\%$ 신뢰구간은 다음과 같다.

$$\mu=(\overline{X}-t(\alpha/2,n-1)\frac{S}{\sqrt{n}},\ \overline{X}+t(\alpha/2,n-1)\frac{S}{\sqrt{n}}).$$

대부분 자료분석의 경우 σ를 모르므로 $\overline{X}$를 표준화할 때 모표준편차 σ 대신 표본표준편차인 S를 사용한다. 그 경우 분포가 표준정규분포가 아니고 유사한 t 분포를 따른다. t 분포는 student의 t 분포라고도 불리기 때문에 다음과 같이 평균을 빼주고 표본표준편차로 나누어주는 것을 표준화(studentized)라고 부르고 이 변수는 자유도가 $(n-1)$인 t 분포를 따른다.

$$\frac{\overline{X}-\mu}{S/\sqrt{n}}\sim t(n-1).$$

앞에서와 마찬가지로

$$1-\alpha=\Pr(-t(\alpha/2,n-1)\le\frac{\overline{X}-\mu}{S/\sqrt{n}}\le t(\alpha/2,n-1)) \quad [3]$$

$$=\Pr(\overline{X}-t(\alpha/2,n-1)\frac{S}{\sqrt{n}}\le\mu\le\overline{X}+t(\alpha/2,n-1)\frac{S}{\sqrt{n}}).$$

즉, 모평균 μ에 대한 $100\times(1-\alpha)\%$ 신뢰구간은 다음과 같다.

$$\mu=(\overline{X}-t(\alpha/2,n-1)\frac{S}{\sqrt{n}},\ \overline{X}+t(\alpha/2,n-1)\frac{S}{\sqrt{n}}).$$ [4]

---

3) $\Pr(T>t(\alpha,\phi))=\alpha$, 단, $T\sim t(\phi)$.

4) 자료분석을 할 때 모집단의 표준편차를 모른다고 가정하는 것이 합리적이므로 SPSS에서 출력하는 모평균에 대한 신뢰구간 계산값은 이 공식을 따른다.

모비율의 구간추정

모비율 p 의 $100\times(1-\alpha)\%$ 신뢰구간은 다음과 같이 유도할 수 있다.

$$p=\left(\hat{p}-z_{\alpha/2}\sqrt{\frac{\hat{p}(1-\hat{p})}{n}}\ ,\ \hat{p}+z_{\alpha/2}\sqrt{\frac{\hat{p}(1-\hat{p})}{n}}\right).$$

성공확률 p 의 점추정값은 시행횟수 중에 성공횟수의 비율로 이를 기초로 p 에 대하여 구간추정을 한다.

$$\hat{p}=\frac{X}{n}\left(=\frac{\text{성공횟수}}{\text{총시행횟수}}\right).$$

분자의 X가 이항분포를 따르므로 중심극한 정리에 의해 정규분포에 근사한다.[5] 그러므로 $\hat{p}$은 n이 클 때(단, $n\hat{p}\geq 5$, $n(1-\hat{p})\geq 5$) 평균이 p이고 분산이 $p(1-p)/n$인 정규분포에 근사한다.[6]

$$\frac{\hat{p}-p}{\sqrt{\frac{p(1-p)}{n}}}\rightarrow N(0,\ 1).$$

이를 이용해 p 의 $100\times(1-\alpha)\%$ 신뢰구간은 다음과 같이 유도할 수 있다.

$$p=\left(\hat{p}-z_{\alpha/2}\sqrt{\frac{\hat{p}(1-\hat{p})}{n}}\ ,\ \hat{p}+z_{\alpha/2}\sqrt{\frac{\hat{p}(1-\hat{p})}{n}}\right).$$

---

5) 독립적인 시행값의 합은 표본의 수가 커짐에 따라 정규분포에 근사한다는 통계학 이론, 중심극한정리에 의해 이항분포는 독립적인 베르누이 시행의 합이므로 정규분포에 근사한다.

6) $E(\hat{p})=E(\frac{X}{n})=\frac{1}{n}E(X)=\frac{1}{n}np=p,$

$Var(\hat{p})=\frac{1}{n^2}Var(X)=\frac{p(1-p)}{n}.$

【참고】 모비율 구간추정의 실제 예

모비율에 대한 구간 추정은 선거 여론조사 등에서 흔히 접할 수 있는 내용이다. 다음은 이와 관련된 신문기사이다.

> 종합편성방송 JTBC가 신뢰도 면에서 지상파 방송사인 문화방송(MBC)과 SBS를 앞질렀다는 조사 결과가 나왔다.
>
> 여론조사기관 리서치뷰가 2013년 12월 29일부터 31일까지 3일간 전국 2,500명을 대상으로 조사한 결과, 국민이 가장 신뢰하는 방송사에 한국방송공사(KBS)가 27.4%로 1위에 꼽혔으며 JTBC가 13.3%로 그 뒤를 이었다. 지상파 방송 3사(KBS·MBC·SBS)와 종편 방송 4사(채널A, JTBC, MBN, TV조선) 등 총 7개 방송사를 놓고 벌인 설문 결과다.
>
> MBC는 응답자 가운데 11.3%, SBS는 11.1%의 신뢰를 얻었다. MBC는 JTBC와 격차가 간신히 오차 범위(±2.0%p) 안에 들지만, SBS는 오차 범위 밖이다. 다른 종편 방송사인 TV조선은 10.3%, MBN은 5.1%, 채널A은 2.4%를 얻었다. 무응답은 19.1%였다.
>
> 이번 조사는 리서치뷰가 인터넷신문 <뷰앤폴>과 함께 진행했다. 표본오차는 95% 신뢰수준에서 ±2.0%p이다.
>
> – 2014.01.07 프레시안/ 서어리 기자

☞ 모비율 추정에서 표본오차는 $\pm z_{\alpha/2}\sqrt{\hat{p}(1-\hat{p})/n}$ 인데 일반적으로 $\hat{p}$의 값으로 0.5를 사용한다. 이는 표본 오차의 크기가 최대가 되도록[7] 보수적인 추정을 하기 위함이다. $z_{\alpha/2}=z_{0.025}=1.96$ 이므로 표본오차를 계산하면 $n=2{,}500$일 때, ± 0.0196 즉, 약 ±2.0%로 계산할 수 있다.

---

7) $y=x(1-x)$ 의 최댓값은 $x=0.5$ 일 때 얻게 된다.

5장. 검정

5.1 가설검정의 개요

통계적 가설검정의 개요

모집단에서 얻은 표본(data)을 통하여 미지의 모수(parameter)에 관한 주장의 옳고 그름을 판단하는 과정을 통계적 가설검정(Statistical Hypothesis Test)이라 한다.

예를 들어 어떤 제품에 대하여 남녀 간에 선호도 차이가 있는지를 분석하고자 남녀집단의 선호도 평균을 구하였더니 남자와 여자의 선호도 평균의 차이가 0.5점(7점 만점)이었다고 하자. 이럴 경우 0.5점이 의미를 부여할 만큼(두 집단의 차이가 있다) 큰 차이인가를 판단해야 한다. 만약 통계적으로 그 차이가 유의하다고(significant statistically) 판단되면 남녀 간에 선호도의 차이가 있다고 판정하고 유의하지 않다면 남녀 간 차이가 없다고 결론을 내리는 것이 가설검정의 전형이다.

통계적 가설의 개요

이는 모수에 대한 주장을 수식으로 표현한 것으로 가설을 귀무가설과 대립가설의 두 가지로 나눈다.

우리가 판단하고자 하는 모수에 대한 주장을 두 개의 가설로 나누어 어느 가설이 옳은 가를 판단하게 된다. 기존에 우리가 알고 있던 사실을 중심으로 기존의 사실과는 많이 벗어나는 조사결과가 나오면 새로운 가설이 옳다고 판단하기 때문에 중심이 되는 가설을 H_0, 영가설이라 하고 새로이 입증하고자 하는 가설을 H_1, 대립가설이라 한다.

H_0(null hypothesis): 영가설, 귀무가설(歸無假說)

☞ 관습적, 보수적인 주장; '차이가 없다', '예전과 같다', '0이다' 등

H_1(alternative hypothesis): 대립가설(對立假說)

☞ 적극적, 입증하고자하는 주장; '차이가 있다', '예전과 다르다' 등

귀무가설은 대부분 과거와 동일하고, 기존에 알려진 사실, 보편적 사실에 관한 주장을 담고 대립가설은 실험에 의해 새로이 입증된 사실, 기존의 현상과 다른 사실 등, 입증하고자하는 적극적인 가설을 포함하고 있다. 조사 자료에 의해 만약 귀무가설이 옳다고 판단되면 새로이 입증되는 사실이 없는 경우이기 때문에 귀무(歸無), 한자로 '없던 일로 돌아간다'는 의미로 H_0을 귀무가설이라 부른다.

가설의 기각역

귀무가설을 기각하는 검정통계량(test statistic)의 범위를 기각역(critical region)이라 한다.

예를 들어 남녀 간에 선호도가 0.4 이상 차이가 나면 귀무가설(남녀 간 차이 없다)을 기각하고 대립가설(남녀 간 차이 있다)을 채택하게 된다. 이때 기각역은 검정통계량의 분포와 허용된 오차인 유의수준에 의하여 결정하게 된다.

유의수준(significance level)(제 1종의 오류)

유의수준이란 H_0가 사실임에도 불구하고 H_0을 기각할 확률, 즉 제 1종의 오류를 뜻하며, 흔히 이를 α라 칭한다. 즉,

$$\alpha = \Pr(H_0 \text{ 기각} \mid H_0 \text{ 가 사실}).$$

H_0을 기각 또는 채택했을 때, 그 판단이 항상 100% 맞을 수는 없다. H_0가 사실임에도 H_0을 기각하는 오류(제 1종의 오류, Type Ⅰ error)를 범할 수 있다.

이러한 오류를 범할 확률이 작으면 작을수록 좋겠지만, 신뢰구간에서 신뢰도가 높으면 바람직한 구간의 너비를 얻지 못하듯이, 이 값이 너무 작으면 대부분의 경우 H_0을 기각하지 못하는 보수적인 판단을 내리게 된다. 구간추정에서 신뢰도를 미리 결정하듯이, 유의수준도 어느 정도 작은 값으로 우리가 사전에 결정해주어야 하는데, 주로 0.05, 0.1, 0.01 등을 사용한다.

제 2종의 오류

H_1가 사실임에도 불구하고 H_0을 채택할 확률을 제 2종의 오류라 하며, 흔히 이를 β라 칭한다. 즉,

$$\beta = \Pr(H_0 \text{ 채택} \mid H_1 \text{ 이 사실}).$$

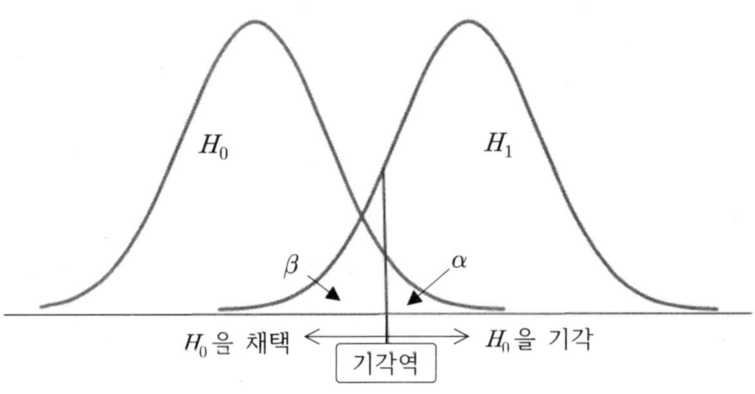

<그림 5.1> 제 1종의 오류와 제 2종의 오류

직관적으로는 두 가지 오류가 모두 작도록 기각역을 정해 주는 것이 바람직하겠지만 이러한 기각역은 존재하지 않는다. 기각역은 제 1종의 오류(α)를 기준으로 정하여 주고 제 2종의 오류(β)를 줄여 주기 위해서 표본의 수를 늘리는 방법을 택하고 있다. 이를 위해 검정력(power)을 다음과 같이 정의하며 이 값은 클수록 바람직하다.

$$\text{Power} = 1-\beta = 1-\Pr(H_0 \text{ 채택} \mid H_1 \text{ 이 사실})$$
$$= \Pr(H_0 \text{ 기각} \mid H_1 \text{ 이 사실}).$$

예를 들어 검정력이 0.8 이상, 유의수준은 0.05 이하가 되도록 실험을 설계하고 표본수를 정하여 주는 형식을 취한다.

유의확률, p-값(p-value)

관측된 검정통계량값이 기각값이라 가정하고, 계산된 유의수준을 의미한다. 즉, H_0가 사실일 때, 이러한 검정통계량의 관측값(또는 기각역 방향으로 그 이상)이 나올 확률이다.

p-값을 대략적으로 표현하면 다음 식과 같다.

$$p\text{-값} = \Pr(\text{관측결과} \mid H_0\text{가 사실}).$$

p-값이 작다는 것은 H_0가 사실일 때, 이런 관측결과가 나올 가능성이 희박하다는 의미이다. 관측결과는 이미 발생한 사실이므로, 'H_0가 사실'이라는 가정이 틀린 것이라고 판단한다. 작다는 것의 기준은 유의수준과 비교하여 얻는다. p-값을 유의수준과 비교해 유의수준보다 작으면 H_0을 기각하고, 유의수준보다 크면 H_0을 채택한다. 즉 요약하면 유의확률에 따라 다음과 같이 판정한다.

가. 유의확률$=p<\alpha$ 이면 H_0 기각 (유의수준 α)
나. 유의확률$=p>\alpha$ 이며 H_0 채택 (유의수준 α)

【참고】 유의수준 5%, 1%, 10% 어느 것이 정답인가?

대부분의 컴퓨터를 이용한 통계자료분석 프로그램에서는 출력결과에 H_0 기각이나 채택 등이 언급되어 있지 않고, p-값(유의확률)만을 출력하여 분석자 자신이 이 값을 유의수준과 비교해 의사결정을 내리도록 하고 있다. 오류를 범할 확률, 유의수준은 작은 값에 대한 기준이라 사용자에 따라 1% 또는 10%를 선호할 수도 있다. 그래서 분석결과 유의확률이 3%인 경우에는 유의수준 5%로 귀무가설을 기각할 수 있지만 유의수준을 1%로 귀무가설을 채택할 수도 있어 같은 결과로 다른 결론을 내릴 수도 있기 때문이다. 어떤 유의수준을 선택하는 것이 최선의 판단이라고 규정하는 것은 매우 어려운 문제이다. 되도록 귀무가설을 기각하고자 하는 분석자들의 입장에서는 주로 유의수준 5%를 선호하는 경향이 있다는 정도만 언급할 수 있을 뿐이다.

5.2 모평균의 가설검정

모평균의 검정의 개요

자료에서 얻은 표본평균을 통해 모집단의 평균이 어떤 값이라는 기존의 사실에 대한 옳고 그름에 대한 판정을 내리는 과정을 의미한다.

평균이 μ 이고 분산이 σ^2 인 정규분포에서 $X_1, X_2, \ldots, X_n$ 의 표본을 얻었을 때, '모평균이 μ_0 와 같다' 대(對) 'μ_0 보다 크다'에 관한 모평균의 검정을 위한 가설은 다음과 같다.

$$H_0 : \mu = \mu_0 \quad \text{vs.} \quad H_1 : \mu > \mu_0 .$$

판단 근거로는 H_0가 맞는다면 $\overline{X}$가 μ_0에 가까울 것이므로 $\overline{X}$를 μ_0로 표준화하였을 때 0에 가까운 값이 나올 것이다. 표준화한 검정통계량은 t 분포를 따르므로 다음과 같이 의사결정을 한다.

$$t = \frac{\overline{X} - \mu_0}{S / \sqrt{n}} \geq t(\alpha, n-1) \text{ 이면 } H_0 \text{ 기각.}$$ [8)]

【참고】 양측검정과 단측검정

모평균과 주어진 값의 부등호 방향에 다음과 같은 세 가지 형태의 대립가설이 가능하고, 이때 각 가설검정의 기각역은 다음과 같다. SPSS의 출력결과는 항상 양측검정을 기준으로 작성된다.

---

8) $\overline{X}$를 표준화할 때 모표준편차 σ를 안다면 검정통계량이 표준정규분포(Standardized Normal Distribution)를 따르므로 Z-검정이라 부른다. 통계패키지 사용이 일반화되기 전에는 표본수가 30이상이면 정규분포에 근사시켜 Z-검정을 시행하는 것이 보통이었으나 현재는 t-검정만을 사용한다고 보아도 무방하다.

$$\text{Z-검정: } Z = \frac{\overline{X} - \mu_0}{\sigma / \sqrt{n}} \geq Z_\alpha \text{ 이면 } H_0 \text{ 기각.}$$

$H_0 : \mu = \mu_0$ vs. $H_1 : \mu > \mu_0$ (단측검정)	$\dfrac{\overline{X}-\mu_0}{S/\sqrt{n}} \geq +t(\alpha, n-1)$이면 H_0 기각
$H_0 : \mu = \mu_0$ vs. $H_1 : \mu < \mu_0$ (단측검정)	$\dfrac{\overline{X}-\mu_0}{S/\sqrt{n}} \leq -t(\alpha, n-1)$이면 H_0 기각
$H_0 : \mu = \mu_0$ vs. $H_1 : \mu \neq \mu_0$ (양측검정)	$\left\lvert \dfrac{\overline{X}-\mu_0}{S/\sqrt{n}} \right\rvert \geq t(\alpha/2, n-1)$ 이면 H_0 기각

<표 5.1> 모평균의 가설과 검정절차

【예제 5.1】 정규분포를 따르는 모집단에서 10개의 표본을 뽑아 표본평균을 구하였다. 표본평균을 이용해 모평균이 100보다 큰가를 검정하려 한다. (단측검정) 가설과 기각역을 구하시오.

<풀이> $H_0 : \mu = 100$ vs. $H_1 : \mu > 100$ (단측검정)

기각역이 $\dfrac{\overline{X}-100}{S/\sqrt{10}} \geq +t(0.05, 9)$이므로

$\overline{X} \geq 100 + t(0.05, 9)\dfrac{S}{\sqrt{10}}$ 이면 귀무가설을 기각하고

모평균이 100보다 크다고 판단한다. ■

【예제 5.2】 앞 예제를 이용해 모평균이 100과 동일한가를 검정하려 한다. (양측검정) 가설과 기각역을 구하시오.

<풀이> $H_0 : \mu = 100$ vs. $H_1 : \mu \neq 100$ (양측검정)

기각역이 $\left\lvert \dfrac{\overline{X}-100}{S/\sqrt{10}} \right\rvert \geq +t(0.025, 9)$이므로

$\overline{X} \geq 100 + t(0.025, 9)\dfrac{S}{\sqrt{10}}$, $\overline{X} \leq 100 - t(0.025, 9)\dfrac{S}{\sqrt{10}}$이면 귀무가설을 기각하고 모평균이 100이 아니라고 판단한다. ■

> **【예제 5.3】** 앞 **[예제 5.1]**에서 '모평균이 100보다 큰가'를 검정하는 t-검정법의 검정력을 구하시오.

<풀이> Power $= 1-\beta = \Pr(H_0$ 기각 $| H_1$ 이 사실$)$.

$$\text{검정력은} \quad \Pr\left(\frac{\overline{X}-100}{S/\sqrt{10}} \geq +t(0.05,9) \middle| \mu = \mu_1 \right)$$

$$= \Pr\left(\frac{\overline{X}-\mu_1}{S/\sqrt{10}} + \frac{\mu_1 - 100}{S/\sqrt{10}} \geq +t(0.05,9) \middle| \mu = \mu_1 \right)$$

$$= \Pr\left(T \geq t(0.05,9) - \frac{\mu_1 - 100}{S/\sqrt{10}} \right), \quad T \sim t(9).$$

즉, 검정력은 μ_1의 함수로 100보다 큰 특정한 μ_1값을 대입하면 검정력 값을 구할 수 있다.

예를 들어 '$S=10,\ \mu_1 = 110$'이라면 이 때 윗 식에 의해 검정력은 0.89가 된다($=\Pr(T>-1.329)$). ■

5.3 SPSS에 의한 모평균의 추론

데이터 분석의 추론은 추정과 검정의 절차를 따른다. 이 절에서는 예제를 통해 모평균에 대한 추정과 검정을 SPSS를 이용해 실시해 본다.

> **【예제 5.4】** 다음 자료는 A회사에서 운용하는 펀드들의 1년 수익률자료의 일부이다.
>
> 자료: 0.13, −0.02, 0.03, 0.06, −0.04,
> 0.25, 0.08, 0.05, −0.07, 0.10
>
> (1) 펀드의 수익률은 얼마로 추정되는가?
>
> (2) 펀드의 수익률이 양(positive)이라 할 수 있는가?

<풀이>

(1) 수익률의 **추정**

① 자료의 입력: SPSS를 실행하고 [데이터 보기] 창에 예제에 주어진 자료를 입력한다.

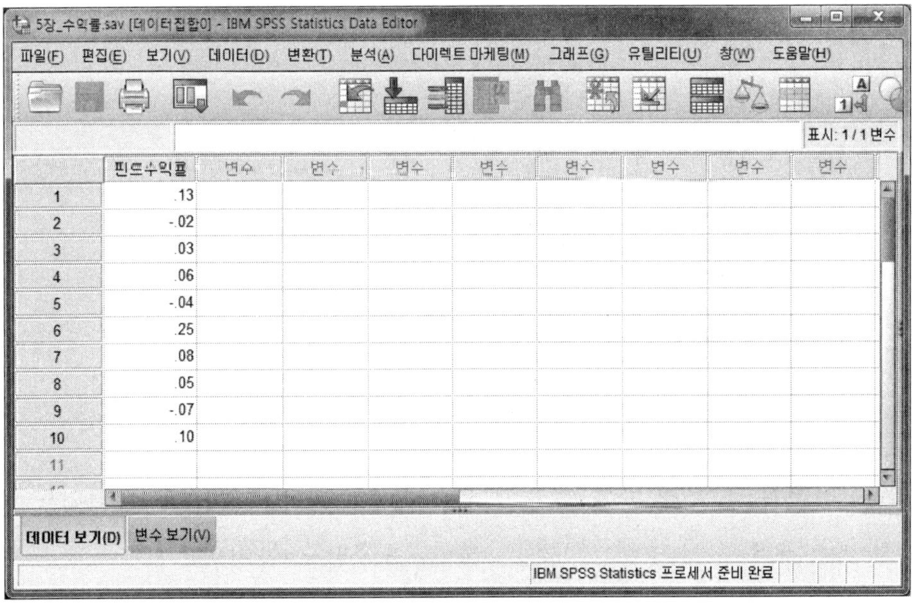

② 분석방법 선택하기 위하여 [분석] 메뉴에서 <기술통계량>−<기술통계>를 선택한다.

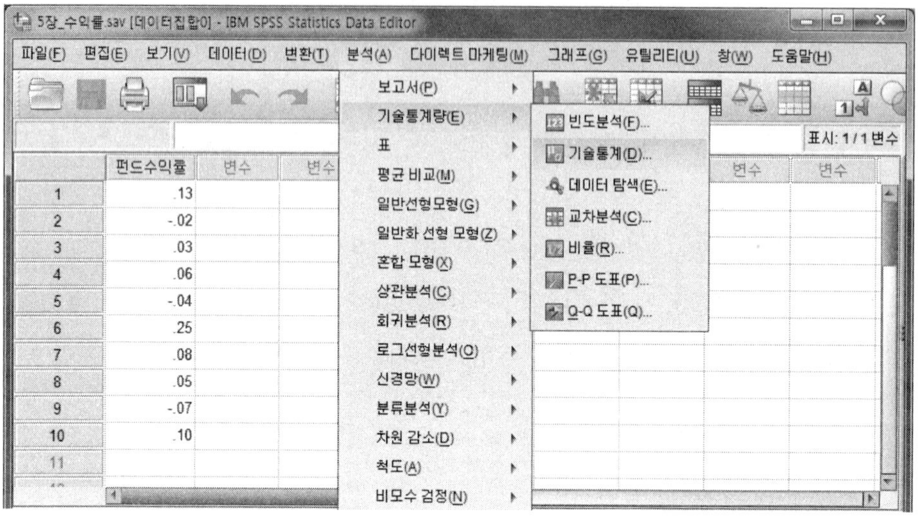

③ <기술통계> 대화창에서 분석 [변수]창에 '펀드수익률' 변수를 화살표 버튼을 이용해서 이동한다. 별다른 옵션의 지정 없이 [확인]을 누른다.

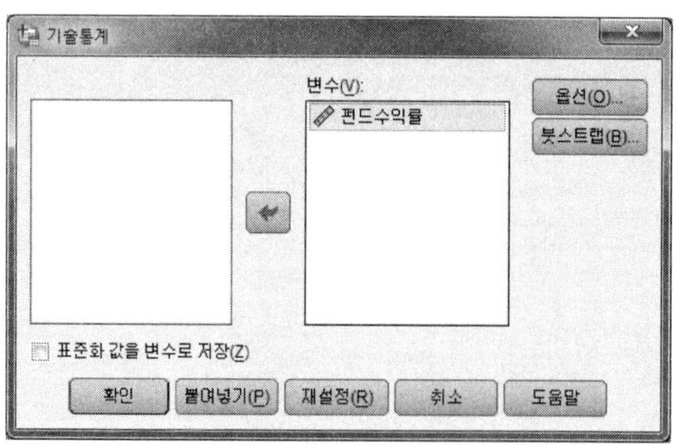

④ 출력결과는 '출력'창에 표시된다. <기술통계법>에 의해 출력되는 통계량은 표본수, 최솟값, 최댓값, 평균, 표준편차 등이다.

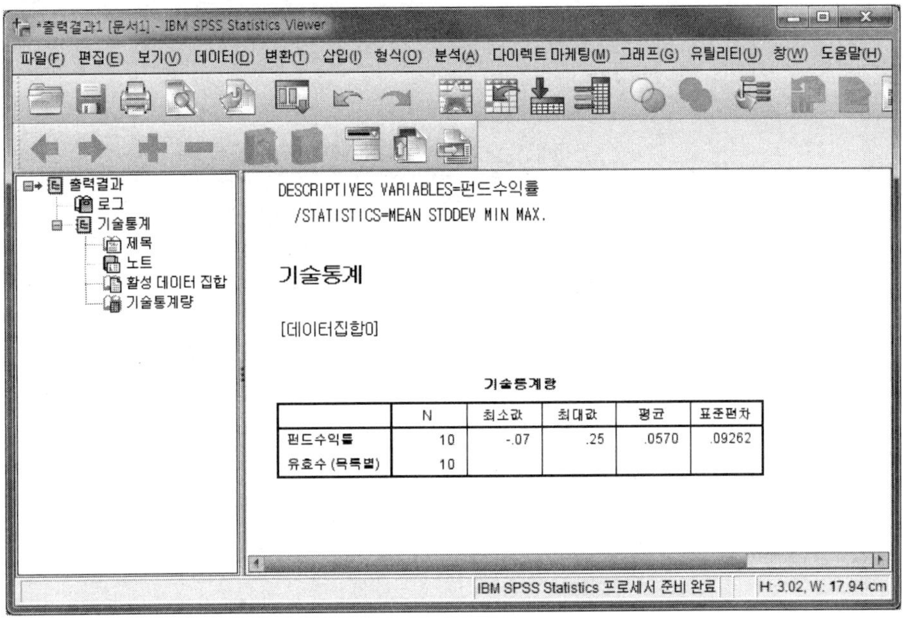

⇨ <u>펀드수익률에 대한 점추정값은 0.057이다(표본평균).</u>

⑤ 구간추정 결과를 보기 위해서는 다른 분석방법을 선택해야 한다. <기술통계학>-<데이터 탐색>을 선택한다.

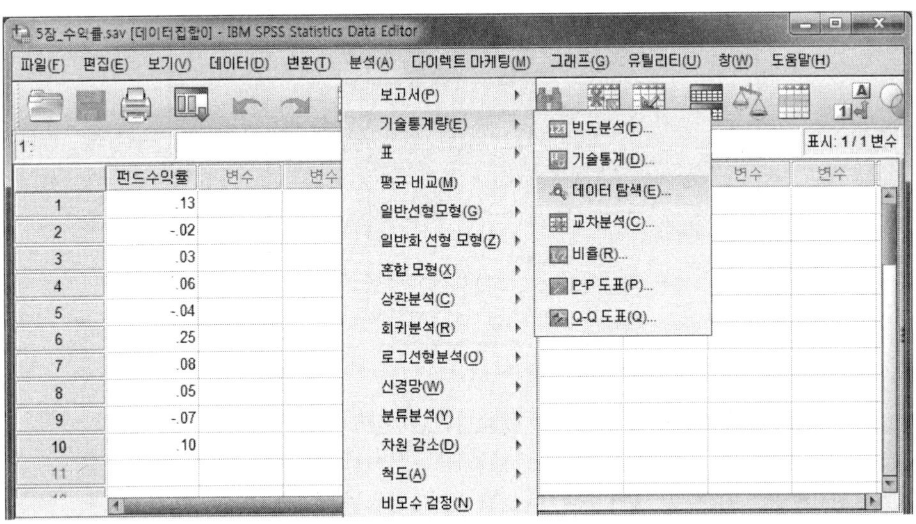

⑥ <데이터 탐색> 창에서 분석하고자 하는 변수를 [종속변수] 창에 옮기고 [확인]을 누른다.

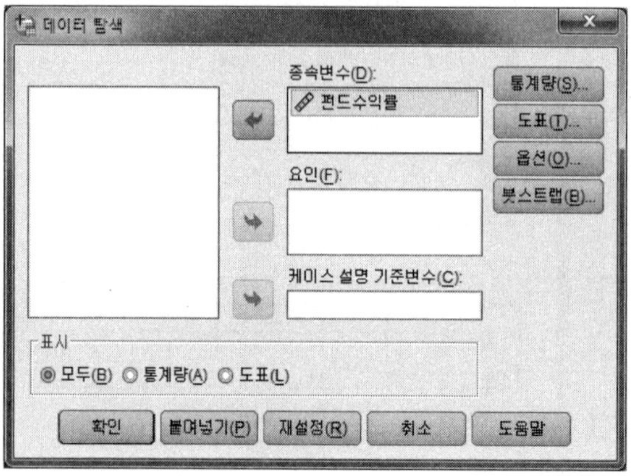

⑦ 데이터탐색에 의한 출력결과는 다음과 같다. 기초적인 통계량 외에도 신뢰구간의 하한과 상한, 절삭평균, 왜도, 첨도 등이 출력된다.

기술통계

			통계량	표준오차
펀드수익률	평균		.0570	.02929
	평균의 95% 신뢰구간	하한	-.0093	
		상한	.1233	
	5% 절삭평균		.0533	
	중위수		.0550	
	분산		.009	
	표준편차		.09262	
	최소값		-.07	
	최대값		.25	
	범위		.32	
	사분위수 범위		.13	
	왜도		.740	.687
	첨도		1.010	1.334

⇨ <u>펀드수익률에 대한 구간추정값은 (−0.0093~0.1233)이다</u>.

※ 이 신뢰구간 안에 0이 포함되어 있기 때문에 특별히 검정을 시행하지 않더라도 수익률의 평균은 0으로 볼 수 있다고 판단한다.

(2) 수익률에 대한 **검정**

① 수익률이 0보다 큰가를 검정하기 때문에 가설은 다음과 같다.

$$H_0 : \mu = 0 \quad \text{vs.} \quad H_1 : \mu > 0.$$

그러나 가설은 자료가 얻어지기 전에 세우는 것이 합당하고 자료를 조사하기 전에는 0 보다 큰지 작은지를 미리 예단할 수 없기 때문에 일반적으로 다음과 같이 양측검정을 행하게 된다.

$$H_0 : \mu = 0 \quad \text{vs.} \quad H_1 : \mu \neq 0.$$

② 하나의 모집단의 평균에 대한 검정이므로 [분석] 메뉴에서 <평균비교>-<일표본 T 검정>을 선택한다.

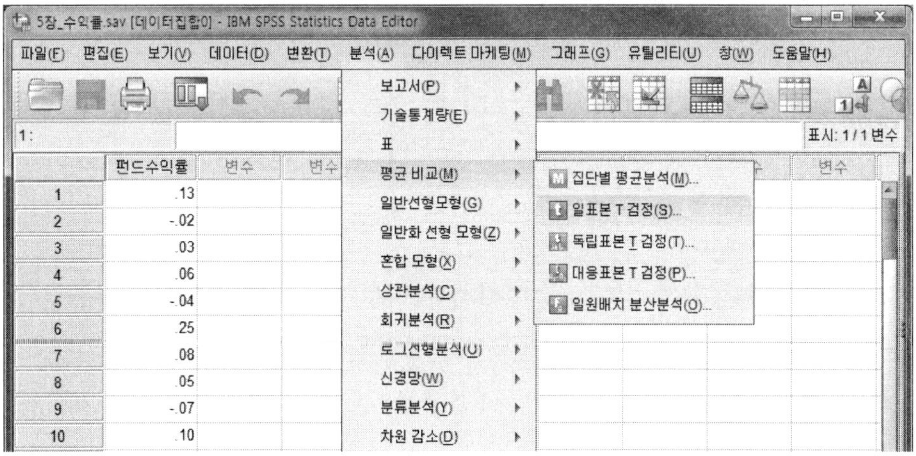

③ <일표본 T-검정> 대화상자에서 검정변수인 '펀드수익률' 선택하여 우측 [검정변수] 창으로 보낸다. [검정값]에는 모수가 0인가를 검정하니까 0이라 쓰고 [확인]을 누른다.

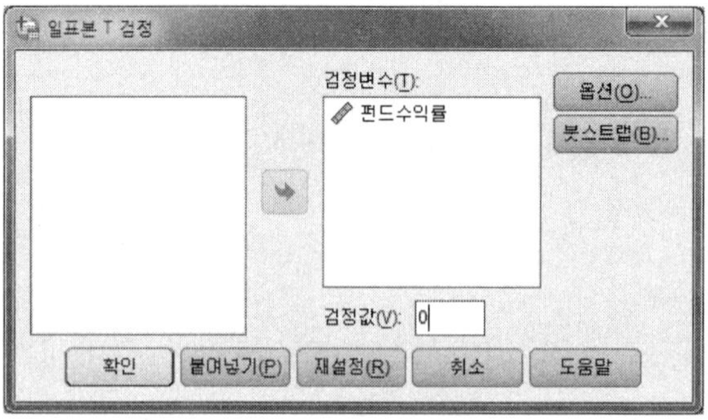

④ 출력결과

일표본 통계량

	N	평균	표준편차	평균의 표준오차
펀드수익률	10	.0570	.09262	.02929

일표본 검정

	검정값 = 0					
					차이의 95% 신뢰구간	
	t	자유도	유의확률 (양쪽)	평균차	하한	상한
펀드수익률	1.946	9	.083	.05700	-.0093	.1233

⇨ 검정통계량 t 값은 1.946이고 이에 따른 유의확률(p-값)은 0.083이다. 유의확률이 유의수준 0.05보다 크므로 귀무가설을 기각하지 못한다. 결론적으로 귀무가설을 채택하여 펀드수익률은 0이라 판단한다.

※ 위에서 양측검정한 결과 유의확률(p-값)이 0.083으로 유의수준(α) 0.05보다 작으므로 귀무가설을 채택하였지만 만약 우리가 수익률이 0보다 큰가에만 관심을 갖는 단측검정을 실시한다면 실제로 유의확률은 절반이 되므로 0.083/2=0.0415로 유의수준보다 작아서 귀무가설을 기각, "수익률이 0보다 크다"고 결론을 내릴 수 있을 것이다. 그러나 양측검정 결과를 표시하는 것이 일반적이기 때문에 이러한 결론은 추천할 만하지 못하다. ■

Part Ⅲ. 데이터 수집

6. 데이터의 측정

7. 필요한 표본수 결정

8. 표본추출

9. 데이터의 검토

Part Ⅲ. 데이터 수집을 공부하기 전에

□ 데이터 수집에 대하여 알아야 하는 이유

- 필요한 자료를 어떤 형태로, 얼마나, 어떻게 얻어서 입력하는 가에 대한 절차를 설명한다.
- 필요한 정보가 어떤 형태의 자료인지 파악한다.
- 데이터를 얼마나 많이 얻고 어떻게 배분해야 하는지 정한다.
- 데이터를 입력하고 필요에 따라 변환시킬 수 있어야 한다.
- 얻은 데이터가 신뢰할만한지 신뢰도 평가가 필요하다.

□ 데이터 수집에 대하여 알아야 할 내용

- 데이터의 측도: 명목, 순서, 구간, 비율 척도 등.
- 설문지 작성법: 내용구성, 문항의 순서 등.
- 검정력(power)에 의한 필요 응답자수(표본수)의 결정.
- 실험에 응답자들의 배정.
- 데이터의 입력(코딩)과 코딩변환, 변수변환 등.
- 데이터의 신뢰성, 타당성 검토

□ 데이터 수집의 예

- 영화상영관에 대한 소비자 조사를 실시한다.
  ☞ 영화관 선택요인, 이용행동, 만족도 등에 관한 설문지 작성.
- 고혈압 임상실험에서 자원참가자를 배정한다.
  ☞ 임상효과를 탐지하기에 충분하고 적절한 표본수를 결정, 결정된 숫자를 무작위로 각 처리군에 배정.
- 데이터가 연구목적에 맞게 제대로 얻어졌는지를 점검한다.
  ☞ 항목의 타당성 및 신뢰성을 검토,

6장. 데이터의 측정

6.1 데이터의 형태

통계자료의 측정

통계자료를 측정하는 것은 추상적인 개념적 정의를 구체적인 조작적 정의로 변환한 변수의 개념에 따라 이를 계량적 또는 질적인 값을 얻는 것이다.

통계자료(statistical data)는 변수에 대한 측정값을 의미한다. 우리가 측정하고자 하는 개념적 정의(conceptual definition) 형태인 추상적인 내용을 조작적 정의(operational definition)에 의해 구체적인 변수로 구현한 뒤에 이에 대한 측정값을 얻는 것이다.

예를 들어 상표 애호도(loyalty)라는 개념적 정의에 관한 통계자료를 얻기 위해서 애호도라는 개념을 '최근 5번 구입한 제품 중 동일한 브랜드 구매횟수'라는 조작적 정의로 변환시키고 소비자에게 '최근 구입한 제품 5개의 상표'라는 변수에 대하여 측정하는 것이다.

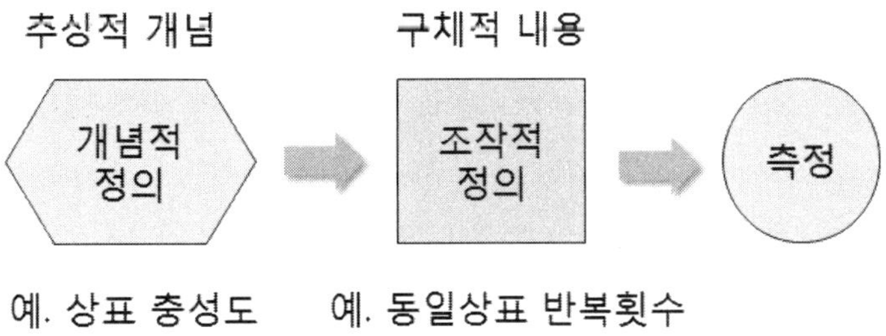

<그림 6.1> 개념적 정의와 조작적 정의

【참고】 질적 자료와 양적 자료

원자료(raw data)는 형태에 따라 크게 질적 자료(qualitative data)와 양적 자료(quantitative data)로 나눌 수 있는데, 질적 자료는 계량화되지 않는 형태의 자료, 예를 들어 문장, 사진 등의 자료이다. 질적 자료를 척도를 정하여 측정하여 양적 자료로 변환하면 이를 통계적 기법으로 분석할 수 있는 것이다. 예를 들어 '키가 크고 잘생긴 20대 남자'라는 질적 자료를 '키', '외모선호도', '성별', '나이' 등과 같은 변수로 측정할 수 있다.

질적 자료		척도		양적 자료
키가 크고		명목척도		성별 (0,1)
잘 생긴	⇨	순서척도	⇨	외모선호도 (1/10)
20대		등간척도		연령 (20대)
남자		비율척도		키 (180 cm)

<표 6.1> 질적 자료의 양적 자료로 변환

자료의 측정하는 방법, 척도(Scales of Measurement)

양적 자료는 자료의 형태에 따라 4가지 척도를 이용하여 측정할 수 있다. 특성에 따라 분류되어 있는 범주형 자료(categorical data)를 측정하는 **명목척도**, 선호도나 수준 등의 순서가 있는 자료를 측정하는 **순서척도**, 간격이 있는 구간으로 측정하는 **구간척도**, 일반적인 계량적 수치로 얻는 자료를 측정하는 **비율척도** 등이다.

척도의 적용은 해당 자료에 맞게 하는 것이 원칙이지만 각 척도는 하위척도로도 측정할 수도 있다. 즉, 연령을 21세, 43세 등 비율척도로 측정할 수 있지만 연령층으로 하여 20대, 30대, 40대 등의 구간척도로, 또는 청소년, 청년층, 장년층, 노년층 등의 순서척도로, 또는 미성년, 성년 등의 명목척도로 측정할 수 있다.

척도	적용데이터	자료 예
명목척도 Nominal scale	• 분류형, 범주형 자료 • 순서개념 없음	• 남/여 • 구매/비구매 • 수도권/영남권/호남권
순서척도 Ordinal scale	• 순서형 자료 • 차이값에 의미 없음	• 호텔등급 • 생활수준 • 만족도 Likert scales
구간척도 Interval scale	• 순서형, 연속형 자료 • 차이값에는 의미 있으나 비율값에는 의미 없음	• 온도 • 일자(dates) • 만족도 평가점수
비율척도 Ratio scale	• 순서형, 연속형 자료 • 0(natural zero)의 개념	• 신장, 체중, 나이 • 거리, 시간 • 매출액, 판매량

<표 6.2> 측정의 척도

【참고】 SPSS에서는 척도의 종류를 명목척도, 순서척도, (비율)척도(continuous) 등의 세 가지로 분류하고 있어 구간척도와 비율척도의 구별이 엄격하지 않다. 그러나 이러한 분류는 이론적으로 정확한 것이 아니므로 주의를 기울여야 한다.

명목척도 (Nominal Scale)

기장 낮은 수준의 척도가 명목척도인데 이는 자료의 이름(순서가 정해지지 않는 항목)을 측정한 것이다.

예를 들어 소비자의 성별을 "남", "여" 등, 구매경험을 "예", "아니오" 등, 소비자의 연령을 "65세 이상", "65세 미만" 등으로 측정한 것이 명목척도의 예이다. 명목자료를 측정하고자 할 때, 응답항목은 모든 경우를 겹치지 않고(mutually exclusive) 전부 포함시키도록(exhaustive) 하여 측정개체가 어떤 항목에라도 반드시 포함되도록 해야 하고 현실적으로 구분하지 못할 경우가 발생할 가능성이 있으면 "기타" 등의 항목을 포함한다.

순서척도 (Ordinal Scale)

두 번째 수준의 척도인 순서척도(서열척도)는 측정 항목 간에 순서성(rank)이 존재하지만 순서간의 간격이 등간격이 아니다.

예를 들어 어떤 제품에 대한 만족도를 "매우만족", "만족", "보통", "불만족", "매우불만족" 등이나, 서비스 변화 정도를 "보통임", "약간 개선됨", "매우 개선됨" 등으로 측정한 것이다. 이런 경우 분석을 위하여 코딩할 때 이들 값을 수치로 변화하는데, 즉, 1="매우불만족", 2="불만족", 3="보통", 4="만족", 5="매우만족" 등이다. 이들 수는 단지 순서성만 내포하지 '2−1=1'과 '3−2=1'의 크기가 동일하다고 보지 못한다.

【참고】 외형은 순서척도지만 사용할 때는 구간척도인 리커트 척도

<표 6.3>과 같이 중립점을 포함하면서 순차성을 가지고 5점 또는 7점 스케일로 측정하는 방식을 리커트 척도(Likert scale)라 한다.

Q1) 귀하는 현재 사용 중인 스마트폰에 대하여 만족합니까?
① 매우불만족 ② 불만족 ③ 보통 ④ 만족 ⑤ 매우만족

<표 6.3> 리커트 척도에 의한 측정 문항 예

이는 엄격하게 적용하자면 순서형 척도에 해당하지만 근래에는 이를 구간척도로 취급하여 평균을 표시하기도 하고 요인분석(factor analysis) 같은 계량적인 분석도 실시하는 경향이 두드러진다. 이에 대한 근거는 리커트 척도는 중립점을 중심으로 좌우대칭인 형태이기 때문에 구간너비가 어느 정도 등간격이라 볼 수 있다는 것이다. 교재에 따라서 리커트 척도가 순서척도에 또는 구간척도에 분류되기도 한다. 그러나 중립점이 없는 '1. 보통이다', '2. 약간 만족한다', '3. 매우 만족한다' 등의 측정 항목은 구간척도로 간주할 수 없다.

구간척도 (Interval Scale)

앞의 두 척도보다는 정교한 구간척도는 순서성뿐만 아니라 척도의 거리가 수치의 의미를 갖는다. 즉, 1과 2의 거리차이는 3과 4의 거리 차이와 동일하게 취급된다. 그런데 이들 수치는 임의적으로 단위값이나 0을 결정하기 때문에 수치상의 완전한 비교는 유효하지 않다.

구간척도의 가장 대표적인 예는 섭씨(℃)와 화씨(°F)인데 섭씨 0도는 물이 어는점이고 화씨에서는 그 점이 32°F가 되기 때문에 섭씨 0도와 화씨 0도의 0은 그 의미가 다르다 할 수 있다. 또한 구간척도는 차이값에는 의미가 있지만 비율에는 의미가 없다. 예를 들어 30℃와 32℃의 2℃차이는 20℃와 22℃의 2℃차이와 동일하다는 것이다. 그러나 20°C가 10°C보다 2배 뜨겁다는 의미를 갖지는 못하다는 것으로 비율이 갖는 의미가 동일하지 않다고 이해할 수 있다.

경영자료에서 구간척도로 흔히 측정하는 것이 브랜드 선호도, 제품 만족도 등인데 관례적으로 10점 척도보다는 5점, 또는 7점 척도를 주로 사용하다보니 리커트 척도와 혼동되는 경우가 많다. 그러나 중립점을 갖지 않는 척도는 리커트 척도가 아니기 때문에 선호도 평가점수 등의 측정은 구간척도라 할 수 있다. 그리고 비록 선호도와 만족도를 리커트 형식으로 측정하였다하더라도 이를 구간척도로 간주하는데 큰 무리는 없다.

비율척도 (Ratio Scale)

가장 높은 수준의 비율척도는 구간거리와 더불어 비율 간에 특성도 규정할 수 있다. 비율척도는 진정한 0의 개념을 포함하고 있는데, 0을 중심으로 양과 음의 구분이 된다든가, 0은 '없음'을 의미하게 된다.

대부분 화폐단위, 측량단위 등의 수치로 측정되는 자료가 이에 해당되며 예를 들어, 신장, 체중, 기간, 시장점유율, 가격, 매출액, 광고비 등이 비율척도로 측정될 수 있다.

6.2 데이터의 척도에 따른 분석기법

자료는 자료의 성질에 따라 척도가 결정되기도 하지만 우리가 분석하고자 하는 목표, 내용에 따라 척도가 달라질 수도 있다. 다음 <표 6.4>에서 3개의 대형 할인마트에 대하여 자료를 얻고자 할 때 여러 척도를 사용할 수 있음을 예시하고 있다. 소비자들이 이용을 많이 하는 마트, 선호하는 마트, 만족도가 높은 마트, 지출을 많이 하는 마트 등, 조사하고자 하는 내용에 따라 척도를 달리 측정할 수 있고 분석 통계량도 다르다.

척도구분		명목척도		순서척도		등간척도	
질문과 답변에 따라 분석하는 통계방법		질문/응답	분석	질문/응답	분석	질문/응답	분석
		주로 가는 쇼핑몰	빈도	선호순위	선호점수 (순위합)	만족도 (7점만점)	평균
1	A마트	1	30	2	35	5	5.6
2	B마트	0	60	1	20	6	6.1
3	C마트	0	10	3	65	3	4.3

<표 6.4> 질문에 따른 척도의 종류

명목척도의 분석방법

명목척도의 자료를 분석하는 통계량은 각 속성의 값을 갖는 개체의 수를 계수(count)한 빈도수(frequency)가 주로 이용된다.

명목척도는 질적 척도의 하나이다.[9] 명목척도는 실제로 통계분석에서 범주를 나누기 위한 변수로 사용되는 경우가 대부분이어서 명목척도에 대한 고급 분석은 중요하지 않다고 할 수 있다.

9) 질적 척도와 질적 자료는 다르다. 양적 자료를 척도에 따라 질적 척도(명목척도, 순서척도), 양적 척도(구간척도, 비율척도)로 측정할 수 있다.

질적 척도로 측정한 자료에 유용한 표현(display) 방법으로는 도수분포표, 막대그래프, 원그래프 등이 있다. 자료의 형식과 성격에 따라 분석자가 위 방법들을 다양하게 적용하면 자료의 대략적인 개요를 한눈에 파악할 수 있고, 더불어 구체적인 정보(도수, 비율)도 같이 포함한 형태로 표현할 수 있다.[10]

성별	빈도수
남	20
여	30
합계	50

<표 6.5> 도수분포표 예

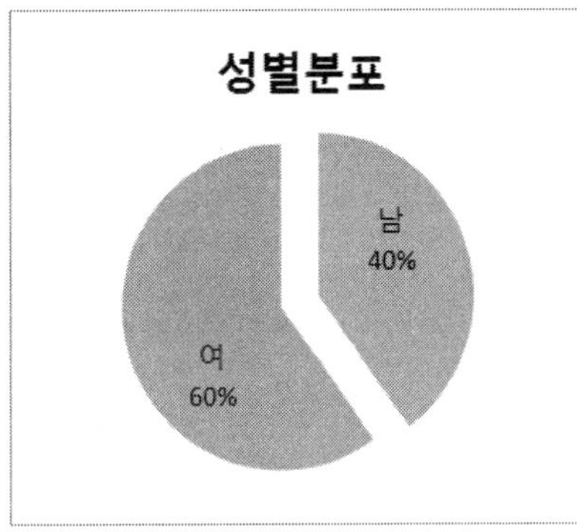

<그림 6.2> 원그래프 예

순서척도의 분석방법

순서척도는 명목척도와 마찬가지로 범주가 분리되어 있기 때문에 각 속성에 속하는 개체의 수를 카운트하는 것이 일반적이다.

질적 척도의 통계량은 순서척도인 경우에는 선호도 순위(rank)의 합을 더한 값이 자료를 설명하는 통계량이 되기도 하지만 순위합을 구할 때 가중값(weight)에 대한 논란이 있어[11] 무난하게 빈도수만 표시하는 경우가 많다.

예를 들어 어떤 제품에 대하여 "1=매우불만족", "2=불만족", "3=보통", "4=만족", "5=매우만족" 에 각각 대답한 소비자 수가 5, 10, 15, 20, 10 등이었다면 다음과 같은 도수분포표와 막대그래프를 얻을 수 있다.

---

10) SPSS의 빈도분석에 해당된다.

11) 1순위=10점, 2순위=5점, 3순위=0점? 또는 1순위=3점, 2순위=2점, 3순위=1점?

속성(만족도)	빈도수
매우 불만족	2
불만족	3
보통	15
만족	20
매우 만족	10
합계	60

<표 6.6> 만족도 도수분포표

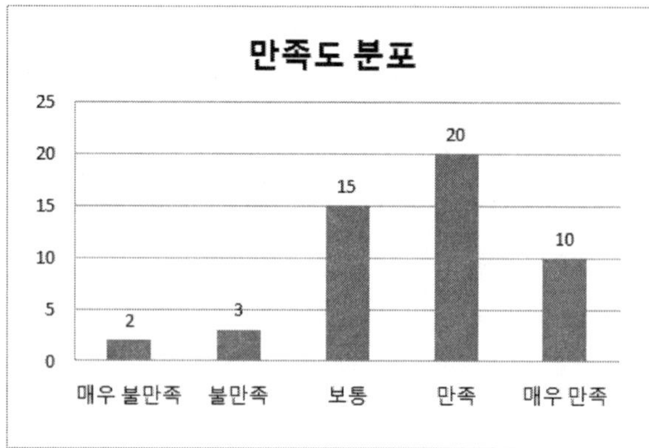

<그림 6.3> 만족도 분포 막대그래프

【참고】 리커트 합산 척도, 어떻게 그릴까.

<표 6.3>과 같이 중립점을 포함하면서 순차성을 가지는 리커트 척도를 여러 번 반복 질문한 리커트 합산 척도(Likert summated scale)의 개념이 있다. 이는 하나의 속성을(예. 만족도) 여러 개의 세부 속성으로(예. 가격, 디자인, 성능 등) 나누어 질문하여 응답자료를 얻는 형태이다. 이 같은 경우에 각 문항 별로 막대그래프를 그리는 것은 출력결과를 해석하는데 어려움을 가져온다. 이런 경우 리커트 척도를 구간척도로 간주하고 각 항목별 평균 점수를 표시하여 주는 것이 바람직하다.

Q) 귀하가 현재 사용 중인 스마트폰의 다음 속성에 대하여 얼마나 만족하십니까?

q1. 디자인	① 매우불만족 ② 불만족 ③ 보통 ④ 만족 ⑤ 매우만족
q2. 가격	① 매우불만족 ② 불만족 ③ 보통 ④ 만족 ⑤ 매우만족
q3. 내구성	① 매우불만족 ② 불만족 ③ 보통 ④ 만족 ⑤ 매우만족
q4. 부가기능	① 매우불만족 ② 불만족 ③ 보통 ④ 만족 ⑤ 매우만족
q5. A/S	① 매우불만족 ② 불만족 ③ 보통 ④ 만족 ⑤ 매우만족
q6. 전체적	① 매우불만족 ② 불만족 ③ 보통 ④ 만족 ⑤ 매우만족

<표 6.7> 리커트 합산 척도에 의한 측정 문항 예

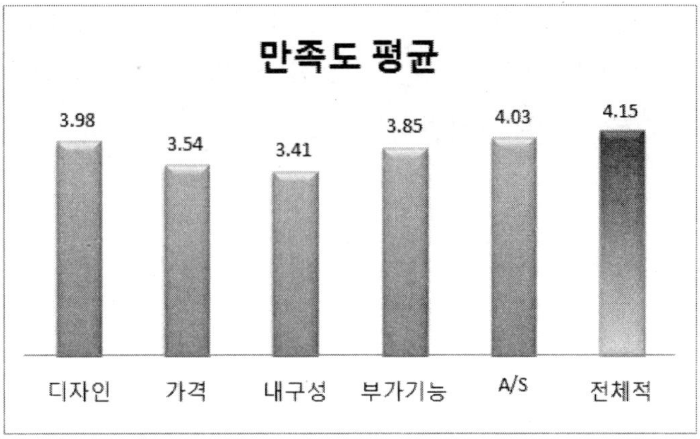

<그림 6.4> 만족도 평균 그래프

양적자료의 분석방법

양적 자료는 연속자료를 이산형(discrete)의 계급구간으로 분류하여 도수분포표와 히스토그램(histogram)과[12] 같은 그림형태로 표현할 수 있으며, 평균, 중앙값, 분산, 범위 등의 통계량에 의한 수치적인 표현으로 자료요약이 가능하다.

순서형을 제외한 양적 자료는 그 속성의 범위를 나누는 기준부터 세워야 한다. 그 범위를 우리는 계급구간이라 하는데 계급구간의 너비와 계급구간의 수를 결정하는 것이 선결과제이다.

예를 들어 어떤 실험집단의 월평균수입이 다음과 같을 때 이들의 도수분포표를 구해보자.

120, 145, 150, 165, 170, 175, 180, 190, 190, 195, 195,
200, 200, 200, 205, 205, 210, 210, 210, 215, 215, 220,
220, 225, 225, 230, 240, 250, 270, 290 (단위: 만원)

---

12) 질적 척도 자료의 도수분포표를 그림으로 표시한 막대도표나 양적 척도 자료의 도수분포표를 그림으로 표시한 히스토그램은 외형상으로 차이가 없어 보이지만, 히스토그램이란 양적인 자료를 적당한 계급구간과 너비를 설정하고 이에 따른 빈도수를 도표로 표시한 것으로 항목별로 빈도수를 표시한 막대그래프와는 구별된다.

최댓값과 최솟값의 크기가 290−120=170 이므로 계급구간의 너비를 20정도로 하면 9개의 계급구간이 나올 수 있다. 그 경우 다음과 같이 도수분포표와 히스토그램을 작성한다.

계급값	도수
140이하	1
140~160이하	3
160~180이하	8
180~200이하	12
200~220이하	15
220~240이하	11
240~260이하	6
260~280이하	3
280초과	1
합계	60

<표 6.8> 도수분포표

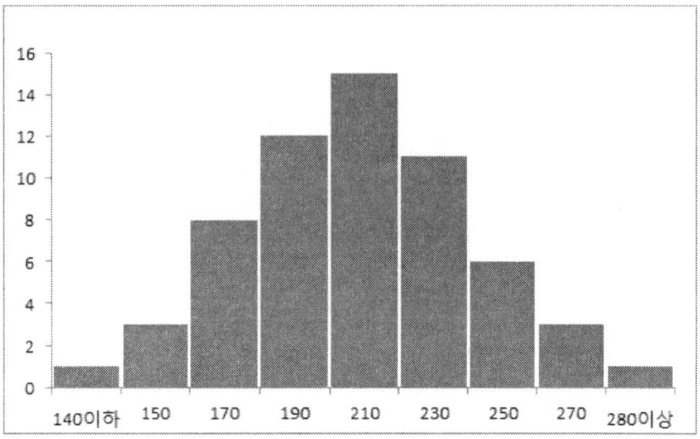

<그림 6.5> 히스토그램

히스토그램의 구간 설정

앞에서 왜 계급값의 범위를 20으로 했는지에 대한 이론적인 근거가 필요할 것이다. 전체적인 개체의 수와 범위 등을 고려하여 6~13개 구간 중 가장 적절하게 표현할 수 있는 구간을 정해주는 것이 일반적이지만 이론적으로 구간의 수를 결정하는 방법도 존재한다.

Struges(1926)는 계급구간의 너비와 개수를 구하기 위해 다음과 같은 공식을 제안하였다. 구간의 개수 k는 $k = 1 + 3.322 \cdot \log_{10} n$로 구하고 이에 따라 구간의 너비 w는 전체 범위 R을 k로 나누어 구한다. 즉, $w = R/k$.

앞의 예에 적용하여 보면 $k = 1 + 3.322 \cdot 1.477 = 5.906$ 이므로 약 6개의 구간으로 정하고, 이에 따른 구간너비는 $w = 170/6 = 28.333$, 즉 약 30 정도로 정하는 것이 좋다. 이 공식대로 구간을 다시 나누어 도수분포표와 히스토그램을 구해보면 다음과 같다.

계급값	도수
140이하	1
140~170이하	5
170~200이하	18
200~230이하	21
230~260이하	11
260~290이하	4
290초과	0
합계	60

<표 6.9> 도수분포표

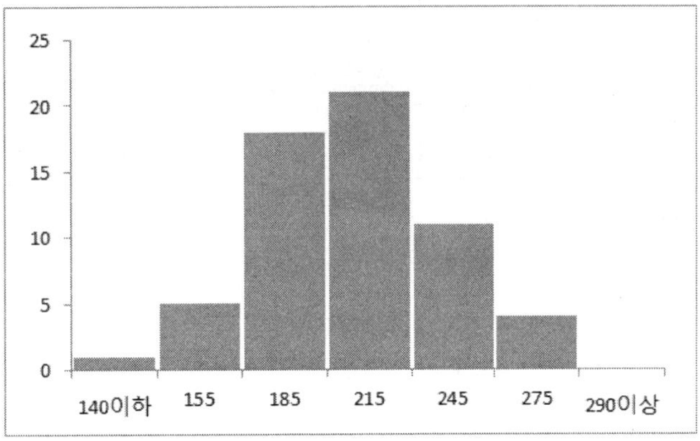

<그림 6.6> 히스토그램

그러나 이러한 공식의 사용은 다음과 같은 점을 고려해야 한다.

i) 비정상적으로 크거나 작은 값 때문에 범위가 너무 넓게 잡히진 않는지 주의해야 한다.

ii) 범위의 너비는 상식적으로 5 또는 10 단위가 적당하다. 계산상 7 또는 8이 나온다고 이를 너비로 쓰면 자료의 해석을 난해하게 되므로 융통성 있게 5 또는 10으로 고쳐주는 것도 고려해야 한다.

iii) 더 좋은 그림을 얻기 위해 6~13개의 구간너비 중에 분석자가 선택할 수도 있다.

6.3 설문지의 작성법

설문지 작성의 필요성

많은 통계조사가 설문지 형식으로 이루어져 있고 우리가 필요로 하는 정보에 대한 자료(1차 자료)를 취득하는 방법으로 가장 선호하는 방식이다.

자료분석은 추정과 검정의 절차를 거친다. 검정은 어떤 주장, 즉 가설에 대하여 자료를 이용하여 판정하는 것인데 가설(hypothesis)은 주로 변수 간의 관계식으로 표현된다. 설문지의 문항이 곧 변수이고 응답이 그 변수에 대한 자료가 되기 때문에 어떤 연구 가설에 대한 판단을 내리기에 설문지 자료가 매우 유용하다.

설문지를 작성하고 설문조사가 완료되면 누락된 정보가 있더라도 일부 재조사가 불가능하다. 설문조사 응답자가 익명으로 되어있어 추가된 문항에 대해서만 응답을 받을 수 없고 전면 재조사를 해야 하기 때문에 설문지를 작성할 때는 치밀하고 철저한 사전준비가 필요하다.

설문지 작성과정

우선 필요한 정보를 결정하고, 자료를 어떻게 수집할 것인가를 결정한다. 설문지의 개별 항목의 내용과 응답형태 등을 결정해 설문항목을 완성하면 질문순서와 설문지 외형을 결정하는 순서로 진행한다.

가. 필요한 정보를 결정한다.

연구목적에 의해 필요한 정보에 대한 개념을 이해하고 그 개념에 대한 조작적 정의를 내린다. 조작적 정의를 측정 가능한 구체적 변수형태로 규정한 다음에 변수들이 가설(변수 간의 관계)을 검정하기에 빠짐없이 구성되어 있는지를 확인한다. 필요한 정보를 세분화하여 범위를 결정한다. 예를 들어 인구통계학적 변수는 어디까지 측정할 것인지 등을 결정한다.

나. 자료수집방법을 결정한다.

대인면접법, 전화조사, 우편조사, 인터넷조사 등이 가능한데 수집방법에 따라 문항의 수가 달라져야 한다. 가장 많은 정보를 수집할 수 있는 것은 조사원에 의한 대인면접법으로 양질의 정보와 심층면접이 가능하다. 최근 패널을 활용한 인터넷조사도 정보의 양과 질 면에서 우수한 편이다. 전화조사는 비용이 적게 들고 빠른 응답을 얻을 수 있다는 장점이 있지만 내용이 간결할 수밖에 없고 응답률도 낮은 편이다. 우편조사는 응답률이 매우 낮고 응답자의 편중문제, 설문에 대한 자세한 설명이 필요한 점 등 제약이 많은 조사방법으로 선호되지 않는 방법이다.

다. 개별항목의 내용을 결정한다.

모든 정보를 응답자에게 얻을 수 있는 것은 아니다. 응답자가 알고 있고 제공할 용의가 있는 정보에 한하여 얻을 수 있기 때문에 응답자가 알고 있는지에 관한 확인 질문, 우회적인 질문 등도 필요하다. 그러나 문항수가 늘어나는 것은 최대한 피해야하기 때문에 반드시 필요한 질문인지를 체크해야한다. 반대로 두 가지 이상 속성에 대하여 하나의 질문으로 구성한 경우 이를 분리해야 할 것이다. 예를 들어 왜 '햇반'을 먹느냐고 질문을 하면 여기에는 처음 먹기 시작한 동기와 계속 그 브랜드를 이용하는 이유 등이 복합되어 있기 때문에 두 개의 질문으로 나누어 물어봐야 한다.

라. 응답형태를 결정한다.

개별항목을 어떤 형식으로 응답을 받을 것인가를 결정해야 한다. 명목척도, 순서척도, 구간척도, 비율척도의 형태를 결정해야 한다. 예를 들어 응답자의 연령을 '만 23세' 등과 같은 비율척도로 얻을 것인지, '20대', '30대' 등과 같은 구간척도로 얻을 것인지를 결정해야 한다.

선택형인 경우 상호배타적(exclusive)이고 포괄적(exhaustive)이어야 하는 원칙을 지켜야 한다. 즉, 보기항 간에 겹치는 부분이 없어야 하고 모든 경우를 포함해야 하는 것인데 이를 위해 '기타항'을 포함시킬지 여부를 항상 고려해야 한다. 그리고 응답자들이 주로 앞에 위치한 보기항을 더 선택하는 경향이 있기 때문에 보기항의 순서가 응답에 영향을 줄 수 있다는 점에 주의해야 한다.

개방형 질문은 여러 가지 새로운 의견을 접할 수 있다는 점에서 탐색조사 등과 같은 기초조사에서는 유용하지만 코딩이 어렵고 일괄적인 통계분석이 불가능하다는 단점이 있다.

마. 질문순서를 결정한다.

질문순서가 응답에 영향을 줄 수 있기 때문에 질문이 논리적으로 흐름을 갖고 구성이 되어야 하는 것은 당연한 사실이다. 또한 응답자들이 처음 접하는 설문내용을 점차적으로 이해하고 개인적이고 감정적인 질문에 거부감 없이 끝까지 응답을 완료하기 위해서도 질문의 순서는 매우 중요하다. 질문의 순서는 깔데기 형으로 표현되는데 쉬운 질문에서 복잡한 질문으로 이동하는 형식이다. 즉, 앞에서는 쉽고 흥미 있는 질문에서 뒤에서는 개인적, 감정적, 복잡한 질문 등으로 구성한다. 예를 들어 소비자 조사의 앞부분에는 이용경험, 구매행동 등 기억만으로 응답할 수 있는 쉬운 질문을 배치하고 차츰 만족도, 불만족 이유, 구매의향 등 소비자의 생각과 판단이 필요한 질문을 배치하는 것이 원칙이다. 그리고 인구통계학적인 질문은 설문지의 가장 마지막 부분에 위치하도록 한다.

바. 설문지의 외형을 결정한다.

설문지 앞부분에는 설문의 제목과 실시기관과 취지 등의 요지가 포함된 표지가 필요하다. 설문지 본문에는 응답자들이 응답시간과 응답문항수에 부담을 갖지 않도록 글자크기와 여백 등에 신경을 써야 한다. 즉, 한 페이지에 너무 많은 분량을 담지 않도록 주의한다.

설문지의 예

소비자들이 영화관을 이용할 때 이용행동, 선택속성의 중요도, 만족도, 재구매 의도 등에 관한 조사를 실시하는 설문지 예이다.

안녕하십니까.

저희는 ○○시 시민의 "영화관 이용에 관한 소비자 만족도 조사"를 하고자 설문조사를 실시하고 있는 ○○대학교 경영학부에 재학 중인 학생입니다.

설문의 관한 응답자료는 통합적으로 취합되어 통계처리 되므로 개인의 신상과 응답내용은 비밀이 보장됩니다. 또한 설문자료는 학습 관련 분석과 연구목적 이외의 다른 용도로 사용하지 않을 것을 약속드립니다.

바쁘시더라도 잠시 시간을 내 주셔서 답변해 주시면 저희가 영화관에 관한 마케팅 전략을 수립하는데 귀중한 자료로 활용될 것입니다. 부디 진솔하고 성실한 답변을 부탁드립니다. 혹시 설문조사에 대해 의문사항이나 의견이 있으시면 아래의 연락처로 연락해 주시기 바랍니다. 감사합니다.

지도교수: 이기훈 교수
조 사 자: ○ ○ ○
연 락 처: 010-0000-0000
e-mail: survey@이기훈.com

귀하는 지난 6개월 간 영화관을 이용하신 적이 있습니까?
① 예　　② 아니오(설문중단)

*** 다음은 영화관 이용에 관한 질문입니다. 해당 부분에 체크 해주시기 바랍니다.**

1. 영화관을 얼마나 자주 방문하십니까?
① 6개월에 1회 ② 3개월에 1~2회 이하 ③ 한 달에 1~2회
④ 한 달에 3~4회 ⑤ 한 달에 5회 이상 ⑥ 기타 (　　　　)

2. 주로 관람하는 영화의 장르는 무엇입니까? (2개까지 선택 가능)
① SF ② 액션 ③ 유머/코미디
④ 멜로/드라마 ⑤ 호러/공포 ⑥ 기타 (　　　　)

3. 영화는 주로 누구와 관람하십니까?
① 가족/친인척 ② 연인 ③ 친구 ④ 혼자 ⑤ 기타(　　　　)

4. 영화정보는 어떠한 경로를 통해 얻으십니까?
① 홈페이지 ② 직접방문 ③ SNS ④ 지인을 통해
⑤ 판촉물 ⑥ TV광고 ⑦ 기타(　　　　)

5. 영화관 선택시 다음 사항에 대하여 어느 정도 중요하게 생각하십니까?

문 항		전혀 중요하지 않음	중요하지 않음	보통	중요함	매우 중요함
5-1	좌석	①	②	③	④	⑤
5-2	음향	①	②	③	④	⑤
5-3	스크린	①	②	③	④	⑤
5-4	상영되는 영화종류	①	②	③	④	⑤
5-5	예매의 편리성	①	②	③	④	⑤
5-6	접근의 편리성(교통, 주차장)	①	②	③	④	⑤
5-7	쿠폰(마일리지), 이벤트	①	②	③	④	⑤
5-8	직원의 친절도	①	②	③	④	⑤
5-9	편의시설(매점, 오락실)	①	②	③	④	⑤
5-10	위생(청결도)	①	②	③	④	⑤
5-11	브랜드(신뢰성, 이미지)	①	②	③	④	⑤

*** 다음은 영화관 이용 만족도에 관한 질문입니다. 해당 부분에 체크 해주시기 바랍니다**

6. 전주에서 영화 관람 시 주로 이용하는 영화관은 어디입니까?
① 메가박스 ② 롯데시네마 ③ CGV ④ 전주시네마 ⑤ 기타( )

7. (6에서 선택한) 영화관을 얼마나 자주 이용하십니까?
① 6개월에 1회 ② 3개월에 1~2회 이하 ③ 한 달에 1~2회
④ 한 달에 3~4회 ⑤ 한 달에 5회 이상 ⑥ 기타 ( )

8. (6에서 선택한) 영화관을 이용하시는 이유는 무엇입니까? (2개까지 선택가능)
① 깨끗하다 ② 친절하다 ③ 좌석이 편하다 ④ 편의시설이 좋다
⑤ 음향시설이 좋다 ⑥ 할인혜택이 많다 ⑦ 이벤트가 다양하다
⑧ 접근성이 편리하다 ⑨ 예매가 편리하다 ⑩ 스크린 크기
⑪ 극장의 규모가 크다 ⑫ 기타 ( )

9. 위 영화관 이용 시 다음 사항들에 대해 어느 정도 만족하십니까?

문 항		매우 불만족	불만족	보통	만족	매우 만족
9-1	좌석	①	②	③	④	⑤
9-2	음향	①	②	③	④	⑤
9-3	스크린	①	②	③	④	⑤
9-4	상영되는 영화종류	①	②	③	④	⑤
9-5	예매의 편리성	①	②	③	④	⑤
9-6	접근의 편리성(교통, 주차장)	①	②	③	④	⑤
9-7	쿠폰(마일리지), 이벤트	①	②	③	④	⑤
9-8	직원의 친절도	①	②	③	④	⑤
9-9	편의시설(매점, 오락실)	①	②	③	④	⑤
9-10	위생(청결도)	①	②	③	④	⑤
9-11	브랜드(신뢰성, 이미지)	①	②	③	④	⑤
9-12	전반적인 만족도	①	②	③	④	⑤

10. (6에서 선택한) 영화관을 재방문하실 의사가 있으십니까?
① 예 ② 아니오

11. 타인에게 (6에서 선택한) 영화관을 추천하실 의향이 있으십니까?
① 예 ② 아니오

*** 다음은 인구통계학적 질문입니다.**

12. 귀하의 성별은 무엇입니까?
① 남자 ② 여자

13. 귀하의 연령은 어떻게 되십니까? 만 ( ) 세

14. 귀하의 거주지는 어디십니까?
① 전주시 완산구 ② 전주시 덕진구 ③ 완주군 ④ 기타( )

15. 귀하의 직업은 무엇입니까?
① 학생 ② 직장인 ③ 자영업자 ③ 주부 ④ 프리랜서
⑤ 공무원 ⑥ 기타 ( )

16. 귀하의 가구의 월 소득은 얼마입니까?
① 100만원 미만
② 100만원 이상 ~ 200만원 미만
③ 200만원 이상 ~ 300만원 미만
④ 300만원 이상 ~ 500만원 미만
⑤ 500만원 이상

<성의 있는 답변에 감사드립니다>

7. 필요한 표본수 결정

7.1 서베이 연구에서 표본수 결정

적절한 표본수의 결정

조사연구를 실시하는 연구자들은 표본수(sample size)를 얼마나 뽑아야 적절한 가에 대하여 고민을 하지만 이에 대한 확실한 정답은 없다고 할 수 있다. 여기서는 Bartlett, Kotrlik, and Higgins (2001)의 논문을 정리하여 대략적인 표본수 결정법에 대해 설명하겠다.

일반적으로 표본수결정에 관심을 갖던 초기에는 표본수를 결정하는 기준으로 제 1종의 오류(α, 유의수준)과 제 2종의 오류(β)를 동시에 줄이는 방법이 제안되었었다. 그러나 이러한 방법에 대한 문제점이 자주 발견되면서 Cochran(1977)과 Krejcie과 Morgan(1970) 등이 새로운 방법을 모색하였다. Krejcie과 Morgan(1970)은 0.05 유의수준에서 0.05의 정확성 수준(후에 허용오차) 아래서 모집단의 개수에 따라 어느 정도의 표본을 얻어야 하는지 계산하였다. 이를 표시한 다음 그림에 의하면 모집단의 크기가 아무리 커도 필요한 표본의 수는 400을 넘지 않는다.

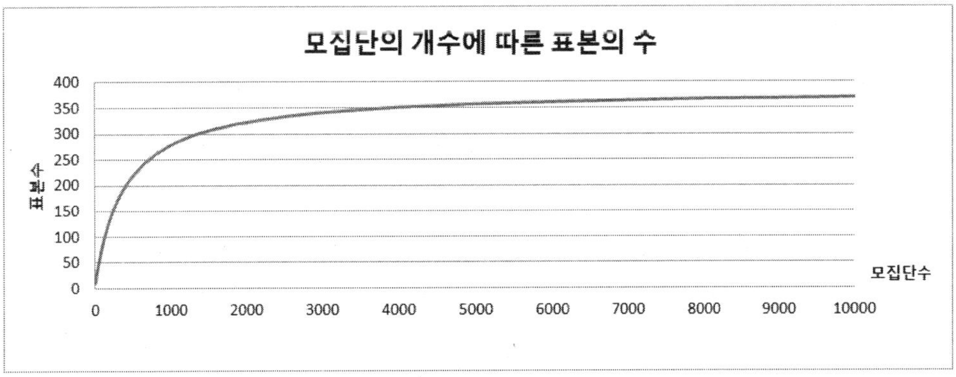

<그림 7.1> Krejcie과 Morgan(1970)의 필요 표본수($\alpha=0.05$)

표본수의 계산식

사회조사연구를 실시하는 연구자들은 다음과 같은 표본수 산정식을 이용한다.

Cochran의 공식: $n = z_{\alpha/2}^2 \cdot \sigma^2 / E^2$.

Cochran(1977)은 최대허용오차(Acceptable Margin of Error)를 E라 칭하고 정해진 유의수준 α에서 이를 보장하는 표본수를 산출하게 된다. 이는 모평균의 신뢰구간은 (표본평균 ±표본오차)의 형식으로 되어 있다는 사실을 이용한 신뢰구간 접근법이다.

$$\mu = (\overline{X} - z_{\alpha/2}\frac{\sigma}{\sqrt{n}},\ \overline{X} + z_{\alpha/2}\frac{\sigma}{\sqrt{n}}) = (\overline{X} - E,\ \overline{X} + E),$$

$$E = z_{\alpha/2} \cdot \frac{\sigma}{\sqrt{n}} \Rightarrow \therefore n = z_{\alpha/2}^2 \cdot \sigma^2 / E^2.$$

Cochran(1977)은 범주형자료(categorical data)에서는 허용오차가 5%, 연속형자료에서는 3%를 제안하였다. 예를 들어 7점 척도로 얻게 된 값의 최대허용오차는 .21(=7×0.03)이므로 실제 평균은 (표본평균±.21) 구간 안에 있어야 한다고 보는 것이다.

예를 들어, 7점 척도로 얻은 95% 신뢰수준(즉, 유의수준 $\alpha = 0.05$)에서 허용오차가 3%이고 추정된 표준편차가 0.5이라면[13] 필요한 표본수는 다음과 같다.

$$n = z_{0.025}^2\, \sigma^2 / E^2 = 1.96^2 \cdot 1.167^2 / (7 \times 0.03)^2 = 118.$$

또 하나의 예로 범주형 자료에서 유의수준 $\alpha = 0.05$, 허용오차가 5%이고 추정된 표준편차가 0.5이라면[14] 필요한 표본수는 다음과 같다.

---

13) 7점 척도이므로 자료값의 최댓값은 7이고 모든 자료는 ±3배의 표준편차 범위 내에 있다는 개념에 착안해 표준편차를 7/6=1.167로 추정한 것이다.

14) $n=1$인 이항변수의 분산은 $p(1-p)$인데 p가 미지(unknown)이므로 최댓값

$$n = z_{0.025}^2\, \sigma^2 / E^2 = 1.96^2 \cdot 0.5^2 / (0.05)^2 = 384.$$

이러한 결과를 종합해보면 표본의 개수는 400개를 넘지 않아도 충분하다는 사실이다.

그러나 이러한 유의수준과 허용오차에 의한 기준은 일반적인 평균추정에 관한 분석법에 유용한 것이고 회귀분석이나 요인분석 등에는 다른 기준이 적용되기도 한다.

표본수의 계산식 (회귀분석)

다중회귀분석(multiple regression analysis)을 하기 위해서는 독립변수(independent variable, regressor)의 수의 최소 5배 이상의 관측값(표본수)가 필요하다. 또한 10배의 표본수를 주장하는 학자도 있다.

최소 독립변수 5배의 표본수가 필요하지만 이럴 경우에도 표본이 너무 모형에 과적합되어 표본에 치중된 모형을 얻게 될 것이다. 그래서 10배 정도의 표본수는 확보되어야 한다고 하는 주장이 설득력이 있다. (예. Miller and Kunce, 1973; Halinski and Feldt, 1970) 예를 들어 표본의 수가 400개이면 독립변수의 수가 40개까지도 분석이 가능하다.

표본수의 계산식 (요인분석)

요인분석(factor analysis)을 위해서는 독립변수 수의 최소 10배 이상의 관측값(표본수)가 필요하다. 그리고 기본적으로 표본의 수가 100개 이상이어야 하는 조건도 만족해야 한다.

특히 요인분석의 경우 표본수가 적으면 안정적인 결과를 얻기 어렵고 표본에 따라 매우 민감하게 반응하는 결과를 얻게 될 것이므로 주의를 해야 한다.

을 갖게 되는 $p = 0.5$를 사용하면 분산이 0.5^2이 된다.

7.2 실험 연구에서 표본수 결정

과도한 표본수의 단점

표본수가 많으면 실제적으로 의미가 없는 차이에도 유의한 결과가 나오기 때문에 적절한 실험수를 통해 효과의 유의성을 검정하고자 한다.

고전적인 통계 검정에서는 표본의 수가 많으면 아무리 작은 모수간의 차이라도 유의하게 판정이 되기 때문에 실제적으로는(practically) 의미가 없는 차이도 표본수가 많은 경우 유의하게 나오는 모순을 갖는데 이는 귀무가설만을 고려한 검정법의 한계이다.

검정력을 이용한 표본수의 계산 ☞ 이기훈(2006)에서 발췌

앞 절의 Cochran 계산식은 제 1종의 오류만을 고려한 방법인데 제 2종의 오류를 적게 해주는 방법이 검정력 접근법이다.

검정력은 다음과 같이 정의된다. power=1−(β, 제2종의 오류). 검정력이 크다는 것은 2종의 오류(대립가설이 사실인데 귀무가설을 채택)가 작다는 의미가 되고 이는 대립가설이 사실일 때 귀무가설을 기각할 확률이 높다는 뜻이 되기 때문에 검정력이 높은 가설검정법이 좋은 검정법이라 할 수 있다.

이를 위해서는 구체적으로 대립가설에서의 모수값을 가정하여야 한다. 가설이 $H_0 : \mu = 0$ vs. $H_1 : \mu > 0$ 와 같은 경우에 대립가설에서 모수값이 0보다 큰 범위로 되어있지만 검정력을 계산하려면 0보다 큰 어떤 값을 구체적으로 지정해야 한다. (예. $H_0 : \mu = 0$ vs. $H_1 : \mu = 0.4$)

실제로는 이정도의 차이는 검출하여야 한다고 판단되는 값 정도를 대입하게 된다. 예를 들어 다른 교육방식으로 훈련된 두 집단의 학업성과차이가 있다고 말하려면 평균점수가 2점 정도는 차이가 나야하고, 이정도의 차이를 유의하게 검출하는 확률, 즉 검정력(power)은 80% 이상이어야 한

다고 미리 설정한다.

요약하면 검정력에 의한 표본수 산출을 위해서는 유의수준과 제 2종의 오류의 값을 미리 정하여야 하고 기존의 연구나 사전연구에 의하여 분산 값을 알고 있어야 하며 검출하고자 하는 즉, 의미가 있는 최소한의 차이에 대한 결정이 선행되어야 한다.

일표본 평균비교를 위한 표본수의 계산

한 집단의 평균에 대한 검정을 위해서는 다음의 표본수가 필요하다.

$$n = \sigma^2(z_{0.025} + z_\beta)^2/(\mu - \mu_0)^2.$$

평균이 μ이고 분산이 σ^2인 정규 모집단에서 모평균 μ의 값을 판단하고자 n개의 표본 $X_1, X_2, \ldots, X_n \sim N(\mu, \sigma^2)$을 뽑았다고 하자. 검정하고자 하는 평균에 대한 가설은 다음과 같다.

$$H_0 : \mu = \mu_0 \quad \text{vs.} \quad H_1 : \mu \neq \mu_0 \text{ (평균에 대한 양측검정)}$$

유의수준 $\alpha = 0.05\,(=5\%)$과 검정력 $1-\beta = 0.8(=80\%)$을 보장하는 표본수를 결정하는 방법은 다음과 같다.

검정통계량 $\overline{X}$는 귀무가설이 사실일 때, 표준화하면 표준정규분포를 따르므로 표본평균과 주어진 평균값의 차이가 다음과 같으면 유의수준 5%에서 귀무가설을 기각한다.

$$\frac{|\overline{X} - \mu_0|}{\sigma/\sqrt{n}} \geq z_{0.025}.$$

이때 검정력 함수는 다음과 같다.

$$\begin{aligned} 1-\beta &= \Pr(\text{reject } H_0 | H_1 \text{ is true}) = \Pr(|\overline{X} - \mu_0| > z_{0.025}\frac{\sigma}{\sqrt{n}} \mid \mu \neq \mu_0) \\ &= 1 - \Pr(-z_{0.025}\frac{\sigma}{\sqrt{n}} + \mu_0 \leq \overline{X} \leq z_{0.025}\frac{\sigma}{\sqrt{n}} + \mu_0 \mid \mu). \end{aligned}$$

대립가설하에서 평균을 μ라고 표시하면 검정력은 다음과 같이 정리된다.

$$
\begin{aligned}
&= 1-\Pr\left(\frac{-z_{0.025}\sigma/\sqrt{n}+\mu_0-\mu}{\sigma/\sqrt{n}} \le \frac{\overline{X}-\mu}{\sigma/\sqrt{n}} \le \frac{z_{0.025}\sigma/\sqrt{n}+\mu_0-\mu}{\sigma/\sqrt{n}}\right) \\
&= 1-\Pr\left(-z_{0.025}-\frac{\mu-\mu_0}{\sigma/\sqrt{n}} \le Z \le z_{0.025}-\frac{\mu-\mu_0}{\sigma/\sqrt{n}}\right) \\
&= 1-\Phi\left(z_{0.025}-\frac{\mu-\mu_0}{\sigma/\sqrt{n}}\right)+\Phi\left(-z_{0.025}-\frac{\mu-\mu_0}{\sigma/\sqrt{n}}\right).
\end{aligned}
$$
15)

여기서 마지막 항은 n이 커짐에 따라 작은 값이 나오므로($\mu > \mu_0$ 가정) 다음과 같이 무시할 수 있다. 즉,

$$\Phi\left(-z_{0.025}-\frac{\mu-\mu_0}{\sigma/\sqrt{n}}\right) \to \Phi(-\infty) = 0.$$

그러므로 검정력을 다시 정리하면 다음과 같다.

$$1-\beta \approx 1-\Phi\left(z_{0.025}-\frac{\mu-\mu_0}{\sigma/\sqrt{n}}\right).$$

수식의 뒷부분이 표준정규분포에서 확률 β를 갖는 분포함수가 되므로

$$z_{0.025}-\frac{\mu-\mu_0}{\sigma/\sqrt{n}} = \Phi^{-1}(\beta) = -z_\beta.$$

이 식을 풀어 최종적으로 필요한 표본수는 $n = \sigma^2(z_{0.025}+z_\beta)^2/(\mu-\mu_0)^2$.

예를 들어 구체적으로 $\sigma^2 = 10$, $\mu-\mu_0 = 2$를 가정하고 $\beta = 0.2$를 대입하면 필요한 피험자 수는 20명 정도이다. 즉,

$$n = 10(z_{0.025}+z_{0.2})^2/2^2 = 10(1.96+0.84)^2/2^2 = 19.6.$$

15) $Z \sim N(0,1)$일 때 $\Pr(Z \le z) = \Phi(z)$.

【참고】 분산의 추정

여기서 분산의 값을 수식에 대입하여야 하는데 이는 pilot 연구 또는 유사연구 등에서 얻은 값을 사용하거나, 유용한 정보가 없을 때는 범위를 이용하여 다음과 같이 추정한다.

$$\sigma = \frac{\max - \min}{4}.$$

이는 정규분포에서 대부분(95%)의 관측값이 (평균$\pm 2\sigma$) 범위에 있다는 점에 착안한 것이다.

이표본 평균비교를 위한 표본수의 계산

두 집단의 평균비교 검정을 위해서는 다음의 표본수가 필요하다.

$$n = 2\sigma^2\left(z_{0.025} + z_\beta\right)^2/\delta^2.$$

두 집단의 평균을 비교하는 실험의 경우 표본수를 구하는 과정은 다음과 같다. 각 실험군에서 동일한 피험자 수(n)를 배정하고, 두 표본의 분산이 동일하다고 가정하면 두 표본평균은 다음과 같이 정규분포를 따른다고 할 수 있다.

$$\overline{X_1} \sim N(\mu_1,\ \sigma^2/n),\ \ \overline{X_2} \sim N(\mu_2,\ \sigma^2/n)$$

평균에 대한 양측섬정 가실은 다음과 같다.

$$H_0 : \mu_1 = \mu_2\,(=\mu) \text{ vs. } H_1 : \mu_1 \neq \mu_2 \text{ 또는 } H_1 : \mu_1 - \mu_2 = \delta(\neq 0).$$

유의수준 $\alpha = 0.05\,(=5\%)$, 검정력 $1-\beta = 0.8(=80\%)$에서 검출하고자 하는 유의한 차이는 δ 값을 갖는다 하자. 검정통계량 $\overline{X_1} - \overline{X_2}$은 귀무가설 하에서 표준화하면 표준정규분포를 따른다. 두 표본평균의 차이가 다음과 같으면 유의수준 5%에서 귀무가설을 기각한다.

$$\left|\,\overline{X_1} - \overline{X_2}\,\right| \geq z_{0.025}\sqrt{\frac{2\sigma^2}{n}}\ .$$

이 때 검정력 함수는 다음과 같다.

$$
\begin{aligned}
1-\beta &= \Pr(\text{reject } H_0 | H_1 \text{ is true}) \\
&= \Pr(|\overline{X_1}-\overline{X_2}| > z_{0.025}\sqrt{2\sigma^2/n} \mid \mu_1-\mu_2=\delta\neq 0) \\
&= 1-\Pr(-z_{0.025}\sqrt{2\sigma^2/n} \le \overline{X_1}-\overline{X_2} \le z_{0.025}\sqrt{2\sigma^2/n} \mid \delta).
\end{aligned}
$$

여기서 $\overline{X_1} - \overline{X_2}$의 분포는 대립가설 하에서 다음과 같이 표준화한다.

$$
Z = \frac{\overline{X_1} - \overline{X_2} - \delta}{\sqrt{2\sigma^2/n}} \sim N(0, 1).
$$

그러므로

$$
\begin{aligned}
&= 1-\Pr\left(-z_{0.025}-\frac{\delta}{\sqrt{2\sigma^2/n}} \le Z \le z_{0.025}-\frac{\delta}{\sqrt{2\sigma^2/n}}\right) \\
&= 1-\Phi\left(z_{0.025}-\frac{\delta}{\sqrt{2\sigma^2/n}}\right)+\Phi\left(-z_{0.025}-\frac{\delta}{\sqrt{2\sigma^2/n}}\right).
\end{aligned}
$$

마지막 항은 n이 커짐에 따라 작은 값이 나오므로 $\Phi(-\infty) = 0$으로 무시할 수 있다. 그러므로 검정력을 다시 정리하면 다음과 같다.

$$
1-\beta \approx 1-\Phi\left(z_{0.025}-\frac{\delta}{\sqrt{2\sigma^2/n}}\right).
$$

그러므로

$$
z_{0.025}-\frac{\delta}{\sqrt{2\sigma^2/n}} = \Phi^{-1}(\beta) = -z_{\beta}.
$$

그래서 최종적으로 필요한 표본수는

$$
n = 2\sigma^2(z_{0.025}+z_{\beta})^2/\delta^2 .
$$

예를 들어 $\beta=0.2$, $\alpha=0.05$, $\sigma^2 = 10$, $\delta = -2$를 대입하면 각 실험군에 40명, 전체적으로 80명 정도 필요하다. 즉,

$$
n = 2\times 10(z_{0.025}+z_{0.2})^2/(-2)^2 = 20(1.96+0.84)/4 = 39.2.
$$

일표본 이항자료의 성공확률 검정을 위한 표본수의 계산

이항자료의 성공확률 p에 대한 검정을 위해서는 다음의 표본수가 필요하다.

$$n = \left(z_{0.025}\sqrt{p_0(1-p_0)} + z_\beta\sqrt{p(1-p)}\right)^2 / (p-p_0)^2$$

어떤 실험을 n명의 피실험자에게 시행하고 성공(S)과 실패(F)의 빈도수를 세어 다음과 같이 성공 회수를 얻었다고 하자.

	성공(S)	실패(F)	합계
빈도수	x	$n-x$	n

이때 성공횟수 X는 이항분포를 따른다. $X \sim B(n,\, p)$. 이러한 실험에서는 우리가 성공확률 p에 대하여 관심을 갖는데 이에 관한 가설을 다음과 같이 세울 수 있다.

$$H_0 : p = p_0 \quad \text{vs.} \quad H_1 : p \neq p_0 \ \text{(비율에 대한 양측검정)}$$

유의수준은 5%, 검정력은 80%로 가정하고 검정통계량 $\hat{p} = X/n$ 이 표본의 크기가 클 때 정규분포에 근사한다는 사실을 이용하여 귀무가설 하에서 다음과 같이 표준화하여 사용한다.

$$\frac{\hat{p} - p_0}{\sqrt{\dfrac{p_0(1-p_0)}{n}}} \sim N(0,\, 1).$$

여기서 표본비율과 주어진 성공확률의 차이가 다음과 같으면 유의수준 5%에서 귀무가설을 기각한다.

$$\left|\, \hat{p} - p_0 \,\right| \geq z_{0.025}\sqrt{\frac{p_0(1-p_0)}{n}} \quad .$$

그러므로 검정력 함수는 다음과 같다.

$$\begin{aligned}1-\beta &= \Pr(\text{reject } H_0 | H_1 \text{ is true})\\ &= \Pr(|\hat{p}-p_0| > z_{0.025}\sqrt{p_0(1-p_0)/n} \mid p \neq p_0)\\ &= 1-\Pr(-z_{0.025}\sqrt{p_0(1-p_0)/n}+p_0 \le \hat{p} \le z_{0.025}\sqrt{p_0(1-p_0)/n}+p_0 | p)\end{aligned}$$

여기서 $\hat{p}$의 분포는 대립가설 하에서 다음과 같이 표준화한다.

$$Z = \frac{\hat{p}-p}{\sqrt{p(1-p)/n}} \sim N(0,1).$$

그러므로 검정력은

$$\begin{aligned}&= 1-\Pr\left(\frac{-z_{0.025}\sqrt{p_0(1-p_0)}-(p-p_0)\sqrt{n}}{\sqrt{p(1-p)}} \le Z \le \frac{z_{0.025}\sqrt{p_0(1-p_0)}-(p-p_0)\sqrt{n}}{\sqrt{p(1-p)}}\right)\\ &= 1-\Phi\left(\frac{z_{0.025}\sqrt{p_0(1-p_0)}-(p-p_0)\sqrt{n}}{\sqrt{p(1-p)}}\right)+\Phi\left(\frac{-z_{0.025}\sqrt{p_0(1-p_0)}-(p-p_0)\sqrt{n}}{\sqrt{p(1-p)}}\right)\end{aligned}$$

여기서 마지막 항은 n이 커짐에 따라 작은 값이 나오므로($p > p_0$ 가정) 무시할 수 있다. 그러므로 검정력을 다시 정리하면 다음과 같다.

$$1-\beta \approx 1-\Phi\left(\frac{z_{0.025}\sqrt{p_0(1-p_0)}-(p-p_0)\sqrt{n}}{\sqrt{p(1-p)}}\right),$$

여기서

$$\frac{z_{0.025}\sqrt{p_0(1-p_0)}-(p-p_0)\sqrt{n}}{\sqrt{p(1-p)}} = \Phi^{-1}(\beta) = -z_\beta.$$

그래서 최종적으로 필요한 표본수는

$$n = \left(z_{0.025}\sqrt{p_0(1-p_0)}+z_\beta\sqrt{p(1-p)}\right)^2/(p-p_0)^2.$$

예를 들어 $\beta = 0.2$, $p = 0.9$, $p_0 = 0.8$, $p-p_0 = 0.1$ 등을 대입하면 전체적으로 108명 정도 필요하다.

이표본 이항자료의 성공확률 비교를 위한 표본수의 계산

두 집단 이항자료의 두 성공확률 p_1, p_2에 대한 비교검정을 위해서는 다음의 표본수가 필요하다.

$$n = (p_1(1-p_1)+p_2(1-p_2))\left(z_{0.025}\sqrt{\frac{2p(1-p)}{p_1(1-p_1)+p_2(1-p_2)}}+z_\beta\right)^2/\delta^2$$

두 가지 처리의 성공(S)과 실패(F)의 빈도수를 세어 다음과 같은 분할표를 얻었다고 하자.

	성공(S)	실패(F)	합계
A처리	x_1	n_1-x_1	n_1
B처리	x_2	$n-x_2$	n_2

여기서 성공횟수 X_1, X_2의 모형은 다음과 같다.

$$X_1 \sim B(n_1, p_1),\ X_2 \sim B(n_2, p_2).$$

두 성공확률의 동일성에 관심을 갖는 것이기 때문에 가설은 다음과 같다.

$$H_0 : p_1 = p_2\ (=p) \quad \text{vs.} \quad H_1 : p_1 \neq p_2 \ (\text{비율에 대한 양측검정}).$$

유의수준 5%, 검정력 80%로, 두 성공확률의 효과적인 차이는 10%p(예. $p_1 = 0.4,\ p_2 = 0.5$)로 가정한다. 검정통계량 $\hat{p}_1 - \hat{p}_2 = X_1/n_1 - X_2/n_2$ 은 표본의 크기가 클 때 정규분포에 근사한다는 사실을 이용하여 귀무가설이 사실일 때, 다음과 같이 표준화하여 사용한다.

$$\frac{\hat{p}_1 - \hat{p}_2}{\sqrt{\frac{p(1-p)}{n_1}+\frac{p(1-p)}{n_2}}} \sim N(0, 1).$$

여기서 계산의 간편성을 위하여 두 처리에 동일한 인원이 배정된다고 가정하여 $n_1 = n_2 = n$이라 하자. 그러면 두 표본비율의 차이가 다음과 같으면 유의수준 5%에서 귀무가설을 기각한다.

$$|\hat{p}_1 - \hat{p}_2| \geq z_{0.025}\sqrt{\frac{2p(1-p)}{n}}.$$

검정력 함수는 다음과 같다.

$$\begin{aligned} 1-\beta &= \Pr(\text{reject } H_0 | H_1 \text{ is true}) \\ &= \Pr(|\hat{p}_1 - \hat{p}_2| > z_{0.025}\sqrt{2p(1-p)/n} \mid p_1 - p_2 = \delta \neq 0) \\ &= 1 - \Pr(-z_{0.025}\sqrt{2p(1-p)/n} \leq \hat{p}_1 - \hat{p}_2 \leq z_{0.025}\sqrt{2p(1-p)/n} \mid \delta). \end{aligned}$$

여기서 $\hat{p}_1 - \hat{p}_2$의 분포는 대립가설 하에서 다음과 같이 표준화한다.

$$Z = \frac{\hat{p}_1 - \hat{p}_2 - \delta}{\sqrt{[p_1(1-p_1) + p_2(1-p_2)]/n}} \sim N(0, 1).$$

그러므로

$$\begin{aligned} &= 1 - \Pr\left(\frac{-z_{0.025}\sqrt{2p(1-p)} - \delta\sqrt{n}}{\sqrt{p_1(1-p_1)+p_2(1-p_2)}} \leq Z \leq \frac{z_{0.025}\sqrt{2p(1-p)} - \delta\sqrt{n}}{\sqrt{p_1(1-p_1)+p_2(1-p_2)}}\right) \\ &= 1 - \Phi\left(\frac{z_{0.025}\sqrt{2p(1-p)} - \delta\sqrt{n}}{\sqrt{p_1(1-p_1)+p_2(1-p_2)}}\right) + \Phi\left(\frac{-z_{0.025}\sqrt{2p(1-p)} - \delta\sqrt{n}}{\sqrt{p_1(1-p_1)+p_2(1-p_2)}}\right). \end{aligned}$$

여기서 마지막 항은 n이 커짐에 따라 작은 값이 나오므로 무시한다. 그러므로 검정력을 다시 정리하면 다음과 같다.

$$1-\beta \approx 1 - \Phi\left(\frac{z_{0.025}\sqrt{2p(1-p)} - \delta\sqrt{n}}{\sqrt{p_1(1-p_1)+p_2(1-p_2)}}\right).$$

여기서

$$\frac{z_{0.025}\sqrt{2p(1-p)} - \delta\sqrt{n}}{\sqrt{p_1(1-p_1)+p_2(1-p_2)}} = \Phi^{-1}(\beta) = -z_\beta.$$

그래서 최종적으로 필요한 표본수는

$$n = \left(p_1(1-p_1)+p_2(1-p_2)\right)\left(z_{0.025}\sqrt{\frac{2p(1-p)}{p_1(1-p_1)+p_2(1-p_2)}}+z_\beta\right)^2/\delta^2.$$

예를 들어 $\beta = 0.2$, $p_1 = 0.8$, $p_2 = 0.9$, $\delta = -0.1$ 등을 대입하면 각 처리에 306명, 전체적으로 612명 정도 필요하다.

계산식이 복잡하기 때문에 $\frac{2p(1-p)}{p_1(1-p_1)+p_2(1-p_2)} \approx 1$로 간주하여 일반적인 표본수 계산식을 다음과 같이 정하기도 한다.

$$n = \left(p_1(1-p_1)+p_2(1-p_2)\right)\left(z_{\alpha/2}+z_\beta\right)^2/\delta^2 \text{ (각 처리군 별)}.$$

기타 검정의 표본수 계산

경영자료 분석에서는 단측검정이나 양측검정을 선택하여 쓰는 정도이지만 의학통계와 같은 분야에서는 단측검정(우월성검정)이나 양측검정(동일검정) 이외에도 동등성 검정과 비열등성 검정 등을 시행하기도 한다. 이에 따른 표본 수 계산은 <표 7.1>에 제공한다.

동등성(equivalence) 검정은 '차이가 있다'라는 것이 귀무가설이 되고 '차이가 적다'라는 사실을 입증해야 한다. 이에 대한 한쪽 방향 검정이 비열등성(non-inferiority) 검정이 되고 있다. 본 책에서는 이에 대한 자세한 서술은 생략하고 표에 검정에 따른 표본수 계산식을 표시하였다.

【참고】 PASS와 SPSS SamplePower

엄격하게 표본수를 결정하기 위해서는 앞에서 설명한 근사분포인 정규분포 대신 t 분포를 이용해야 한다. 이 경우에는 선택한 표본수에 따라 수식에 포함되는 백분율 t값이 자유도 때문에 계산이 어려워 전문 패키지를 사용해야 한다. 이러한 표본수 계산을 도와주는 프로그램으로는 PASS (http://www.ncss.com/) 또는 SPSS의 SamplePower가 있다.

설계	검정목적	귀무가설 (H_0)	대립가설 (H_1)	표본수
일표본 평균	동일성검정	$\mu-\mu_0 = 0$	$\mu-\mu_0 \neq 0$	$n=\dfrac{(z_{\alpha/2}+z_\beta)^2 \cdot \sigma^2}{(\mu-\mu_0)^2}$
	우월성검정	$\mu-\mu_0 \leq \delta$	$\mu-\mu_0 > \delta$	$n=\dfrac{(z_\alpha+z_\beta)^2 \cdot \sigma^2}{(\mu-\mu_0-\delta)^2}$
	동등성검정	$\lvert\mu-\mu_0\rvert \geq \delta$	$\lvert\mu-\mu_0\rvert < \delta$	$n=\dfrac{(z_\alpha+z_\beta)^2 \cdot \sigma^2}{(\lvert\mu-\mu_0\rvert-\delta)^2}$
이표본 평균차	동일성검정	$\mu_1-\mu_2 = 0$	$\mu_1-\mu_2 \neq 0$	$n_i=\dfrac{2(z_{\alpha/2}+z_\beta)^2 \cdot \sigma^2}{(\mu_1-\mu_2)^2}$
	우월성검정	$\mu_1-\mu_2 \leq \delta$	$\mu_1-\mu_2 > \delta$	$n_i=\dfrac{2(z_\alpha+z_\beta)^2 \cdot \sigma^2}{(\mu_1-\mu_2-\delta)^2}$
	동등성검정	$\lvert\mu_1-\mu_2\rvert \geq \delta$	$\lvert\mu_1-\mu_2\rvert < \delta$	$n_i=\dfrac{2(z_\alpha+z_\beta)^2 \cdot \sigma^2}{(\lvert\mu_1-\mu_2\rvert-\delta)^2}$
	비열등성 검정	$\mu_1-\mu_2 \geq \delta$	$\mu_1-\mu_2 < \delta$	$n_i=\dfrac{2(z_\alpha+z_\beta)^2 \cdot \sigma^2}{(\mu_1-\mu_2-\delta)^2}$
일표본 비율	동일성검정	$p-p_0 = 0$	$p-p_0 \neq 0$	$n=\dfrac{(z_{\alpha/2}+z_\beta)^2 p(1-p)}{(p-p_0)^2}$
	우월성검정	$p-p_0 \leq \delta$	$p-p_0 > \delta$	$n=\dfrac{(z_\alpha+z_\beta)^2 p(1-p)}{(p-p_0-\delta)^2}$
	동등성검정	$\lvert p-p_0\rvert \geq \delta$	$\lvert p-p_0\rvert < \delta$	$n=\dfrac{(z_\alpha+z_\beta)^2 p(1-p)}{(\lvert p-p_0\rvert-\delta)^2}$
이표본 비율차	동일성검정	$p_1-p_2 = 0$	$p_1-p_2 \neq 0$	$n_i=\dfrac{(z_{\alpha/2}+z_\beta)^2(p_1(1-p_1)+p_2(1-p_2))}{(p_1-p_2)^2}$
	우월성검정	$p_1-p_2 \leq \delta$	$p_1-p_2 > \delta$	$n_i=\dfrac{(z_\alpha+z_\beta)^2(p_1(1-p_1)+p_2(1-p_2))}{(p_1-p_2-\delta)^2}$
	동등성검정	$\lvert p_1-p_2\rvert \geq \delta$	$\lvert p_1-p_2\rvert < \delta$	$n_i=\dfrac{(z_\alpha+z_\beta)^2(p_1(1-p_1)+p_2(1-p_2))}{(\lvert p_1-p_2\rvert-\delta)^2}$
	비열등성 검정	$p_1-p_2 \geq \delta$	$p_1-p_2 < \delta$	$n_i=\dfrac{(z_\alpha+z_\beta)^2(p_1(1-p_1)+p_2(1-p_2))}{(p_1-p_2-\delta)^2}$

<표 7.1> 검정의 형태에 따른 표본수 계산식

8. 표본 추출

8.1 표본추출의 개요

전수조사와 표본조사

전수조사는 관심의 대상 전체인 모집단(population)을 모두 조사하여 모집단의 특성을 말해주는 모수(parameter)를 계산하고 표본조사는 모집단의 일부를 추출(sampling)하여 표본의 통계량값(sample statistic: 평균, 편차, 비율 등)으로 모수를 추정한다.

모집단 전체를 조사해야 하는 전수조사는 현실적으로 실행하기가 거의 불가능하기 때문에 인구센서스(census) 등의 국한적인 분야에서만 행해지고 있다. 전수조사는 시간, 비용 등의 효율성면에서 바람직하지 못하다. 대부분 표본조사를 통해 신속하고 경제적으로 조사를 시행한다. 그러나 표본조사는 전체를 조사하지 않기 때문에 필연적으로 표본오차(sample error)가 발생한다. 표본수의 결정(7장), 표본의 할당, 표본추출방법 등의 문제를 해결해야 한다.

확률표본추출과 비확률표본추출

모집단에서 표본을 추출하는 방법으로 추출대상이 무작위로 추출되었는가 아니면 어떤 규칙을 갖고 추출되었는가에 따라 두 가지로 분류된다. 확률표본추출(probabilistic sampling)은 무작위표본추출(random sampling)을 의미한다. 비확률표본추출(non-probabilistic sampling)은 인위적 표본추출을 의미한다.

확률표본추출법은 조사자의 의도가 개입되지 않고 표본을 뽑았으므로 표본의 모집단에 대한 대표성을 가져 모수 추정에 편의(bias)[16]가 없고

16) $bias = E(\hat{\theta}) - \theta$ = 추정량의 기댓값 - 모수

일반화가 가능하다. 표본오차의 추정이 가능하기 때문에 신뢰구간을 추정할 수 있고 추정의 정밀성을 파악할 수 있다. 그러나 시간과 비용이 많이 드는 단점이 있다. 이는 전체 모집단을 전부 포함하는 대표하는 프레임(frame)에서 난수(random number) 등을 근거로 표본을 추출하고 이들에게 응답을 얻기 때문에 추출대상과의 연락두절 등 현실적인 어려움이 존재할 수 있다.

무작위표본추출은 조사자의 의도나 편의를 위주로 표본을 뽑았으므로 모집단에 대한 대표성이 보장되지 않는다. 편의가 존재하고 일반화에 제약이 있으며 표본오차의 추정이 불가능하다는 단점이 있으나 시간과 비용이 적게 든다는 현실적인 이유로 많이 사용하고 있다.

【참고】 프레임(Frame)

연구대상이나 표본단위가 수록된 목록(list)을 프레임이라 하고 이를 바탕으로 표본을 추출한다. 예를 들어 모집단이 학교학생 전체라면 프레임은 수강신청학생명부, 모집단이 우리나라 국민일 때 통신사별 전화번호부 등이 된다. 좋은 프레임은 모집단과 일치하여야 하며 몇 개의 프레임의 합으로 모집단을 구성할 때 이중으로 포함되지 않아야 한다. 그러나 대부분 프레임은 모집단과 일치하지 않기 때문에 이로 생기는 표본프레임오차를 인식하고 고려하여야 한다.

8.2 표본추출 방법

주요 확률표본추출 방법

주요 확률표본추출방법으로는 전체를 하나의 집단으로 하고 난수를 배정하여 뽑는 **단순무작위추출법**(Simple Random Sampling), 모집단을 동질적인 소집단(strata)으로 층화하여 집단의 크기에 따라 단순무작위추출하는 **층화표본추출법**(Stratified Sampling), 표본을 상호배타적인 소군집(cluster)으로 분류한 뒤 무작위로 이들 집단을 선택하고 선택된 집단에서 표본을 추출하는 방법인 **군집표본추출**(Cluster Sampling) 등의 방법이 주로 이용된다.

확률표본추출 방법 중에서 가장 간단한 방법인 단순무작위추출법(Simple Random Sampling)은 N 개의 모집단 각 개체(unit)에 일련번호를 부과하고 이 중 n 개의 표본을 난수(random numbers)를 이용하여 추출하는 방법이다. 가장 간단한 방법이지만 우리가 알 수 있는 개체의 특성에 관한 정보를 이용하지 않기 때문에 추정량의 분산이 크게 계산된다는 단점이 있다.

층화표본추출법(Stratified Sampling)은 모집단을 동질적인 소집단으로 층화하여 집단의 크기에 따라 단순 무작위 추출하는 방법이다. 예를 들어 조사의 특성상 남녀비율이 중요할 때, 모집단이 남자가 60%, 여자가 40%이면 표본도 6:4의 비율로 뽑는다. 또는 연령이 중요한 변인이라면 연령층별 구성 비율에 맞추어 표본을 뽑는 방법 등이다. 동질적인 집단이 이질적인 집단보다 표본오차가 더 작으므로 추정량의 분산이 작게 추정된다.

군집표본추출(Cluster Sampling)은 표본을 동질적이 아닌 상호배타적인 소군집(cluster)으로 분류한 뒤 무작위로 이들 집단을 선택하고 선택된 집단에서 표본을 추출하는 방법이다. 예를 들어 1단계 군집표본추출(One-stage Cluster Sampling)인 경우 서울에서 3개 區를 추출하고(1단계) 각 區에서 단순무작위표본추출을 시행한다. 또는 2단계 군집표본추출(Two-stage Cluster Sampling)인 경우 서울에서 3개 區를 추출하고(1단계) 각 區에서 4개 洞을 추출한 뒤(2단계) 각 洞에서 단순무작위표본추출을 시행한다. 군집표본추출을 위해서 소집단의 분포가 모집단과 유사해야 한다. 즉, 소집단내에서도 모집단처럼 많은 차이가 있어야 한다. 이점에서 층화추출에서는 소집단이 동질적이어야 하는 조건과는 다르다. 군집표본추출은 소집단내분포가 동질적이고 소집단간 차이가 난다면 통계적 효율성이 떨어진다. 이 방법은 경제적으로 효율적이기 때문에 대통령선거 예측조사와 같은 대규모 표본조사에 이용되고 있다.

주요 비확률표본추출 방법

주요 비확률표본추출 방법으로는 조사자의 편의에 의해 대상을 결정하는 편의표본추출법(Convenience Sampling), 조사자가 대표성이 있는 표본을 선정해 조사하는 판단표본추출법(Judgement Sampling), 조사자가 조사대상의 범주, 비율 등을 설정하여 조사하는 할당표본추출(Quota Sampling) 등의 방법이 주로 이용된다.

비확률표본추출법의 하나인 편의표본추출법(Convenience Sampling)은 길거리에서 만난 사람들을 조사하는 형식이다. 당연히 지역적, 시간적 편중성 때문에 표본이 모집단을 대표할 수 없고 주로 사전조사에 이용되고 있다.

판단표본추출법(Judgement Sampling)은 조사자가 표본의 구성에 대하여 잘 알고 있는 경우에 자신의 추출한 표본이 무작위표본보다 대표성 있다고 판단될 때 사용한다.

할당표본추출(Quota Sampling)은 연구대상의 범주와 할당량을 설정하여 조사하는 방식이다. 조사원의 편견이 개입된다는 약점이 있으나 다른 방법에 비해 모집단을 대표한다고 할 수 있다.

8.3 표본배정 방법

무작위배정 원칙

실험 대상자들을 처리군(treatment group)에 배치할 때 무작위 배정원칙을 지켜야 한다. 피험자의 특성이나 실험여건에 따라 편의대로 배정한다면 이러한 실험에서 얻은 결과는 바이어스(편의, bias)를 갖게 되기 때문이다.

일반적인 설문지 조사법이 아니고 실험(experiment)에 의한 조사인 경우 피험자들이 어떤 특정한 실험조건에 배정이 되어야 할 때가 있다. 연구대상자들을 처리군(treatment group)에 배치할 때, 피험자의 특성이나 실험여건에 따라 편의대로 배정한다면 이러한 실험에서 얻은 결과는 바이어스(bias)를 갖게 되기 때문에 무작위 배정 원칙을 지켜야 한다. 실험에서 바이어스는 여러 가지 이유로 발생하고 통제할 수 없는 경우도 많지만 무작위배정의 원칙을 지킬 수 있을 때는 반드시 지킴으로 바이어스의 발생을 억제해야 한다.

무작위 배정원칙은 사회과학 관련 실험보다는 인간의 생명과 안전에 영향을 주는 의학 임상시험(clinical trial)에서 매우 엄격하게 적용된다.

무작위배정 절차 ☞ 이기훈(2007)에서 발췌

무작위배정하는 절차는 난수표 또는 난수프로그램에 의해 무작위배정표를 미리 작성하고 '자격 있는' 피험자가 시험에 참여할 때 그 표에 의하여 처리를 할당하게 된다.

【참고】 맹검실험(Blind Test)

임상시험에서는 실험자는 피험자가 어느 처치에 배정되는지 알지 못하도록 하는 게 일반적이고 또한 피험자도 자신이 어떤 처치를 받는지를 알지 못하여만 플라시보 효과 등을 파악하는데 도움이 된다. 이렇게 처치종류에 대하여 공개하지 않는 실험을 맹검실험(blind test)이라 하는데 실험의 특성상 실험자가 처치를 알 수밖에 없는 경우가 있어 이를 좀 더 구체적으로 분류한다. 즉, 실험자는 처치 배정을 알지만 피험자는 본인이 어떤 처치를 받는지 모르는 경우는 단일 눈가림 실험(single blind test)이라 하고 실험자도 피험자가 어떤 처치를 받는지 모르게 되면 이중 눈가림실험(double blind test)이라 한다.

단순무작위배정 절차

단순무작위배정은 전체 피험자를 일련의 난수(random numbers)에 의해 처리군에 배정하는 방법이다.

예를 들어 20명의 피험자에게 2 가지 광고, A, B를 보여줘야 할 때, 0~9까지의 난수 20개를 다음과 같이 뽑았다고 하자(실제로는 피험자 수보다 충분히 많이 난수를 뽑고 배정해 둔다). 이때 짝수는 A, 홀수는 B 광고를 배정한다. 또는 이러한 난수로 세 가지 처리 A, B, C를 배정한다면 3의 배수를 기준으로 3으로 나누어 나머지가 0이면 A, 1이면 B, 2이면 C를 배정할 수 있다.

난수	3, 8, 9, 7, 8, 4, 3, 0, 1, 5, 6, 5, 3, 9, 4, 3, 7, 9, 2, 1
배정표 (처리수=2)	B, A, B, B, A, A, B, A, B, B, A, B, B, B, A, B, B, B, A, B (A=7, B=13)
배정표 (처리수=3)	A, C, A, B, C, B, A, A, B, C, A, C, A, A, B, A, B, A, C, B (A=9, B=6, C=5)

<표 8.1> 처리수가 각 2, 3인 실험에서 실험대상자 단순무작위배정표

앞의 예에서 보면 단순 무작위배정에 의하면 각 처치에 배정되는 피험자의 수가 균형이 맞지 않을 수 있다는 걸 알 수 있다. 20명을 2개의 처리군으로 나누는 경우, (A:7, B13)으로 B처리에 배정되는 피험자수가 A 처리에 비해 두 배 가량 된다. 또한 3개의 처리군으로 나눌 경우, (A:9, B:6, C:5) 등으로 B, C 처리에 비해 A처리군에 배정된 피험자수가 많아

진다. 이러한 점은 피험자의 수가 적을 때에는 치명적인 결함이 될 수도 있다. 이를 개선하기 위하여 처리군별로 균등한 수가 배분되도록 하는 다음 절의 블록화기법을 사용한다.

단순무작위배정 난수 생성 프로그램

여기서는 통계패키지 SAS의 RANUNI함수(균등분포 U(0,1))에 의해 난수를 생성하는 예를 들어 보이겠다. (SPSS에 의한 배정은 '2장. 모집단의 확률분포' 참조)

<SAS PROGRAMMING>	<SAS OUTPUT>
options ls=132 ps=60;	RANDOMIZATION CODE
title1 "RANDOMIZATION CODE";	
Proc format;	i x
value treat 1='New Ad' 2='Old Ad';	1 New Ad
run;	2 Old Ad
Data random;	3 Old Ad
seed=date();	4 New Ad
do i=1 to 30;	⋮
x1=int(ranuni(seed)*10);	<생략>
x=mod(x1, 2)+1; output;	⋮
end;	27 New Ad
Proc print data=random;	28 Old Ad
id i; var x; format x treat.;	29 Old Ad
run;	30 New Ad

<표 8.2> 2개의 처리군에 단순무작위 배정하는 SAS 프로그램

【참고】 SAS, SPSS에 의한 난수생성이 필요한 이유

난수를 컴퓨터에 프로그램에 의해 얻을 때 이는 완전한 난수가 아니고 프로그램에 의해 생성된 난수이므로 의사난수(pseudo random numbers)라 불린다. 많은 소프트웨어에서 난수생성 프로그램을 지원하지만 정교하게 생성 프로그램에 의하여 얻어진 의사난수만이 난수로 공인을 받을 수 있다. 예를 들어 MS-EXCEL의 '=RAND()' 함수로 난수를 생성할 수 있지만 통계적 목적으로 사용하기에는 적합하지 못하다. (예. McCullough and Wilson, 1999; Rotz, Falk, Wood, and Mulrow, 2002)

블록화 무작위배정 절차

> 블록화 무작위배정법은 각 처치에 배정되는 피험자 수의 균형을 맞추기 위해 블록단위로 난수를 추출하는 방법이다.

예를 들면 처치 A, B에 피험자를 배정할 때 난수에 따라 처치 A, 또는 B를 배정하는 것이 아니라 블록(A, B), 또는 블록 (B, A)를 배정한다. 앞의 <표 8.1>의 예에서 짝수는 (A, B), 홀수는 (B, A)를 배정한다. 그러므로 난수는 10개만 필요하다.

난수	3,	8,	9,	7,	8,	4,	3,	0,	1,	5
블록사이즈=2	(BA)	(AB)	(BA)	(BA)	(AB)	(AB)	(BA)	(AB)	(BA)	(BA)

<표 8.3> 처리수가 각 2인 실험에서 블록화 무작위배정표

그러나 여기서 블록사이즈가 2이고 처리수도 2로 블록사이즈가 너무 작기 때문에 이러한 무작위배정은 실험자에게 추측이 가능하게 되어 맹검실험이 되지 못할 가능성이 있다. 그래서 블록사이즈를 4, 또는 6으로 늘려 무작위배정을 하는 것이 바람직하다. 만약 블록사이즈가 4이라면 난수에 따라 다음과 같이 배정한다.

난수	0	1	2	3	4	5	6	7	8	9
블록	(AABB)	(ABAB)	(ABBA)	(BAAB)	(BABA)	(BBAA)	무시	무시	무시	무시

그러므로 앞에서 뽑은 난수에 의한 블록사이즈 4인 블록화 단순무작위배정은 다음과 같다.

난수	3, ~~8,~~ ~~9,~~ ~~7,~~ ~~8,~~ 4, 3, 0, 1, ~~5, 6, 5, 3, 9, 4, 3, 7, 9, 2, 1~~
블록사이즈=4	(B A A B) (B A B A) (B A A B) (A A B B) (A B A B)

<표 8.4> 블록사이즈 4, 처리수가 2인 실험에서 블록화 무작위배정표

블록화 무작위배정 난수 생성 프로그램

여기서는 블록의 무작위배정표 준비를 하는 SAS의 PLAN procedure를 사용하였다.

다음은 블록사이즈는 6이고 처치는 3일 때, 30명의 피험자를 5개의 블록에 무작위배정하는 SAS 프로그램과 출력이다.

<SAS PROGRAMMING>	<SAS OUTPUT>
options nodate; title1 "BLOCK RANDOMIZATION CODE"; **Proc format;** value treat **1**='A' **2**='B' **3**='C'; **run;** **proc plan** seed=**127539**; factors block=**5** random treat=**6** random/noprint; output out=first treat nvals=(**1 1 2 2 3 3**) random; **run;** **data** first(keep=pid block treat); set first; pid=put(_n_, z2.); **run;** **proc print** noobs uniform split='*'; var pid treat; label pid="PERSON*ID" treat="TREATMENT*GROUP"; format treat treat.; **run;**	BLOCK RANDOMIZATION CODE PERSON ID TREATMENT GROUP 01 B 02 B 03 C 04 C 05 A 06 A 07 C ⋮ ⋮ 22 A 23 B 24 C 25 C 26 A 27 B 28 A 29 C 30 B

<표 8.5> 3개의 처리군에 블록화 무작위 배정하는 SAS 프로그램

<표 8.5>의 결과에서는 하나의 블록에 각 A, B, C 처리가 2번씩 배정되도록 되어있어 전체적으로 각 처리에 배정된 수가 균형을 이루는 장점을 갖고 있다.

블록화 불균형 무작위배정 절차

각 처리의 수가 동일하지 않기 때문에 블록 내 처리 수준의 수를 불균형적으로 얻고자 할 때 이용한다.

예를 들어 처리 A, B 중에서 B 처리에 2배의 피험자가 배정되기 원한다면, 즉 피험자들의 비율이 1:2가 되고 싶으면 앞의 SAS 프로그램에서 "treat nvals=(1 1 2 2 2 2)"과 같이 바꾸면 된다. 다음 <표 8.6>에 A 처리에 10명, B처리에 20명이 배정된 배정표 결과를 출력하였다.

<table>
<tr><th><SAS PROGRAMMING></th><th><SAS OUTPUT></th></tr>
<tr><td>

```
title1 "Unbalanced BLOCK RANDOMIZATION
CODE";

Proc format;
value treat 1='A' 2='B';
run;
proc plan seed=935217;
factors block=5 random treat=6
random/noprint;
output out=first
treat nvals=(1 1 2 2 2 2)
random;
run;
data first(keep=pid block treat);
set first;
pid=put(_n_, z2.);
run;
proc print noobs uniform split='*';
var pid treat;
label pid="PERSON*ID"
treat="TREATMENT*GROUP";
format treat treat.;
run;
```

</td><td>

Unbalanced BLOCK RANDOMIZATION CODE

PERSON ID	TREATMENT GROUP
01	B
02	B
03	B
04	B
05	A
06	A
07	A
⋮	
⋮	
20	B
21	B
22	A
23	A
24	B
25	A
26	A
27	B
28	B
29	B
30	B

</td></tr>
</table>

<표 8.6> 2개의 처리군에 불균형 블록화 무작위 배정

층화 무작위배정 절차

피험자의 특성이 골고루 분포되게 (예. 남과 여 비율) 피험자를 배정할 때 층화방법(Stratified Randomization; Random Permuted Blocks within Strata)을 사용한다.

예를 들어 실험이 완료된 뒤 자료를 분석하는 단계에서 어떤 특정 처리에 남성들이 지나치게 많이 배정되어있었음을 발견하면 처리효과가 순수하게 처리간의 차이에서 나온 것인지 아니면 성별 효과에 의한 것인지를 분리검출하기 어렵다. 이때 처리효과와 성별효과가 서로 교락(혼재, 혼입, confounding)되어 있다고 표현한다. 이에 대한 해결방법이 존재하지 않는 것은 아니지만 우리는 배정단계에서 각 처리군에 피험자의 특성이 골고루 분포되도록 배정하여야 한다. 즉, 층화법과 같이 동질의 그룹 층으로 분류한 다음 각 층에서 균형 있게 무작위로 추출하는 방법을 권장한다.

예를 들어 처리가 A, B 두 가지이고, 피험자의 성별과 나이에 따라 다음과 같이 4개 층(strata)으로 층화된 블록화무작위배정은 다음과 같다. 피험자수가 16명이고 블록사이즈는 4인 경우에 "블록사이즈 4, 처리수가 2인 실험에서 블록화 무작위배정표"를 이용해 다음과 같이 각 층별로 배정표를 만들어 놓는다.

1 Strata: 연소군(<30) 남성 ABAB ABBA …
2 Strata: 연소군(<30) 여성 BABA AABB …
3 Strata: 연장군(≥30) 남성 AABB BAAB …
4 Strata: 연장군(≥30) 여성 BBAA ABAB …

새로운 피험자가 실험에 참여할 때 피험자의 특성에 따라 순서대로 배정한다. 각 군별로 4명씩 균형을 이룬다는 보장이 없으므로 배정표는 충분히 길게 만들어 놓는다. 프로그램은 앞의 예제 <표 8.2>를 4번 돌려 각 층별로 준비하면 된다.

교차설계 절차

피험자들을 한 처리에 배정하는 것이 아니고 모든 처리를 다 시행하고자 할 때 교차설계실험(cross-over designs)을 한다.

다음은 모든 피험자가 (A, B) 또는 (B, A) 순으로 처치를 받는다고 가정하고 (A, B) 순은 1, (B, A) 순은 2라고 정하고 이 순서를 블록으로 무작위 배정한 예이다. 피험자 수는 40, 블록사이즈는 8, 블록의 수는 5(=40/8)로 가정한 프로그램은 다음과 같다.

<table>
<tr><th><SAS PROGRAMMING></th><th><SAS OUTPUT></th></tr>
<tr><td>

```
title1 "RANDOMIZATION SCHEDULE";
proc plan seed=122700;
factors block=5 random seq=8
random/noprint;
output out=first
seq nvals=(1 1 1 1 2 2 2 2)
random;
run;
data first(keep=pid seq period1
period2);
set first;
length period1 period2 $35;
pid=put(_n_, z3.);
if seq=1 then do;
period1='A' period2='B';
end;
if seq=2 then do;
period1='B' period2='A';
end;
run;
proc print data=first noobs
double;
uniform split='*';
var pid seq period1 period2;
label pid="PERSON*ID";
period1="PERIOD 1";
period2="PERIOD 2";
run;
```

</td><td>

```
RANDOMIZATION SCHEDULE

PERSON           PERIOD   PERIOD
  ID      seq       1        2

 001       1        A        B

 002       2        B        A

 003       2        B        A

 004       1        A        B

 005       2        B        A

 006       1        A        B

                …

 037       1        A        B

 038       1        A        B

 039       2        B        A

 040       2        B        A
```

</td></tr>
</table>

<표 8.7> 2개의 처리, 8개의 블록사이즈인 교차실험 배정

【참고】 교차실험에서 순서의 영향

피험자들에게 모든 처리를 다 시행하는 교차설계실험에서는 처리의 순서, 처리와 처리의 실험 간격 등이 영향을 받는다. 예를 들어 어떤 피험자가 광고 A를 보고 다음 광고 B를 보는 경우와 반대순서인 경우에 응답에 차이가 있을 수 있다. 또한 앞의 처리가 다음 처리에 영향을 받지 않는 적당한 시간(washout period)을 산정해야 한다.

9. 데이터의 검토

9.1 데이터 신뢰성의 개요

조사하고자 하는 개념과 측정

사회과학관련 조사(survey)에서는 측정하고자하는 개념은 추상적인 형태, 즉 개념적 정의로 존재하게 된다. 이러한 추상적 개념을 측정하기 위해 이를 조작적 정의(operational definition)로 변환하고 이를 구체적인 변수(variable) 형태로 측정하게 된다.

예를 들어 국민의 삶의 질(quality of life)을 측정하기 위해 이를 조작적 정의인 의료혜택, 주거환경, 문화혜택, 정신적 만족감, 경제적 윤택함, 육체적 편안함(고통) 등으로 분류하고 이중에 의료혜택에 관한 측정 변수를 1인당 의료비, 의료진 수, 의료시설 수 등으로 정의할 수 있다. 또는 학생들의 학업성취도라는 추상적 개념을 교과 성적, 외부 자격시험 성적, 학생 강의 만족도 등으로 구체적으로 정의하여 측정할 수 있다.

개념적 정의	조작적 정의	측정변수
국민 삶의 질	의료혜택	1인당 의료비, 의료병상 수, 의료진 수 등
	주거환경	주거형태, 주택보급률, 가구당 구성원 수 등
	문화혜택	1인당 문화비, 여가시간, 취미생활 투자시간 등
	경제적 풍요	실업률, 가구당 소득, 복지예산 등
사용 동기	유용성	사용 편리, 도움, 관리 용이성 등
	즐거움	재미, 시간 때움, 유쾌함, 오락적 등
	유행	주변사람 사용, 최신제품 수용, 지위향상 등
학업성취도	교과 성적	과목별 평가 점수, AP 수강여부 등
	강의만족도	강의평가 점수, 교수지도 만족 등
	취업준비	국가고시 성적, 자격증, 공인외국어 성적 등

<표 9.1> 개념적 정의, 조작적 정의, 변수의 예

적절한 측정

측정하고자 하는 개념을 구체적인 변수를 통해 계량적으로 측정할 때 그 측정변수가 제대로 개념을 측정하고 있는가, 그래서 신뢰할 만한 측정인가에 대한 평가가 이루어져야 한다.

이는 측정하기 원하는 문제에 대하여 정확하게 측정하고 있는가와 매번 측정할 때마다 비슷하게 측정될 정도로 측정방법은 안정적이냐는 질문과 같을 것이다.

어떤 측정이 믿을만한 측정인가라는 질문은 그 측정도구와 방법이 타당성(validity)과 신뢰성(reliability)을 확보하고 있는가에 관한 질문과 일치한다. 고전검사이론(classical test theory)에 의하면 측정점수는 타당한 점수, 타당하지 않은 점수, 오차점수 등으로 이루어져 있다고 정의한다. 이때 타당한 점수와 타당하지 않은 점수를 합하여 진점수(true score)라 한다. 전체점수 중에서 진점수에 해당하는 부분이 신뢰도에 관련되며 진점수 중에 타당한 점수 부분이 타당도에 해당하는 부분이다. 또한 오차점수는 우리가 통제하기 어려운 측정과정에서 발생하는 오차로 측정점수 중에서 오차점수의 비중이 낮으면 측정이 신뢰할 수 있다고 판단한다.[17] 즉 어떤 측정값이 믿을만한 값이 되기 위해서는 측정의 타당성과 신뢰성 등이 차례로 확보되어야 할 것이다.

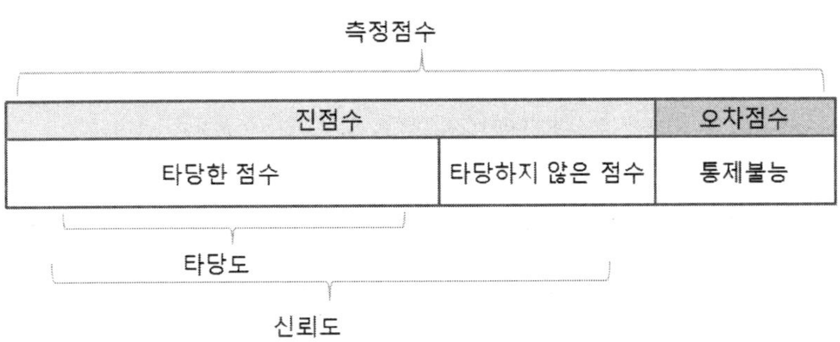

<그림 9.1> 측정점수의 구성과 신뢰도(성태제, 2002)

17) 성태제 (2002). <타당도와 신뢰도>, 학지사, 서울.

타당성과 신뢰성의 개념

타당성(validity)은 측정도구가 원하는 개념을 정확히 잘 측정하고 있는가에 관한 척도이고 신뢰성(reliability)은 이러한 측정도구가 항상 일정한 측정값을 얻고 있는가를 평가하는 척도이다.

타당성과 신뢰성의 개념을 설명하기 위하여 다음과 <그림 9.2>와 같은 과녁판 그림이 자주 사용되고 있다. 과녁판의 중앙은 목표값(모수, θ)으로, 총알이 맞힌 곳은 측정값(표본통계량, $\hat{\theta}$)으로 간주할 수 있다. 다음 그림의 (1)의 경우는 총알이 가운데를 맞추려한 것이 확실하고(타당성 있음) 여러 번 반복함에도 일정한 곳을 맞추며 그들 간 차이가 크지 않으므로(신뢰성 있음) 우수한 측정이라고 할 수 있다. 과녁판 (2)를 보면 가운데를 맞추려한 것은 같지만(타당성 있음) 반복 때마다 일정한 측정이 되지 못하여 전체적으로 신뢰도가 낮아진다. (3)에서는 총알이 맞히고자 하는 곳, 즉 측정값들의 평균($E(\hat{\theta})$)과 맞추어야 할 곳(θ)이 일치하지 않는다. 반복에 따른 일관성은 있으나 전체적으로 신뢰도는 낮아진다.

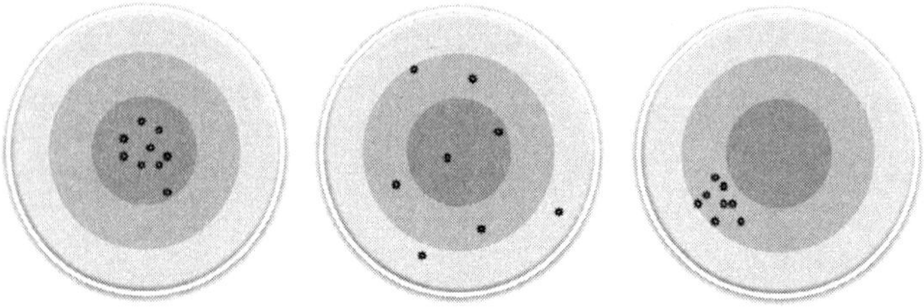

(1) (2) (3)

<그림 9.2> 과녁판에 의한 신뢰성, 타당성 비교

수식으로 표현하면 타당성은 불편성(unbiasedness)에 관한 내용이고 신뢰성은 평균오차제곱합(MSE)과 관련이 있다고 할 수 있다.[18]

---

18) 과녁 (1): $E(\hat{\theta}) = \theta$, $Var(\hat{\theta})$ =작음, $MSE(\hat{\theta}) = Var(\hat{\theta}) + bias^2$ =작음, 신뢰도: 높음
과녁 (2): $E(\hat{\theta}) = \theta$, $Var(\hat{\theta})$ =큼, $MSE(\hat{\theta}) = Var(\hat{\theta}) + bias^2$ =큼, 신뢰도: 낮음
과녁 (3): $E(\hat{\theta}) \neq \theta$, $Var(\hat{\theta})$ =작음, $MSE(\hat{\theta}) = Var(\hat{\theta}) + bias^2$ =큼, 신뢰도: 낮음

9.2 타당성의 평가

타당성의 개념

타당성(validity)은 검사(test)가 측정하고자 하는 내용을 얼마나 정확하게(accurate) 측정하였는가에 관한 측도이다.

경영학 분야에서는 전통적으로 타당성을 내적타당성과 외적타당성으로 나누는데 내적타당성은 실험이나 연구에서 얼마나 정확하게 측정하였는가를 의미하고 외적타당성은 실험이나 연구결과에서 얻은 결과가 실제상황에서 어느 정도 적용될 수 있는가를 표현한다. 실험조건을 통제할수록 내적타당성이 높아지지만 실험실 조건과 현실과는 괴리가 있기 때문에 외적타당성은 낮아질 수밖에 없다. 반대로 현실과 유사한 상황을 만들면 외적타당성이 높아지는데 반해 내적 타당성은 낮아지기 때문에 서로 간에 트레이드오프 관계라 할 수 있다. 예를 들어 맥주의 맛을 비교할 때 브랜드를 가리고 같은 조건에서 마시게 하면 맛의 비교에 대한 내적 타당도는 높지만 브랜드를 보면서 마시게 되는 실제 상황과 동일한 결과가 나올 외적타당도는 낮을 수 있다.

일반적으로 어떤 측정이 타당성이 높다고 이야기할 때 그것은 내적타당성을 의미하는 경우가 대부분이다.

내적 타당성의 분류 (경영학 분야에서의 분류)

내적타당성은 기준타당성, 내용타당성, 개념타당성 등으로 크게 분류할 수 있다. 기준 타당성에는 예측타당성이 포함되어 있고, 내용타당성은 연구자의 주관 즉 경험이나 이론에 의하여 판단하게 된다. 개념타당성은 이해타당성, 집중타당성, 판별타당성 등으로 구성된다.

예를 들어 어떤 기업체에서의 입사성적이 근무성과를 예측한다면 입사시험이 기준 타당성이 높은 것이다. 또한 체력을 측정할 때 지구력, 순발력, 유연성 등으로 평가한다면 이는 체력에 대한 보편적인 이해를 공유하므로 이해타당성이 높은 측정방법이 된다. 그리고 다른 예로 암기력을 측정할 때 측정방법이 지필고사 또는 면접고사로 실시하더라도 그 결과에 차이가 나지 않으면 집중타당성이 높다고 표현한다. 판별타당성은 다른 특성은 다른 측정도구로 측정해야함을 의미한다.

타당성의 개념 (교육학 분야)

타당성은 제안된 검사 도구에 의해 얻어진 검사점수의 해석에 증거나 이론이 지지하여주는 정도로 정의된다.

학문의 특성상 경영학보다는 평가점수에 대함 분석이 많은 교육학 분야에서 타당성에 관한 연구가 더 활발하게 이루어지고 있다. AERA, APA, NCME(1999, American Educational Research Association, American Psychological Association, National Council on Measurement in Education)의 <Standards for Educational and Psychological Testing> 에서는 위와 같이 타당성을 정의하며 타당도를 다섯 가지로 분류하였다. 이는 '검사내용에 기초한 근거', '반응절차에 기초한 근거', '내부구조에 기초한 근거', '다른 변수들과의 관계에 기초한 근거', '검사결과에 기초한 근거' 등이다.

경영학분야에서 내용타당도라고 명명되는 '검사내용에 기초한 근거'는 전문가의 주관에 의한 판단에 의존하게 되므로 타당성의 정도를 계량적으로 표시할 수 없다.

'반응절차에 기초한 근거'는 피험자의 응답에 대한 이론적이고 경험적인 분석을 통해 평가자의 반응과 피험자의 수행이 일치하는가를 판단하게 된다.

'내부구조에 기초한 근거'는 구인(構因, construct)타당도 또는 구성타당도라고 불리며 문항과 요인들 사이의 관계들이 검사점수 해석에 기초하는 구조를 검증하는 정도를 의미한다. 이를 검증하기 위해 가장 많이 사용하는 통계적 방법이 요인분석(인자분석, factor analysis)이다. 자료에서 추출한 요인이 우리가 이론적으로 설정한 요인과 일치하는가를 통해 구인타당성을 검증한다.

'다른 변수들과의 관계에 기초한 근거'는 외적변수와 검사점수의 관계를 분석하여 타당성을 검증하는 방법으로 '수렴과 판별근거(convergent and discriminant evidence)'와 '검사-준거 관련성(test-criterion relationship)', '타당도 일반화(validity generalization)' 등으로 이루어져 있다(성태제, 2002). 예를 들어 학생들의 강의평가에서는 강의평가에 대한 준거로 학생들의 학업성취도를 포함할 수 있으며 이는 해당과목의 학업성적으로 대신할 수 있을 것이다. 강의평가가 교수개인의 교수법과 교과특성에 관한 평가인 동시에 학생들의 만족도에 관한 조사이기 때문에 강의평가가 학업성적에 유의한 영향을 주며 '검사-준거 관련성'이 높은 것으로 판단한다.

'검사결과에 기초한 근거'는 결과타당도라 불리며 실시한 검사의 목적과 그 영향에 대하여 고려해야 한다는 것이다. Messick(1998)이 평가사용에 대한 윤리적 문제를 제기하며 결과타당도를 제안하였고 이를 타당도 범주 안에 포함시켜야 하는가에 대한 논란은 Shepard(1997), Linn (1997), Popham(1997), Mehrens(1997) 등의 논문에 의해 찬반이 엇갈리고 있다. 강의평가를 예로 든다면 결과타당도는 다음과 같이 점검해볼 수 있을 것이다. 첫째, 강의평가가 원래 측정하고자 하는 것이 대학의 교육목표와 부합하는지, 둘째, 교수가 평가를 잘 받기 위해 강의에 더 노력하는지, 셋째, 평가가 교수들의 교육을 인위적으로 제한하지는 않는지, 넷째, 평가가 교수들의 창의적 교육방법이나 연구를 격려하고 있는지 등을 확인하여 그 타당성을 이야기할 수 있다.

타당성의 측정 (경영학 분야)

타당성 중에서 집중타당성과 판별타당성은 측정될 수 있다. 집중타당성은 요인적재값과 개념신뢰도로 평가되고 판별타당성은 분산추출지수로 측정된다.

(☞ **19장 요인분석** 참조)

<table>
<tr><th>타당도 분류</th><th>구성</th><th>내용</th><th>계량적 측도</th></tr>
<tr><td>내용타당도
content validity</td><td></td><td>연구자의 주관 즉 경험이나 이론에 의하여 판단함</td><td>불가능</td></tr>
<tr><td>기준타당도
criterion validity</td><td>예측타당도
predictive validity</td><td>한 속성이 다른 속성의 예측 정도에 의해 판단함</td><td>회귀분석</td></tr>
<tr><td rowspan="3">구성타당도
(개념타당도)
construct validity</td><td>이해타당도</td><td>개념에 대한 보편적인 이해를 공유함</td><td>불가능</td></tr>
<tr><td>집중타당도
convergent validity</td><td>유사한 개념들의 측정값 사이에는 상관관계가 높음</td><td>요인적재값
개념신뢰도</td></tr>
<tr><td>판별타당도
discriminant validity</td><td>상이한 개념들의 측정요인들 간에는 상관관계가 낮음</td><td>분산추출지수</td></tr>
</table>

<표 9.2> 타당도의 종류와 평가 측도

집중 타당성의 존재

집중타당성이 존재한다고 판정되기 위해서는 다음 두 조건을 만족해야 한다.

모든 표준화요인적재값 ≥ 0.7, 개념신뢰도 ≥ 0.5

집중타당성은 유사한 개념들을 측정하는 변수들 사이에는 상관관계가 높아야 한다는 사실에 근거하여 평가한다. 요인분석에서 몇 개의 변수를(예. X_1, X_2, X_3) 하나의 요인으로(예. F_1) 축약한다면 변수가 그 요인에 주는 표준화회귀계수가 0.7 이상이고 회귀모형의 결정계수가 0.5 이상이어야 집중타당성이 있다고 본다. 이를 수식으로 표현하면 다음과 같다.

$$X_1 = Z_1 F_1 + e_1,\ X_2 = Z_2 F_1 + e_2,\ X_3 = Z_3 F_1 + e_3,$$

여기서 Z_1, Z_2, Z_3는 표준화 요인적재값이다. 이때 개념신뢰도(Construct Reliability, CR)는 다음과 같다.

$$CR = \frac{(\sum_{i=1}^{3} Z_i)^2}{(\sum_{i=1}^{3} Z_i)^2 + \sum_{i=1}^{3} Var(e_i)} .$$

그러므로 이 경우 집중타당성이 존재한다고 판정되기 위해서는 다음 두 조건을 만족해야 한다.

$$Z_i \geq 0.7, \text{ for } i = 1,2,3 \text{ 그리고 } CR \geq 0.5.$$

판별타당성의 존재

판별타당성이 존재한다고 평가되기 위해서는 다음 조건을 만족해줘야 한다.

모든 분산추출지수 ≥ 요인 간 결정계수 최댓값.

판별타당성은 상이한 개념들의 측정요인들 간에는 상관관계가 낮아야 하므로 다른 개념들 간의 상관계수에 의한 결정계수보다 개념을 측정하는 결정계수가 커야한다는 사실로 유도한다.

예를 들어 요인분석에서 몇 개의 변수를 (예. $X_1, \ldots, X_9$) 세 개의 요인으로(예. F_1, F_2, F_3) 축약한다면 각 요인의 분산추출지수가 두 요인간의 회귀모형의 결정계수(상관계수의 제곱) 보다 커야한다. 이를 수식으로 표현하면 다음과 같다.

$$X_1 = Z_1 F_1 + e_1,\ X_2 = Z_2 F_1 + e_2,\ X_3 = Z_3 F_1 + e_3,$$
$$X_4 = Z_4 F_2 + e_4,\ X_5 = Z_5 F_2 + e_5,\ X_6 = Z_6 F_2 + e_6,$$
$$X_7 = Z_7 F_3 + e_7,\ X_8 = Z_8 F_3 + e_8,\ X_9 = Z_9 F_3 + e_9$$

여기서 $Z_1,..., Z_9$는 표준화 요인적재값이다. 이때 분산추출지수(AVE)는 다음과 같다.

$$AVE_1 = \frac{\sum_{i=1}^{3} Z_i^2}{\sum_{i=1}^{3} Z_i^2 + \sum_{i=1}^{3} Var(e_i)}, ..., AVE_3 = \frac{\sum_{i=7}^{9} Z_i^2}{\sum_{i=7}^{9} Z_i^2 + \sum_{i=7}^{9} Var(e_i)}.$$ 19)

그러므로 이 경우 판별타당성이 존재한다고 판정되기 위해서는 다음 조건을 만족해야 한다.

$$AVE_i \geq \text{Max}\ Corr(F_i, F_j)^2, \text{ for } i \neq j = 1,2,3.$$

즉, 각 요인의 분산추출지수가 요인들 간의 상관계수의 제곱값들보다 커야 된다.

☞ 타당도 계산에 관한 예제는 요인분석 【예제 19.4】 의 【참고】 참조

19) 표준화값의 특성상 분모는 요인의 수가 된다. 즉, 여기서는 분모가 모두 3이 된다.

9.3 신뢰성의 평가 (☞ 이기훈(2008)에서 발췌)

신뢰성의 정의

신뢰성(reliability)은 검사도구가 측정하고자 하는 것을 얼마나 일관성 있게 측정하였는가를 의미한다. AERA, APA, NCME(1999)는 "신뢰도는 피험자들에 동일한 시험을 반복적으로 시행하였을 때 그 측정의 일관성(consistency)"이라고 정의한다.

측정의 신뢰성은 대개 측정결과의 내적 일관성(internal consistency)과 안정성(stability)을 통하여 확인한다. 여기서 내적 일관성이란 동일한 피험자집단이 여러 가지 형식의 측정도구(보통 설문문항)를 이용하여 특정 개념을 측정하였을 때 각 측정도구에서 얻은 결과간의 일치정도를 의미하는 것이다. 그리고 안정성은 동일 개념을 시기를 달리하여 두 번 이상 평가한 결과가 어느 정도 일치하는 가(검사-재검사 신뢰성, test-retest reliability)에 따라 결정될 수 있고 두 사람 이상의 평가자가 평가한 내용의 일치성(평가자간 신뢰성, inter-rater reliability) 등으로 평가 될 수 있다.

고전검사 이론에서 신뢰성 측정

신뢰도를 측정하는 고전검사이론의 방법은 평가점수의 분산을 처리분산과 오차분산으로 나누어 오차분산의 비율이 낮으면 이 측정 도구는 일관성이 있으므로 신뢰도가 높다고 평가하는 것이다.

신뢰성을 측정하는 가장 확실한 방법은 동일한 피험자에게 동일한 시험을 적당한 시간 간격을 두고 반복측정하여 두 결과의 유사성을 피어슨 상관계수로 측정하는 것일 것이다. 그러나 이 방법은 여러 가지 현실적인 이유(예. 시험효과, 성숙효과, 적당한 시간간격 결정 문제 등) 때문에 권장되지 않고 한번 측정한 값들의 분산을 비교하는 방법이 주로 사용되어 왔다. 이러한 측도들은 다음과 같은 과정을 통해 정의된다.

어떠한 설문에 평가자가 n명이고 측정항목이 k개일 때 평가점수의 모형을 다음과 같이 가정하자.[20)]

$$x_{ij} = \mu + \nu_i + \beta_j + e_{ij} = T_{ij} + e_{ij}\,; i = 1,...,n,\ j = 1,...,k,$$

여기서 μ는 전체 평균, ν_i는 평가자 효과, β_j는 문항 효과, T_{ij}는 진점수, e_{ij}는 오차항이다. 이때 평가점수의 분산은 다음과 같이 표현할 수 있다.

$$Var(x_{ij}) = \sigma_X^2 = \sigma_T^2 + \sigma_e^2 = Var(T_{ij}) + Var(e_{ij}). \tag{9.1}$$

고전검사이론에서 신뢰도는 다음과 같이 진점수의 분산과 관찰점수의 분산의 비로 정의된다.

$$\rho^2 = \frac{\sigma_T^2}{\sigma_X^2} = 1 - \frac{\sigma_e^2}{\sigma_X^2}. \tag{9.2}$$

현재 사용되는 신뢰성 측정계수 (크론바하 알파 신뢰도 계수)

신뢰도를 측정하는 방법으로 문항간의 연관성을 측정하는 크론바하 알파(Cronbach's α) 신뢰도 계수가 가장 많이 사용되고 있다. 크론바하 알파가 0.7 이상이면 신뢰성이 있다고 판단한다.[21)]

Spearman(1910)은 자료를 양분(split-half)하여 이들 간의 상관계수로 신뢰도 (9.2)를 추정하였는데, 이 값은 문항을 어떻게 둘로 나누는가(예.

---

20) 예를 들어 어떤 제품의 만족도를 100명에게 각 5가지 항목(디자인, 가격, 품질, A/S, 브랜드평판 등)에 대하여 물어보았다면 $n = 100$, $k = 5$이 된다.

21) 신뢰도 계수는 최소한 0.7이 넘어야 한다고 주장이 (예. Kline, 2000) 일반적이지만, 0.6 이상도 받아들일(acceptable) 수 있다는 주장도 존재한다. (예. Moss, Prosser, Costello, et al., 1998; Hair, Anderson, Tatham, and Black, 2006; Nagpal, Kumar, Kakar, Bhartia, 2010)

홀수번 문항 대 짝수번 문항)에 따라 신뢰도가 달리 계산될 수 있다는 단점이 있었다. 그러나 시험을 두 번에 걸쳐 반복할 필요가 없이 한번 실험만으로도 신뢰도를 구할 수 있다는 장점으로 당시에는 많이 사용되었다. 그 후로 Kuder와 Richardson(1937)은 자료를 양분하는 방법에 무관하게 신뢰도를 계산하는 방법을 제안하였는데 이분(discrete) 문항을 위한 KR-20(Kuder-Richardson Formula 20), 연속형 문항점수를 위한 KR-21 등이다. 그리고 크론바하(Cronbach, 1951)가 0-1 문항이 아닌 일반적인 연속형 척도에서 사용할 수 있는 신뢰도 계수 α를 제안하였는데, 이 값은 자료를 모든 가능한 경우의 수로 둘로 나누어 상관계수를 구하고 이를 평균한 값과 일치하는 특성을 갖고 있으며 KR-20의 일반화 형태라 할 수 있다.

1950년대 이후로 크론바하 알파보다 우수한 신뢰성 계수를 찾으려 노력했지만 계속적으로 크론바하 알파 계수의 우수함과 다른 특성들만이 밝혀질 뿐 새로운 측도는 개발되지 못하여 60년이 지난 지금에도 유일한 신뢰도계수로 애용되고 있다. 크론바하 알파는 다음과 같이 정의된다.

$$\alpha = \frac{k}{k-1}\left(1 - \frac{\sum_{j=1}^{k} \sigma_j^2}{\sigma_X^2}\right), \tag{9.3}$$

여기서 $\sigma_j^2\ (j=1,...,k)$는 j번째 문항의 분산이다.

크론바하 알파를 높이는 방법

신뢰도 계수 α를 개선하는 방법으로 문항간의 연관성이 낮은 문항을 제거한다.

식 (9.3)을 보고 분산이 큰 변수를 제거해주면 신뢰도가 상승할거라 생각하기가 쉬운데 이는 크론바하 알파식의 잘못된 이해에서 비롯되는 현상이다. 많은 연구자가 크론바하 공식의 단순성 때문에 α를 신뢰도 측정계수로 사용하는데 단순화된 식 (9.3)만으로는 계수의 계산이 각 문항의 분산에만 의존하는 것처럼 보일 수도 있다. 그러나 알파계수를 보다 근본적으로 표현하면 다음과 같이 쓸 수 있음을 명심해야한다.

$$\alpha = \frac{k}{(k-1)} \frac{\sum\sum_{i \neq j} Cov(X_i, X_j)}{\sigma_X^2}. \tag{9.4}$$

즉, 크론바하 알파값은 변수의 분산만이 아니라 각 변수간의 공분산에 의존한다. 그러므로 어떤 변수의 제거가 α 값을 높였다면 그 변수의 분산이 큰 것이 아니라 다른 변수들과의 상관관계가 낮기 때문이라고 할 수 있다.

☞ 신뢰도 계산에 관한 예제는 요인분석 【예제 19.4】 의 【참고】 참조

9.4 일반화가능도 이론(Generalizability Theory) **

크론바하 알파의 한계

크론바하 알파는 문항의 내적일관성에 관한 측도이고 안정성에 관한 측도가 되지 못한다. 평가자 간에 차이를 판단하는 안정성의 평가는 상관계수나 검사-재검사 방식으로 할 수 있으나 평가가 내포하는 오차변동의 크기를 측정하지 못하기 때문에 평가문항의 개선에 사용하기가 어렵다.

Cronbach와 그의 동료들(1963, 1972)은 새로운 신뢰성 측도로서 일반화가능도(generalizability)를 제안하였다. 고전검사이론(CTT: classical test theory)에서는 관찰점수를 진점수와 오차점수로 분리하여 신뢰도를 전체분산 중에서 진점수분산의 비율로 신뢰도를 측정하기 때문에 오차발생의 다양한 요인에 관한 분석이 부족하였다.

즉, CTT에서는 $X=T+e$로 표시하여 이들 X와 T의 분산의 비(ratio)에만 관심을 갖고 오차항 e를 발생시키는 다양한 요인에 대한 고찰이 부족하다.

일반화가능도 이론의 개요 ☞ 이기훈(2010)에서 발췌

전체분산을 분산분석(ANOVA) 체계를 이용하여 요소별로 편차의 크기를 측정하여 각 요소별 영향력을 측정하고, 신뢰노 항상 빙빕의 제안 등 다양한 결과를 얻을 수 있다.

일반화가능도 이론에서 p 번째 피험자가 t번째 시기(occasion)에 r번째 평가자(rater)에게 받은 평가점수의 모형을 다음과 같이 정의한다.

$$X_{ptr}=\mu+\nu_p+\nu_t+\nu_r+\nu_{pt}+\nu_{pr}+\nu_{tr}+\nu_{ptr},\quad t=1,\ldots,n_t;\, r=1,\ldots,n_r, \qquad (9.5)$$

여기서 μ는 모집단(population)과 전집(universe)에서 나온 전체 평균이고, ν는 각 변인들의 효과(주효과와 상호작용)라 할 수 있다.[22]

개인의 평가점수는 개인의 진점수(true score)의 추정값이고 용인된 관측값의 전집(universe of admissible observation)의 부분이다.[23] 측정의 개체는 주로 피험자이며 이들의 개인적 차이는 분명한 사실이고 실험자는 이런 차이에 관심을 갖는 것이기 때문에 개체간의 차이는 오차의 요인으로 간주하지 않는다.

식 (9.5)의 모형에서 개인적 차이 외에 변동에 영향을 주는 국면이 평가자와 평가시기이기 때문에 2국면 설계(two-facet design) 모형이라 정의한다. 일반적으로 측정의 대상, 즉 학교, 기업, 집단 등은 국면으로 간주되지 않는다.

평가점수 변동의 분해

각 피험자에게 수차례 국면의 수준에서 측정한 값의 평균은 개인의 진점수(또는 전집점수)의 추정값인데 모든 오차는 국면에 의해 생기는 것이므로 분산성분(variance components)으로 그들의 영향력을 측정할 수 있다.

식 (9.5)의 피험자 평가점수의 분산성분은 다음과 같다.

$$\sigma^2(X_{ptr}) = \sigma_p^2 + \sigma_t^2 + \sigma_r^2 + \sigma_{pt}^2 + \sigma_{pr}^2 + \sigma_{tr}^2 + \sigma_{ptr}^2 . \tag{9.6}$$

일반적인 분산분석에 의해 각 요인, 국면에 대한 평균제곱합(MS: mean

22) 일반화가능도 이론에서 개별적인 평가점수는 단지 무한한 모집단과 가능한 측정의 여러 전집에서 나온 표본(sample)으로 간주한다. 예를 들어, p번째 피험자를 n_r명의 평가자가 n_r번 반복하여 평가점수를 부여하였다면 무한한 피험자의 모집단으로부터 표본을 얻은 것이고 평가자와 평가시기는 수많은 가능한 평가자에서 선택된 평가자와 가능한 여러 평가시기 중에서 선택된 특정시기이기 때문에 가능한 전집에서 뽑은 표본으로 표현되는 것이다.

23) 일반화가능도 이론에서는 문항, 평가자, 평가시기 등을 국면(facet)이라 하는데 통계학의 요인(factor)과 유사한 개념이지만 무한히 수준을 확장할 수 있다는 점이 다르다.

squares)을 구하고 평균제곱합의 기댓값(EMS: expected mean squares) 공식을 이용하여 각 분산성분의 추정값을 구할 수 있다.

분산에 관한 연구 활용

실제 자료에서 분산성분을 추정하는 연구를 일반화가능도 연구, 즉 G 연구(G study)라 하며 이러한 결과는 국면에 변화가 있을 때 각 오차 성분이 어떻게 변화하는지를 분석하고 최적의 실험설계를 결정하는 D 연구(decision study)에 활용된다(Cronbach 등, 1972).

D 연구를 위하여 식 (9.5)의 피험자 평가점수를 각 국면에 대한 기댓값으로 다음과 같이 바꾸어 표현하도록 한다.

$$X_{pTR} = \mu + \nu_p + \nu_T + \nu_R + \nu_{pT} + \nu_{pR} + \nu_{TR} + \nu_{pTR} \ . \qquad (9.7)$$

여기서 평가자와 평가시기를 확장할 수 있다는 의미에서 첨자를 r 에서 R 로, t 에서 T로 변환하였다. 그리고 각 분산 성분은 다음과 같이 표현할 수 있다.

$$\sigma^2(X_{pTR}) = \sigma^2_p + \sigma^2_T + \sigma^2_R + \sigma^2_{pT} + \sigma^2_{pR} + \sigma^2_{TR} + \sigma^2_{pTR},$$

이때 각 분산성분의 추정값은 식 (9.6)의 각 성분의 분산 추정값을 이용하여 구하게 된다. 즉, X_{ptr} 은 한 번의 관측값인데 반하여 X_{pTR}은 $n_R n_T$회 반복측정한 값의 평균(기댓값)이므로 이것의 분산은 $n_r n_t$ 반복측정한 값의 표본평균의 분산으로 추정한다.

즉, $\hat{\sigma}^2_T = \hat{\sigma}^2_t / n_t$, $\hat{\sigma}^2_R = \hat{\sigma}^2_r / n_r$, $\hat{\sigma}^2_{pT} = \hat{\sigma}^2_{pt} / n_t$, $\hat{\sigma}^2_{pR} = \hat{\sigma}^2_{pr} / n_r$, $\hat{\sigma}^2_{TR} = \hat{\sigma}^2_{tr} / n_t n_r$, $\hat{\sigma}^2_{pTR} = \hat{\sigma}^2_{ptr} / n_t n_r$.

일반화가능도 계수의 계산

D 연구를 위하여 사용할 일반화가능도 계수(G 계수, Generalizability coefficient)는 전집점수분산(개인차분산)을 관측점수분산(실험의 국면을 포함한 분산)으로 나눈 것이다.

G 계수는 '상대 G 계수'와 '절대 G 계수'로 분류할 수 있다. 상대 G계수의 분모에는 피험자에게 해당하는 분산성분만 포함하고 절대 G 계수에서는 모든 분산성분이 포함된다.[24] G 계수가 크면 실험자는 관측점수를 연구국면에 일반화할 수 있다는 의미로 일반화가능도 이론이라 명명한 것이다.

국면이 모두 변량 국면(random facet)일 때 식 (6.9) 점수의 G 계수는 다음과 같이 정의 된다.

일반화가능도 계수(상대 G 계수): $E\rho^2 = \dfrac{\sigma_p^2}{\sigma_p^2 + \sigma^2(\delta)}$,

의존계수 지수(절대 G 계수): $\Phi = \dfrac{\sigma_p^2}{\sigma_p^2 + \sigma^2(\Delta)}$,

여기서, $\sigma^2(\delta) = \sigma_{pT}^2 + \sigma_{pR}^2 + \sigma_{pTR}^2$, $\sigma^2(\Delta) = \sigma_T^2 + \sigma_R^2 + \sigma_{pT}^2 + \sigma_{pR}^2 + \sigma_{TR}^2 + \sigma_{pTR}^2$.

【예제 9.1】 1국면 모형(single-facet design) 자료에서 G 계수를 유도하시오.

24) 상대 G 계수는 원자료의 가능한 변화를 고려하지 않고 단지 측정개체의 국면의 변화에 따른 정도만을 반영하고 있어 고전 검사 이론의 신뢰성 계수와 유사하여 일반적으로 이 값을 일반화가능도 계수라 부른다. 절대 G 계수는 좀 더 엄격하게 원자료의 가능한 변화까지 반영한 것으로 운전면허시험, 정신병진단평가의 결과처럼 피험자에게 의미가 중대할 때는 절대 G 계수를 사용한다. 절대 G 계수는 의존계수 지수(index of dependability coefficients) 또는 파이계수라 부르기도 한다.

<풀이> 우선 일반적인 경우인 n 명의 평가자가 k 개의 항목에 관하여 평가한 다음 일국면 자료배열로 일반화가능도 계수를 유도해본다.

평가자 \ 항목	1	2	$\cdots$	k
1	x_{11}	x_{12}	$\cdots$	x_{1k}
2	x_{21}	x_{22}	$\cdots$	x_{2k}
$\vdots$	$\vdots$	$\vdots$	$\ddots$	$\vdots$
n	x_{n1}	x_{n2}	$\cdots$	x_{nk}

오차에 영향을 주는 국면이 평가항목이기 때문에 1국면 설계모형이라 정의한다. 각 평가점수의 수학적 모형은 다음과 같다.

$$X_{pt} = \mu + \nu_p + \nu_t + \nu_{pt};\ p = 1, ..., n,\ t = 1, ..., k,$$

여기서 ν_p는 평가자 효과, ν_t는 항목 차이 효과, ν_{pt}는 교호작용(상호작용, interaction)과 오차가 교락(혼입, confounding)된 항이다.

또한 각 피험자의 평가점수를 국면(항목)에 대한 기댓값으로 표현하면 다음과 같다.

$$X_{pT} = \mu + \nu_p + \nu_T + \nu_{pT}\ ;\ p = 1, ..., n,$$

여기서 ν_T는 항목전집에서 무한히 측정했을 때 ν_t의 기댓값으로 간주되며 이에 의한 분산은 $\hat{\sigma}_T^2 = \hat{\sigma}_t^2 / k$로 추정이 된다. 또한 ν_{pT}는 ν_{pt}의 기댓값(expectation)으로 이에 의한 분산은 $\hat{\sigma}_{pT}^2 = \hat{\sigma}_{pt}^2 / k$로 추정된다.

1국면 모형인 경우에 상대 G 계수의 $\sigma^2(\delta) = \sigma_{pT}^2$, 절대 G 계수의 $\sigma^2(\Delta) = \sigma_T^2 + \sigma_{pT}^2$ 등으로 변경 할 수 있다. 일반화가능도 계수는 다음과 같이 진점수의 분산과 관찰점수의 분산의 비로 정의한다. 또한 이 때 분산분석표는 <표 9.3>과 같다.

$$G = E\rho^2 = \frac{\sigma_p^2}{\sigma_p^2 + \sigma^2(\delta)},\ 단,\ \sigma^2(\delta) = \sigma_{pT}^2.$$

요인	제곱합 (SS)	자유도 (df)	제곱평균 (MS)	제곱평균기댓값 (EMS)
평가자	SSA	n−1	MSA	$\sigma_{pt}^2 + k\sigma_p^2$
항목	SSB	k−1	MSB	$\sigma_{pt}^2 + n\sigma_t^2$
교호작용	SSAB	(n−1)(k−1)	MSAB	σ_{pt}^2

<표 9.3> 1국면자료의 분산분석표

일반화가능도 이론은 <표 9.3>과 같은 평가점수에 관한 분산분석표를 작성하고 제곱평균의 기댓값을 이용하여 각 요소별 분산을 다음과 같이 추정한다.

$$\hat{\sigma}_p^2 = (MSA - MSAB)/k$$

$$\hat{\sigma}_t^2 = (MSB - MSAB)/n$$

$$\hat{\sigma}_{pt}^2 = MSAB$$

그러므로 일반화가능도 계수는 실제적으로 다음과 같이 계산한다.

$$\hat{G} = \widehat{E\rho^2} = \frac{\hat{\sigma}_p^2}{\hat{\sigma}_p^2 + \hat{\sigma}_{pt}^2/k} = \frac{(MSA - MSAB)}{MSA}.$$

분산분석에서 평가자간에 분산이 크다면 채점자의 주관이 평가에 큰 영향을 주는 것을 의미하고, 일반화가능도 계수값이 크면 평가가 우연성보다는 평가자의 주관을 잘 반영하고 있으므로 신뢰도가 높다는 의미가 된다. ■

Part Ⅳ. 기초적 데이터 분석

Part IV. 기초적 데이터 분석을 공부하기 전에

□ 데이터 입력에서 알아야 하는 내용

- SPSS에서 자료를 입력(코딩)하거나 불러온다.
- 자료파일에서 변수의 특성(변수 속성의 설명, 변수값의 설명, 변수의 척도 등)을 지정한다.
- 엑셀의 자료를 SPSS 데이터 파일로 불러온다.
- 데이터의 코딩을 변경하거나 함수에 의해 새로운 변수를 만든다.
- 조건에 맞는 자료만을 분석하기 위해 케이스를 선택한다.

□ 기술통계법에서 알아야 할 내용

- 빈도분석으로 자료의 입력 상태를 검증한다.
- 데이터의 기초통계량(평균, 편차 등)을 계산한다.
- 데이터 탐색법에 의해 자료의 분포를 개괄적으로 설명한다.

□ 표와 그림에서 알아야 할 내용

- 데이터의 기초통계량을 표와 그림으로 표시한다.
- <통계표 작성> 대화상자로 간단하게 표를 작성한다.
- 표에 표시되는 통계량의 종류와 형식을 변경한다.
- [그래프] 메뉴의 <레거시 대화상자>로 직관적 분석이 가능한 그림을 간편하게 작성한다.

□ 기초적 데이터 분석의 사용 예

- 변수값 1-5코딩을 역으로 5-1로 변경
- 데이터 중에 미성년자의 응답자료 제외
- 인구통계학적 표 작성(응답자의 성별, 연령교차표+소득분포표)
- 남녀별 만족도의 평균비교 표 작성
- 신뢰구간이 포함된 집단별 평균 비교 그림(오차막대)

10장. 데이터의 입력

10.1 SPSS의 시작

SPSS의 소개

SPSS(Statistical Package for the Social Science)는 통계자료 분석을 필요로 하는 기업, 정부기관, 연구자들이 가장 많이 사용하는 통계 패키지 소프트웨어 중의 하나이다.

SPSS는 1968년도에 스탠포드 대학교의 Norman H. Nie에 의해 만들어져 현재 세계적으로 60개국에서 25만 명의 사용자를 보유하고 있고, 2013년 버전이 21.0까지 업그레이드되어 있다. SPSS 홈페이지에 의하면 "IBM SPSS Statistics는 자료분석에 통계기법을 사용하여 의사결정을 위한 분석결과를 산출하는 통계분석 소프트웨어" 라고 소개되어 있다.

SPSS가 이용되는 분야는 한정지을 수 없을 정도로 경영학, 교육학, 의학, 금융, 통신, 공학, 사회조사분야 등으로 매우 다양하여, 특별히 사회과학을 위한 통계패키지라는 명칭이 무색할 정도이다.

SPSS의 강점은 데이터 입력이 스프레드시트 형식으로 되어 있어 다루기가 쉽고 분석 작업이 풀다운 메뉴와 대화상자 방식으로 제공되어 프로그래밍에 지식이 없더라도 통계분석을 할 수 있다는 점이다. 표와 그래프 작업이 수월하여 다양한 형태로 분석내용을 표현할 수 있고, 기초적인 기술통계(descriptive statistics) 분야와 기초적인 통계적 추론, 예측(선형모형, 다변량분석, 비모수검정 등)에서부터 일반화 선형모형(GLM), 혼합모형(Mixed model) 등의 고급 통계기법까지, 또한 add-on 모듈을 이용하여 classification tree, conjoint analysis 등, 거의 모든 통계분석이 가능하다고 할 수 있다.

【참고】 SPSS 출력물의 활용

SPSS에 의한 분석결과는 다양한 형태로 변환이 가능하지만 기본적으로 MS-Excel에 출력결과를 옮긴 다음에 이를 활용하는 것이 바람직하다. SPSS에서 얻는 출력물은 'proprietary file format'으로서 MS word나 text 파일로 변환이 가능하지만 SPSS 출력결과를 흔글이나 파워포인트에 붙이고자 할 때 포맷이 흐트러지기도 한다. 또한 SPSS에서 출력되는 그림의 질(디자인)이 우수하지 못해 발표물로 사용하기에는 부족하다는 단점이 있다. 그래서 MS-Excel을 이용하여 이를 해결하고자 표로 된 SPSS 출력물을 Excel에 복사하여 붙이고 이를 다시 흔글이나 파워포인트에 옮기면 포맷이 흐트러짐 없이 전환된다. 또한 그림은 출력된 표를 기초로 한 것이 대부분이기 때문에 Excel에서 출력결과 표를 이용해 다시 그려서 사용하면 된다. 단, 출력된 표에 기초하여 다시 그릴 수 없는 그림은 SPSS 출력결과에서 [도표 편집기]를 이용해 직접 그림을 편집하여 좀 더 보기 좋게 만드는 방법을 택해야 한다.

10.2 SPSS 데이터의 입력

SPSS의 실행

PC에 설치된 SPSS를 실행하면 데이터 파일 선택작업에 관한 대화창이 표시되는데 여기서 '기존 파일' 또는 새로운 '데이터 입력' 등을 선택할 수 있다. 여기서는 '데이터 입력'으로 직접 데이터를 입력하겠다.

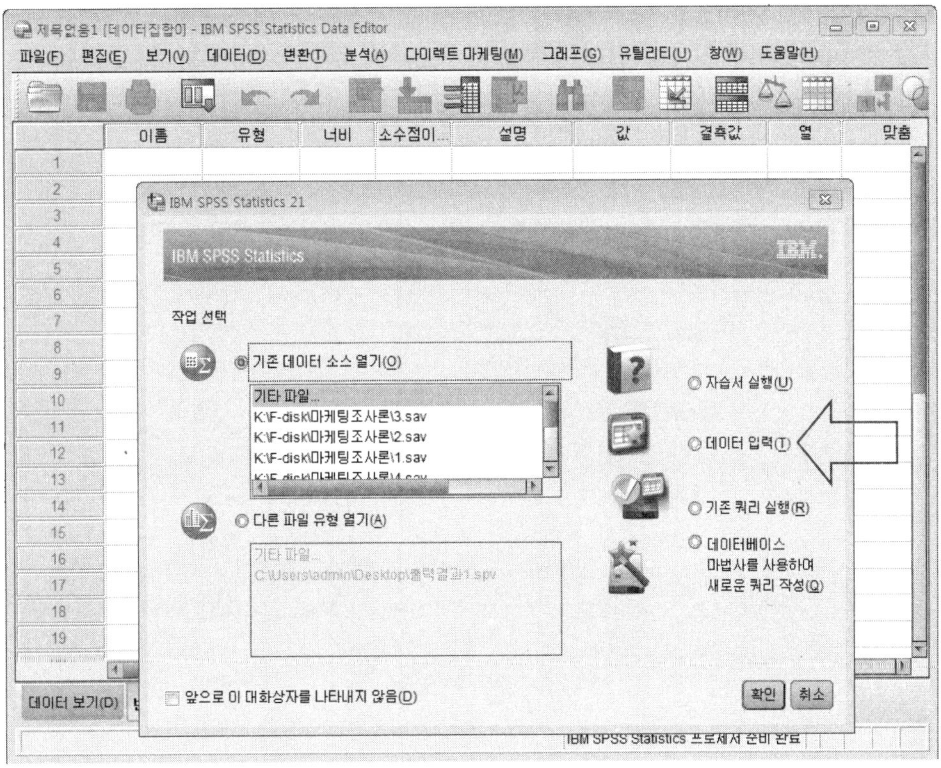

【참고】 [데이터 보기]와 [변수 보기]

SPSS 창은 두 개의 시트로 이루어져 있다. 창의 왼쪽 아래 부분에 [데이터 보기] 탭이나 [변수 보기] 탭을 선택하여 [데이터 보기] 시트에서는 데이터를 입력하고 [변수 보기] 시트에서는 데이터의 정보, 즉 변수에 관한 설명, 포맷 등을 지정할 수 있다.

데이터의 입력

[데이터 보기] 탭을 눌러 [데이터 보기] 시트에서 자료를 입력한다. 상단의 가로 변수 행은 변수 구분이고 세로 숫자 열은 케이스(개체) 구분을 의미하므로 한 개체(응답자)의 자료를 가로 한 줄에 입력한다.

예를 들어 16명 학생의 ID, 학교생활참여도, 내신등급, 모의고사성적 등의 가상 자료를 입력하겠다. 단, 학교생활참여도="매우우수", "우수", "보통", 내신등급=1-9등급 등의 변수값을 가지며, 모의고사 성적은 450점 만점 등이다. 아래의 첫 번째 학생의 자료(첫 행)는 "ID=1, 학교생활참여도=1(매우우수), 내신=1등급, 모의고사성적=400" 등을 입력한 것이다.

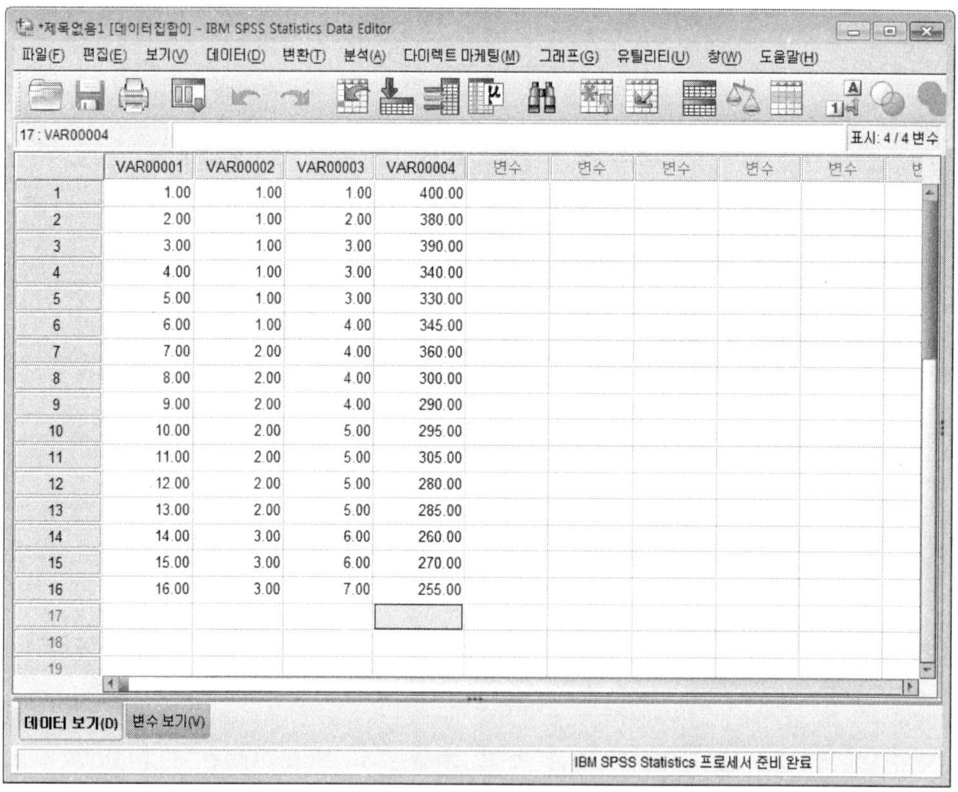

	VAR00001	VAR00002	VAR00003	VAR00004
1	1.00	1.00	1.00	400.00
2	2.00	1.00	2.00	380.00
3	3.00	1.00	3.00	390.00
4	4.00	1.00	3.00	340.00
5	5.00	1.00	3.00	330.00
6	6.00	1.00	4.00	345.00
7	7.00	2.00	4.00	360.00
8	8.00	2.00	4.00	300.00
9	9.00	2.00	4.00	290.00
10	10.00	2.00	5.00	295.00
11	11.00	2.00	5.00	305.00
12	12.00	2.00	5.00	280.00
13	13.00	2.00	5.00	285.00
14	14.00	3.00	6.00	260.00
15	15.00	3.00	6.00	270.00
16	16.00	3.00	7.00	255.00

여기서는 변수명(Variable Name)이 자동으로 VAR00001~VAR0004 등으로 지정되었는데 [변수보기]시트에서 변수명 변경할 수 있다.

변수정보의 입력

데이터를 입력하고 [변수보기] 시트를 열어 변수 '이름'과 변수 '설명', 변수 '값' 설명, '측도' 등을 정해줄 수 있다.

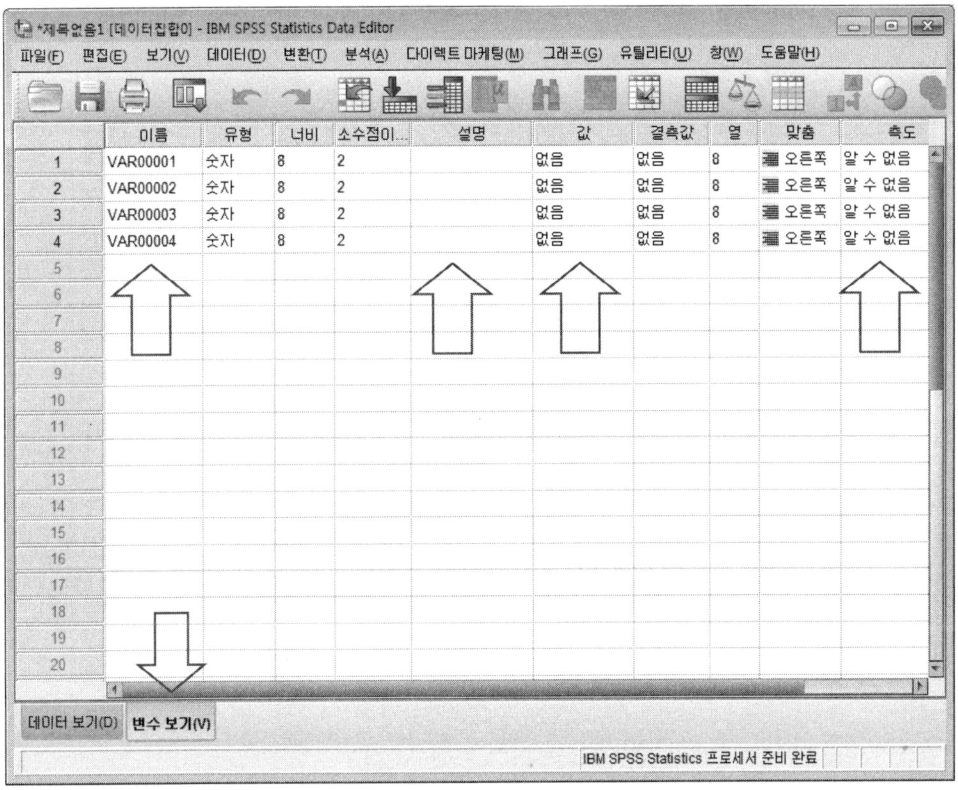

<이름>칸에 변수명을 직접 클릭하여 변경해준다. 변수 이름에는 빈칸을 포함할 수 없고 특수문자 &, %, – 등을 사용할 수 없다.

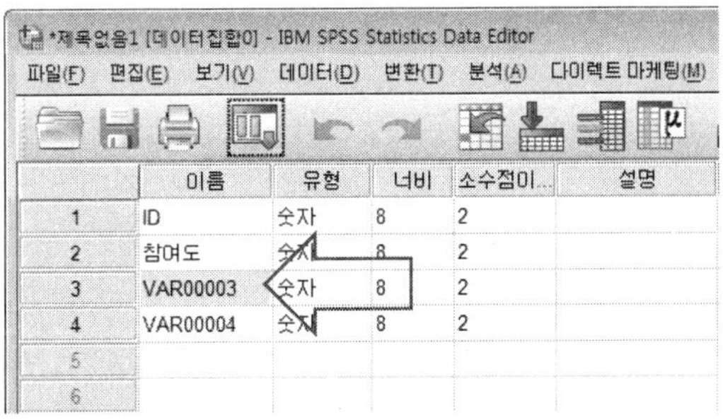

변수에 대한 <설명>에는 제약이 없어 변수에 대한 설명을 길게 적을 수 있으나 후에 출력결과에 표시되는 값이므로 변수의 특징을 잘 설명하는 간결한 표현으로 적는 것이 바람직하다.

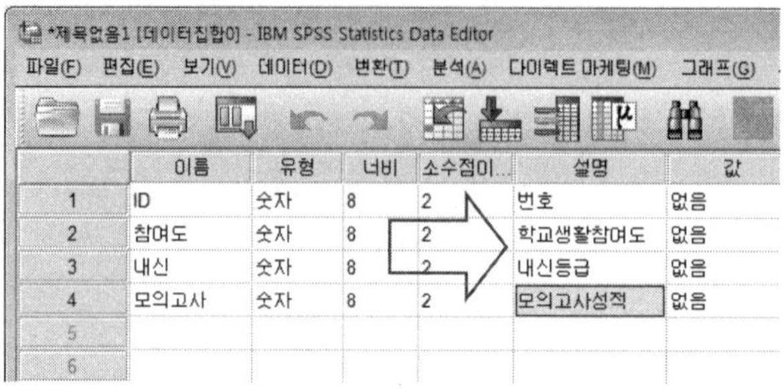

'참여도' 변수는 1, 2, 3 등으로 입력되었지만 이는 '매우우수', '우수', '보통' 등을 의미하는 것이므로 이를 변수'값' 설명에 입력해줘야 한다. 값 칸을 클릭하여 우측 펼침 버튼을 눌러 [변수값 설명] 대화창에 그 값들의 설명을 추가해준다.

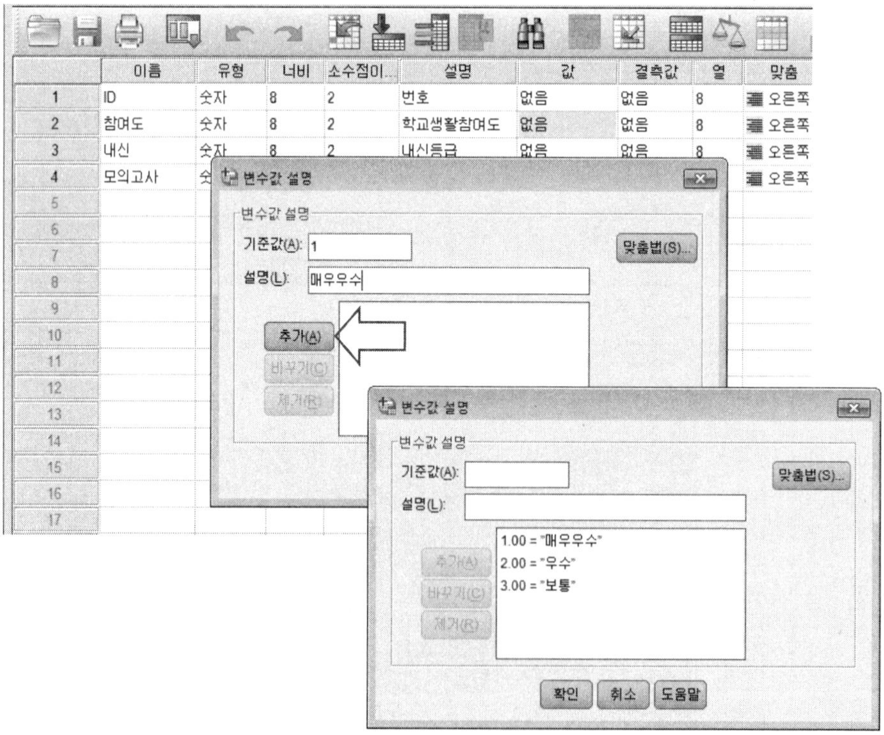

변수의 척도(scale)에 따라 '측도'를 지정해 줘야한다. SPSS에서는 변수의 척도(scale)를 3개로만 지정할 수 있는데 '명목', '순서', 그리고 '척도' 등으로, SPSS에서 '척도'는 구간척도와 비율척도를 모두 포함하고 있다. 예제에서 ID는 '명목', 참여도는 '순서', 그리고 구간척도인 내신과 비율척도인 모의고사 성적은 '척도'로 지정한다.

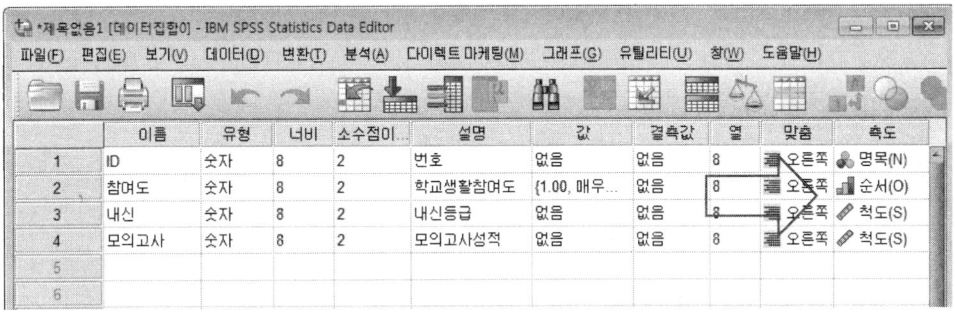

다음은 입력된 자료를 SPSS 데이터 파일(확장자가 sav)로 저장한다.

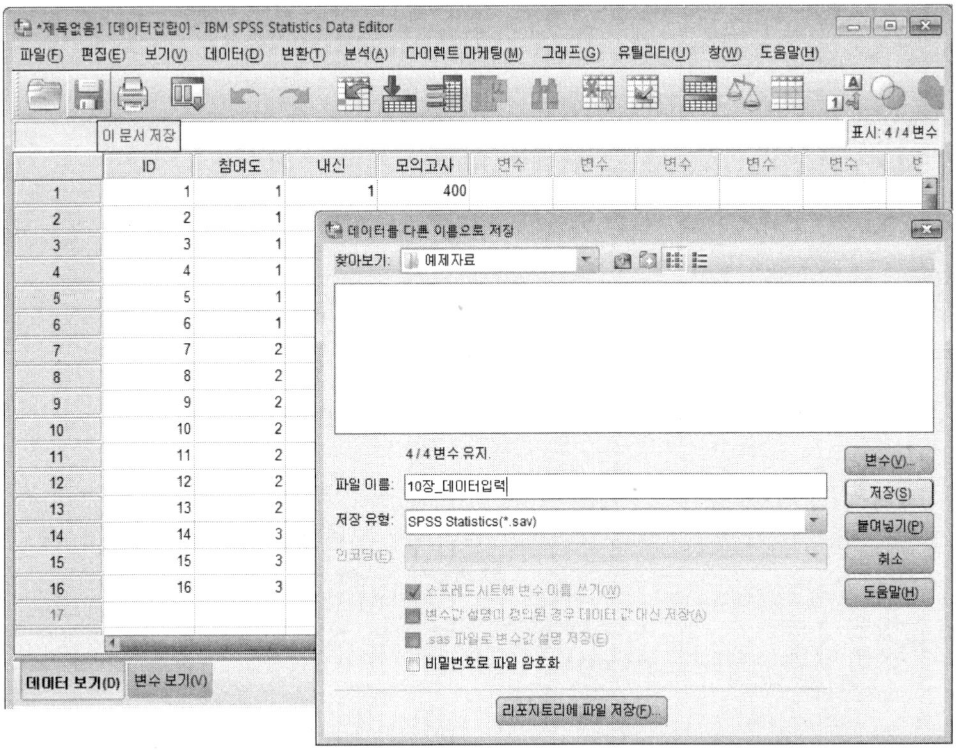

엑셀자료 불러오기

Excel이 데이터를 핸들링하기 편하기 때문에 일반적으로 엑셀에서 데이터를 입력한 후 SPSS에서 불러오는 것이 일반적이다. 엑셀에 입력된 데이터를 불러올 때 엑셀의 첫줄을 변수이름으로 인식하게 된다.

다음과 같은 엑셀 자료를 불러오고자 한다. ("10장_데이터입력.xlsx")

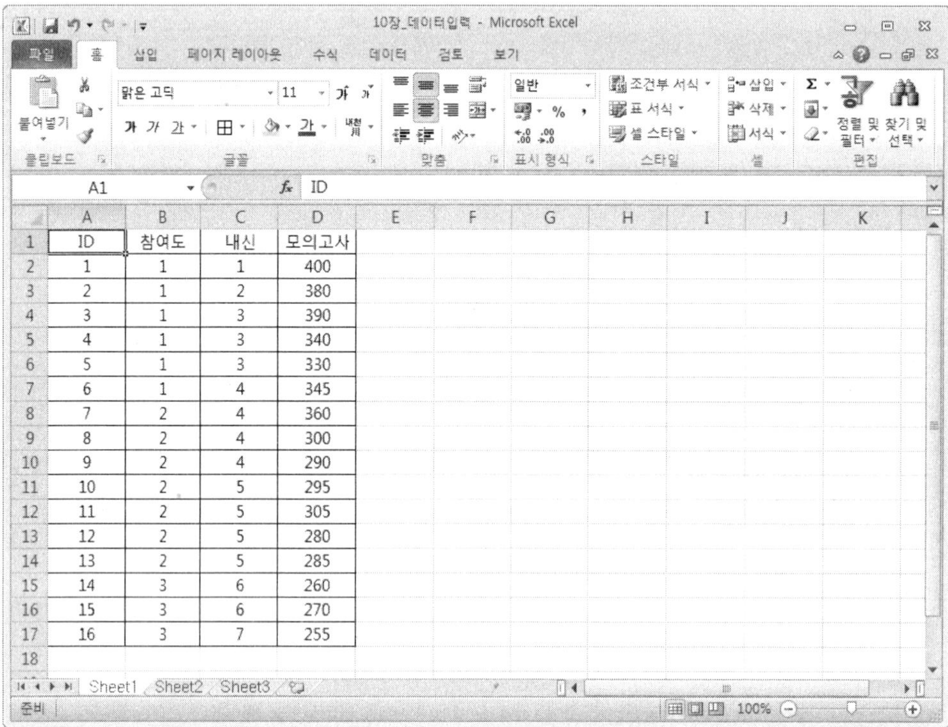

SPSS의 [파일] 메뉴의 <열기>-<데이터>를 선택한다.

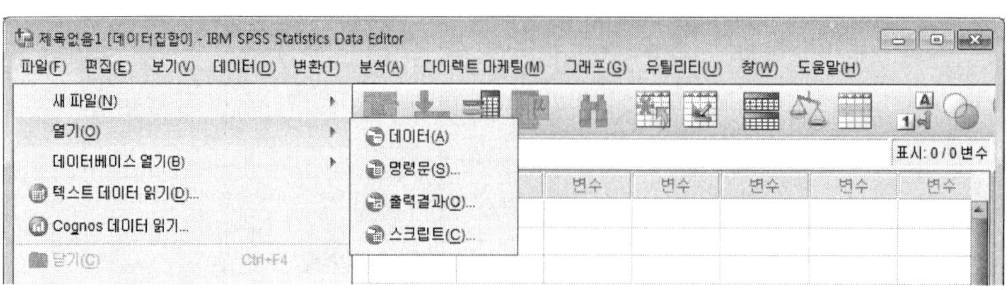

[데이터 열기] 창에서 <파일 유형>을 Excel(*.xls, *.xlsx 등)로 지정하고 열고자 하는 파일을 찾는다.

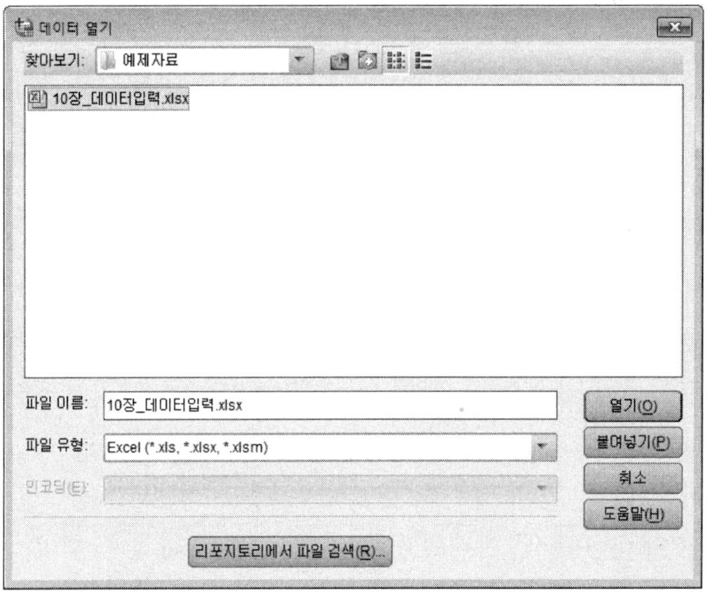

엑셀 자료의 첫 행은 'ID', '참여도' 등과 같은 변수이름이므로 <□데이터 첫 행에서 변수 이름 읽어오기>에 체크한다.

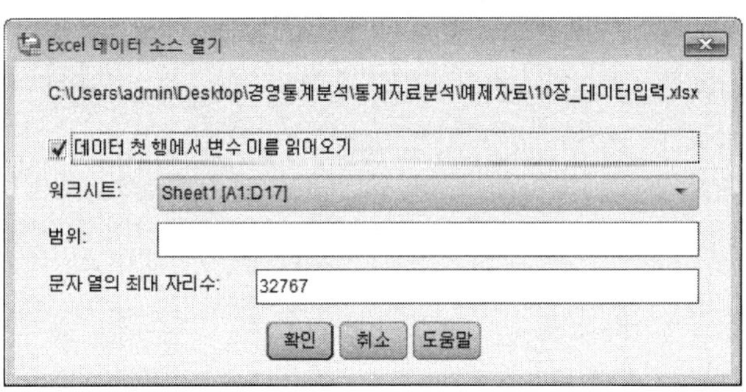

이때 읽은 자료는 [데이터 보기] 시트에 불러지며 [변수 보기] 시트에는 추가적인 변수의 정보가 들어오지 못하기 때문에 엑셀자료를 불러온 다음에는 변수에 대한 정보를 다시 입력해야 한다.

10.3 SPSS 데이터의 코딩

단일응답의 코딩

조사한 자료를 SPSS 분석을 위하여 데이터 시트에 입력하는 것을 코딩이라 한다. 하나의 변수에 대한 측정값이 하나인 자료를 단일응답 자료라 하며 해당변수 칸에 하나의 측정값을 입력한다.[1)]

통계분석을 위하여 SPSS에 자료를 입력할 때 행은 케이스(case)라 부르며 응답자(단위)를 의미하고 열은 변수(variable)를 의미하게 된다. 즉, 각 행은 다른 응답자로, 각 열은 다른 변수들로 이루어져 있다. 그러므로 한 변수에 대한 측정값은 한 열에 입력해야 하는데 단일응답인 경우에는 코딩에 특별한 문제가 없다.

예를 들어 다음과 같은 설문에 응답한 10명의 자료를 입력한다고 하자. 이는 변수는 2(학년별, 취업준비), 케이스가 10인 자료가 된다.

[설문]

1. 귀하의 학년은? ① 1학년 ② 2학년 ③ 3학년 ④ 4학년
2. 귀하가 주로 하는 취업준비는 무엇입니까?
   ① 외국어 공부 ② 자격증 ③ 공모전 참가 ④ 학점관리
   ⑤ 면접 및 자기소개서 ⑥ 시험 준비 ⑦ 기타( )

[자료]

응답자	1	2	3	4	5	6	7	8	9	10
1번	1	2	3	3	3	4	4	4	4	4
2번	4	1	2	3	5	6	6	2	1	7

---

1) 우리가 얻는 대부분의 자료는 단일응답 자료이다. 일반적으로 단일응답이라는 표현은 없지만 뒤에 나오는 다중응답과 구별하기 위하여 단일응답이라는 표현을 사용하였다.

[코딩자료]

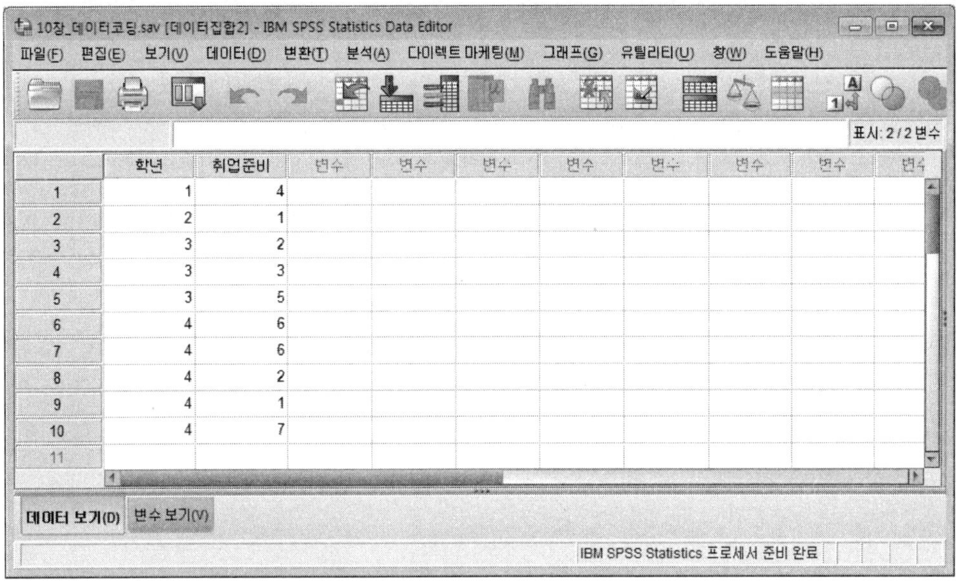

	학년	취업준비
1	1	4
2	2	1
3	3	2
4	3	3
5	3	5
6	4	6
7	4	6
8	4	2
9	4	1
10	4	7
11		

다중응답의 코딩

하나의 변수에 대한 측정값이 다수인 (한 문항에서 하나의 보기만을 선택하는 단일응답이 아니고 여러 개를 고르는 경우) 자료를 다중응답 자료라 하며 해당변수의 수를 늘려 여러 칸에 측정값을 입력한다.

다중응답 문항은 동일한 변수에 대하여 여러 열에 걸쳐 입력하게 된다. 예를 들어 앞의 설문에서 2번 문항이 여러 개를 선택할 수 있는 경우 응답자들은 1개 이상의 답변을 하게 된다.

[설문]

1. 귀하의 학년은? ① 1학년 ② 2학년 ③ 3학년 ④ 4학년
2. 귀하가 주로 하는 취업준비는 무엇입니까? **(2개까지 선택 가능)**
   ① 외국어 공부 ② 자격증 ③ 공모전 참가 ④ 학점관리
   ⑤ 면접 및 자기소개서 ⑥ 시험 준비 ⑦ 기타(   )

[자료]

응답자	1	2	3	4	5	6	7	8	9	10
1번	1	2	3	3	3	4	4	4	4	4
2번	2	1	2	1	5	6	3	2	1	7
	4		4	3	6		6	4	3	

[코딩자료]

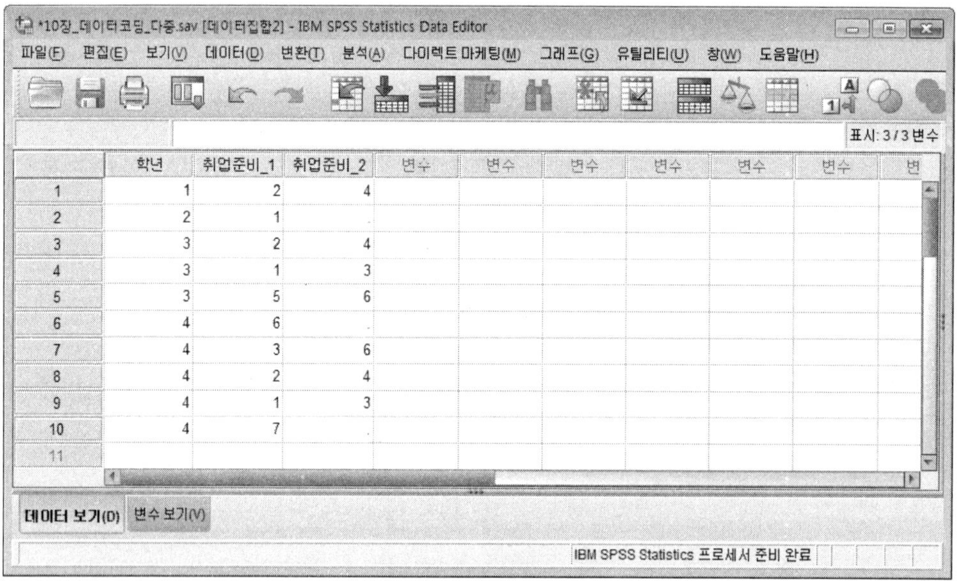

앞에서 '취업준비' 변수값이 하나였던 것에 반해 여기서는 두 개까지 답변을 입력해야 하므로 '취업준비_1', '취업준비_2' 등의 두개의 변수로 나누어 입력한다. 위 그림에서 보면 2개까지 답변하지 않은 케이스에는 무응답을 ' . ' 으로 표시하는데 이는 입력할 때 빈칸으로 놔두면 자동으로 점이 표시되기 때문에 일부러 ' . '을 입력할 필요는 없다.

이러한 다중응답 변수에 대하여는 빈도분석이나 교차분석[2])이 가능한데 이를 위해서는 먼저 두 변수를 합치는 작업이 필요하다.

2) 다중응답으로 얻은 자료에 대하여 교차분석시 카이제곱 통계량과 유의확률이 계산되지 않는다.

다중응답 변수군의 정의

다중응답 자료는 두 개 이상의 열에 입력되어 있으므로 이를 하나의 변수로 합쳐주기 위하여 [분석] 메뉴의 <다중응답>-<변수군 정의>를 이용한다.

[변수군 정의] 대화상자에서 변수군에 포함될 다중응답 변수를 지정하는 절차는 다음과 같다.

ⓐ 다중응답 변수를 다중 <변수군에 포함된 변수>로 보낸다.

ⓑ <변수들의 코딩형식>을 범주형으로 지정하고 범위를 적어준다. 여기서는 1~7까지이지만 최댓값을 큰 값으로 적어도 무방하다. (예. 10)

ⓒ 변수의 <이름>을 정해주고 <설명>을 입력한다.

ⓓ [추가] 버튼을 클릭하면 <다중응답 변수군>에 "$취업준비"라는 가상 변수가 생성되었음을 확인할 수 있다.

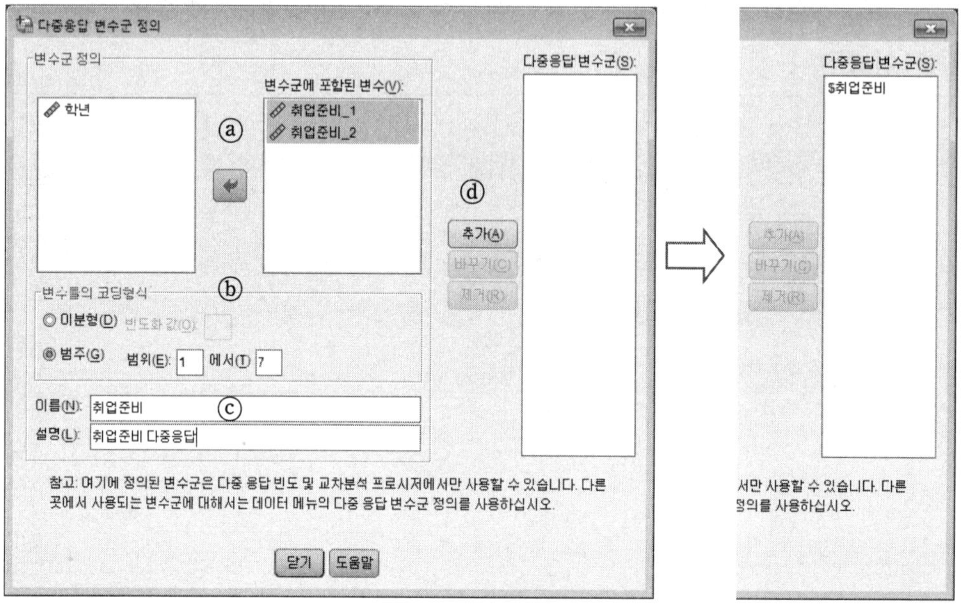

여기까지 작업을 완료해도 데이터 파일에는 아무런 변화를 찾을 수 없다. 단지 [분석] 메뉴에서 <다중응답>에 <빈도분석>과 <교차분석>이 활성화 되어있다. 즉, 다중응답 변수가 저장되어서 이에 대한 빈도분석과 교차분석을 시행할 수 있다.

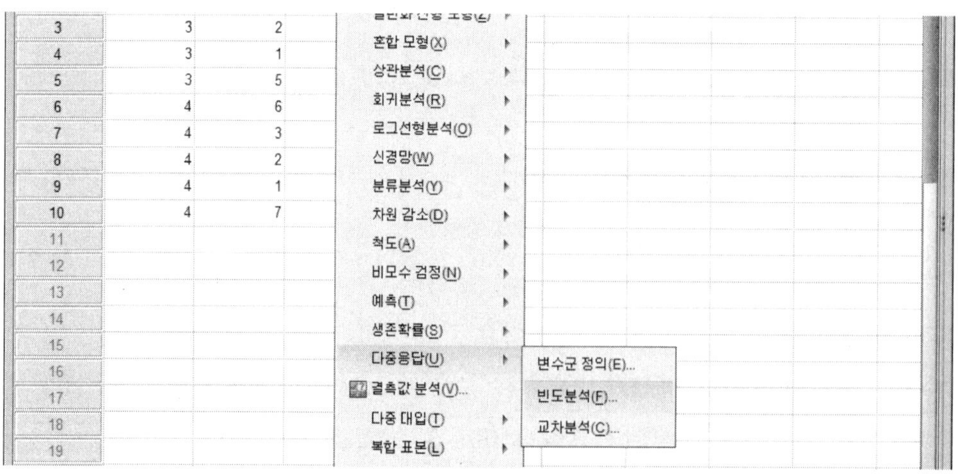

10.4 SPSS 코딩의 변경

코딩변경의 필요성

자료를 입력한 후에 자료의 코딩을 변경해야 할 때가 있다. 주로 두 가지 경우인데 첫 번째는 다른 문항과 동일한 방향성을 갖도록 수정할 때, 두 번째는 자료의 범주를 조정해야 할 때 등이다.

첫 번째 예는 어떤 제품에 대하여 만족도나 이미지를 여러 문항으로 질문하면서 리커트 5점 척도로 측정할 때 대부분 문항이 긍정적 질문인데 (5=매우 긍정) 부정적인 질문이 섞여있어(5=매우 부정) 이를 모두 합산한(summation) 리커트합산척도를 사용하기 곤란한 경우 코딩을 뒤집어준다. "역코딩"이라 부르는데 1→5, 2→4, ... , 5→1 등으로 바꾸는 것이다.

[설문 예]

Q: 귀하는 A 제품에 대하여 어떻게 생각하십니까?

1. 디자인이 좋다	① 매우부정	② 부정	③ 보통	④ 긍정	⑤ 매우긍정
2. 성능이 좋다	① 매우부정	② 부정	③ 보통	④ 긍정	⑤ 매우긍정
3. 기능이 다양하다	① 매우부정	② 부정	③ 보통	④ 긍정	⑤ 매우긍정
4. 가격이 비싸다	① 매우부정	② 부정	③ 보통	④ 긍정	⑤ 매우긍정
5. A/S가 좋다	① 매우부정	② 부정	③ 보통	④ 긍정	⑤ 매우긍정

위의 예에서 모든 문항이 긍정적인 질문인데 반하여 4번 문항만은 부정적인 문장으로 되어 있다. 조사 실시 전이라면 문항을 '가격이 적당하다'로 바꾸면 되지만 이미 조사를 마쳤다면 역코딩을 하는 수밖에 없다. (☞ 같은 변수로 코딩변경)

두 번째 예로는 연령별로 만족도의 차이를 분석하고자 할 때 연령을 몇 개의 연령층(20대 이하, 30대, 40대 이상 등)으로 분류하고 싶은 경우이다. 이는 비율척도로 측정한 자료를 순서척도 자료로 바꾸는 작업이라 할 수 있다.[3] (☞ 다른 변수로 코딩변경)

같은 변수로 코딩변경

기존의 코딩자료를 버리고 변경된 새로운 코딩자료로 변수를 저장하고자 할 때 사용한다.

다음의 자료는 연령별로 A 제품을 속성별로 평가한 자료이다. 앞에서 설명한 바와 같이 다른 질문의 경우 '5'가 가장 긍정적인 반면에 가격에 관한 질문에서는 답변 '5'가 가장 부정적이다. 다른 문항과 같이 부정→긍정의 순서를 일치시키기 위하여 [같은 변수로 코딩변경]을 시행한다.

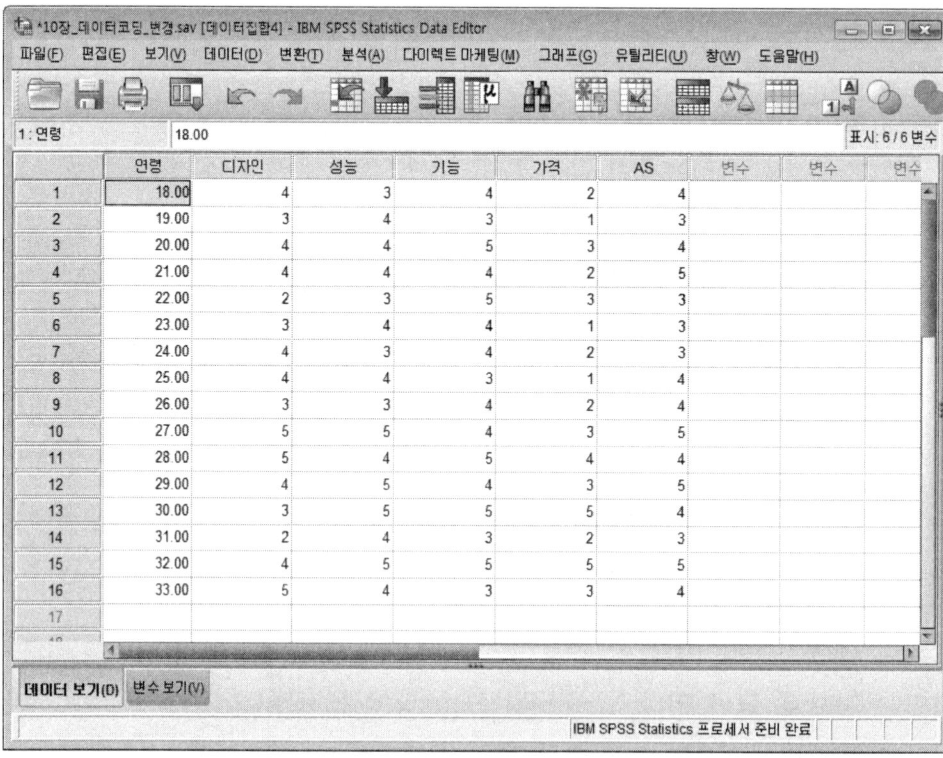

	연령	디자인	성능	기능	가격	AS	변수	변수	변수
1	18.00	4	3	4	2	4			
2	19.00	3	4	3	1	3			
3	20.00	4	4	5	3	4			
4	21.00	4	4	4	2	5			
5	22.00	2	3	5	3	3			
6	23.00	3	4	4	1	3			
7	24.00	4	3	4	2	3			
8	25.00	4	4	3	1	4			
9	26.00	3	3	4	2	4			
10	27.00	5	5	4	3	5			
11	28.00	5	4	5	4	4			
12	29.00	4	5	4	3	5			
13	30.00	3	5	5	5	4			
14	31.00	2	4	3	2	3			
15	32.00	4	5	5	5	5			
16	33.00	5	4	3	3	4			
17									

다음 그림과 같이 [변환] 메뉴에서 [같은 변수로 코딩변경]을 선택한다.

---

3) 각 척도(scale)는 하위 척도로 변환이 가능하다. 즉, 비율척도는 구간척도로 구간척도는 순서척도로 순서척도는 명목형으로 변환이 가능하다. 연령을 연령대로 바꾸는 것은 비율척도를 순서척도로 변환시키는 작업이다.

코딩변경을 할 변수를 [숫자 변수]창으로 이동시킨 후 코딩값을 지정하기 위하여 [기존값 및 새로운 값] 버튼을 클릭한다.

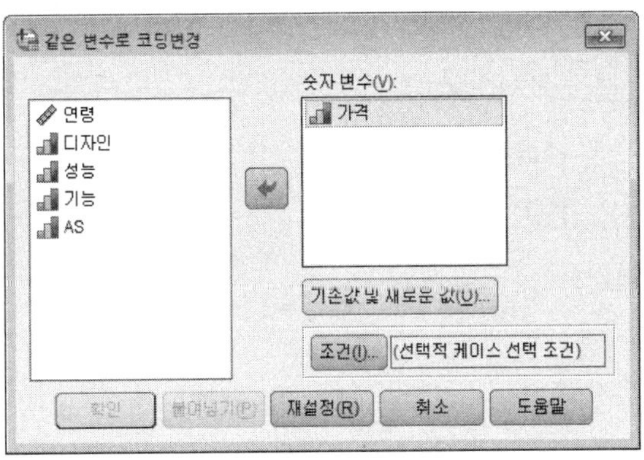

<기존값>과 <새로운 값>을 지정하고 즉, 1→5, 2→4, 3→3, 4→2, 5→1 등으로 [추가] 버튼을 클릭하고 [계속]을 눌러 [기존값 및 새로운 값] 작업을 끝낸다. 다시 [같은 변수로 코딩변경] 창으로 돌아와 [확인]을 누르면 코딩변경이 완성된다.

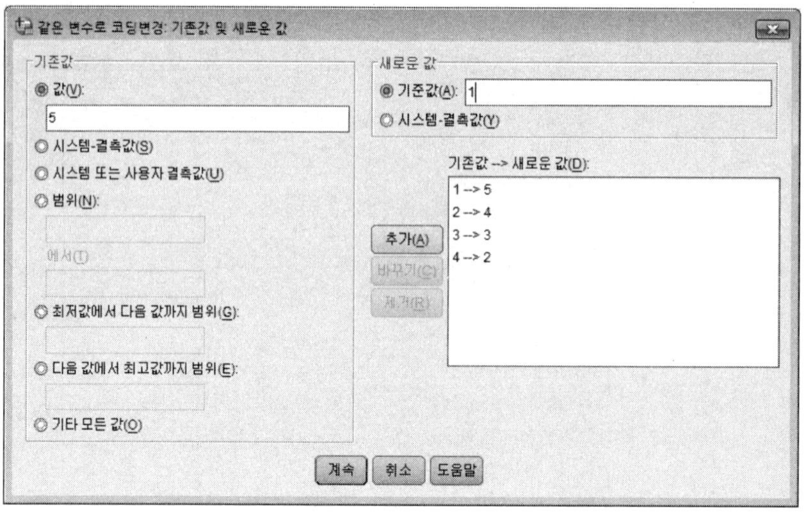

[데이터 보기] 시트로 돌아가 자료를 점검해보면 가격변수는 왼쪽 값이던 원자료가 오른쪽 값으로 모두 바뀐 것을 확인할 수 있다.
또한 출력결과 로그에서 명령문이 출력되는데 'recode'에 의해서 가격 변수가 코딩 변경되는 규칙이 적혀있다.

가격
2
1
3
2
3
1
2
1
2
3
4
3
5
2
5
3

⇨

가격
4
5
3
4
3
5
4
5
4
3
2
3
1
4
1
3

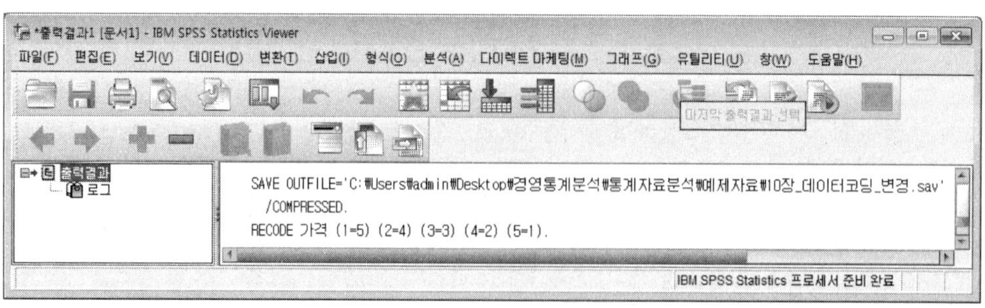

다른 변수로 코딩변경

기존의 코딩자료를 보존하면서 변경된 코딩자료를 이용해 새로운 변수를 추가적으로 저장하고자 할 때 사용한다.

다음은 앞의 자료에서 1년 단위로 조사된(입력된) 연령값을 연령층(20대 이전, 20대 초반, 20대 후반, 30대 이상 등)으로 코딩 변경하는 과정을 설명한다.

[변환] 메뉴에서 <다른 변수로 코딩변경>을 선택한다.

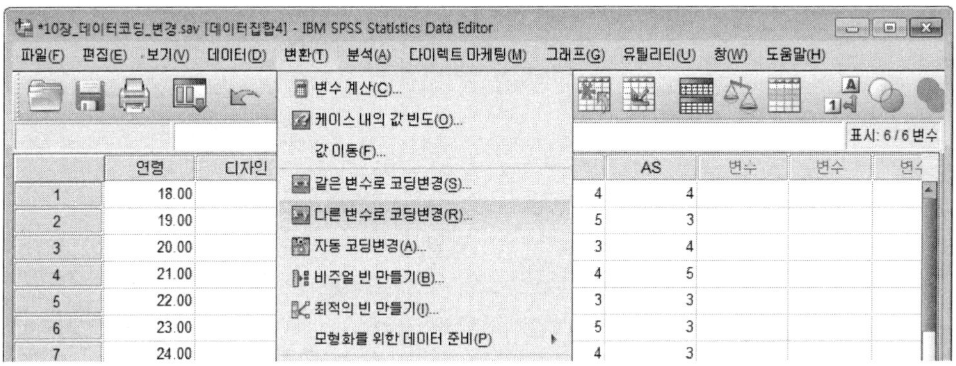

코딩변경을 할 변수를 [숫자변수->출력변수]창으로 이동시킨다.

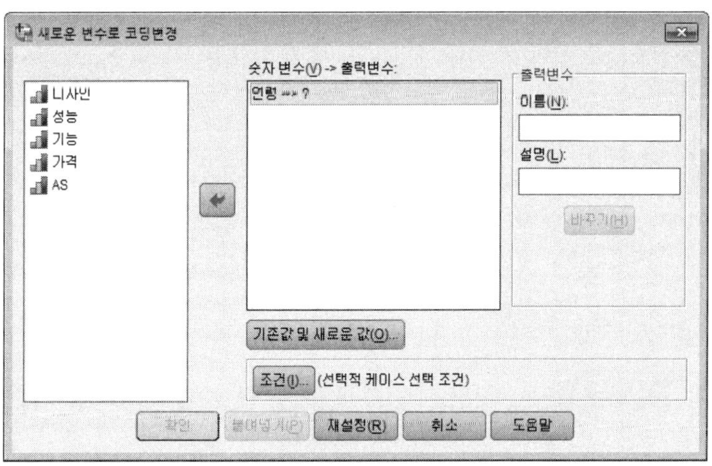

<출력변수>에 새로운 변수의 이름을 입력한 후 [바꾸기] 버튼을 누른다.

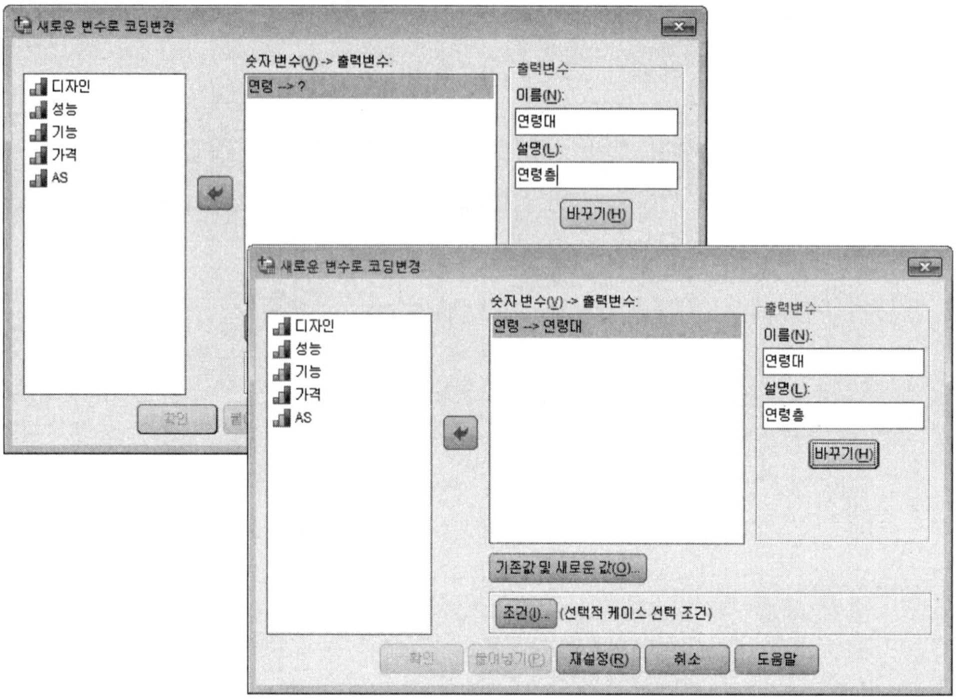

기존변수와 새로운 변수가 숫자변수 창에 지정이 되면 [기존값 및 새로운 값] 버튼을 클릭한다.

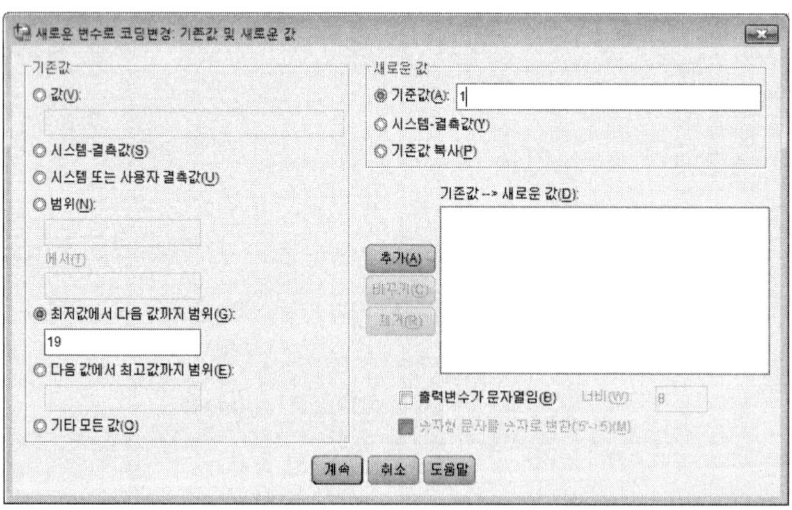

'최저값에서 19까지', '20~24', '25~29', '30에서 최고값까지' 등의 범위값을 새로운 변수값, 1, 2, 3, 4 등으로 코딩 변경한다.

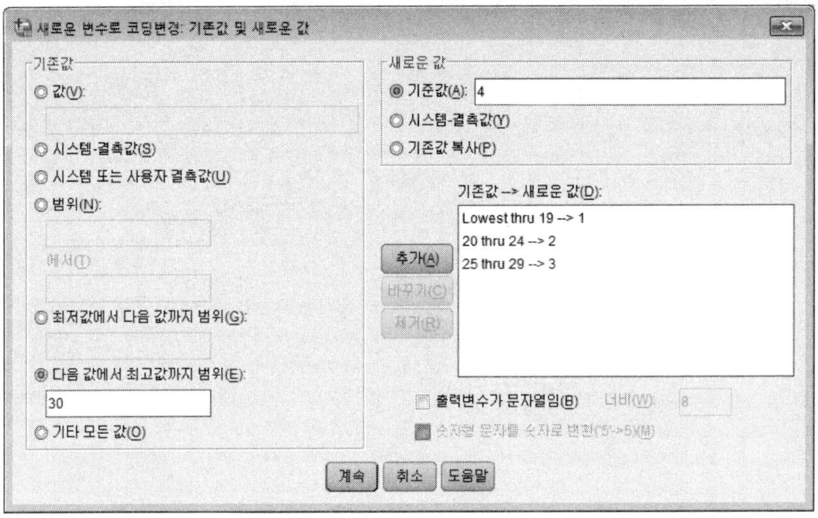

[데이터 보기] 시트로 돌아가 자료를 점검해보면 기존변수를 코딩 변경한 새로운 변수 "연령대"가 마지막 변수로 추가되어 있다. [변수 보기] 시트에서 데이터의 값 설명부분을 입력하면 새로운 변수로 코딩 변경하는 절차가 마무리된다.

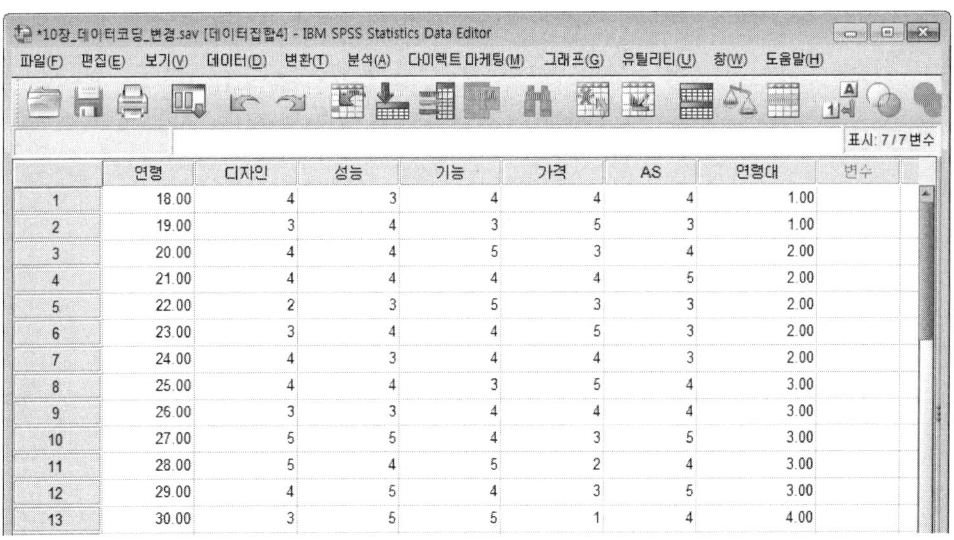

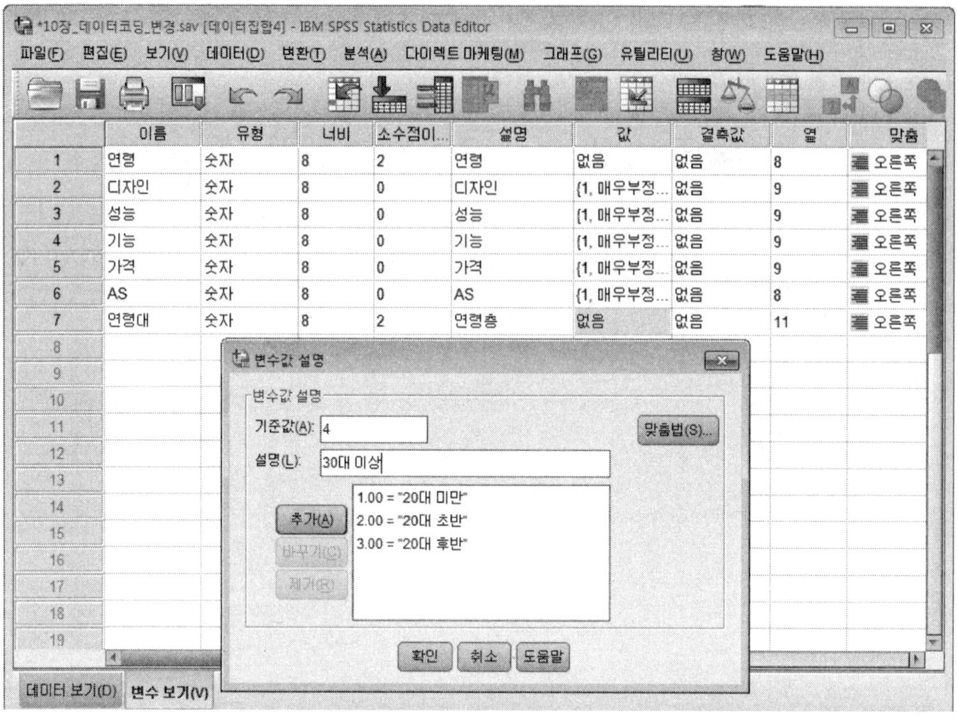

코딩 변경하여 얻은 새로운 변수 '연령대'의 값 설명을 1→20대 미만, 2→20대 초반, 3→20대 후반, 4→30대 이상 등으로 지정하였다. 값 설명이 제대로 입력되었는지 [변수값 설명] 버튼 을 눌러 확인해 본다.

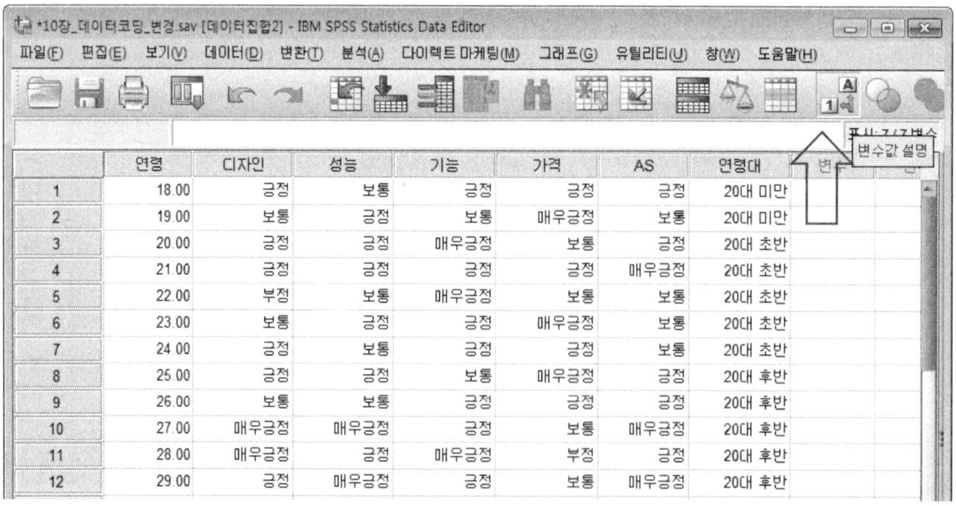

10.5 SPSS 변수변환

변수계산

변수계산은 단순한 코딩변경이 아니고 한 변수의 치환, 또는 여러 변수들의 함수 등으로 새로운 변수를 정의하는 것이다.

여기서는 앞의 자료를 이용하여 만족도 변수 5개의 평균값을 새로운 변수 "만족도평균"으로 생성하는 과정을 설명하도록 하겠다.

[변환] 메뉴에서 <변수계산>을 선택한다.

새롭게 생성하고자하는 변수명 '만족도평균'을 [대상변수] 창에 입력하고 [숫자 표현식] 창에서 계산식을 정의하면 된다. 평균을 구하는 함수를 사용하기 위해서 우측아래의 <통계> 함수에서 <Mean>을 선택하여 화살표로 올리고 숫자표현식 MEAN(?,?)의 괄호 안에 변수를 보내주면 변수들의 평균(mean)을 계산하게 된다. 단, Mean 함수 대신에 '(디자인+성능+기능+가격+AS)/5'와 같이 입력해도 결과는 같다.

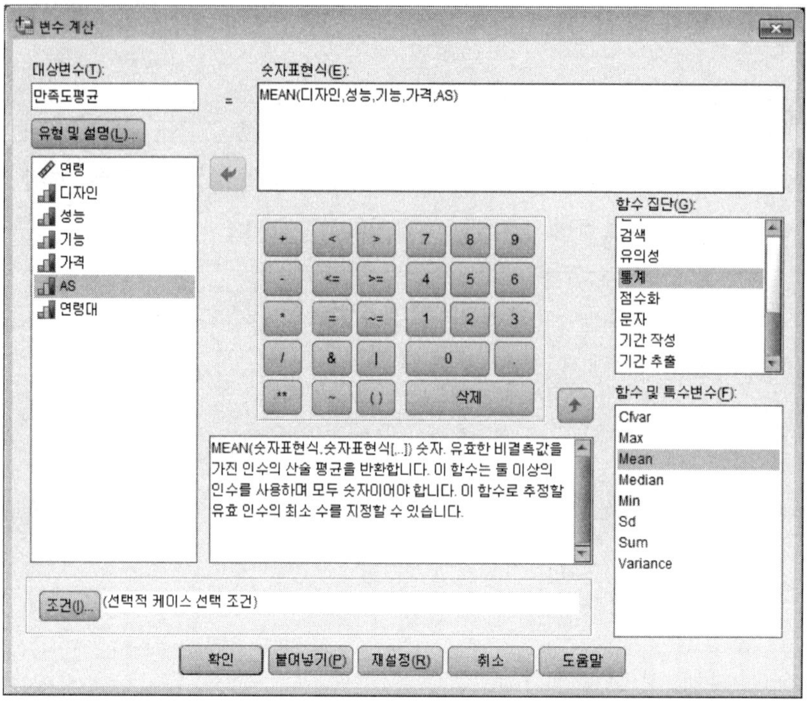

[데이터 보기] 시트에서 확인하면 "만족도평균"이라는 새로운 변수가 생성되었음을 알 수 있다.

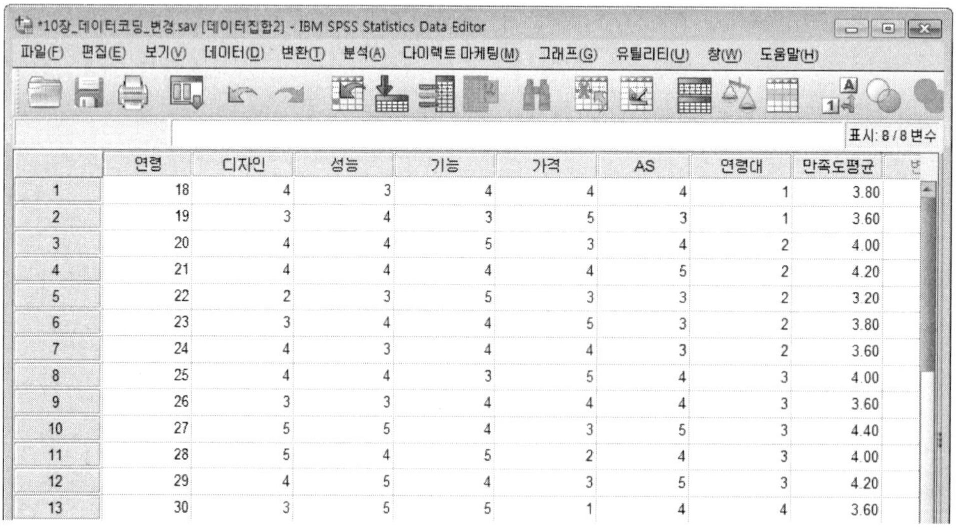

10.6 SPSS 케이스 선택

케이스 선택

데이터 배열의 '열'인 변수는 <변수의 코딩 변경>이나 <변수계산> 등을 통해 변수를 변환시키거나 새로운 변수를 생성해줄 수 있다. 데이터 배열의 '행'인 응답자, 즉 케이스의 제거나 선택은 [데이터] 메뉴의 <케이스 선택>으로 시행할 수 있다.

SPSS에서 자료를 삭제하려면 왼쪽 열의 자료 번호를 선택하고 마우스 우측버튼을 클릭하여 [지우기]를 선택하면 된다. 그러나 이러한 방법은 영원히 데이터를 삭제하는 결과를 가져오기 때문에 임시로 데이터를 제외하거나 선택하고자 할 때는 <케이스 선택> 방법을 사용하는 것이 좋다.

예를 들어 앞의 예제에서 연령이 20세 미만인 자료를 제거(20세 이상만 선택)해 보겠다. [데이터] 메뉴에서 <케이스 선택>을 클릭한다.

[케이스 선택] 대화상자에서 <◎조건을 만족하는 케이스>를 선택하고 [조건] 버튼을 클릭한다.

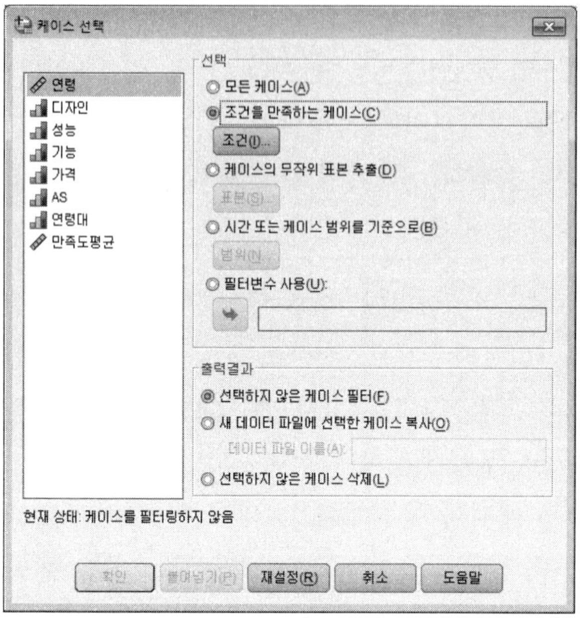

[케이스 선택: 조건]에서 연령을 우측 창으로 보내고 '연령>=20'을 지정하면 연령이 20살 이상인 케이스만 선택된다.

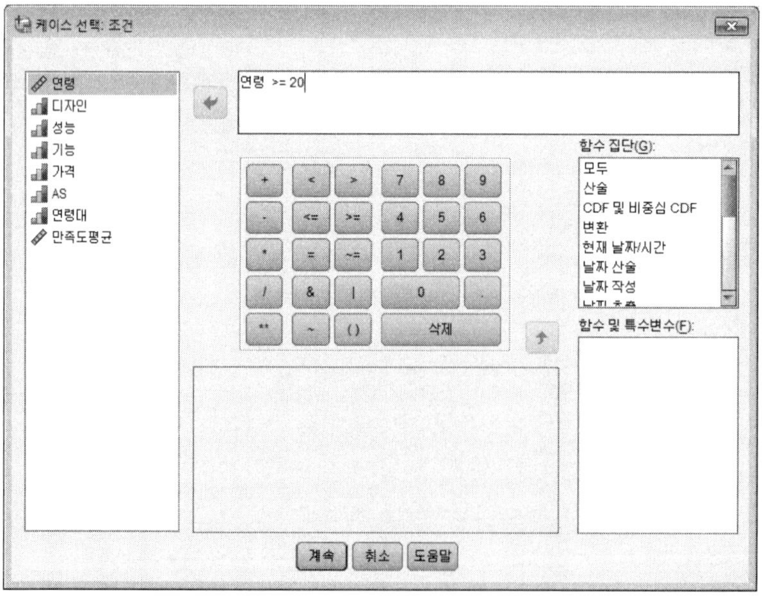

[케이스 선택: 조건]에서 조건을 지정한 후 [계속]을 누르면 [케이스 선택] 대화상자로 이동하는데 여기서 [확인]을 누르면 데이터가 다음과 같이 수정된다.

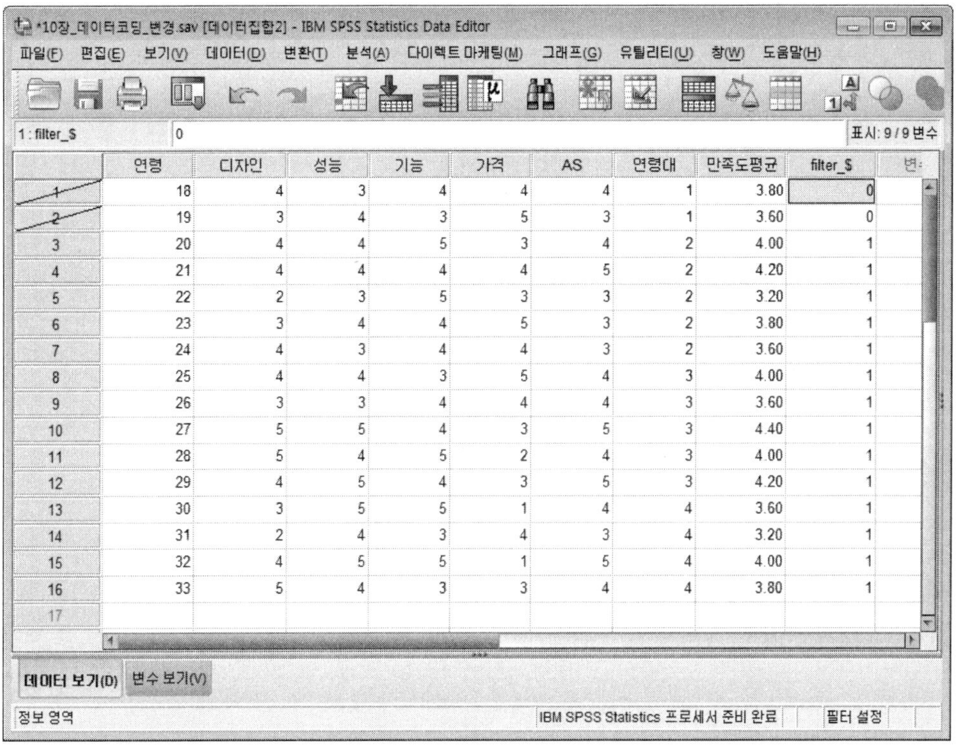

제외되는 케이스 번호에 사선이 표시되는데, 위 그림에서 연령이 각각 18, 19인 두 개체(케이스)가 제외된다. 또한 'filter_$'라는 변수가 생성되는데 여기서 'filter_$=1'인 케이스만 선택된다는 사실을 알 수 있다.

11장. 기술통계법

기술통계법의 개요

기술통계법(descriptive statistics)은 자료를 요약하는 기본적인 분석 즉, 그림과 테이블로 자료를 정리하고 데이터의 특성을 특정한 수치(통계량)로 표시하는 통계처리를 의미한다.

SPSS에서는 기술통계량이라는 메뉴로 빈도분석, 기술통계, 데이터탐색, 교차분석 등을 제공하고 있다.

11.1 빈도분석

빈도분석의 소개

빈도분석은 명목척도, 순서척도를 위한 통계분석이다. 분석하는 변수가 각 항목별로 빈도수가 얼마인지를 계산하고 이를 도표(원그래프, 막대도표 등)로 표현한다.

예를 들어 다음과 같은 설문조사를 통해 자료를 얻었다고 하자.

1. 귀하는 소주를 마십니까?
   ① 거의 마시지 않는다 ② 가끔 마신다 ③ 자주 마신다

2. 귀하는 현재 소주의 도수(19~20°)에 만족하십니까?
   ① 만족하지 않는다 ② 만족한다 ③ 기타

3. 현재 도수에 만족하지 않으시면 소주의 도수는 몇 도가 적당하다고 생각하십니까? (　　)°(%)

4. 귀하의 성별은? ① 남자 ② 여자

5. 귀하의 연령은? ① 20세~25세 ② 26세 이상 ③ 기타

다음에 입력한 자료는 100명에게 앞의 설문, 즉 5개의 변수에 관하여 측정한 자료이다. (“11장_기술통계.sav”)

각 열은 변수를 의미하고, 각 행은 각 개인의 응답자료이다. ‘희망도수’ 변수 열을 보면 결측값이 있는데, 앞의 2번 질문에서 현재 상태에 만족한다고 답해서 도수의 변경을 원하지 않기 때문에 3번 문항에 답변을 하지 않은 자료이다.

	음주여부	만족	희망도수	성별	나이	변수	변수	변수	변수	변수
1	2	2	.	1	1					
2	2	2	.	1	2					
3	2	2	.	2	2					
4	1	1	15	2	1					
5	2	1	13	1	1					
6	1	2	.	1	1					
7	1	3	.	2	1					
8	3	2	.	1	1					
9	3	1	25	2	1					
10	1	2	.	1	1					
11	1	1	14	1	2					
12	3	1	12	1	2					
13	3	1	16	1	1					
14	3	1	15	2	1					
15	2	1	15	2	1					
16	2	1	15	2	1					

[변수보기] 시트에서 각 변수에 대한 설명과 각 문항의 보기항의 내용을 ‘값’으로 입력한다. 예를 들어 1번 문항의 경우 응답번호는 1, 2, 3 등의 값을 가지며 이들은 각각 “거의 안마심”, “가끔 마심”, “자주 마심” 등에 해당된다. 다음은 측도(척도, scale)의 종류를 지정한다. 2, 4 문항 답변은 ‘명목’척도로, 1, 5 번 문항은 ‘순서’척도로 지정하며, 3번 문항의 응답은 계량척도이므로 ‘척도’(즉, ‘비율’척도)로 지정한다.

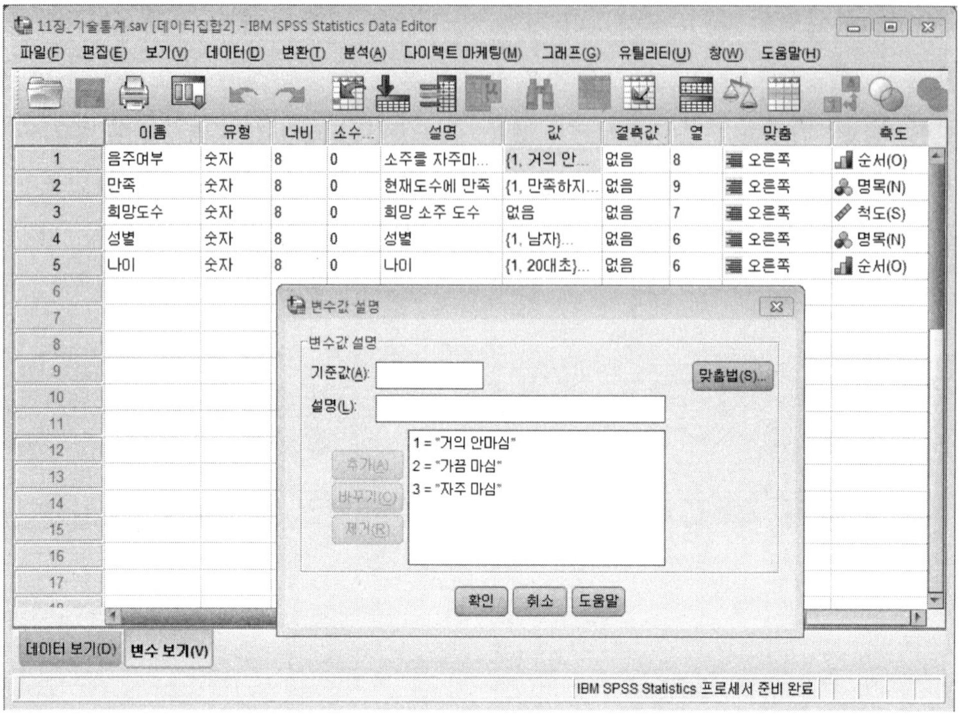

<빈도분석>을 시행하여 각 항목별 빈도수와 도표(막대그래프, 원그래프, 히스토그램 등)를 얻도록 한다. [분석]메뉴에서 <기술통계량>의 <빈도분석>을 선택한다. 일단은 입력된 모든 변수에 대하여 <빈도분석>을 실시하는 것이 바람직하다.

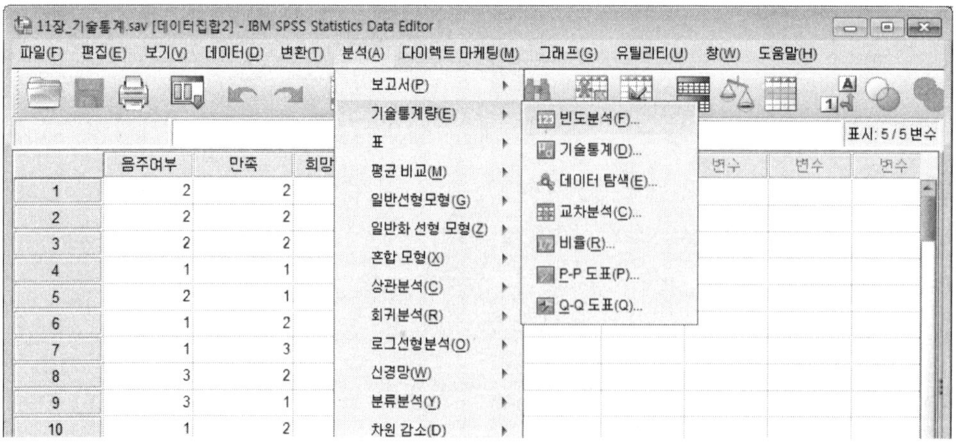

[빈도분석] 대화상자의 [변수] 창에 명목변수와 순서변수를 보내고 [도표] 버튼을 클릭하여 <도표유형>에서 <◎막대도표>를 선택한다.

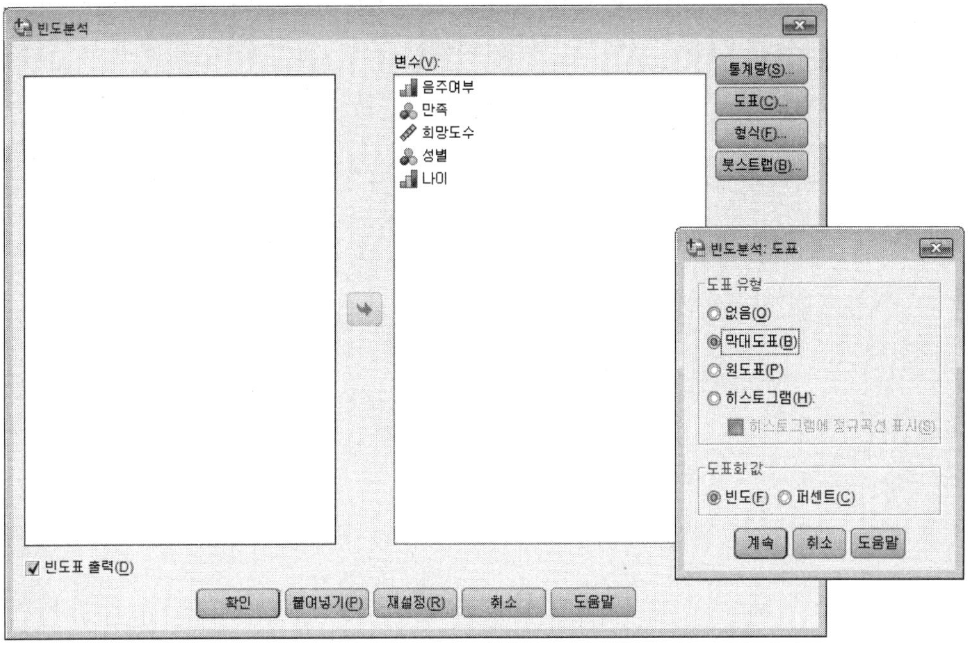

모든 변수에 대하여 <빈도분석>한 출력결과의 앞부분은 다음과 같다.

➔ **빈도분석**

[데이터집합2] C:₩Users₩admin₩Desktop₩경영통계분석₩통계자료분석₩예제자료₩11장_기술통계.sav

통계량

		소주를 자주마시는가	현재도수에 만족	희망 소주 도수	성별	나이
N	유효	100	100	42	100	100
	결측	0	0	58	0	0

빈도표

소주를 자주마시는가

		빈도	퍼센트	유효 퍼센트	누적퍼센트
유효	거의 안마심	29	29.0	29.0	29.0
	가끔 마심	44	44.0	44.0	73.0
	자주 마심	26	26.0	26.0	99.0
	4	1	1.0	1.0	100.0
	합계	100	100.0	100.0	

앞의 빈도표에서 '소주를 자주 마시는가' 질문에 보기가 3번까지인데 입력 오류로 4번이 포함되어 있다. 빈도분석은 이렇게 입력오류를 찾을 수 있다는 장점이 있어 코딩을 점검하는 수단으로도 사용된다. 오류가 있는 변수에 대해서는 잘못 입력된 응답자료를 찾아 원자료와 비교해서 다시 코딩하면 된다. 여기서는 51번째 응답자료의 오류를 확인하였다.

나머지 빈도표의 빈도, 퍼센트를 통해 응답자들의 만족여부, 성별 구성, 나이 구성에 관한 분포를 파악할 수 있다.

현재도수에 만족

		빈도	퍼센트	유효 퍼센트	누적퍼센트
유효	만족하지 않음	42	42.0	42.0	42.0
	만족함	52	52.0	52.0	94.0
	기타	6	6.0	6.0	100.0
	합계	100	100.0	100.0	

성별

		빈도	퍼센트	유효 퍼센트	누적퍼센트
유효	남자	49	49.0	49.0	49.0
	여자	51	51.0	51.0	100.0
	합계	100	100.0	100.0	

나이

		빈도	퍼센트	유효 퍼센트	누적퍼센트
유효	20대초	78	78.0	78.0	78.0
	20대후반이상	22	22.0	22.0	100.0
	합계	100	100.0	100.0	

막대도표와 히스토그램

히스토그램(Histogram)과 막대그래프(Bar chart)는 모양은 서로 비슷하지만 막대그래프는 (명목변수의) 항목별 빈도수를 그린 것이고 히스토그램은 (계량변수의) 구간별 빈도수를 그린 것이다.

즉, 막대그래프는 X축 값이 항목으로 정해져 있지만 히스토그램은 사용자가 구간의 너비 또는 전체 계급구간의 수를 어떻게 정하는가에 따라 X축 값이 달라진다. 히스토그램은 비율척도, 구간척도 등과 같은 양적 척도의 대략적 분포를 파악하는데 사용한다. <데이터 탐색> 분석에서 히스토그램을 얻는 것이 정상이지만 빈도분석에서도 가능하다.

앞의 예제 파일("11장_기술통계.sav")에서 척도(비율척도)로 측정한 '희망도수' 변수를 선택하고 [도표] 창에서 히스토그램을 체크한다.

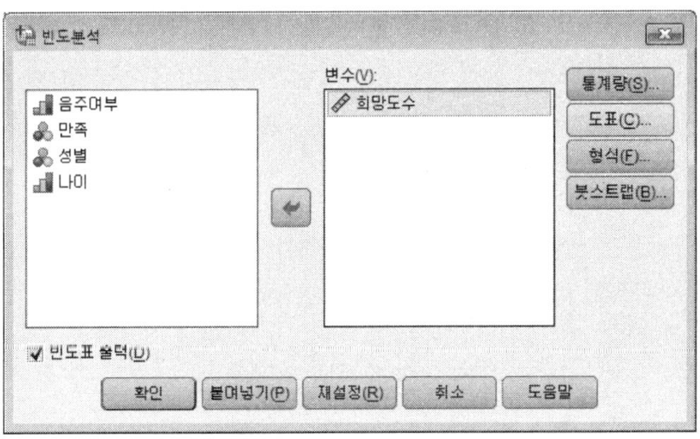

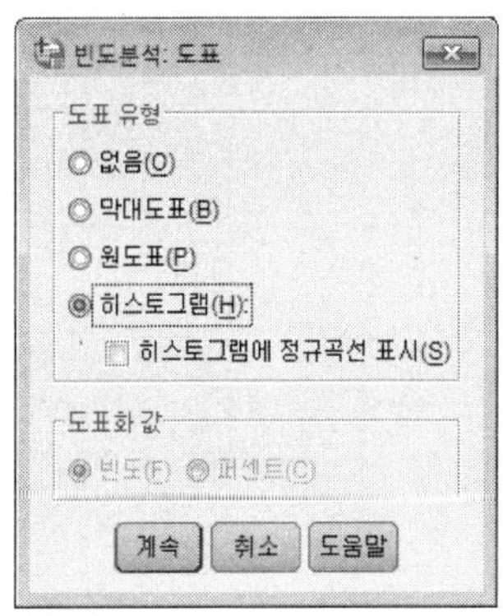

실행하면 다음과 같은 히스토그램 출력을 얻게 되는데 이 그림은 구간 간격이 1이면서 범위는 9에서 25까지 모두 17구간으로 나눈 그림이다.

<그림 11.1>에서는 같은 자료에 대하여 히스토그램을 얻을 때와 막대도표를 그렸을 때의 차이점을 보여준다. 히스토그램은 X 축의 값들이 크기를 갖는 계량변수이지만 막대도표의 X축은 크기를 고려하지 않는 항목으로 취급한다.

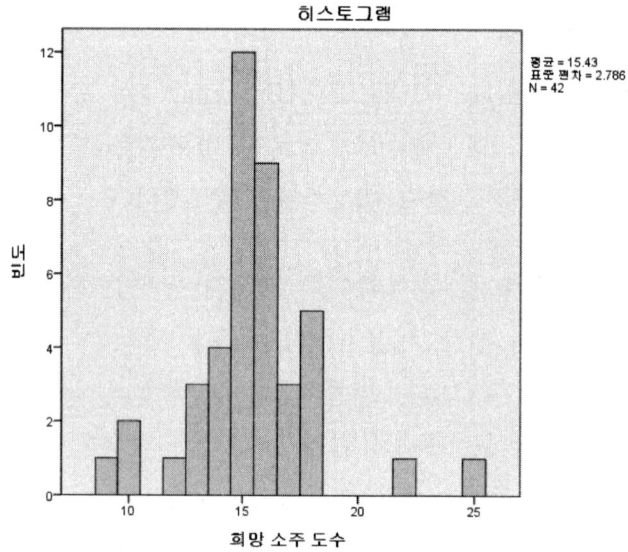

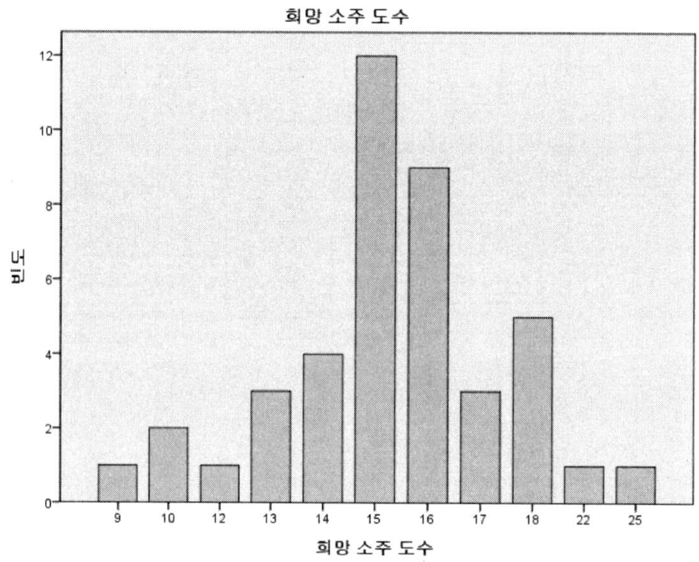

<그림 11.1> 히스토그램(위)과 막대도표(아래)의 비교

이렇게 자동으로 구간너비와 개수가 정해져 출력된 히스토그램을 [도표편집기] 창에서 구간의 개수(또는 너비)를 변경할 수 있다.

출력결과 윈도우에 출력된 도표를 더블클릭하면 [도표편집기] 윈도우가 실행되고 그림을 편집할 수 있다.

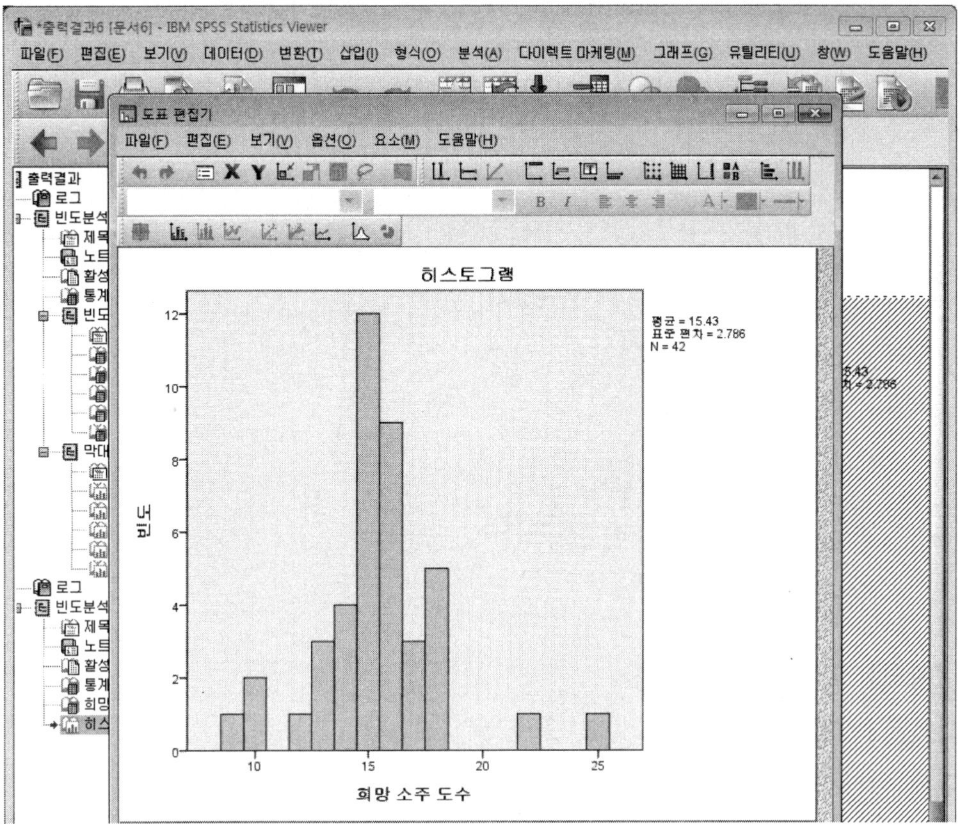

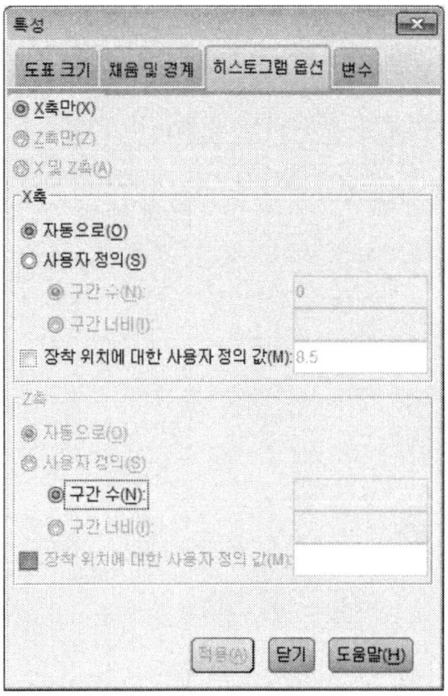

[도표편집기] 윈도우에서 막대그림위에 커서를 두고 더블클릭하면 [특성] 대화창이 뜬다. 여기서 [히스토그램 옵션] 탭을 누르고 현재 '자동'으로 되어있는 X축의 '구간 너비' 또는 '구간 수'를 변경할 수 있다. 여기서는 '구간 너비'를 2로 하여 변경해 보았다. 또는 '구간 수'를 지정해줄 수도 있다.

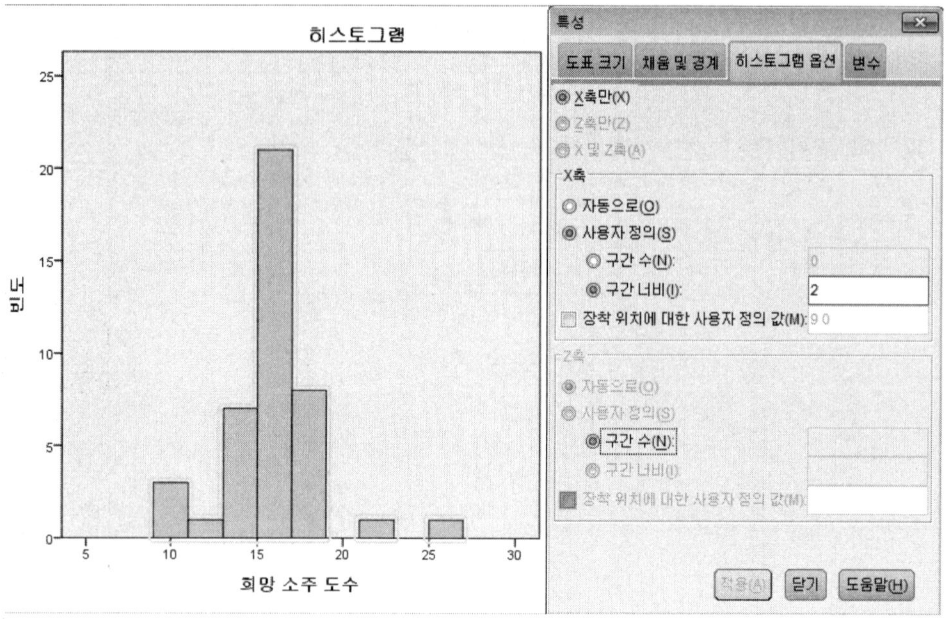

【참고】 도표 유형의 변경

[특성] 대화창에서 [변수] 탭을 선택하고 요소유형을 변경할 수 있는데 현재 막대그래프 모양을 원도표 유형으로 변경하였다.

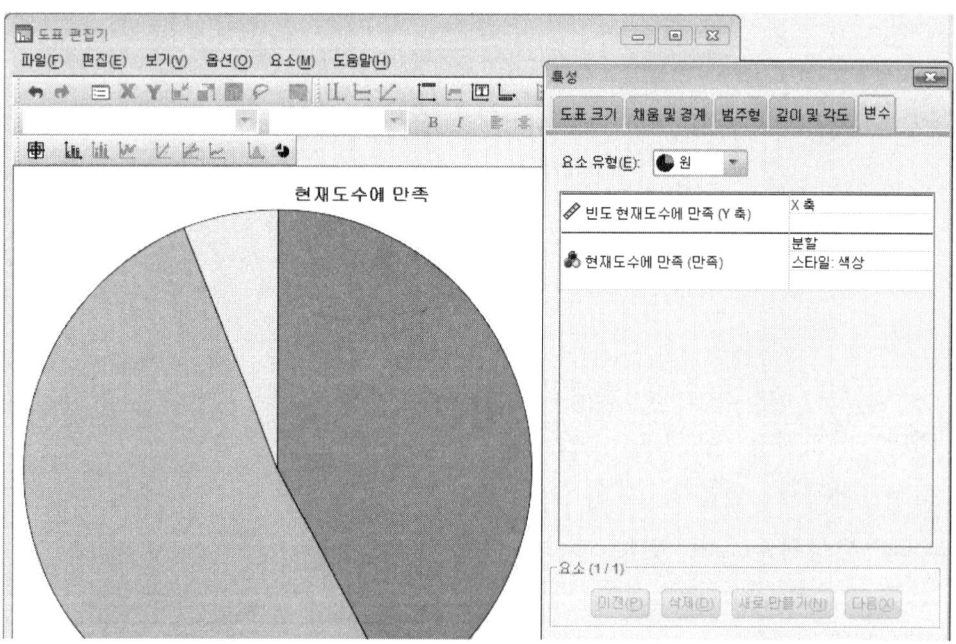

11.2 기술통계

기술통계 분석의 개요

<기술통계> 분석은 구간척도나 비율척도(SPSS에서는 두 척도를 합하여 '척도')에서 기초통계량을 계산하는데 사용하는 방법이다.

<기술통계>에서 출력되는 통계량은 다음과 같은 평균, 합계, 표준편차, 분산, 최솟값, 최댓값, 평균 표준오차, 첨도, 왜도 등이다.

- 평균: 자료의 중심점, $\overline{X}=\Sigma X_i/n$ (표본평균: 모평균에 대한 추정값)
- 분산: 자료의 산포도, $S^2=\Sigma(X_i-\overline{X})^2/(n-1)$ (표본분산: 모분산에 대한 추정값)
- 표준편차: 분포의 범위에 대한 척도, S (표본표준편차: 모표준편차에 대한 추정값)
- 평균 표준오차: 표본평균 범위에 대한 척도, $S(\overline{X})=S/\sqrt{n}$
- 첨도: 분포의 뾰족한 정도를 표시, $\dfrac{\Sigma(X_i-\overline{X})^4/n}{[\Sigma(X_i-\overline{X})^2/n]^2}-3$

  (정규분포인 경우 0을, 가장 뾰족한 Double Exponential인 경우 3, 가장 평평한 Uniform인 경우 -1.2가 된다)
- 왜도: 분포의 치우침(기울임)을 표시한다. $\dfrac{\Sigma(X_i-\overline{X})^3/n}{[\Sigma(X_i-\overline{X})^2/n]^{3/2}}$

  (왼쪽으로 치우친 경우(오른쪽에 몰려 있음) 음의 값, 오른 쪽으로 치우친 경우(왼쪽에 몰려 있음) 양의 값을 갖는다)

앞의 예제("11장_기술통계.sav")를 이용해 기술통계 분석을 실시한다. [분석] 메뉴에서 <기술통계량>의 <기술통계>를 선택한다.

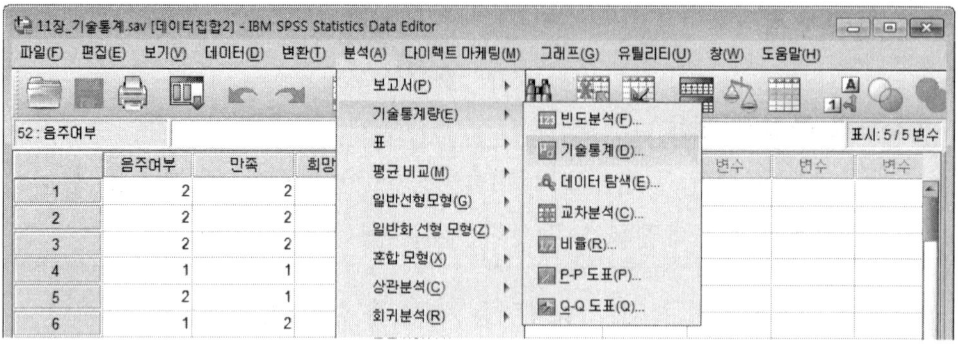

<기술통계> 분석하는 변수는 계량적인 변수이어야 하므로 앞의 예제에서 '희망도수' 변수를 <변수>창에 보내고 분석하도록 한다.

[옵션] 대화창에서는 출력 디폴트로 평균과 표준편차, 최솟값, 최댓값에만 체크되어 있는데, 여기에 첨도, 왜도 등을 추가적으로 선택하였다.

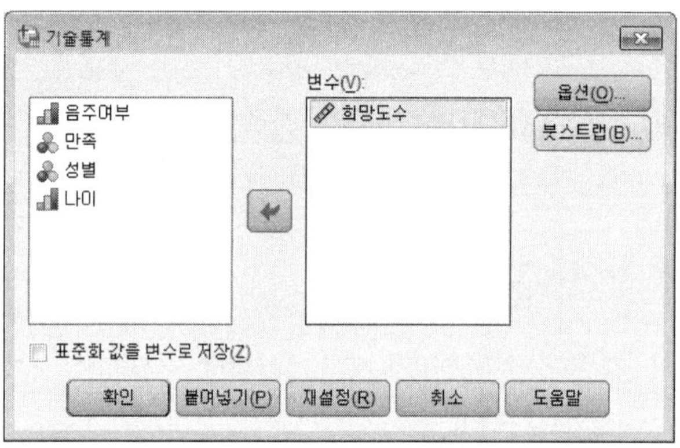

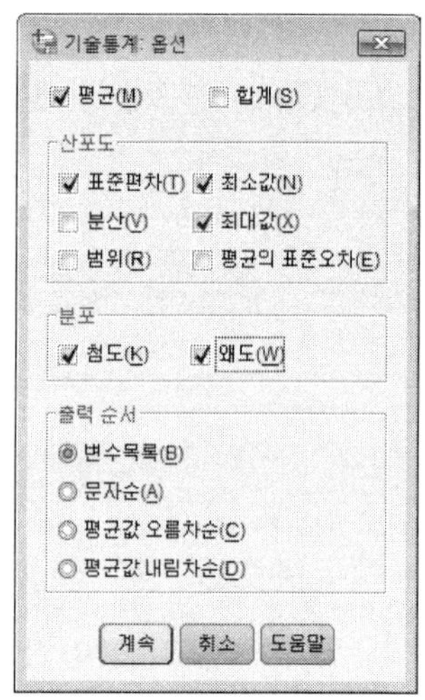

출력결과를 보면 분포가 오른쪽으로 긴 꼬리를 가지므로 왜도는 양수의 값을 갖고, 최빈값에 높은 빈도를 갖는 뾰족한 형태이므로 첨도는 3 이상의 값을 가짐을 확인할 수 있다.

기술통계량

	N	최소값	최대값	평균	표준편차	왜도		첨도	
	통계량	통계량	통계량	통계량	통계량	통계량	표준오차	통계량	표준오차
희망 소주 도수	42	9	25	15.43	2.786	.684	.365	3.420	.717
유효수 (목록별)	42								

11.3 데이터 탐색

데이터 탐색법의 소개

데이터 탐색법(Exploratory Data Analysis: EDA)은 데이터를 그림과 수치를 이용한 여러 방법으로 그 특성을 파악하는 기초적 통계기법을 모아놓은 것이다

데이터 탐색법에서는 기술통계법에서 출력되는 기술통계량 이외에도 절삭평균, 중위수(median), 사분위범위수(interquartile) 등과 같은 로버스트(robust: 가정의 위배에도 크게 흔들림이 없는) 통계량과 줄기와 잎 그림(stem-and-leaf plot), 상자와 수염 그림(box plot) 등과 같이 데이터를 요약하는 그림을 제공한다. 데이터 탐색법의 가장 큰 장점은 항목별로 통계량을 구할 수 있다는 점이다. 즉 나이, 성별과 같은 명목변수가 요인으로 자료를 분류하는 기준이 될 수 있도록 하였다.

앞의 예제를 이용해 [분석]-<기술통계량>-<데이터 탐색> 분석을 실시한다. (“11장_기술통계.sav”)

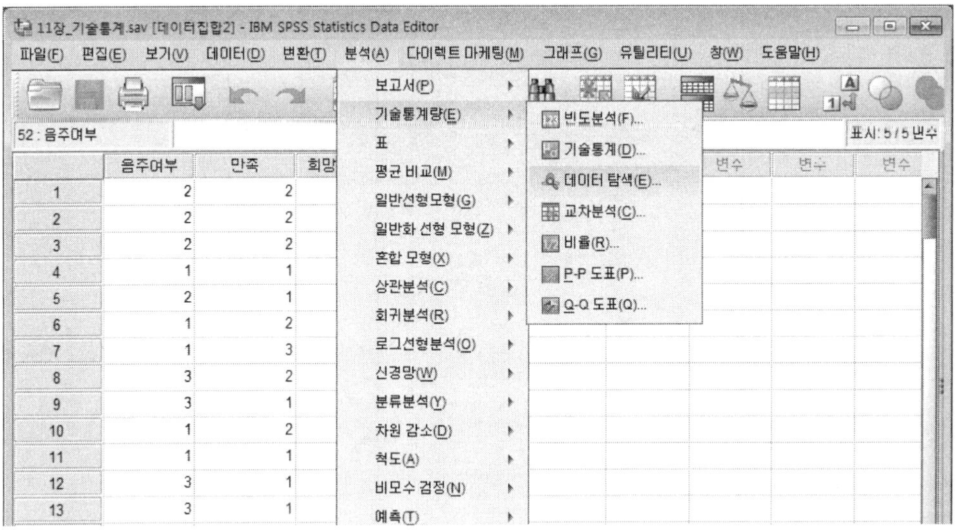

분석하고자 하는 변수(종속변수: 영향을 받는 변수)는 '희망도수'이고 이를 남녀별로 나누어(요인: 분리기준) 통계량을 구하고자 한다. 요인을 '성별'로 정하였기 때문에 출력결과는 남녀별로 기초통계량을 출력한다.

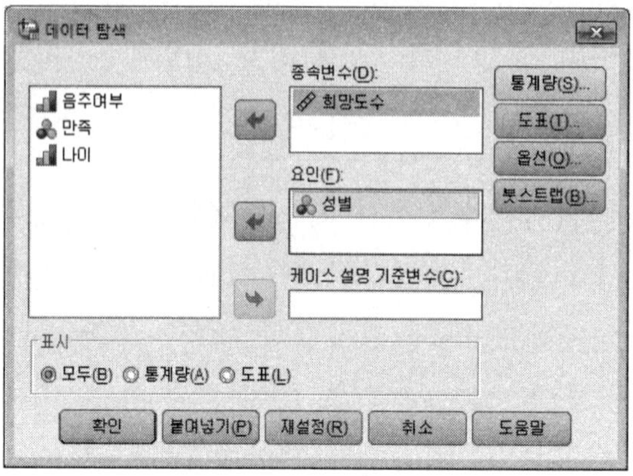

케이스 처리 요약

		케이스					
		유효		결측		전체	
	성별	N	퍼센트	N	퍼센트	N	퍼센트
희망 소주 도수	남자	18	36.7%	31	63.3%	49	100.0%
	여자	24	47.1%	27	52.9%	51	100.0%

기술통계

	성별			통계량	표준오차
희망 소주 도수	남자	평균		15.11	.723
		평균의 95% 신뢰구간	하한	13.59	
			상한	16.64	
		5% 절삭평균		15.07	
		중위수		16.00	
		분산		9.399	
		표준편차		3.066	
		최소값		9	
		최대값		22	
		범위		13	
		사분위수 범위		4	
		왜도		-.049	.536
		첨도		.784	1.038
	여자	평균		15.67	.530
		평균의 95% 신뢰구간	하한	14.57	
			상한	16.76	
		5% 절삭평균		15.50	
		중위수		15.00	
		분산		6.754	
		표준편차		2.599	
		최소값		10	
		최대값		25	
		범위		15	
		사분위수 범위		1	
		왜도		1.730	.472
		첨도		7.434	.918

출력결과를 해석하면 다음과 같다.

ⓐ 평균의 95% 신뢰구간: 남자=(13.59~16.64), 여자=(14.57~16.76).

ⓑ (평균)표준오차는 (표준편차/$\sqrt{n}$): 남자=0.723=3.066/$\sqrt{18}$.

ⓒ 5% 절삭평균: 데이터의 양쪽 끝 5%에 해당하는 값을 제외한 자료들의 평균임, 남=15.07, 여=15.5.

ⓓ 사분위수범위: 제 1사분위수(하위 25% percentile)와 제 3사분위수(상위 25% percentile) 간의 거리임.

ⓔ 왜도: 남자는 0에 가까우므로 좌우대칭, 여자는 양수이므로 오른 쪽으로 치우침.

ⓕ 첨도: 양수이므로 정규분포 봉우리(mode)보다 뾰쪽한 형태임.

'줄기와 잎'(stem and leaf) 그림은 히스토그램의 다른 형식의 표현이다. 히스토그램이 각 범위에서 빈도수만 표현하는데 반하여 '줄기와 잎' 그림은 각 범주에서 구체적인 값을 표시해줌으로써 빈도수와 값을 동시에 표현한다. 예를 들어 아래 남자 그림에서 16. 00000 은 '16.0'이 5명 있다는 의미이다. 만약 자료가 16점대에 16.0, 16.3, 16.4, 16.5, 16.7 과 같이 있었다면 그림에서 16. 03457 등으로 표시되었을 것이다.

```
희망 소주 도수 Stem-and-Leaf Plot for
성별= 남자

 Frequency    Stem &  Leaf

     1.00        9 .  0
     1.00       10 .  0
      .00       11 .
     1.00       12 .  0
     2.00       13 .  00
     2.00       14 .  00
     1.00       15 .  0
     5.00       16 .  00000
     2.00       17 .  00
     2.00       18 .  00
      .00       19 .
      .00       20 .
      .00       21 .
     1.00       22 .  0

 Stem width:          1
 Each leaf:       1 case(s)
```

```
희망 소주 도수 Stem-and-Leaf Plot for
성별= 여자

 Frequency    Stem &  Leaf

     2.00 Extremes    (=<13.0)
     2.00       14 .  00
      .00       14 .
    11.00       15 .  00000000000
      .00       15 .
     4.00       16 .  0000
      .00       16 .
     1.00       17 .  0
     4.00 Extremes    (>=18.0)

 Stem width:          1
 Each leaf:       1 case(s)
```

상자그림(box plot)은 가로 줄이 아래부터 최솟값, 1사분위수, 중위수, 3사분위수, 최댓값을 각각 표시한다. 이상값(outlier)이 있을 경우에는 이 값만 따로 표시하여 준다. 아래 여자의 '9'는 9번째 관측값이 이상값으로 표현된 것이고 여자의 '28', '94' 등도 이상값을 의미한다.

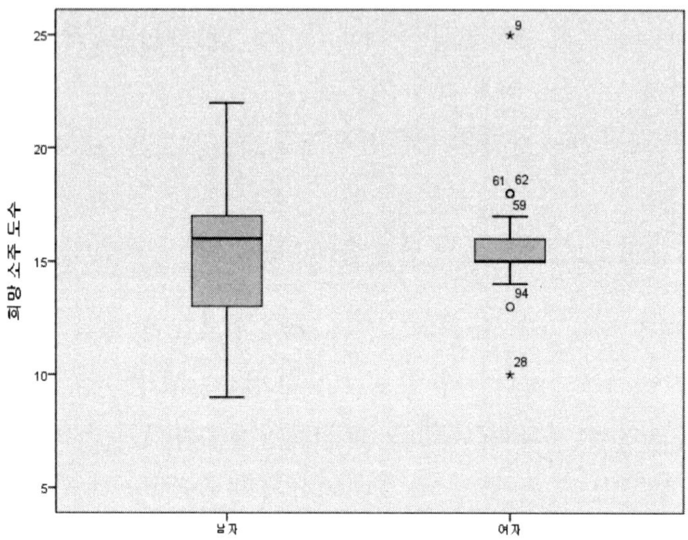

<데이터 탐색>의 가장 큰 사용처로 정규성 검정(Normality Test)이 있다. 여기서는 남녀를 구별하지 않고 전체 자료의 정규성을 검정하도록 한다. [도표] 대화상자에서 <□검정과 함께 정규성도표>에 체크한다.

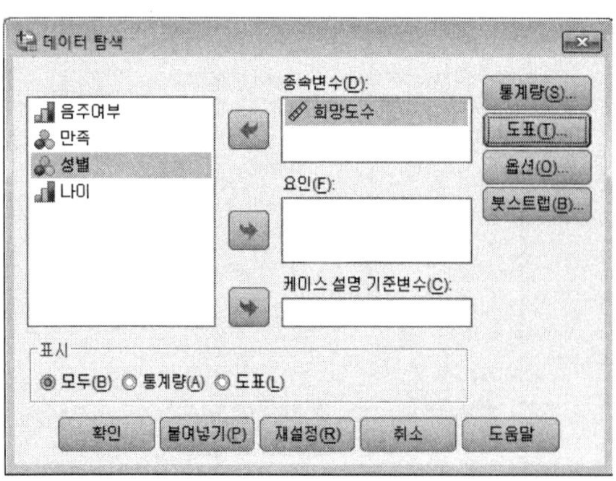

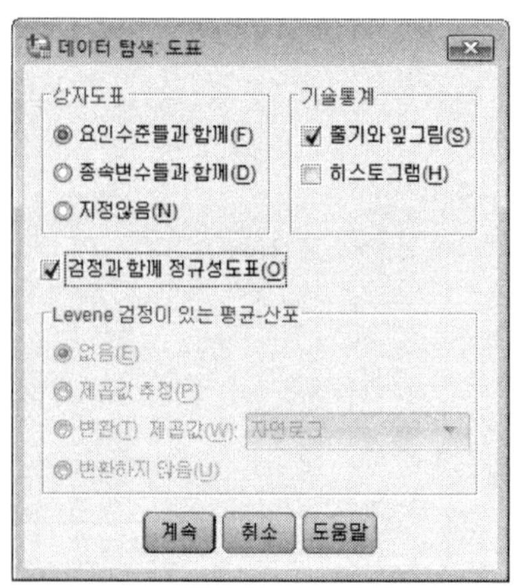

정규성 검정은 Kolmogorov-Smirnov 검정 통계량을 기반으로 Lilliefors가 수정한 유의확률을 출력한다. 귀무가설이 '정규분포와 같다'인데 여기서 유의확률이 0.001이므로 귀무가설을 기각하여 본 자료는 정규분포를 따른다고 말할 수 없다. Q-Q 도표에서도 잔차(관측값과 기댓값의 차이)가 평균 값 0에서 많이 벗어나는 관측값이 존재하고 있음을 알 수 있다.

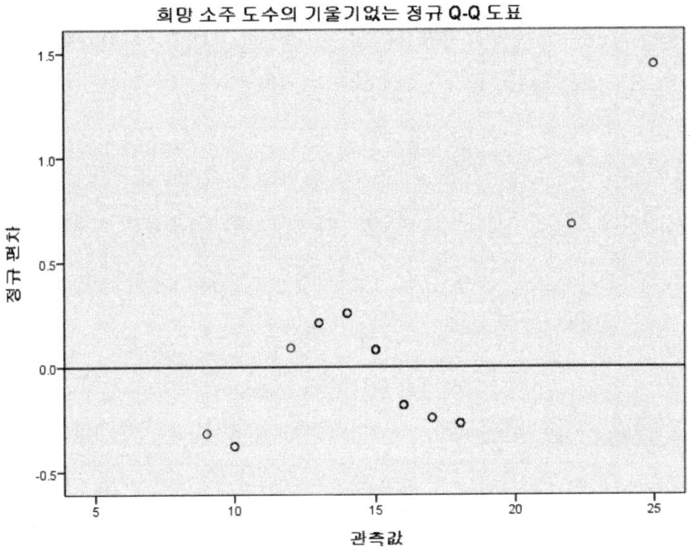

정규성 검정

	Kolmogorov-Smirnov[a]			Shapiro-Wilk		
	통계량	자유도	유의확률	통계량	자유도	유의확률
회망 소주 도수	.181	42	.001	.898	42	.001

a. Lilliefors 유의확률 수정

【참고】 Kolmogorov-Smirnov

K-S 통계량은 $D_n = \sup_x |F_n(x) - F(x)|$로 귀무가설하의 분포함수와 경험적 분포함수(empirical distribution function)와의 차이가 얼마나 큰가로 판단하게 된다. 정규성 검정시 귀무가설 분포함수는 정규분포함수이고 경험적 분포함수는 자료들로 추정한 분포함수로 다음과 같이 정의한다.

$$F_n(x) = \sum I(X_i \leq x)/n,$$

여기서 $I(X_i \leq x) = 1$, 만약 $X_i \leq x$, 또는 0, 기타의 경우.

12장. 표와 그림

12.1 통계분석에서 표 만들기

표 만들기

SPSS에서는 각 분석에서 자동으로 표가 만들어지며 <표> 분석을 이용하여 맞춤형 표를 작성할 수도 있다.

자료를 정리할 때 가장 선호하는 방법이 자료를 요약한 표로 표시하는 방법이다. SPSS에서 각 분석을 행할 때 그 분석내용에 해당하는 표가 출력되지만 이는 제한적인 형태이기 때문에 사용자가 원하는 내용을 출력하도록 각 표의 출력 선택 항목을 설정하여야 한다.

<기술통계>에서 표 만들기

[분석] 메뉴의 <기술통계량>에서 <기술통계>를 선택하면 자료에 관한 요약 통계량을 표의 형태로 얻을 수 있다.

예를 들어 다음과 같이 영화관 이용에 대한 설문조사 결과 자료가 있다고 하자. 자료는 영화관 이용 행동과 선호하는 영화관, 선택 중요도, 이용 만족도 변수 8개, 성별과 연령 등으로 구성되어 있다. ("12장_영화관조사.sav")

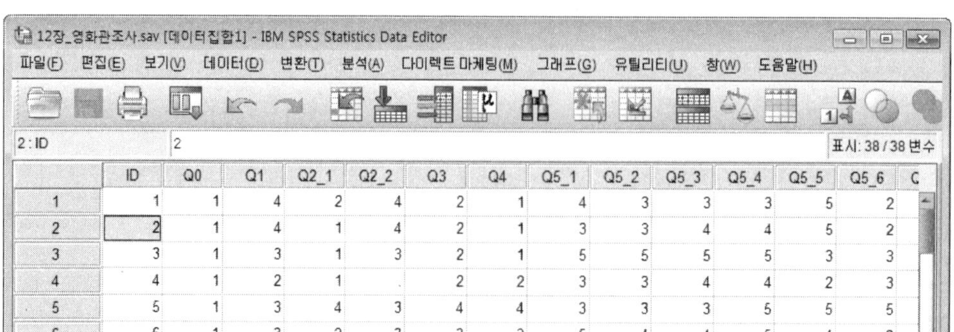

<기술통계> 분석을 이용해 각 중요도에 대한 평균과 표준편차를 표로 얻고자 한다. [분석] 메뉴에서 <기술통계법>-<기술통계>를 선택한다.

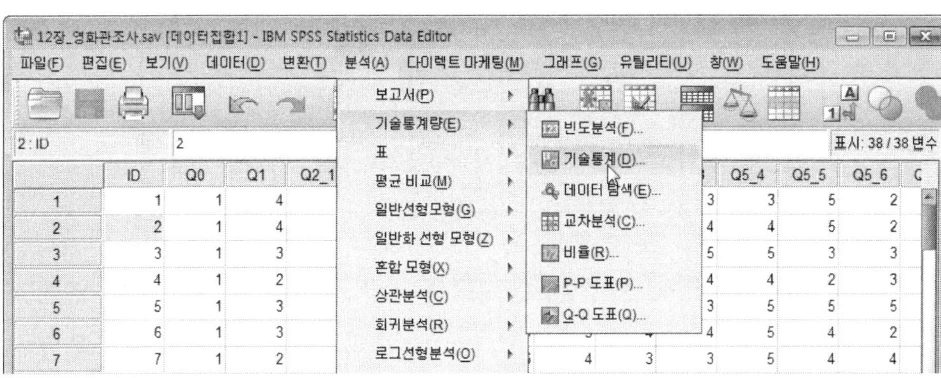

[기술통계] 대화상자에서 평균을 구하고자 하는 <변수>를 지정하고 (여기서는 중요도 10개 변수) [옵션] 창에서 출력하는 통계량을 평균과 표준편차, 표준오차, 최솟값, 최댓값 등으로 지정한다.

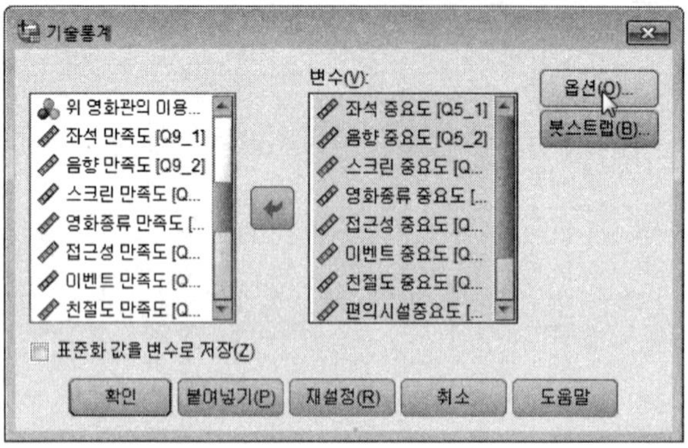

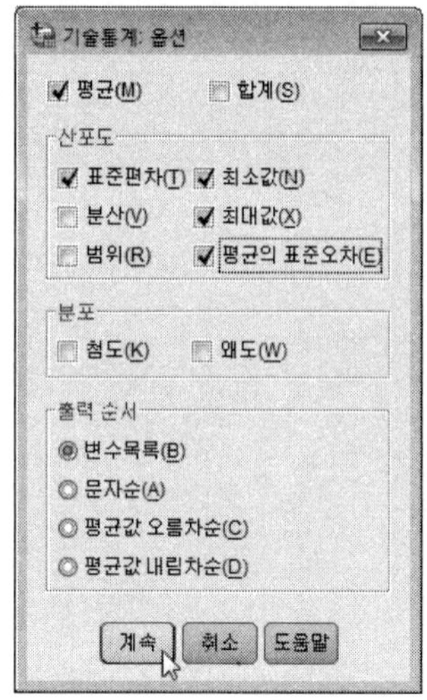

<기술통계>에 의한 출력결과는 다음과 같은 표의 형태로 출력이 된다.

기술통계량

	N	최소값	최대값	평균		표준편차
	통계량	통계량	통계량	통계량	표준오차	통계량
좌석 중요도	100	1	5	4.15	.080	.796
음향 중요도	100	2	5	3.91	.075	.753
스크린 중요도	100	3	5	4.12	.070	.700
영화종류 중요도	100	1	5	4.24	.083	.830
접근성 중요도	100	1	5	3.88	.100	.998
이벤트 중요도	100	1	5	3.73	.097	.973
친절도 중요도	100	1	5	3.65	.087	.869
편의시설중요도	100	1	5	3.22	.105	1.050
위생 중요도	100	2	5	4.00	.078	.778
브랜드 중요도	100	1	5	3.47	.090	.904
유효수 (목록별)	100					

<기술통계법>에 의하여 얻는 통계표는 1차원 표로 한정된다는 약점이 있다. 즉 성별로 중요도의 차이가 있는지를 보고 싶어도 성별로 구분하는 옵션이 없기 때문에 각 변수에 대한 기초통계량만을 얻을 수 있다. <데이터 탐색>에 의하여 2차원 교차 통계표(예. 성별×중요도 표)를 얻을 수 있지만 이 또한 직접 사용하기에는 복잡한 형태로 출력이 되므로 2차원 표는 <표> 분석을 이용하여야 한다.

<평균비교>에서 표 만들기

집단별로 평균을 구하고 싶을 때 [분석] 메뉴의 <평균비교>에서 <집단별 평균분석>을 선택하면 집단별 요약 통계량 표를 얻을 수 있다.

앞의 예에서 중요도 변수에 대하여 남녀별로 교차된 표를 얻고자 하면 <집단별 평균분석>을 이용한다. 이는 {명목변수 : 척도변수}의 2차원 교차표의 형태로 가로는 명목변수, 세로는 계량변수가 배치되며 셀에는 평균값이 출력된다.

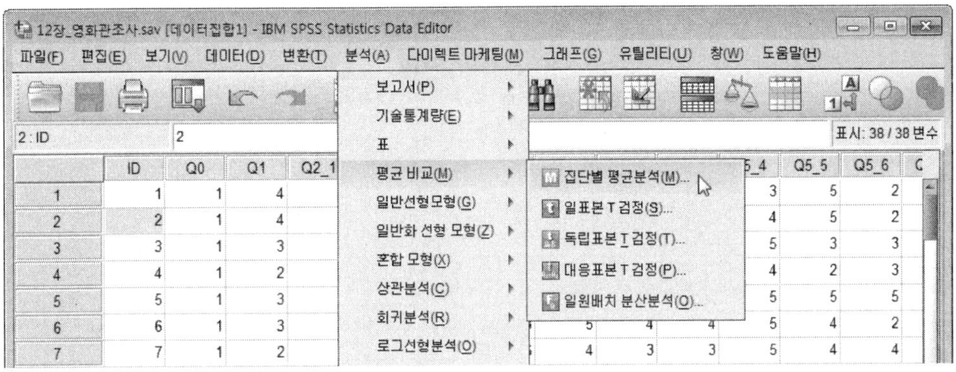

[평균] 대화상자에서 평균을 구하고자 하는 [종속변수](여기서는 중요도)를 지정하고 분류하는 요인인 [독립변수](여기서는 '성별')를 지정한다. 또한 [옵션] 창에서 평균 외에 출력하고자 하는 통계량을 지정할 수 있다.

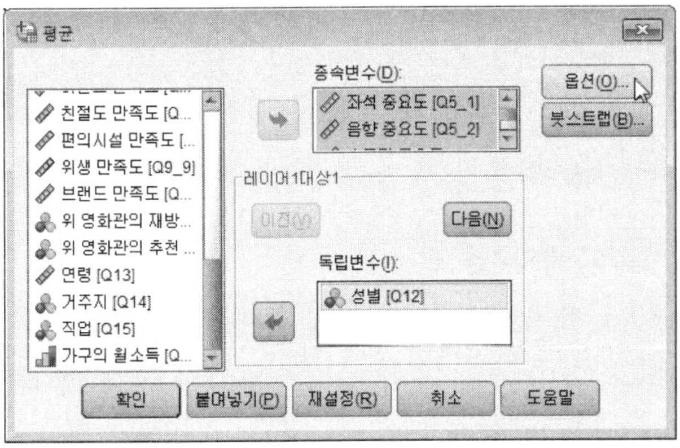

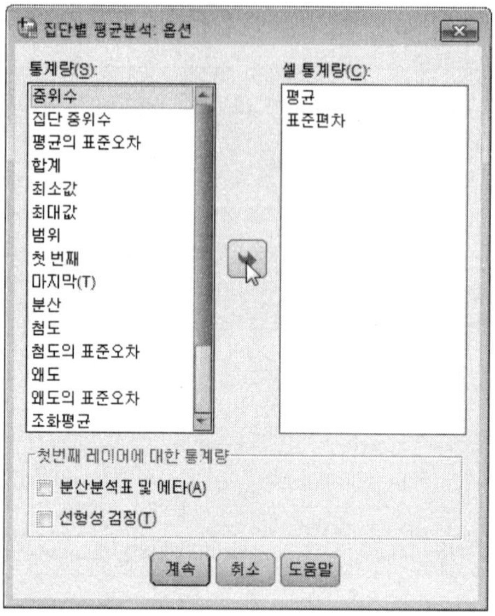

남녀별로 구한 각 중요도의 평균과 표준편차 출력결과는 다음과 같다.

보고서

성별		좌석 중요도	음향 중요도	스크린 중요도	영화종류 중요도	접근성 중요도	이벤트 중요도	친절도 중요도
남자	평균	4.10	4.00	4.06	4.13	4.06	3.58	3.69
	표준편차	.869	.792	.752	.950	.958	1.016	.919
여자	평균	4.21	3.81	4.19	4.35	3.69	3.90	3.60
	표준편차	.713	.704	.641	.668	1.014	.905	.818
합계	평균	4.15	3.91	4.12	4.24	3.88	3.73	3.65
	표준편차	.796	.753	.700	.830	.998	.973	.869

출력결과는 남녀별로 영화관을 선택하는데 중요하게 생각하는 정도에 대한 평균값이다. 표를 보면 좌석, 스크린 등은 여자가, 음향, 접근성 등은 남자가 더 중요하게 생각하고 있음을 알 수 있다. 남녀 간 중요도에 차이가 있다고 말하려면 통계적으로 유의한 차이가 있어야 한다. 이에 대한 검정은 <평균비교>-<독립표본 T 검정>에서 가능하다.

【참고】 출력된 표의 행과 열 교체

남녀 간 중요도에 차이가 있는지 비교할 때 표의 가로행과 세로열을 바꾸어준다면 좀 더 파악이 용이할 수 있다. 출력된 표의 행과 열 위치를 바꾸어주는(전치) 작업은 출력결과 윈도우에서 가능하다.

전치 작업을 위해서는 출력된 표를 더블클릭하면 [피벗표 보고서] 창이 뜨면서 [피벗 트레이] 창이 동시에 표시된다. 이 때 [피벗] 메뉴에서 <행과 열 전치>를 클릭하면 표의 행과 열이 교체되어 출력된다.

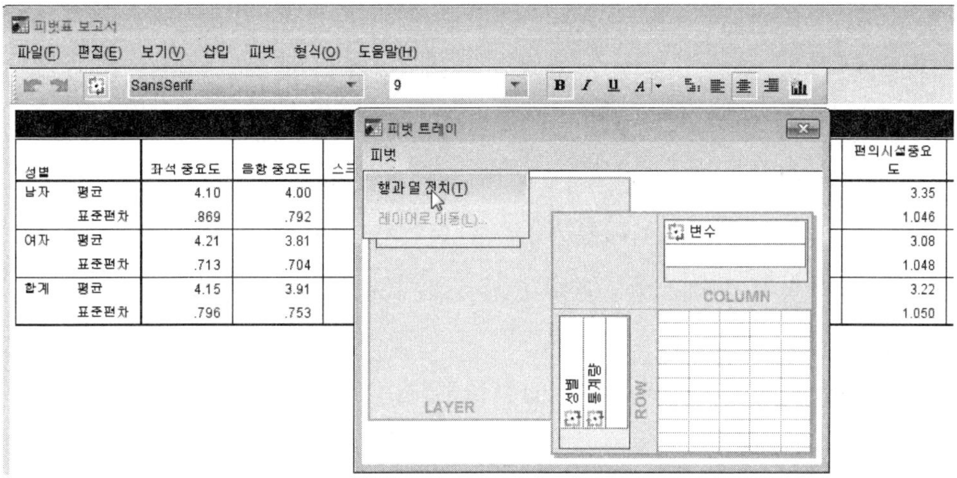

전치 작업 결과로 표가 다음과 같이 변경된다. 이런 형태로 보는 것이 남녀 간의 평균 비교에 편리하므로 실제적으로 <행과 열 전치>를 자주 이용한다.

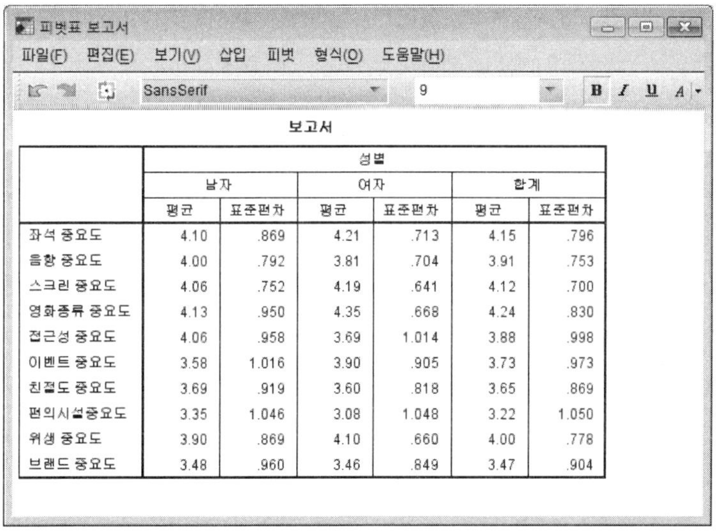

보고서

	성별					
	남자		여자		합계	
	평균	표준편차	평균	표준편차	평균	표준편차
좌석 중요도	4.10	.869	4.21	.713	4.15	.796
음향 중요도	4.00	.792	3.81	.704	3.91	.753
스크린 중요도	4.06	.752	4.19	.641	4.12	.700
영화종류 중요도	4.13	.950	4.35	.668	4.24	.830
접근성 중요도	4.06	.958	3.69	1.014	3.88	.998
이벤트 중요도	3.58	1.016	3.90	.905	3.73	.973
친절도 중요도	3.69	.919	3.60	.818	3.65	.869
편의시설중요도	3.35	1.046	3.08	1.048	3.22	1.050
위생 중요도	3.90	.869	4.10	.660	4.00	.778
브랜드 중요도	3.48	.960	3.46	.849	3.47	.904

<교차분석>에서 표 만들기

가로, 세로축이 모두 명목변수인 경우에 각 항목이 교차하는 경우의 빈도수를 출력하는 2차원 교차표(cross table)는 <교차분석>을 이용하여 얻을 수 있다.

분석하는 변수가 '명목'척도이거나 '순서형'척도일 때는 항목의 빈도수(frequency)가 주된 통계량이 되고 있다. 이러한 두 변수 간에 관계를 보고 싶을 때 두 변수가 가로, 세로에 배치된 교차표를 주로 이용한다.

다음은 앞의 예제 데이터를 이용해 남녀(명목) 간에 영화관 이용빈도(순서)에 차이가 있는가를 분석하고자 교차표를 구하는 예이다. ("12장_영화관조사.sav")

[분석]에서 <기술통계량>-<교차분석>을 선택한다.

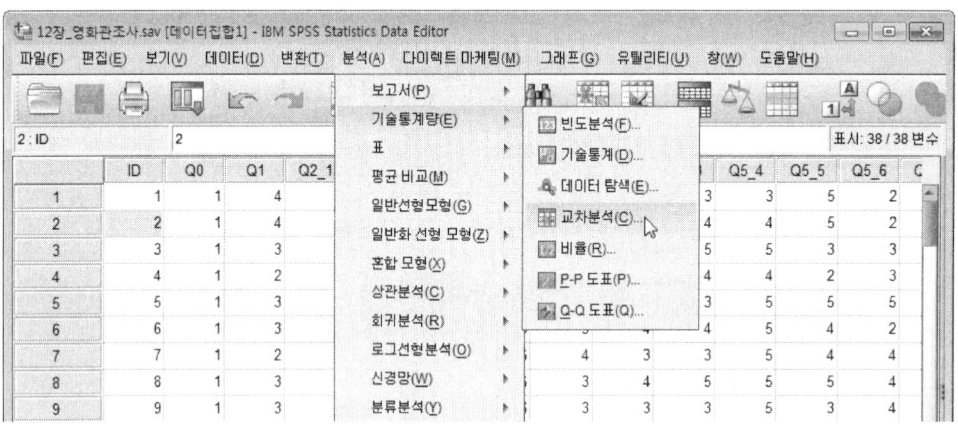

[교차분석] 대화상자에서 행과 열에 포함될 명목변수를 지정한다. 일반적으로 남녀 간 비교를 원하면 그 변수를 열에 포함시키는 것이 시각적으로 출력결과를 해석하기에 편리하다. 또한 남녀 간 이용 비율을 비교하는 것이 일반적이기 때문에 남녀별로 비율(퍼센트)을 비교할 수 있도록 <퍼센트>의 '열' 퍼센트에 체크해준다. 즉, 해석이 편하려면 비교를 원하는 변수를 열에 배치하고, 열을 100%기준으로 한 항목별 퍼센트를 출력하도록 한다.

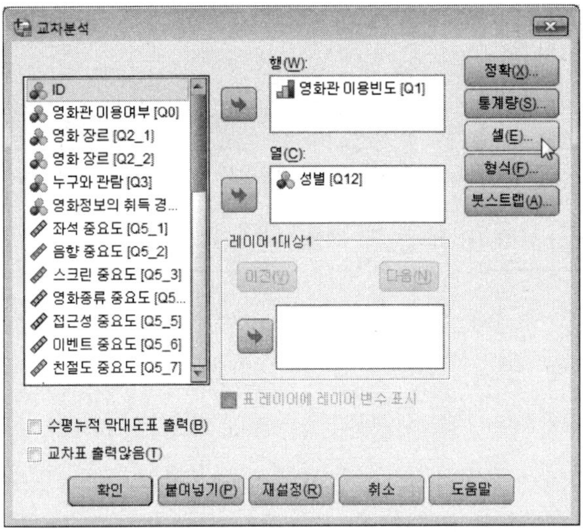

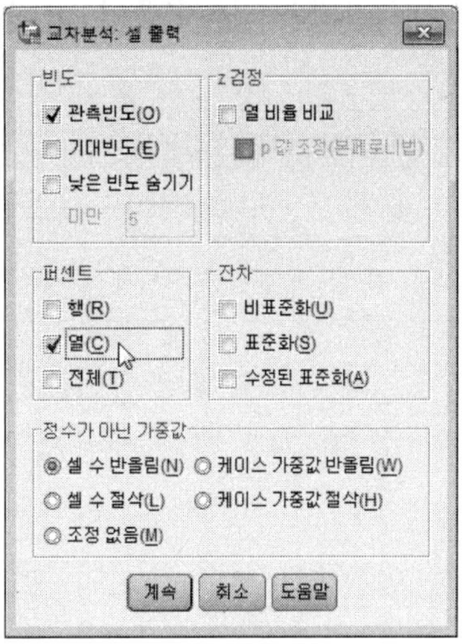

다음과 같은 출력결과에서 남녀 간 이용빈도의 비율을 비교할 수 있다. 남자의 42.3%는 3개월에 1-2번 영화관을 찾는데 반해 여자는 47.9%가 한 달에 1-2회 영화관을 이용하는 것을 알 수 있다. 역시 남녀 간 이용빈도에 차이가 있는가를 확증하려면 통계적 검정인 카이제곱 검정을 시행해야 한다. (교차분석 참조)

영화관 이용빈도 * 성별 교차표

			성별		전체
			남자	여자	
영화관 이용빈도	6개월에 1회	빈도	5	1	6
		성별 중 %	9.6%	2.1%	6.0%
	3개월에 1~2회 이하	빈도	22	19	41
		성별 중 %	42.3%	39.6%	41.0%
	한 달에 1~2회	빈도	20	23	43
		성별 중 %	38.5%	47.9%	43.0%
	한 달에 3~4회	빈도	4	3	7
		성별 중 %	7.7%	6.3%	7.0%
	한 달에 5회 이상	빈도	0	1	1
		성별 중 %	0.0%	2.1%	1.0%
	기타	빈도	1	1	2
		성별 중 %	1.9%	2.1%	2.0%
전체		빈도	52	48	100
		성별 중 %	100.0%	100.0%	100.0%

교차분석에서 의한 출력결과는 3차원 교차표를 표현하지 못하고 2차원 교차표만 가능하다. 3차원 이상의 표는 다음 <표> 분석을 이용한다.

12.2 <표> 분석에서 표 만들기

<표>로 표 만들기

사용자가 표의 레이아웃을 정하고 데이터의 특징을 잘 요약하는 맞춤형 표를 얻고자 할 때 [분석]-<표> 작성 도구가 매우 유용하다.

앞 절에서 설명한 바와 같은 통계분석에서 자동으로 출력되는 표는 사용자의 요구에 적합하지 않을 수 있다. 특히 3차원 이상의 교차표를 얻고자 할 때는 기초적인 통계분석에서는 불가능하다. 통계분석으로 2차원 표를 얻은 경우에도 표의 편집이 기본적인 선택사항으로 제한되어 있어 Excel과 같은 프로그램에서 재편집을 해야 하는 불편함이 있다. SPSS에서는 대화형으로 표를 구성하고 출력사양을 지정할 수 있도록 [분석] 메뉴에 <표>를 제공하고 있다.

{명목변수 : 명목변수}의 2차원 교차표

[분석] 메뉴에서 <표>-<통계표 작성>을 선택하고 가로, 세로축에 해당하는 변수를 드래그 한다. 변수 '측도'가 만약 '명목'으로 지정되어 있으면 통계량으로 빈도수를 자동 출력한다.

앞의 예제에서 남녀 간 이용빈도에 대한 2차원 교차표를 작성하기 위해, [분석] 메뉴에서 <표>-<통계표 작성>을 선택한다.

[통계표 작성] 대화상자는 [변수] 창과 [미리보기] 창으로 이루어져 있고 표를 작성할 때 '열'과 '행'에 변수를 드래그해서 놓으면 된다.

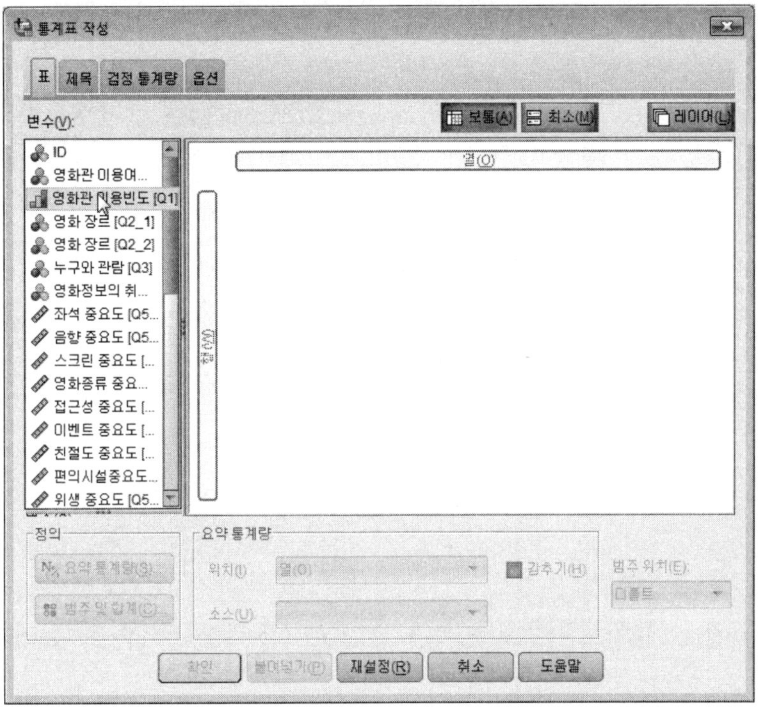

'영화관 이용빈도' 변수를 드래그해서 '행'으로 이동한다.

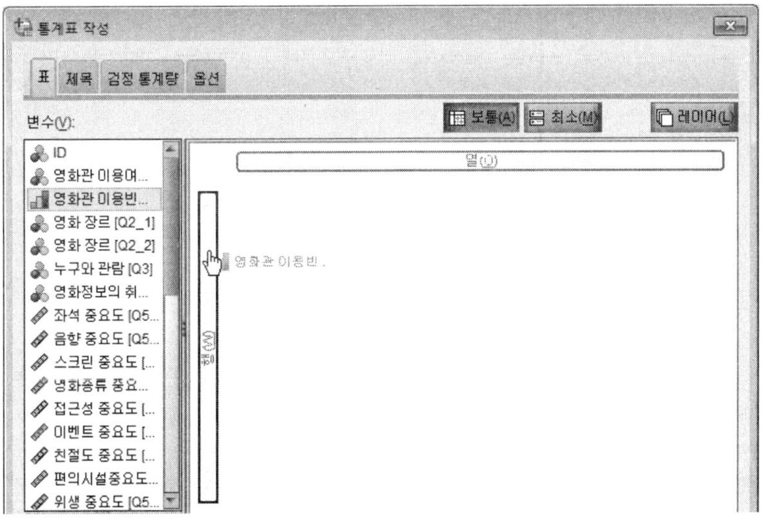

변수를 드래그해서 놓으면 '영화관 이용빈도'가 순서형 변수이므로 자동으로 빈도수가 출력되어진다. 다음에는 '성별' 변수를 '열'에 드래그 한다.

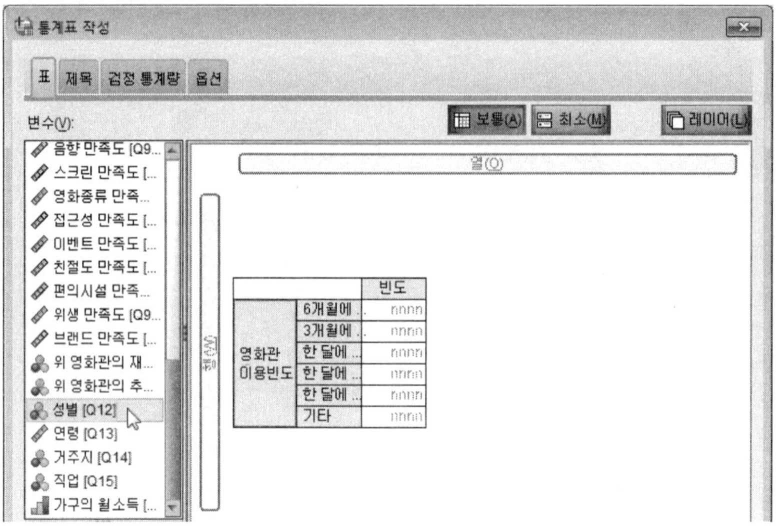

다음과 같이 {성별×이용빈도}의 2차원 교차표 작성 포맷이 확정되면 표의 '영화관 이용빈도' 칸을 클릭하고 [요약통계량] 버튼을 눌러 필요한 통계량을 추가한다.

[요약통계] 대화창에서 <통계량>의 '열 N%'를 <표시>로 보내고 [선택한 항목에 적용]을 클릭하여 빈도수와 열 퍼센트가 포함된 2차원 표 출력 결과를 얻는다.

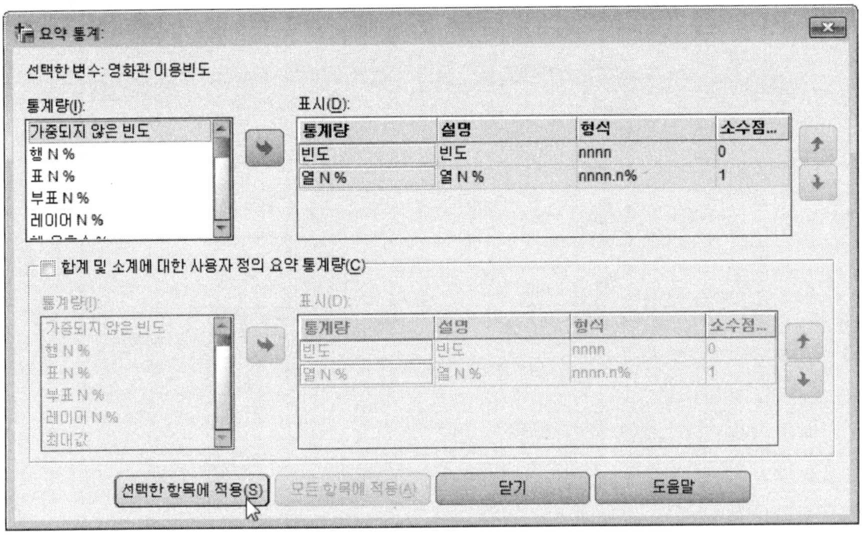

또한 합계를 계산해 줄 수 있다. 영화관 이용빈도의 합계를 구하기 위해 '이용빈도' 변수 칸을 클릭하고 [범주 및 합계] 버튼을 클릭한다.

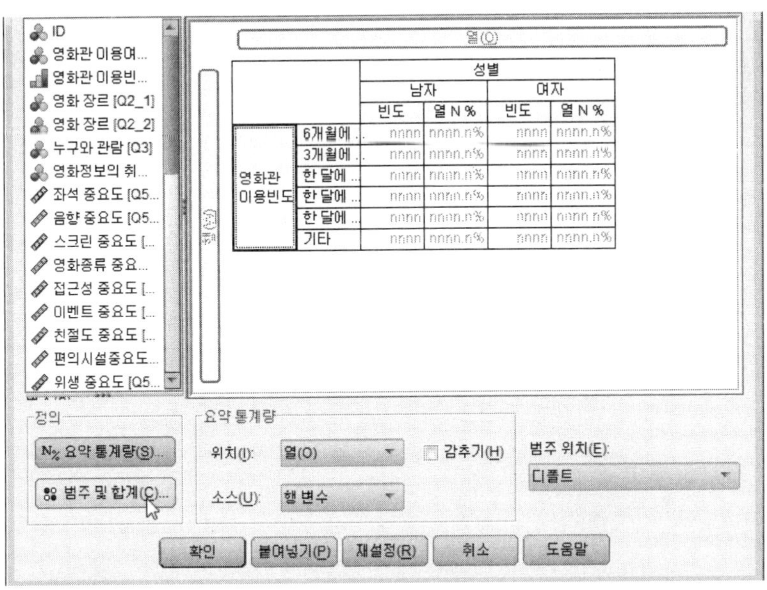

'이용빈도'의 '기타' 항목 아래 칸에 합계를 구하기 위해 [범주 및 합계] 창의 <표시> '값'의 맨 아래 줄을(여기서는 '6, 기타') 클릭하고 [소계 추가] 버튼을 클릭한다. [소계 정의] 대화창에서 [계속]을 누르고 [적용]하면 합계가 구해진 표를 얻을 수 있다.

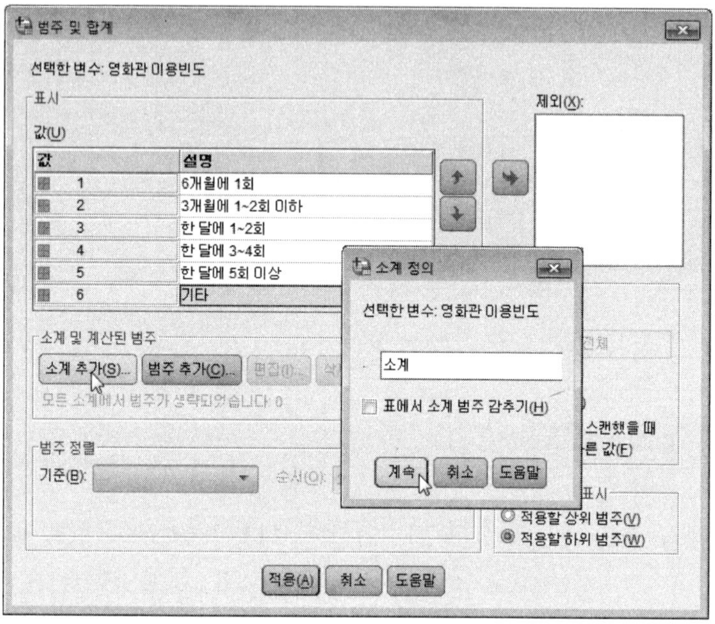

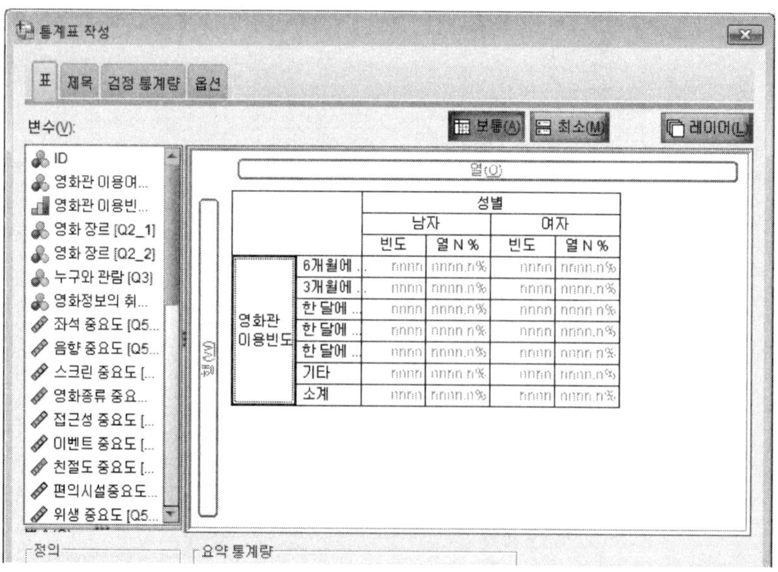

[통계표 작성]의 [미리보기] 창에 표의 레이아웃이 표시되는데 완성된 형태라 판단되면 [확인]을 눌러 표를 출력한다.

		성별			
		남자		여자	
		빈도	열 N %	빈도	열 N %
영화관 이용빈도	6개월에 1회	5	9.6%	1	2.1%
	3개월에 1~2회 이하	22	42.3%	19	39.6%
	한 달에 1~2회	20	38.5%	23	47.9%
	한 달에 3~4회	4	7.7%	3	6.3%
	한 달에 5회 이상	0	0.0%	1	2.1%
	기타	1	1.9%	1	2.1%
	소계	52	100.0%	48	100.0%

{명목변수 : 계량변수}의 2차원 교차표

[분석] 메뉴에서 <표>-<통계표 작성>을 선택하고 가로 세로축에 해당하는 변수를 드래그 한다. 변수측도가 만약 '척도'로 지정되어 있으면 통계량으로 평균을 자동 출력한다.

앞의 예제에서 남녀 간 중요도 평균에 대한 2차원 교차표를 작성하기 위해, [분석] 메뉴에서 <표>-<통계표 작성>을 선택한다. [통계표 작성] 창에서 '성별' 변수를 열에 '좌석 중요도' 변수를 행에 드래그 한다.

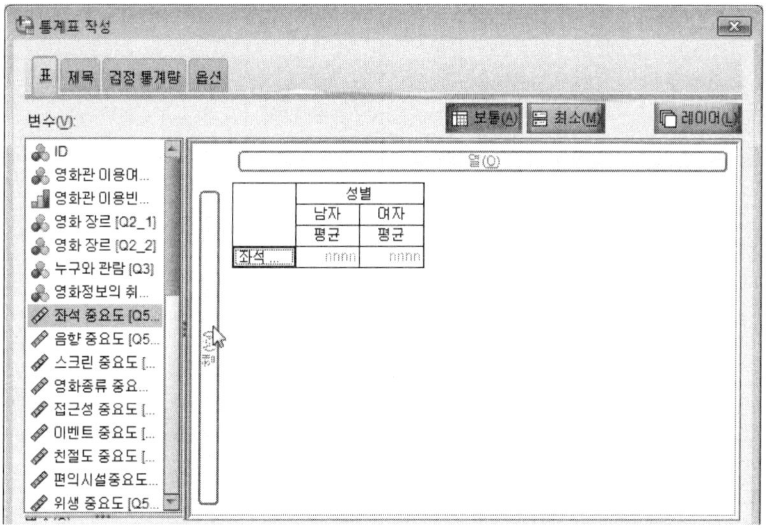

추가되는 변수는 드래그(drag)해서 굵은 줄이 생길 때 밑에 붙여놓으면(drop) 차례로 정렬된다. 출력 통계량은 평균으로 자동 지정된다.

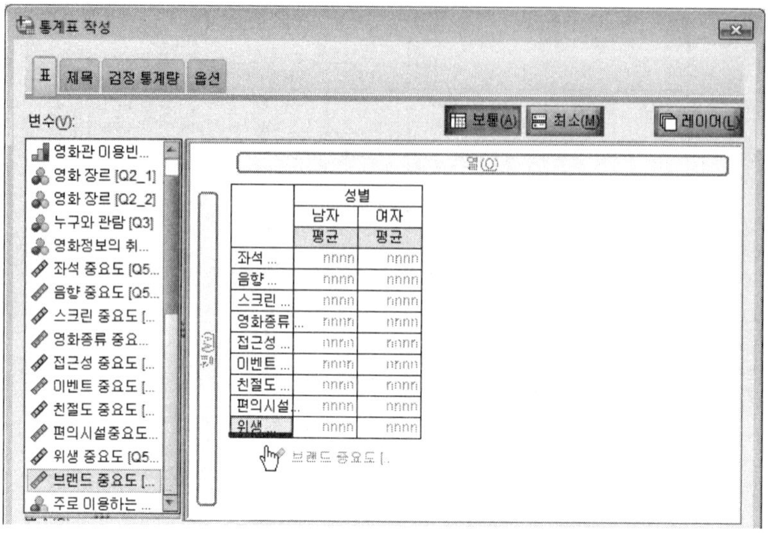

표의 레이아웃에서 평균의 자리수가 0자리인 'nnnn' 형태이므로 이를 소수점이 포함된 형태로 바꾸기 위해 '좌석' 중요도를 클릭하고 [요약 통계량] 버튼을 클릭한다.

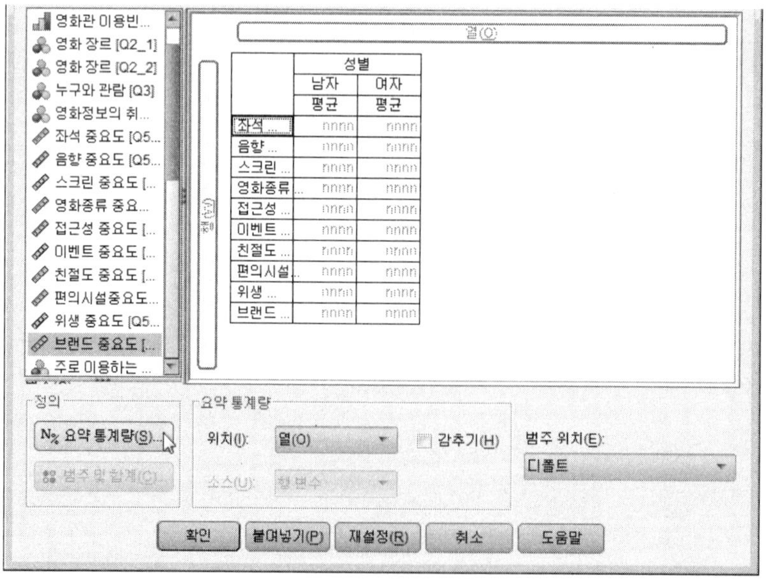

[요약 통계] 창의 <통계량>-<표시>에서 형식은 'nnnn'을 선택하고 소수점 자리수를 2로 지정하면 'nnnn.nn' 형식으로 출력된다. 이를 [모든 항목에 적용] 하면 출력결과가 모두 소수점 2자리까지 표현된다.

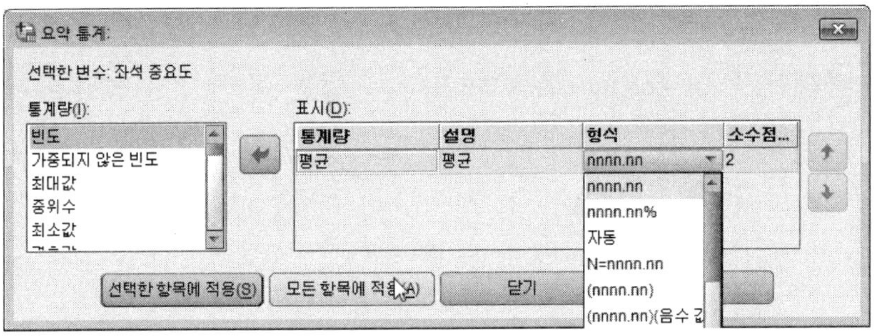

[범주 및 합계]를 이용해 남녀 <소계>까지 추가하면 다음과 같은 레이아웃과 이에 따른 출력을 얻을 수 있다.

명목변수의 3차원 교차표

{명목변수 : 명목변수}의 2차원 교차표는 <교차분석>에서 간단히 얻을 수 있지만 {명목변수 : 명목변수 : 명목변수}의 3차원 교차표는 <표> 분석도구를 이용해야만 구할 수 있다.

앞의 예제에서 남녀별로 '주로 이용하는 영화관'과 '추천의향'에 대해 3차원 교차표를 얻도록 하겠다. 열에 '성별' 변수를 드래그하고 행에 '주로 이용하는 영화관' 변수를 놓는다. 세 번째 항목인 '추천 의향' 변수는 '성별' 변수 밑에 드래그하여 아래에 길게 두 줄로 표시될 때 놓도록 한다.

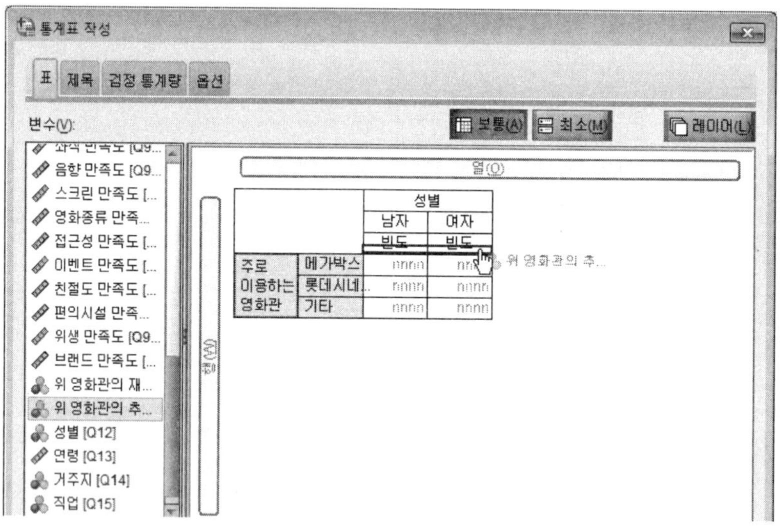

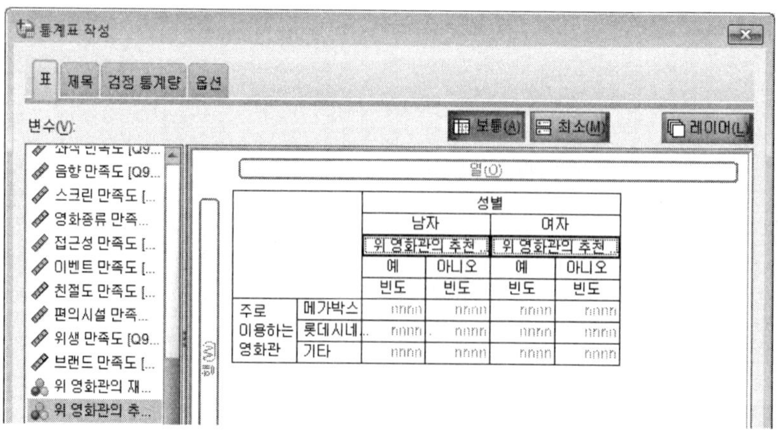

남녀 별로 추천, 비추천의 비율(퍼센트)이 다른가를 보기 위해 <통계량> 중 '행 N%'를 <표시>하고 이를 [선택한 항목에 적용] 한다.

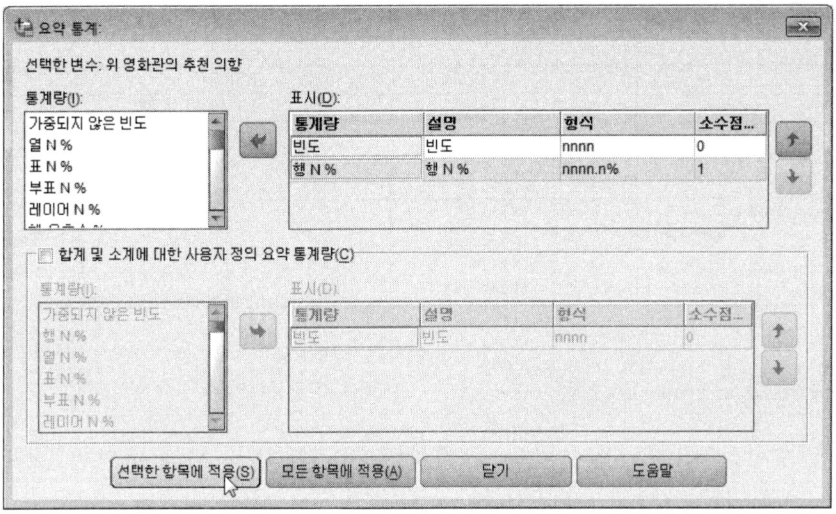

'행 퍼센트'와 더불어 [범주 및 합계]를 이용해 '주로 이용하는 영화관'에 대한 <소계>도 동시에 구하면 표의 레이아웃은 다음과 같다.

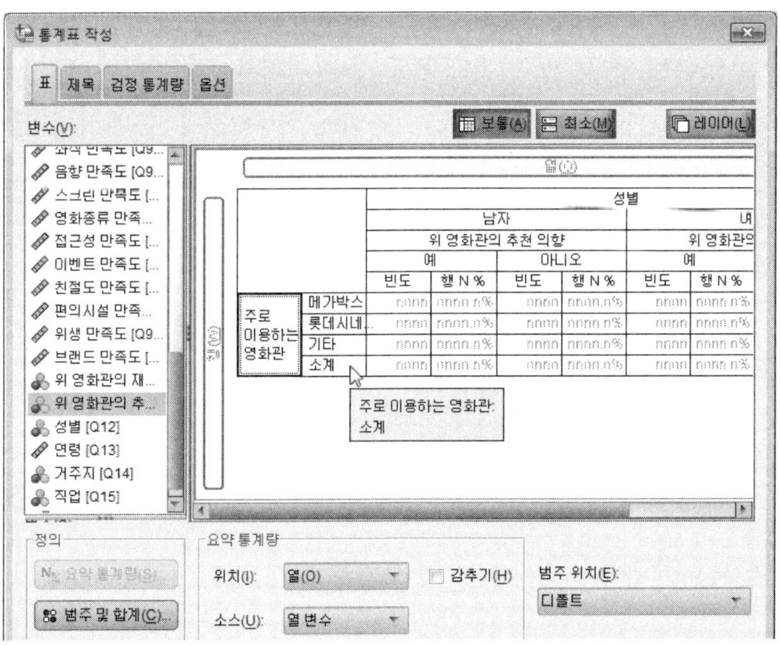

출력결과는 다음과 같다. 남자들은 영화관을 추천하지 않는 비율(21.2%)이 여자(12.5%)에 비해서 높았다. 특히 '주로 이용하는 영화관'이 메가박스인 경우 추천하지 않겠다는 남자 비율이 여자에 비해 2배가량 높았다.

		성별							
		남자				여자			
		위 영화관의 추천 의향				위 영화관의 추천 의향			
		예		아니오		예		아니오	
		빈도	행 N %	빈도	행 N %	빈도	행 N %	빈도	행 N %
주로 이용하는 영화관	메가박스	11	68.8%	5	31.3%	17	85.0%	3	15.0%
	롯데시네마	25	86.2%	4	13.8%	19	86.4%	3	13.6%
	기타	5	71.4%	2	28.6%	6	100.0%	0	0.0%
	소계	41	78.8%	11	21.2%	42	87.5%	6	12.5%

계량변수의 3차원 교차표

계량변수가 포함된 {명목변수 : 명목변수 : 계량변수}의 3차원 교차표는 통계량으로 평균을 자동 출력한다.

다음은 '성별', '주로 이용하는 영화관'에 따라 '좌석 중요도' 등 각 '척도'변수의 평균을 표시한 3차원 교차표의 예이다. 각 중요도에 대하여 남녀 간 비교도 가능하지만 이를 '주로 이용하는 영화관'에 따라 분리하여 파악할 수 있다는 장점이 있다. 예를 들어 '위생 중요도'는 남자(3.9)에 비해 여자(4.1)가 높았는데, '주로 이용하는 영화관'이 롯데시네마인 경우 남자(4.0)와 여자(4.09)의 중요도가 거의 비슷하였다.

		성별					
		남자			여자		
		좌석 중요도	접근성 중요도	위생 중요도	좌석 중요도	접근성 중요도	위생 중요도
		평균	평균	평균	평균	평균	평균
주로 이용하는 영화관	메가박스	4.13	3.81	3.94	4.15	3.65	4.20
	롯데시네마	4.14	4.24	4.00	4.36	3.86	4.09
	기타	3.86	3.86	3.43	3.83	3.17	3.83
	소계	4.10	4.06	3.90	4.21	3.69	4.10

12.3 [그래프] 메뉴에서 그림 그리기

[그래프]로 도표 그리기

앞 절에서 구한 표(table)를 직관적으로 이해하기 쉬운 그림으로 표현하고자 할 때 Excel 등을 이용하면 좋은 품질의 그림을 얻을 수 있다. 그러나 그림의 품질보다는 통계적인 분석에 참조하기 위하여 통계적 통찰(insight)이 있는 그림을 얻고 싶다면 SPSS의 [그래프] 메뉴를 활용하는 것이 바람직하다.

[그래프] 메뉴에서 도표를 그리는 방식은 대화상자 형식인데 미리 정형화되어 기초적인 그림을 얻게 해주는 <레거시 대화상자>와 도표의 레이아웃을 사용자가 처음부터 차례로 선택하여 작성하는 <도표 작성기> 등을 주로 사용한다.

막대도표 그리기

[그래프] 메뉴의 <레거시 대화상자>에서 <막대도표>를 선택하면 편리하게 자료에 관한 요약 통계량을 막대그래프의 형태로 얻을 수 있다.

<빈도분석>에서 출력되는 막대그래프는 도수(frequency)에 관한 그림 표혀이지만 [그래프]에서는 각 변수별 대표값(평균, 표준편차 등)을 막대그래프로 표현할 수 있다. 또한 단순한 1차원이 아닌 그래프들 십난벌로 분류하여 행렬형태인 2, 3차원 그래프로 출력할 수 있다는 큰 특징을 가지고 있다. 또한 평균과 같은 통계량을 막대도표로 표시할 때 신뢰구간이 표시된 <오차막대>도 구할 수 있다.

앞 절의 예제 자료("12장_영화관조사.sav")에서 선호하는 '영화관 브랜드'에 따라 '영화관 방문횟수'가 다른지 '남녀' 별로 구분하여 막대그래프를 그리는 과정을 설명하겠다.

먼저 [그래프] 메뉴의 <레거시 대화상자>에서 <막대도표>를 선택한다.

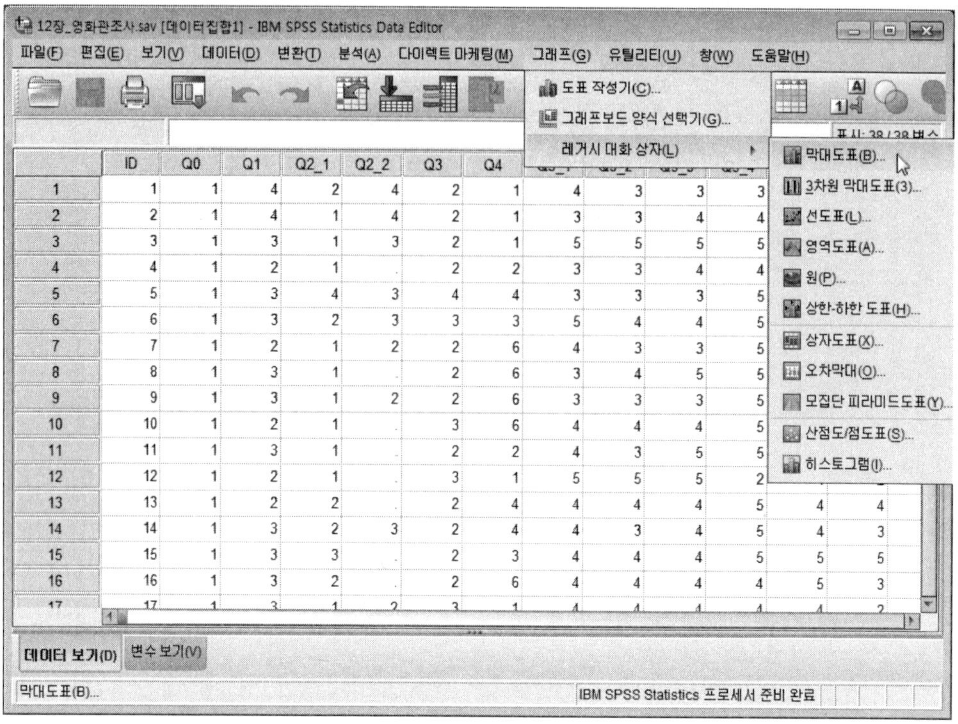

[막대도표] 대화상자에서 <단순> 도표를 선택하여 빈도를 그릴 준비를 한다. <도표에 표시할 데이터>는 빈도수이기 때문에 '◎케이스 집단의 요약값'으로 선택한다.

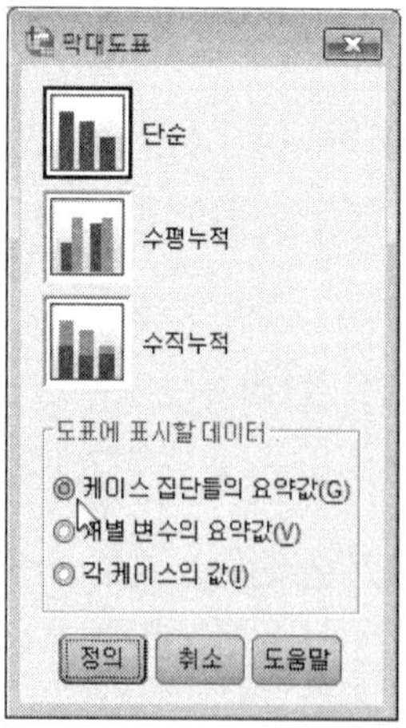

'영화관 이용빈도'를 범주축(X축)으로 하고 '주로 이용하는 영화관'을 행으로 분류하고 '성별'을 열로 분류한다.

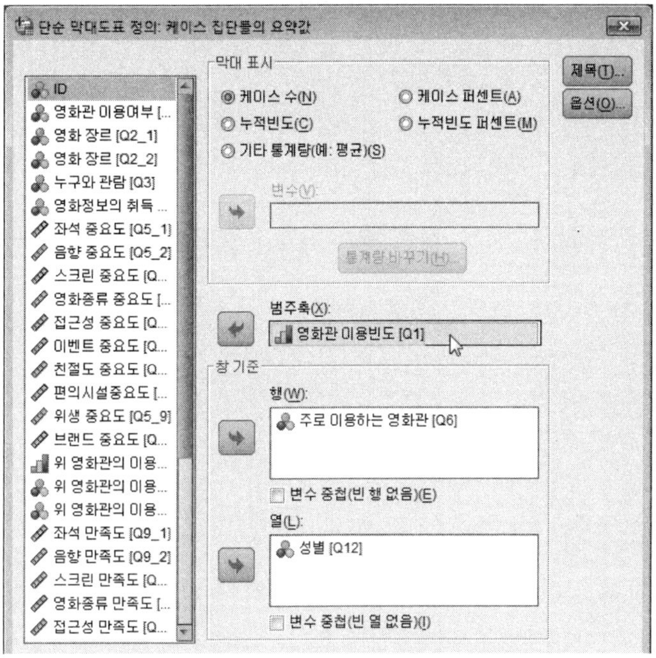

다음 출력결과는 남녀와 영화관을 구분해서 6개의 막대도표로 이루어진다.

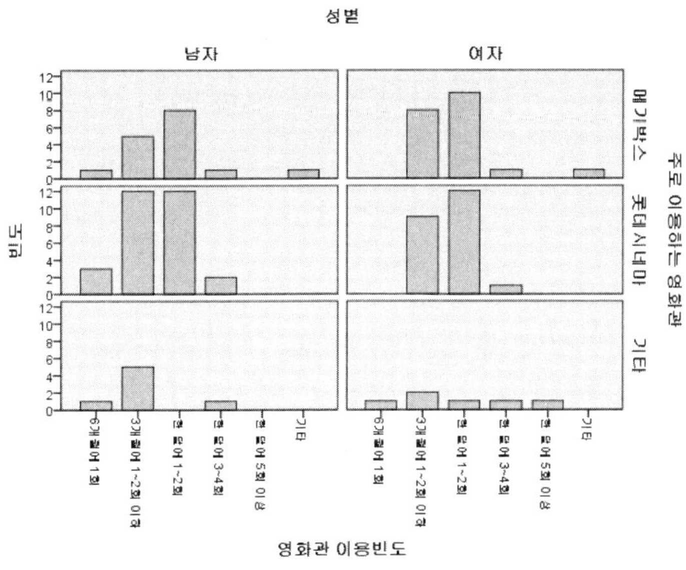

<막대도표>에서 케이스의 각 항목별 빈도수가 아닌 변수들의 평균값을 그리는 절차는 다음과 같다. [막대도표] 대화상자에서 <◎개별 변수의 요약값>을 선택한다. [단순 막대도표 정의] 창에서 <막대표시>에 '중요도' 척도변수를 이동하면 디폴트로 평균을 표시한다. 여기서는 창을 '주로 이용하는 영화관'에 따라 분리하여 표시하도록 <창 기준>의 '행'에 변수를 입력하였다.

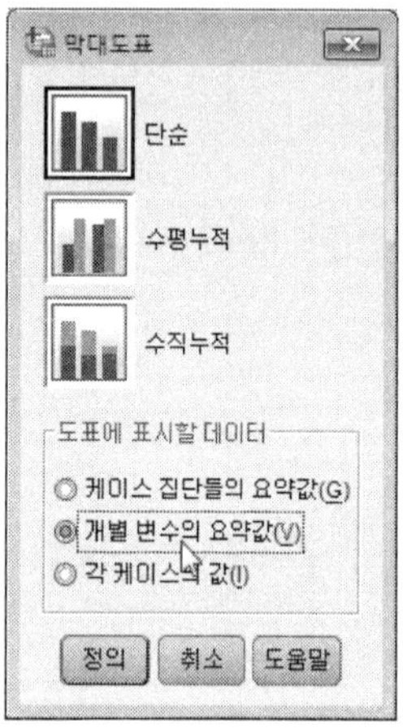

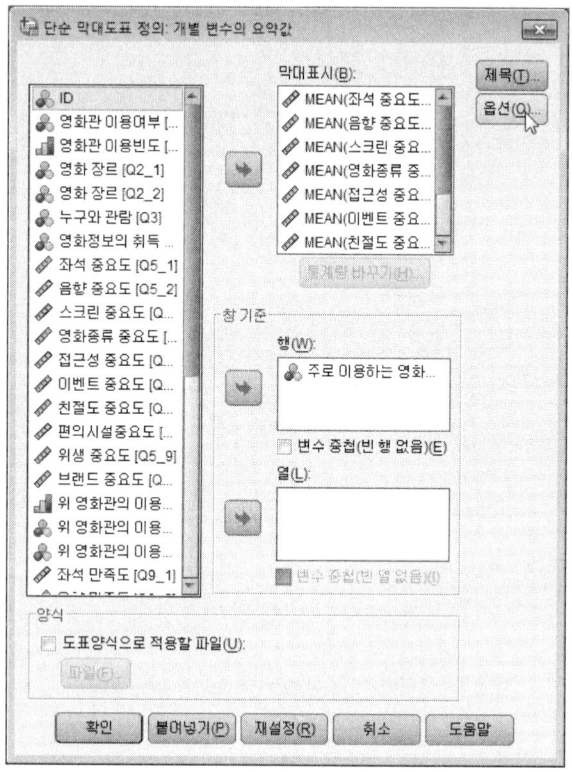

[옵션]에서 <오차 막대 표시>를 선택해 막대그래프에 신뢰구간이 포함된 그림을 그리도록 지정할 수 있다. 다음은 신뢰구간이 표시된 출력결과이다. 그리고 이 그림을 출력결과에서 더블클릭하여 [도표 편집기]에서 <특성>의 <막대옵션>을 통해 막대의 너비와, <데이터 설명 보이기>에서 각 변수의 평균값이 표시되도록 조정한 출력결과가 다음 그림에 표시된다.

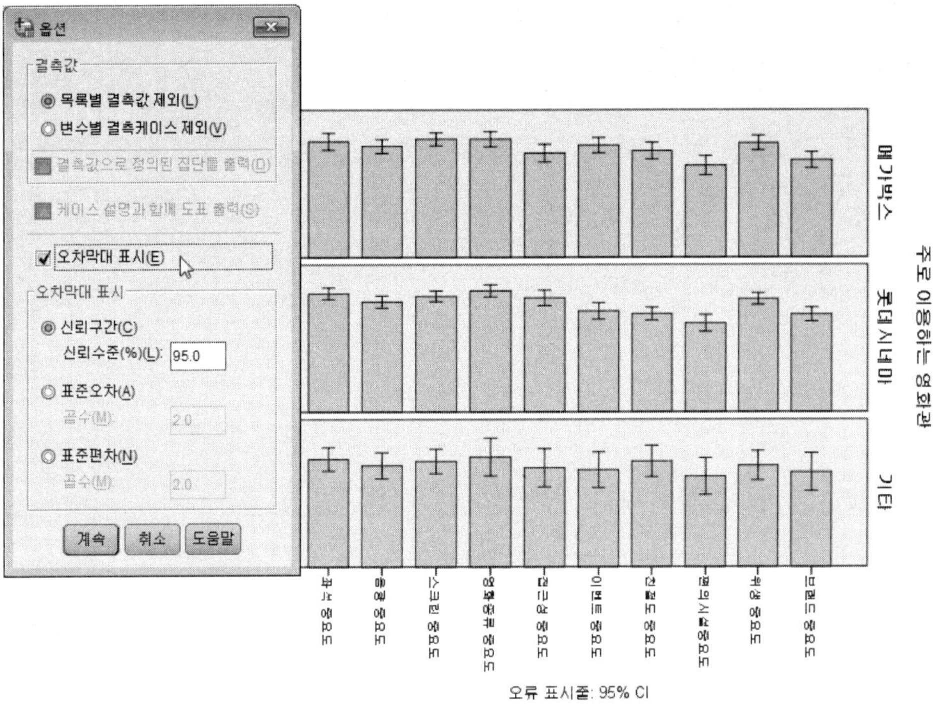
옵션
결측값
목록별 결측값 제외(L)
변수별 결측케이스 제외(V)
결측값으로 정의된 집단들 출력(D)
케이스 설명과 함께 도표 출력(S)
오차막대 표시(E)
오차막대 표시
신뢰구간(C)
신뢰수준(%)(L): 95.0
표준오차(A)
곱수(M): 2.0
표준편차(N)
곱수(M): 2.0
계속
취소
도움말
메가박스
롯데시네마
기타
주로 이용하는 영화관
좌석 중요도
음향 중요도
스크린 중요도
영화종류 중요도
접근성 중요도
이벤트 중요도
청결도 중요도
편의시설중요도
위생 중요도
브랜드 중요도
오류 표시줄: 95% CI

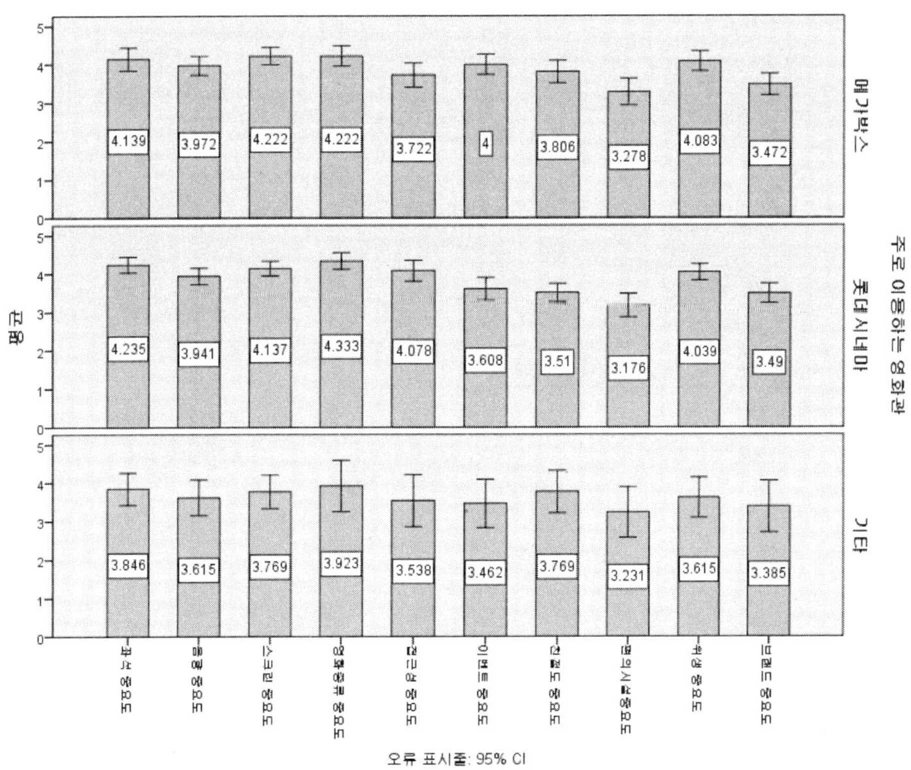
평균
0
1
2
3
4
5
4.139
3.972
4.222
4.222
3.722
4
3.806
3.278
4.083
3.472
4.235
3.941
4.137
4.333
4.078
3.608
3.51
3.176
4.039
3.49
3.846
3.615
3.769
3.923
3.538
3.462
3.769
3.231
3.615
3.385
메가박스
롯데시네마
기타
주로 이용하는 영화관
좌석 중요도
음향 중요도
스크린 중요도
영화종류 중요도
접근성 중요도
이벤트 중요도
청결도 중요도
편의시설중요도
위생 중요도
브랜드 중요도
오류 표시줄: 95% CI

다음은 막대그래프를 <도표작성기>를 이용해 구하는 절차의 예이다. [그래프] 메뉴에서 <도표 작성기>를 선택한다.

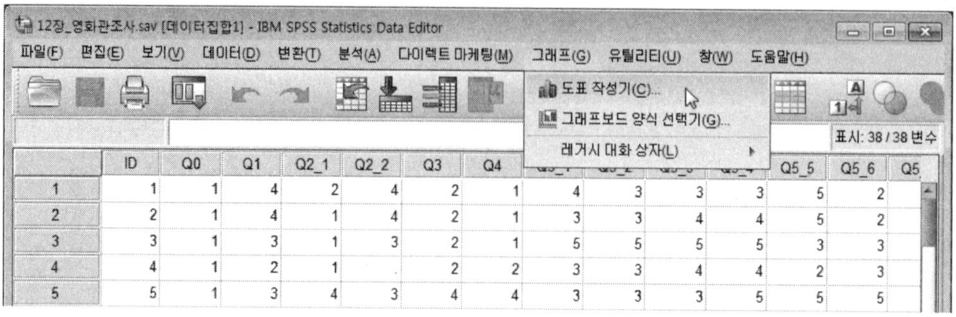

[도표 작성기] 대화상자에서 <다음에서 선택>의 도표 종류를 선택하고 선택한 레이아웃을 드래그하여 <미리보기> 창으로 이동한다. 여기서는 '막대'의 '단순 막대도표'를 선택하였다.

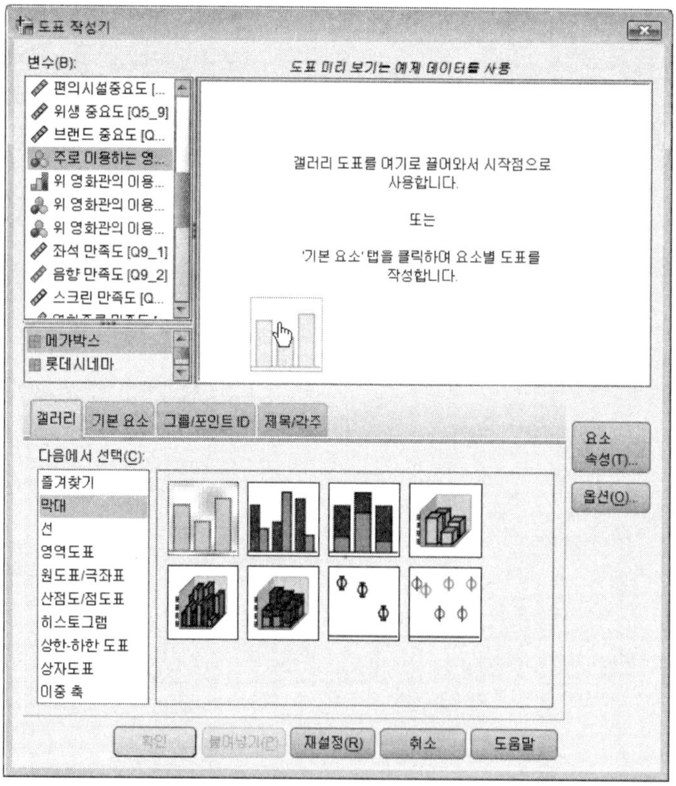

<미리보기> 창에 변수를 끌어다 놓는데 X축에는 '자주 가는 영화관'(Q6)을 Y축에는 척도변수인 '좌석 중요도'(Q5_1)를 끌어 놓는다.

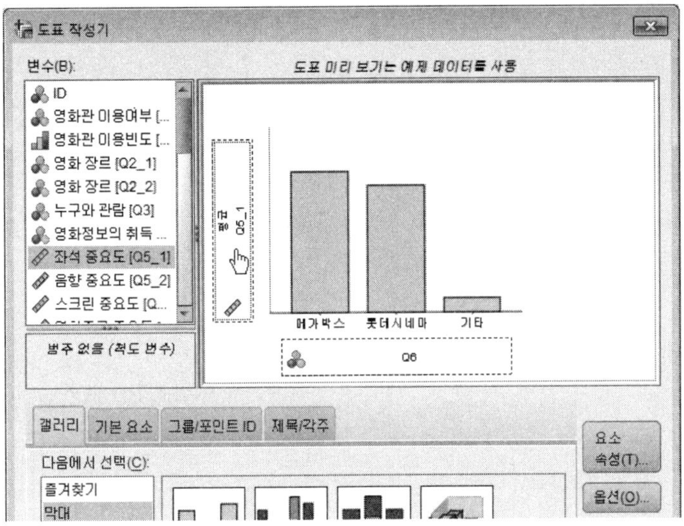

이때 Y축의 값에 '평균'이 표시되지 않을 경우에는 우측의 [요소 속성] 버튼을 누르면 나오는 [요소 특성] 대화상자에서 '막대1'의 <통계량>을 '평균'으로 지정해주면 된다. 여기서는 '□오차막대 표시'에 체크하였다.

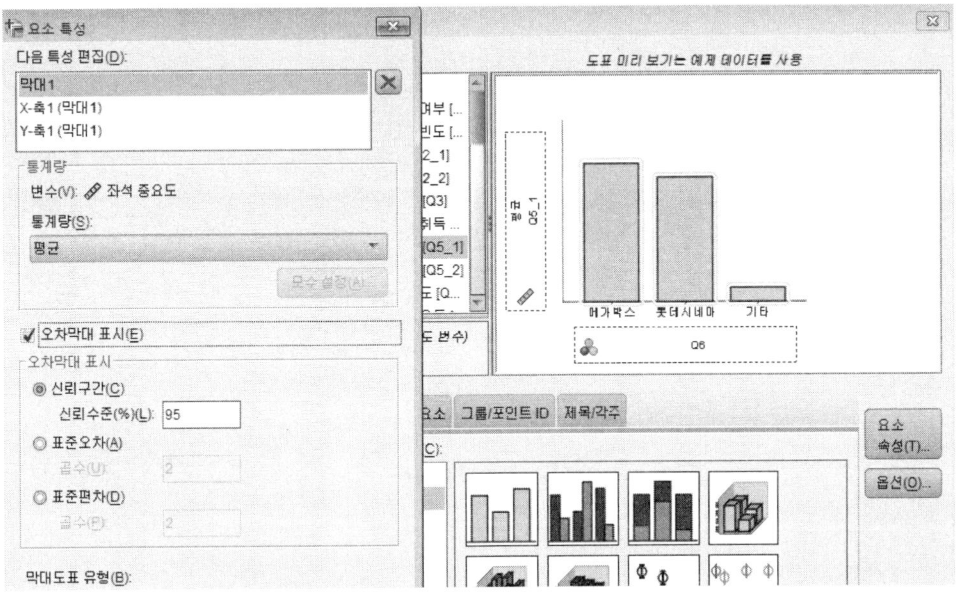

출력결과는 다음과 같다. '이용하는 영화관'에 따라 '좌석 중요도' 평균 차이가 막대그래프로 표시되어 있다.

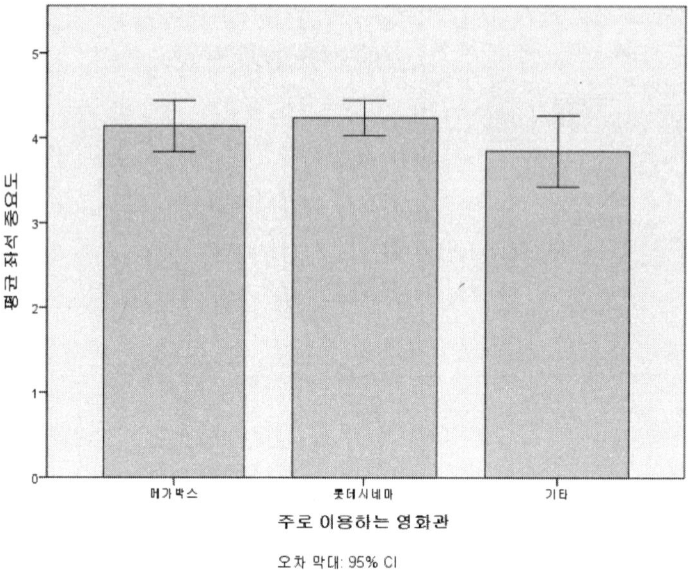

원도표 그리기

[그래프] 메뉴의 <레거시 대화상자>-<원>은 여러 수준에서 분할된 원도표를 그려 자료의 비율을 비교하는데 유용하다.

다음은 앞 예제에서 원도표를 구하는 예이다.

여기서는 '영화관 추천' 비율이 '주로 이용하는 영화관'에 따라, 또 '성별'에 따라 어떤 차이를 보이는지 원으로 표시하고자한다. <레거시 대화상자>-<원>에서 [원도표] 대화상자가 나오면 <◎케이스 집단들의 요약값>을 선택한다. 그리고 [원도표 정의] 대화창에서 <조각표시>는 '◎케이스 퍼센트'로 정하고 <조각 기준변수>, 즉 우리가 비율을 구하고자 하는 변수에는 '추천 의향', 그리고 행의 분리 <창 기준>으로는 '주로 이용하는 영화관', 열의 분리 <창 기준>으로는 '성별'을 배치한다.

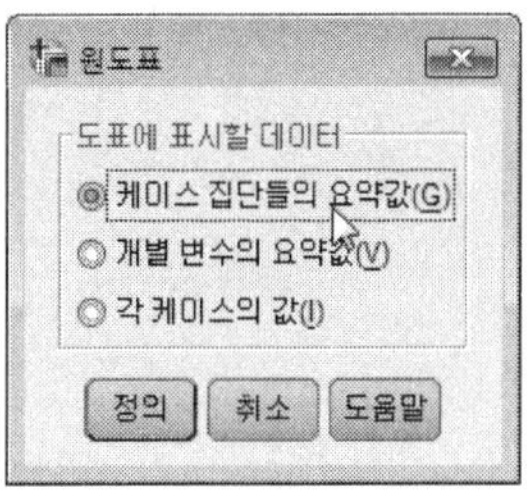

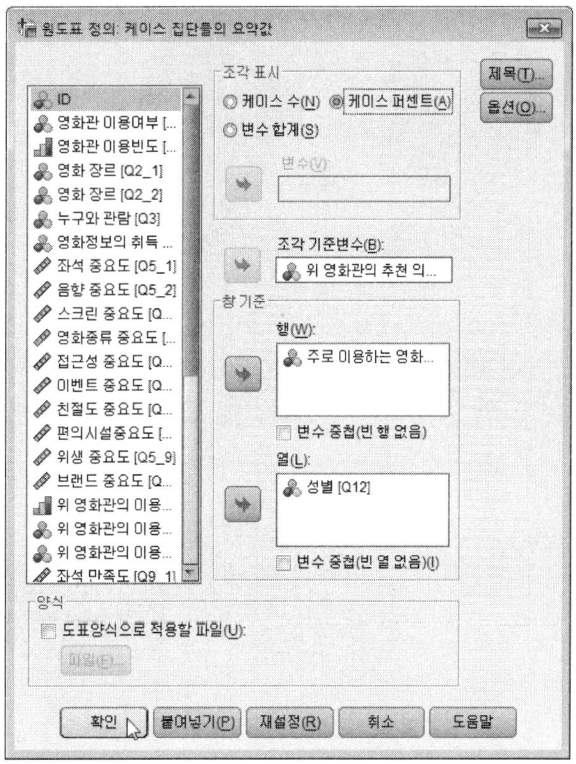

다음 출력결과는 출력그림을 더블클릭하여 활성화한 [도표편집기]에서 <데이터 설명보이기>를 클릭하여 원도표위에 각 비율(퍼센트)을 얻었다. 그리고 [특성] 대화창에서 <채움 및 경계>를 조정하여 설명 텍스트의 배경과 테두리를 변경하여 최종 출력결과를 얻었다.

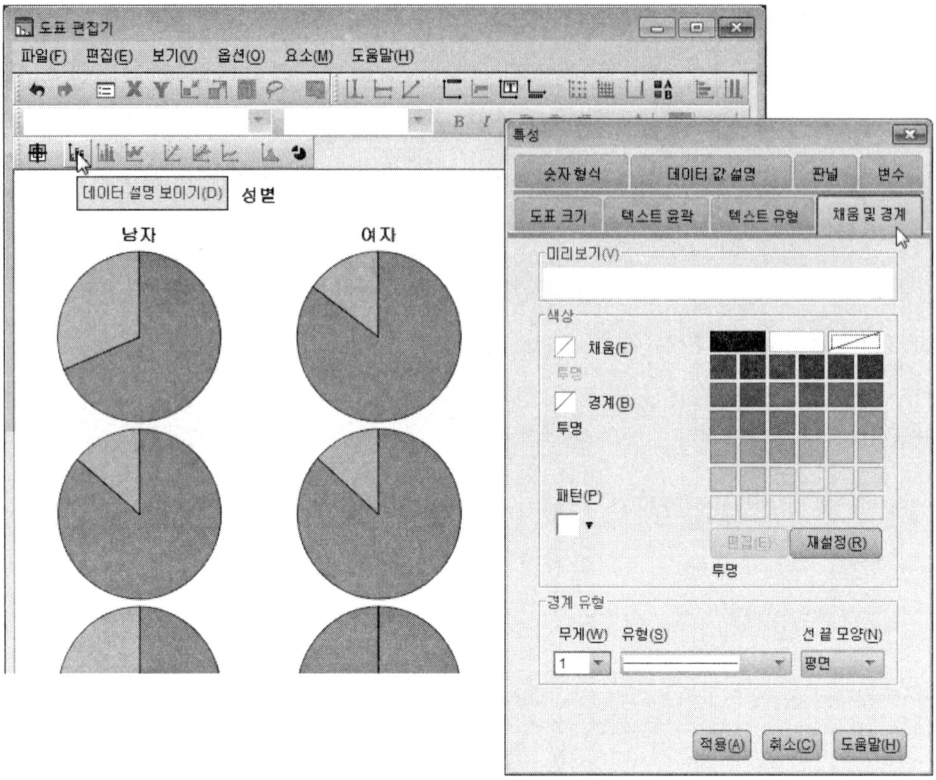

최종 출력결과는 다음과 같다.

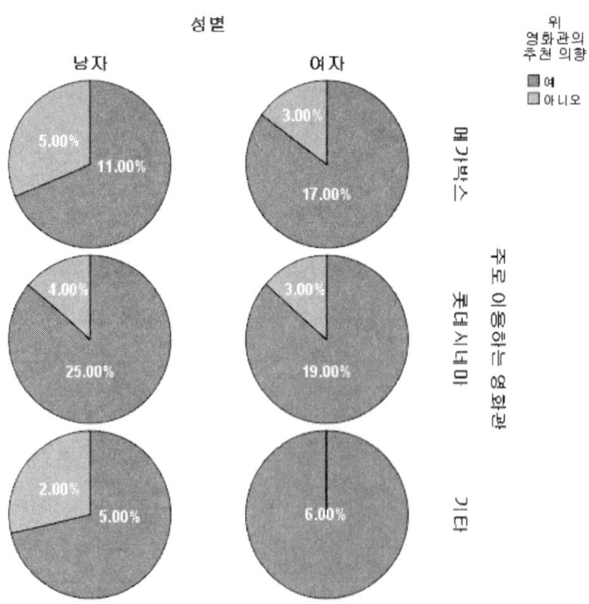

산점도 그리기

산점도(scatter plot)는 2차원 평면이나 3차원 평면에 계량변수 자료들을 좌표로 표시하여 변수간의 관계나 집중도 등을 파악하게 한다.

예를 들어 앞의 예제에서 산점도를 그리기 위해 [그래프] 메뉴에서 <레거시 대화상자>-<산점도/점도표>를 선택한다. 여기서는 여러 개의 변수 조합에 대하여 그리기 위해 <행렬 산점도>를 선택한다. [산점도 행렬] 대화창에서 분석하는 행렬변수로 4개의 척도변수를 선택하였다.

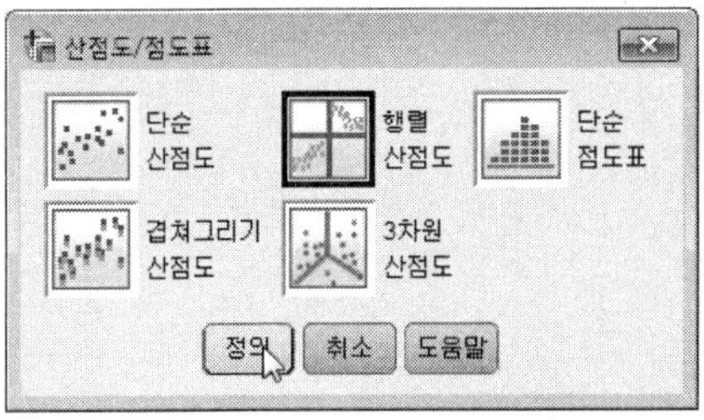

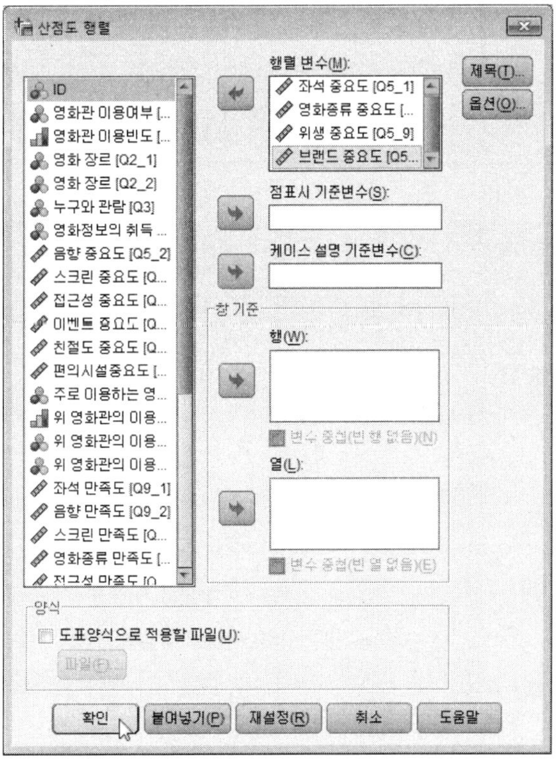

5점 척도이기 때문에 산점도가 매우 단순하게 나오고 겹치는 부분의 빈도수가 표현되지 않기 때문에 출력결과를 다음 [도표 편집기]에서 개선해 주도록 한다. <빈 요소> 메뉴를 이용하면 겹치는 부분에서의 빈도수가 원의 크기 또는 농도 등으로 표시된다. 여기서는 농도로 표현하여 진할수록 겹치는 부분에서의 빈도수가 높은 것을 의미한다.

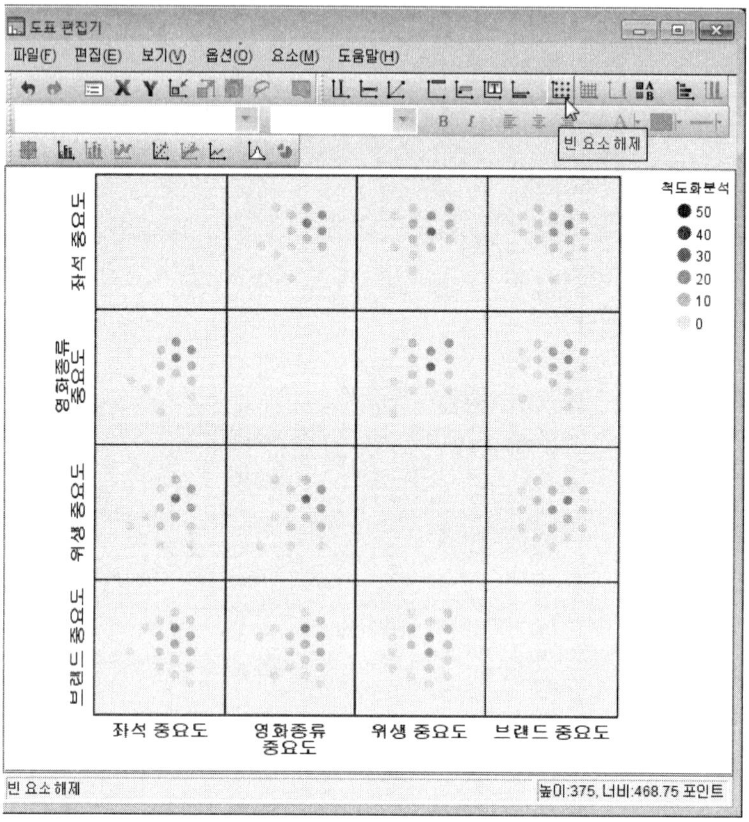

<도표작성기>는 2차원 또는 3차원의 그림 축에 원하는 변수와 통계량을 지정하는 방식으로 도표를 작성한다. 미리 도표의 개략적인 형태를 짐작할 수 있다는 장점이 있고 사용자가 원하는 형태의 그림을 얻기 용이하다. 그러나 <도표작성기>에 익숙하지 않은 초보 사용자는 간단하게 몇 가지만 지정해주면 되는 앞의 <레거시 대화상자>가 더 편리할 수 있다.

다음은 <도표작성기>를 이용하여 산점도를 그리는 예이다. '좌석 중요도'(Q5_1)와 '브랜드 중요도'(Q5_10) 사이에 연관성을 남녀 구분하여 보도록 한다. 먼저 [그래프] 메뉴에서 <도표 작성기>를 선택하면 [도표 작성기] 대화창이 나온다. 여기서 도표종류를 '집단화 산점도'로 선택하여 [미리보기] 창에 끌어 놓고 X축, Y축에 해당 '척도'변수를 끌어놓는다. 남녀 집단 간 비교를 위해 '색상 설정' 칸에는 '성별'(Q12) 변수를 배치한다.

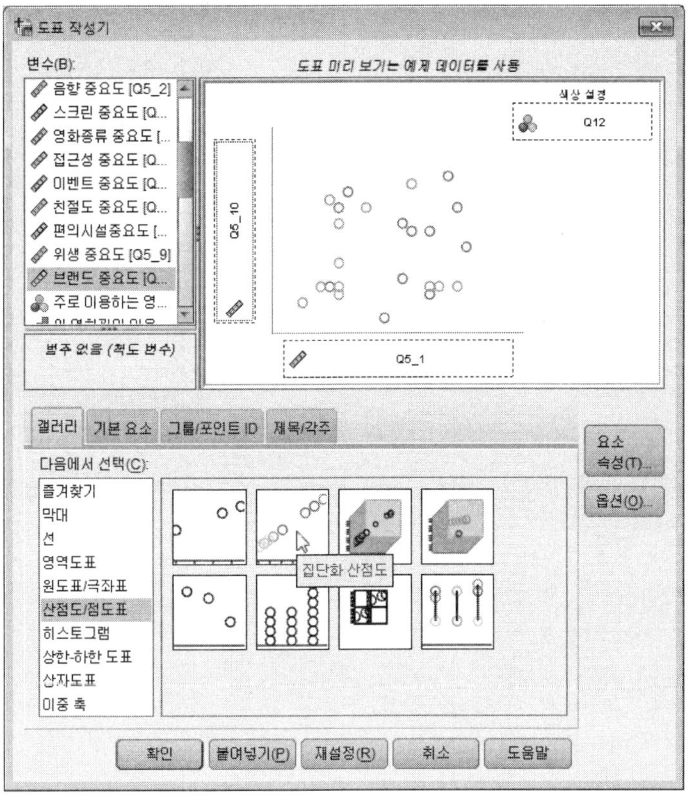

현재 남녀 구분이 파란색과 녹색으로 '색상 구분'되어 있는데 [미리보기] 창의 '성별' 변수를 더블클릭하면 <집단 구분 기준>을 '색상'에서 '패턴'으로 바꿀 수 있다. 다음 그림에서 남녀 간의 구분이 패턴, 즉 ○와 □로 바뀐 것을 볼 수 있고 출력결과에서 그 차이를 확인할 수 있다.

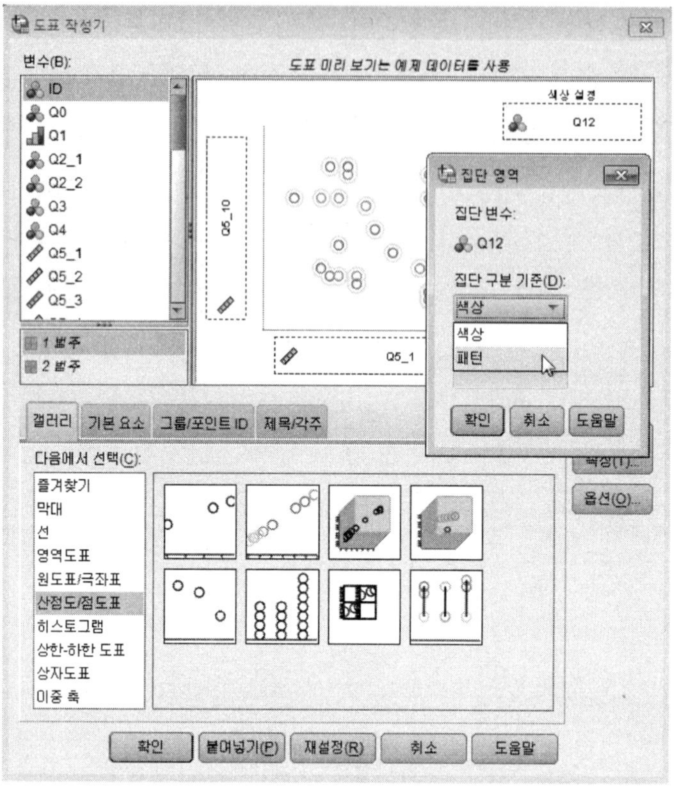
도표 작성기
변수(B):
도표 미리 보기는 예제 데이터를 사용
집단 영역
집단 변수:
Q12
집단 구분 기준(D):
색상
패턴
확인
취소
도움말
갤러리
기본 요소
그룹/포인트 ID
제목/각주
다음에서 선택(C):
즐겨찾기
막대
선
영역도표
원도표/극좌표
산점도/점도표
히스토그램
상한-하한 도표
상자도표
이중 축
옵션(O)...
붙여넣기(P)
재설정(R)

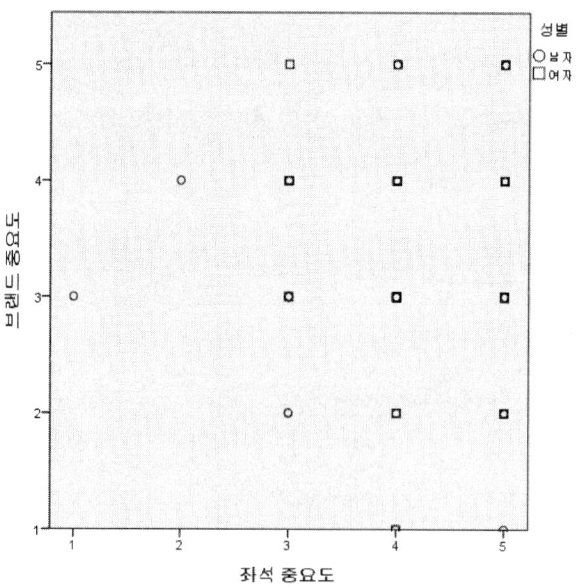
성별
남자
여자
브랜드 중요도
좌석 중요도

선도표 그리기

선도표는 집단별 패턴을 비교하는데 매우 유용한 표현방법이다.

예를 들어 남자 집단에서는 가격이 높아지면 만족도가 낮아지는 경향이 있는데 여자집단은 가격이 높아지면 만족도가 오히려 높아진다고 가정하자. 이때 만족도에는 가격과 성별 간에 교호작용(상호작용, interaction)이 존재한다고 표현한다. 이를 표현한 <그림 12.1>에서 각 그룹에서의 평균값을 이은 직선의 기울기가 서로 다른 것을 확인할 수 있을 것이다.

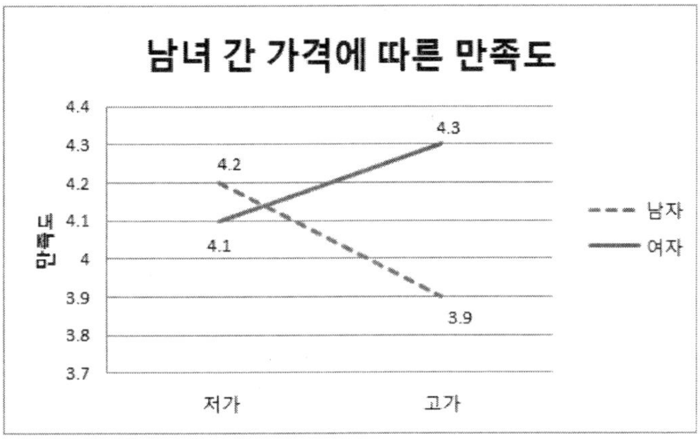

<그림 12.1> 교호작용이 존재할 때 그룹 간 패턴의 차이

다음은 앞 예제에서 '브랜드 중요도'가 '주로 가는 영화관'과 '성별'에 따라 어떤 패턴을 갖는지 보기 위하여 선도표를 그리는 과정이다. 먼저 [그래프] 메뉴에서 <레거시 대화상자>-<선도표>를 선택한다.

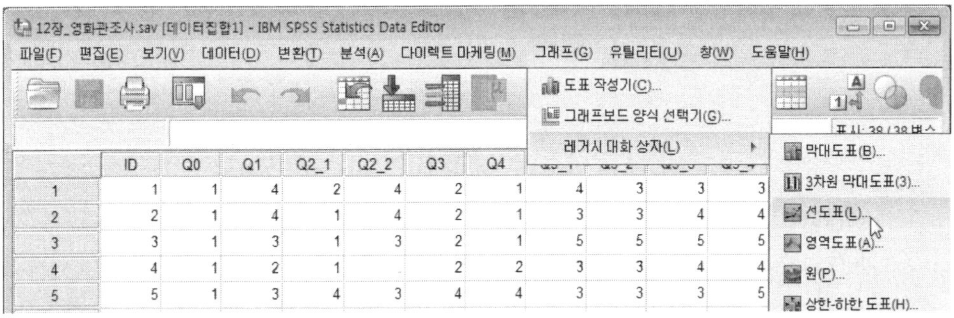

[선도표] 대화창에서 <다중>을 선택하고 [다중 선도표 정의] 대화창에 선도표를 그리고자 하는 변수인 '브랜드 중요도'를 지정한다. <선 표시>에서 <◎기타 통계량(예: 평균)>을 선택해야 변수창이 활성화되고 '척도' 변수를 보낼 수 있다. 통계량은 자동으로 평균으로 설정된다. 선도표 X축 변수로는 '성별' 변수를 선택하고 선은 '주로 이용하는 영화관'에 따라 구별해서 그리므로('주로 이용하는 영화관=1,2,3) 여기서는 3개의 선이 존재하는 도표가 그려짐을 의미한다.

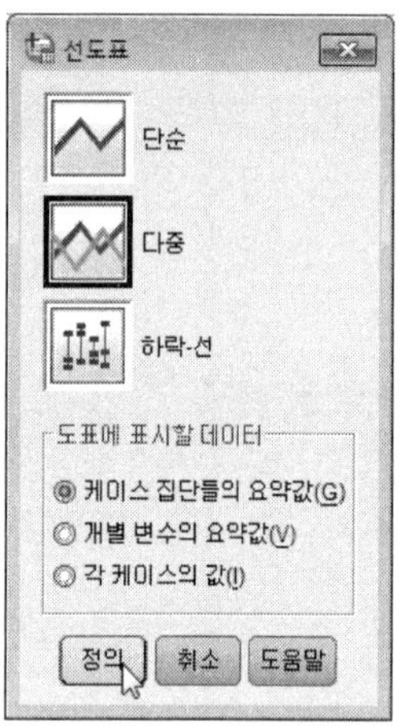

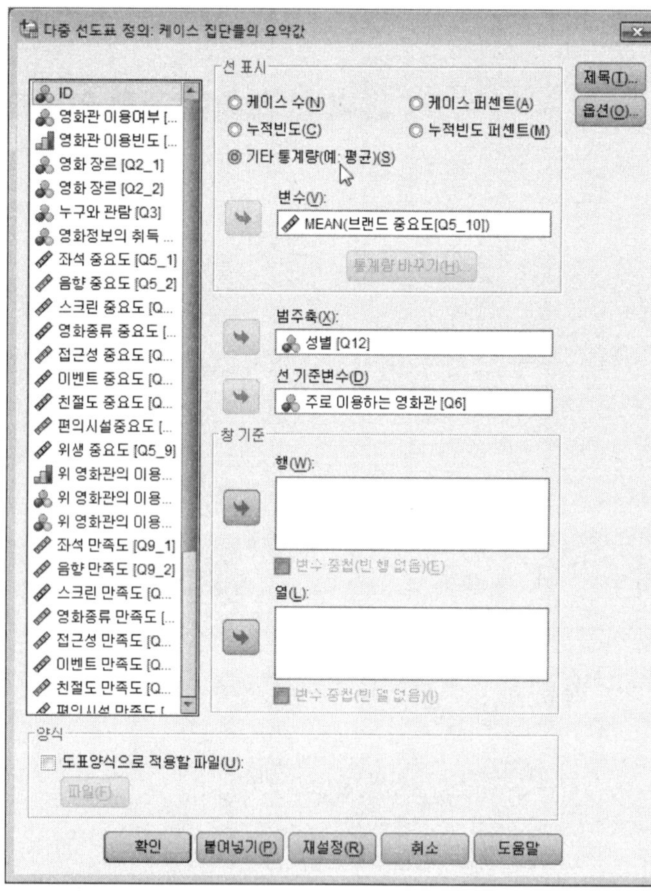

출력결과는 다음과 같이 영화관에 따라 남녀 간 '브랜드 중요도'가 표시된다. 메가박스와 기타 영화관을 이용하는 고객은 '브랜드 중요도'가 남자

에 비해 여자가 낮은 반면에 롯데 시네마를 이용하는 고객에서는 여자의 '브랜드 중요도'가 남자보다 높다는 것을 확인 할 수 있다. '브랜드 중요도'에는 '성별'과 '주로 이용하는 영화관'과의 교호작용이 존재할 수 있음을 시사한다. (정확한 결과를 위해서는 교호작용에 대한 검정이 필요하다)

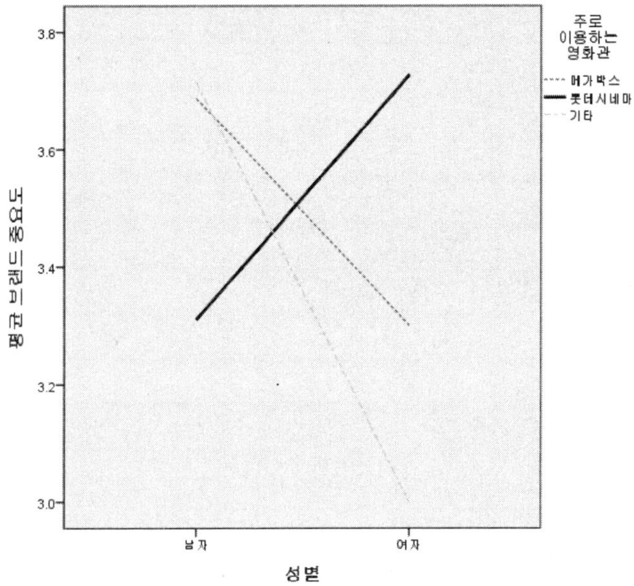

다음은 '좌석 중요도'에 대한 '성별'의 패턴이 '자주 이용하는 영화관'에 따라 다른지를 파악하기 위해 <도표 작성기>로 그림을 그리도록 하겠다.

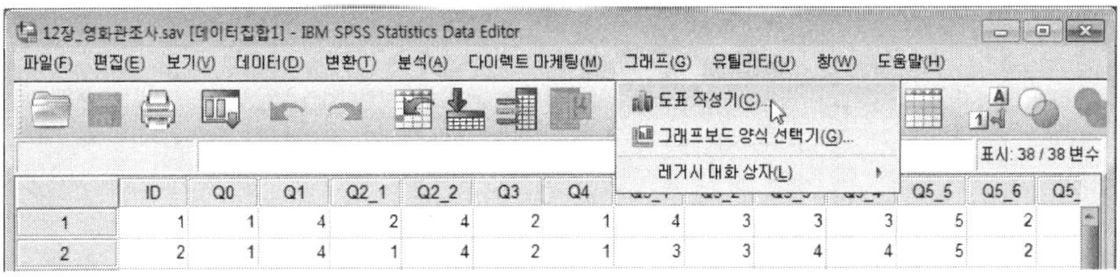

[도표 작성기] 창에서 도표 종류로 <다중 선도표>를 선택하고 이를 [미리보기] 창에 끌어 놓는다. 그리고 Y축에는 '좌석 중요도', X축에는 '성별', 그리고 구분변수(색상설정)에는 '주로 이용하는 영화관' 변수를 지정한다.

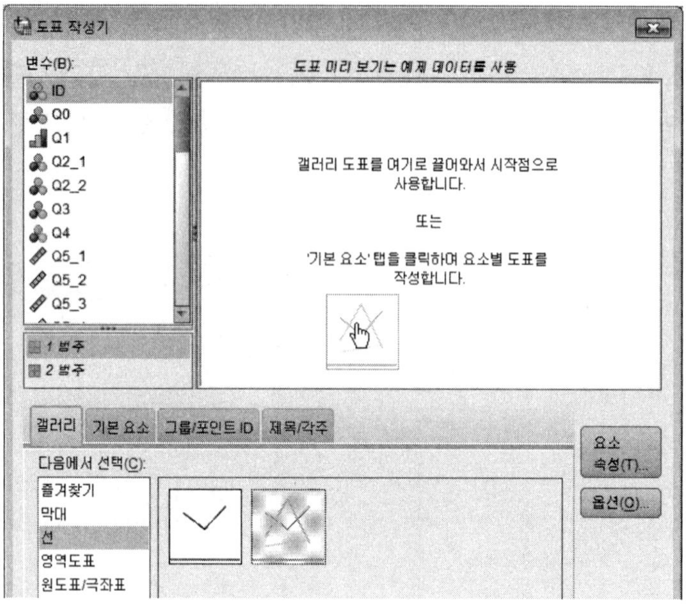

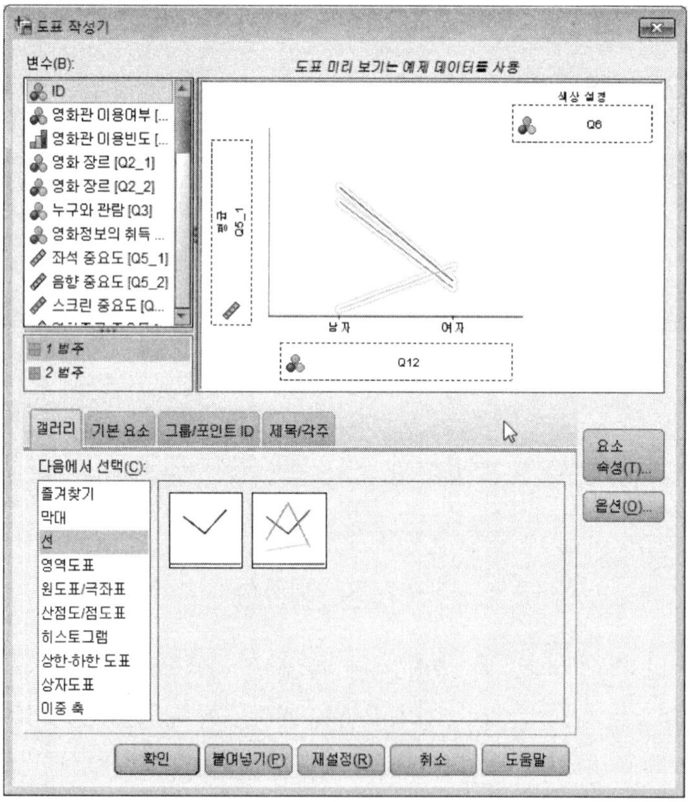

다음은 이에 대한 출력결과이다. 여기서는 '주로 이용하는 영화관'에 따라 남녀 간 '좌석 중요도' 패턴이 크게 다르지 않음을 짐작할 수 있다. 이 경우에는 '좌석 중요도'에 있어 '성별' 과 '주로 이용하는 영화관' 사이에는 교호작용이 존재하지 않는 것으로 판단된다.

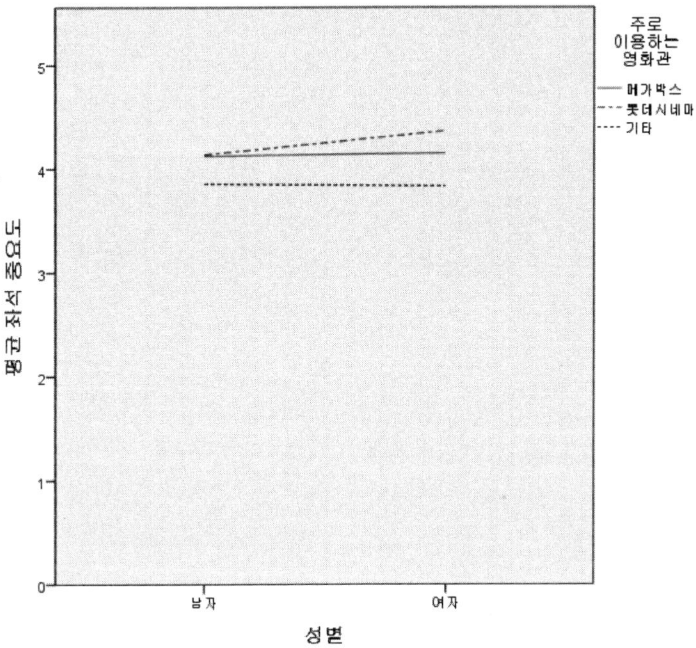

앞의 두 가지 결과를 요약하자면 '좌석 중요도'는 '주로 가는 영화관'에 상관없이 남녀 간 중요도가 유사함을 알 수 있었고, '브랜드 중요도'는 '주로 가는 영화관'이 롯데인 경우에는 남자보다 여자의 중요도가 높았고 기타 영화관인 경우에는 반대로 남자의 중요도가 더 높아서 교호작용(상호작용, interaction)이 존재하는 것으로 판단할 수 있었다.

Part Ⅴ. 변수 간의 관계 분석

13. 평균비교

14. 범주형 자료의 속성비교

15. 상관분석

Part V. 변수 간의 관계 분석을 공부하기 전에

□ 변수 간의 관계를 분석하는 이유

- 예를 들어 만족도 평균을 구하는 것은 하나의 변수의 통계량값을 구하는 것이지만 남녀의 만족도 평균을 비교하는 것은 만족도라는 변수와 남녀라는 변수의 관계를 분석하는 것이다.
- 우리가 구한 자료를 분석할 때 많은 경우 변수 간의 관계에 관심을 갖게 되는데 이때 어떤 분석을 적용해야 하는지는 변수의 척도(scale)에 따라 결정된다는 사실을 알고 있어야 한다.
- 남녀(명목척도) 간에 만족도(계량척도) 비교는 {명목 : 계량}이므로 평균비교를 사용한다.
- 남녀(명목척도) 간에 선호하는 영화관(명목척도)이 다른지를 비교하려면 {명목 : 명목}이므로 교차분석을 사용한다.
- 브랜드중요도(계량척도)가 높은 소비자는 서비스중요도(계량척도)도 높은지를 파악하려면 {계량 : 계량}이므로 상관분석을 사용한다.

□ 평균비교에서 알아야 할 내용

- 집단의 평균에 차이가 있는가를 검정한다.
- 두 집단의 비교는 독립표본 T 검정을 사용한다.
- 두 변수의 평균비교는 대응표본 T 검정을 사용한다.
- 세 집단(이상)의 평균비교는 일원배치 분산분석을 사용한다.
- 세 변수(이상)의 평균비교는 일반선형모형분석을 사용한다.

□ 교차분석에서 알아야 할 내용

- 두 변수가 관계있는가를 (피어슨) 카이제곱 검정해 준다.

□ 상관분석에서 알아야 할 내용

- 두 변수의 관계정도를 상관계수로 구하고 유의성을 검정한다.

□ 변수 간의 관계에 따른 분석 방법

<예> 설문지

scale	문항	내 용
명목	1	귀하의 성별은 무엇입니까? ① 남자 ② 여자
명목	2	귀하가 점심시간에 주로 이용하는 음식점은? ① 구내식당 ② 회사주변식당(도보거리) ③ 회사근거리식당(차량이동) ④ 편의점 ⑤ 기타 ( )
척도 (구간)	3	귀하는 점심시간에 음식점을 선택할 때 '**맛**'에 대하여 어느 정도 중요하게 생각하십니까? ① 전혀 중요하지 않다 ② 중요하지 않다 ③ 보통이다 ④ 중요하다 ⑤ 매우 중요하다
척도 (구간)	4	귀하는 점심시간에 음식점을 선택할 때 '**가격**'에 대하여 어느 정도 중요하게 생각하십니까? ① 전혀 중요하지 않다 ② 중요하지 않다 ③ 보통이다 ④ 중요하다 ⑤ 매우 중요하다

□ 1-2의 분석

- "남녀(명목척도) 간에 이용하는 음식점(명목척도)이 다른지"를 비교하려면 {명목 : 명목}이므로 교차분석을 사용한다.

□ 1-3의 분석

- "남녀(명목척도) 간에 선택시 맛 중요도(계량척도)가 다른지"를 비교하려면 {명목 : 계량}이므로 평균비교를 사용한다.

□ 2-4의 분석

- "이용하는 음식점(명목척도)에 따라 가격 중요도(계량척도)가 다른지"를 비교하려면 {명목 : 계량}이므로 평균비교를 한다.

□ 3-4의 분석

- "맛을 중요하게 생각하는 사람은 가격에 대한 중요도가 덜할까" 분석하려면 {계량 : 계량}이므로 상관분석을 사용한다.
- (예외) "맛보다는 가격을 더 중요하게 생각하는지"를 비교하려면 두 변수의 평균비교이므로 {계량 : 계량}이지만 평균비교를 사용한다.(대응표본 평균비교)

13장. 평균비교

13.1 두 집단의 평균비교

두 집단 평균 비교의 개요

두 집단의 평균이 같은지를 비교하는 분석도 역시 두 변수의 관계 파악의 범주로 볼 수 있다. 두 변수 간의 관계가 {명목척도 : 계량척도} 일 때 가장 기본적인 관계 분석이 평균 비교라 할 수 있다. 1)

예를 들어 남녀별로 어떤 시험성적을 얻었을 때 성적변수와 성별변수가 ({계량척도 : 명목척도}) 연관이 있는가에 관심을 가지면 이는 “성별에 따라 성적이 다른가”를 알고 싶어 하는 것이다. 이를 보기 위해 개별적인 성적이 아닌 그룹 평균을 비교하여 성별에 따른 평가점수의 평균이 다른가를 분석하게 된다. 이렇게 변수 간의 관계가 {명목척도 : 계량척도}인 경우에는 기본적인 분석이 평균비교로 이루어진다. (<그림 13.1> 참고)

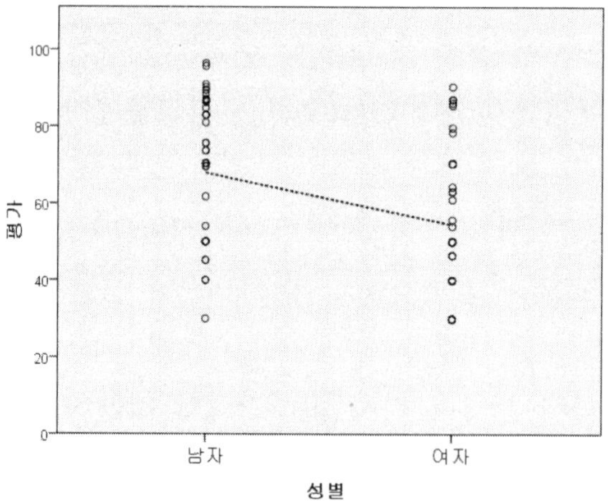

<그림 13.1> 성별(명목)에 따른 성적평가(계량)의 산점도

---

1) 변수 간의 관계가 {명목척도 : 계량척도}일 때 사용할 수 있는 고급 통계기법으로는 판별분석, 로짓회귀모형분석 등이 있다.

T 검정의 개요

T 검정은 평균에 대한 검정을 할 때 사용한다. 하나의 집단의 평균에 대한 검정은 '일표본 T 검정'을, 두 집단의 평균을 비교하기 위해서는 '독립표본 T 검정'을 사용한다.

두 집단의 평균이 다르다면(즉, 모평균이 다르다면) 표본에서 얻은 표본평균들도 서로 차이가 있을 것이다. 또한 모평균이 같더라도 표본평균은 당연히 약간의 차이가 있을 것이다. 이들 표본평균의 차이가 일반적인 분포 범위 (t 분포) 안에 나오는 값인지 아니면 범위를 벗어나는 값이라서 차이가 있다고 판단해도 되는지를 확률적으로 판단(유의확률, p-값)하는 절차를 우리는 T 검정이라 한다.

독립표본 T 검정의 개요

독립적인 두 집단의 평균을 비교하기 위해서는 두 집단의 표본평균이 유의한 차이를 보이는 지를 검정하는 <독립표본 T 검정>을 사용한다.

정규분포를 따르는 [2] 독립적인 두 집단 $N(\mu_1, \sigma_1^2)$, $N(\mu_2, \sigma_2^2)$에서 두 모평균의 동일성(즉, $\mu_1 = \mu_2$)을 검정하는 절차이다. 각각의 집단에서 확률표본을 얻어 이들 표본의 평균차이(즉, $\overline{X} - \overline{Y}$)를 근거로 판단을 하는 것이 두 집단의 평균비교 검정이다. 검정의 가설은 다음과 같다.

$$H_0 : \mu_1 = \mu_2 \quad \text{vs.} \quad H_1 : \mu_1 \neq \mu_2 \text{ (양측검정)}$$

검정방법은 두 표본평균의 차이가 일반적인 스케일에 비해 얼마나 큰 값인가를 판단하는 것이다. 표본평균의 차이의 분포가 정규분포를 따르기 때문에 표본평균의 차이를 스케일로 표준화해 준 값이 어느 정도 커지면 두

2) 모집단이 정규분포임을 가정하지만 최종적으로는 이 값들의 평균값(중심극한 정리에 의해 정규분포에 근사)을 사용하기 때문에 정규성 가정은 중요하지 않아서 리커트 척도에 의한 자료의 평균비교에서도 이 검정을 사용할 수 있다.

평균의 차이가 유의(significant)하다고 판단한다.

$$\left| \frac{\overline{X} - \overline{Y}}{\sqrt{\sigma_1^2/n_1 + \sigma_2^2/n_2}} \right| \geq z_{\alpha/2} \text{ 이면 } H_0 \text{ 기각.} \qquad \text{(독립표본 Z-검정)}$$

표준정규분포(standardized normal distribution)를 따르는 검정통계량을 구한 뒤에 이를 표준정규분포의 백분위수와 비교하기 때문에 이러한 검정을 Z-검정이라 부른다. 모분산 σ_1^2, σ_2^2을 모르더라도 표본수가 많을 때는 위의 검정통계량값이 근사적으로 정규분포에 근사하기 때문에 과거에는 Z-검정을 많이 사용하였으나 컴퓨터 계산 능력의 발달로 근삿값을 굳이 사용할 이유가 없어 요즘은 거의 표본분산 S_1^2, S_2^2을 이용한 다음의 t 검정을 주로 사용한다.

$$\left| \frac{\overline{X} - \overline{Y}}{\sqrt{S_1^2/n_1 + S_2^2/n_2}} \right| \geq t(\alpha/2, \phi) \text{ 이면 } H_0 \text{ 기각.} \qquad \text{(독립표본 T 검정)}$$

위의 검정통계량의 자유도 ϕ의 계산이 복잡하여 [3] 기초통계학 수준에서는 '두 집단의 분산이 같다'라는 가정으로 합동표본분산을 사용해 검정통계량을 단순화 시켰지만 자유도 ϕ의 계산에 대한 부담이 없어진 현재에는 그러한 등분산의 가정은 중요하지 않다.

그러나 그 흔적은 아직도 남아 있는데, SPSS에서도 두 집단의 평균비교 검정을 하면 두 집단의 분산이 같은지를 먼저 검정해준다. (Levene의 등분산 검정) 이 결과에 따라 '등분산 가정' 또는 '이분산 가정' 아래 t 검정을 하게 되어 있는데 실제로는 결과에 상관없이 일반적인 가정인 '이분산 가정' t 검정법을 사용하는 것이 가장 바람직하다.[4]

---

3) Welch-Satterthwaite 공식으로 $\phi = \frac{(s_1^2/n_1 + s_2^2/n_2)}{s_1^4/n_1^2(n_1-1) + s_2^4/n_2^2(n_2-1)}$.

4) '이분산 가정 t 검정'은 등분산 가정이나 심지어는 정규성 가정이 위배될 때도 좋은 검정력을 보여주기 때문에 리커트 척도에 의해 측정된 자료에서 적극 추천된다. (Zumbo, 1993)

【예제 13.1】 다음은 두 입학전형에 입학한 신입생 집단의 외국어 성적 표본자료이다. 두 집단의 평균이 같다고 할 수 있는지 검정하시오.

집단	수시모집	정시모집
외국어성적	720, 630, 880, 620, 780, 950, 965, 785, 870, 900	430, 550, 680, 625, 880, 925, 905, 735, 670, 800

<풀이> 평균을 비교하는 양측검정의 가설은 다음과 같다.

$$H_0 : \mu_1 = \mu_2 \quad \text{vs.} \quad H_1 : \mu_1 \neq \mu_2 \text{ (양측검정)}$$

(평균이 같다) (평균이 다르다)

주어진 자료를 두 개의 변수로(두 열) 입력한다. 한 변수는 입학전형 구분이고 나머지 변수는 외국어 성적이다. ("13장_외국어성적.sav" 자료)

SPSS의 평균비교 분석을 이용하여 분석하기 위해 [분석] 메뉴에서 <평균비교>-<독립표본 T 검정>을 선택한다.

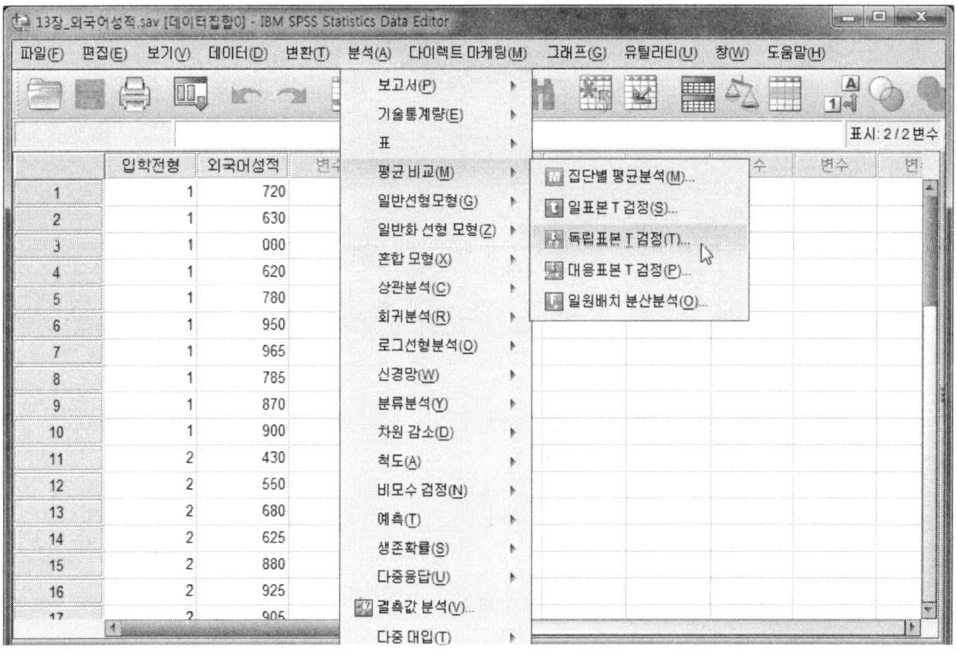

[독립표본 T 검정] 대화상자에서 <검정변수>로 '외국어성적'을, <집단변수>로는 '입학전형' 변수를 선택한다. '입학전형(??)'으로 되어있는 집단변수를 [집단정의]하는 이유는 성별을 입력할 때 '0, 1' 또는 '1, 2' 형태로 입력되어 있을 수도 있고, 변수 측정이 2 가지 값으로 이루어져 있지 않을 수도 있기 때문에 비교하는 그룹의 값을 지정해주려는 것이다.

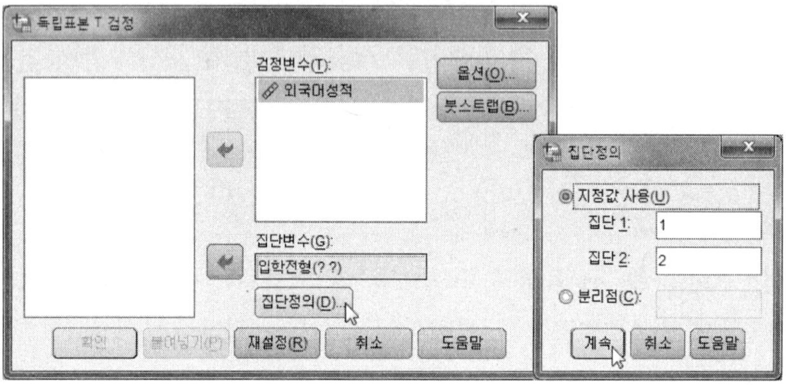

독립표본 검정의 '평균의 동일성에 대한 t-검정'의 출력결과는 등분산이 가정되는 경우와 가정되지 않은 경우 2가지로 나누어 출력이 된다.

집단통계량

	입학전형구분	N	평균	표준편차	평균의 표준오차
외국어성적	수시모집	10	810.00	123.985	39.207
	정시모집	10	720.00	161.452	51.056

독립표본 검정

		Levene의 등분산 검정		평균의 동일성에 대한 t-검정						
									차이의 95% 신뢰구간	
		F	유의확률	t	자유도	유의확률 (양쪽)	평균차	차이의 표준오차	하한	상한
외국어성적	등분산이 가정됨	.606	.447	1.398	18	.179	90.000	64.373	-45.243	225.243
	등분산이 가정되지 않음			1.398	16.876	.180	90.000	64.373	-45.891	225.891

결과표 왼편의 'Levene의 등분산 검정' 결과 유의확률이 0.447이므로 귀무가설을 채택한다. 5) 등분산 검정의 귀무가설은 "두 분산이 같다"이므

5) 유의확률(p-값)은 귀무가설이 사실일 때 이러한 결과(그 이상)가 나올 확률로 이해된다. 이 확률이 작으면 결과는 기정사실이기 때문에 가정, 즉 귀무가설이 사실이라는 가정이 부정되므로 귀무가설을 기각한다.

로 두 독립집단은 등분산이라고 판단하게 된다.[6]

그러므로 동일성에 대한 t-검정의 출력결과 중 '등분산 가정됨' 결과를 사용할 수 있다.[7] 통계량 t 값이 1.398, 자유도가 18 등이어서 유의확률은 0.179가 된다. 그러므로 '평균이 같다'라는 귀무가설이 채택되므로 두 집단의 평균은 같다고 판정한다.

결론: 정리하면 입학전형에 따라 분류한 두 집단의 외국어성적 평균은 동일하다고 판단된다. (∵ 유의확률=0.179>0.05=유의수준) ■

【참고】 '등분산이 가정됨' 보다는 '등분산이 가정되지 않음'의 결과를 사용해야 하는 이유

등분산 검정 후에 그 결과에 따라 '등분산 가정 t-검정', '이분산 가정 t-검정' 들을 사용하는 것은 제 1종의 오류를 제어하지 못하는 약점이 있다는 연구결과가 있다. (Gans, 1992; Moser & Steven, 1992) 왜냐하면 등분산이라는 사실이 우선 맞아야 다음에 시행하는 '등분산 가정 t-검정'이 의미가 있기 때문이다. (즉, 전체검정의 신뢰도=등분산검정 신뢰도×평균동일성검정 신뢰도) 이외에도 이런 검정과정을 추천하지 않는 이유는 다양하기 때문에 (Quinn & Keough, 2002, p. 42) 평균의 동일성 검정에서는 **'등분산이 가정되지 않음'** 결과를 사용하는 것이 합리적이다.

즉, p-값 $<\alpha$ 이면 H_0 기각, p-값 $>\alpha$ 이면 H_0 채택.

6) 귀무가설은 '차이 없다', '변화 없다', '0이다', '같다' 등 기존의 보수적인 주장이다. 그러므로 분산의 차이에 대한 검정을 위한 귀무가설은 '두 분산이 같다'이고 대립가설은 '두 분산이 다르다' 등이다.

7) 등분산 검정 결과에 상관없이 무조건 '등분산이 가정되지 않음'의 일반적인 결과를 사용해도 무방하다. 이 예제에서는 등분산이 가정되므로 두 결과가 유사하다. 통계량값은 1.398로 동일하고 자유도만 18과 16.876로 달라 유의확률이 약간 다르게 출력될 뿐이다. 이렇게 '등분산이 가정되지 않음'에서는 등분산인 경우도 포함해 더 일반적인 출력결과를 보여주기 때문에 이 결과를 사용하는 것이 합리적이다.

【예제 13.2】 "13장_영화관만족도.sav"에서 '주로 이용하는 영화관'이 메가박스, 롯데시네마인 경우 두 집단의 (전반적) 만족도 평균이 동일한가를 검정하시오. (유의수준=5%)

<풀이>

두 집단의 평균비교는 다음 자료에서 '주로 이용하는 영화관'(Q6) 변수와 '전반적 만족도'(Q9_11) 변수의 관계를 보는 것이다.

앞에서와 같이 [분석] 메뉴의 <평균비교>-<독립표본 T 검정>을 선택한다. [독립표본 T 검정] 대화상자에서 <검정변수>로는 '전반적 만족도'를 선택하고 집단변수에는 '주로 이용하는 영화관'을 위치한다. '주로 이용하는 영화관'은 '값'이 '1', '2', '3' 등이지만 '3'은 '기타 영화관'이고 '1=메가박스', '2=롯데시네마' 등의 두 집단만 비교할 것이므로 [집단정의]를 통해 '1', '2'만 지정 Q6(1,2)를 <집단변수>로 한다.

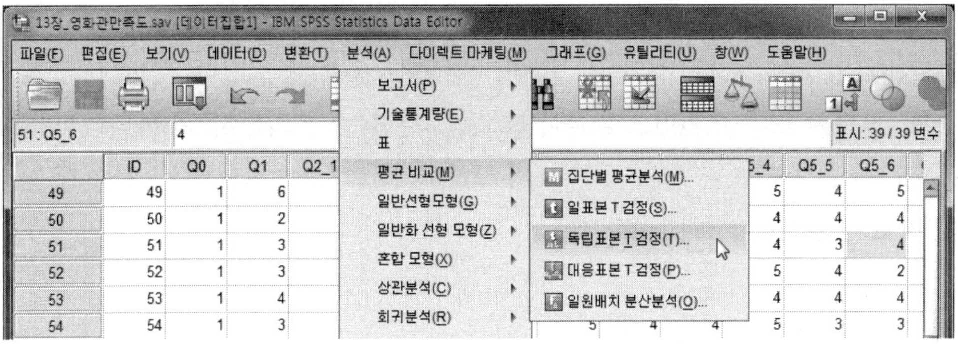

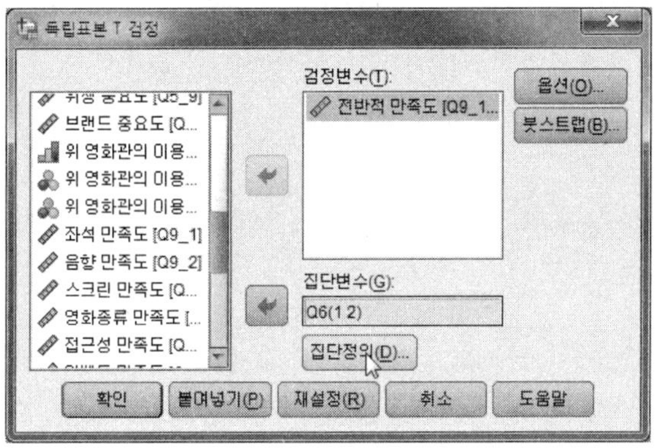

독립표본 T 검정에 대한 출력결과는 다음과 같다.

집단통계량

	주로 이용하는 영화관	N	평균	표준편차	평균의 표준오차
전반적 만족도	메가박스	36	3.81	.624	.104
	롯데시네마	49	4.00	.645	.092

독립표본 검정

		Levene의 등분산 검정		평균의 동일성에 대한 t-검정						
									차이의 95% 신뢰구간	
		F	유의확률	t	자유도	유의확률 (양쪽)	평균차	차이의 표준오차	하한	상한
전반적 만족도	등분산이 가정됨	.242	.624	-1.391	83	.168	-.194	.140	-.472	.084
	등분산이 가정되지 않음			-1.399	76.959	.166	-.194	.139	-.471	.082

집단통계량 표에 의하면 메가박스 이용자의 만족도는 3.81로 롯데시네마 이용자 만족도 4.00보다 낮은 편이다. 그러나 이러한 결과만을 가지고 “롯데시네마 만족도가 메가박스 만족도보다 높다”라고 단정 지을 수는 없다. 두 집단의 평균 차이인 0.19가 통계적으로 유의한(significant) 차이인가

를 검정해서 그 유의성이 확인되어야 "두 평균 간에 차이가 있다"라고 표현할 수 있다. 그런데 결과 아래표의 '평균의 동일성 검정에 대한 t-검정' 결과 유의확률이 0.166으로 두 평균의 차이는 유의하지 못하다(유의확률>0.05). 그러므로 "두 극장 이용객들의 전반적 만족도에는 차이가 없다"라고 결론을 내린다. ■

【참고】 출력결과의 엑셀에 붙여넣기

다음 그림은 SPSS 출력표를 카피해 엑셀에 옮겨 붙여놓은 다음 발표자료에 포함시킬 도표를 얻은 결과이다. 이렇게 일반적으로 SPSS 출력결과는 엑셀에 옮겨 원하는 형식의 그림이나 표로 재편집해준다.

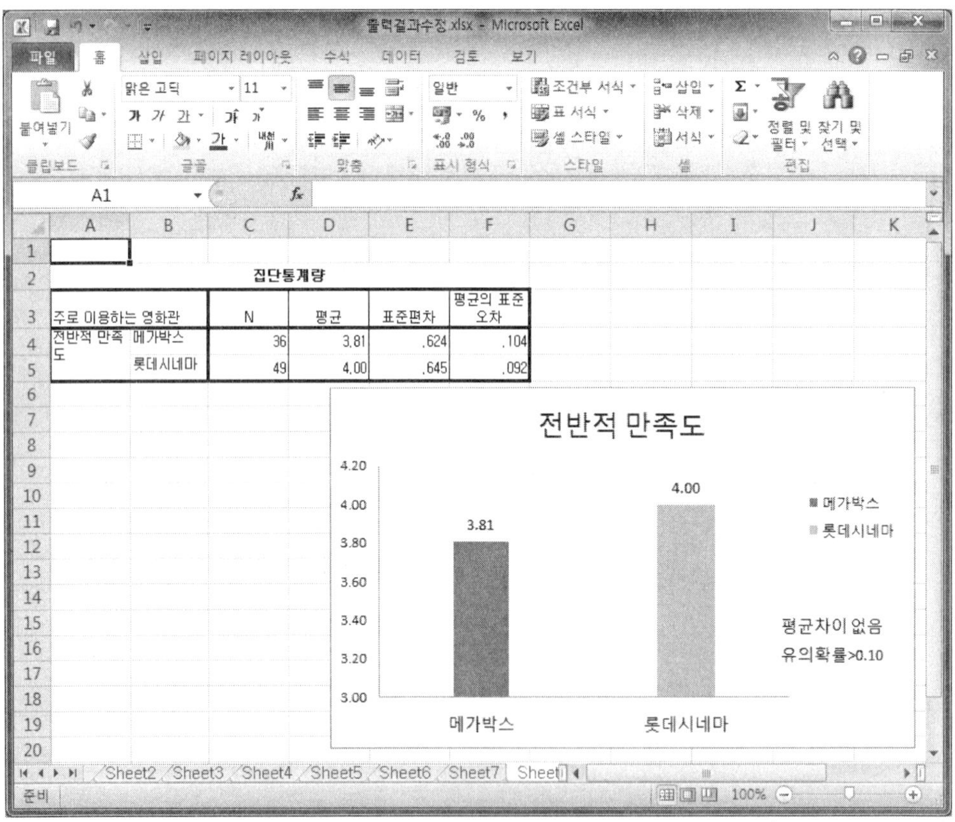

<그림 13.2> 엑셀에 의해 출력결과를 도표로 표시함

> **【예제 13.3】** "13장_영화관만족도.sav"에서 남녀 간에 영화관 선택시 중요하게 생각하는 속성 중 통계적으로 유의한 차이가 존재하는 속성을 찾으시오. (유의수준=5%)

<풀이>

"13장_영화관만족도.sav"에서 중요도 속성은 '좌석 중요도'에서 '브랜드 중요도'까지 모두 10개의(Q5_1~Q5_10) 속성에 대하여 측정하였다.

이러한 속성들의 남녀 평균을 비교하기 위해 <독립표본 T 검정>을 실행한다. <검정변수>는 중요도 변수를 모두 선택하고 <집단변수>를 남녀로 지정한다.

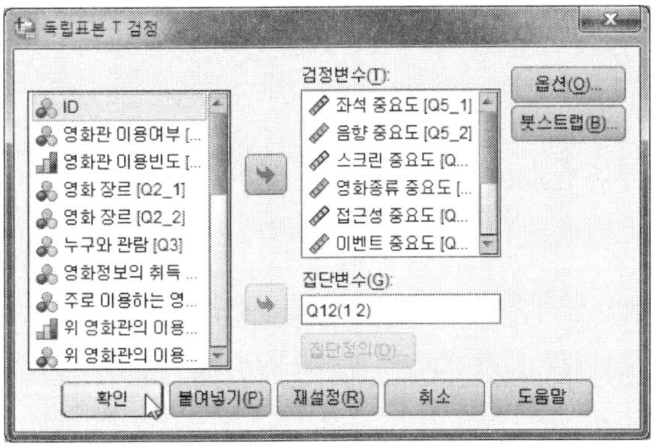

집단통계량

	성별	N	평균	표준편차	평균의 표준오차
좌석 중요도	남자	52	4.10	.869	.121
	여자	48	4.21	.713	.103
음향 중요도	남자	52	4.00	.792	.110
	여자	48	3.81	.704	.102
스크린 중요도	남자	52	4.06	.752	.104
	여자	48	4.19	.641	.093
영화종류 중요도	남자	52	4.13	.950	.132
	여자	48	4.35	.668	.096
접근성 중요도	남자	52	4.19	.793	.110
	여자	48	3.63	.981	.142
이벤트 중요도	남자	52	3.58	1.016	.141
	여자	48	4.04	.824	.119
친절도 중요도	남자	52	3.69	.919	.127
	여자	48	3.60	.818	.118
편의시설중요도	남자	52	3.35	1.046	.145
	여자	48	3.08	1.048	.151
위생 중요도	남자	52	3.90	.869	.121
	여자	48	4.10	.660	.095
브랜드 중요도	남자	52	3.48	.960	.133
	여자	48	3.46	.849	.123

독립표본 검정

		Levene의 등분산 검정		평균의 동일성에 대한 t-검정						
									차이의 95% 신뢰구간	
		F	유의확률	t	자유도	유의확률 (양쪽)	평균차	차이의 표준오차	하한	상한
좌석 중요도	등분산이 가정됨	.100	.753	-.702	98	.484	-.112	.160	-.429	.205
	등분산이 가정되지 않음			-.708	96.712	.481	-.112	.159	-.427	.202
음향 중요도	등분산이 가정됨	.000	.988	1.247	98	.215	.188	.150	-.111	.486
	등분산이 가정되지 않음			1.253	97.869	.213	.188	.150	-.110	.485
스크린 중요도	등분산이 가정됨	.695	.406	-.925	98	.357	-.130	.140	-.408	.149
	등분산이 가정되지 않음			-.931	97.406	.354	-.130	.139	-.406	.147
영화종류 중요도	등분산이 가정됨	2.154	.145	-1.326	98	.188	-.220	.166	-.548	.109
	등분산이 가정되지 않음			-1.344	91.707	.182	-.220	.163	-.544	.105
접근성 중요도	등분산이 가정됨	3.190	.077	3.191	98	.002	.567	.178	.214	.920
	등분산이 가정되지 않음			3.164	90.461	.002	.567	.179	.211	.924
이벤트 중요도	등분산이 가정됨	6.501	.012	-2.499	98	.014	-.465	.186	-.834	-.096
	등분산이 가정되지 않음			-2.520	96.433	.013	-.465	.184	-.831	-.099
친절도 중요도	등분산이 가정됨	.437	.510	.505	98	.615	.088	.175	-.258	.435
	등분산이 가정되지 않음			.507	97.880	.613	.088	.174	-.257	.433
편의시설중요도	등분산이 가정됨	.005	.941	1.254	98	.213	.263	.210	-.153	.679
	등분산이 가정되지 않음			1.254	97.321	.213	.263	.210	-.153	.679
위생 중요도	등분산이 가정됨	3.504	.064	-1.290	98	.200	-.200	.155	-.509	.108
	등분산이 가정되지 않음			-1.304	94.581	.195	-.200	.154	-.505	.105
브랜드 중요도	등분산이 가정됨	.697	.406	.123	98	.902	.022	.182	-.338	.383
	등분산이 가정되지 않음			.124	97.835	.902	.022	.181	-.337	.382

출력결과 표에서 유의한 차이를 보이는 것은 접근성 중요도(유의확률=0.002), 이벤트 중요도(유의확률=0.013) 둘뿐이다. 남자들은(4.19) 영화관의 접근성을 여자보다(3.63) 더 중요하게 생각하는 데 반하여 이벤트 중요도에 있어서는 여자가(4.04) 남자보다(3.58) 더 중요하게 생각하고 있었다. 그리고 나머지 속성에서는 남녀 간 유의한 차이가 발견되지 못하였다. ■

13.2 두 변수의 평균비교 (대응표본 평균비교)

두 변수 평균 비교의 개요
흔히 대응된 두 집단의 평균 비교라고 표현되며 두 평균을 비교하지만 독립된 집단의 평균을 비교하는 것이 아니고 같은 개체 내에서 수집된 두 변수의 평균을 비교하는 형태이다.

대응표본(paired sample)이란 한 개체에서 반복하여 한 속성에 두 개의 관측값을 측정한 형태이다. 예를 들어 소비자에게 광고를 보기 전 태도(태도1)와 광고를 본 후에 태도(태도2)를 측정한 자료, 고혈압 환자에게 어떤 치료를 처치하기 전에 측정한 혈압(혈압1)과 처치 후에 측정한 혈압(혈압2) 등의 자료이다.

앞선 예에서 광고를 본 후 소비자의 태도 변화를 분석하기 위해 모든 응답자에게 광고를 보기 전과 후, 각각 측정을 실시하였다. 그런데 만약 응답자를 두 개의 그룹으로 나누어 한 그룹에는 광고를 보여주지 않고 소비자의 태도를 측정하고 나머지 그룹에서는 광고를 보여주고 소비자의 태도를 측정하였다면 이것은 독립표본의 형태가 될 것이다.

마찬가지로 혈압의 예에서도 흡연의 혈압상승 효과를 측정하기 위해 모든 대상에게 흡연 전과 후에 각각 혈압을 측정했다면 대응표본이지만 전체 대상을 흡연그룹과 비흡연그룹으로 나누어 각기 혈압을 측정했다면 이는 독립표본이다. 대응표본이나 독립표본의 실험실게는 실힘자의 의도외 자료의 수집 형태에 따라 결정되기 때문에 분석에 주의를 기울여야 한다. 만약 <표 13.1>과 같은 설문형태로 두 집단의 만족도를 비교했다면 [1]은 독립표본, [2]는 대응표본 평균비교가 된다.

즉, [1]번 설문의 경우 응답자가 사용하는 제품에 따라 두 그룹으로 나누고 만족도를 응답하였기 때문에 이는 독립된 각 사용자 그룹의 만족도 비교가 가능할 것이다. [2]의 경우 응답자가 두 제품의 사용경험이 있다는 가정 하에서 두 제품의 만족도를 조사하였기 때문에 응답자들이 어떤 제품에 더 만족하는지 분석이 가능할 것이다. 분석내용은 유사하게 된다.

[1]	1. 귀하는 어떤 스마트폰을 사용하십니까? ① 삼성 갤럭시 ② 애플 아이폰 2. 앞에 선택한 스마트폰의 전반적인 만족도는 어느 정도입니까? ① 매우 불만족 ② 불만족 ③ 보통 ④ 만족 ⑤ 매우 만족
[2]	1. 삼성 갤럭시 폰의 전반적인 만족도는 어느 정도입니까? ① 매우 불만족 ② 불만족 ③ 보통 ④ 만족 ⑤ 매우 만족 2. 애플 아이폰의 전반적인 만족도는 어느 정도입니까? ① 매우 불만족 ② 불만족 ③ 보통 ④ 만족 ⑤ 매우 만족

<표 13.1> 1.독립표본과 2.대응표본의 자료수집 설문 예

<대응표본 T 검정>의 개요

대응된 두 집단의 평균을 비교하기 위해서 SPSS에서는 [분석] 메뉴의 <평균비교>-<대응표본 T 검정>을 사용한다.

이러한 검정의 아이디어는 서로 종속인 두 값을 독립적인 형태로 만들어 주기 위해서는 두 값의 차이(difference)를 구하여 검정통계량을 구축하는 것이다. 이 경우에 두 개의 자료값이 하나(차이값)가 되어서 '이 차이값이 0인가'를 검정하는 <일표본 T 검정>과 같은 형태가 된다.

측정1	측정2
x_1	y_1
$\vdots$	$\vdots$
x_j	y_j
$\vdots$	$\vdots$
x_n	y_n
$\overline{x}$	$\overline{y}$

질문: 측정1의 평균과 측정2의 평균이 같은가

⇨

Difference
D_1
$\vdots$
D_j
$\vdots$
D_n
$\overline{D}$

질문: 차이의 평균이 0인가

<표 13.2> 대응표본 자료의 검정 아이디어

【예제 13.4】 "13장_영화관만족도.sav"에서 응답자들이 영화관 선택 시 '음향'보다는 '스크린'을 더 중요하게 생각하는지를 검정하시오. (유의수준=5%)

<풀이> 예제 자료에서 한 개체에게 '음향 중요도'(Q5_2)와 '스크린 중요도'(Q5_3)를 모두 조사하였기 때문에 이 둘을 비교하는 것은 대응표본 평균비교가 된다. 그러므로 [분석] 메뉴에서 <평균비교>-<대응표본 T 검정>을 선택한다.

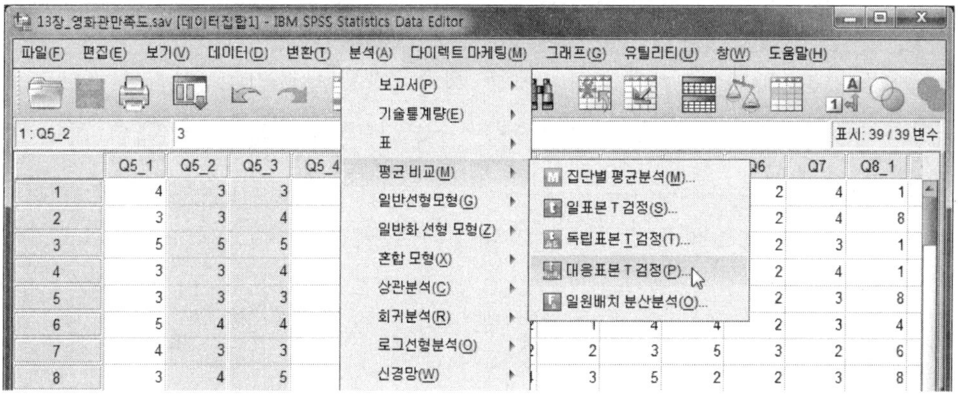

[대응표본 T 검정] 대화상자에서 <대응 변수>로 Q5_2, Q5_3을 차례로 보낸다. 별다른 조정 없이 [확인]으로 출력결과를 얻는다.

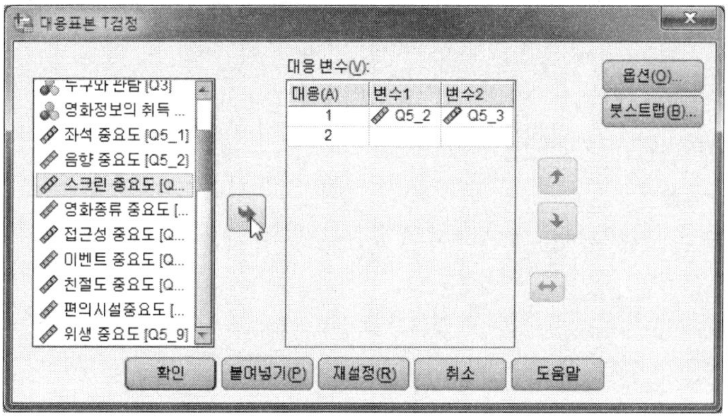

대응표본 통계량

		평균	N	표준편차	평균의 표준오차
대응 1	음향 중요도	3.91	100	.753	.075
	스크린 중요도	4.12	100	.700	.070

대응표본 상관계수

		N	상관계수	유의확률
대응 1	음향 중요도 & 스크린 중요도	100	.614	.000

대응표본 검정

		대응차					t	자유도	유의확률 (양쪽)
		평균	표준편차	평균의 표준오차	차이의 95% 신뢰구간				
					하한	상한			
대응 1	음향 중요도 - 스크린 중요도	-.210	.640	.064	-.337	-.083	-3.280	99	.001

출력결과를 보면 응답자들의 '음향 중요도'는 3.91인데 반하여 '스크린 중요도'는 4.12이다. 두 평균의 차이는 −0.210정도인데 이에 대한 유의성 검정 결과 t 값은 -3.280으로 이에 따른 유의확률이 0.001로 매우 작은 값이기 때문에 통계적으로 유의한 차이로 판정한다. 즉, 유의확률이 유의수준인 0.05보다 작기 때문에 귀무가설, 즉 "두 평균은 같다"가 기각되어 "두 평균 간에는 차이가 있다"는 것으로 결론지을 수 있다. ■

【예제 13.5】 다음의 자료 "13장_통증치료.sav'는 통증치료 클리닉에서 두 가지 치료방법으로 치료를 하면서 98명의 환자에게 개인별로 4회에 걸쳐 VAS(visual analogue scale)로 통증의 정도를 측정한 자료이다. 치료 전 측정값, 'VAS_0'과 마지막 치료 후 측정값, 'VAS_3' 사이에 통증치료 효과가 있는가 검정하시오.[8] 단, VAS 값이 줄어들면 통증도 줄어든 것으로 판단한다.

<풀이> 자료는 통증 정도(VAS)와 함께 성별과 연령도 같이 기록하였다.

8) 이렇게 같은 변수에 대하여 순차적으로 반복측정한 경시적 자료(longitudinal data)는 처음 자료와 마지막 자료를 주로 비교한다. 중간 측정값을 포함한 전체적인 비교는 13.5 절 '반복측정(repeated measure)'에서 다루도록 하겠다.

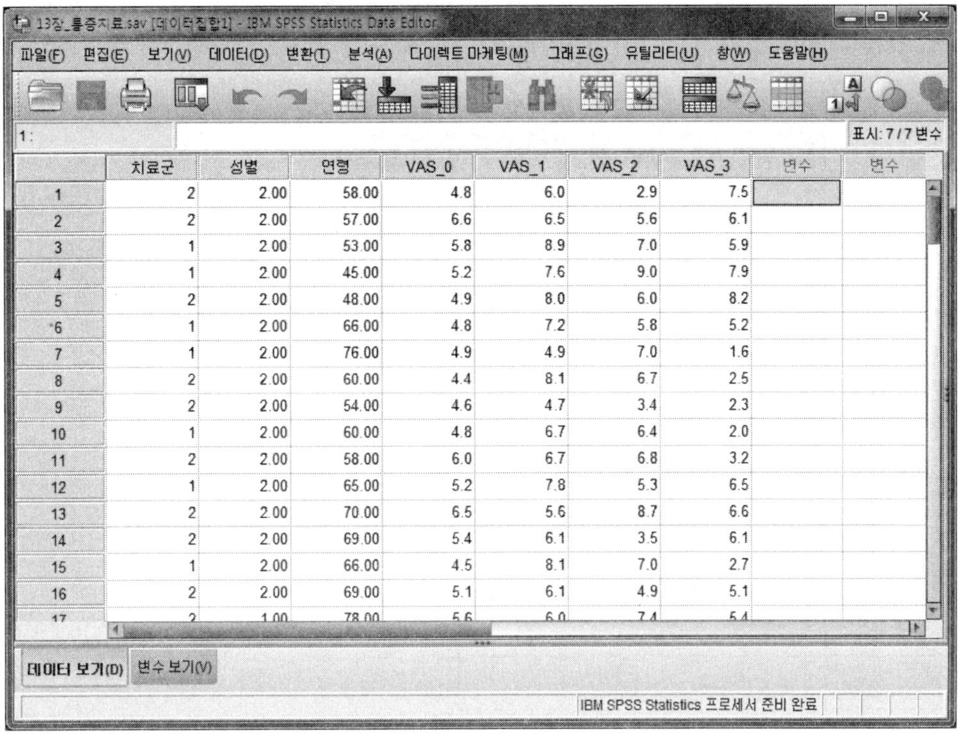

개체 내 평균차이를 비교하는 것이므로 SPSS의 평균비교 분석을 실시한다. [분석] 메뉴의 <평균비교>-<대응표본 T 검정>을 선택한다.

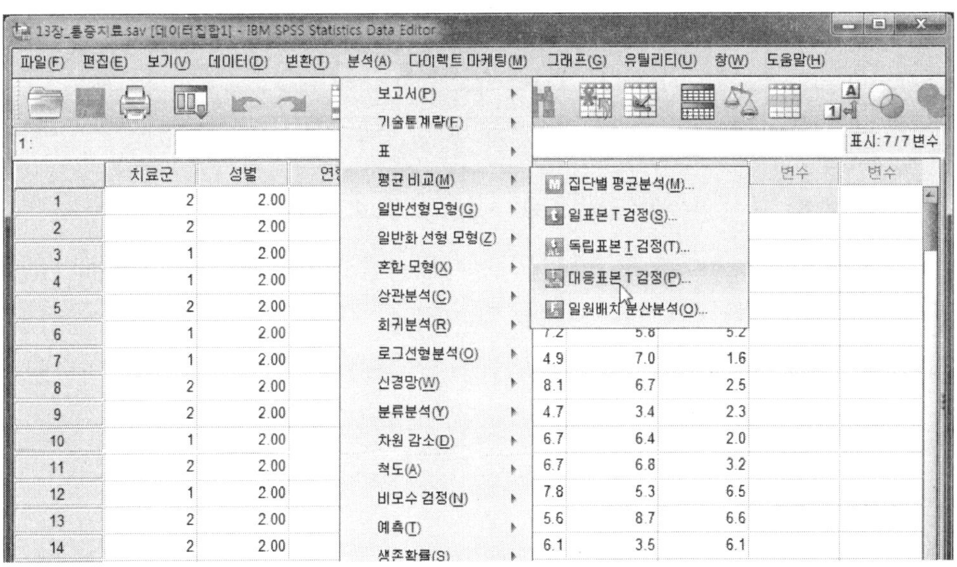

[대응표본 T 검정] 대화상자에서 <대응변수> 창의 <변수1>에 '최초통증'(VAS_0), <변수2>에 '최종통증'(VAS_3) 등을 입력한다.

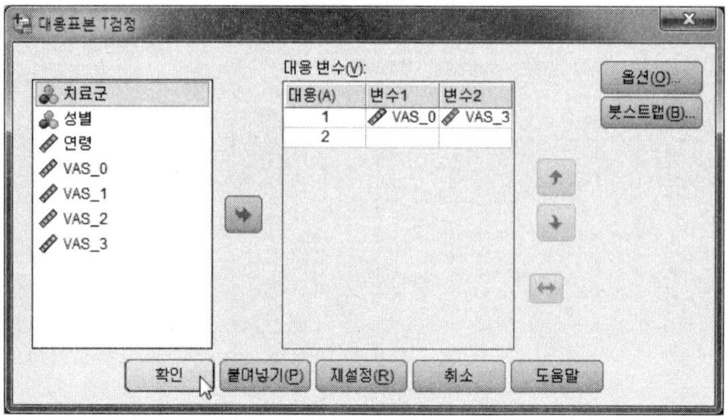

대응표본 통계량

		평균	N	표준편차	평균의 표준오차
대응 1	VAS_0	6.002	98	1.2603	.1273
	VAS_3	4.315	98	2.2953	.2319

대응표본 상관계수

		N	상관계수	유의확률
대응 1	VAS_0 & VAS_3	98	.263	.009

대응표본 검정

		대응차					t	자유도	유의확률 (양쪽)
		평균	표준편차	평균의 표준오차	차이의 95% 신뢰구간 하한	차이의 95% 신뢰구간 상한			
대응 1	VAS_0 - VAS_3	1.6867	2.3100	.2333	1.2236	2.1499	7.229	97	.000

출력결과를 보면 두 평균차이가 1.6867(=6.002−4.315)이고 이에 대한 t 값은 7.229, 자유도가 97이므로 유의확률을 구하면 0.000이다. 유의확률이 유의수준 1%보다 작으므로 유의수준 1%에서 귀무가설을 기각할 수 있다. 즉, 처음과 마지막 평균 간에 통계적으로 유의한 차이가 존재하므로 "통증개선 효과가 있다"고 판단한다. ■

【참고】 반복측정(repeated measure) 출력결과와 비교

<대응표본 T 검정>은 한 개체에서 반복하여 두 수준에서 측정값을 얻은 것인데 이는 한 개체에서 반복하여 여러 수준에서 측정값을 얻는 '반복측정' 실험에서 반복횟수가 2인 특수한 경우라 할 수 있다. <대응표본 T 검정> 결과와 <반복측정> 분석결과를 비교하기 위하여 SPSS의 <일반선형모형>(Generalized Linear Model)의 <반복측정> 분석을 시행한다.

먼저 [분석] 메뉴에서 <일반선형모형>의 <반복측정>을 선택한다.

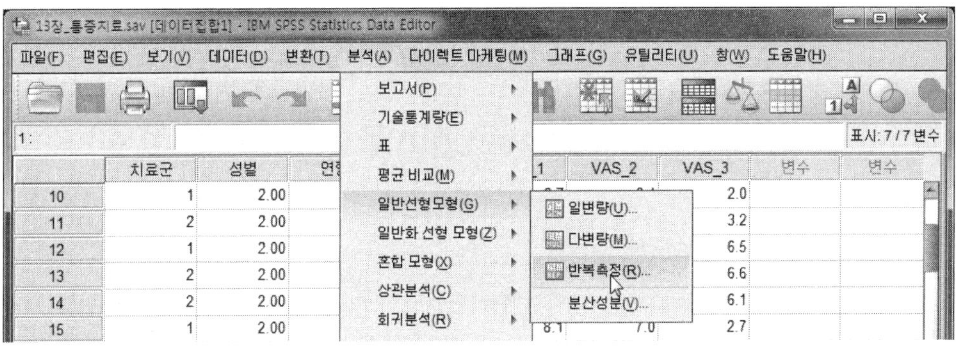

[반복측정 요인 정의] 대화창에서 개체 내 반복되는 요인의 이름을 임의로 정하고 (여기서는 '요인1') <수준의 수>는 2를 입력하고 [추가] 버튼을 누른다. 그리고 다음은 지정된 '요인1(2)'에 대하여 [정의]한다.

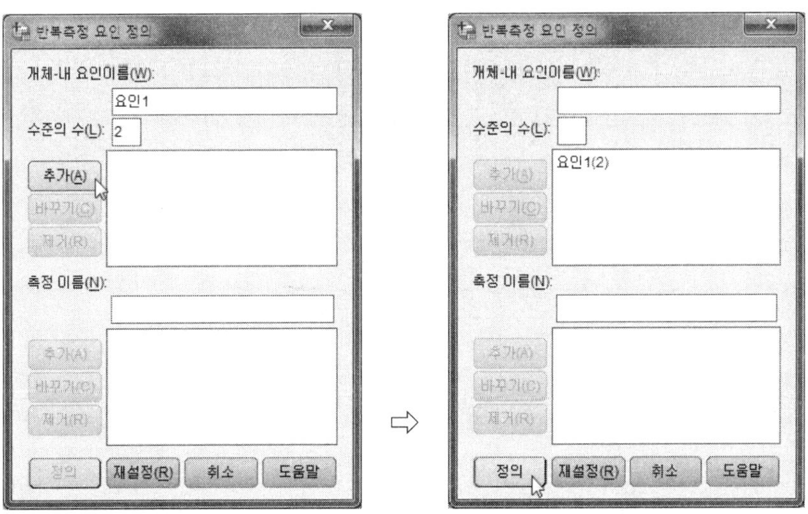

개체 내에서 2번 반복측정한 것으로 가정하였기 때문에 <개체 내 변수>는 최초값 'VAS_0' 과 최종값 'VAS_3'을 지정해 주었다.

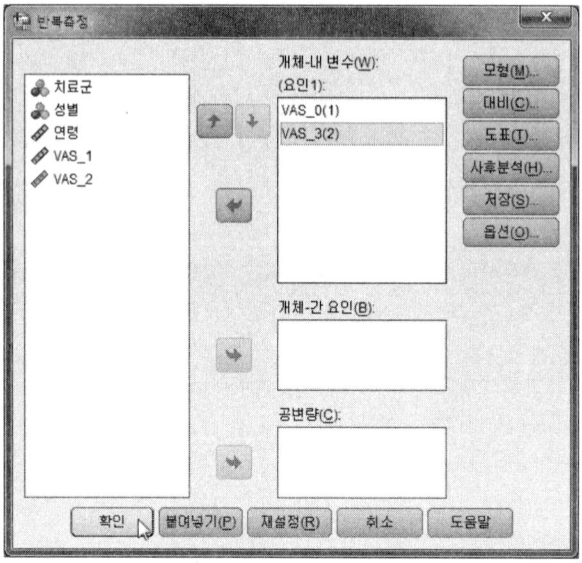

[확인] 버튼을 눌러 다음과 같은 출력결과를 얻는다. 여기서 F 값이 52.252이고 유의확률이 0.000 등으로 <대응표본 T 검정>에서의 결과 t= 7.229, 유의확률 0.000 등과 일치함을 확인 할 수 있다.9)

다변량 검정[a]

효과		값	F	가설 자유도	오차 자유도	유의확률
요인1	Pillai의 트레이스	.350	52.252[b]	1.000	97.000	.000
	Wilks의 람다	.650	52.252[b]	1.000	97.000	.000
	Hotelling의 트레이스	.539	52.252[b]	1.000	97.000	.000
	Roy의 최대근	.539	52.252[b]	1.000	97.000	.000

a. Design: 절편

개체-내 대비 검정

측도: MEASURE_1

소스	요인1	제 III 유형 제곱합	자유도	평균 제곱	F	유의확률
요인1	선형모형	139.409	1	139.409	52.252	.000
오차(요인1)	선형모형	258.796	97	2.668		

---

9) 자유도가 ϕ인 t 분포를 따르는 확률변수의 제곱은 분자의 자유도가 1, 분모의 자유도가 ϕ인 F 분포를 따른다($T(\phi)^2 = F(1,\phi)$). 여기서도 t=7.229인 결과와 F 값이 52.252인 결과는 동일하다. ($\because\ t^2 = 7.229^2 = 52.252 = F$)

13.3 여러 집단의 평균 비교(일원배치 분산분석)

여러 집단의 평균 비교의 개요

여러 집단의 평균을 비교하기 위해서 SPSS에서는 [분석]메뉴의 <평균비교>−<일원배치 분산분석>을 사용한다.

여러 집단의 평균 비교를 위해서는 전체를 총괄적으로 분석할 수 있는 분산분석(ANOVA: Analysis of Variance)이라는 별도의 기법이 필요하다. 분산분석은 자료가 가지는 변동(분산)을 각 요인에 의해 분해하여 요인의 영향력을 파악하는 기법으로 실험계획법(experimental design)과 회귀분석(regression analysis) 등에 주로 사용되고 있다.

【참고】 분산분석의 아이디어

개별적인 데이터가 전체 평균과 다른 차이는 설명할 수 없는 오차와 어떤 요인 때문에 생기는 오차(설명할 수 있는)로 분해할 수 있는데 이들 오차의 크기를 비교하여 '요인 때문에 생기는 변동'이 '설명할 수 없는 오차변동'에 비해 크다면 요인의 효과가 존재한다고 보는 것이 분산분석의 아이디어이다. 예를 들어 평소 평균 성적이 80점이던 학생이 90점을 받았다면 그 10점의 변동은 '오차' 때문에 생겼다고 보기 보다는 학생의 노력 '요인'에 의해 발생했다고 보는 것이다. 즉, 성적향상에 노력 요인이 영향을 주었다고 판단한다.

일원배치 분산분석의 개요

집단을 나누는 요인이 하나인 경우, 집단 간의 평균을 비교하는 것을 일원배치(one−way layout, one factorial design) 분산분석이라 한다.

실험에 영향을 미치는 요인의 처리수준 수가 k이고 (즉, k개의 그룹으로 나눌 수 있다) 각 그룹마다 모평균을 갖고 있는데 그 모평균이 동일한가를 검정해 준다.

각 i 처리 그룹의 모평균이 μ_i 들이라면 이것들의 동일성에 관심을 가지므로 검정하고자하는 가설은 다음과 같다.

H_0 : $\mu_1 = \mu_2 = \cdots = \mu_k$ (또는 처리효과 없다)

H_1 : k개의 모평균 중 적어도 하나는 다르다.(not H_0)

대부분의 자료값들은 전체평균과는 다른 값들을 갖게 되는데, 그 이유는 두 가지 요인에 기인한다. 자료값이 그룹평균과 다른 이유는 우연성(오차, error)의 요인 때문이고 그룹평균이 전체평균과 다른 이유는 처리(그룹, treatment) 요인 때문이라고 판단한다. 자료의 전체(Total) 변동을 두 가지 요인에 의한 변동으로 분해하는데 그 식은 다음과 같다.

SST = SStr + SSE,

여기서 SST는 전체제곱합(Total Sum of Squares), SStr는 처리제곱합(SS due to treatments), SSE는 오차제곱합(SS due to Error)이다. 그런데 이 값들은 처리수준의 수나 반복회수가 많아지면 당연히 커지게 되므로 상대적인 비교를 위해 이들의 평균(average)을 구할 필요가 있다. 이것이 평균제곱합(Sum of Mean Squares)이며 다음과 같이 구한다.

평균 처리제곱합 (Mean of SStr): MStr=SStr/(k−1)
평균 오차제곱합 (Mean of SSE): MSE=SSE/k(n−1)

가설검정은 처리효과의 존재유무를 판단하는 것이므로, MSE에 비하여 MStr가 얼마나 큰가를 판단하는데 그 방법으로 두 평균제곱합의 비율을 사용한다. 이 값을 F 검정통계량이라 한다.

$$F = \frac{MStr}{MSE} \ .$$

이 검정통계량은 귀무가설 하에서 $F(k-1, k(n-1))$분포를 따른다. 처리효과가 없다면 위의 값은 1에 가깝게 나올 테고, 처리효과가 존재하면 임계값(기각치)보다 큰 값이 나올 것이므로 의사결정은 다음과 같다.

$$F > F(\alpha;\, k-1,\, k(n-1))\text{이면 } H_0 \text{ 기각(유의수준}=\alpha\text{)}.$$

분산분석표(ANOVA table)의 개요

분산분석에 의한 검정 절차를 하나의 표로 정리한 표를 분산분석표(ANOVA table)라 한다.

분산분석표는 분산분석에 필요한 모든 정보를 한 표에 요약해 놓은 것으로서 검정에 유용한 정보를 제공해준다. 통계패키지 프로그램 출력에서 제공하는 분산분석표에는 유의확률(p-값)이 주어지므로, 기각역을 구할 필요 없이 이 값을 유의수준(α)과 비교하여 '적으면 기각', '크면 채택'하는 식으로 의사결정을 할 수 있다.

요인	제곱합 (SS)	자유도 (df)	평균제곱 (MS)	검정통계량 F	유의확률
처리(treatment)	SStr	k−1	MStr	MStr/MSE	p
오차(error)	SSE	k(n−1)	MSE		
전체(total)	SST	kn−1			

<표 13.3> 일원배치의 분산분석표(ANOVA table)

【예제 13.6】 다음의 자료 "13장_영화관만족도.sav'에서 '주로 가는 영화관' 간에 '전반적 만족도' 차이가 존재하는가를 검정하시오. 또한 만족도 차이가 있다면 어떤 집단 간에 만족도 차이가 있는지를 사후분석 하시오.[10)]

10) "모든 집단의 평균이 같다"는 귀무가설이 기각되었다고 "모든 집단의 평균이 다르다"는 것을 의미하지는 않는다. "서로 평균이 다른 집단이 존재한다"는 뜻이므로 어떤 집단 간에 평균이 다르다고 할 수 있는지를 사후분석(post-hoc analysis) 해야 한다.

<풀이>

만족도를 분류하는 기준이 하나('주로 가는 영화관')인 일원배치이므로 영화관별로 만족도 평균이 다른가를 일원배치 분산분석 한다. 귀무가설은 다음과 같다.

$$H_0 : \mu_1 = \mu_2 = \mu_3 \text{ (모든 영화관의 만족도 평균이 같다)}$$

먼저 [분석] 메뉴의 <평균 비교>-<일원배치 분산분석>을 선택한다.

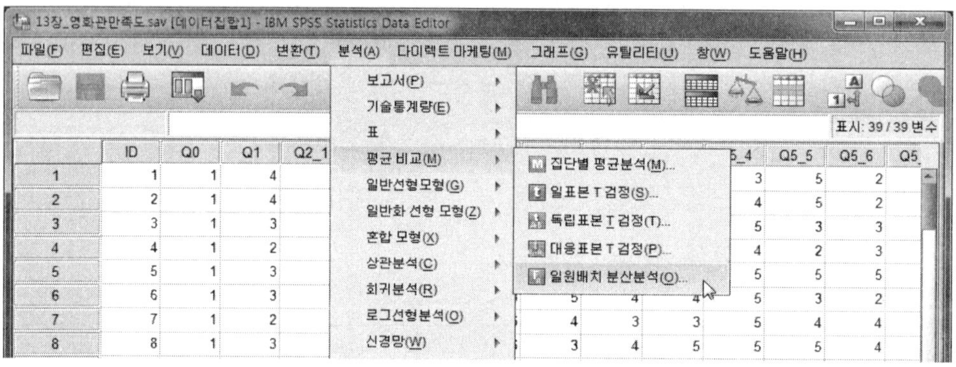

[일원배치 분산분석] 대화상자에서 <종속변수>에는 비교하고자 하는 '전반적 만족도' 변수를 <요인분석>에는 '주로 이용하는 영화관'을 지정한다.

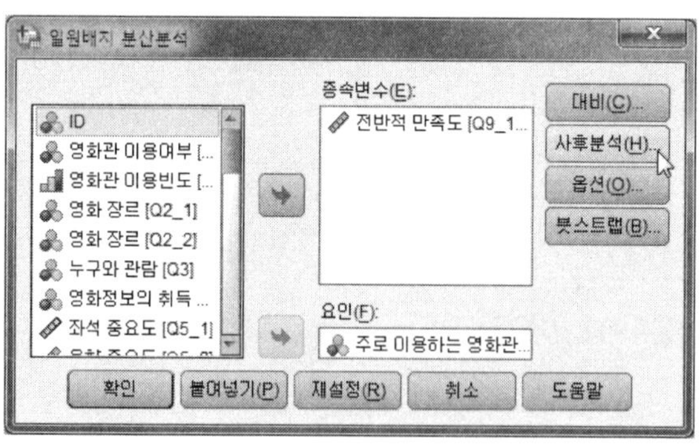

"모든 모평균이 같다"라는 귀무가설이 기각될 것을 일단 가정하고 [사후분석]을 지정하도록 한다. [사후분석]탭을 눌러 나온 [사후분석] 대화상자에서 '□Bonferroni', '□Scheffe', '□Duncan' 등에 체크한다.

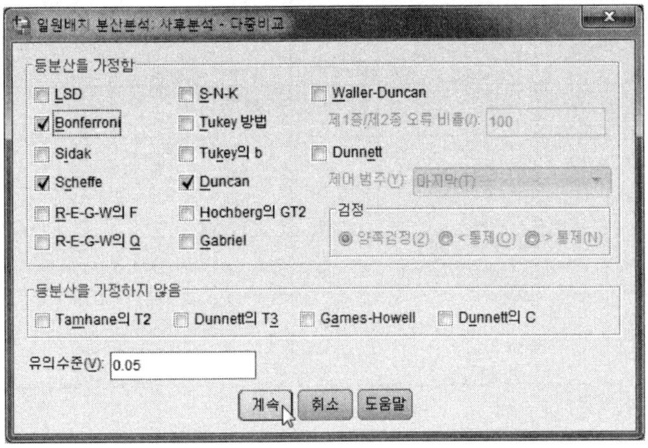

[사후분석] 방법을 설정하고 [계속] 버튼을 눌러 [일원배치 분산분석] 대화상자로 돌아와 [확인]을 눌러 출력결과를 얻는다.

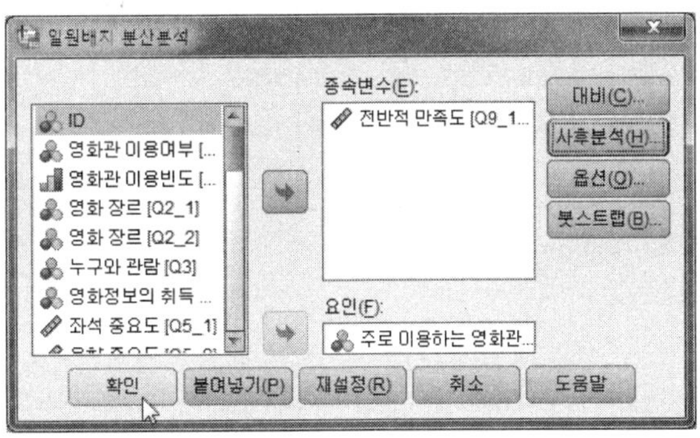

다음의 분산 분석표에 의하면 집단-간 (처리)변동이 집단-내 (오차)변동보다 커서 F=4.893, 유의확률은 0.009(<유의수준=5%)이므로 귀무가설을 기각한다. 즉, 모든 집단의 평균이 같은 것은 아니다.

일원배치 분산분석

전반적 만족도

	제곱합	df	평균 제곱	F	유의확률
집단-간	3.988	2	1.994	4.893	.009
집단-내	38.716	95	.408		
합계	42.704	97			

그러면 어떤 집단 간에 평균이 다른지 다음 사후분석 결과로 분석한다.

다중 비교

종속 변수: 전반적 만족도

	(I) 주로 이용하는 영화관	(J) 주로 이용하는 영화관	평균차(I-J)	표준오차	유의확률	95% 신뢰구간 하한값	95% 신뢰구간 상한값
Scheffe	메가박스	롯데시네마	-.194	.140	.386	-.54	.15
		기타	.421	.207	.131	-.09	.93
	롯데시네마	메가박스	.194	.140	.386	-.15	.54
		기타	.615*	.199	.011	.12	1.11
	기타	메가박스	-.421	.207	.131	-.93	.09
		롯데시네마	-.615*	.199	.011	-1.11	-.12
Bonferroni	메가박스	롯데시네마	-.194	.140	.506	-.54	.15
		기타	.421	.207	.133	-.08	.92
	롯데시네마	메가박스	.194	.140	.506	-.15	.54
		기타	.615*	.199	.008	.13	1.10
	기타	메가박스	-.421	.207	.133	-.92	.08
		롯데시네마	-.615*	.199	.008	-1.10	-.13

*. 평균차는 0.05 수준에서 유의합니다.

동일 집단군

전반적 만족도

	주로 이용하는 영화관	N	유의수준 = 0.05에 대한 부집단 1	2
Duncan[a,b]	기타	13	3.38	
	메가박스	36		3.81
	롯데시네마	49		4.00
	유의확률		1.000	.294
Scheffe[a,b]	기타	13	3.38	
	메가박스	36	3.81	3.81
	롯데시네마	49		4.00
	유의확률		.079	.575

동일 집단군에 있는 집단에 대한 평균이 표시됩니다.

a. 조화평균 표본 크기 23.979을(를) 사용합니다.

b. 집단 크기가 동일하지 않습니다. 집단 크기의 조화평균이 사용됩니다. I 유형 오차 수준은 보장되지 않습니다.

Duncan의 사후분석 결과에 의하면 {기타}, {메가박스, 롯데시네마}가 같은 집단으로 분류되었다. 즉, 기타와 메가박스, 기타와 롯데시네마 등은 평균이 서로 다르고 메가박스와 롯데시네마는 평균이 같다고 판단된다.

Scheffe의 사후 분석 결과에 의하면 {기타, 메가박스}, {메가박스, 롯데시네마}가 같은 집단으로 분류되었다. 여기서, 기타와 메가박스는 평균이 같지만 기타와 롯데시네마는 서로 평균이 다르다고 할 수 있다.

Bonferroni의 사후 분석 결과는 각 쌍(pair)에 대하여 평균차이의 신뢰구간을 구하는 것인데, 신뢰구간 안에 0이 포함되어 있으면 (평균차이=0) 평균이 같은 것이고 0이 없으면 (평균차이≠0) 다르다고 판단한다. 즉, 기타와 롯데 시네마는 서로 평균이 다르다고 할 수 있다. ■

13.4 사후분석 **

사후분석(post-hoc analysis)의 개요

> k개 모평균의 동일성에 대한 검정 절차를 통해 귀무가설을 기각하고, "k개의 모평균이 모두 같지는 않다"고 결론을 내린 후에는 k개 모평균 중 어떤 것들이 서로 유의하게 달라서 귀무가설이 기각되었는가 개별적으로 평균 차이를 비교해주는 사후분석을 실시한다.

예를 들어 평균의 동일성 검정 후에 "μ_1이 μ_2, 혹은 μ_3와 다른가?" "μ_3는 μ_4, μ_5와 다른가?" 등에 관심을 갖는다. 이는 평균의 동일성 검정 뒤에 사후적으로 실시하는 분석이라 사후분석이라 명하지만 통계적으로는 여러 집단의 표본평균들을 서로 비교하는 것이기 때문에 다중비교(multiple comparison)라 표현하기도 한다.

각 집단의 모평균을 비교하는 방법으로서, 표본평균의 각 쌍에 대하여 유의수준 α로 t-검정을 하는 것이 가장 간단히 생각할 수 있는 방법(LSD 검정)이지만, 한 쌍에 대한 신뢰도가 $(1-\alpha)$이므로 모든 쌍에 대하여 옳은 결정을 내렸을 확률은 $(1-\alpha)$보다 작아진다. 그래서 전체적인 실험별 유의수준(experiment-wide significance level, family-wise error rate)을 고려하는 다중비교 방법이 필요하다. SPSS에서 10여개의 다중비교방법 중에서 사용자가 선택하도록 하기 때문에 각 방법의 특징을 알고 사용자가 자료와 연구의 특성에 맞추어 선택할 수 있어야 한다.

최소유의차(LSD) 검정

> 최소유의차(LSD: Least Significant Difference) 검정법은 각 쌍의 평균에 대하여 전통적인 t-검정을 행하는 것이다.

LSD 검정법은 두 모평균 차이의 95% 신뢰구간을 구하여 구간 안에 0이 포함되어 있으면 두 모평균은 같다고 결론짓는다. 또는 표본평균의 차이가 구간너비(LSD)보다 크면 두 모평균은 다르다고 판단한다. 이 방법은 전체적인 실험별 유의수준을 관리해 주지 못하고 단지 비교하는 그룹 내 유의수준(comparison-wise error rate)만 맞추어 주기 때문에 많이 사용되지는 않지만 다중비교의 개념을 이해하는데 도움을 주고 있다.

Bonferroni 검정

LSD와 마찬가지로 t-검정을 사용하여 각 쌍의 비교를 실시한다. 단지 각 쌍의 비교에서 개별 유의수준 α_{pc}(α per comparison)을 비교하는 쌍의 개수만큼 나눠준다는 점이 다르다. 즉, $\alpha_{pc}=\alpha/n$, 여기서 n은 비교하는 쌍의 개수이다.

Bonferroni 검정법은 실험별 유의수준, 즉 전체 신뢰도를 맞추고자 하는 검정법이다. [11] 그러나 이 방법은 예를 들어 5개의 평균을 비교할 때 각 쌍의 유의확률을 0.005($=0.05/{}_5C_2$)으로 매우 작게 조정하기 때문에 보수적인 결과를 가져온다(즉, 신뢰구간이 넓다). 그래서 그룹의 수가 5 이상이면 너무 보수적이어서 연구자들에게 추천되지 않는다.

투키(Tukey)의 표준화범위검정

투키는 표본평균 간에 최대로 가능한 차이에 대해서 동시에 성립될 수 있는 스튜던트화 범위 분포(studentized range distribution)를 제안하고 이를 이용하여 동시신뢰구간을 구성하였다.

투키의 검정법은 전체 유의수준(family-wise error rate) α를 맞추어 준다는 장점이 있다. 검정통계량은 스튜던트화 범위 분포를 따르며 분포값은 중급이상 통계학 교재의 부록에 통계표로 주어져 있지만 일반 사용자가 이를 필요로 하는 경우는 드물다.

---

11) 만약 10쌍의 비교를 할 때 각 쌍의 유의수준을 0.05로 맞추면 전체의 유의수준은 $1-(1-0.05)^{10}=0.401$이라 했다. 이를 일반화 하면 $1-(1-\alpha_{pc})^n=\alpha$이고 불의 부등식(Boole's inequality)에 의하면 $\alpha \le \alpha_{pc}\cdot n$이 성립하므로 α_{pc}의 최솟값인 α/n을 개별 신뢰수준으로 사용한다.

다중비교방법 중 가장 많이 사용하는 '투키'와 '쉐페'(Scheffe)는 자주 그 특성이 비교되는데 단지 짝지은 평균들의 비교만을 시행할 거라면 투키의 방법이 좁은 신뢰구간을 제공하기 때문에 선호되지만 좀 더 일반적인 대비(contrast)에서 비교가 이루어진다면 '쉐페'가 더 좁은 신뢰구간을 제공하는 것으로 알려져 있다. 그러나 일반적인 평균비교에서는 투키의 방법을 추천한다.

Scheffe의 검정

Scheffe 방법이 사후검정 중에서 가장 일반적이고 보수적이기 때문에 널리 사용되고 있다. Scheffe 방법의 유의수준은 모든 쌍의 평균 비교뿐만 아니라 가능한 선형조합의 (예. $\mu_1 + \mu_2 - 2\mu_3 = 0$) 경우까지 모두 포함하여 조정되어 있다.

Scheffe 방법은 모든 비교에 대하여 유의수준을 맞추어준다는 장점을 갖고 있어 가장 보수적이지만 타당(valid)하기 때문에 이용빈도가 높다. 그러나 Scheffe의 방법은 가장 검정력이 낮은 방법이기 때문에 비교하고자 하는 것이 단순히 각 쌍의 평균비교라면 사용하지 않는 것이 좋다.

던컨의 다중범위검정

던컨(Duncan)의 방법은 Newman-Keuls [12] 방법의 개선으로 k개 표본평균들 간의 모든 비교를 읻기 위한 다중비교검정절차를 이용한다.

그러나 이 방법은 전체 유의수준을 맞추지 못하는 Student-Newman-Keuls의 약점을 그대로 계승하였고, 심지어는 유의수준을 과대 계상해준다. 단지 검정력이 높다는 장점이 있어 다른 다중비교보다 평균 차이를 좀 더 많이 검출하는 경향이 있어 선호하는 연구자도 있지만 일반적으로 사용을 추천하지 않는다.

12) Student-Newman-Keuls 검정법으로 알려져 있고 한 때 유행하였으나 전체 유의수준을 맞추어주지 못하는 경우도 발생하여 최근에는 잘 사용되지 않는다.

13.5 반복측정한 집단의 평균 비교 **

반복측정 자료의 개요

반복측정(repeated measure)은 한 개체로부터 여러 수준에서 반복적으로 측정값을 얻은 자료이다.

예를 들어 한 소비자에게 기업의 CSR을 보여주기 전과 보여준 후에 기업에 대한 태도를 측정하였다든가(수준=2), 한 환자에게 치료법을 일정기간 간격으로 5번 반복 시행하면서 임상자료를 측정한 것(수준=5) 등이 그러한 예라 할 수 있다. (예. <표 13.4>)

이는 대응표본(paired sample) 자료의 일반화라 할 수 있는데 수준 수가 3이상인 대응표본에서는 반복측정 분석을 이용해야 한다. 그렇다고 수준 수가 2이면 무조건 '대응표본 T 검정'을 사용해도 무방하다는 의미는 아니다. 대응집단처럼 수준이 둘이라 하더라도 자료의 구조가 단순하지 않다면 즉, <표 13.5>와 같이 실험에 영향을 주는 다른 요인(factor)이 존재하면 반복측정으로 분석해야 한다. '대응표본 T 검정'에서는 이런 요인을 모형에 포함시킬 수 없기 때문이다.

개체 (subject)	측정 1	측정 2	측정 3
1			
2			
⋮			
n			

<표 13.4> 수준=3 반복측정

<table>
<tr><th colspan="2" rowspan="2"></th><th rowspan="2">개체 (subject)</th><th colspan="2">개체내 요인</th></tr>
<tr><th>측정 1</th><th>측정 2</th></tr>
<tr><td rowspan="8">개체간 요인</td><td rowspan="4">남자</td><td>1</td><td></td><td></td></tr>
<tr><td>2</td><td></td><td></td></tr>
<tr><td>⋮</td><td></td><td></td></tr>
<tr><td>n_1</td><td></td><td></td></tr>
<tr><td rowspan="4">여자</td><td>1</td><td></td><td></td></tr>
<tr><td>2</td><td></td><td></td></tr>
<tr><td>⋮</td><td></td><td></td></tr>
<tr><td>n_2</td><td></td><td></td></tr>
</table>

<표 13.5> 수준=2, 요인=2 반복측정

<표 13.5>의 자료는 각 개체에서 두 번의 반복측정을 얻었으므로 <대응표본 T 검정>으로 분석할 수 있다. 그런데 개체가 두 집단으로 즉, 성별 요인에 의해 분리할 수 있다. 전체 집단을 대상으로 <대응표본 T 검정>을 하면 성별 요인에 대한 차이 검정을 할 수 없으므로 반복측정 모형으로 분석해야 한다. 이러한 분석법이 검정력을 향상 시킨다는 사실이 알려져 있다.

반복측정 분석의 개요

반복측정 분석은 평균의 동일성에 대하여 검정하는 다변량/단변량 검정법이다.

자료의 형태는 일원배치 분산분석보다는 이원배치(two-way layout) 특히 확률화 블록 계획(randomized block design)과 [13] 유사하지만 검정하고자 하는 귀무가설은 일원배치와 동일하게 처리 수준에 따른 평균의 동일성이다.

$$H_0 : (\mu_1, \mu_2, \ldots, \mu_k) = (\mu, \mu, \ldots, \mu).$$

여기서는 반복측정 분석 통계량의 유도나 이론에 대한 자세한 소개는 생략하고 단지 간략한 개요만 설명하도록 한다. 개체 내 평균의 동일성 검정은 다변량(multivariate) 검정이나 단변량(univariate) 검정을 이용한다.

다변량 검정은 정규성, 분산 동질성, 독립성 등의 가정에 크게 영향 받지 않고 타당한 결과를 보여주지만 단변량 검정은 독립성 가정 만족여부에 심각하게 영향을 받는다.[14]

그러나 표본수가 작을 때 다변량 검정에 비해 단변량 검정이 검정력이

---

13) 실험에 영향을 주는 요인(factor)이 2개인 실험계획법이다. 이중 한 요인이 우리가 통제할 수 없는 변량요인(random factor, 예: 날자)인 블록(block)이고 블록 안에서 실험이 배정되었다면 이를 확률화 블록 계획이라 한다.

14) 개체 내 효과만 영향을 받는다. 개체 간 효과는 상관없다.

좋기 때문에 공분산 행렬의 구형성(sphericity)을 만족한다는 가정(분산 동질성) 아래서 단변량 검정을 이용하고자 한다.

SPSS에서는 다변량 검정 결과와 단변량 검정 결과가 차례로 출력된다.[15] 단변량 검정결과를 사용하려면 먼저 구형성 가정이 만족하는지를 체크해야 한다. Mauchly의 구형성 검정 결과, 구형성 가정이 안 맞을 경우(구형성 가정에 대한 검정의 유의확률$<\alpha$)에는 Greenhouse-Geisser 방법이나 Huynh-Feldt 방법[16]을 사용한다. 이들은 통계량의 자유도를 조정하여 구형성 가정이 맞지 않는 경우에도 사용할 수 있도록 제안한 방법이다.

【예제 13.7】 "13장_통증치료.sav'에 대하여 【예제 13.5】에서 시행한 대응표본 T 검정을 치료군을 분리하여 반복측정으로 분석하시오.

<풀이> [분석] 메뉴에서 <일반선형모형>-<반복측정>을 선택한다.

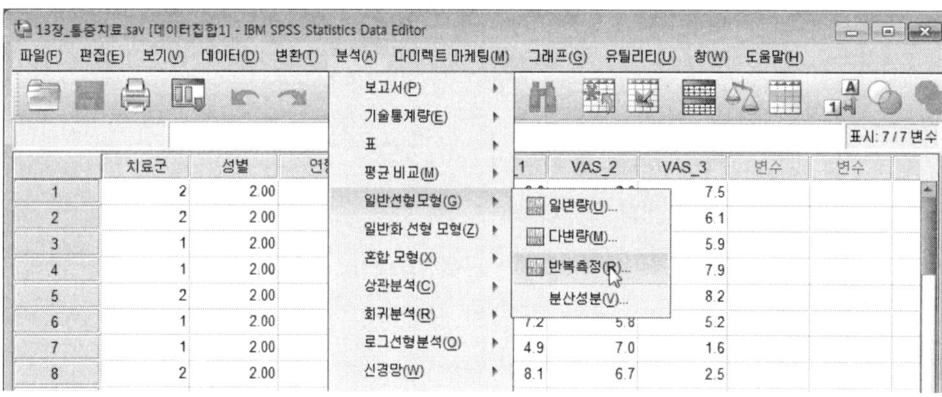

[반복측정 요인 정의] 대화창에서 <개체-내 요인이름>을 '요인1', 수준 수를 2로 지정한다. default로 요인이름이 '요인1'로 주어지는데 변경할 수 있다.

15) 개체 내 수준 수가 2이면 두 결과가 동일하다.

16) 구형성 가정 검정에서 엡실런이 0.7 이상인 경우에 사용할 수 있다.

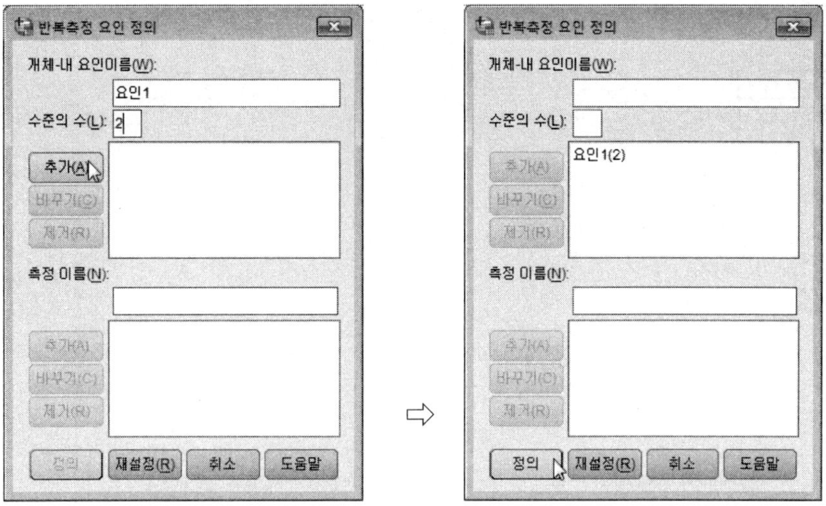

[반복측정] 대화상자에서 <개체-내 변수>는 ‘통증0’(VAS_0)과 ‘통증3’(VAS_3)를 ‘요인1’의 두 수준으로 정하고 <개체-간 요인>에 ‘치료군’ 변수를 입력한다. 즉, <개체-간 요인> 수준은 반복측정되지 않았다.

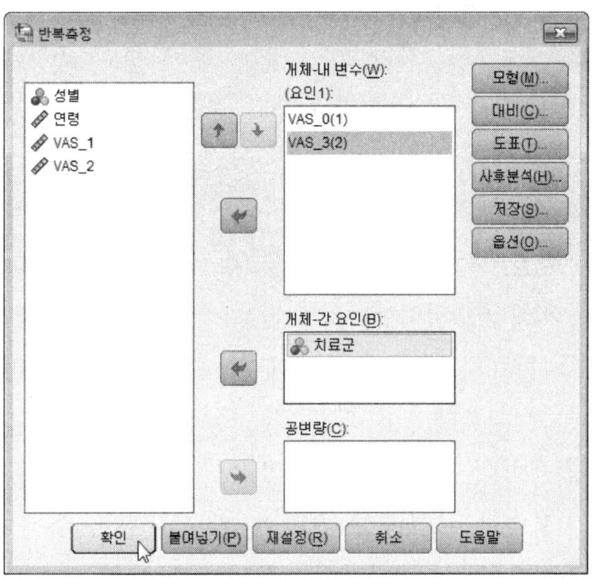

[확인]을 눌러 다음 다변량 검정의 출력결과를 얻는다.

개체-내 요인

측도: MEASURE_1

요인1	종속 변수
1	VAS_0
2	VAS_3

개체-간 요인

		변수값 설명	N
치료군	1	시험약	44
	2	대조약	54

다변량 검정[a]

효과		값	F	가설 자유도	오차 자유도	유의확률
요인1	Pillai의 트레이스	.351	51.849[b]	1.000	96.000	.000
	Wilks의 람다	.649	51.849[b]	1.000	96.000	.000
	Hotelling의 트레이스	.540	51.849[b]	1.000	96.000	.000
	Roy의 최대근	.540	51.849[b]	1.000	96.000	.000
요인1 * 치료군	Pillai의 트레이스	.002	.161[b]	1.000	96.000	.689
	Wilks의 람다	.998	.161[b]	1.000	96.000	.689
	Hotelling의 트레이스	.002	.161[b]	1.000	96.000	.689
	Roy의 최대근	.002	.161[b]	1.000	96.000	.689

a. Design: 절편 + 치료군
개체-내 계획: 요인1

b. 정확한 통계량

개체별로 측정한 개체 내 요인인 '요인1'에 포함된 1, 2수준은 종속변수 'VAS_0', 'VAS_3' 등이다. 개체들은 개체 간 요인인 '치료군'으로 분리할 수 있는데, 시험약군에 44명, 대조약군에 54명의 개체가 배정되었다.

처리수준 간 평균(VAS_0:VAS_3)의 동일성 검정(요인1) 결과 유의확률이 0.000로 평균 간에 차이가 있다. 즉, 치료 전(0)에 비해 최종 치료(3)에서 VAS의 평균이 달라졌다고 말할 수 있다.

또한 요인과 치료군 사이에 교호작용이 존재하지 않는다.(유의확률=0.689) 이는 두 치료법 사이에 효과에 차이가 없음을 의미한다.

다변량 검정 결과 치료효과에 대한 유의한 결과를 얻었지만 일반적으로 적은 표본에서 검정력이 좋은 것으로 알려진 단변량 검사를 실시해 본다. 단변량 검정의 출력결과는 다변량 결과 뒤에 자동으로 출력되어진다.

단변량 검정을 사용할 수 있는지의 여부는 독립성 검정, 즉 구형성 검정에 달려있다. 그러나 여기에서는 수준이 2이기 때문에 구형성 검정을 할 수 없다.

Mauchly의 구형성 검정[a]

측도: MEASURE_1

개체-내 효과	Mauchly의 W	근사 카이제곱	자유도	유의확률	엡실런[b] Greenhouse-Geisser	Huynh-Feldt	하한값
요인1	1.000	.000	0	.	1.000	1.000	1.000

정규화된 변형 종속변수의 오차 공분산행렬이 단위행렬에 비례하는 영가설을 검정합니다.

a. Design: 절편 + 치료군
개체-내 계획: 요인1

b. 유의성 평균검정의 자유도를 조절할 때 사용할 수 있습니다. 수정된 검정은 개체내 효과검정 표에 나타납니다.

개체-내 효과 검정

측도: MEASURE_1

소스		제 III 유형 제곱합	자유도	평균 제곱	F	유의확률
요인1	구형성 가정	139.539	1	139.539	51.849	.000
	Greenhouse-Geisser	139.539	1.000	139.539	51.849	.000
	Huynh-Feldt	139.539	1.000	139.539	51.849	.000
	하한값	139.539	1.000	139.539	51.849	.000
요인1 * 치료군	구형성 가정	.433	1	.433	.161	.689
	Greenhouse-Geisser	.433	1.000	.433	.161	.689
	Huynh-Feldt	.433	1.000	.433	.161	.689
	하한값	.433	1.000	.433	.161	.689
오차(요인1)	구형성 가정	258.363	96	2.691		
	Greenhouse-Geisser	258.363	96.000	2.691		
	Huynh-Feldt	258.363	96.000	2.691		
	하한값	258.363	96.000	2.691		

구형성 검정에 대한 충분한 자료가 없어(자유도=0) 구형성 검정은 하지 못하였고 구형성 가정을 한 경우와 다른 모든 수정된 경우의 결과가 동일하다. (F=51.849, 유의확률=0.000) 17)

개체-간 효과 검정

측도: MEASURE_1

변환된 변수: 평균

소스	제 III 유형 제곱합	자유도	평균 제곱	F	유의확률
절편	5123.032	1	5123.032	1231.572	.000
치료군	6.954	1	6.954	1.672	.199
오차	399.336	96	4.160		

개체 간 효과 검정 결과 치료군 간에 차이는 없다.(유의확률=0.199) 이는 변화량이 치료군 간에 차이가 없다는 의미가 아니라(차이는 교호작용으로 체크) 집단 평균 간에 차이가 없다는 것을 의미한다. ■

17) 수준수가 2일 때는 단변량 결과와 다변량 결과가 동일하다.

【**예제** 13.8】 앞 예제의 "13장_통증치료.sav' 자료에 대하여 'VAS_0', 'VAS_1', 'VAS_2', 'VAS_3' 등의 네 수준에서 반복측정 분석하시오.

<풀이> [반복측정 요인 정의] 대화창에서 요인의 수준 수를 4로 지정하고 [반복측정] 대화상자에서 <개체-내 변수>는 VAS_0~VAS_3을 포함하는 네 수준으로 정하고 <개체-간 요인>에 '치료군' 변수를 입력한다.

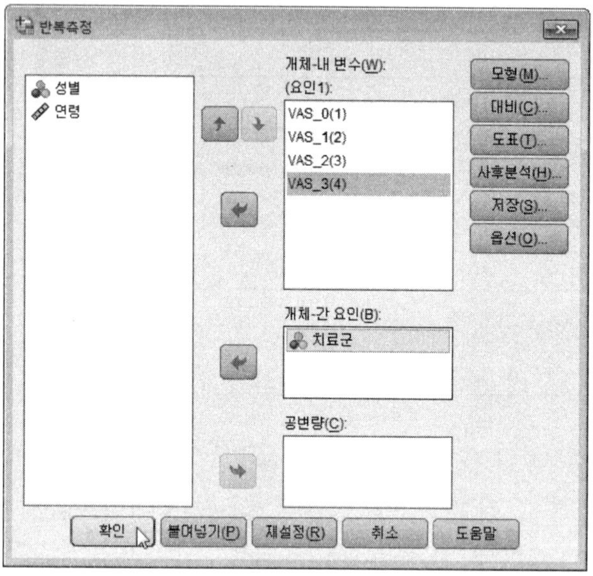

다변량 검정 출력결과를 확인하면 다음과 같다.

다변량 검정[a]

효과		값	F	가설 자유도	오차 자유도	유의확률
요인1	Pillai의 트레이스	.558	39.488[b]	3.000	94.000	.000
	Wilks의 람다	.442	39.488[b]	3.000	94.000	.000
	Hotelling의 트레이스	1.260	39.488[b]	3.000	94.000	.000
	Roy의 최대근	1.260	39.488[b]	3.000	94.000	.000
요인1 * 치료군	Pillai의 트레이스	.005	.150[b]	3.000	94.000	.930
	Wilks의 람다	.995	.150[b]	3.000	94.000	.930
	Hotelling의 트레이스	.005	.150[b]	3.000	94.000	.930
	Roy의 최대근	.005	.150[b]	3.000	94.000	.930

a. Design: 절편 + 치료군
개체-내 계획: 요인1

b. 정확한 통계량

처리수준 간 평균(VAS_0:VAS_1:VAS_2:VAS_3)의 동일성 검정 결과 유의확률이 0.000으로 (F=39.488) 평균 간에 차이가 있다. 또한 요인과 치료군 사이에는 교호작용이 존재하지 않는다.(유의확률=0.930) 즉, 치료군마다 통증의 변화에 차이가 없다.

Mauchly의 구형성 검정[a]

측도: MEASURE_1

개체-내 효과	Mauchly의 W	근사 카이제곱	자유도	유의확률	엡실런[b]		
					Greenhouse-Geisser	Huynh-Feldt	하한값
요인1	.609	46.997	5	.000	.821	.853	.333

정규화된 변형 종속변수의 오차 공분산행렬이 단위행렬에 비례하는 영가설을 검정합니다.

a. Design: 절편 + 치료군
개체-내 계획: 요인1

b. 유의성 평균검정의 자유도를 조절할 때 사용할 수 있습니다. 수정된 검정은 개체내 효과검정 표에 나타납니다.

구형성 가정이 만족하지 못하므로(유의확률=0.000) 아래의 (단변량) 개체 내 효과 검정에서 G-G 결과와 H-F 결과를 사용한다.

개체 내 효과 검정에 의하면 '요인1'의 처리효과가 존재한다.(유의확률=0.000) 또한 처리군 간에 '요인1'의 패턴은 같은 것으로 검정되었다.(교호작용 없음, 유의확률=0.949, 또는 0.953)[18)]

개체-내 효과 검정

측도: MEASURE_1

소스		제 III 유형 제곱합	자유도	평균 제곱	F	유의확률
요인1	구형성 가정	255.704	3	85.235	39.114	.000
	Greenhouse-Geisser	255.704	2.464	103.774	39.114	.000
	Huynh-Feldt	255.704	2.560	99.874	39.114	.000
	하한값	255.704	1.000	255.704	39.114	.000
요인1 * 치료군	구형성 가정	.547	3	.182	.004	.969
	Greenhouse-Geisser	.547	2.464	.222	.084	.949
	Huynh-Feldt	.547	2.560	.214	.084	.953
	하한값	.547	1.000	.547	.084	.773
오차(요인1)	구형성 가정	627.588	288	2.179		
	Greenhouse-Geisser	627.588	236.549	2.653		
	Huynh-Feldt	627.588	245.786	2.553		
	하한값	627.588	96.000	6.537		

---

18) 앞의 다변량(multivariate) 검정과 유의확률이 차이가 나는 것은 오차항의 계산에서 기인한다. 다변량분석에서는 자료의 벡터(통증0~통증3)를 하나의 자료로 보아 본 자료는 98개 벡터의 자료로 이루어져 있다고 판단하기에 오차항의 자유도가 96이고, 개체 내 효과 검정에서는 각각을 개별적 자료(univariate)로 간주하여 오차항의 자유도를 288으로 계산하였다.

개체-간 효과 검정

측도: MEASURE_1

변환된 변수: 평균

소스	제 III 유형 제곱합	자유도	평균 제곱	F	유의확률
절편	11424.077	1	11424.077	1768.940	.000
치료군	15.174	1	15.174	2.350	.129
오차	619.982	96	6.458		

개체 간 효과 검정 결과 치료군 간에 차이는 없다.(유의확률=0.129) 이는 변화량이 치료군 간에 차이가 없다는 의미가 아니라 통증의 집단별 평균이 집단 간에 차이가 없다는 것을 의미한다. ■

【참고】 [반복측정]에서 <공변량>(covariates)의 이용

분석하고자 하는 것이 개체 내 요인의 효과(통증의 변화)와 개체 간 요인의 효과(치료군의 차이)인데 자료의 관측값이 또 다른 요인에 의해 영향을 받는다면 그러한 영향을 제거하는 것이 정확한 검정을 위해 필요할 것이다. 영향을 제거하고 싶은 변수를 공변량에 지정해주면 오차항을 작게 추정하여 요인 간 차이의 검출력이 높아지도록 할 수 있다. 다음과 같이 관측값에서 연령요인을 제거해주고 나머지 관측값 부분만으로 개체내 효과를 검정할 수 있다.

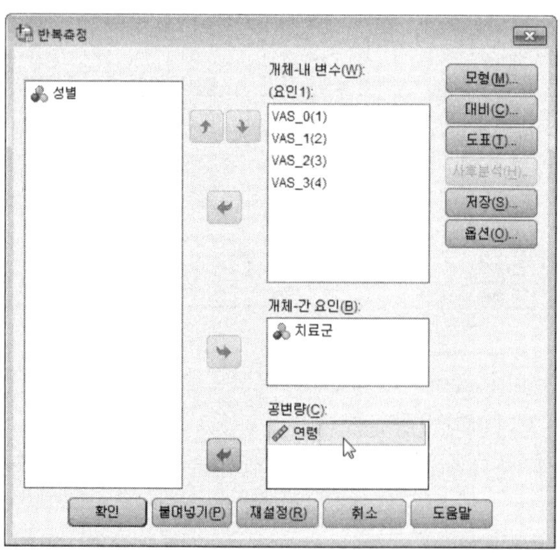

【참고】 [반복측정]에서 평균변화에 대한 도표 그리기

앞의 예제에서 통증치료 자료는 개체 내 변화는 있지만(통증의 변화) 치료군과의 교호작용은 없었다(치료군에서 패턴의 동일). 이러한 순차적인 측정에서 평균의 변화를 도표로 그리기 위해서는 다음과 같이 [도표]를 선택하여 수평축 변수를 지정하면 다음 그림과 같은 결과를 얻을 수 있다.

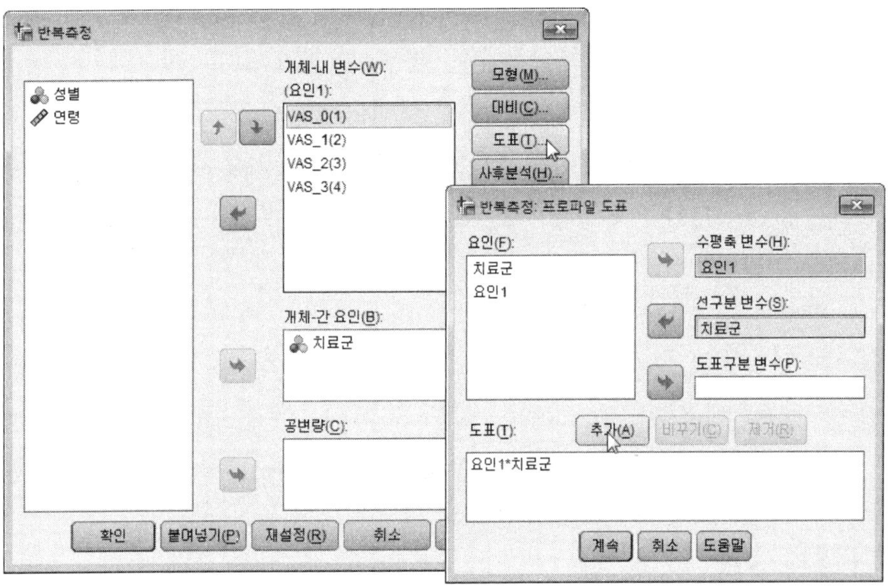

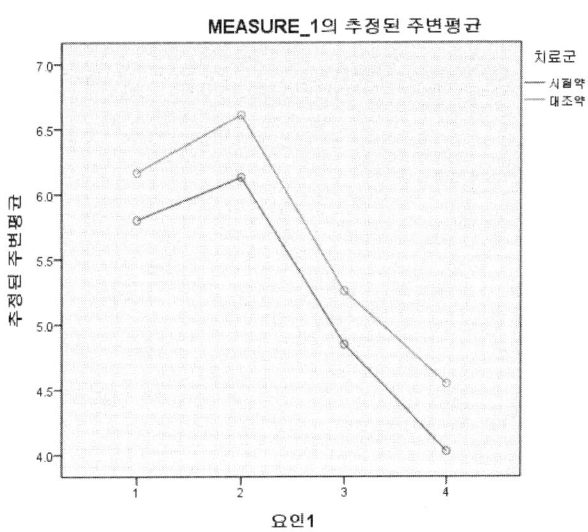

14장. 범주형 자료의 속성비교

14.1 범주형 자료의 분석

범주형 자료의 개요

통계분석을 위한 자료는 신장, 체중, 매출액 등과 같은 계량적(metric)으로 측정이 가능한 자료와, 거주지, 학력, 생활수준 등과 같이 속성값으로만 측정이 가능한 자료가 있다. 속성값으로 이루어진 자료는 명목척도와 순서척도로 측정이 가능하며 이를 범주형 자료(categorical data)라고 한다.

범주형 자료에서 우리가 얻을 수 있는 정보는 도수(count, frequency), 즉 출현 확률(relative frequency)정도 뿐이다. 예를 들어 조사자 100명 중에 남자 53명, 여자 47명 등의 빈도수로 자료가 표시되거나, 남자비율 53%, 여자비율 47% 등으로 표시된다.

범주형 자료는 코딩할 때 숫자로 입력할 수 있지만 이들 숫자가 가지는 계량적 의미는 없다. 예를 들어 어떤 자료에서 성별을 물어 이를 입력할 때 '남자=1', '여자=2' 라는 수로 자료를 변환하여 입력하지만 이 값들의 평균 등을 구하는 것은 의미가 없다.

범주형 자료의 분석 개요

범주형 자료는 그 속성의 출현빈도에 관한 정보뿐이어서 빈도수를 이용해 범주형 자료를 분석한다. 한 변수의 경우 적합도 검정, 두변수의 경우 교차분석, 세 변수 이상이면 대수선형모형을 이용한다.

통계분석을 위하여 범주형 자료는 두 가지 특성을 가지고 있어야 하는데, 첫째는 원자료(raw data)들이 도수(frequency)로 구성되어 있으며,

둘째는 범주의 특성에 따른 관찰도수(observed frequency)에 비교될 수 있는 기대도수(expected frequency)가 존재하여야 한다는 것이다. 범주에 따른 빈도수와 기대도수를 이용하여 범주의 특성을 분석하는 것이 이들 분석의 주된 아이디어이다.

범주형 자료분석의 대표적인 경우로서는 관측값들을 통해 변수가 특정한 분포를 따르는지를 검정하는 적합도 검정(goodness-of-fit test)이 있고, 두 요인(변수) 간에 관계가 있는지를 검정하는 독립성 검정(test of independence)과 동질성 검정(test of homogeneity)[19] 등의 교차분석이 있다. 그리고 좀 더 복잡하지만 일반적인 경우까지 해석이 가능한 대수선형모형(loglinear model)이 주로 사용되는 범주형 자료분석이다.

변수의 수	검정내용	분석방법	SPSS 분석방법
1 변수	변수의 분포	적합도 검정	카이제곱분석
2 변수 (확률변수×확률변수)	두 변수의 속성이 서로 독립인가	독립성 검정	교차분석
2 변수[20] (확률변수×고정변수)	고정된 그룹 간 분포가 동질적인가	동질성 검정	교차분석
2 변수 이상	모형이 적합한가	대수선형모형 분석	로그선형분석

<표 14.1> 범주형 변수의 수에 따른 분석방법의 적용

19) 이론적으로는 독립성 검정과 동질성 검정이 구분이 되지만 실제적으로 사용할 때는 차이점을 신경 쓰지 않아도 된다.

20) 남녀 간에 색상 선호도 차이가 있는가를 알기 위해 100명을 조사했는데 남자가 50명, 여자가 50명 뽑혔다면 '성별' 변수와 '선호 색상' 변수 모두 확률변수이지만, 남자 50명, 여자 50명으로 미리 정해 놓고 조사했다면 성별변수는 확률변수가 아니라 고정변수가 된다. 즉 남녀 그룹 간에 색상선호 비율이 동질한가를 검정한다.

14.2 적합도 검정

적합도 검정의 개요

적합도 검정(goodness-of-fit test)은 n개의 실험대상이 있고 범주의 수가 k개인 실험 자료에서, 각 실험 대상이 각 범주에 속할 확률이 주어진 어떤 특정한 확률과 같은가를 검정한다.

예를 들어 어떤 아파트 출입구가 3개가 있다. 입주민들의 3개의 출입구 이용확률이 동일한가를 검정하고자 각 출입구로 이동하는 입주민수를 조사하였다고 하자. $n=90$번 관찰하여 관찰도수(observed frequency)를 $n_1=23$, $n_2=36$, $n_3=31$ 등과 같이 얻었다. 만약 이들 출입구 이용확률이 동일하다면 각 출입구 이용 빈도수의 기대도수(expected frequency)는 $E_1=30$, $E_2=30$, $E_3=30$ 등으로 다음 표와 같다.

출입구	1(서문)	2(정문)	3(동문)	합계
관찰도수	23	36	31	90
출현확률	1/3	1/3	1/3	1
기대도수	30	30	30	90

이때 기대도수와 실제의 관측도수가 얼마나 일치하는가를 검정하는 방법을 (피어슨의) 적합도 검정(goodness-of-fit test)이라고 한다.

피어슨 적합도 검정의 개요

피어슨 적합도 검정은 기대도수와 관찰도수의 차이제곱합으로 이루어진 통계량을 카이제곱 분포에 비교하여 기대 확률과 실제 확률의 차이를 검정하는 방법이다.

적합도 검정의 귀무가설과 대립가설은 각각 다음과 같다.

$$H_0 : p_1 = p_{10},\ p_2 = p_{20}, \ldots,\ p_k = p_{k0} \quad \text{대.} \quad H_1 : H_0 \text{가 아니다.}$$

귀무가설에서 p_i의 값이 p_{i0}로 정해지면 n_i의 기대도수는 다음과 같다.

$$E(n_i) = np_{i0}.\ (\text{예.}\quad E(n_i) = np_{i0} = 90 \times 1/3 = 30\ )$$

여기서 귀무가설에 대한 가정이 맞는다면, 각 범주에서의 실제 관찰도수와 기댓값은 거의 같을 것이다. 이를 근거로 다음과 같은 검정통계량을 유도할 수 있다.

$$X^2 = \sum_{i=1}^{k} \frac{(n_i - np_{i0})^2}{np_{i0}} \left(= \sum_{i=1}^{k} \frac{(O_i - E_i)^2}{E_i} \right),$$

여기서 O_i는 관찰도수, E_i는 기대도수를 의미한다. 위의 식은 피어슨의 카이제곱 통계량이라 하며 자유도가 $(k-1)$인 χ^2 분포를 따른다. 이 검정통계량의 값이 크면 관찰도수와 기대도수의 차이가 큰 것이므로 귀무가설을 기각하데 된다. 즉, $X^2 \geq \chi^2(\alpha, k-1)$이면 귀무가설을 기각하여 귀무가설에 주어진 출현확률이 자료설명에 적합하지 않다고 판단한다.

앞의 예에서 검정통계량 X^2의 값은 다음과 같다.

$$X^2 = \sum_{i=1}^{k} \frac{[n_i - E(n_i)]^2}{E(n_i)} = \sum_{i=1}^{3} \frac{(n_i - np_i)^2}{np_i}$$

$$= \frac{(23-30)^2}{30} + \frac{(36-30)^2}{30} + \frac{(31-30)^2}{30} = 2.87$$

따라서 $X^2 = 2.87 < \chi^2(0.05, 2) = 5.991$ (교재 부록의 카이제곱표 참조)이므로 귀무가설 H_0는 채택된다. 즉, 입주민들의 선호도는 세 개의 출입구에 대하여 동일하다고 볼 수 있다.

참고적으로 $p-$값 $= 0.2385 > \alpha = 0.05$이므로 귀무가설을 채택한다.

【예제 14.1】 앞 예제의 출입구 자료("14장_출입구.sav")에 대하여 출입구 이용 비율이 동일(각 1/3)한가를 검정하시오.

<풀이>

[분석] 메뉴에서 <비모수 검정>-<레거시 대화상자>-<카이제곱검정>을 선택한다.

[카이제곱 검정] 대화창에서 <검정변수>는 '선호출입구'를 선택하고 아래 <기댓값>에는 '◎모든 범주가 동일'을 지정한다.

출력결과는 관측빈도수와 기대빈도수의 차이 그리고 카이제곱 검정통계량값을 출력한다. X^2=2.867, 유의확률=0.239 등으로 귀무가설이 채택되어 "출입구 선호도는 동일하다"고 판정한다. ■

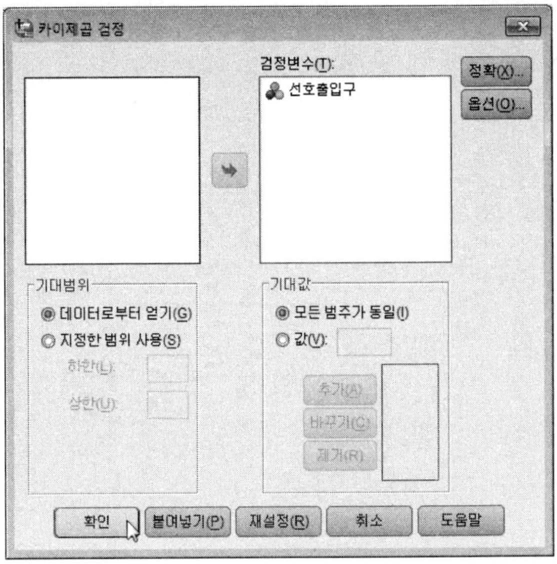

카이제곱 검정

빈도 분석

자주 이용하는 출입문

	관측수	기대빈도	잔차
서문	23	30.0	-7.0
정문	36	30.0	6.0
동문	31	30.0	1.0
합계	90		

검정 통계량

	자주 이용하는 출입문
카이제곱	2.867[a]
자유도	2
근사 유의확률	.239

a. 0 셀 (0.0%)은(는) 5보다 작은 기대빈도를 가집니다. 최소 셀 기대빈도는 30.0입니다.

【예제 14.2】 다음은 2013년 6월 17개 주요 중앙 행정기관의 고위공무원 421명의 출신지역을 조사한 결과를 간단히 요약한 것이다. 호남출신은 89명(30.1%)이었고, 영남출신은 154명(31.3%), 기타(서울, 경기, 충청 등) 출신은 178명(38.7%)이었다. 이러한 분포가 현재 우리 인구분포와 일치(적합)하는가를 검정하시오.

범주	호남	영남	기타	합계
관찰도수	89	154	178	421
관찰도수비율	21.1%	36.6%	42.3%	100%
인구비율	11.3%	27.9%	60.8%	100%
기대도수	47.6	117.5	256.0	421.1

<표 14.2> 고위공직자 출신지역 분포

<풀이> SPSS에 원자료가 아닌 도수분포표를 입력한 경우에는 가중케이스를 이용한다. 먼저 다음과 같이 자료를 입력한다.("14장_공직자수.sav")

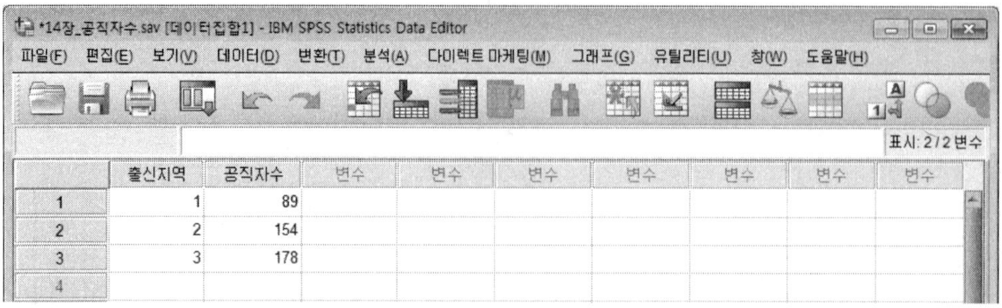

원자료가 아니고 정리된 표를 입력하였으므로 빈도수 변수를 지정하기 위하여 [데이터] 메뉴의 <가중케이스>를 선택한다.

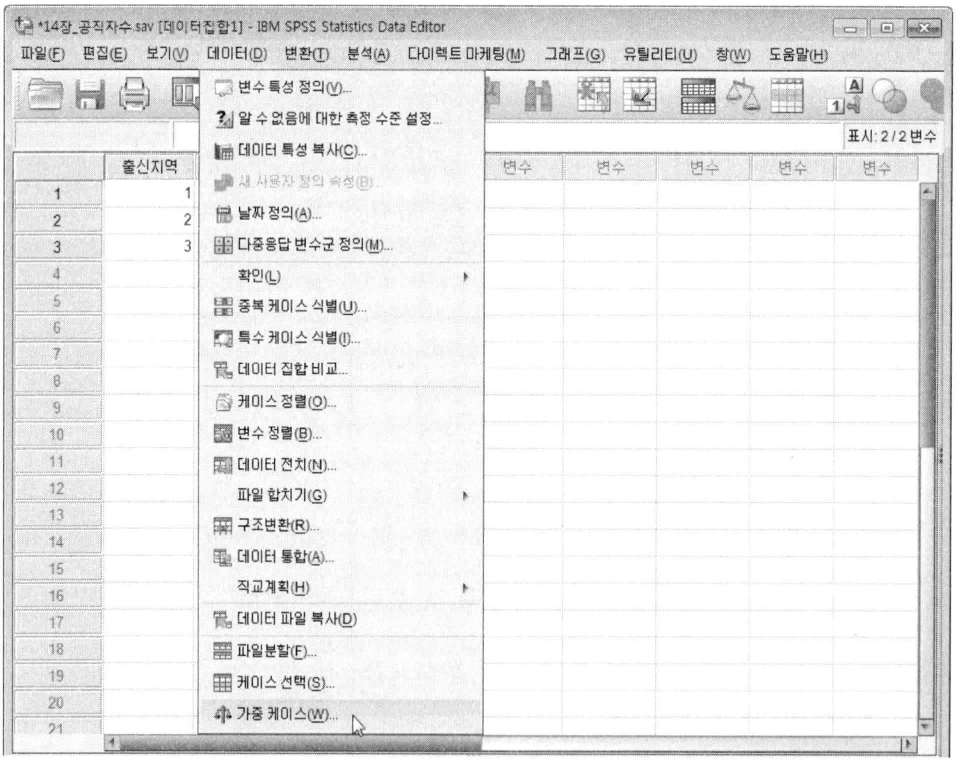

[가중 케이스] 대화창에서 '◎가중 케이스 지정'을 선택하고 '공직자수' 변수를 <빈도변수>로 지정한다.

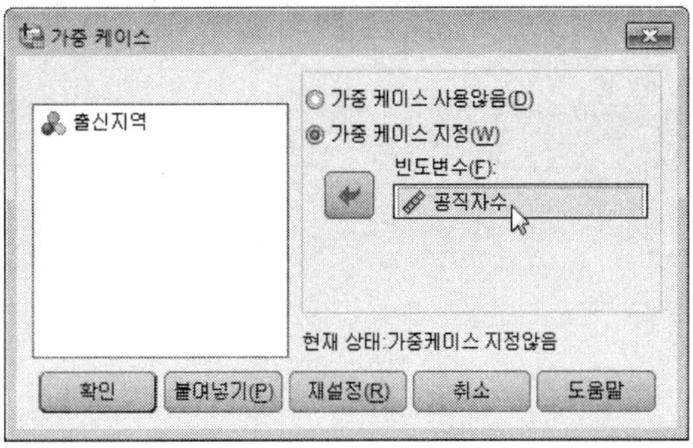

다음은 [분석] 메뉴에서 <비모수 검정>-<레거시 대화상자>-<카이제곱검정>을 차례로 선택한다.

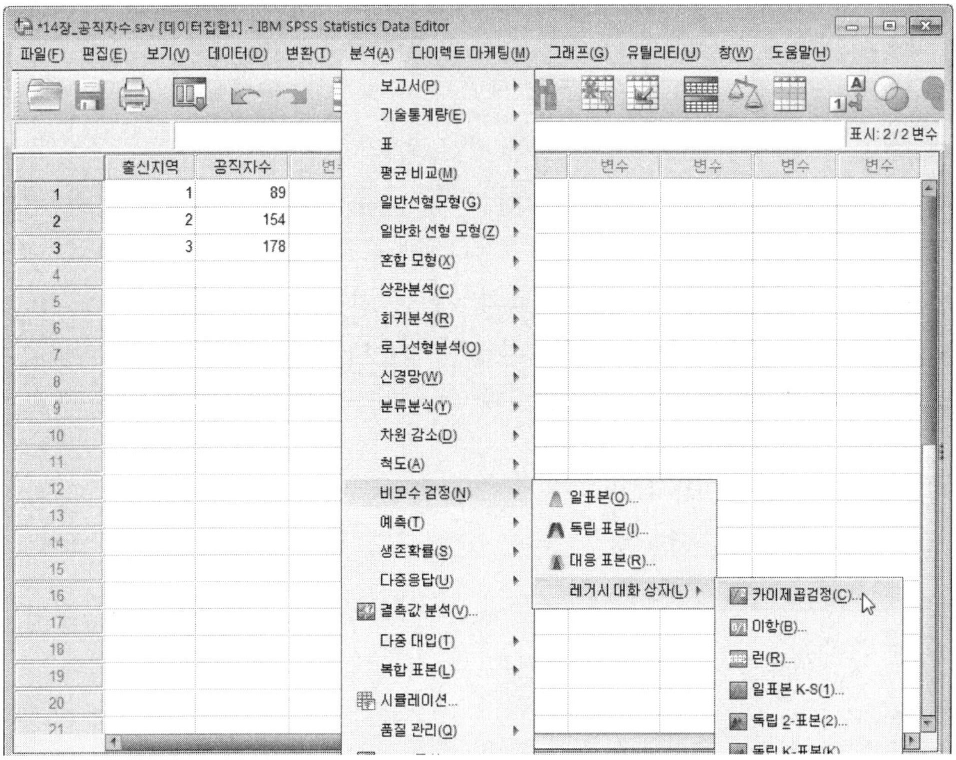

[카이제곱 검정] 대화상자에서 <검정변수>로 '출신지역' 변수를 선택하고('공직자수'를 선택해도 검정결과는 동일) <기댓값>은 각 범주의 확률을 직접 입력해기 위해 <◎값>을 11.3%, 27.9%, 60.8%으로 [추가] 했다.

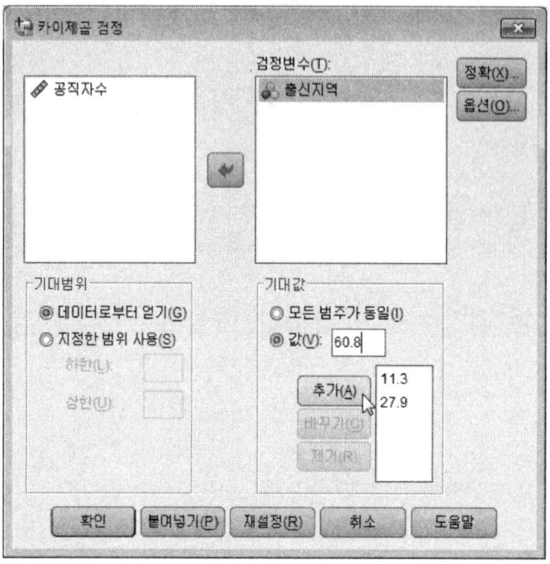

빈도 분석

출신지역

	관측수	기대빈도	잔차
호남	89	47.6	41.4
영남	154	117.5	36.5
기타	178	256.0	-78.0
합계	421		

검정 통계량

	출신지역
카이제곱	71.192[a]
자유도	2
근사 유의확률	.000

a. 0 셀 (0.0%)은(는) 5보다 작은 기대빈도를 가집니다. 최소 셀 기대빈도는 47.6 입니다.

출력결과에는 관찰도수와 기대도수의 표가 출력되고 카이제곱 검정값에 따른 유의확률 0.239가 출력된다. 즉, 귀무가설[21)]을 기각하여 검정결과 각 범주 간에 출현확률은 기대비율과 다르다고 말할 수 없다. 즉, "현재 고위공무원 비율과 인구비율은 일치하지 않는다"라고 결론 내릴 수 있다. ■

【참고】 통계량 X^2의 분포

본서 분포이론에서 표준정규분포의 제곱합은 카이제곱 분포를 따른다고 하였다. 즉 $Z_i \sim N(0,1)\,(i=1,\ldots,n)$일 때 $\sum_i^n Z_i^2 \sim \chi^2(n)$이다. 만약 $n_i(=O_i)$가 정규분포를 따른다면 다음 분포가 카이제곱 분포를 따르게 된다.

---

21) 귀무가설은 현 고위공무원의 비율이 현재 인구비율과 동일하다. 즉, 각각 11.3%, 27.9%, 60.8% 등의 분포를 보인다. 실은 출신지역별 고위공무원의 편중현상을 검증하려면 현재 인구가 아닌 출신지역 인구비율이 필요하다.

$$\frac{\sum_{i}^{k}(n_i - E(n_i))^2}{Var(n_i)} \sim \chi^2(k).$$

피어슨 카이제곱 통계량 X^2이 이 정의에 따라 카이제곱 분포를 따르는지 보이기 위해 간단히 $k=2$를 가정하고 카이제곱 검정통계량을 만든다.

범주	1	2	합계
관찰도수	n_1	n_2	n

이 경우 범주 1에서만 적합도를 분석하면 범주 2는 자동적으로 검정이 되므로 통계량은 범주 1에서의 관찰도수와 기대도수의 차이만을 고려한다. 범주 1의 관찰도수 n_1은 귀무가설 하에서 이항분포 $B(n,p_{10})$를 따르므로, n_1은 점근적으로($n_1p_{10} \geq 5$, $n_1(1-p_{10}) \geq 5$인 경우) 정규분포에 근사하고 이를 표준화해서 제곱하면 다음과 같은 카이제곱 통계량을 만들 수 있다.

$$\chi^2 = \frac{(n_1 - E(n_1))^2}{Var(n_1)} = \frac{(n_1 - np_{10})^2}{np_{10}(1-p_{10})} \sim \chi^2(1).$$

$n_2 = n - n_1$, $p_{20} = 1 - p_{10}$의 관계식을 이용해 변형하면 X^2과 일치한다.

$$\chi^2 = \frac{p_{10}(n_1 - np_{10})^2 + p_{20}(n_1 - np_{10})^2}{np_{10}(1-p_{10})} = \frac{p_{10}(n_2 - np_{20})^2 + p_{20}(n_1 - np_{10})^2}{np_{10}p_{20}}$$

$$= \frac{(n_1 - np_{10})^2}{np_{10}} + \frac{(n_2 - np_{20})^2}{np_{20}} \quad (= X^2).$$

통계량 분모에 원래 분산이 포함되지만 이를 변형시키는 과정에서 이들이 기댓값의 형태를 갖게 되는 것임을 알 수 있다. 또한 위 통계량의 자유도가 1(=2−1)이 되는 것으로 $k-1$의 자유도도 이해가 될 것이다.

14.3 교차분석

교차분석의 개요

두 범주 변수(명목 또는 순서)의 관계를 파악하는 것이 교차분석(cross tabulation analysis)인데 두 변수의 속성이 연관이 있는가를 검정하는 독립성 검정과 한 변수의 비율이 다른 변수의 범주 안에서 동일한 가를 검정하는 동질성 검정이 있다. 분석방법과 해석에 별다른 차이가 없으므로 본서에서는 독립성 검정(test of independence)에 관하여만 설명한다.

예를 들어 다음과 같은 표를 보자. 이는 세대 간에 스마트폰 제조사의 선호도 차이가 있는가를 조사하기 위해 100명을 조사하여 세대별, 소유 제조사별로 분류하여 관찰도수를 얻은 것이다.

제조사 / 세대별	A	S	합계
청소년	10	40	50
장년	30	20	50
합계	40	60	100

<표 14.3> 관찰도수 교차표

만약 세대 간에 제조사 선호도가 다르지 않다면, 즉 세대변인과 제조사 선택변인이 독립이라면 다음과 같은 표를 기대할 수 있다.

제조사 / 세대별	A	S	합계
청소년	20	30	50
장년	20	30	50
합계	40	60	100

<표 14.4> 기대도수 교차표

두 변인이 독립이라면 <표 14.3>의 관찰도수와 <표 14.4>의 기대도수 간에 차이가 없을 것이라는 것이 독립성 검정의 아이디어이다.

기대도수의 유도

두 속성이 독립이라는 가정 하에서 (즉, 귀무가설 아래서) 각 범주에 들어갈 확률을 구하고 이에 따른 기댓값을 구하게 된다.

두 속성을 각각 A, B라 할 때, 두 속성의 각 범주에서 확률은 다음과 같이 정의된다.

$\Pr(A_iB_j)$: A_i와 B_j 교차 셀에 속할 확률

$\Pr(A_i)$: A_i 범주에 속할 확률

$\Pr(B_j)$: B_j 범주에 속할 확률

두 속성이 독립이라면 독립의 정의에 따라 다음과 같은 관계식이 성립한다. 이는 곧 독립성 검정에 대한 귀무가설(영가설)이 된다.

$$\Pr(A_iB_j) = \Pr(A_i)\Pr(B_j), \text{ 모든 } i,j.$$

예를 들어 앞의 표에서 두 속성이 독립이면 각 범주에서 확률과 기대도수를 다음과 같이 구한다.

$$\Pr(A,\text{청소년}) = \Pr(A)\Pr(\text{청소년}) = \frac{40}{100}\times\frac{50}{100} = \frac{20}{100}, \text{ 기대도수}=20,$$

$$\Pr(S,\text{청소년}) = \Pr(S)\Pr(\text{청소년}) = \frac{60}{100}\times\frac{50}{100} = \frac{30}{100}, \text{ 기대도수}=30,$$

$$\Pr(A,\text{장년}) = \Pr(A)\Pr(\text{장년}) = \frac{40}{100}\times\frac{50}{100} = \frac{20}{100}, \text{ 기대도수}=20,$$

$$\Pr(S,\text{장년}) = \Pr(S)\Pr(\text{장년}) = \frac{60}{100}\times\frac{50}{100} = \frac{30}{100}, \text{ 기대도수}=30.$$

검정통계량의 유도

각 범주에서의 관찰값과 기대도수(귀무가설 가정)의 차이를 표준화해 준 값들의 제곱합이 크면 귀무가설이 틀리다고 간주한다. 이때 제곱합은 카이제곱 분포를 따른다.

A는 a개의 범주, B는 b개의 범주로 나누어져 있을 때, 자료는 다음과 같은 $a \times b$ 분할표(상황표, contingency table; 교차표, cross table)로 표현할 수 있다. 여기서 O_{ij}는 A_i와 B_j의 교차범주에 속하는 관찰도수이고 E_{ij}는 기대도수이다. 단, 전체개수는 N이다.

A \ B	B_1	B_2	$\cdots$	B_b
A_1	$O_{11}(E_{11})$	$O_{12}(E_{12})$	$\cdots$	$O_{1b}(E_{1b})$
A_2	$O_{21}(E_{21})$	$O_{22}(E_{22})$	$\cdots$	$O_{2b}(E_{2b})$
$\vdots$	$\vdots$	$\vdots$	$\ddots$	$\vdots$
A_a	$O_{a1}(E_{a1})$	$O_{a2}(E_{a2})$	$\cdots$	$O_{ab}(E_{ab})$

<표 14.5> 분할표(관찰도수 및 기대도수)

귀무가설 하에서 검정통계량은 다음과 같이 유도한다.

$$X^2 = \sum_{i=1}^{a}\sum_{j=1}^{b}\frac{(O_{ij}-E_{ij})^2}{E_{ij}} = \sum_{i=1}^{a}\sum_{j=1}^{b}\frac{(O_{ij}-N\mathrm{Pr}(A_i)\mathrm{Pr}(B_j))^2}{N\mathrm{Pr}(A_i)\mathrm{Pr}(B_j)}.$$

이 통계량 X^2은 근사적으로 자유도가 $(a-1)(b-1)$인 χ^2분포를 따른다. 결론적으로 $X^2 > \chi^2(\alpha, (a-1)(b-1))$이면 유의수준 α로 귀무가설을 기각한다. 즉, 두 속성은 서로 연관이 있다고 판단한다. 만약 귀무가설을 기각하지 못하면 두 속성은 서로 관련이 없다고(독립이다) 판단한다.

【예제 14.3】 다음의 '오픈마켓 선호도 조사' 자료를 이용하여 성별로 선호브랜드가 다른지 (성별과 선호브랜드는 독립인가) 교차분석하고, 또한 구매빈도와 성별변수들은 서로 독립인가(또는 관계가 있는가)를 검정하시오. (자료명: "14장_오픈마켓.sav")

<풀이> [분석] 메뉴에서 <기술통계량>의 <교차분석>을 선택한다.

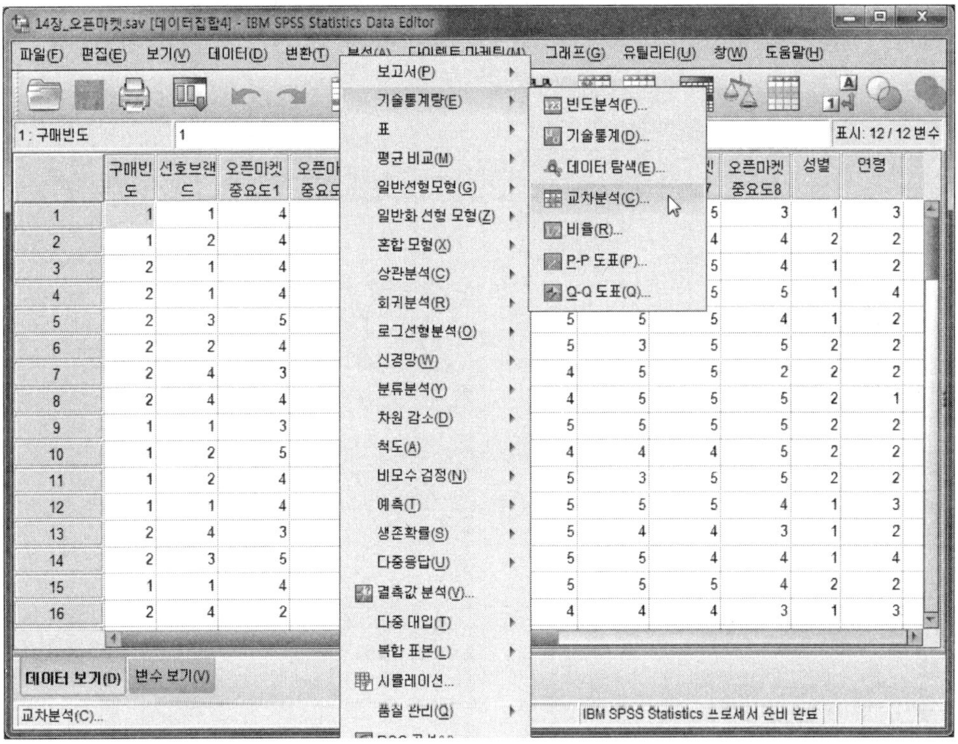

[교차분석] 대화상자에서 행에 '선호브랜드' 변수, 열에 '성별' 변수를 입력한다. [통계량] 버튼을 누르고 <카이제곱>을 지정한다. 이는 독립성(또는 동질성) 검정을 수행하는 피어슨 카이제곱 통계량을 출력한다.

또한 [교차분석] 대화창에서 [셀] 버튼을 누르고 '□기대빈도'와 '□열' 퍼센트를 체크한다. 이는 교차표의 해석을 용이하게 해준다.

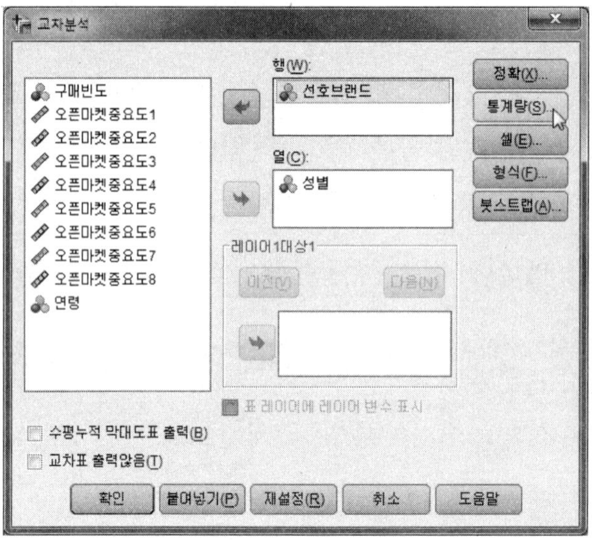

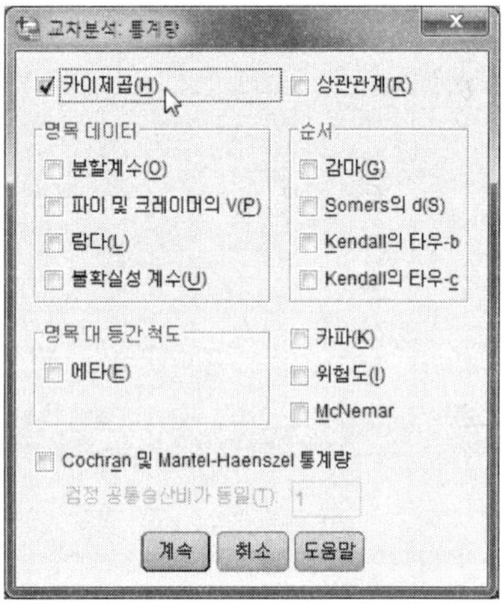

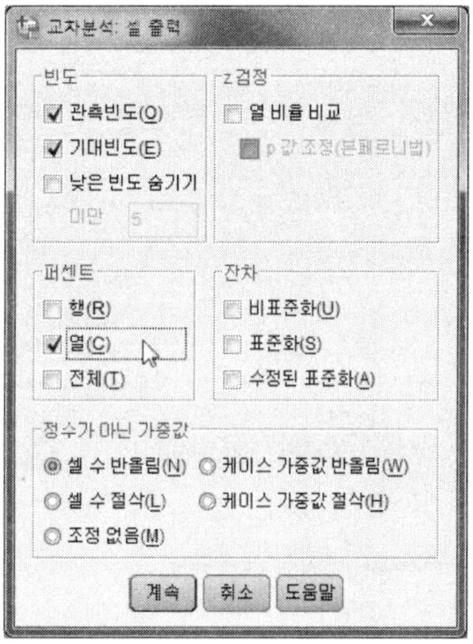

출력결과로 다음과 같은 교차표와 검정통계량값이 출력된다. 남자는 선호브랜드의 비율이 (11번가, G마켓, 인터파크, 기타)=(38.7%, 9.7%, 25.8%, 7.2%)인데 반하여 여자는 (27.6%, 51.7%,3.9%, 6.8%)로 구성 비율이 다소 다르다는 것을 알 수 있다. 간략히 말하면 남자는 11번가, 인터파크 순으로 선호하지만 여자는 G마켓, 11번가 순이었다.

선호브랜드 * 성별 교차표

			성별		
			남	여	전체
선호브랜드	11번가	빈도	12	8	20
		기대빈도	10.3	9.7	20.0
		성별 중 %	38.7%	27.6%	33.3%
	G마켓	빈도	3	15	18
		기대빈도	9.3	8.7	18.0
		성별 중 %	9.7%	51.7%	30.0%
	인터파크	빈도	8	0	8
		기대빈도	4.1	3.9	8.0
		성별 중 %	25.8%	0.0%	13.3%
	기타	빈도	8	6	14
		기대빈도	7.2	6.8	14.0
		성별 중 %	25.8%	20.7%	23.3%
전체		빈도	31	29	60
		기대빈도	31.0	29.0	60.0
		성별 중 %	100.0%	100.0%	100.0%

카이제곱 검정

	값	자유도	점근 유의확률 (양측검정)
Pearson 카이제곱	17.038[a]	3	.001
우도비	20.849	3	.000
선형 대 선형결합	.688	1	.407
유효 케이스 수	60		

a. 2 셀 (25.0%)은(는) 5보다 작은 기대 빈도를 가지는 셀입니다. 최소 기대빈도는 3.87입니다.

피어슨 카이제곱 통계량값은 17.038이고 자유도는 (4−1)(2−1)=3 이어서 유의확률이 0.001로 계산되어지기 때문에 귀무가설을 기각한다. 즉, 두 변인의 속성 간에 독립이 아니고 연관이 있음을 알 수 있다. 결론적으로 "성별요인과 선호브랜드는 연관이 있다"라고 말할 수 있다.

【참고】 5보다 작은 기대빈도

카이제곱 검정표의 아랫부분에 "2 셀(25.0%)은 5보다 작은 기대빈도를 가지는 셀입니다"라는 경고가 나오는데 이는 이 자료에서는 기댓값이 5가 되지 못하는 셀이 존재하여 검정통계량의 점근적 확률값이 정확하지 않을 수 있다는 메시지이다.

피어슨 카이제곱 검정이나 우도비 검정 모두 관측도수의 정규성 근사(normal approximation)를 가정하는데 이를 위해서는 각 셀의 기댓값이 5 이상이 되어야 한다.[22] 즉, 대부분 셀의 기댓값이 5 이상이어야 카이제곱 검정결과를 믿을 수 있게 된다. 어느 정도의 셀이 이 조건을 만족해야 믿을 수 있는가에 대해서는 "기댓값이 5 미만인 셀이 20% 이하이고 모든

22) 1장에서 설명한 바와 같이 중심극한정리(CLT)에 의하여 이항분포(독립적인 카운트 합)는 정규분포에 근사시킬 수 있다. 일반적으로 중심극한정리가 성립하려면 표본의 수가 30이상인데 반하여 이항분포의 정규근사를 위한 조건은 기댓값이 5 이상($np \ge 5,\ \ n(1-p) \ge 5$)이라는 것이다.

셀의 기댓값이 1 이상이어야 카이제곱 통계량을 사용할 수 있다고 본다"[23]라는 기준을 주로 사용한다. 현재 예제에서는 5 미만인 셀이 25%이므로 이러한 카이제곱 검정 결과가 통계적으로 공인받기 힘들다는 것을 의미한다.

이를 해결하기 위해서는 두 가지 해결방법이 있다. 첫째는 항목 수가 적은 것들끼리 합하여 각 셀의 기댓값이 5 이상이 되도록 코딩을 변경하는 것이다. 예를 들어 예제에서 '인터파크'와 '기타'를 합하여 '기타' 항목으로 변경하는 방법이다. 둘째는 정규성 가정이 필요한 Pearson 카이제곱 통계량을 사용하지 않고 정확한 분포에 의해 구한 Fisher의 exact test(정확한 검정)를 사용하면 된다. 이를 위해 [교차분석] 대화상자에서 [정확] 버튼을 눌러 '◎정확한 검정'을 실행한다.

다음은 '구매빈도'와 '성별'의 연관성에 대한 교차분석이다. 행과 열에 '구매빈도'와 '성별' 변수를 보내고 [통계량]에서 카이제곱 통계량을 선택한다. [셀]에 '기대빈도'와 '열' 퍼센트를 출력하도록 정한다.

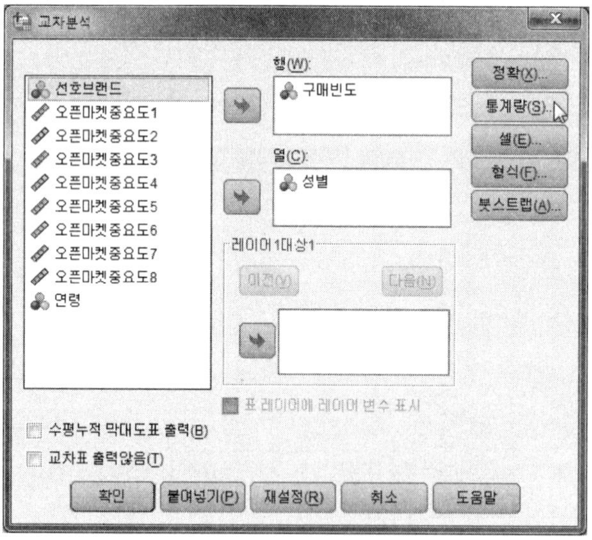

23) Yates, D., Moore, D. S., and McCabe, G. P. (1999). *The Practice of Statistics*, Second Edition. Freeman and Company

구매빈도 * 성별 교차표

			성별		전체
			남	여	
구매빈도	월 1회 이상	빈도	10	16	26
		기대빈도	13.4	12.6	26.0
		성별 중 %	32.3%	55.2%	43.3%
	월 1회 미만	빈도	21	13	34
		기대빈도	17.6	16.4	34.0
		성별 중 %	67.7%	44.8%	56.7%
전체		빈도	31	29	60
		기대빈도	31.0	29.0	60.0
		성별 중 %	100.0%	100.0%	100.0%

교차표에서 남녀별로 구매빈도가 차이가 있다는 점을 추측할 수 있다. (남자는 월 1회 이상이 32.3%, 미만이 67.7%인데 반하여, 여자는 1회 이상이 55.2%, 미만이 42.9% 등이다) 즉, 남자에 비해 여자의 구매빈도가 높아 보인다. 그러나 카이제곱 검정에 의하면 유의확률이 0.073으로 유의하지 못하기 때문에 (유의확률>유의수준 5%) 귀무가설을 채택하여 남녀 간에 구매빈도 비율에는 차이가 없는 것으로 판단한다.

카이제곱 검정

	값	자유도	점근 유의확률 (양측검정)	정확한 유의확률 (양측검정)	정확한 유의확률 (단측검정)
Pearson 카이제곱	3.204[a]	1	.073		
연속수정[b]	2.339	1	.126		
우도비	3.231	1	.072		
Fisher의 정확한 검정				.117	.063
선형 대 선형결합	3.150	1	.076		
유효 케이스 수	60				

a. 0 셀 (0.0%)은(는) 5보다 작은 기대 빈도를 가지는 셀입니다. 최소 기대빈도는 12.57입니다.

b. 2x2 표에 대해서만 계산됨

【참고】 Fisher의 정확한 검정

SPSS는 계산량이 많지 않은 2×2 교차표에서는 'Fisher의 정확한 검정'을 자동으로 출력해준다. Fisher의 검정 통계량은 근사분포가 아닌 정확한 분포인 다항분포에 의해서 계산하였기 때문에 셀의 기대빈도수가 5이하인 경우에도 정확한 유의확률을 계산한다. 즉, 셀의 기대빈도가 5이상이라는 제약조건과는 무관하게 유의확률을 구할 수 있다.

【예제 14.4】 <표 14.3>의 자료를 이용하여 연령층 변인(속성)과 제조회사 선호도 변인(속성)이 연관이 있는지를 검정하시오.($\alpha = 5\%$)

<풀이> 자료가 원자료의 형태가 아닌 교차표의 형태로 주어졌을 때 이를 분석하기 위하여 [데이터]-<가중케이스>를 이용한다.

제조사 / 연령층	A	S	합계
청년층	10	40	50
장년층	30	20	50
합계	40	60	100

먼저 다음과 같이 자료를 입력한다. (자료명: "14장_스마트폰.sav")

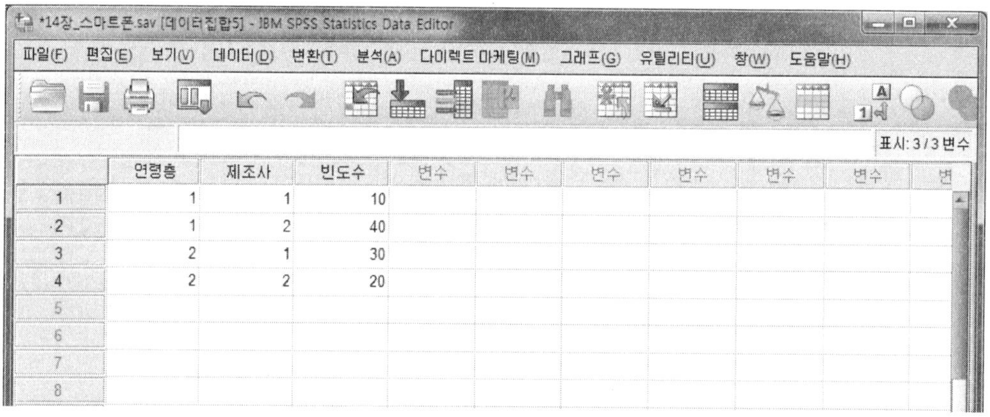

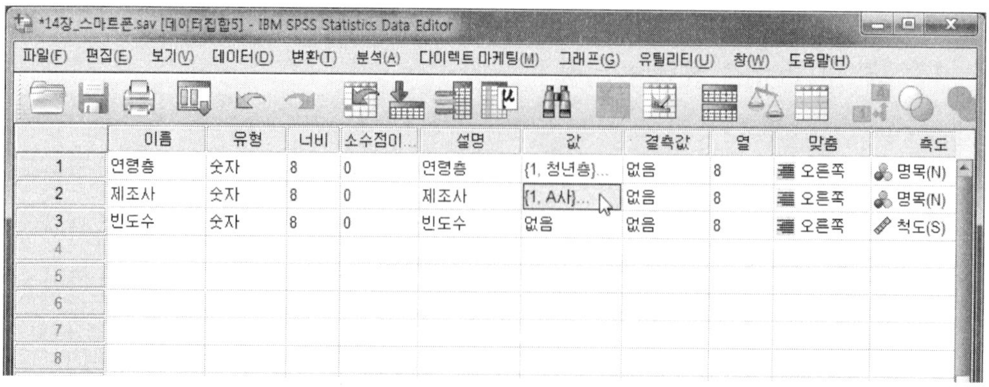

적합도 검정 예제와 같이 원자료가 아닌 빈도수이므로 [데이터] 메뉴의 <가중 케이스>를 선택하여 [가중 케이스] 대화창에서 '◎가중 케이스 지정'을 클릭하고 '빈도수' 변수를 <빈도변수>로 지정한다.

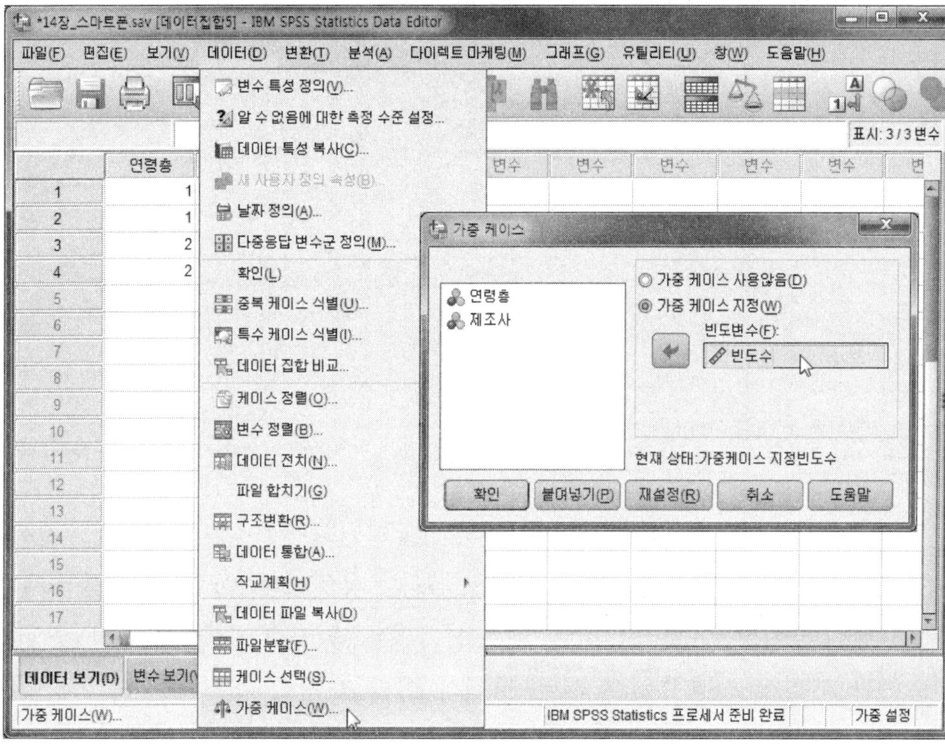

[분석] 메뉴의 <기술통계량>-<교차분석>을 선택한다.

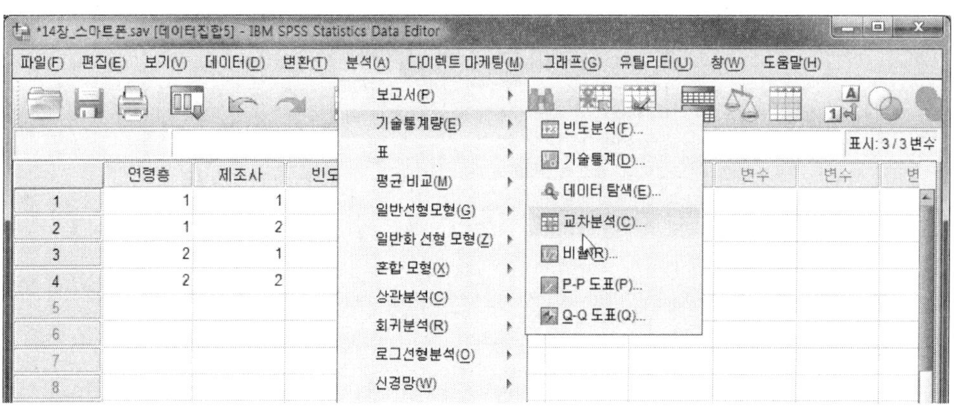

[교차분석] 대화상자에서 행과 열 변수를 지정하고 [통계량]에서 '□카이제곱' 통계량을 선택한다.

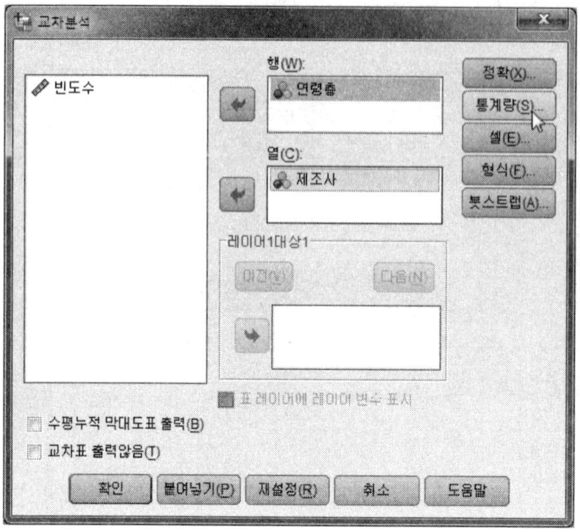

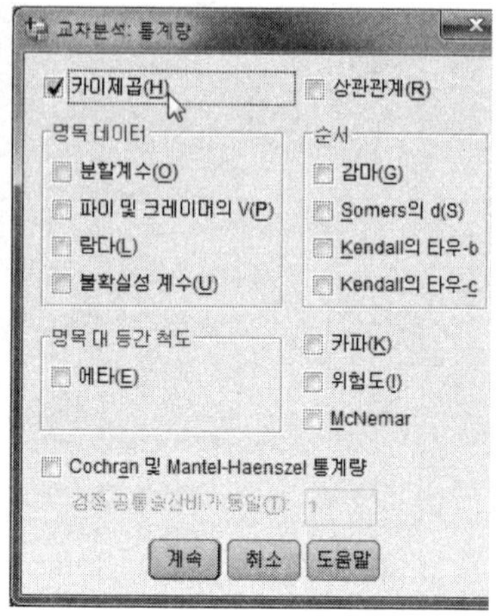

출력결과에는 두 명목변수의 교차표가 출력되고 카이제곱 통계량 검정표가 표시된다. 유의확률은 0.000으로 매우 유의하여 (서로 독립이라는 귀무가설이 기각) 두 변인 간에 종속성이 존재한다고 말할 수 있다. 즉, 연령층과 제조사 선호요인은 서로 관계가 있다고 말할 수 있다. ■

카이제곱 검정

	값	자유도	점근 유의확률 (양측검정)	정확한 유의확률 (양측검정)	정확한 유의확률 (단측검정)
Pearson 카이제곱	16.667[a]	1	.000		
연속수정[b]	15.042	1	.000		
우도비	17.261	1	.000		
Fisher의 정확한 검정				.000	.000
선형 대 선형결합	16.500	1	.000		
유효 케이스 수	100				

a. 0 셀 (0.0%)은(는) 5보다 작은 기대 빈도를 가지는 셀입니다. 최소 기대빈도는 20.00입니다.

b. 2x2 표에 대해서만 계산됨

14.4 대수선형모형 **

3차원 분할표의 분석

3차원 이상의 분할표를 분석할 때 대수선형모형(Log Linear Model) 분석을 이용한다.

3차원 이상의 분할표를 분석할 때 두 변인끼리 짝을 지어 2차원 분할표로 각 쌍의 변수들 간의 관계를 본다면 이것은 두 변수 간에 관계만 알아낼 수 있을 뿐, 3개 이상의 변수가 복합적으로 연관되어 있는 고차의 교호작용의 역할에 관해서는 분석할 수 없는 단점이 있다. 그래서 우리는 자료를 선형모형으로 변환시켜 3차원 이상의 분할표에서 3변수 이상의 복합적인 연관성을 찾아내는 대수선형모형을 사용한다. 또한 이는 주효과의 존재(속성 수준 간 차이)도 검정해준다.

대수선형모형의 유도

대수선형모형은 기댓값을 선형모형으로 추정하여 카이제곱 통계량으로 모형의 적합성을 검정한다.

우선 이차원 분할표에서 대수선형모형(loglinear model)을 유도해보자.

$A \backslash B$	B_1	B_2	$\cdots$	B_b	합계
A_1	$O_{11}(E_{11})$	$O_{12}(E_{12})$	$\cdots$	$O_{1b}(E_{1b})$	$n_{1.}$
A_2	$O_{21}(E_{21})$	$O_{22}(E_{22})$	$\cdots$	$O_{2b}(E_{2b})$	$n_{2.}$
$\vdots$	$\vdots$	$\vdots$	$\ddots$	$\vdots$	$\vdots$
A_a	$O_{a1}(E_{a1})$	$O_{a2}(E_{a2})$	$\cdots$	$O_{ab}(E_{ab})$	$n_{a.}$
합계	$n_{.1}$	$n_{.2}$	$\cdots$	$n_{.b}$	N

<표 14.5> 분할표(관찰도수 및 기대도수)

앞 절에서 두 변수가 독립이라는 귀무가설 하에 각 셀의 기대도수는 다음과 같았다.

$$\hat{E}_{ij} = \frac{n_{i.}\,n_{.j}}{N}, \quad i=1,...,a,\ j=1,...,b.$$

이 식의 양변에 자연로그를 취하면 다음과 같이 i첨자 부분, j첨자 부분, 상수 부분으로 분리하여 표현할 수 있다.

$$\log\hat{E}_{ij} = \log n_{i.} + \log n_{.j} - \log N.$$

이때 $\hat{E}_{ij}$는 실제적으로 기대도수의 추정값이고 $\hat{E}_{ij}$의 모수를 E_{ij}라 한다면 다음과 같이 대수선형모형으로 표현할 수 있다.

$$\log E_{ij} = \mu + \mu_{1(i)} + \mu_{2(j)},$$

여기서, $\mu = \frac{1}{ab}\sum_i^a\sum_j^b \log E_{ij}$(전체평균),

$\mu_{1(i)} = \frac{1}{b}\sum_j^b \log E_{ij} - \mu$($A_i$의 효과),

$\mu_{2(j)} = \frac{1}{a}\sum_i^a \log E_{ij} - \mu$($B_j$의 효과), ($\sum_i \mu_{1(i)} = \sum_j \mu_{2(j)} = 0$)

앞의 모형은 두 변수가 서로 독립이므로 A와 B의 주효과(main effect)만 존재하지만, 독립이 아니어서 교호작용도 존재한다면 다음과 같이 포화모형(saturated model, full model)으로 쓸 수 있다.

$$\log E_{ij} = \mu + \mu_{1(i)} + \mu_{2(j)} + \mu_{12(ij)},$$

여기서 $\sum_i \mu_{12(ij)} = \sum_j \mu_{12(ij)} = 0.$

2차원 교차표에서 대수선형모형에 의한 독립성 검정

2차원 교차표에서는 주효과모형이 적합한지를 카이제곱 검정하는데, 귀무가설을 기각하면 서로 종속이라 판단한다.

위의 두 모형 중 어느 것이 더 적합할 것인가를 판정하기 위해서 다음과 같은 가설을 세운다.

H_{0A} : 주효과 모형이 자료에 적합하다(즉, 두 변수는 서로 독립이다).

H_{0B} : 포화 모형이 적합하다(즉, 두 변수의 교호작용이 존재한다).

H_{0A}를 검정하기 위해서 모형에 따른 각 계수를 추정하여 $\log E_{ij}$를 추정한다. 즉 $\hat{E}_{ij}$를 구한다. 이 값과 O_{ij}의 차이의 제곱을 전부 더하여 이 값을 기초로 피어슨의 카이제곱검정을 행한다.

$$X^2 = \sum \frac{(O_{ij} - \hat{E}_{ij})^2}{\hat{E}_{ij}}.$$

이는 근사적으로 χ^2분포를 따르며 자유도는 다음과 같다.

자유도(df)=cell(칸)의 수 − 귀무가설 모형의 모수의 개수.

즉, 예를 들어 3×3 분할표에서는 추정된 모수가 $\mu, \mu_{1(1)}, \mu_{1(2)}, \mu_{2(1)}, \mu_{2(2)}$ 등 5개이므로 자유도는 9−5=4가 된다. ($\sum_i \mu_{1(i)} = \sum_j \mu_{2(j)} = 0$에 의하여 $\mu_{1(3)}, \mu_{2(3)}$는 자동으로 추정된다)

H_{0B}를 검정하려는 포화모형의 경우에 X^2 통계량의 자유도는 0이 되어서 이러한 귀무가설에 대한 검정은 불가능하다. 예를 들어 2×2 분할표에서는 추정된 모수가 μ, $\mu_{1(1)}$, $\mu_{2(1)}$, $\mu_{12(11)}$(나머지는 자동으로 추정된다)이므로 $\text{df} = 4 - 4 = 0$이 된다. 그리고 이러한 완전모형에서는 E_{ij}가 오차없이 O_{ij}로 추정되므로 X^2의 값이 의미가 없다. 즉 최고차항의 교호작용

이 들어있는 모형의 추정은 불가능하다.[24)]

그래도 여전히 $a \times b$의 2차원 분할표에서는 H_{0A}의 가설검정을 통해 두 변수가 독립인가에 대한 검정이 가능하다. H_{0B}를 직접 검정할 수는 없지만 H_{0A}를 기각하면 곧 독립모형이 기각되므로 두 변수가 종속이라 판단할 수 있다. 그리고 그 검정통계량의 자유도는 앞 절의 독립성검정 통계량 X^2의 자유도와 동일하다.

3차원 교차표에서 대수선형모형에 의한 독립성 검정

3차원 교차표에서는 교호작용효과모형이 적합한지를 카이제곱 검정하는데, 귀무가설을 채택하면 서로 종속이라 판단한다.

3차원 분할표의 대수모형의 완전모형(포화모형)을 생각해보자.

$$\log E_{ij} = \mu + \mu_{1(i)} + \mu_{2(j)} + \mu_{3(k)} + \mu_{12(ij)} + \mu_{13(ik)} + \mu_{23(jk)} + \mu_{123(ijk)},$$
$$i = 1,...,a,\ j = 1,...,b,\ k = 1,...,c.$$

이 경우에 다음과 같은 가설들의 검정이 가능하다.

$$H_{01} : \log E_{ijk} = \mu + \mu_{1(i)} + \mu_{2(j)} + \mu_{3(k)}$$
$$H_{02} : \log E_{ijk} = \mu + \mu_{1(i)} + \mu_{2(j)} + \mu_{3(k)} + \mu_{12(ij)}$$
$$\vdots$$
$$H_{05} : \log E_{ijk} = \mu + \mu_{1(i)} + \mu_{2(j)} + \mu_{3(k)} + \mu_{12(ij)} + \mu_{13(ik)}$$
$$\vdots$$
$$H_{08} : \log E_{ijk} = \mu + \mu_{1(i)} + \mu_{2(j)} + \mu_{3(k)} + \mu_{12(ij)} + \mu_{13(ik)} + \mu_{23(jk)}.$$

예를 들어 H_{02}를 검정하여 채택된다면 A_i와 B_j 두 변수 간에 교호작용이 존재함을 의미한다. 가설이 기각되지 않는다는 것은 그 모형에 의해서

24) 이는 반복이 없는 이원배치에서 이차의 교호작용을 검출할 수 없는 사실과 일맥상통한다.

적합한 기대도수의 값이 관측도수의 값과 비슷하다는 뜻이고, 그 모형이 자료를 잘 설명해 주고 있다는 의미이기 때문이다.

이상에서 알 수 있듯이 대수선형모형 검정법은 다차원 분할표에서 여러 변수간의 교호작용의 존재를 검정한다. 2차원, 3차원 분할표의 검정은 일반적인 분할표의 독립성 검정으로도 가능하다. 그러나 그 이상의 분할표에서는 3변수 간의 교호작용도 검출해내므로 이 대수선형모형 검정법이 진가를 발휘하게 된다.

【예제 14.5】 앞 절의 '오픈마켓 선호도 조사' 자료를 이용하여 성별 간에 선호브랜드가 다른지 로그선형모형으로 검정하시오($\alpha=5\%$). 또한 이들 변수와 함께 '구매빈도'도 포함하여 2차의 교호작용과 3차의 교호작용이 존재하는가를 로그선형 분석을 통하여 검정하시오. (자료명: "14장_오픈마켓.sav")

<풀이> SPSS의 로그선형 분석을 이용한다.

① '성별'×'선호브랜드'

[분석] 메뉴에서 <로그선형분석>의 <일반>을 선택한다.

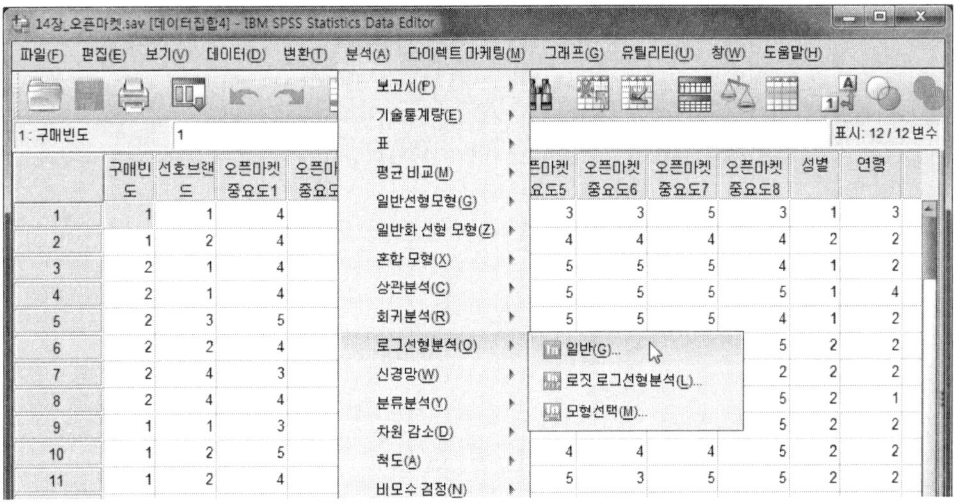

[일반 로그선형분석] 대화창에서 <요인> 창에 '선호브랜드'와 '성별' 변수를 지정한다. 그리고 [모형] 버튼을 눌러 모형에 포함될 변수와 식을 정한다. 그리고 <셀 빈도의 분포>는 '◎다항분포'를 선택한다.

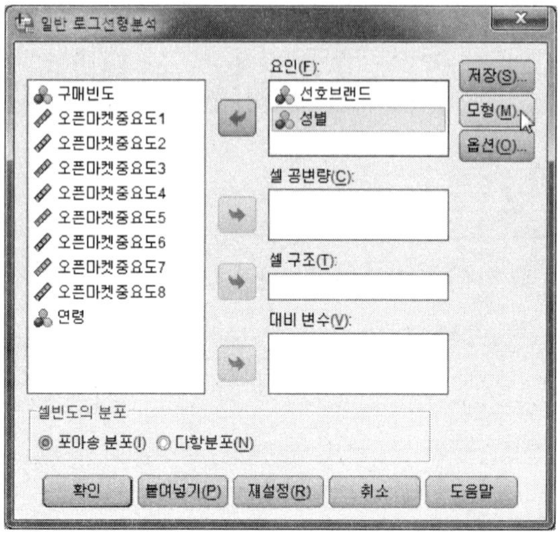

[모형] 대화창에서는 2차원 교차분석이 두 변인에 대한 독립성 검정이므로 주효과만 모형에 포함된 로그선형모형으로 '사용자 정의'하도록 한다. <모형에 포함된 항>에 '선호브랜드'와 '성별' 변수를 보낸다.

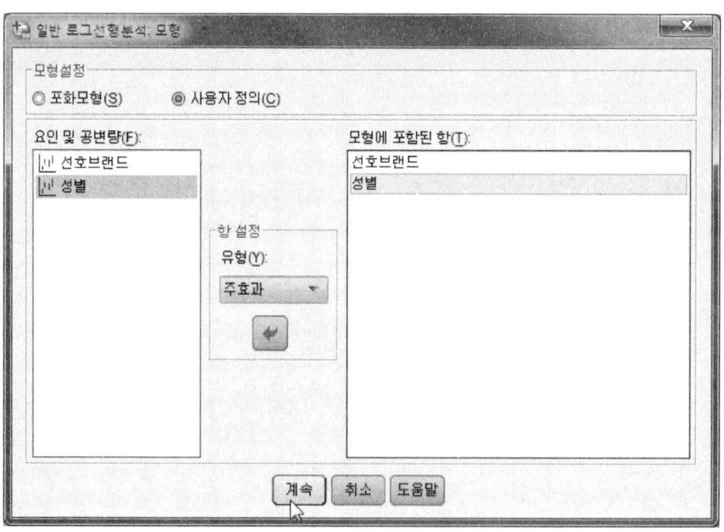

출력결과의 적합도 검정에서 카이제곱 검정통계량이 17.038(교차분석과 동일)이고 자유도는 3(=셀의 수(8)−모수 수(5))이다. 유의확률이 0.001이므로 가정한 모형이 적합하지 않다. 즉 교호작용 항이 빠진 모형은 적합하지 못하므로 교호작용이 포함되어야 함을 의미하고 이는 두 변인이 서로 종속되어 있다는 앞 예제의 교차분석 결과와 일치한다.

적합도 검정[a,b]

	값	자유도	유의확률
우도비	20.849	3	.000
Pearson 카이제곱	17.038	3	.001

a. 모형: 다항

b. 계획: 상수 + 선호브랜드 + 성별

② ‘성별’×‘선호브랜드’×‘구매빈도’

범주형 변수 3개를 모두 모형에 포함시켜 3차원 교호작용의 존재까지 검정하기 위하여 <요인> 창에 세 개의 변수를 입력하고 [모형]에서 변수를 순차적으로 추가하면서 모형을 검정한다.

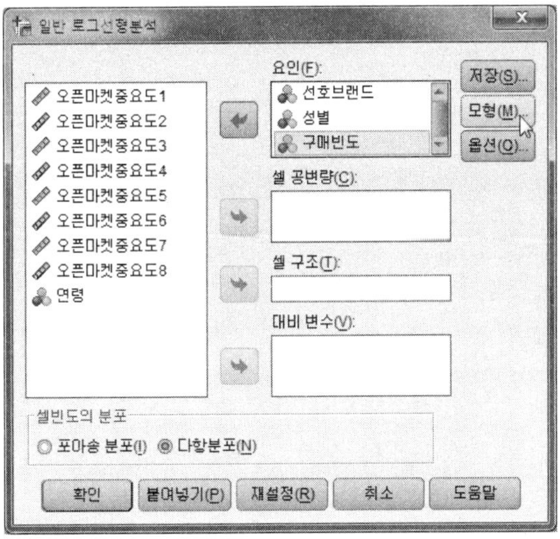

여기서는 주효과와 교호작용을 차례로 추가하면서 그 모형의 적합성을 검정한다.

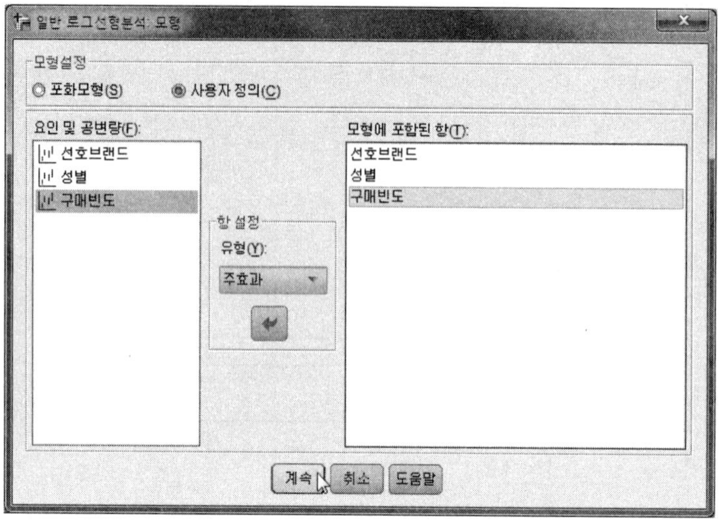

적합도 검정[a,b]

	값	자유도	유의확률
우도비	31.987	10	.000
Pearson 카이제곱	27.485	10	.002

a. 모형: 다항

b. 계획: 상수 + 선호브랜드 + 성별 + 구매빈도

주효과만 포함시킨 모형의 적합성은 기각되었다. 추가적인 교호작용의 지정이 필요하다. 다음은 '선호브랜드'와 '성별'의 교호작용을 모형에 추가하였다.

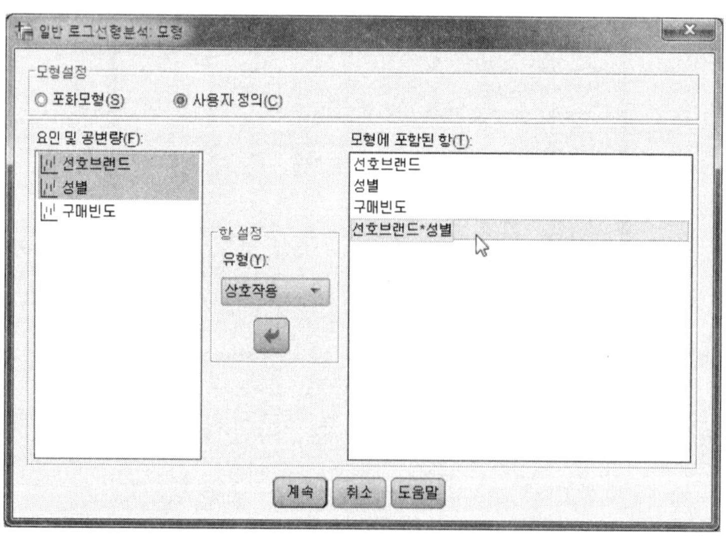

적합도 검정[a,b]

	값	자유도	유의확률
우도비	11.138	7	.133
Pearson 카이제곱	9.774	7	.202

a. 모형: 다항

b. 계획: 상수 + 선호브랜드 + 성별 + 구매빈도 + 선호브랜드 * 성별

'선호브랜드*성별'의 교호작용이 포함되어 모형이 적합한 것으로 판정되었다. 또한 '구매빈도*성별'의 교호작용과 '구매빈도*선호브랜드'의 교호작용은 모형에 포함되어도 모형이 적합하지 않았다. 그리고 모든 2차의 교호작용을 다 포함하였을 때 모형이 적합하였으므로 3차의 교호작용을 모형에 포함시킬 필요는 없었다.

3차의 교호작용이 필요하지 않으므로 '선호브랜드*성별' 교호작용만 포함된 모형을 최종적으로 확정한다.

주효과와 '선호브랜드*성별' 교호작용만 포함시킨 모형으로 각 효과의 계수를 추정하기 위하여 [옵션] 대화상자에서 '□추정값'에 체크한다.

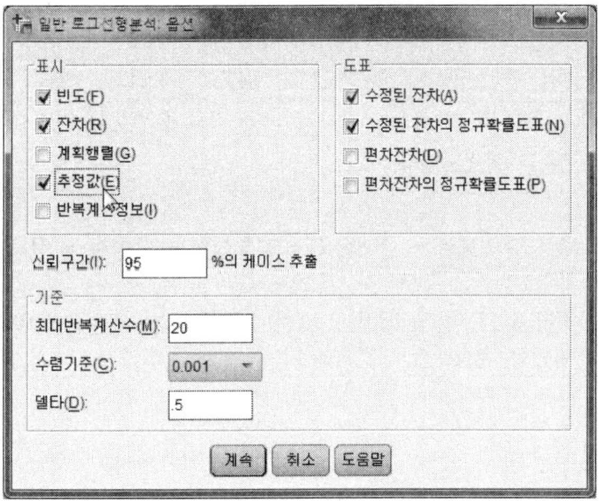

주효과와 교호작용에 대한 계수값을 통해 관찰도수의 유의한 차이를 보이는 변인 수준을 파악할 수 있다. '구매빈도=1'과 '구매빈도=2'의 차이는 −.794로 추정되며 이는 유의하지 않다(유의확률=0.273). 또한 '선호브랜

드' 간에는 유의한 차이를 보이며, '성별' 간에는 유의한 차이를 찾을 수 없었다. ■

모수 추정값[c,d,e]

모수	추정값	표준오차	Z	유의확률	95% 신뢰구간	
					하한	상한
상수	1.419[a]					
[선호브랜드 = 1]	-.383	.674	-.568	.570	-1.704	.938
[선호브랜드 = 2]	.381	.600	.636	.525	-.794	1.557
[선호브랜드 = 3]	-19.645	.580	-33.852	.000	-20.782	-18.507
[선호브랜드 = 4]	0[b]	.	.	.	.	.
[성별 = 1]	.508	.570	.891	.373	-.609	1.625
[성별 = 2]	0[b]	.	.	.	.	.
[구매빈도 = 1]	-.794	.725	-1.095	.273	-2.214	.627
[구매빈도 = 2]	0[b]	.	.	.	.	.
[선호브랜드 = 1] * [성별 = 1]	.428	.759	.563	.573	-1.060	1.916
[선호브랜드 = 2] * [성별 = 1]	-1.641	.856	-1.918	.055	-3.318	.036
[선호브랜드 = 1] * [구매빈도 = 1]	1.403	.819	1.715	.086	-.201	3.008
[선호브랜드 = 2] * [구매빈도 = 1]	1.185	.842	1.408	.159	-.465	2.835
[선호브랜드 = 3] * [구매빈도 = 1]	1.292	1.059	1.221	.222	-.783	3.367
[성별 = 1] * [구매빈도 = 1]	-1.009	.667	-1.512	.131	-2.317	.299

a. 다항 가정에서 상수는 모수가 아닙니다. 따라서 이에 관한 표준오차는 계산되지 않습니다.

b. 중복된 모수이므로 0으로 설정됩니다.

c. 모형: 다항

d. 계획: 상수 + 선호브랜드 + 성별 + 구매빈도 + 선호브랜드 * 성별 + 선호브랜드 * 구매빈도 + 성별 * 구매빈도

e. Hessian 행렬은 비정칙적이고 비가역적이기 때문에 일부 모수 추정값이 0으로 추정됩니다. 따라서 Hessian 행렬의 일반화 역이 대신 계산됩니다.

15장. 상관분석

15.1 상관분석의 개요

변수들 간의 연관성

두 변수가 서로 독립(mutually independent)이 아니라면 변수 간에 높거나 낮은 어느 정도의 연관성(association)이 존재할 것이다. 두 변수가 모두 계량변수(즉, 구간척도 또는 비율척도)일 때 변수간의 관계여부를 분석하는 것이 상관분석이다.

계량변수 사이의 연관성(상관관계)은 방향성을 갖게 된다. 즉 한 변수의 값이 커질 때 다른 변수의 값도 커지면 두 변수는 양(+)의 연관성이 있다고 하며, 반대로 한 변수의 값이 커질 때 다른 변수의 값이 작아지면 두 변수는 음(−)의 연관성이 있다고 한다.

예를 들어 광고비와 매출액 사이에는 양의 연관성이 있고, 흡연량과 기대수명 사이에는 음의 연관성이 있을 것이다. 뚜렷한 방향의 관계가 보이지 않으면 무상관 또는 독립이라 부른다.

연관성의 측도

두 변수 사이에 연관 정도는 여러 가지 방법에 의하여 측정될 수 있는데 그 중 공분산(covariance)은 두 변수 간의 방향성을 측정하고 이를 표준화한 값이 상관계수(correlation coefficient)이다.

두 변수간의 선형 연관성을 나타내는 도구인 공분산(covariance)은 다음과 같이 정의된다.

$$Cov(X, Y) = \sigma_{XY} = E(X-\mu_X)(Y-\mu_Y),$$

여기서, $\mu_X = E(X)$ (= X의 모평균), $\mu_Y = E(Y)$ (= Y의 모평균).

공분산 수식의 직관적 의미는 다음과 같다.

$$X > \mu_X \text{일 때, } Y > \mu_Y \text{이면 } (X-\mu_X)(Y-\mu_Y) > 0,$$
$$X < \mu_X \text{일 때, } Y < \mu_Y \text{이면 } (X-\mu_X)(Y-\mu_Y) > 0.$$

즉, $(X-\mu_X)(Y-\mu_Y)$의 기댓값인 공분산 값이 크다는 것은 $X > \mu_X$일 때 $Y > \mu_Y$인 변수값과, $X < \mu_X$일 때 $Y < \mu_Y$이 되는 변수값이 많다는 의미이다. <그림 15.1>을 보면 양의 상관일 때 공분산 값이 커짐을 짐작할 수 있다.

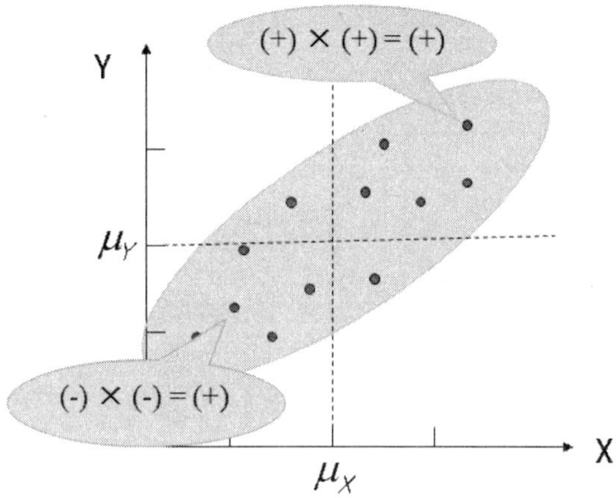

<그림 15.1> 양의 상관 자료에서 공분산의 값

또한 반대인 경우도 마찬가지이다. 음의 산관이면 공분산 값이 음의 값이 나올 것이다. 공분산 값이 음수인 것은 두 변수값의 방향이 다르다는 의미이므로 음의 상관일 때 공분산 값이 작은 음수값이 나올 것임을 짐작할 수 있다.

변수의 값들이 패턴을 갖지 않고 서로 상관 없이 균일하게 분포되어 있으면 $(X-\mu_X)(Y-\mu_Y)$의 부호의 규칙성이 없어 서로 + − 상쇄되어 공분산의 값이 0에 가까운 값이 나올 것이다. 두 변수 간에 연관성이 없으면 공분산이 0에 가까운 값이 나올 것이라는 것을 직관적으로 알 수 있다.

공분산의 계산

모 공분산($Cov(X, Y) = \sigma_{XY}$)에 대한 추정값인 표본 공분산(sample covariance)은 다음과 같이 정의한다.

$$\hat{\sigma}_{XY} = \frac{1}{n}\sum_i (X_i - \overline{X})(Y_i - \overline{Y}) .$$

k개의 변수가 있는 자료분석에서 자료의 공분산 행렬(covariance matrix)을 분석의 도구로 사용하는 경우가 있는데 이는 변수의 분산과 변수간의 공분산이 자료의 정보를 담고 있다고 보기 때문이다. 변동이 큰 변수는 정보를 많이 보유하고 있으며 다른 변수와 공유하는 분산이 많으면 다른 변수에 대한 정보를 제공할 수 있다고 생각한다. 여러 변수들을 동시에 고려하여 분석해야 하는 다변량 분석에서 다음과 같은 구조의 공분산 행렬이 자주 사용된다.

$$\Sigma = \begin{bmatrix} \sigma_1^2 & \sigma_{12} & \cdots & \sigma_{1k} \\ \sigma_{21} & \sigma_2^2 & \cdots & \sigma_{2k} \\ \vdots & \vdots & \ddots & \vdots \\ \sigma_{k1} & \sigma_{k2} & \cdots & \sigma_k^2 \end{bmatrix}.$$

【참고】 공분산의 한계

공분산이 선형관계를 나타내주지만, 그 크기가 변수의 단위나 범위에 영향을 받기 때문에 선형관계를 비교하는 적당한 통계량이라 할 수 없다. 즉 두 변수의 선형관계가 밀접하지 못하더라도 변수의 단위나 범위가 크면 공분산 값이 크게 계산되어지고 두 변수의 선형관계가 밀접하더라도 변수의 단위나 범위가 작으면 공분산 값이 작게 계산되어지기 때문에 공분산만으로는 연관성의 정도를 비교하기 어렵다. 그래서 이를 범위나 단위에 무관하게 표준화해줄 필요가 있는데 이 값이 곧 상관계수이다.

상관계수의 계산

두 변수의 선형관계를 측정하는 상관계수(correlation coefficient)는 다음과 같이 정의한다.

$$\rho = Corr(X, Y) = \frac{Cov(X, Y)}{\sigma_X \sigma_Y},$$

단, $\sigma_X = \sqrt{Var(X)}$, $\sigma_Y = \sqrt{Var(Y)}$.

상관계수는 공분산을 변수의 표준편차로 표준화한 값이며 표본에서는 표본상관계수를 다음과 같이 계산한다.

$$\text{표본 상관계수}^{25)}\text{:}\ r = \frac{\Sigma(X_i - \overline{X})(Y_i - \overline{Y})}{\sqrt{\Sigma(X_i - \overline{X})^2 \Sigma(Y_i - \overline{Y})^2}}.$$

상관계수의 특성

상관계수는 -1과 1사이의 값을 가지며 두 변수의 선형관계(linear relation)를 측정한다.

상관계수 r(또는 ρ)은 항상 −1과 1 사이의 값을 갖는다.

$$-1 \le \rho \le 1, \quad -1 \le r \le 1.$$

ρ의 절대값이 1이면 완전한 직선관계가 존재함을 의미한다. ρ의 최댓값이 1이라는 사실은 수리적으로 증명할 수도 있고[26] 다음과 같이 직관적으로 이해할 수도 있다. X와 가장 완벽한 정(+)의 관계를 갖는 것은 X 자신이라 할 수 있다. 그러므로 다음의 X와 X의 상관계수가 상관계수의 최

25) 피어슨 상관계수(Pearson correlation coefficient)라 불린다.

26) 모든 a, b에 대하여 $Var(aX+bY) \ge 0$이 성립한다. 위 식을 전개하고, 이차방정식의 판별식을 이용한다. 즉, $Var(X)a^2 + 2b\,Cov(X, Y)a + b^2 Var(Y) \ge 0$ (모든 a에 대하여)이므로 판별식은 $b^2 Cov(X, Y)^2 - b^2 Var(X)\,Var(Y) \le 0$, 그러므로 $Cov(X, Y) \le \sqrt{Var(X)\,Var(Y)}$.

댓값이라 할 수 있다.

$$\rho = \frac{Cov(X,X)}{\sigma_X \sigma_X} = \frac{E(X-\mu_X)(X-\mu_X)}{\sigma_X^2} = \frac{Var(X)}{\sigma_X^2} = 1.$$

【참고】 측정 단위의 영향을 받지 않는 상관계수

상관계수의 또 하나의 특징으로 어느 한 변수 또는 두 변수의 모든 값에 0이 아닌 상수가 더해지거나 곱해지더라도 그 값이 변하지 않는다는 것이다. 즉, 상관계수는 측정척도의 원점과 단위의 변환으로 변경되지 않는다(location and scale invariant). 즉, 측정값들이 센티미터나 인치, 분이나 초 등으로 어떤 단위로 되어있건 간에 변수들 사이의 상관계수값은 항상 일정하다. 이러한 사실에 대한 수학적인 증명은 간단하다.[27)]

이러한 결과는 상관계수의 활용에 대해 중요한 의미를 갖는다. 만일 r이 두 변수(예로서 연령과 신장) 사이에 있는 연관성의 정도를 나타내면, 연령이 개월이나 연수로 측정되건 신장이 인치나 센티미터로 측정되건 관계없이 불변해야 하기 때문이다.

【참고】 상관계수의 한계

예를 들어 학생들의 과목별 학업성적의 상관계수를 조사하였는데 문학점수와 수학점수의 상관계수가 0.6로 추정되었다고 하자. 그러면 이를 해석할 때 문학적 소양과 수리적인 능력 사이에 어떤 관련이 있다고 해야 할까? 문학책을 많이 읽으면 수학실력도 늘어나는가? 물론 아니다. 상관계수는 점수간의 관계이지(예. 공부 잘하는 사람은 두 과목 모두 잘한다) 변수의 속성(屬性)간의 관계까지 해석하는 것은 위험할 수도 있다.

또한 상관계수는 변수 간에 선형관계만 찾아낼 뿐, 이차함수 형태는 상관계수값이 낮게 측정된다.

이러한 연유로 통계자료분석자가 기초적인 분석인 상관계수만으로 성급하게 결론을 내리는 태도는 바람직하지 못하다.

---

27) $Corr(X, aY+b) = Cov(X, aY+b)/\sqrt{Var(X)a^2 Var(Y)} = Corr(X, Y)$

【예제 15.1】 A 고교 학생 중에서 뽑은 표본 10명의 영어성적(X)과 수학성적(Y)에 관한 다음 표본값에 대하여 표본상관계수를 구하시오.

	학생	1	2	3	4	5	6	7	8	9	10
과목	영어	36	80	50	58	72	60	56	68	55	65
	수학	35	65	60	39	48	44	48	61	45	55

<풀이> 주어진 공식을 이용하여 (피어슨)표본상관계수를 구할 수 있다.

$$r = \frac{\sum(x-\bar{x})(y-\bar{y})}{\sqrt{\sum(x-\bar{x})^2\sum(y-\bar{y})^2}} = \frac{704}{\sqrt{1354}\sqrt{886}} = 0.643.$$

또는 다음과 같이 자료를 입력하고 [분석] 메뉴의 <상관분석>-<이변량 상관계수>를 선택한다. (자료: "15장_영수점수.sav")

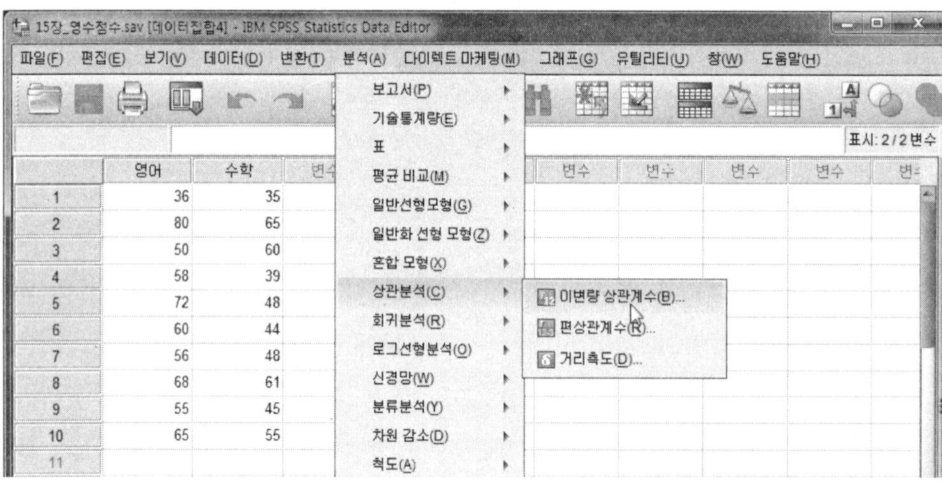

상관계수

		영어점수	수학점수
영어점수	Pearson 상관계수	1	.643*
	유의확률 (양쪽)		.045
	N	10	10
수학점수	Pearson 상관계수	.643*	1
	유의확률 (양쪽)	.045	
	N	10	10

*. 상관계수는 0.05 수준(양쪽)에서 유의합니다.

출력결과에 두 변수의 상관계수는 0.643, 유의확률은 0.045가 표시되었다. ■

15.2 상관관계의 검정

상관관계의 존재 검정

두 변수 사이에 상관관계가 존재하는지에 관한 검정은 상관계수가 0인지(관계없음) 또는 0이 아닌지(관계있음)를 검정하는 것이다.

상관관계 존재에 관한 가설은 다음과 같다.

$$H_0 : \rho = 0 \quad \text{vs.} \quad H_1 : \rho \neq 0 .$$

귀무가설은 두 변수 간에 선형 연관성이 없다는 것을 의미한다. 그러므로 이 귀무가설을 기각하게 되면 두 변수 간에 선형 연관성이 존재함을 의미한다.

귀무가설 하에서, 즉 $\rho = 0$ 이라고 가정했을 경우 표본상관계수 r을 표준화(studentized)한 검정통계량은 자유도가 $n-2$인 t 분포를 따른다.

$$t_{n-2} = \frac{r-0}{\sqrt{\widehat{Var}(r)}} = r\sqrt{\frac{n-2}{1-r^2}} .$$

그러므로 $|t_{n-2}| \geq t(\alpha/2; n-2)$이면 '$H_0 : \rho = 0$'을 기각하여 상관관계가 존재하는 것으로 판단한다.

【예제 15.2】 【예제 15.1】의 자료에서 X와 Y 간에 실제적인 선형 상관관계가 존재한다고 할 수 있는가? 즉 '$\rho = 0$'인가를 검정하시오.

<풀이> 가설 $H_0 : \rho = 0$ vs. $H_1 : \rho \neq 0$ (양측검정)

$r = 0.643$이므로 검정통계량의 값은 다음과 같다.

$$t_8 = r\sqrt{\frac{n-2}{1-r^2}} = 0.643\sqrt{\frac{10-2}{1-0.643^2}} = 2.375$$

기각역은 $t(\alpha/2;\, n-2) = t(0.025;8) = 2.306$ 이므로 유의수준 5%에서 귀무가설을 기각하여 상관관계가 존재하는 것으로 판단한다.

또는 SPSS 출력결과를 이용할 수 있다.

상관계수

		영어점수	수학점수
영어점수	Pearson 상관계수	1	.643*
	유의확률 (양쪽)		.045
	N	10	10
수학점수	Pearson 상관계수	.643*	1
	유의확률 (양쪽)	.045	
	N	10	10

*. 상관계수는 0.05 수준(양쪽)에서 유의합니다.

즉, 유의확률이 0.045로 유의수준 5%보다 작으므로 귀무가설을 기각하고 두 변수의 상관관계가 존재하는 것으로 판정한다. ■

상관관계의 구간추정

상관계수의 구간추정을 이용하여 상관관계의 존재 여부나 두 상관계수의 비교에 사용할 수 있다.

모집단의 분포를 이변량정규분포로 가정하였을 때 표본 상관계수의 표본분포(sampling distribution)는 표본의 크기 n뿐만 아니라 모 상관계수 ρ의 값에 따라서 매우 복잡한 분포형태를 이룬다. 그래서 피셔(R. A. Fisher)는 r을 일정한 분포를 갖는 새로운 변수로 변환하고 그 변수의 추정을 실시한 다음, 역으로 치환하여 모 상관계수에 대한 추정을 실시하는 방법을 고안하였다.

표본의 크기가 10보다 크다는 가정 하에 표본 상관계수를 다음과 같이 변환하면 (피셔의 z 변환, z transformation) 이는 정규분포를 따른다.

$$Z_r \;=\; \frac{1}{2}\ln\left(\frac{1+r}{1-r}\right) \sim N\left(\frac{1}{2}\ln\left(\frac{1+\rho}{1-\rho}\right),\ \frac{1}{n-3}\right).$$

그러므로 $E(Z_r)$에 대한 $100(1-\alpha)\%$의 신뢰구간은 다음과 같다.

$$Z_r - z_{\alpha/2} \cdot \frac{1}{\sqrt{n-3}} \le E(Z_r) \le Z_r + z_{\alpha/2} \cdot \frac{1}{\sqrt{n-3}} .$$

여기서 신뢰구간의 하한을 L로 상한을 U로 놓으면 다음과 같이 ρ의 신뢰구간을 구할 수 있다.

$$L \le \frac{1}{2}\ln\left(\frac{1+\rho}{1-\rho}\right) \le U \Rightarrow \frac{e^{2L}-1}{e^{2L}+1} \le \rho \le \frac{e^{2U}-1}{e^{2U}+1} .$$

> **【예제 15.3】** 【예제 15.1】의 자료에서 ρ에 대한 95%의 신뢰구간을 구하시오.

<풀이> 우선 $r=0.643$일 때 확률변수 Z_r의 값은 다음과 같다.

$$Z_r = \frac{1}{2}\ln\left(\frac{1+r}{1-r}\right) = \frac{1}{2}\ln\left(\frac{1+0.643}{1-0.643}\right) = 0.763.$$

그러므로 $E(Z_r)$의 95% 신뢰구간의 상·하한은 각각 다음과 같다.

$$L = 0.763 - 1.96\frac{1}{\sqrt{10-3}} = 0.0222,\ U = 0.763 + 1.96\frac{1}{\sqrt{10-3}} = 1.5038.$$

따라서 모 상관계수 ρ에 대한 95% 신뢰구간은 다음과 같다.

$$\frac{e^{2(0.0222)}-1}{e^{2(0.0222)}+1} \le \rho \le \frac{e^{2(1.5038)}-1}{e^{2(1.5038)}+1} \Rightarrow 0.0222 \le \rho \le 0.9058. \blacksquare$$

위의 결과를 보면 신뢰구간의 폭이 너무나 넓어서 분석의 의미가 없다는 것을 알 수 있다. 표본의 수가 작을 때에는 이러한 추정의 구간이 너무 넓기 때문에 별로 유용하지 않다.

SPSS에서는 Fisher의 방법에 의한 신뢰구간을 제공하지 않고 비모수적인 방법인 [붓스트랩] 방법에 의한 신뢰구간을 구해준다. [분석] 메뉴에서 <상관분석>-<이변량 상관계수>를 선택하고 [이변량 상관계수] 대화창의 [붓스트랩]을 클릭하여 신뢰구간을 유도한다. 출력결과에 의하면 상관계수에 대한 (-0.026~0.933)의 신뢰구간을 제공한다.

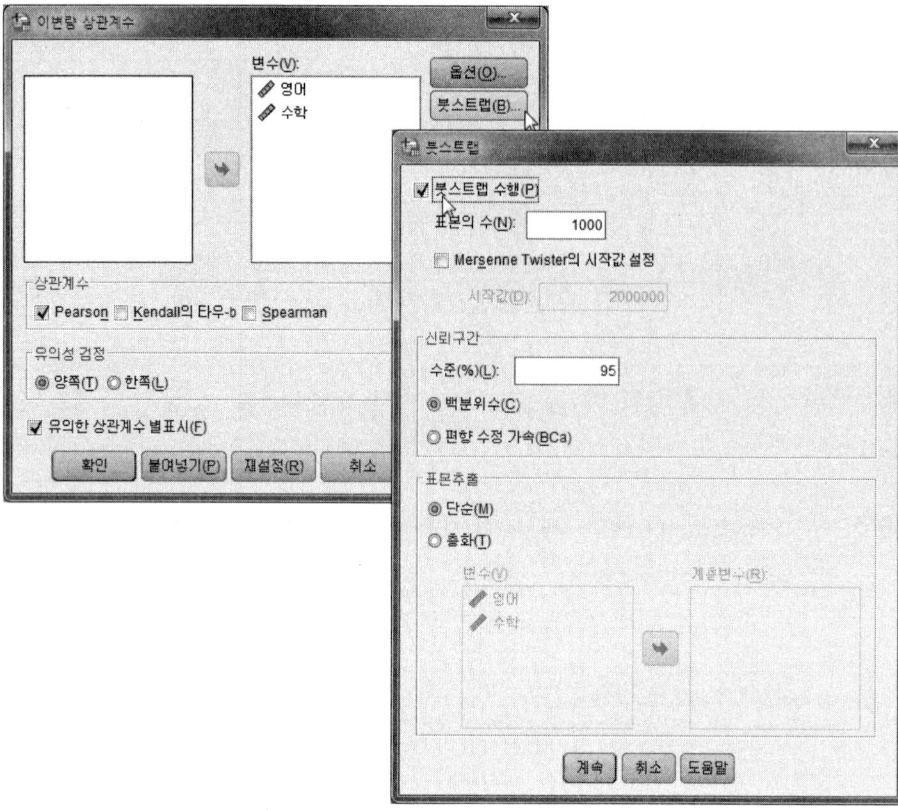

상관계수

				영어점수	수학점수
영어점수	Pearson 상관계수			1	.643*
	유의확률 (양쪽)				.045
	제곱합 및 교차곱			1354.000	704.000
	공분산			150.444	78.222
	N			10	10
	붓스트랩[c]	편향		0	-.036
		표준오차		0	.258
		95% 신뢰구간	하한	1	-.026
			상한	1	.933
수학점수	Pearson 상관계수			.643*	1
	유의확률 (양쪽)			.045	
	제곱합 및 교차곱			704.000	886.000
	공분산			78.222	98.444
	N			10	10
	붓스트랩[c]	편향		-.036	0
		표준오차		.258	0
		95% 신뢰구간	하한	-.026	1
			상한	.933	1

*. 상관계수는 0.05 수준(양쪽)에서 유의합니다.

c. 알려진 것이 없는 한 붓스트랩 결과는 1000 붓스트랩 표본에 근거합니다.

【예제 15.4】 대학생들의 이성친구와 배우자 선택 경향을 알고자 다음과 같은 설문을 통해 자료를 얻었다. (자료명: “15장_이성친구.sav”)

1) 지금 이성친구가 있습니까? ① 예 ② 아니오
2) 최근 6개월간 이성친구가 있었습니까? ① 예 ② 아니오
3) 이성친구를 사귀는데 다음 사항들이 어느 정도 중요한가요
-외모 ①전혀중요않다 ②중요않다 ③보통이다 ④중요하다 ⑤매우중요
-경제력 ①전혀중요않다 ②중요않다 ③보통이다 ④중요하다 ⑤매우중요
-학력 ①전혀중요않다 ②중요않다 ③보통이다 ④중요하다 ⑤매우중요
-성격 ①전혀중요않다 ②중요않다 ③보통이다 ④중요하다 ⑤매우중요
-가족 ①전혀중요않다 ②중요않다 ③보통이다 ④중요하다 ⑤매우중요
4) 현재의 이성친구에 만족하십니까? (없으면 6번으로)
① 매우불만족 ② 불만족 ③ 보통 ④ 만족 ⑤ 매우만족
5) 현재의 이성친구와 계속 사귀어 결혼할 의향이 있습니까?
① 예 ② 아니오 ③ 모르겠다
6) 귀하의 성별과 연령을 적어주십시오. 남( ) 여( ) 만 ( )세

이성친구를 사귀는데 중요하게 생각하는 속성들 간에 상관관계를 구하시오. 즉, 상관계수와 상관관계에 대한 검정을 행하시오.

<풀이> [분석] 메뉴에서 <상관분석>-<이변량 상관계수>를 선택한다.

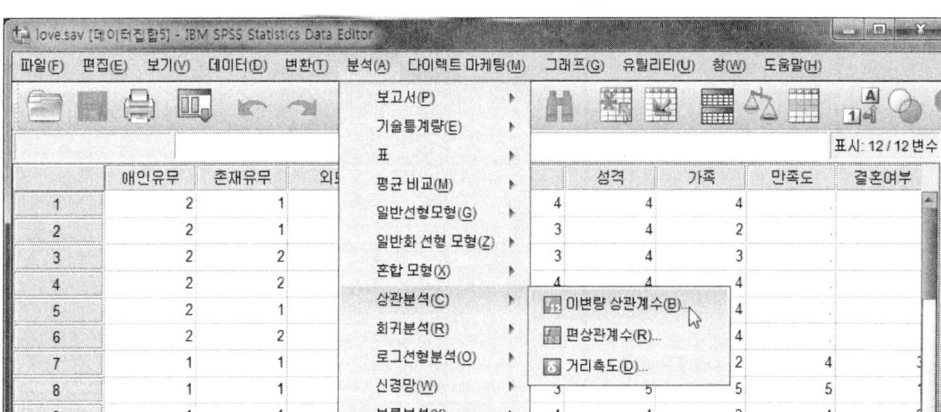

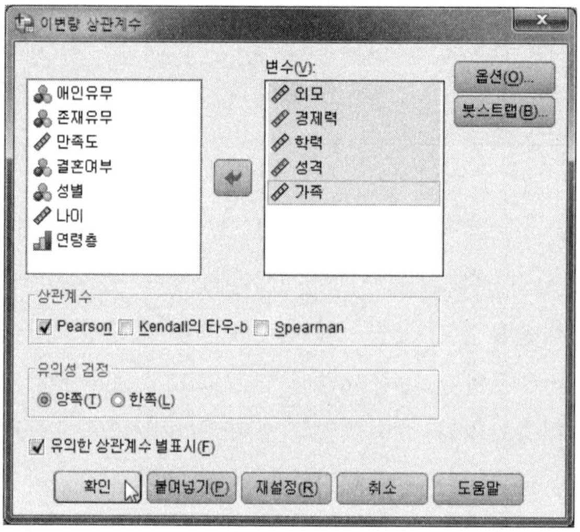

[이변량 상관계수] 대화창에서 상관계수를 구하고자하는 변수 5개를 선택하고 [확인]을 눌러 다음 출력결과를 얻는다.

출력결과에는 두 변수간의 (피어슨) 상관계수와 상관계수의 유의성을 검정하는 유의확률이 표시되어 있다. 유의확률이 유의수준(5%, 1% 등)보다 작으면 두 변수간의 관계가 통계적으로 유의한 것이다. 유의한 상관계수에는 유의확률에 따라 *표를 첨부했다. 유의한 관계는 '경제력'과 '학력', '경제력'과 '가족', '학력'과 '가족' 등이다. ■

상관계수

		외모	경제력	학력	성격	가족
외모	Pearson 상관계수	1	.230	-.061	.306	-.028
	유의확률 (양쪽)		.177	.726	.069	.873
	N	36	36	36	36	36
경제력	Pearson 상관계수	.230	1	.553**	.123	.437**
	유의확률 (양쪽)	.177		.000	.477	.008
	N	36	36	36	36	36
학력	Pearson 상관계수	-.061	.553**	1	.086	.559**
	유의확률 (양쪽)	.726	.000		.617	.000
	N	36	36	36	36	36
성격	Pearson 상관계수	.306	.123	.086	1	.156
	유의확률 (양쪽)	.069	.477	.617		.363
	N	36	36	36	36	36
가족	Pearson 상관계수	-.028	.437**	.559**	.156	1
	유의확률 (양쪽)	.873	.008	.000	.363	
	N	36	36	36	36	36

**. 상관계수는 0.01 수준(양쪽)에서 유의합니다.

15.3 상관계수의 검정 **

하나의 상관계수의 검정

상관계수가 특정값과 일치하는지를 검정할 수 있다.

가설 $H_0 : \rho = \rho_0$ vs. $H_1 : \rho \neq \rho_0$ (양측검정)

피셔(R. A. Fisher)는 표본의 크기가 10 이상인 경우에 다음 변수가 정규분포에 근사함을 보였다.

$$Z_r = \frac{1}{2}\ln\left(\frac{1+r}{1-r}\right) \sim N\left(\frac{1}{2}\ln\left(\frac{1+\rho}{1-\rho}\right), \frac{1}{n-3}\right).$$

이 사실을 이용해 '$\rho = \rho_0$'를 검정할 수 있다.

검정법 $\left|\frac{Z_r - Z_{\rho_0}}{1/\sqrt{n-3}}\right| \geq +z_{\alpha/2}$ 이면 H_0 기각.

두 상관계수의 동일성 검정

두 상관계수가 동일한가를 검정할 수 있다.

가설: $H_0 : \rho_1 = \rho_2$ vs. $H_1 : \rho_1 \neq \rho_2$ (양측검정)

두개의 서로 다른 독립된 표본들에서 각각 구해진 두개의 상관계수 r_1, r_2가 유의하게 다른지를 검정하는 방법도 피셔의 z 통계량에 의한다. 두 집단의 모 상관계수가 ρ_1, ρ_2라 하고, 표본 상관계수 r_1, r_2를 치환한 값이 Z_1, Z_2라 한다면 $Z_1 - Z_2$는 근사적으로 다음과 같은 평균과 분산을 갖는 정규분포를 따른다.

$$E(Z_1 - Z_2) = \frac{1}{2}\ln\left(\frac{1+\rho_1}{1-\rho_1}\right) - \frac{1}{2}\ln\left(\frac{1+\rho_2}{1-\rho_2}\right),$$

$$Var(Z_1 - Z_2) = \frac{1}{n_1 - 3} + \frac{1}{n_2 - 3}.$$

검정절차는 다음과 같다.

검정법: $\left| \dfrac{Z_1 - Z_2}{\sqrt{1/(n_1-3)+1/(n_2-3)}} \right| > z_{\alpha/2}$ 이면 귀무가설을 기각한다.

【참고】 위 검정에 관해서는 결과를 SPSS에서 제공하지 않는다.

> **【예제 15.5】** 어휘력점수와 지능지수에 대한 상관계수를 남성과 여성 표본에 대해서 각각 계산한 결과, 남자 100명의 상관계수는 0.57이며, 여자 100명의 상관계수는 0.71이었다. 남성과 여성의 상관계수가 서로 다르다고 볼 수 있는지를 유의수준 5%에서 검정하시오.

<풀이> 두개의 상관계수에 대한 피셔의 Z 통계량은 다음과 같다.

$$Z_1 = \frac{1}{2}\ \ln\!\left(\frac{1+0.57}{1-0.57}\right) = 0.648,\ Z_2 = \frac{1}{2}\ \ln\!\left(\frac{1+0.71}{1-0.71}\right) = 0.887.$$

따라서 검정통계량의 값은 다음과 같다,

$$\left| \frac{0.648-0.887}{\sqrt{1/97+1/97}} \right| = 1.664$$

이는 임계값 $Z_{0.025}=1.96$보다 작게 되므로 귀무가설을 기각하지 못한다. 즉, 두 집단의 상관계수는 다르다고 볼 수 없다. ■

15.4 비모수 상관계수

비모수 상관계수의 개요

자료의 모집단이 이변량정규분포를 따른다는 가정이 명백히 위배되거나, 또는 매우 의심스러울 때에는 모집단의 분포를 가정하지 않은 비모수적 방법[28)]을 사용하여 상관계수를 추정한다.

가장 많이 사용되는 비모수 상관계수로는 스피어만의 순위 상관계수 (Spearman's rank correlation coefficient)와 켄달의 순위 상관계수 (Kendall's rank correlation coefficient, Kendall's tau) 등이 있다.

스피어만 순위 상관계수의 개요

원자료를 순위자료로 바꾼 다음 피어슨 상관계수를 구한 값이다.

스피어만의 순위상관계수를 구하는 절차는 다음과 같다.

① (x_1,y_1), (x_2,y_2), ... , (x_n,y_n)의 자료에서 각 변수들 내의 순위 (R_1, R_1'), $(R_2, R_2'),...,(R_n, R_n')$ 를 구한다. 여기서, R_i는 $(x_1, x_2, ..., x_n)$에서 x_i의 순위, R_i'는 $(y_1, y_2, ..., y_n)$에서 y_i의 순위이다.

---

28) 통계학 이론을 전개할 때 흔하게 나오는 수학적 가정이 "정규분포에서 확률 추출한 표본일 때..." 또는 "분산이 같다고 가정하고..." 등등이다. 이렇게 모집단에 대한 특수한 가정으로부터 통계적 방법이 유도되고 이론이 전개된다. 이러한 통계 이론을 모수(parameter, 예. 분포종류, 평균, 분산 등)에 대하여 가정을 하였다고 해서 모수적 방법(parametric procedure)이라 한다. 우리가 사용하는 대부분의 통계방법은 모수적 방법인데 이러한 분석 방법은 모수에 대한 가정이 맞지 않을 때에는 타당하지 못하게 된다. 그래서 모수에 대한 가정이 의심스러울 때는 모수에 대한 별다른 가정 없이 개발한 비모수적 방법(nonparametric procedure)을 사용한다. 과거에는 순위(rank)나 개수(count) 등을 사용한 방법이 비모수적 방법의 대부분이었으나 현재는 컴퓨터 계산능력의 발달로 모집단의 분포를 추정한 뒤 분석을 수행하는 비모수적 방법이 주를 이루고 있다.

② 순위의 차이 d_i를 구한다. 즉, $d_i = R_i - R_i'$; $i = 1,2,...,n$.

③ 차이의 제곱합 $\sum_{i=1}^{n} d_i^2$을 이용해 스피어만 순위상관계수 r_s를 다음 식으로 구한다.

$$r_s = 1 - \frac{6\sum d_i^2}{n(n^2-1)}.$$

x가 증가함에 따라 y도 정확히 증가한다면 d_i들의 값은 모두 0이고, 따라서 r_s의 값은 1이 될 것이다. 반대로 x가 증가함에 따라 y가 정확히 감소한다면 순위가 $(1,n), (2,n-1), ..., (n,1)$의 형태가 된다. 그러므로 $d_i = n-(2i-1)$이고, 제곱합은 $\sum d_i^2 = 2(n^3-n)/6$이 되어 r_s는 -1임을 알 수 있다.

켄달의 순위 상관계수의 개요

켄달의 타우는 전체 짝지을 수 있는 경우의 수(분모)와 일치횟수와 불일치(discordance)횟수차이(분자)의 비로 표현될 수 있다.

켄달의 순위상관계수의 계산절차는 다음과 같다.

① $(x_1,y_1), (x_2,y_2), ... , (x_n,y_n)$의 자료들에서 각 변수들 내의 순위를 구한 뒤 x의 순위에 따라 자료의 순위를 나열한다.

$$(1, R_1^*), (2, R_2^*), ... , (n, R_n^*),$$

여기서, R_i*는 x의 순위가 i일 때 y의 순위이다.

② $R_i^* > R_j^*$ $(i < j)$가 되는 경우의 수의 합 Q를 구한다.

$$Q = \sum\sum_{i<j} \phi(R_j^* - R_i^*),$$

여기서, $\phi(x) = 0,\ x \le 0$ 또는 $1,\ x > 0$.

③ Q를 이용해 켄달의 타우 τ를 구한다.

$$\tau = 1 - \frac{4Q}{n(n-1)} \quad .$$

여기서 주의할 사항은 스피어만 상관계수는 상관계수에 대한 추정값이지만 켄달의 타우는 상관계수의 추정값이 되지 못한다. 그러나 켄달의 타우는 두 변수의 일치(concordance)가 이루어질 확률에 대한 추정값이므로 연관성에 대한 직관을 제공해준다.

【예제 15.6】 【예제 15.4】 자료의 모수적 상관계수와 비모수적 상관계수를 구하시오. (자료: "15장_이성친구.sav")

<풀이> 비모수 상관계수를 구하는 방법은 통계량만 선택해주면 간단히 구할 수 있다.

[분석] 메뉴의 <상관분석>의 <이변량 상관계수>를 선택한다. [이변량 상관계수] 대화상자에서 <상관계수>로 '□피어슨', '□켄달의 타우', '□스피어만' 등을 모두 체크한다.

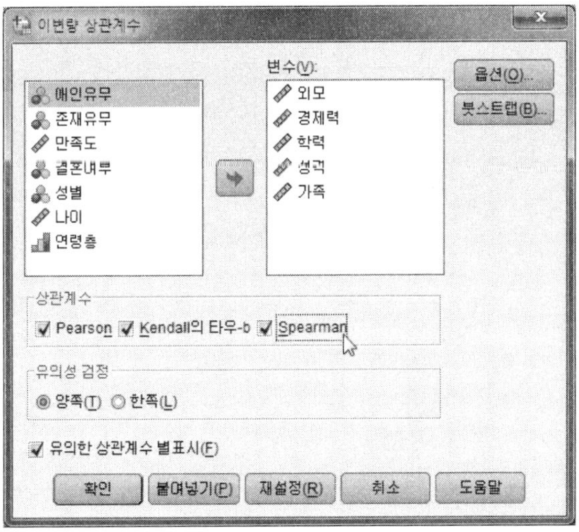

출력결과로 피어슨 상관계수는 '경제력'과 '학력', '경제력'과 '가족', '학력'과 '가족', 등에서 0.643으로 상관관계가 존재하는 것으로 판정하였다(유의확률은 각 0.000, 0.008, 0.000 등)

켄달의 타우나 스피어만 상관계수에서도 유의한 관계는 동일하게 찾을 수 있었다. 단지 켄달의 타우인 경우 유의확률이 각각 0.001, 0.020, 0.002 등이고, 스피어만 상관계수의 유의확률은 각각 0.001, 0.023, 0.001 등이다. 두 결과 모두 피어슨 상관계수보다는 보수적인 결과를 보임을 알 수 있다. ■

상관계수

			외모	경제력	학력	성격	가족
Kendall의 tau_b	외모	상관계수	1.000	.121	-.067	.274	-.024
		유의확률(양측)	.	.402	.647	.070	.867
		N	36	36	36	36	36
	경제력	상관계수	.121	1.000	.512**	.105	.340*
		유의확률(양측)	.402	.	.001	.495	.020
		N	36	36	36	36	36
	학력	상관계수	-.067	.512**	1.000	.036	.464**
		유의확률(양측)	.647	.001	.	.816	.002
		N	36	36	36	36	36
	성격	상관계수	.274	.105	.036	1.000	.143
		유의확률(양측)	.070	.495	.816	.	.350
		N	36	36	36	36	36
	가족	상관계수	-.024	.340*	.464**	.143	1.000
		유의확률(양측)	.867	.020	.002	.350	.
		N	36	36	36	36	36
Spearman의 rho	외모	상관계수	1.000	.140	-.077	.311	-.028
		유의확률(양측)	.	.417	.657	.065	.873
		N	36	36	36	36	36
	경제력	상관계수	.140	1.000	.545**	.116	.377*
		유의확률(양측)	.417	.	.001	.501	.023
		N	36	36	36	36	36
	학력	상관계수	-.077	.545**	1.000	.039	.517**
		유의확률(양측)	.657	.001	.	.822	.001
		N	36	36	36	36	36
	성격	상관계수	.311	.116	.039	1.000	.160
		유의확률(양측)	.065	.501	.822	.	.352
		N	36	36	36	36	36
	가족	상관계수	-.028	.377*	.517**	.160	1.000
		유의확률(양측)	.873	.023	.001	.352	.
		N	36	36	36	36	36

**. 상관 유의수준이 0.01입니다(양측).

*. 상관 유의수준이 0.05입니다(양측).

15.5 편상관계수(부분상관계수) ***

편상관계수의 개요

편상관계수(partial correlation coefficient, 부분상관계수)는 비교하는 두 변수 외의 다른 변수의 영향력을 제거하고 순수하게 두 변수만의 관계를 측정한 값이다.

예를 들어 다음은 어떤 6개 지역의 평균온도 Y와 위도 X_1, 고도 X_2를 측정한 가상 자료이다. 상식적으로 위도가 낮을수록 온도가 높고, 고도가 높을수록 온도가 낮을 거라 인식하지만 가상자료에서는 일부러 낮은 위도에서는 높은 고도의 온도값을 측정하여 자료의 왜곡을 시도하였다.

Y(평균온도)	10	20	10	20	10	20
X1 (위도)	30	30	35	35	40	40
X2 (고도)	50	40	40	30	30	20

<표 15.1> 6개 지역의 지리 및 기상자료

상관계수

		평균온도	위도	고도
평균온도	Pearson 상관계수	1	.000	-.522
	유의확률 (양쪽)		1.000	.288
	N	6	6	6
위도	Pearson 상관계수	.000	1	-.853*
	유의확률 (양쪽)	1.000		.031
	N	6	6	6
고도	Pearson 상관계수	-.522	-.853*	1
	유의확률 (양쪽)	.288	.031	
	N	6	6	6

*. 상관계수는 0.05 수준(양쪽)에서 유의합니다.

이 자료의 이변량 상관계수(둘씩 짝지은)를 구하여 보면 위도와 평균온도는 관계가 없게 나온다.($r_{YX_1} = 0.00$) 이는 위도가 낮은 지역은 고도가 높고, 위도가 높은 지역은 고도가 낮은 지역이 선택되어($r_{YX_1} = -0.853$) 정확한 판단을 방해하기 때문이다.

이런 경우 각 변수별로 그린 산점도보다는 각 변수의 수준별로 분류하여 얻은 아래의 산점도 형태가 자료를 이해하는데 더 유용하다. 위도를 30이라고 고정하였을 때 평균온도는 감소하고 이런 패턴은 위도를 35, 40으로 고정시켰을 때도 마찬가지이다. 즉 왜곡 없이 온도와 고도만의 순수한 관계를 보려면 다른 조건은 일정하게 유지시켜야 할 것이다.

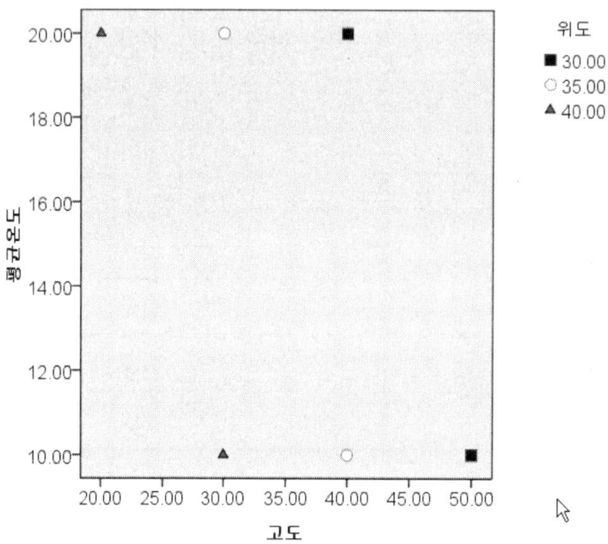

편상관계수의 유도

X_2가 일정할 때의 Y와 X_1과의 상관계수를 r_{YX_1,X_2}, X_1이 고정된 경우의 Y와 X_2와의 상관계수를 r_{YX_2,X_1} 등으로 표시한다.

예를 들어 r_{YX_1,X_2} 값은 Y와 X_2의 관계식과 X_1과 X_2의 관계식을 구한 뒤, 이를 이용하여 Y에서 X_2의 영향을, 또 X_1에서 X_2의 영향을 제거한 다음에 '순수한' Y와 '순수한' X_1의 상관계수를 구한 것이다. 이는 다중회귀분석에서 각 변수를 표준화하였을 때 종속변수 Y에 대한 X_1의 회귀계수와 같은 값이다.

【예제 15.7】 <표 14.1> 자료의 편상관계수를 구하시오. (자료: "15장_평균온도.sav")

<풀이> [분석] 메뉴의 <상관분석>의 <편상관계수>를 선택한다.

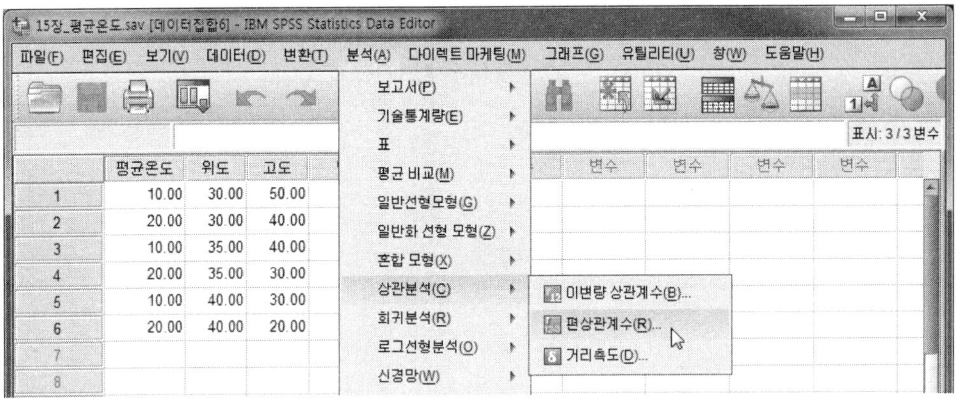

[편상관계수] 대화상자에서 '고도'의 영향을 제거한 '평균온도'와 '위도'만의 편상관계수를 구하기 위해 <제어변수>로 '고도'를 지정한다.

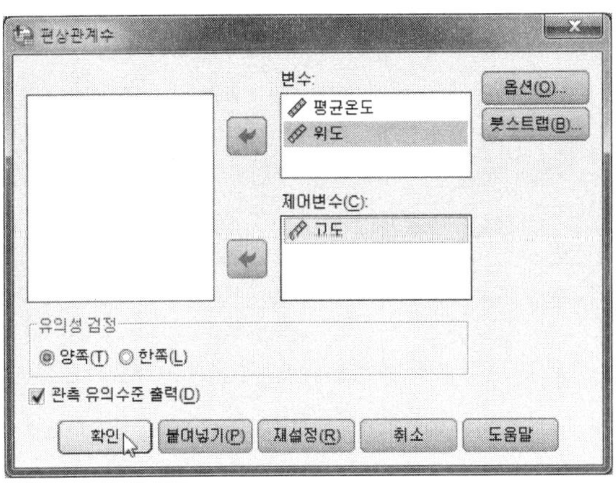

상관

통제변수			평균온도	위도
고도	평균온도	상관	1.000	-1.000
		유의수준(양측)	.	.000
		df	0	3
	위도	상관	-1.000	1.000
		유의수준(양측)	.000	.
		df	3	0

일반적인 상관계수를 구했을 때 위도와 평균온도의 상관계수가 0으로 계산되어 서로 상관관계가 없어보였지만 고도를 통제하고 순수하게 평균온도와 위도만의 관계를 보기위해 구한 편상관계수는 −1.000으로 매우 밀접한 관계임을 알 수 있다.

다음은 '위도'의 영향을 제거한 '평균온도'와 '고도'만의 상관계수를 구하기 위해 <제어변수>로 '위도'를 지정한다.

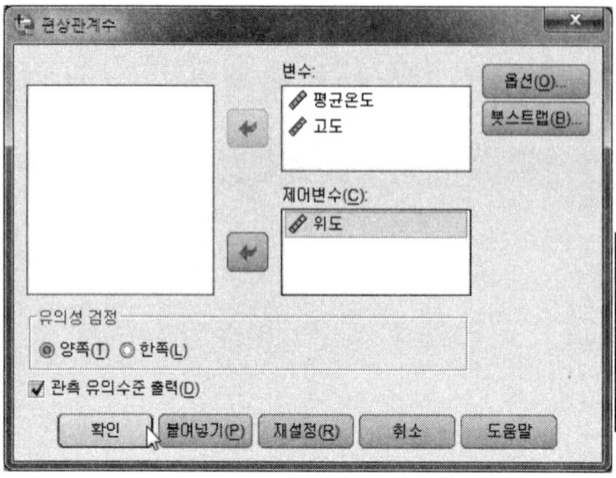

상관

통제변수			평균온도	고도
위도	평균온도	상관	1.000	-1.000
		유의수준(양측)	.	.000
		df	0	3
	고도	상관	-1.000	1.000
		유의수준(양측)	.000	.
		df	3	0

마찬가지로 편상관계수가 −1.00으로 계산되었고, 그 결과 각 변수 간에 유의한 편상관 관계를 갖는 것으로 판정되었다. (유의확률=0.000) ■

Part Ⅵ. 변수의 예측

Part VI. 변수의 예측을 공부하기 전에

□ 변수의 예측에서 알아야 하는 내용

- 독립변수와 종속변수의 개념을 파악한다.
- 독립변수가 어느 정도 종속변수에 영향을 주는지 **추정**한다.
- 그 영향이 통계적으로 의미가 있는지를 **검정**한다.
- 변수의 척도에 따라 분석방법이 다르다.

– 남자니까 자동차 검은색 좋아할 것이다. (명목=>명목)
– 수학 60점이니까 물리는 70점 정도일 것이다. (계량=>계량)
– 토익점수가 550점이니까 불합격 할 것이다. (계량=>명목)

□ 회귀분석에서 알아야 할 내용

- 종속변수가 계량이면 회귀분석을 사용한다.
- 독립변수는 명목, 계량척도 모두 가능하다.
- 회귀계수의 의미와 영향력을 검정한다.
- 유의한 독립변수의 선택방법과 다중공선성을 이해한다.

□ 판별분석에서 알아야 할 내용

- 종속변수가 명목이면 독립변수가 계량이면 판별분석을 사용한다.
- 판별에 영향을 주는 요인을 파악하고 개체를 분류한다.
- 판별 가중값과 적재값, hit ratio 등을 이해한다.

□ 로지스틱 회귀분석에서 알아야 할 내용

- 종속변수가 이분형 명목변수이면 로지스틱회귀분석을 사용한다.
- 독립변수는 명목, 계량척도 모두 가능하다.
- 로짓(logit)과 승산(오즈, odds)을 이해한다.
- 회귀계수에 따른 오즈(odds)의 변화를 해석한다.

16장. 회귀분석

16.1 회귀분석의 개요

변수의 관계

변수들의 연관성의 방향에 따라 두 가지로 분류할 수 있는데 어떤 변수가 다른 변수에 영향을 주는 경우에, 영향을 주는 변수를 독립변수(independent variable)라 하고, 영향을 받는 변수를 종속변수(dependent variable) 또는 반응변수(response variable)라 한다.

사회과학적 현상에 관한 조사나 자연과학적 현상에 대한 실험이나 관찰 등을 통하여 여러 변수에 관한 측정이 이루어져 있을 때 이들 변수간의 상호관계에 관심을 가질 수 있다. 단순히 계량적인 두 변수의 관련성 정도를 파악하는 것이 목적이라면 상관분석만으로도 가능하지만 두 변수간의 관계가 동등한 관계가 아닌 방향성이 존재할 때 회귀분석(regression analysis)이 유용한 통계적 분석방법이다.

회귀분석의 개요

회귀분석은 하나의 종속변수(계량변수)와 1개 이상의 독립변수들(계량형과 명목형) 간의 함수적 관련성을 규명할 수 있는 수학적 모형을 자료로부터 추정하고 관련성 여부를 검정하는 통계적 방법이다.

예를 들어 어떤 제품의 매출액이 광고비에 영향을 받는다고 할 때에 매출액(종속변수)과 광고비(독립변수) 간의 관련성 여부와 관계식(함수)을 알고 싶을 것이다. 또는 어떤 제품의 만족도(독립변수)가 구매(종속변수)로 연결되는지 알고 싶을 수도 있다. 이와 같이 변수들 간의 관련성을 수식으로 표현할 수 있다면 한 변수의 변화로 다른 변수의 변화를 예측할 수 있다. 또한 독립변수가 종속변수의 변화에 영향을 주고 있는가도 판단할 수 있다.

앞장에서 통계적 자료분석은 추정과 검정의 단계를 거친다고 했다. 회귀분석에서도 독립변수와 종속변수 간에 어떤 관계식을 갖는지를 추정(모형식 추정, 계수 추정)하고, 변수 간에는 관련성(영향력)이 있는지를 검정하는 단계(계수의 유의성 검정, 모형의 타당성 검정)로 자료분석이 이루어진다. 간략하게 말하면 회귀모형의 추정과 검정이다.

회귀분석의 종류

회귀분석은 독립변수의 수에 따라 단순회귀분석과 다중회귀분석으로 나눈다. 종속변수가 계량형인가 범주형인가에 따라 여러 형태의 회귀분석이 가능하다.

독립변수가 하나인 경우에 우리는 단순회귀분석(simple regression)이라 하고 독립변수가 2개 이상일 때 다중회귀분석(중회귀분석, multiple regression)이라 명한다. 일반적으로 회귀분석이라 함은 종속변수가 계량형(metric) 변수일 때 사용하는 방법이고 종속변수가 범주형(categorical) 변수일 때는 로지스틱 회귀분석, 판별분석 등으로 분석하고 있다.

독립변수는 계량형이나 범주형이 모두 가능하지만 이항형(binary)인 범주형일 때는 일반적인 회귀분석으로 분석하고 3개 이상의 범주를 갖는 독립변수가 포함 될 때는 일반화선형모형(generalized linear model)을 이용하여 분석한다. 독립변수가 모두 범주형으로 이루어져 있고 종속변수가 도수(count)로 되어 있으면 로그선형모형으로 분석하는 등 독립변수와 종속변수의 개수, 형태 등에 의하여 다양한 분석법을 적용하여야 한다.

16.2 단순회귀분석

단순회귀분석의 모형

독립변수가 하나이고 독립변수와 종속변수의 관계가 일차함수 형태이면 단순선형회귀모형(simple linear regression model)으로 분석한다.

단순회귀모형은 다음 식과 같이 나타낼 수 있다.

$$y_i = \beta_0 + \beta_1 \cdot x_i + \epsilon_i \; ; \; i = 1, \ldots, n,$$

여기서 β_0, β_1은 미지의 모수(unknown parameter)로 절편(intercept)과 기울기(slope)이며 ϵ_i은 오차항이다. 오차항 ϵ_i는 평균이 0이고, 분산이 σ^2인 정규분포를 따른다고 가정한다. 이때 (y_i, x_i)는 관측된 자료로 (종속변수, 독립변수)이고 n은 관측된 자료의 개수이다.

매출액 (Y)	광고시간 (X)
97	45
95	47
94	40
92	36
90	35
85	37
83	32
76	30
73	25
71	27

⇨

독립변수와 종속변수의 규정

⇩

$y = ax + b$의 형태로 표현가능한가

⇩

a, b를 추정한다

⇩

X가 Y를 설명하는가?
(즉, a가 0이 아닌가)

⇩

$\hat{y} = \hat{a}x + \hat{b}$ 로 새 관측값을 추정

<그림 16.1> 회귀분석의 개념도

단순회귀모형의 추정

독립변수가 하나이고 독립변수와 종속변수의 관계가 일차함수 형태이면 단순선형회귀모형(simple linear regression model)으로 분석한다.

앞의 회귀모형에서 회귀계수 β_0, β_1는 모수이고 이를 자료 (y_i, x_i)를 이용하여 추정하여야 한다. β_0, β_1의 추정량을 각각 $\hat{\beta}_0, \hat{\beta}_1$이라 하며, y_i의 추정값은 $\hat{y}_i$라 쓰는데 이는 다음 식과 같다.

$$\hat{y}_i = \hat{\beta}_0 + \hat{\beta}_1 \cdot x_i \ ; \ i=1,2,...,n.$$

이 식을 추정된 회귀식 또는 표본회귀식이라고 하며 $\widehat{\beta_0}, \widehat{\beta_1}$을 추정된 회귀계수라고 한다. 그런데 추정값은 $\hat{y}_i$는 측정에 의하여 얻은 종속변수의 실제값 y_i와 일치하지는 않는다. 즉 y_i와 $\hat{y}_i$ 간에 차이를 잔차(residual)라 하며 이를 최소화하는 $\widehat{\beta_0}, \widehat{\beta_1}$을 추정한다.

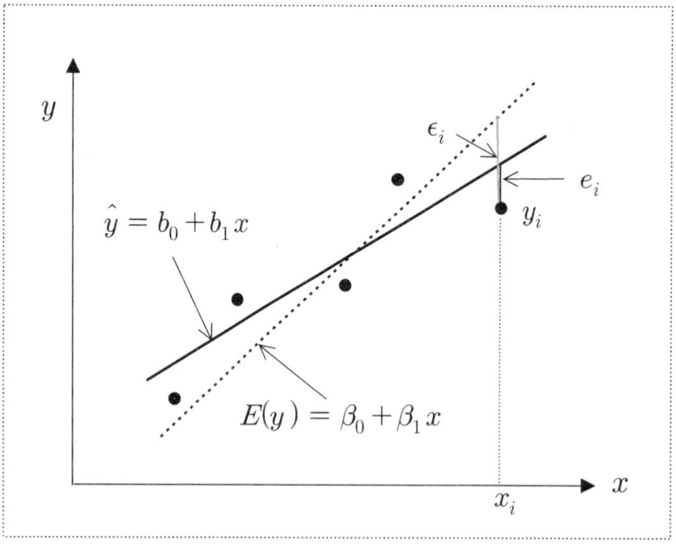

<그림 16.2> 모(母)회귀선과 추정회귀선, 오차와 잔차

잔차가 작으면 작을수록 좋은 추정회귀선이므로 잔차의 제곱의 합을 최소화하여주는 회귀직선을 찾는다. 이를 최소제곱법이라 하며 이 때 구한 값을 최소제곱추정량(LSE: least squares estimator)이라 한다. 최소제곱법은 다음의 잔차제곱합을 최소로 한다.

$$S = \sum_{i=1}^{n} e_i^2 = \sum_{i=1}^{n} (y_i - \hat{\beta}_0 - \hat{\beta}_1 x_i)^2.$$

이때 S를 극소화하는 $\hat{\beta}_0, \hat{\beta}_1$의 값을 구하기 위해 S를 $\hat{\beta}_0, \hat{\beta}_1$에 대해서 편미분(미분하고자하는 변수 외에는 모두 상수로 간주한다)하여 0으로 놓고, 그 정규방정식을 풀면 LSE, $\hat{\beta}_0, \hat{\beta}_1$가 다음과 같이 구해진다.

$$\hat{\beta}_1 = \frac{\Sigma(x_i - \bar{x})(y_i - \bar{y})}{\Sigma(x_i - \bar{x})^2},$$

$$\hat{\beta}_0 = \bar{y} - \hat{\beta}_1 \bar{x}, \quad \text{단 } \bar{y} = \Sigma y_i / n, \ \bar{x} = \Sigma x_i / n.$$

여기서 회귀선 기울기 LSE는 개별적인 각 점에서의 기울기 추정값들의 가중평균이라는 점을 알 수 있다. 1)

【참고】 최대우도추정량(MLE: Maximum Likelihood Estimator)
이러한 최소제곱법에 의한 추정량 말고도, 오차항의 확률분포 가정을 이용하여 MLE를 구할 수 있다. 그런데 정규분포의 확률밀도함수식의 지수부분이 제곱 꼴의 형태이어서, 그 추정량(MLE)은 LSE와 동일하다.

---

1) 각 점에서 기울기 추정값은 $\frac{y_1 - \bar{y}}{x_1 - \bar{x}}, \frac{y_2 - \bar{y}}{x_2 - \bar{x}}, \ldots, \frac{y_n - \bar{y}}{x_n - \bar{x}}$ 등으로 구할 수 있는데 전체 기울기는 이들의 가중평균, 즉 각 점의 평균과 거리에 비례하는 값 $\Sigma w_i \left(\frac{y_i - \bar{y}}{x_i - \bar{x}} \right)$ 이다. 여기서 $w_i = \frac{(x_i - \bar{x})^2}{\Sigma(x_i - \bar{x})^2}$이므로 $\hat{\beta}_1 = \frac{\Sigma(x_i - \bar{x})(y_i - \bar{y})}{\Sigma(x_i - \bar{x})^2}$ 와 동일하다.

【예제 16.1】 <그림 16.1>의 광고시간과 매출액의 자료를 이용해 회귀분석 하시오. 즉, 광고시간(독립변수)이 매출액(종속변수)에 영향을 주는 회귀모형을 설정하고 회귀계수를 추정하시오.

<풀이> SPSS를 이용하여 회귀계수를 구하는 절차이다. 우선 다음과 같이 자료를 입력한다. (자료명: "16장_광고_매출액.sav")

그리고 [분석] 메뉴에서 <회귀분석>-<선형>을 선택한다.

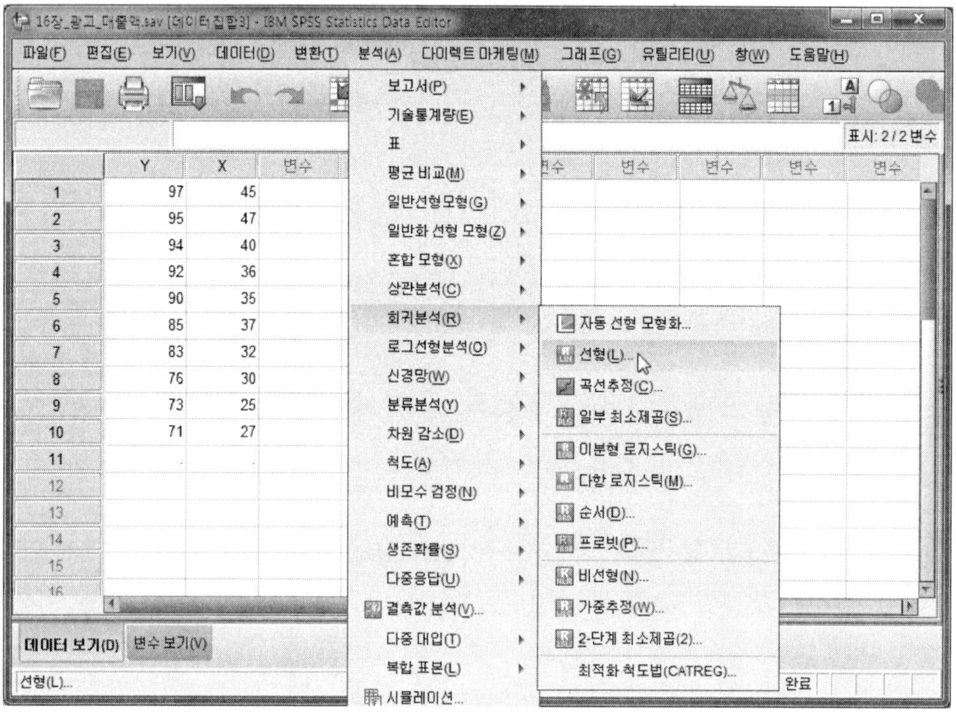

※ [변수보기] 시트에는 다음과 같이 변수설명과 척도를 정해준다.

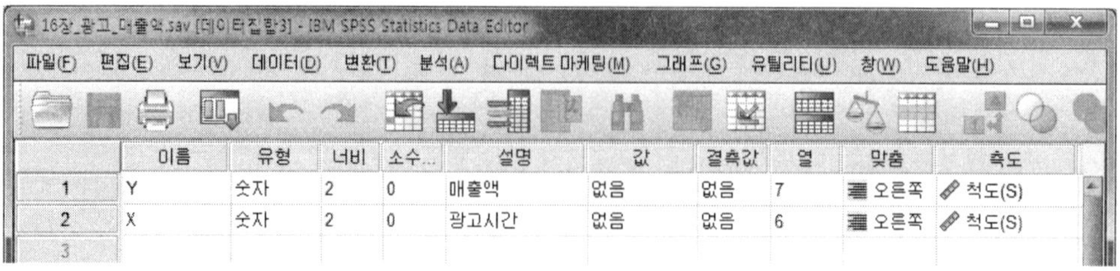

[선형 회귀분석] 대화상자에서 <종속변수> 칸에는 'Y'를 <독립변수> 칸에는 'X'를 이동한다. 여기서 [확인]을 클릭해 결과를 얻는다.

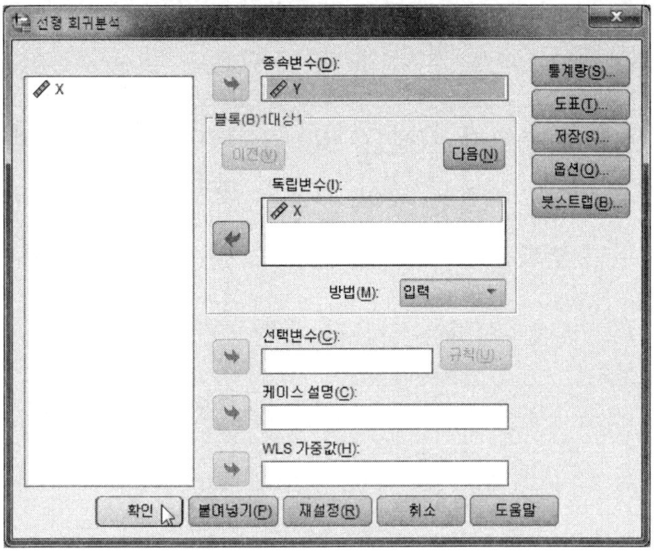

계수[a]

모형		비표준화 계수		표준화 계수	t	유의확률
		B	표준오차	베타		
1	(상수)	42.509	6.529		6.510	.000
	광고시간	1.217	.181	.922	6.722	.000

a. 종속변수: 매출액

출력결과의 마지막 표가 회귀계수에 대한 추정값이다. 여기서 (상수)에 대한 회귀계수 추정값, 즉 $\widehat{\beta_0} = 42.509$ 이다. 광고시간(X)에 대한 회귀계수는 $\widehat{\beta_1} = 1.217$ 등이다. 그러므로 추정하는 회귀식은 다음과 같다.

$$\widehat{Y} = \widehat{\beta_0} + \widehat{\beta_1}X = 42.509 + 1.217X.$$

여기서 회귀계수의 의미를 설명하면 매출액은 광고시간이 0일 때 42.509 이고 광고시간을 한 단위 늘릴 때마다 매출액은 1.217 가량 증가한다. ■

회귀계수의 유의성 검정

독립변수의 회귀계수가 0이 아니어야 그 독립변수가 종속변수의 변화에 영향을 준다. 그래서 회귀계수가 0인가를 검정함으로써 독립변수의 유의성을 검정한다.

단순회귀분석에서 중요한 가설은 '$H_0: \beta_1 = 0$'이다. Y를 예측하는데 있어서 X가 유용하기 위해서는 위의 가설을 기각해야 한다. 왜냐하면 β_1이 0이라면 X에서의 변화는 Y에 어떤 영향도 미치지 못하기 때문이다.

β_1에 대한 가설과 검정절차는 다음과 같다.

가설: $H_0: \beta_1 = 0$ (Y는 X의 변화에 의존하지 않는다)

$H_1: \beta_1 \neq 0$ (Y는 X의 변화에 의존한다)

검정절차: $|t| = \left| \dfrac{\hat{\beta}_1}{\sqrt{MSE/\Sigma(x_i - \bar{x})^2}} \right| > t(\dfrac{\alpha}{2}; n-2)$이면 유의수준 α 로 귀무가설을 기각한다. 2) 즉, 독립변수 X의 변화가 종속변수 Y의 변화에 영향을 준다. 단, SPSS에서는 유의확률이 출력되고 유의확률이 작으면 귀무가설을 기각한다.

---

2) $\hat{\beta}_1$의 분포는 다음과 같다. $\hat{\beta}_1 \sim N(\beta_1, \dfrac{\sigma^2}{\Sigma(x_i - \bar{x})^2})$.

$$(\because E(\hat{\beta}_1) = E\left(\frac{\Sigma(x_i - \bar{x})y_i}{\Sigma(x_i - \bar{x})^2}\right) = \frac{\Sigma(x_i - \bar{x})}{\Sigma(x_i - \bar{x})^2} E(y_i) = \beta_1,$$

$$Var(\hat{\beta}_1) = \frac{\Sigma(x_i - \bar{x})^2}{[\Sigma(x_i - \bar{x})^2]^2} Var(y_i) = \frac{\sigma^2}{\Sigma(x_i - \bar{x})^2} \;)$$

여기서 $\hat{\beta}_1$을 σ^2대신 그의 추정량 MSE를 이용하여 표준화(studentized)하여 주면 표준화 통계량은 t 분포(student's t distribution)를 따른다.

$$\frac{\hat{\beta}_1 - \beta_1}{\sqrt{MSE/\Sigma(x_i - \bar{x})^2}} \sim t(n-2)$$

【참고】 평균제곱오차(mean square error)

오차항 분산 σ^2의 추정값은 회귀모수들을 포함하는 모든 가설검정과 신뢰구간을 구하기 위해서 필요하다. 추정된 값과 원래값의 차이를 오차제곱합(SSE: Sum of Squares due to Error)으로 표시하고 이를 이용해 σ^2의 추정값 $\hat{\sigma}^2$을 유도한다.

$$\hat{\sigma}^2 = \frac{SSE}{n-2} = \frac{\Sigma(y_i - \hat{y}_i)^2}{n-2} = \frac{\Sigma(y_i - \hat{\beta}_0 - \hat{\beta}_1 x_i)^2}{n-2} = MSE.$$

이는 추정값이 σ^2의 불편추정량(unbiased estimator)이 되도록 SSE를 자유도인 $n-2$로 나누어 준 것이다. SSE를 계산하는데 2개의 추정량이 사용되고 이는 자료들로부터 구한 값이므로 2개의 제약식이 따르게 되서 SSE를 구하는데 사용된 총 정보의 개수는 $n-2$가 된다는 의미이다. 또한 MSE는 SSE를 평균해준 값이므로 평균제곱오차라고 부른다.

> **【예제 16.2】** 【예제 16.1】에서 회귀계수의 유의성 검정하시오.

<풀이> 일반적으로 절편 β_0의 유의성에는 관심을 갖지 않고 독립변수의 계수의 유의성에만 관심을 갖는다. 검정하고자 하는 가설은 다음과 같다.

가설: H_0 : $\beta_1 = 0$ (매출액은 광고시간의 변화에 의존하지 않는다)

계수[a]

모형		비표준화 계수		표준화 계수	t	유의확률
		B	표준오차	베타		
1	(상수)	42.509	6.529		6.510	.000
	광고시간	1.217	.181	.922	6.722	.000

a. 종속변수: 매출액

출력결과에 의하면 광고시간 계수에 관한 검정통계량 t 값은 6.772이고 이에 따른 유의확률은 0.000이다. 즉, 유의확률이 유의수준보다 작으므로 귀무가설을 기각하여 '$\beta_1 \neq 0$'이라고 판단한다. (광고시간이 매출액에 영향을 준다) ■

회귀모형의 유의성 검정

회귀모형에 의해 자료를 유의(有意)하게 설명하는가를 검정한다. 단순 회귀분석에서는 회귀계수의 유의성 검정과 일치한다.

회귀모형의 유의성 검정은 분산분석(ANOVA: Analysis of Variance)을 이용한다. 분산분석이란 자료의 변동을 관계식 때문에 생기는 변동과 우연한 변동으로 분해하여 그 비중을 비교하는 것이다. 관측값 y_i들이 전체평균 $\overline{y}$와 다른 이유는 두 가지 요인에 의한다고 추측할 수 있다. 하나는 변수 사이에 존재하는 연관성, 즉 회귀직선에 의한 변동이고, 또 하나는 설명할 수 없는 우연성, 즉 오차에 의한 변동으로 나눌 수 있다. 이는 <그림 16.3>에 설명되어져 있다.

$$(y_i-\overline{y}) \;=\; (y_i-\hat{y_i}) \;+\; (\hat{y_i}-\overline{y})$$

전체평균과의 차 = 설명할 수 없는 차이 + 회귀선과의 차이

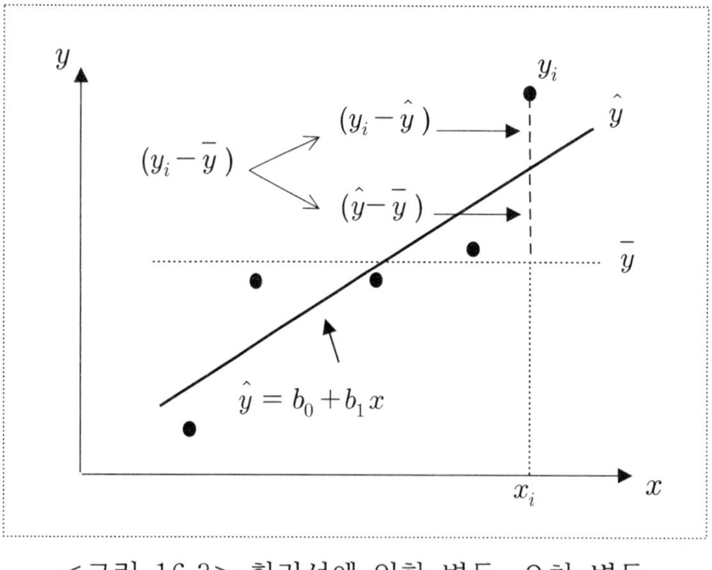

<그림 16.3> 회귀선에 의한 변동, 오차 변동

전체변동(SST: Total Sum of Squares)을 두 요인에 의해 다음과 같이 분해할 수 있다.

$$\sum_{i}^{n}(y_i-\bar{y})^2 = \sum_{i}^{n}(\hat{y}_i-\bar{y})^2 + \sum_{i}^{n}(y_i-\hat{y}_i)^2$$

$$SST = SSR + SSE$$

여기서 SSR은 회귀선에 의하여 설명되는 변동의 제곱합(Sum of Squares due to Regression)이며 SSE는 설명하기 어려운 오차변동에 의한 제곱합(Sum of Squares due to Error)이다. 이에 따른 분산분석표는 다음 <표 16.1>과 같다. 분산분석표는 우연한 오차에 의해 생기는 변동과 회귀선에 의해서 생기는 변동을 비교하는 표이다. 회귀선에 의해 생기는 변동이 오차변동보다 크다면 SSR의 평균인 MSR이 SSE의 평균인 MSE에 비해 클 것이다. 그러므로 검정통계량 F 값이 크다면 회귀모형이 유의하다고(우연이 아님) 판단하게 된다.

요인	제곱합(SS)	자유도(df)	평균제곱(MS)	F
회귀	SSR	1	MSR = SSR	MSR/MSE
오차	SSE	n−2	MSE = SSE/(n−2)	
합계	SST	n−1		

<표 16.1> 단순회귀모형의 분산분석표(ANOVA table)

단순회귀모형에서는 기울기의 유의성 검정이 회귀직선 모형의 유의성 검정과 동일하다. 즉, 다음과 같으면 회귀모형이 유의하다.

$F > F(\alpha;1,n-2)$ 이면 'H_0 : $\beta_1=0$'을 유의수준 α로 기각한다.[3)]

3) 확률변수 T가 자유도가 ϕ인 t분포를 따른다면 T^2은 자유도가 $(1,\phi)$인 F분포를 따른다. 회귀계수의 t 통계량과 회귀모형의 F 통계량이 동일하다.

회귀모형의 유용성 판단

회귀모형에 의해 자료를 어느 정도 설명하는가를 판정하기 위해 결정계수(설명계수, coefficient of determination)를 구한다.

앞에서의 유의성 검정에서 귀무가설이 기각되더라도 (회귀모형이 유의하다) 이는 기울기가 0이 아니라는 것뿐이지 추정된 회귀식이 전체자료를 잘 설명해 주고 있다고 판단하기는 어렵다. 그래서 표본자료로부터 추정된 회귀선이 그 측정 자료를 어느 정도 잘 설명하는가를 측정하는 측도인 결정계수를 검토해야 한다.

관측값 y의 총제곱합(SST)은 회귀선에 의해 설명되는 제곱합(SSR)과 설명되지 않는 제곱합(SSE)으로 분해된다. 설명되는 제곱합(SSR)이 총제곱합(SST) 중에서 차지하고 있는 비율을 회귀선의 결정계수 또는 설명계수라고 한다.

$$R^2 = \frac{SSR}{SST} = \frac{\Sigma(\hat{y}_i - \bar{y})^2}{\Sigma(y_i - \bar{y})^2}.$$ 4)

결정계수 R^2은 y의 총변동 중에서 추정된 회귀선에 의해 설명되는 부분이 어느 정도인가를 나타낸다. 따라서 결정계수 R^2은 추정된 회귀선이 표본측정값에 얼마나 적합한가를 나타내 주는 것이다. $R^2 = 1$이면 회귀선으로 y의 총변동이 완전히 설명된다는 것을 의미한다. $R^2 = 0$이면 회귀선으로 x와 y의 관계를 전혀 설명하지 못한다는 것을 나타낸다. 따라서 R^2은 0과 1사이의 범위값을 가지며 R^2이 1에 가까울수록 회귀선은 그 적합도가 높고 그만큼 추정이 잘 되었다는 것을 뜻한다.[5)]

---

4) 단순회귀에서는 상관계수의 제곱과 같다. 즉,

$$R^2 = \frac{\hat{\beta}_1^2 \Sigma(x_i - \bar{x})^2}{\Sigma(y_i - \bar{y})^2} \quad (\because \hat{y}_i - \bar{y} = \hat{\beta}_1(x_i - \bar{x})) \quad R^2 = \frac{[\Sigma(x_i - \bar{x})(y_i - \bar{y})]^2}{\Sigma(x_i - \bar{x})^2 \Sigma(y_i - \bar{y})^2} = r^2$$

5) 결정계수가 얼마 이상이어야 우수한 적합이라는 기준은 없다. 연구의 특성 상 10% 정도라도 우수하게 평가되기도 한다.

【예제 16.3】 【예제 16.1】에서 회귀모형의 적합성을 해석하시오.

<풀이> SPSS의 출력결과는 다음과 같다.

모형 요약

모형	R	R 제곱	수정된 R 제곱	추정값의 표준오차
1	.922[a]	.850	.831	3.927

a. 예측값: (상수), 광고시간

분산분석[a]

모형		제곱합	자유도	평균 제곱	F	유의확률
1	회귀모형	697.004	1	697.004	45.188	.000[b]
	잔차	123.396	8	15.424		
	합계	820.400	9			

a. 종속변수: 매출액

b. 예측값: (상수), 광고시간

출력결과에 의하면 회귀모형의 유의성 검정을 위한 F 값은 45.188이고 이에 따른 유의확률이 0.000으로 매우 유의하다. 그러므로 이 회귀모형은 자료를 유의하게 설명하고 있다고 말할 수 있다. 또한 회귀모형의 설명력을 보기 위해서 결정계수를 보면 총변동의 85.0%를 회귀모형에 의해 설명하므로 회귀모형의 적합성이 매우 높다고 할 수 있다. ■

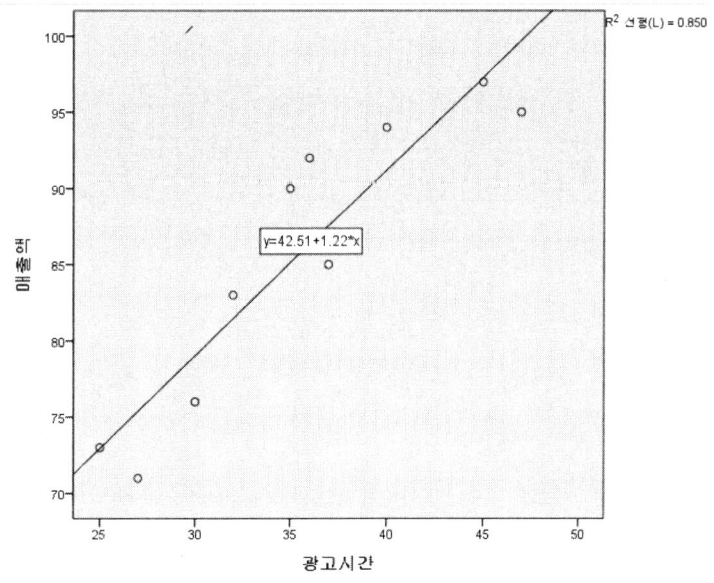

<그림 16.4> 산점도 [그래프] 에 의한 '전체 적합선 추가'

16.3 중회귀분석

중회귀분석의 개요

일반적으로 자연적, 사회적인 현상을 설명하는데 있어서 종속변수 y의 변화가 두 개 이상의 독립변수에 의하여 설명되는 경우가 대부분이다. 설득력 있는 적절한 독립변수를 여러 개 잘 선택하여 이들의 함수로써 종속변수가 변화하는 특성을 설명하는 중회귀분석(다중회귀분석, multiple regression)이 단순회귀분석보다 좀 더 현실적이며 정확한 분석을 할 수 있다.

예를 들어 어떤 제품에 대한 매출은 광고비뿐만 아니라 제품의 가격, 소득수준, 타제품의 가격, 소비자의 기호 등 많은 변인에 의해 영향을 받을 것이다. 이와 같이 둘 이상의 독립변수가 복합적으로 작용하는 것이 일반적이므로 변수들 간의 관계를 보다 효과적으로 설명하기 위해서는 앞 절과는 또 다른 모형을 도입해야 할 것이다.

이처럼 종속변수의 변화를 설명하기 위하여 두 개 이상의 독립변수가 사용되고, 종속변수와 독립변수의 관계가 선형으로 가정되는 회귀모형을 다중선형회귀모형(multiple linear regression model)이라 하고, 이를 통한 변수간의 관계식을 규명하는 과정을 중회귀분석, 또는 다중회귀분석(多重回歸分析)이라 한다. 다중회귀모형을 수식으로 나타내면 다음과 같다.

$$y_i = \beta_0 + \beta_1 x_{i1} + \beta_2 x_{i2} + \cdots + \beta_k x_{ik} + \epsilon_i \ ; \ i = 1,2,\ldots,n \ (n > k),$$

여기서, y_i 는 종속변수 y의 i번째 측정값이며, $(x_{i1}, x_{i2}, \ldots, x_{ik})$는 독립변수 $(x_1, x_2, \ldots, x_k)$의 i번째 측정값이다. 즉, i번째 개체의 측정값(케이스)의 형태는 $(y_i, x_{i1}, x_{i2}, \ldots, x_{ik})$이다. 그리고 $\beta_0, \beta_1, \ldots, \beta_k$ 는 회귀계수라 부른다. 오차 ϵ_i는 서로 독립적이고, 평균이 0, 분산이 σ^2 인 정규분포를 따른다고 가정하자.

회귀계수의 유의성 검정

다수의 독립변수에 대하여 유의성을 각각 검정하여 유의한 회귀계수를 갖는 독립변수는 종속변수에 영향을 주는 변수라고 판단한다.

회귀계수 β_j의 추정량을 b_j라 하면 (수학적 유도는 이장의 마지막 절에 추가) 이를 표준화한 값의 분포는 자유도 $(n-k-1)$을 갖는 t 분포를 따른다. (자유도가 $(n-k-1)$인 이유는 MSE를 추정하는데 사용된(자유로운) 표본의 개수가 $(n-k-1)$)

$$\frac{(b_j - \beta_j)}{\hat{s}\,(b_j)} \sim t\,(n-k-1).$$

각 변수의 유의성을 개별적으로 검정하기 위해서는 부분 t-검정(partial t-test)이 이용된다. 이것은 어떤 독립변수가 여타의 독립변수를 이미 포함하고 있는 모형에 추가적으로 도입되었을 때 유의한 설명력을 갖는가를 검정하는 것이다. 부분 t-검정의 가설과 절차는 다음과 같다.

가설: $H_0 : \beta_j = 0 \quad \text{vs.} \quad H_1 : \beta_j \neq 0$

검정절차: $|t| = \left| \dfrac{b_j}{\hat{s}\,(b_j)} \right| \geq t(\alpha/2;\, n-k-1)$이면 귀무가설 기각한다.

즉, x_j를 제외한 모든 변수가 포함된 모형에 x_j를 추가했을 때 그 변수가 유의적으로 종속변수를 설명해준다. (SSR을 유의적으로 증가시킨다)

【예제 16.4】 다음 자료에서 영화관에 대한 전반적인 만족도에 영향을 주는 만족도 속성을 찾으시오. (자료명: “16장_영화관만족도_회귀분석.sav”)

<풀이> 개별만족도 속성(Q9_1~Q9_10): 독립변수
전반적 만족도(Q9_11): 종속변수

분석하고자 하는 독립변수와 종속변수는 모두 계량 척도이다. 독립변수는 모두 10개이다.

[분석] 메뉴에서 <회귀분석>-<선형>을 선택한다.

다음의 [선형 회귀분석] 대화창에서 <종속변수>는 '전반적 만족도'를 이에 영향을 주는 <독립변수>에는 '좌석중요도' 등 모두 10개의 변수를 이동시킨다. <방법>은 현재 모든 독립변수를 다 포함해서 회귀식을 구해주는 [입력] 방법을 택한다.

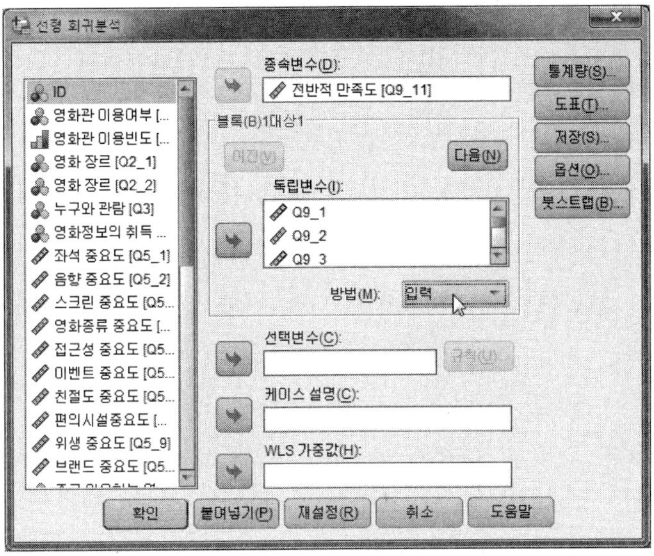

계수[a]

모형		비표준화 계수		표준화 계수	t	유의확률
		B	표준오차	베타		
1	(상수)	-.193	.330		-.586	.559
	좌석 만족도	.031	.078	.038	.396	.693
	음향 만족도	.010	.104	.010	.096	.923
	스크린 만족도	.055	.081	.061	.683	.496
	영화종류 만족도	-.010	.060	-.013	-.163	.871
	접근성 만족도	.132	.054	.174	2.465	.016
	이벤트 만족도	.061	.056	.077	1.083	.282
	친절도 만족도	.142	.078	.140	1.825	.071
	편의시설 만족도	.142	.070	.160	2.037	.045
	위생 만족도	.195	.078	.228	2.485	.015
	브랜드 만족도	.330	.073	.358	4.526	.000

a. 종속변수: 전반적 만족도

출력결과에 의하면 '접근성 만족도', '위생 만족도' 등의 두 독립변수만이 유의확률이 0.05보다 작아 '전반적 만족도' 종속변수에 영향을 주는 변수로 판단된다. ■

회귀모형의 유의성 검정

회귀모형에 의해 자료를 유의(有意)하게 설명하는가를 검정한다. 회귀계수가 유의한 독립변수가 존재하면 모형이 유의하다고 판단한다.

표본회귀방정식이 통계적으로 유의한 것인지를 먼저 확인하기 위하여 분산분석을 통하여 회귀모형의 독립변수들이 종속변수의 변동을 설명해 줄 수 있는지의 여부를 검정한다.

중회귀분석에서도 총편차의 제곱합을 단순회귀에서와 마찬가지로 각각 총변동(SST), 회귀변동(SSR), 오차변동(SSE)으로 분리한다. 이때, 자유도는 각각 $n-1$, $n-k-1$, k 등으로 계산할 수 있다. SST의 자유도가 $n-1$인 것은 표본평균을 사용함으로써 자유도 하나를 잃기 때문이고, SSE의 자유도는 이를 계산할 때 회귀계수들의 추정값을 사용해야 하므로, $k+1$개의 자유도를 잃게 되어 $n-k-1$이 된 것이다. 그리고 SSR의 경우에는 자유도 k는 SSR을 측정하는 데 사용된 회귀계수들의 수를 말한다.

요인	제곱합(SS)	자유도(df)	평균제곱(MS)	F
회귀	SSR	k	MSR=SSR/k	MSR/MSE
오차	SSE	n−k−1	MSE=SSE/(n−k−1)	
합계	SST	n−1		

<표 16.2> 중회귀모형의 분산분석표(ANOVA table)

분산분석표를 이용하여 검정할 귀무가설과 대립가설은 다음과 같다.

$$H_0: \beta_1 = \beta_2 = \cdots = \beta_k = 0 \quad \text{대} \quad H_1: \text{적어도 하나의 } \beta_j \text{는 0이 아니다.}$$

본 검정에서 사용되는 통계량 F(=MSR/MSE)는 H_0가 사실인 경우에 자유도가 $(k, n-k-1)$인 F 분포를 따르므로 $F > F(\alpha; k, n-k-1)$이면 유의수준 α로 귀무가설을 기각한다. 귀무가설을 기각하면 적어도 하나의 β_j는 0이 아니라고 판단한다.

회귀모형의 적합성 판정

회귀식이 표본자료에 얼마나 잘 적합(fit)되었는지를 파악하는 측도로서 다중결정계수(coefficient of multiple determination)가 이용된다.

결정계수는 단순회귀방정식의 경우와 마찬가지로 y의 총변동 SST에 대한 $\hat{y}$의 회귀방정식으로 설명되는 변동 SSR의 비율로 정의된다. 즉,

$$R^2 = \frac{SSR}{SST} = 1 - \frac{SSE}{SST}.$$

그런데 우리가 중회귀분석에서 R^2을 해석할 때 유의해야 할 점은, 새로운 변수를 모형에 추가 도입함에 따라 무조건 R^2이 증가한다는 사실이다.[6] 즉, R^2은 점점 더 많은 변수를 모형에 추가시킴으로써 인위적으로 크게 만들 수 있다. 그러므로 R^2을 극대화하는 모형만이 최선은 아니다.

R^2의 증가가 변수를 추가했기 때문에 단순히 증가한 것인지 추가된 변수가 실제로 설명력이 있어서 증가한 것인지를 판단하기 위해 다음의 수정결정계수(adjusted R^2, R_a^2, 조정된 결정계수)를 사용한다.

$$R_a^2 = 1 - \frac{n-1}{n-k-1} \cdot \frac{SSE}{SST} = 1 - \frac{MSE}{s_y^2},$$

여기서 s_y^2은 y 자료의 표본분산이므로 독립변수와 관계없이 불변하다. 윗식에서 R_a^2은 결코 R^2을 초과하지 않고 R_a^2을 증대시키기 위해서는 MSE를 감소시켜야만 한다는 사실을 알 수 있다. 어떤 x 변수를 추가시키는 것이 MSE를 감소시키지 않는다면 R_a^2은 감소할 것이므로 그 변수는 모형에 추가하지 않는다.

---

6) 아무리 관련이 없는 변수라 하더라도 어떤 형태로든 회귀직선(기울기)을 만들게 되므로 SSE는 감소하고, SSR이 증가하게 된다.

【예제 16.5】 【예제 16.4】 자료에서 회귀모형의 유의성을 검정하고 회귀모형이 적합한지를 판단하시오. (자료명: "16장_영화관만족도_회귀분석.sav")

<풀이> 앞 예제에서 회귀모형과 관련 있는 출력결과는 다음과 같다.

모형 요약

모형	R	R 제곱	수정된 R 제곱	추정값의 표준오차
1	.828[a]	.686	.649	.393

a. 예측값: (상수), 브랜드 만족도, 이벤트 만족도, 접근성 만족도, 친절도 만족도, 음향 만족도, 영화종류 만족도, 편의시설 만족도, 스크린 만족도, 위생 만족도, 좌석 만족도

분산분석[a]

모형		제곱합	자유도	평균 제곱	F	유의확률
1	회귀 모형	29.278	10	2.928	18.972	.000[b]
	잔차	13.426	87	.154		
	합계	42.704	97			

a. 종속변수: 전반적 만족도

b. 예측값: (상수), 브랜드 만족도, 이벤트 만족도, 접근성 만족도, 친절도 만족도, 음향 만족도, 영화종류 만족도, 편의시설 만족도, 스크린 만족도, 위생 만족도, 좌석 만족도

분산분석표를 이용하여 다음 가설을 검정한다.

$$H_0: \ \beta_1 = \beta_2 = \cdots = \beta_{10} = 0 .$$

이에 대한 검정통계량 F 값은 18.972이고 이에 해당하는 유의확률은 0.000이므로 (유의확률<유의수준=1%) 귀무가설을 기각한다. 그러므로 독립변수 중에 최소한 하나 이상은 종속변수에 영향을 준다.

또한 이 모형의 적합도를 판단하기 위하여 결정계수를 보면 0.686이다. 이는 전체 변동의 68.6%를 회귀선에 의한 변동으로 설명한다는 의미이다. 이 값은 분산분석표에 있는 SST와 SSR을 이용해서 구할 수도 있다. 즉,

$$R^2 \ = \ \frac{SSR}{SST} \ = \ \frac{29.278}{42.704} = 0.686.$$

수정된 R 제곱(수정결정계수)은 변수를 추가하면서 증가여부를 판단할 때 사용할 수 있다.

회귀모형에 포함할 변수의 결정

회귀모형을 구축할 때 어떤 독립변수를 모형에 포함시키는가는 중회귀 분석의 가장 중요한 주제이다. 상관관계가 높은 독립변수가 동시에 모형이 포함되면 다중공선성과 같은 왜곡현상이 벌어질 수도 있기 때문에 중요한 변수만을 모형에 포함시키는 작업이 필요하다.

다중회귀분석을 할 때 가능한 많은 독립변수를 모형에 포함시키면 종속변수 y의 값을 정확히 예측할 수 있지만 예측값 $\hat{y}$의 분산이 점점 커질 수가 있고 시간과 비용이 많이 들게 되므로 가능한 한 적은 수의 독립변수를 모형에 포함시키는 것이 바람직하다.

대부분의 분석자들은 모든 독립변수들을 포함한 완전모형(full model)이나 통계패키지에서 제공하는 순차적 변수선택방법을 선호하게 된다. 순차적 선택방법에는 전진 선택(forward selection), 후진 선택(backward selection) 그리고 단계식 선택(stepwise selection) 방법 등이 있다.

전진 선택방법은 가장 중요하다고 생각되는 변수부터 하나씩 골라주어 가면서 더 이상 중요한 변수가 없다고 판정될 때에 중단하여 이미 선택된 변수들만으로 모형을 확정해 주는 방법이다. 후진 선택방법은 완전모형에서부터 유의하지 않은 변수를 하나씩 제거해 나가는 방법이다.

그런데 전진 선택법은 한번 선택된 변수는 다른 변수가 들어와도 더 이상 모형에서 제외되지 않고, 후진 선택법에서 제거된 변수는 역시 영원히 배제되는 약점을 가지고 있다. 이와 같은 점을 보완하기 위하여 고안된 방법이 단계식 선택방법이다.

단계식 선택방법(stepwise selection method)은 전진 선택방법에서 변수를 하나씩 추가 선택하여 나갈 때, 이미 선택된 변수가 새로운 변수를 추가하여도 중요성을 상실하지 않는지를[7] 각 단계별로 후진 선택방법으로 확인해 가는 방법이다. 즉, 전진 선택법과 후진 선택법을 융합한 것이다.

---

7) 이는 후에 들어온 변수들의 조합이 높은 상관계수로 인해 기존 변수의 영향력을 뺏어가기 때문이다.

【**예제 16.6**】 【예제 16.4】 자료에서 회귀모형에 단계식 선택방법을 이용하여 변수를 포함시켜 최적의 회귀모형을 구하시오. (자료명: "16장_영화관만족도_회귀분석.sav")

<풀이> [선형 회귀분석] 대화창에서 변수 선택 <방법>으로 '단계 선택'을 지정한다.

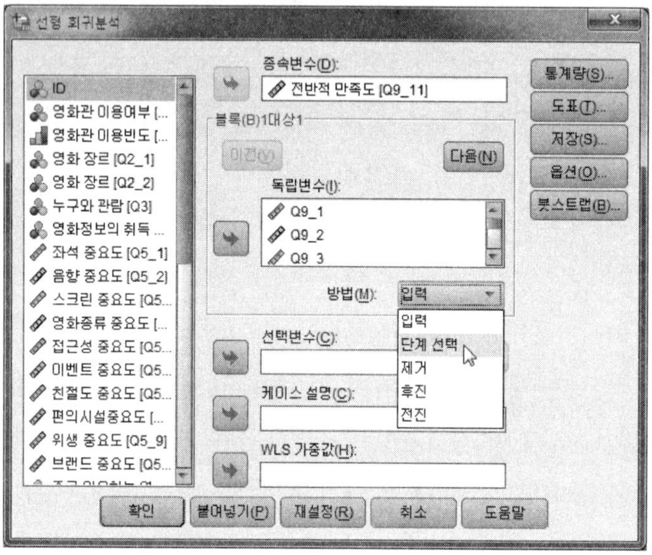

진입/제거된 변수[a]

모형	진입된 변수	제거된 변수	방법
1	브랜드 만족도	.	단계선택 (기준: 입력할 F의 확률 <= .050, 제거할 F의 확률 >= .100).
2	편의시설 만족도	.	단계선택 (기준: 입력할 F의 확률 <= .050, 제거할 F의 확률 >= .100).
3	위생 만족도	.	단계선택 (기준: 입력할 F의 확률 <= .050, 제거할 F의 확률 >= .100).
4	접근성 만족도	.	단계선택 (기준: 입력할 F의 확률 <= .050, 제거할 F의 확률 >= .100).
5	친절도 만족도	.	단계선택 (기준: 입력할 F의 확률 <= .050, 제거할 F의 확률 >= .100).

a. 종속변수: 전반적 만족도

출력결과에 진입된 변수와 제거된 변수의 리스트가 출력된다. 여기서는 5개의 변수가 차례로 선택되었고 그 과정에서 제거되는 변수는 없었다. 유의한 변수로 진입(포함)하려면 유의확률이 5%보다 작아야 하고 한 번 들어온 변수라도 다른 변수가 추가되는 과정에서 유의확률이 10%가 넘으면 제거된다.

모형 요약

모형	R	R 제곱	수정된 R 제곱	추정값의 표준오차
1	.677[a]	.458	.453	.491
2	.756[b]	.572	.563	.439
3	.793[c]	.629	.617	.411
4	.806[d]	.650	.635	.401
5	.822[e]	.676	.659	.388

a. 예측값: (상수), 브랜드 만족도

b. 예측값: (상수), 브랜드 만족도, 편의시설 만족도

c. 예측값: (상수), 브랜드 만족도, 편의시설 만족도, 위생 만족도

d. 예측값: (상수), 브랜드 만족도, 편의시설 만족도, 위생 만족도, 접근성 만족도

e. 예측값: (상수), 브랜드 만족도, 편의시설 만족도, 위생 만족도, 접근성 만족도, 친절도 만족도

결정계수는 변수를 추가함에 따라 계속 증가하고 수정결정계수도 5개 변수까지는 증가함을 보여준다. 모형에 추가적으로 6번째 변수를 추가하면 수정 결정계수는 감소할 것이라는 것을 짐작할 수 있다.

계수[a]

모형		비표준화 계수 B	비표준화 계수 표준오차	표준화 계수 베타	t	유의확률
1	(상수)	1.500	.265		5.660	.000
	브랜드 만족도	.625	.069	.677	9.016	.000
2	(상수)	.776	.278		2.793	.006
	브랜드 만족도	.530	.065	.574	8.179	.000
	편의시설 만족도	.312	.062	.352	5.007	.000
3	(상수)	.488	.271		1.803	.075
	브랜드 만족도	.392	.071	.425	5.548	.000
	편의시설 만족도	.279	.059	.315	4.743	.000
	위생 만족도	.248	.065	.290	3.804	.000
4	(상수)	.283	.278		1.021	.310
	브랜드 만족도	.373	.069	.404	5.368	.000
	편의시설 만족도	.220	.063	.248	3.516	.001
	위생 만족도	.246	.064	.288	3.871	.000
	접근성 만족도	.126	.053	.165	2.390	.019
5	(상수)	-.092	.302		-.305	.761
	브랜드 만족도	.334	.069	.361	4.856	.000
	편의시설 만족도	.149	.066	.168	2.259	.026
	위생 만족도	.251	.062	.294	4.082	.000
	접근성 만족도	.141	.051	.186	2.759	.007
	친절도 만족도	.188	.069	.185	2.721	.008

a. 종속변수: 전반적 만족도

최종적으로 선택된 유의한 변수는 5개이다. 이 결과는 모든 변수를 [입력] 하였던 앞의 【예제 16.4】 결과에서 두 개만 유의한 변수('위생'과 '접근성')로 선택된 것과는 사뭇 다르게 3개 변수('브랜드', '편의시설', '친절도')가 추가된 결과이다. 중회귀분석에서는 이러한 점에 주의하여 변수를 선택해야 하는데 단계 선택방법이 가장 무난하게 또 많이 사용하는 방법이라 할 수 있다. ■

16.4 회귀분석의 기타 문제

오차항의 독립성 검정

오차항이 서로 독립이 아니면 회귀분석 모형의 수학적 가정이 위배되고 이러한 상황에서 구한 검정통계량은 정확하지 않기 때문에 오차항이 독립인가를 검정해주어야 한다.

회귀식의 오차항이 독립적이지 않은 것은 자기상관이 존재하기 때문이다. 대부분의 경우가 독립변수가 시간이거나, 관측값이 관찰 순서에 영향을 받는 실험에서 야기된다. 자기상관이 존재하면 표본분산이 모분산을 과소 추정하는 경향이 있어 표본표준편차가 분모에 들어가는 t, F, R^2 통계량들이 실제보다 크게 추정된다. 따라서 이러한 과대평가된 값은 모형이 자료를 얼마나 잘 적합 시키고 있는가에 대해서 지나치게 낙관적인 결론에 이르게 할 수 있다.

잔차의 자기상관성(auto-correlation)을 점검하는 방법 중의 하나가 다음의 더빈-왓슨(Durbin-Watson) 통계량이다.

$$d = \sum_{2}^{n}(e_t - e_{t-1})^2 / \sum_{1}^{n} e_t^2 \ .$$

더빈-왓슨 검정통계량의 대략적인 의미를 살펴보면 오차항의 상관계수가 r이라 가정하면, 약간의 계산을 통해 d는 약 $2(1-r)$의 값을 가짐을 보일 수 있다. 그러므로 자기상관이 없으면 d는 2에 가깝고, 높은 양의 상관이면 0에 가까운 값, 음의 상관이면 4에 가까운 값이 나온다.

더빈-왓슨에 의한 의사결정은 다음과 같이 세 가지 가능성이 있다.

- $d < d_L$ 이면 H_0을 기각한다.
- $d > d_U$ 이면 H_0을 기각하지 못한다.
- $d_L < d < d_U$ 이면 검정은 결론을 내리지 못한다. 8)

---

8) 본서에서는 더빈-왓슨의 통계량 범위표를 제공하지 않는다.

분산 안정화 변환

회귀분석에서 추정과 검정은 분산이 동일하다고 하는 가정에서 비롯되는데 이 가정이 성립하지 않을 때 (즉, 이분산(heteroscedasticity)) 이러한 문제에 대한 처치 방법의 한 가지로 y 변수에 대한 분산안정화 변환(variance stabilizing transformation)이 있다.

분산을 안정화시키기 위해 보통 세 가지 변환, 즉 $(y)^{1/2}$, $\log y$, $1/y$ 중에서 한 가지가 이용된다. 변환이 어렵게 느껴지는 사용자들은 모형의 등분산성을 가정하지 않는 비모수적 방법을 사용하는 것도 또 다른 해결방안이다. <표 16.3>은 이들 세 가지 상태와 가장 잘 적용되는 변환을 요약하였다.

잔차의 형태	변동의 변화	변환
$e_i = k(\hat{y_i})^{1/2}$	y_i 의 제곱근에 비례하여 증가한다.	$\sqrt{y}$
$e_i = k\hat{y_i}$	y 변수의 크기에 비례하여 증가한다.	$\log y$
$e_i = k(\hat{y_i})^2$	y_i 의 제곱에 비례하여 증가한다.	$1/y$

<표 16.3> 분산의 형태와 안정화 변환

곡선모형의 선형모형화

독립변수 x와 종속변수 y사이의 관계를 나타내는 회귀함수로서 선형방정식(일차함수)이 적절하지 못한 경우에는 적당한 수학적 변환을 통하여 선형방정식으로 바꾸어 분석한다.

SPSS에서는 <회귀분석> 도구에서 <곡선추정> 분석을 가능하게 해주나 독립변수가 하나인 경우에만 사용가능하므로 중회귀분석에서 일부 변수의 비선형성이 발견된 경우에는 개별적으로 변환하여 모형에 삽입하여 분석하는 것이 필요하다.

만약 x와 y사이에 실제로 다음 관계식이 성립한다고 하자.

$$y = \beta_0 \cdot e^{\beta_1 x} \cdot \epsilon$$

이 식은 선형이 아님을 알 수 있다. 그러나 양변에 대수(log)를 취하면 다음과 같은 선형방정식이 된다.

$$\ln y = \ln\beta_0 + \beta_1 x + \ln\epsilon,$$

$$\text{즉,} \quad y' = \beta_0' + \beta_1 x + \epsilon'.$$

이와 같이 종속변수와 독립변수에 대수변환을 취함으로써 선형방정식으로 변환할 수도 있다. 이런 변환관계는 자료의 산점도 또는 잔차의 그림을 검토해 봄으로써 찾을 수 있거나 기존의 연구결과에 의하여 관계를 파악할 수도 있다.

더미변수의 사용

더미변수(dummy variable, 지시변수, indicator variable)는 9) 어떤 특성의 존재유무나 범주형 자료의 각 특성의 유무 등을 표현할 때 유용한 방법이다. 보통 회귀분석에서 더미변수는 이항형을 주로 다룬다.

예를 들어 단순회귀분석에서 x_1와 y의 관계가 남녀 간에 다른가에 관심을 가질 수 있다. 남녀 간의 차이는 두 집단의 절편 차이이거나 기울기 차이일 것이다. 이를 남녀에 대한 더미변수 x_2를 이용하여 표시하면 다음과 같다.

절편에 차이가 있는가를 보려면 다음과 같이 모형을 세운다.

$$y = \beta_0 + \beta_1 x_1 + \beta_2 x_2 + \epsilon$$

$$= \begin{cases} \beta_0 + \beta_2 + \beta_1 x_1, & \text{남성}(x_2 = 1) \\ \beta_0 + \beta_1 x_1, & \text{여성}(x_2 = 0) \end{cases}$$

즉, 두 집단의 절편이 다른가는 $H_0 : \beta_2 = 0$을 검정하는 문제와 동일하다.

9) 더미변수는 주로 0,1의 값을 갖는다. (예. '구매경험있다'='1', '경험없다'='0'; '남자'='1', '여자'='0' 등)

그리고 절편과 기울기 모두 차이가 있는가 보려면 다음과 같이 모형을 세운다.

$$y = \beta_0 + \beta_1 x_1 + \beta_2 x_2 + \beta_3 x_1 x_2 + \epsilon$$

$$= \begin{cases} \beta_0 + \beta_2 + (\beta_1 + \beta_3) x_1 \,, & \text{남성}(x_2 = 1) \\ \beta_0 \ \ + \beta_1 x_1 \,, & \text{여성}(x_2 = 0) \end{cases}$$

즉, 두 집단의 기울기가 다른가는 교호작용($x_1 x_2$)의 계수, $H_0 : \beta_3 = 0$을 검정하는 문제와 동일하다.

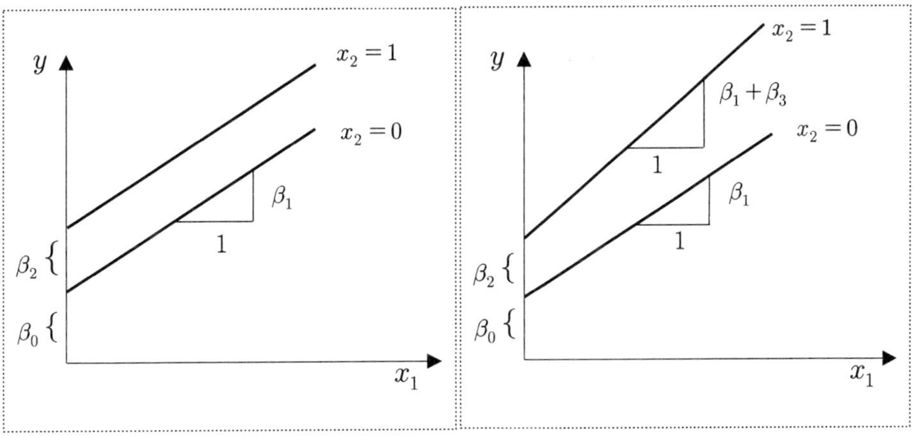

가. 절편만 다른 경우　　　　　나. 절편과 기울기가 다른 경우

<그림 16.5> 더미변수를 사용한 두 회귀직선의 비교

> **【예제 16.7】** 다음 자료에서 남녀 간에 절편의 차이가 있는지 남녀 간에 기울기 차이가 있는지를 검정하시오. (자료명: "16장_더미.sav")

<풀이> 다음 자료 "16장_더미.sav"는 가상자료로 남녀 간에 기울기와 절편이 다른 자료를 보여주고 있다. 단, 'x1x2' 변수는 'x1', 'x2'의 곱이다.

우선 자료의 산점도를 그려 남녀별 추세를 보도록 한다. [그래프] 메뉴에서 <산점도/점도표>를 선택한다.

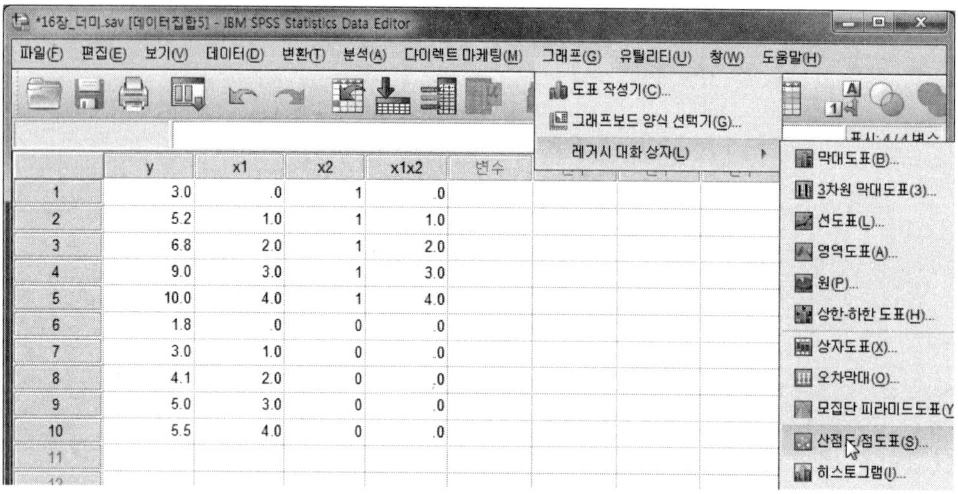

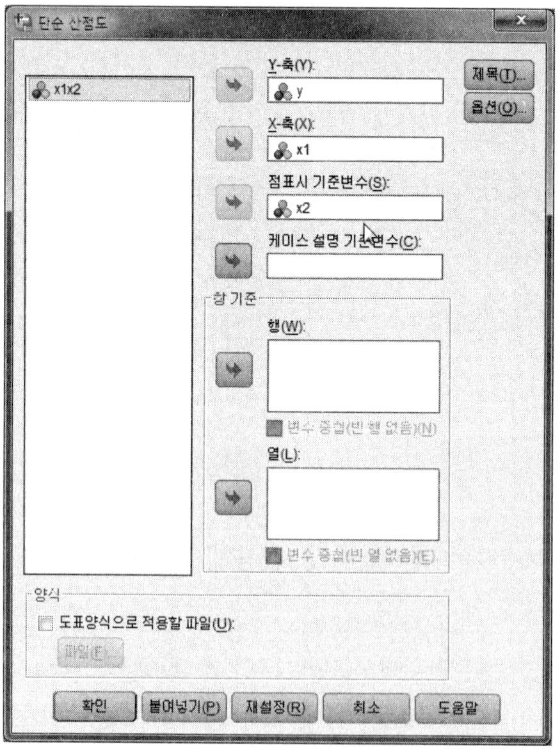

성별 변수인 'x2'를 <점표시 기준변수>로 지정하였으므로 남녀를 구분하여 산점도가 표시된다. 출력된 산점도를 더블클릭하여 [도표 편집기]를 활성화하고 자료에 [부집단 적합선]을 추가하면 다음과 같이 남녀 간에 절편과 기울기가 다른 것을 볼 수 있다.

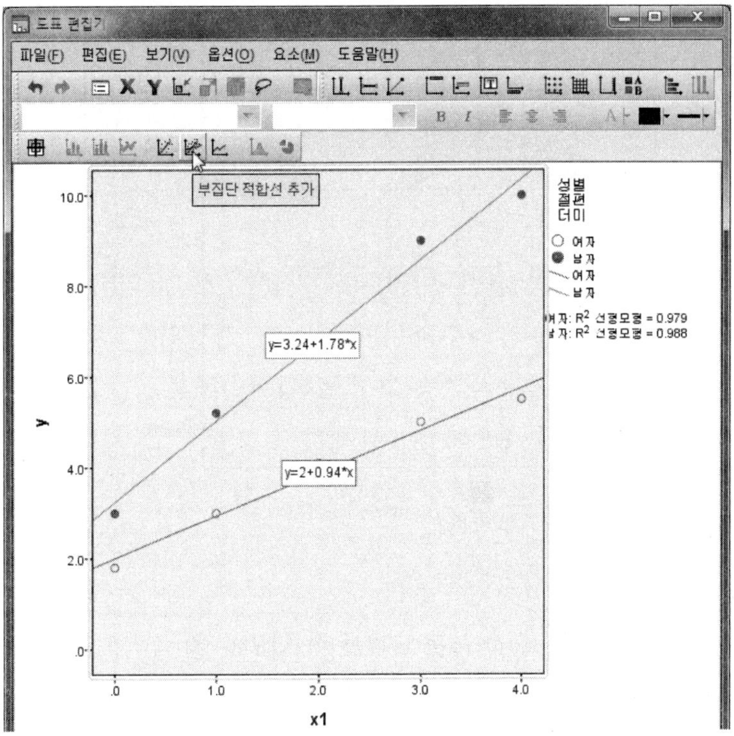

[분석] 메뉴에서 <회귀분석>-<선형>을 선택하고 다음과 같이 <독립변수>에 'x1', 'x2', 'x1x2'를 입력한다.

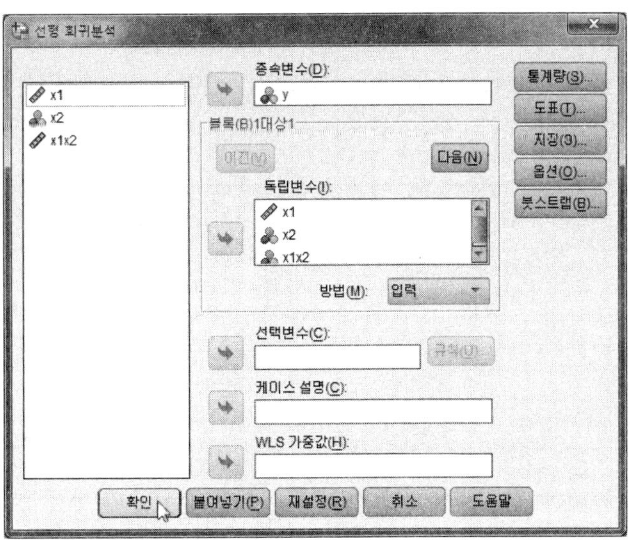

계수[a]

모형		비표준화 계수		표준화 계수	t	유의확률
		B	표준오차	베타		
1	(상수)	2.000	.242		8.248	.000
	x1	.940	.099	.532	9.495	.000
	성별 절편 더미	1.240	.343	.248	3.616	.011
	성별 기울기 더미	.840	.140	.475	6.000	.001

a. 종속변수: y

출력결과를 보면 성별 절편 더미(x2)의 계수가 유의하게 판정되었다. (유의확률=0.00< 0.05=유의수준) 또한 성별 기울기 더미(x1x2)의 계수도 유의확률이 매우 적어서 유의하다고 판정되었다. 즉, 이 자료에서는 남녀 간에 절편의 차이(약 1.240)도 존재하고 기울가의 차이(약 0.840)도 존재하는 것으로 판단된다. ■

다중공선성

독립변수가 여러 개인 중회귀분석에서 독립변수들 간의 종속성 때문에 독립변수의 회귀계수가 비합리적이거나 불안정적으로 추정되는 현상을 다중공선성(multicollinearity)이라 한다.

예를 들어 종속변수 y가 독립변수 x_1, x_2에 영향을 받는 자료에서, 각 독립변수 x_1, x_2를 개별적으로 y와 단순회귀분석을 하면 각 경우 모두 회귀계수가 유의하지만 두 변수를 동시에 포함시킨 중회귀분석을 하면 유의하던 회귀계수가 유의하지 않게 추정되는 현상이 발생할 수 있다.

	적합모형	회귀계수검정결과
단순회귀	$\hat{y}=\widehat{\beta_0}+\widehat{\beta_1}x_1 \Rightarrow \beta_1 \neq 0$	x_1이 유의하게 y를 설명함
	$\hat{y}=\widehat{\beta_0}+\widehat{\beta_2}x_2 \Rightarrow \beta_2 \neq 0$	x_2이 유의하게 y를 설명함
중회귀	$\hat{y}=\widehat{\beta_0}+\widehat{\beta_1}x_1+\widehat{\beta_2}x_2$ $\Rightarrow \beta_1 \neq 0,\ \beta_2 = 0$	x_1이 유의하게 y를 설명하나 x_2는 유의하게 y를 설명 못함

<표 17.4> 다중공선성의 예

이러한 현상은 독립변수 간에 높은 상관관계를 가질 때 발생한다. 이러한 현상이 나타나지 않도록 하려면 독립변수 간에 독립성이 보장되어야 할 것이다. 그러나 독립변수 간에 완벽한 독립성을 보인다면 단순회귀 때 추정한 회귀계수 값과 다중회귀에서의 회귀계수의 값이 일치하기 때문에 구태여 중회귀분석을 할 이유가 없을 것이다. 독립변수 간에 어느 정도의 연관성을 가정하고 많은 독립변수 중에서 각 변수의 영향력을 조사하려는 중회귀분석의 목적상 다중공선성을 완전히 배제할 수는 없다.

분석하고자 하는 자료에 다중공선성이 존재한다면[10] 다중공선성을 극복하는 방법으로 능형회귀분석(Ridge regression)[11]을 사용할 수 있으나 일반적인 회귀분석방법을 선호하는 일반연구자에게는 다음과 같은 세 가지 방법 중 하나가 유용할 것이다.

i) 종속성이 높은 변수 중에서 대표 변수만 선택하고 나머지 변수들은 모형에서 제거한다.

ii) 종속성이 높은 변수들은 군집화(grouping)하여 새로운 변수를 만들어 이로 모형을 설정한다.

iii) 표본의 수를 많이 뽑는다.

i)의 방법은 두 가지 방식으로 구현할 수 있다. 가장 쉬운 방법은 단계식 선택방법을 이용하여 변수를 선택하는 방법이나 종속변수와 상관관계가 높은 순으로 자동적으로 선택되어지기 때문에 연구자의 이론이나 변수에 관한 지식 적용에 한계가 있다. 두 번째 방법으로는 요인분석(factor

---

10) VIF(분산팽창지수, Variation Inflation Factor)가 10 이상이면 다중공선성이 존재한다고 판단하지만 이러한 수치보다는 분석결과의 비합리성이 다중공선성 존재의 판단근거가 될 것이다.

11) 능형회귀분석은 $\boldsymbol{X}'\boldsymbol{X}$의 singularity(비정칙성)의 영향을 줄이기 위해 $(\boldsymbol{X}'\boldsymbol{X}-\lambda I)$를 이용한 제약법(regulation)에 의한 최적값을 구하는 형태를 취한다. 그런데 이러한 방법으로 구한 회귀계수는 편의되어(biased) 있다. 그러나 분산은 불편(unbiased) 추정량 LSE의 분산보다 많이 작기 때문에 결과적으로 MSE(=variance+bias^2)는 LSE보다 작게 된다.

analysis)에 의해 각 요인별로 변수를 분리하고 가장 커뮤날리티가 높은 변수를 대표변수로 정하고 나머지는 변수는 모형에서 제거하는 방법이다.

iii)의 표본의 수를 늘리는 방법은 가장 좋은 방법이기는 하지만 대부분 조사가 끝나고 분석단계에서 다중공선성이 발견되므로 추가적인 데이터 수집이 어려울 수 있다는 현실적인 문제가 있다.

ii)는 설문조사와 같은 방식으로 자료를 수집하는 연구자에게 선호되는 방법이다. 탐색적 요인분석(EFA)에 의해 독립변수를 대체하는 공통요인을 추출하여 이들의 요인점수(factor score)를 새로운 독립변수로 사용할 수 있다. 또는 미리 알려진 요인 구조(structure)들이 있다면 확증적 요인분석(CFA)을 실행하여 요인별 포함된 변수를 확증한다. 그리고 요인별로 구한 크론바하 신뢰도 계수가 높다(변수들의 유사성이 높다)는 결과를 근거로 각 요인에 속한 변수들의 평균을 새로운 요인변수로 사용할 수 있다.

【참고】 회귀계수의 추정

다중회귀모형에서도 단순선형회귀모형에서와 같이 최소제곱법을 적용해서 회귀계수 β들에 대한 추정량을 구할 수 있다. 즉,

$$SSE = \sum_{i=1}^{n}(y_i - \hat{y_i})^2$$

를 최소화하는 다음 추정회귀식을 구한다.

$$\hat{y} = b_0 + b_1 x_1 + \cdots + b_k x_k \,,$$

여기서 $\beta_0, \beta_1, ..., \beta_k$에 대한 추정값 $b_0, b_1, ..., b_k$들은 정규방정식(normal equations)이라는 일련의 연립방정식의 해를 구함으로써 얻어진다.

정규방정식은 행렬로 표현하는 것이 간편하므로 행렬에 의한 해법을 설명하도록 하겠다.

먼저 $k=1$인 경우, 즉 단순회귀모형에서 행렬을 이용해 보자. 단순회귀모형은 다음과 같이 정의된다.

$$y_i = \beta_0 + \beta_1 x_i + \epsilon_i \quad ; \; i = 1,2,...,n.$$

이 식을 행렬을 이용하여 표현하면

$$y_i = \begin{bmatrix} 1 & x_i \end{bmatrix} \begin{bmatrix} \beta_0 \\ \beta_1 \end{bmatrix} + \epsilon_i \ ; \ i = 1,2,\ldots,n.$$

이 되고, n 개의 모든 관찰점을 묶어서 행렬로 표현하면 다음과 같다.

$$\begin{bmatrix} y_1 \\ y_2 \\ \vdots \\ y_n \end{bmatrix} = \begin{bmatrix} 1 & x_1 \\ 1 & x_2 \\ \vdots & \vdots \\ 1 & x_n \end{bmatrix} \begin{bmatrix} \beta_0 \\ \beta_1 \end{bmatrix} + \begin{bmatrix} \epsilon_1 \\ \epsilon_2 \\ \vdots \\ \epsilon_n \end{bmatrix}$$

$$\underset{(n\times 1)}{\boldsymbol{Y}} = \underset{(n\times 2)(2\times 1)}{\boldsymbol{X\beta}} + \underset{(n\times 1)}{\boldsymbol{\epsilon}}$$

: 행렬의 차원

최소제곱법에 의하여 회귀계수 $\boldsymbol{\beta}$의 최소제곱추정량을 구해보자. 오차제곱합은

$$S = \sum\epsilon_i^2 = \boldsymbol{\epsilon}'\boldsymbol{\epsilon} = (\boldsymbol{Y}-\boldsymbol{X\beta})'(\boldsymbol{Y}-\boldsymbol{X\beta})$$
$$= \boldsymbol{Y}'\boldsymbol{Y} - 2\boldsymbol{\beta}'\boldsymbol{X}'\boldsymbol{Y} + \boldsymbol{\beta}'\boldsymbol{X}'\boldsymbol{X\beta}$$

가 되며 S를 벡터 $\boldsymbol{\beta}$에 대하여 편미분하면

$$\frac{\partial S}{\partial \boldsymbol{\beta}} = -2\boldsymbol{Y}'\boldsymbol{X} + 2\boldsymbol{\beta}'\boldsymbol{X}'\boldsymbol{X}.$$

이고 이것을 **0** 으로 하는 $\boldsymbol{\beta}$의 값을 $\boldsymbol{b}$라 놓으면 다음 식이 얻어지며, 이때 $\boldsymbol{b}$가 S를 최소화한다.

$$\boldsymbol{X}'\boldsymbol{X}\boldsymbol{b} = \boldsymbol{X}'\boldsymbol{Y}$$

이 식을 정규방정식(normal equation)이라 한다. 만약 $\boldsymbol{X}'\boldsymbol{X}$ 행렬의 역행렬(inverse matrix)이 존재한다면 이식의 양변에 $(\boldsymbol{X}'\boldsymbol{X})^{-1}$를 곱하여 최소제곱추정량 $\boldsymbol{b} = [b_0, b_1]'$ 을 다음과 같이 구할 수 있다.

$$\boldsymbol{b} = (\boldsymbol{X}'\boldsymbol{X})^{-1}\boldsymbol{X}'\boldsymbol{Y}.$$

이를 단순회귀모형에서 구체적으로 풀어보자.

$$X'X = \begin{bmatrix} 1 & 1 & \cdots & 1 \\ x_1 & x_2 & \cdots & x_n \end{bmatrix} \begin{bmatrix} 1 & x_1 \\ 1 & x_2 \\ \vdots & \vdots \\ 1 & x_n \end{bmatrix} = \begin{bmatrix} n & \sum_{i=1}^{n} x_i \\ \sum_{i=1}^{n} x_i & \sum_{i=1}^{n} x_i^2 \end{bmatrix},$$

$$(X'X)^{-1} = \frac{1}{n\Sigma x_i^2 - (\Sigma x_i)^2} \begin{bmatrix} \Sigma x_i^2 & -\Sigma x_i \\ -\Sigma x_i & n \end{bmatrix},$$

$$X'Y = \begin{bmatrix} 1 & 1 & \cdots & 1 \\ x_1 & x_2 & \cdots & x_n \end{bmatrix} \begin{bmatrix} y_1 \\ y_2 \\ \vdots \\ y_n \end{bmatrix} = \begin{bmatrix} \Sigma y_i \\ \Sigma x_i y_i \end{bmatrix}$$

위의 계산결과를 정규방정식에 대입하면 다음과 같은 결과를 얻는다.

$$b = \begin{bmatrix} b_0 \\ b_1 \end{bmatrix} = \begin{bmatrix} \frac{\Sigma x_i^2}{n\Sigma x_i^2 - (\Sigma x_i)^2} & \frac{-\Sigma x_i}{n\Sigma x_i^2 - (\Sigma x_i)^2} \\ \frac{-\Sigma x_i}{n\Sigma x_i^2 - (\Sigma x_i)^2} & \frac{n}{n\Sigma x_i^2 - (\Sigma x_i)^2} \end{bmatrix} \begin{bmatrix} \sum_{i=1}^{n} y_i \\ \sum_{i=1}^{n} x_i y_i \end{bmatrix} = \begin{bmatrix} \frac{\Sigma x_i^2 \Sigma y_i - \Sigma x_i \Sigma x_i y_i}{n\Sigma x_i^2 - (\Sigma x_i)^2} \\ \frac{n\Sigma x_i y_i - \Sigma x_i \Sigma y_i}{n\Sigma x_i^2 - (\Sigma x_i)^2} \end{bmatrix}$$

이 결과는 앞의 단순회귀계수의 추정결과와 동일하다.

일반적으로 독립변수가 k 개인 다중회귀모형을 행렬로 표현하면 다음과 같다.

$$\begin{bmatrix} y_1 \\ y_2 \\ \vdots \\ y_n \end{bmatrix} = \begin{bmatrix} 1 & x_{11} & x_{12} & \cdots & x_{1k} \\ 1 & x_{21} & x_{22} & \cdots & x_{2k} \\ \vdots & \vdots & \vdots & \ddots & \vdots \\ 1 & x_{n1} & x_{n2} & \cdots & x_{nk} \end{bmatrix} \begin{bmatrix} \beta_0 \\ \beta_1 \\ \vdots \\ \beta_k \end{bmatrix} + \begin{bmatrix} \epsilon_1 \\ \epsilon_2 \\ \vdots \\ \epsilon_n \end{bmatrix}$$

$$\underset{n\times 1}{Y} = \underset{n\times(k+1)\ (k+1)\times 1}{X\beta} + \underset{n\times 1}{\epsilon}$$

여기서, $(X'X)$의 역행렬이 존재하면 회귀계수 $\beta = (\beta_0, \beta_1, ..., \beta_k)'$의 최소제곱추정량 $b = (b_0, b_1, ..., b_k)'$은 다음과 같이 구할 수 있다.

$$b = (X'X)^{-1}X'Y.$$

【참고】 회귀계수의 의미

단순회귀모형에서 x의 계수 b_1은 x에 따른 y의 변화율로 인식이 되었다. 즉, $y=b_0+b_1x \Rightarrow x$가 1단위 증가하면 y는 b_1만큼 증가한다. 그러나 중회귀모형의 계수는 이와는 의미가 사뭇 다르다.

예를 들어 다음과 같은 중회귀모형을 고려해 보자.

$$y = b_0 + b_1 x_1 + b_2 x_2 .$$

여기서 y와 x_1의 계수 b_1은 나머지 변수(x_2)를 고정한 채(즉, x_2변수의 영향을 제거), 순수하게 둘(y와 x_1)만의 영향관계를 파악하는 것이다. 또한 y와 x_2의 계수 b_2는 나머지 변수(x_1)를 고정한 채, 순수하게 둘(y와 x_2)만의 회귀관계를 의미한다. 회귀계수를 구하는 식이 수학적으로 매우 복잡하지만 이를 순차적인 과정으로 설명하면 다음과 같다.

- x_1의 계수: $\hat{y}=b_0+b_2x_2$ 회귀방정식을 구한 뒤 잔차 $ry_1=y-\hat{y}$ (y 에서 x_2 의 영향제거)를 계산한다. 또한 $\hat{x}_1=b_0{}'+b_2{}'x_2$ 에서 잔차 $rx_1=x_1-\hat{x}_1$ (x_1 에서 x_2 의 영향제거)를 구한다. 종속변수를 ry_1, 독립변수를 rx_1으로 하여 단순회귀 하였을 때 rx_1의 계수와 같다. 즉, $ry_1=b_0{}''+b_1rx_1$ 에서 b_1과 같다.
- x_2의 계수: $\hat{y}=b_0^*+b_1^*x_1$ 회귀방정식을 구한 뒤 잔차 $ry_2=y-\hat{y}$ (y 에서 x_1 의 영향제거)를 계산한다. 또한 $\hat{x}_2=b_0^{**}+b_1^{**}x_1$ 에서 잔차 $rx_2=x_2-\hat{x}_2$ (x_2 에서 x_1 의 영향제거)를 구한다. 종속변수를 ry_2, 독립변수를 rx_2으로 하여 단순회귀 하였을 때 rx_2의 계수와 같다. 즉, $ry_2=b_0^{***}+b_2rx_2$ 에서 b_2와 같다.[12)]

---

12) 회귀계수를 구하는 원리를 알아야 하는 이유는 다중공선성 때문이다. 우리가 중회귀분석에서 회귀계수를 구할 때 만약 어떤 두 변수 간에 상관관계가 높으면 한 변수가 나머지 변수로 많은 부분 설명이 되기 때문에 직관적으로 이해하기 어려운 회귀계수 추정결과가 나올 수 있다.

17장. 판별분석

17.1 판별분석의 개요

범주형 변수의 예측

종속변수가 범주형(categorical)일 때 독립변수에 의한 예측은 케이스가 어떤 범주에 속할 것인가에 추정하는 형태로 이루어진다. 종속변수가 범주형일 때 독립변수와 종속변수의 관계식을 구하는 방법으로는 판별분석과 로지스틱 회귀분석 등이 있다. 독립변수가 모두 계량형이라면 판별분석을 사용하고 독립변수에 계량형과 범주형이 동시에 포함되어 있으면 로지스틱 회귀분석을 사용한다.

예를 들어 어떤 재무 상태를 보이는 사람이 신용상태가 양호할 것인지 불량할 것인지를 판단하고자 한다면 재무상태에 대한 여러 변인(독립변수)들에 대하여 조사하고(예. 급여, 소유부동산 여부 등) 또한 신용상태(종속변수)에 대하여 조사할 것이다. 신용상태의 (양호, 불량)여부를 (급여, 부동산) 등의 변인으로 설명할 수 있다면 즉. 이들의 관계식을 구할 수 있다면 변인들의 영향력도 조사할 수 있고 새로운 개체의 신용상태도 예측할 수 있을 것이다.

【참고】 종속변수와 독립변수의 척도(scale)에 따라 분석방법이 다르다.

분석방법	종속변수	독립변수
회귀분석	계량변수	계량변수, 명목변수
판별분석	명목변수	계량변수
로지스틱회귀분석	명목변수	계량변수, 명목변수
일반화선형모형	계량변수	명목변수
로그선형모형	명목변수	명목변수

<표 17.1> 변수의 척도에 따른 분석 방법

판별분석의 개요

판별분석(discriminant analysis)은 독립변수가 계량적(metric)이고 종속변수는 범주형(명목형)일 때 유용한 통계적 분석방법이다. 판별분석은 미리 정해진 (두) 그룹간의 차이를 잘 설명하여 줄 수 있는 독립변수들의 선형결합(판별함수)을 찾고, 이 함수식에 따라 새로운 개체를 분류(classification)하는 것이 주된 절차이다.

종속변수는 남자 대 여자, 구매 대 비구매, 가능 대 불가능 등과 같이 두 그룹으로 나누어져 있는 경우가 많다. 여기서는 그룹이 두 개라고 가정하고 설명하겠다.

판별분석을 위한 판별함수는 그룹 내 분산(variance within group)에 비하여 그룹 간 분산(variance between group)이 최대화되도록 얻어지며 그 식은 다음과 같다.

$$Z = W_1X_1 + W_2X_2 + \cdots + W_pX_p,$$

여기서 Z는 판별점수(discriminant score), W_i는 판별가중값(판별함수계수, discriminant weight), X_i는 독립변수이다.

자료들로부터 판별함수를 얻으면, 이로부터 각 그룹 내의 개체마다 판별점수를 모두 구한다. 그룹마다 판별점수의 평균을 구한 것을 그룹의 중심(centroid)이라 하여 이들 중심 간의 거리가 그룹들 간에 분류가 잘 되었는가를 판단하는 측도가 된다. 즉 이 그룹들 간의 중심들이 서로 멀리 떨어져 있으면 개체의 분류가 잘 된 것이다. 또한 이 중심을 이용하여 새로운 개체를 어느 그룹에 분류할 것인가를 결정하는 경계점을 구한다.

판별분석시 이론적으로 독립변수의 정규성(normality)과 두 그룹의 공분산행렬(covariance matrix)이 같다는 가정이 필요하다. 그러나 지금까지의 연구에 따르면 이러한 가정이 다소 위배되더라도 크게 영향을 받지 않는 것으로 알려져 있으며, 특히 표본의 크기가 클 때는($n \geq 50$) 거의 영향을 받지 않는다.

판별함수의 개요

판별함수는 독립변수들의 선형결합(함수)으로 두 집단의 차이를 가장 잘 설명하는 방향으로 자료의 차원(dimension)을 옮긴 것이다. 수학적으로는 그룹 내 분산에 비해 그룹 간 분산이 최대가 되도록 자료값을 치환한 것이다.

두 그룹 판별분석을 변수가 두 개일 때($p=2$)의 예를 그림으로 도시하면 분석의 본질을 깨닫는데 도움이 될 것이다. <그림 17.1>은 독립변수가 두 개인 경우 독립변수 X_1, X_2의 축과 Z축의 관계를 보여주고 있다. 두 그룹의 각 표본점들을 X_1-X_2 평면에 산포도로 표시한 후 각 그룹별로 타원을 그려 각 그룹의 대부분이 그 타원 안에 포함되도록 하였다.

X_2축에서 표본점들을 바라볼 때 그룹 1과 2의 많은 부분이 겹쳐져 있고 X_1축에서 볼 때도 마찬가지이다. 어떤 방향에서 표본점을 바라보았을 때 겹치는 부분이 가장 적어질 것인가? 이를 위하여 두 타원이 만나는 교점을 지나는 직선과 직교하도록 Z축을 잡아 X_1-X_2 평면에 표시된 점을 Z축에 투영시키면, 두 그룹의 겹치는 부분이 어떤 축으로 투영시킨 것 보다 가장 적게 될 것이다.

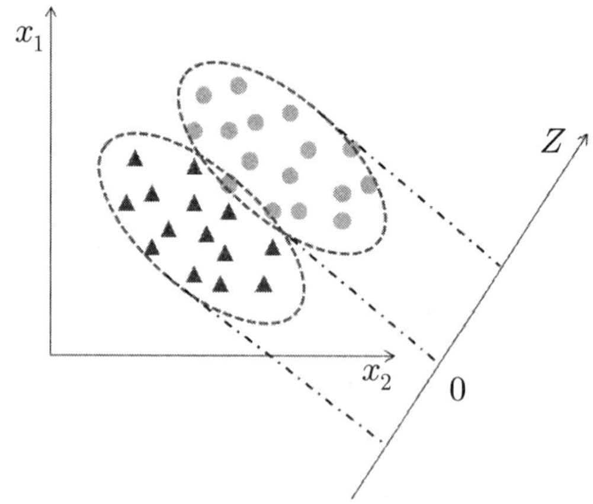

<그림 17.1> 원자료 축과 새로운 축(dimension)

즉, Z축은 X_1, X_2의 선형결합으로 표기할 수 있다. (예. X_1, X_2축의 중간, 즉 각 축과 45도에 위치하는 Z축은 $Z = 0.5X_1 + 0.5X_2$) 이 때 X_1, X_2의 가중값(계수, weight)은 앞에서 설명한 데로 겹치는 부분이 가장 작아지도록 주어지기 때문에 그룹 내 분산에 비해 그룹 간 분산이 최대화되어야 한다는 수학적 유도와 상통한다.

【예제 17.1】 한국 EM에서 새로 개발한 치약이 어느 정도 소비자에게 호응을 받을 것인가를 판매에 앞서 조사하였다. 조사의 주된 관심은 소비자의 제품의 만족도와 그 신제품을 구입할 것인가의 여부이다. 이 조사를 통해 소비자의 구매의사에 제품의 어떤 속성이 영향을 주는가를 파악할 수 있을 것이다.

조사는 신제품의 향, 기능, 원료, 브랜드 등의 네 항목에 대하여 소비자가 평가를 내리게 하고 (10점 만점) 구입여부의 의사를 표현하도록 하였다. 12명의 소비자에게 설문조사를 한 결과 8 명이 구입의사를 4 명이 반대의사를 표명하였는데, 그들이 제품의 속성에 대하여 내린 평가는 다음과 같다. (자료명: "17장_치약.sav")

구입의사(Y)	응답자 번호	향(X_1)	기능(X_2)	원료(X_3)	브랜드(X_3)
예 (Y=1)	1	8	9	6	8
	2	8	7	8	6
	3	10	6	8	7
	4	9	4	7	5
	5	7	8	9	6
	6	7	4	7	4
	7	6	8	6	7
	8	6	5	5	5
아니오 (Y=0)	9	6	6	4	4
	10	4	7	5	6
	11	4	5	5	5
	12	3	7	4	6

<풀이> 자료의 모형은 (대략적으로) 다음과 같은 형태가 된다.

$$Y = \beta_1 X_1 + \beta_2 X_2 + \beta_3 X_3 + \beta_4 X_4.$$

그러나 여기서 Y가 0 또는 1이므로 판별점수 Z를 추정하여 이 값으로 종속변수의 값을 0 또는 1로 판단(분류)하게 된다.

$$Z = W_1 X_1 + W_2 X_2 + W_3 X_3 + W_4 X_4.$$

SPSS로 판별함수를 구하기 위하여 [데이터 보기] 시트에 다음과 같이 자료를 입력한다. 그리고 [변수 보기] 시트에 변수명과 값을 입력한다.

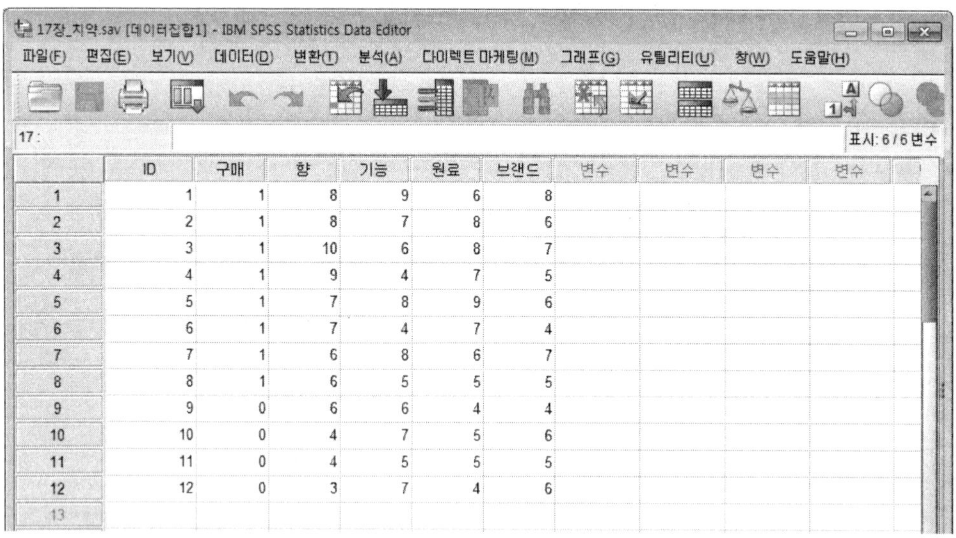

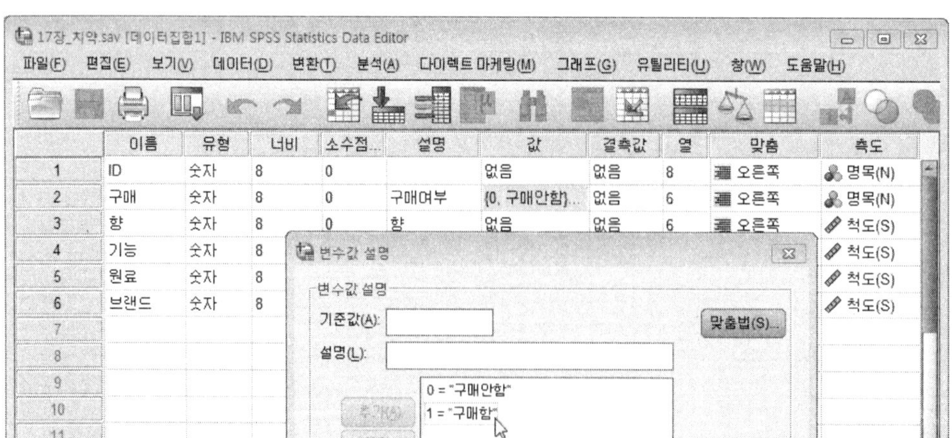

[분석] 메뉴에서 <분류분석>의 <판별분석>을 선택한다.

[판별분석] 대화상자에서 '구매'(종속변수)를 <집단변수>로 입력하고 [범위지정] 버튼을 눌러 0-1의 범위를 지정한다. 독립변수에는 '향', '기능', '원료', '브랜드' 등 4개의 계량변수를 입력한다. 다음 [분류] 버튼을 눌러 출력결과를 추가한다.

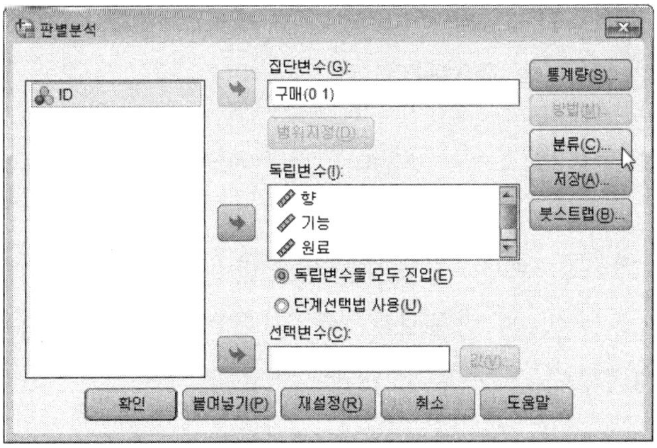

[판별분석: 분류] 대화상자에서 '□각 케이스에 대한 결과', '□요약표' 등에 체크한다. 판별함수에 의해 분류규칙을 만들고 이에 따라 각 케이스에 대하여 분류결과를 출력하며 분류의 정확도를 요약표로 작성한다.

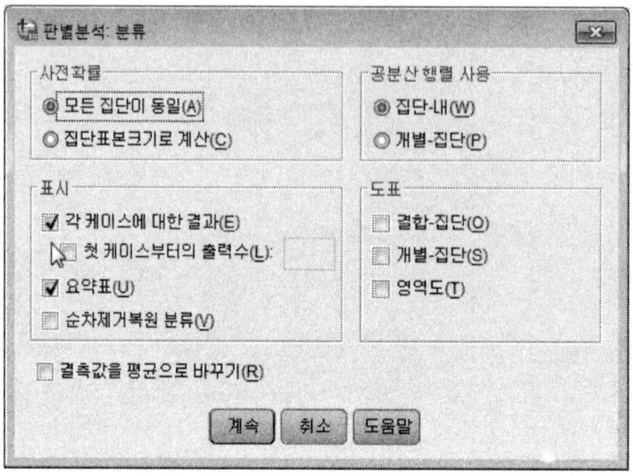

출력결과에 판별함수의 유의성을 검정하는 'Wilks의 람다' 값이 출력된다. 유의확률이 0.0495(<5%)로 판별함수가 통계적으로 유의하다고 판단된다.

Wilks의 람다

함수의 검정	Wilks의 람다	카이제곱	자유도	유의확률
1	.305	9.508	4	.050

판별함수는 우측 표에 따라 다음과 같이 표준화 변수(*)들의 선형함수로 표시된다.

$$Z = 0.627\,X_1{}^* - 0.203\,X_2{}^* + 0.530\,X_3{}^* + 0.367\,X_4{}^*$$

표준화 정준 판별함수 계수

	함수
	1
향	.627
기능	-.203
원료	.530
브랜드	.367

판별함수의 계수를 보면 구매여부(종속변수)에 '향'이 가장 큰 영향을 주고 있음을 알 수 있다. 다음으로 '원료' 등이 영향을 주며, 크기는 작지만 기능은 구매여부에 음(−)의 영향을 주고 있다.

판별함수는 표준화되었으므로 0을 중심으로 분류한다. Z 값이 양수이면 '구매함'에 음수이면 '구매안함'에 분류하며 각 집단의 평균은 우측 표와 같다.

함수의 집단중심점

	함수
구매여부	1
구매안함	-1.950
구매함	.975

표준화하지 않은 정준 판별함수가 집단 평균에 대해 계산되었습니다.

다음 출력결과에서는 케이스별 통계량이 표시되는데, 실제 속하는 집단과 판별함수에 의해 예측되는 집단, 예측되는 집단에 속할 확률, 그리고 판별점수값 등이다. 판별점수를 보면 양의 값은 '$Y=1$'에 분류되고 음의 값은 '$Y=0$'에 분류됨을 확인할 수 있다.

케이스별 통계량

			최대집단					판별점수
				P(D>d | G=g)			중심값까지의 제곱 Mahalanobis 거리	
	케이스 수	실제집단	예측집단	확률	자유도	P(G=g | D=d)		함수 1
원래값	1	1	1	.997	1	.986	.000	.971
	2	1	1	.574	1	.997	.316	1.538
	3	1	1	.057	1	1.000	3.624	2.879
	4	1	1	.539	1	.998	.378	1.590
	5	1	1	.654	1	.996	.201	1.423
	6	1	1	.544	1	.924	.368	.369
	7	1	1	.269	1	.740	1.221	-.130
	8	1	0**	.266	1	.737	1.235	-.839
	9	0	0	.823	1	.974	.050	-1.726
	10	0	0	.799	1	.972	.065	-1.696
	11	0	0	.848	1	.976	.037	-1.758
	12	0	0	.503	1	.998	.449	-2.621

**. 오분류 케이스

다음 요약표에는 분류가 얼마나 정확한지를 표시하고 있다. 원래값과 예측값의 일치 여부를 표로 표시한 것인데, 여기서는 하나를 제외하고 모두 일치하므로 분류의 정확도(hit ratio)가 91.7%이다. ■

분류결과[a]

			예측 소속집단		전체
		구매여부	구매안함	구매함	
원래값	빈도	구매안함	4	0	4
		구매함	1	7	8
	%	구매안함	100.0	.0	100.0
		구매함	12.5	87.5	100.0

a. 원래의 집단 케이스 중 91.7%이(가) 올바로 분류되었습니다.

17.2 판별분석의 절차

판별분석의 목적

판별분석은 판별함수를 통해 어떤 변인이 판별에 유의한 영향을 주는가를 밝히고 이를 이용해 새로운 개체를 분류하는 절차이다.

앞의 예제에서 네 항목을 독립변수로 하는 판별함수를 얻은 뒤, 새로운 소비자의 구입의사를 예측하는데 이용할 수 있다. 또한 판별함수에서 각 변수의 계수를 검토하여 소비자의 구매행동에 네 항목 중 어떤 요인이 가장 큰 영향을 주는 가도 알아낼 수 있었다. 즉, 위의 두 그룹간의 평균 차이는 '향'에서 가장 두드러지게 나타나며, '기능'의 평균 차이는 크지 못함을 볼 수 있다. 즉 제품의 구입의사에 '향'이 가장 큰 영향을 끼치고 '기능'의 영향력은 상대적으로 작음을 알 수 있다.

판별분석의 목적을 요약하면 다음과 같다.

① 미리 규정된 그룹들의 판별점수의 평균들이 통계적으로 유의한 차이가 있는가를 검정한다.(Wilks의 람다)

② 판별함수를 이용하여 새로운 개체를 분류한다.

③ 그룹 간의 차이를 어떤 독립변수가 가장 많이 설명하여 주는가를 찾아낸다. (표준화된 판별함수 계수)

판별분석의 절차

판별분석의 절차는 다음 세 단계로 이루어져 있다.

① 판별함수의 유도

② 판별분석의 타당성 조사

③ 결과의 해석

판별함수의 유도단계에서는 두 그룹을 통계적으로 유의하게 구별해주는 판별함수가 유도되었는가에 관심을 갖는다. 두 번째 타당성 조사단계에서는 분류행렬(classification matrix)을 이용하여 판별함수의 정확성을 조사한다. 마지막 해석단계에서는 어느 독립변수가 두 그룹을 판별하는데 가장 큰 기여를 하였는가를 본다.

판별함수를 유도하는 방법은 앞에서 설명한 바와 같다. 단지 판별함수에 어떤 독립변수들이 포함될 것인지 결정하여야 한다. SPSS에서는 회귀분석에서와 유사하게 전체 입력하는 모든 변수를 포함하거나 단계식 선택법이 가능하다.

판별함수가 유도된 후 그 함수가 어느 정도 정확히 그룹을 분류하여 주는지 그 함수의 타당성을 조사하는 과정이 필요하게 된다. 가장 흔한 방법으로 표본을 두 집단으로 나눠 한 집단으로부터 판별함수를 유도하고 나머지 집단에 그 판별함수를 적용하여 실제로 어느 정도로 정확히 판별하는가를 시험해본다. 이때 처음 집단을 분석표본(analysis sample)이라 하고 두 번째 집단을 유보표본(holdout sample)이라 부른다.

이렇게 두 집단으로 나누어 분석하는 이유는 판별함수를 유도한 표본에 다시 그 함수를 적용하여 판별하면 분석의 정확도가 더 높게 과장되어 추정되기 때문이다. 전체표본의 개수가 큰 경우(보통 100 이상)에는 두 집단으로 나누어 분석하지만 표본이 작은 경우에는 두 집단으로 나누지 못하고 전체표본으로 판별함수를 유도해야 한다. 이때 추정된 함수로 타당성 조사를 하면 판별력에 상향편의(upward bias)가 나타남에 주의해야 한다.

분석표본과 유보표본을 어떤 비율로 나눌 것인가에 대한 명확한 지표는 없고, 대부분 전체표본을 50-50으로 나누는데, 60-40이나 75-25 등도 가능하다. 나눌 때 무작위(random)로 나누는 것은 당연하고, 한번만 나누어 분석을 하는 것보다는 여러 번 나눠 매회 마다 각 개체가 판별함수로 정확히 분류되는 적중률(hit ratio)을 구하여, 그 평균을 판별함수의 정확도로 사용하는 것도 바람직하다.

판별함수의 통계적 유의성을 검정하는 통계량으로 SPSS에서는 Wilks의 람다와 카이제곱 통계량이 이용되나 이 검정은 판별함수가 얼마나 정확하게 예측하는가를 판정하지는 못하고 모형의 유의성 검정만 하는 것이다. 이는 모형이 유의해도 결정계수가 작을 수 있는 회귀분석의 경우와 유사하다. 통계적 유의성이 판별의 능력 정도를 정확히 대변해주는 것은 아니기 때문에 판별함수의 예측능력을 보기 위하여 분류행렬(요약표)을 만들어야한다.

판별함수가 통계적으로 유의하고 분류의 정확도가 만족할 만하면, 세 번째 단계로 들어가 독립변수의 상대적 중요성을 결정하고 중요한 변수를 통한 그룹중심의 차이를 조사한다.

독립변수의 상대적 중요성을 결정하는 방법으로는 ① 표준화된 판별가중값 ② 판별적재값(판별구조상관계수) ③ 부분(partial) F-값 등을 이용하는 세 가지가 있다.

판별함수를 해석하는 고전적인 방법으로 표준화된 판별가중값(또는 판별계수)의 부호와 크기를 조사한다. 이 경우 작은 가중값을 가진 변수보다는 큰 가중값을 가진 변수가 판별함수의 판별력에 더 많이 공헌할 것이다. 또한 부호는 그 기여도가 양인지 음인지를 표현해준다. 이러한 판별계수를 이용한 판별함수의 해석은 회귀분석에서 회귀계수의 해석과 동일하다.

최근에는 판별가중값(discriminant weight)을 이용하는 것보다 판별적재값(discriminant loading)을 통한 해석이 더 유효하다고 여긴다. 판별적재값은 각 독립변수와 판별함수 간의 단순선형상관계수의 측도로서 독립변수가 판별함수에서 공유하는 분산을 반영하며 요인분석에서의 요인적재치(factor loading)와 유사하게 해석할 수 있다. 앞의 예제에서 '향'과 '원료'의 적재값이 크다는 것은 판별에 두 변인의 영향력이 많다는 것을 의미한다.

부분 F-값은 단계적 방법으로 판별함수를 유도할 때 독립변수들의 상대적인 판별 능력을 비교하는데 유용하다. 각 변수들의 유의한 F-값을 비교하여 큰 값을 가지는 변수가 판별 능력이 더 많은 것으로 간주한다. 실제로는 F-값을 이용한 분석과 가중값을 이용한 것이 동일한 결과를 갖지만 F-값을 이용하였을 때는 각 변수마다 유의한 정도를 알 수 있는 이점이 있다. 앞의 예제에서는 유의한 변인이 '향' 뿐이고 그 부분 F-값의 유의확률은 0.002로 계산되어진다.

【예제 17.2】 J 소주회사에서 소비자들을 대상으로 “ㅊ”소주에 대한 만족도와 다른 브랜드로 이동 경험 여부를 물어 자사 브랜드 이탈 여부에 소비자들의 어떤 특성에 대한 만족/불만족이 영향을 주는지를 조사하고자 한다. 다음 자료를 이용하여 판별분석을 시행하고 결과를 해석하시오. (자료명: “17장_소주.sav”)

<풀이> SPSS [데이터 보기] 시트에 다음과 같이 입력한다.

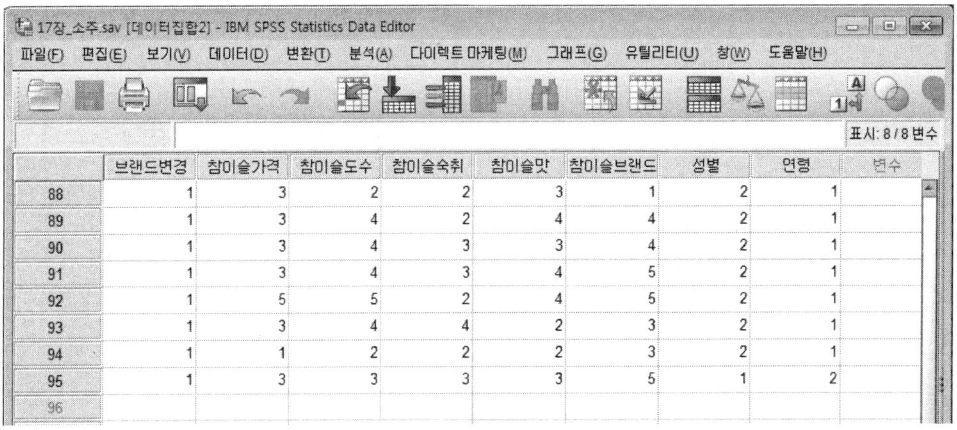

	브랜드변경	참이슬가격	참이슬도수	참이슬숙취	참이슬맛	참이슬브랜드	성별	연령	변수
88	1	3	2	2	3	1	2	1	
89	1	3	4	2	4	4	2	1	
90	1	3	4	3	3	4	2	1	
91	1	3	4	3	4	5	2	1	
92	1	5	5	2	4	5	2	1	
93	1	3	4	4	2	3	2	1	
94	1	1	2	2	2	3	2	1	
95	1	3	3	3	3	5	1	2	
96									

[변수 보기] 시트에 변수명을 다음과 같이 입력한다. 분류집합 (종속)변수는 ‘브랜드변경’ 인데 명목변수로서 변수 설명값은 ‘1=경험있다’, ‘2=경험없다’ 등이고, 이를 설명하는 계량변수(독립변수)는 리커트 5점 척도로 측정한 ‘가격만족도’, ‘도수만족도’ 등 5개의 변수이다.

	이름	유형	너비	소수...	설명	값	결측값	열	맞춤	측도
1	브랜드변경	숫자	11	0	브랜드변경경험	{1, 있다}...	없음	8	오른쪽	명목(N)
2	참이슬가격	숫자	11	0	참이슬가격만족도	{1, 매우불만...	없음	8	오른쪽	척도(S)
3	참이슬도수	숫자	11	0	참이슬도수만족도	{1, 매우불만...	없음	8	오른쪽	척도(S)
4	참이슬숙취	숫자	11	0	참이슬숙취만족도	{1, 매우불만...	없음	8	오른쪽	척도(S)
5	참이슬맛	숫자	11	0	참이슬맛만족도	{1, 매우불만...	없음	8	오른쪽	척도(S)
6	참이슬브랜드	숫자	11	0	참이슬브랜드만족도	{1, 매우불만...	없음	8	오른쪽	척도(S)
7	성별	숫자	11	0	성별	{1, 남}...	없음	8	오른쪽	명목(N)
8	연령	숫자	11	0	연령	{1, 20대}...	없음	8	오른쪽	명목(N)
9										

[분석] 메뉴의 <분류분석>의 <판별분석>을 선택한다.

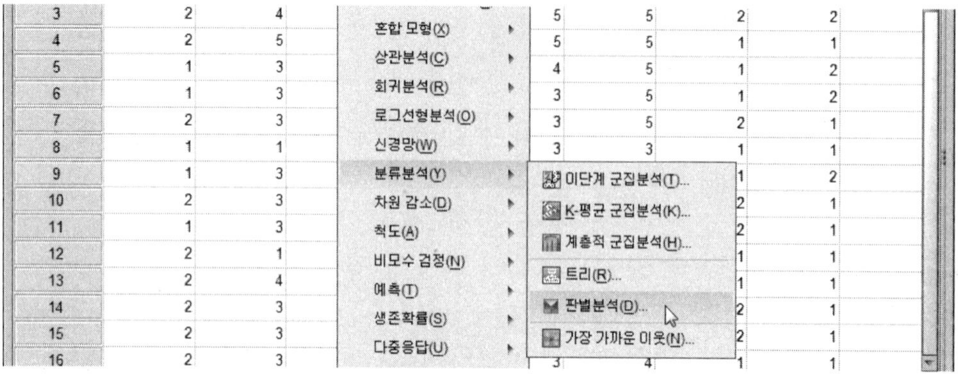

[판별분석] 대화상자에서 <집단변수>는 종속변수 '브랜드변경'을 지정하고 [범위지정]을 1-2로 지정한다. <독립변수>로는 5개의 만족도 변수를 입력하고 변수진입방법으로는 '◎단계선택법'을 선택한다.

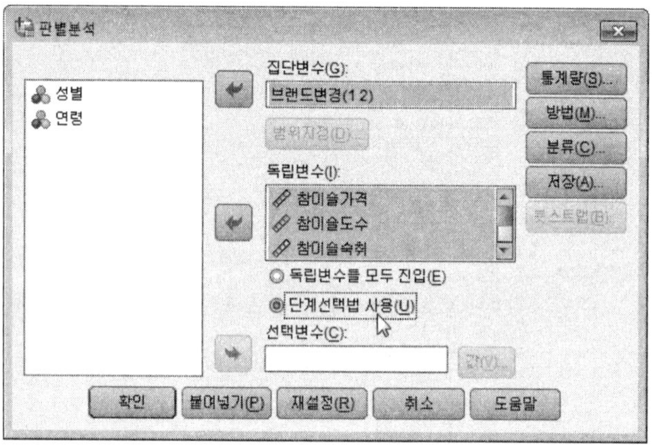

[판별분석] 대화창에서 [통계량] 버튼을 눌러 실행한 [판별분석: 통계량] 대화상자에서 출력결과에 표시할 <기술통계>량으로 '□평균'과 평균의 차이 비교를 위한 '□분산분석'에 체크한다. 또한 [분류] 버튼을 눌러 분류표를 위해서 '□각 케이스에 대한 결과'와 분류정확도(hit ratio)를 표시하는 '□요약표'에 체크한다.

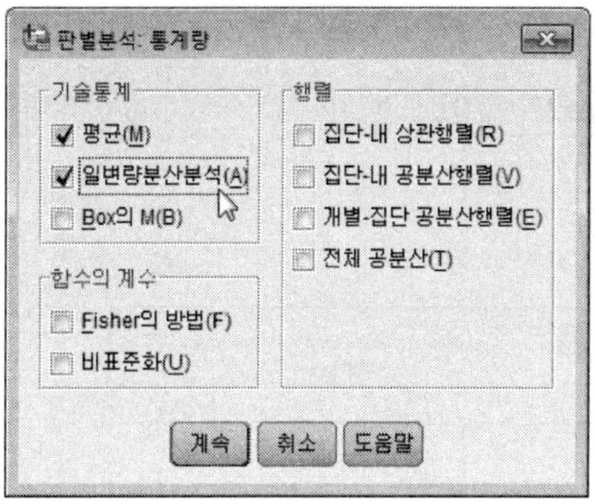

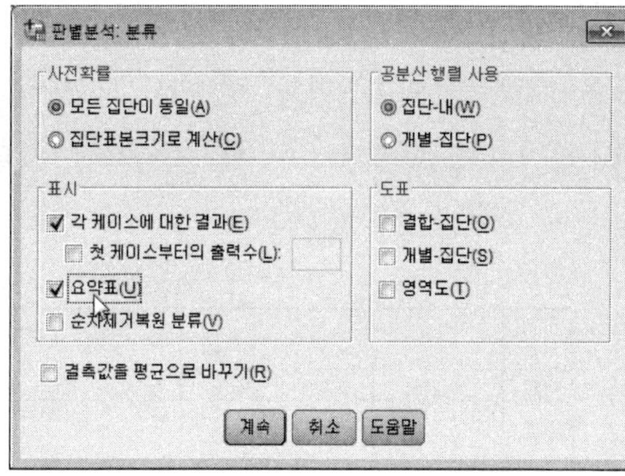

[판별분석] 대화창에서 [저장] 버튼을 눌러 실행한 [판별분석: 저장] 대화상자에서는 <예측 소속집단>에 체크하여 데이터 셋에 분류된 값을 변수로 저장하도록 한다.13)

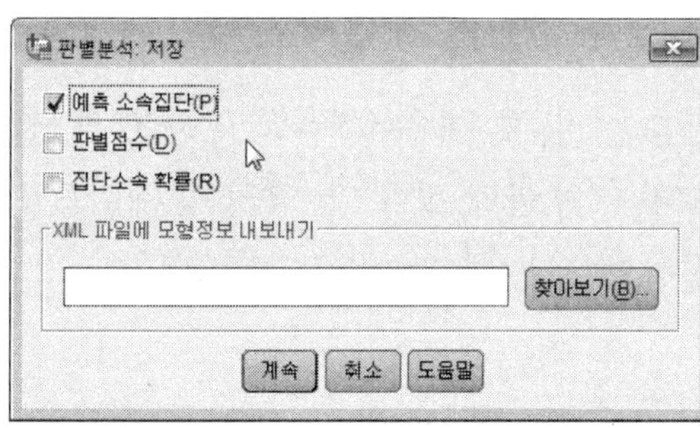

출력결과에 각 변수의 평균 비교가 F 검정을 통하여 실행되었다. 이탈경험집단($Y=1$)과 잔류집단($Y=2$) 간에 '숙취에 관한 만족도' 평균만 통계적으로 유의한 차이를 볼 수 있었다.

집단평균의 동질성에 대한 검정

	Wilks 람다	F	자유도1	자유도2	유의확률
참이슬가격만족도	.994	.602	1	93	.440
참이슬도수만족도	.978	2.049	1	93	.156
참이슬숙취만족도	.935	6.472	1	93	.013
참이슬맛만족도	.977	2.219	1	93	.140
참이슬브랜드만족도	.992	.713	1	93	.401

13) 데이터 셋에 'Dis_1' 변수로 자동 저장된다.

단계식 선택법에 의해 판별함수에 진입한 만족도 변수는 차례로 '숙취', '도수', '맛' 등이며 이들 변수가 모형에 포한됨에 따라 유의성은 각각 0.013, 0.004, 0.001 등으로 감소하여 이들 변인이 '브랜드 잔류'에 영향을 주고 있음을 알 수 있다.

진입된/제거된 변수[a,b,c,d]

		Wilks 람다							
						정확한 F			
단계	진입된	통계량	자유도1	자유도2	자유도3	통계량	자유도1	자유도2	유의확률
1	참이슬숙취만족도	.935	1	1	93.000	6.472	1	93.000	.013
2	참이슬도수만족도	.889	2	1	93.000	5.735	2	92.000	.004
3	참이슬맛만족도	.842	3	1	93.000	5.691	3	91.000	.001

각 단계에서 전체 Wilks의 람다를 최소화하는 변수가 입력됩니다.

a. 최대 단계 수는 10입니다.

b. 입력할 최소 부분 F는 3.84입니다.

c. 제거할 최대 부분 F는 2.71입니다.

판별함수의 유의성은 유의확률이 0.001이므로 통계적으로 검증이 되었다. 판별함수 계수를 살펴보면 '도수 만족도'는 -0.920은 음의 계수를 갖고 나머지 두 변수는 양의 계수(0.721, 0.689 등)를 갖는다. 즉 '숙취', '맛'에 관한 만족도는 '브랜드 잔류'와 양의 관계이므로 이 두 특성에 만족하는 사람들은 잔류할 가능성이 높다는 의미이다.

Wilks의 람다

함수의 검정	Wilks의 람다	카이제곱	자유도	유의확률
1	.842	15.733	3	.001

표준화 정준 판별함수 계수

	함수
	1
참이슬도수만족도	-.920
참이슬숙취만족도	.721
참이슬맛만족도	.689

구조행렬

	함수
	1
참이슬숙취만족도	.609
참이슬맛만족도	.357
참이슬도수만족도	-.343
참이슬브랜드만족도[a]	.127
참이슬가격만족도[a]	-.085

판별변수와 표준화 정준 판별함수 간의 집단-내 통합 상관행렬 변수는 함수내 상관행렬의 절대값 크기순으로 정렬되어 있습니다.

a. 이 변수는 분석에 사용되지 않습니다.

판별계수 우측의 판별적재값은 각 독립변수와 판별함수 간의 단순선형 상관계수의 측도로서 독립변수가 판별함수에서 공유하는 분산의 양을 반영하고 있다. 다음의 구조행렬에서 '숙취 만족도'가 판별함수를 가장 많이 설명해주고 있다. 그 다음으로 '맛', '도수'(음의 관계) 등이라 할 수 있다.

분류결과[a]

		브랜드변경경험	예측 소속집단 있다	예측 소속집단 없다	전체
원래값	빈도	있다	26	14	40
		없다	17	38	55
	%	있다	65.0	35.0	100.0
		없다	30.9	69.1	100.0

a. 원래의 집단 케이스 중 67.4%이(가) 올바로 분류되었습니다.

추정한 판별함수로 원자료를 분류해본 결과 95개 개체 중에서 64개가 정확하게 분류되어 67.4%의 정분류 결과를 보여준다. 구체적으로 '있다⇒있다'가 65% 적중률, '없다⇒없다'가 69.1% 적중률을 보여 임의의 적중률 50%보다는 유의하게 높은 적중률을 보였다.14) ■

【참고】 판별함수의 유도 **

판별함수의 구조는 독립변수들과 그 가중값들의 선형결합으로 이루어져 있는데 여기서는 판별함수의 판별가중값 W_i(계수)를 구하는 방법을 설명하겠다.

가중값 W_i는 그룹 내 분산에 비하여 그룹간의 분산을 최대화하도록 정해져야 한다. 그 유도과정을 설명하기 위하여 다음 벡터들을 소개하겠다.

$$\boldsymbol{X}_1 = (X_{11}, X_{12}, ..., X_{1p})' \text{ :그룹 1의 독립변수 벡터}$$

$$\boldsymbol{X}_2 = (X_{21}, X_{22}, ..., X_{2p})' \text{ : 그룹 2의 독립변수 벡터,}$$

여기서 가정은 $\boldsymbol{X}_1 \sim \boldsymbol{N}_p(\mu_1, \Sigma_1), \boldsymbol{X}_2 \sim \boldsymbol{N}_p(\mu_2, \Sigma_2)$, $(\Sigma_1 = \Sigma_2 = \Sigma)$이다.15) 또한 가중값을 벡터로 표현하면 $\boldsymbol{W} = (W_1, W_2, ..., W_p)'$이고, 이때 판별함수는 $Z = \boldsymbol{W}'\boldsymbol{X}$이 된다. 각 그룹의 판별점수는 $Z_1 = \boldsymbol{W}'\boldsymbol{X}_1, Z_2 = \boldsymbol{W}'\boldsymbol{X}_2$로 표시되며, $Z_1 \sim N(\boldsymbol{W}'\mu_1, \boldsymbol{W}'\Sigma\boldsymbol{W})$, $Z_2 \sim N(\boldsymbol{W}'\mu_2, \boldsymbol{W}'\Sigma\boldsymbol{W})$가 된다. 즉,

14) 분류항목이 3개이면 임의의 분류확률이 33%, 4개인 경우는 25% 등이다.

15) 정규성 가정이 다소 위배되더라도 크게 영향을 받지 않는 것으로 알려져 있으며, 특히 표본의 크기가 클 때는($n \geq 50$) 거의 영향을 받지 않는다.

판별함수는 p차원 벡터(원자료)를 스칼라 상수값(판별점수)으로 변환시켜 준다.

판별점수들(Z_1 과 Z_2)의 그룹 내 분산에 대한 그룹간의 분산비는 다음과 같이 표현된다.

$$\frac{\text{그룹간 분산}}{\text{그룹내 분산}} = \frac{(\boldsymbol{W}'\mu_1 - \boldsymbol{W}'\mu_2)^2}{\boldsymbol{W}'\boldsymbol{\Sigma}\boldsymbol{W}} \ .$$

그룹을 잘 나누었다면 그룹간 거리가 그룹 내 거리(분산)보다는 큰 값이 되리라 기대할 수 있다. 위의 값을 최대화하여주는 $\boldsymbol{W}$는 코쉬-쉬바르쯔 부등식을 이용하여 다음과 같이 구할 수 있다.

$$\boldsymbol{W}' = (\mu_1 - \mu_2)'\boldsymbol{\Sigma}^{-1}.$$

이때 μ_1, μ_2, Σ는 미지의 모수이므로 이들을 그 추정량으로 대치하고, 그 때의 Z를 피셔의 표본판별함수(Fisher's sample linear discriminant function)라고 하며 이는 다음과 같다.

$$Z = \boldsymbol{W}'\boldsymbol{X} = (\overline{\boldsymbol{X}}_1 - \overline{\boldsymbol{X}}_2)'\boldsymbol{S}_p^{-1}\boldsymbol{X},$$

여기서 $\overline{\boldsymbol{X}}_1$, $\overline{\boldsymbol{X}}_2$는 각 그룹벡터의 표본평균이다. $\boldsymbol{S}_p$는 합동표본공분산행렬이다.

18장. 로지스틱 회귀분석 **

18.1 로지스틱 회귀분석의 개요

로지스틱 회귀분석의 사용

로지스틱 회귀분석(logistic regression)은 종속변수가 명목변수일 때 사용하는 회귀분석 방법이다. 회귀분석과 모든 형태가 같고 단지 종속변수만 이항형 또는 순서적인 다항형인 경우에 사용한다.

종속변수가 이항형(dichotomous)일 때 일반적인 선형회귀모형에 의한 분석을 적용할 수 없는 이유를 설명하고자 한다.

예를 들어 종속변수가 범주형으로 0, 1의 값을 갖는 경우에 우리는 다음과 같은 모형을 가정할 수 있다. 즉, 측정 불가능한 잠재변수의 값에 따라 측정 가능한 실현값은 0 또는 1을 갖는 다음과 같은 절편이 없는 선형 확률모형으로 표현한다.

$$y_j = \beta x_j + \epsilon_j \, ; j = 1, \ldots, n,$$

여기서 $y_i = \begin{cases} 1, & y^* > 0 \\ 0, & y^* \le 0 \end{cases}$, 그리고 y^* 는 잠재변수(latent variable)이다.

일반적인 회귀모형에서는 $\epsilon_i \sim N(0, \sigma^2)\ (i = 1, 2, \ldots, n)$와 같이 모든 오차항의 분산이 같다는 등분산 가정이 있다. 그런데 위 모형에서는 이러한 등분산 가정이 성립하지 않는다.[16] 즉, 분산이 x_i에 종속되어 등분산 가정

---

16) 이를 증명하기 위해 식을 오차항을 중심으로 다시 표현하면 다음과 같다.

$$\epsilon_i = \begin{cases} 1 - \beta x_i, & y_i = 1 \\ -\beta x_i, & y_i = 0. \end{cases}$$

그리고 이산형 확률변수의 기댓값 공식에 의하면

$$E(y_i) = \sum y_i f(y_i) = 0 \times \Pr(y_i = 0) + 1 \times \Pr(y_i = 1).$$

이 성립하지 않는다. 그러므로 일반적인 최소제곱법(OLS: ordinary least squares)이 아닌 가중최소제곱법(WLS: weighted least squares)으로 회귀계수 β를 추정하여야 한다.

그러나 WLS는 다음과 같은 문제점이 있다. WLS를 위한 가중값은 오차항의 분산인데 이 값을 알 수 없으므로 다음과 같은 추정값을 사용한다.

$$w_i = \widehat{Var}(\epsilon_i) = \hat{\beta}x_i(1-\hat{\beta}x_i),$$

여기서 $\hat{\beta}$는 OLS에 의한 추정값이다.

그런데 이 가중값을 사용하는 데는 세 가지 문제점이 있다.

첫 째, w_i가 음수일 가능성이 존재한다.

둘 째, ϵ_i가 정규분포를 따르지 않는다.

셋 째, $\hat{\beta}x_i = \widehat{\Pr}(Y_i=1)$이 (0,1)의 범위가 아닐 수 있다.

그러므로 WLS도 이에 대한 해법이 될 수 없다. 그래서 종속변수가 이항형일 때 일반적인 회귀분석으로는 해법을 구할 수 없고 새로운 방법이 필요하다.

다음 절은 종속변수가 0 또는 1을 갖는 베르누이 분포를 따른다는 사실을 이용하여 종속변수가 1을 가질 확률의 승산비 등을 추정하는 방식으로 로지스틱회귀분석을 소개한다.

그러므로

$$\Pr(y_i=1) = E(y_i) = \beta x_i, \text{ 그리고 } \Pr(y_i=0) = 1-\beta x_i.$$

모형의 오차항, ϵ_i의 분산은 다음과 같이 유도할 수 있다.

$$\begin{aligned} Var(\epsilon_i) &= E(\epsilon_i^2) - E(\epsilon_i)^2 = \sum \epsilon_i^2 f(\epsilon_i) - 0 \\ &= (1-\beta x_i)^2 \Pr(y_i=1) + \beta^2 x_i^2 \Pr(y_i=0) \\ &= (1-\beta x_i)^2 \beta x_i + \beta^2 x_i^2 (1-\beta x_i) \\ &= \beta x_i (1-\beta x_i). \end{aligned}$$

(즉, 분산이 x_i에 종속한다)

18.2 로지스틱 회귀분석의 절차

로지스틱 회귀분석 모형의 유도

로지스틱 회귀분석모형의 원리를 알아야 계수의 의미를 파악하고 모형의 해석이 가능하다.

앞의 회귀모형을 다시 일반화하여 적으면 (편의상 절편은 0이라 가정) 잠재변수 y_i*는 관측할 수 없지만 다음 식을 따른다고 가정할 수 있다.

$$y_i^* = \sum_{j=1}^{k} \beta_j x_{ij} + e_i = z_i + e_i;\ i = 1,\ldots,n,$$

실제로 관측할 수 있는 y_i는 다음과 같이 적을 수 있다.

$$y_i = \begin{cases} 1, & y_i^* > 0 \\ 0, & y_i^* \le 0. \end{cases}$$

그러므로 $\Pr(y_i = 1) = \Pr(e_i > -\Sigma\beta_j x_{ij}) = 1 - F(-\Sigma\beta_j x_{ij})$.

이때, 오차항 e_i가 0에 대하여 좌우대칭이고 분포함수 F를 갖는다고 가정하면, [17] $\Pr(y_i = 1)$는 다음과 같이 표현할 수 있다.

$$p_i \equiv \Pr(y_i = 1) = F(\Sigma\beta_j x_{ij}) \equiv F(z_i).$$

모형에서 e_i의 분포를 정규분포라 가정하는 것(즉, $F \equiv$ Normal)이 일반적일 것이다. 그러나 정규분포일 때보다 로지스틱분포일 때 훨씬 계산식이 간단한 형태로 표현될 수 있고 두 분포의 차이가 크지 않기 때문에 [18] e_i

---

17) 확률변수 X의 분포함수는 $F(x) = \Pr(X \le x)$. X가 0에 대하여 대칭이라면 $\Pr(X > x) = 1 - \Pr(X \le -x) = 1 - F(-x)$.

18) 표준정규분포함수는 다음과 같다. $\Phi(x) = \frac{1}{\sqrt{2\pi}} \int_{-\infty}^{x} e^{-\frac{u^2}{2}} du$.

표준로지스틱분포함수는 다음과 같다. $F(x) = \frac{1}{1 + \exp(-\pi x / \sqrt{3})}$.

의 분포를 로지스틱분포로 가정하도록 하겠다. [19]

그러므로 F를 다음과 같은 logistic 분포함수로 근사 대체한다.

$$F(x) = \frac{e^x}{1+e^x}\ ,\ \text{또는}\ x = \ln\frac{F(x)}{1-F(x)}.$$

$\Pr(y_i = 1)$는 다음과 같이 정리할 수 있다.

$$p_i = F(z_i),\ \Rightarrow\ z_i = \ln\frac{p_i}{1-p_i}.$$

그러므로 로지스틱회귀모형을 궁극적으로 다음과 같이 표현하게 된다.

$$\ln\frac{p_i}{1-p_i} = \Sigma\beta_j x_{ij}\ ,\ \text{또는}\ \frac{p_i}{1-p_i} = e^{\Sigma\beta_j x_{ij}} = \exp(\Sigma\beta_j x_{ij}),$$

여기서 $\ln\frac{p_i}{1-p_i} = \text{logit}(p_i)$를 로짓(logit)이라 하고, $\frac{p_i}{1-p_i}$를 승산(오즈, odds)이라 한다.

즉, 정리하면 실제값이 1이 나올 확률의 로짓이 일반 중회귀 모형을 하고 있다. 또는 확률의 승산이 지수회귀모형을 따른다.

두 분포함수식의 모양은 다르지만 그림으로 그려보면 두 함수는 크게 차이가 나지 않는다. 정규분포함수 $\Phi(x)$를 rescale 하면 두 분포함수의 최대차이는 0.001을 넘지 않는다.

즉, $\max\left|\Phi(\frac{16}{15}x) - F(x)\right| \le 0.001$. 또한 rescale하지 않더라도 최대차이가 0.022를 넘지 않는다.

19) 오차항의 분포를 정규분포로 가정하고 모형을 설정한 것을 프로빗 모형이라 한다.

probit model : $\Phi^{-1}(p_j) = \Sigma\beta_i x_{ij}$

<주의> F를 정규분포로 가정한 다음 프로빗(probit) 모형과 로지스틱으로 가정한 로짓(logit) 모형은 척도의 차이가 존재하므로 추정 후 계수의 단순 비교는 어렵다.($\sqrt{3}/\pi$배?)

승산, 승산비의 의미

승산(odds)은 어떤 사건이 발생할 확률과 발생하지 않을 확률의 비율이다. 또한 입력변수가 1단위 증가할 때 늘어나는 승산의 비율을 오즈비(승산비, odds ratio)라 한다.

예를 들어 승산이 2이라면 사건이 발생할 확률이 2/3, 발생하지 않을 확률이 1/3이라는 의미이다. Odds에 관한 회귀모형은 다음과 같이 정리할 수 있다.

$$\begin{aligned} \text{Odds } &= \frac{p_i}{1-p_i} \\ &= \exp(\Sigma \beta_j x_{ij}) \\ &= \exp(\beta_1 x_{i1})\exp(\beta_2 x_{i2}) \cdots \exp(\beta_k x_{ik}). \end{aligned}$$

x_j가 1단위 증가할 때 늘어나는 승산의 비율인 오즈비(승산비, odds ratio)라 하고 다음과 같이 계산된다.

$$\frac{\exp(\beta_1 x_{i1})\exp(\beta_2 x_{i2}) \cdots \exp(\beta_j(x_{ij}+1)) \cdots \exp(\beta_k x_{ik})}{\exp(\beta_1 x_{i1})\exp(\beta_2 x_{i2}) \cdots \exp(\beta_i x_{ij}) \cdots \exp(\beta_k x_{ik})} = \exp(\beta_j).$$

즉, Odds ratio$=\exp(\beta_j)$.

회귀계수가 음이라면 승산비는 1보다 작게 되고 이는 x가 증가함에 따라 승산(odds)은 감소한다는 의미가 된다.

즉, $\beta_j < 0 \Rightarrow \exp(\beta_j) < 1 \Rightarrow$odds ratio $< 1 \Rightarrow$ odds decrease.

예를 들어, 농구경기 슛의 성공 승산에 관한 자료에서 골에서의 거리가 x_j (단위: meter)일 때 $\beta_j = -0.4$이라면 이는 거리 x_j가 1미터 증가하면 슛 성공 odds는 $e^{-0.4}$배 만큼 증가, 즉 $e^{0.4} = 1.49$배 감소하는 것이다.

회귀계수의 추정

승산(odds), 또는 승산비를 구하기 위해서는 회귀계수를 추정해야 하고 유의한 회귀계수만을 모형에 포함시켜야 한다.

일반적으로 회귀계수를 추정하기 위해 최대우도 추정법(MLE)을 사용한다. 우도함수는 f가 베르누이 분포임($\because$ y_i가 0 또는 1이므로)을 이용하여 다음과 같이 유도할 수 있다.

$$f(y_1, y_2, \dots, y_n | \boldsymbol{x}) = \prod_{i=1}^{n} f(y_i | x_{i1}, x_{i2}, \dots, x_{ik})$$
$$= \prod_{i=1}^{n} \left(\frac{e^{\Sigma \beta_j x_j}}{1+e^{\Sigma \beta_j x_j}} \right)^{y_i} \left(\frac{1}{1+e^{\Sigma \beta_j x_j}} \right)^{1-y_i}.$$

그리고 이 식을 최대화하는 β를 반복적으로 근사해서 해를 구할 수 있다. 이렇게 구한 회귀계수의 유의성 가설 ($H_0 : \beta_j = 0$) 검정은 다음과 같이 Wald 통계량 z^2가 자유도가 1인 카이제곱분포를 따른다는 사실을 이용한다.

$$z^2 = \left(\frac{\hat{\beta}_j}{Se(\hat{\beta}_j)} \right)^2.$$

그러나 여기서도 일반적 회귀분석과 같이 유의한 입력변수를 모두 회귀모형에 포함시키지 않고 여러 가지 변수선택방법(전진선택, 후진소거, 단계적 방법 등)이 사용된다. 어떠한 변수를 포함한 모형이 가장 우수한가를 판단하는 기준으로 결정계수 외에 AIC(Akaike Information Criterion)를 참조한다.

【참고】 AIC(Akaike Information Criterion)

아카이케 정보는 다음 Kullback-Leibler Information($I(g,f)$)의 개념으로부터 유도된다.

$$I(g,f) = E_Y \log \frac{g(Y)}{f(Y)},$$

여기서 $g(Y)$는 실제모형이고 $f(Y)$는 적합된 모형이다. 또한 $I(g,f) \geq 0$ 이며, 우리가 적합한 모형이 정확히 실제모형과 일치할 때 최솟값 0을 갖는다. ($\because$ $\log 1 = 0$) 그런데

$$I(g,f) = E_Y \log g(Y) - E_Y \log f(Y)$$

이고, 이러한 정보지수를 최소화하는 모형이 최적모형이므로 앞의 실제모형 항은 고정되어 있다고 보고 $E_Y \log f(Y)$를 최대화 하도록 하여야 한다.

그런데 이 값은 다음과 같이 근사시킬 수 있다.

$$E_Y \log f(Y) \approx \frac{1}{N} \Sigma \log f(y_n), \quad N\text{은 표본수.}$$

그리고 실제로는 윗 식 대신에 $\Sigma \log f(y_n | \hat{\theta})/N$를 사용하는데 이 값으로는 편의(bias)가 존재한다. 왜냐하면 y_n를 이용해 θ를 추정하고 다시 $\hat{\theta}$를 가정해 추정하기 때문에 과적합 문제가 발생한다. 그래서 $E_Y \log f(Y)$의 불편추정량을 이용하는데 이러한 과정에서 AIC가 유도된 것이다. 즉,

$$E\left(E_Y \log f(Y | \hat{\theta}) - \frac{1}{N} \Sigma \log f(y_n | \hat{\theta})\right) \approx -\frac{k}{N}$$

이므로 다음과 같이 볼 수 있다.

$$E_Y \log f(Y) \approx \frac{1}{N} \Sigma \log f(y_n | \hat{\theta}) - \frac{k}{N} .$$

이때 AIC를 다음과 같이 정의한다.

$$AIC = -2\Sigma \log f(y_n | \hat{\theta}) + 2k \quad (\approx -2N \cdot E_Y \log f(Y))$$

이는 카이제곱분포를 따른다. 변수추가가 유의하게 모형을 적합 시키는가를 카이제곱 검정으로 판단할 수 있도록 $E_Y \log f(Y)$에 $-2N$ 을 곱하여 준 것이다. 결론적으로 AIC를 최소화하는 모형이 최적의 모형이 된다.

【예제 18.1】 앞 장의 【예제 17.1】에서 치약의 속성에 대하여 만족도를 평가하고 재구매 여부를 물었는데 추가적으로 타인에게 추천할 것인지를 물었다. 각 속성에 대한 만족도가 타인에게 추천여부에 어떤 영향을 주는지, 또 만족도가 상승할 때 추천확률이 어느 정도 증가하는지를 분석하시오. (자료명: "18장_치약추천.sav")

<풀이> 다음과 같이 자료를 입력하였다.

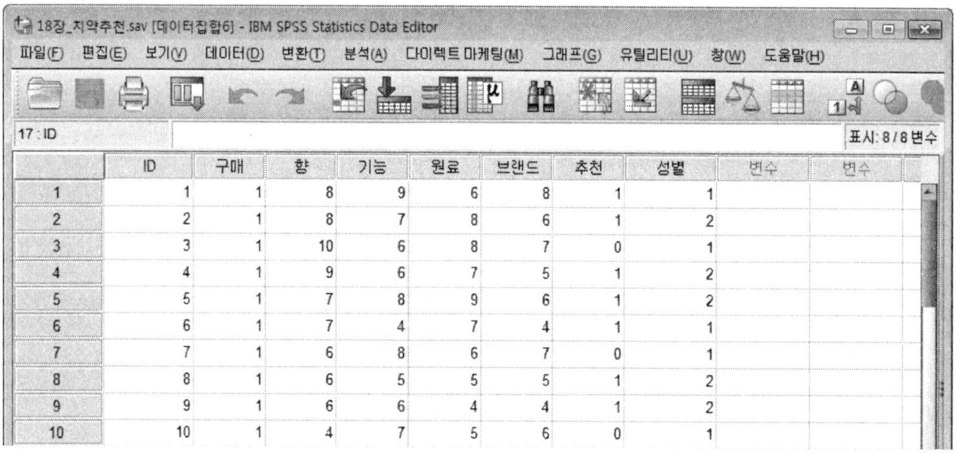

	ID	구매	향	기능	원료	브랜드	추천	성별	변수	변수
1	1	1	8	9	6	8	1	1		
2	2	1	8	7	8	6	1	2		
3	3	1	10	6	8	7	0	1		
4	4	1	9	6	7	5	1	2		
5	5	1	7	8	9	6	1	2		
6	6	1	7	4	7	4	1	1		
7	7	1	6	8	6	7	0	1		
8	8	1	6	5	5	5	1	2		
9	9	1	6	6	4	4	1	2		
10	10	1	4	7	5	6	0	1		

변수들은 다음과 같으며 여기서는 '추천' 변수가 종속변수, '향', '기능', '원료', '브랜드' 등(계량변수)과 함께 '성별'(명목 변수)이 독립변수가 된다.

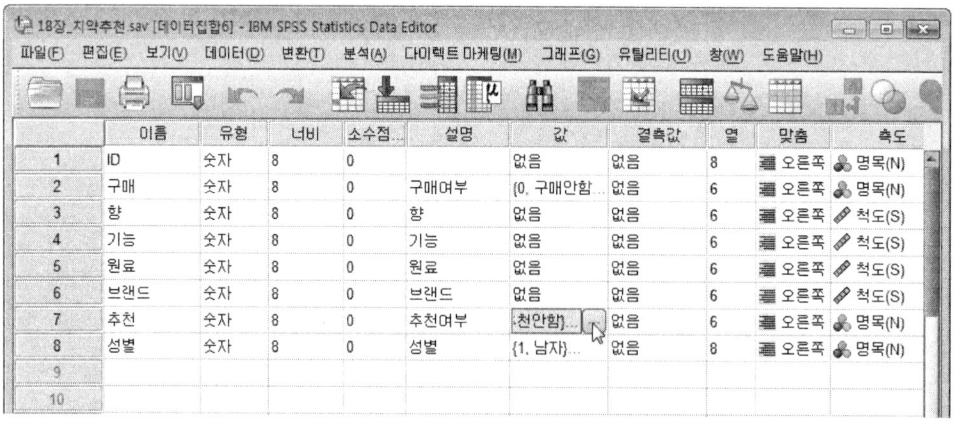

	이름	유형	너비	소수점...	설명	값	결측값	열	맞춤	측도
1	ID	숫자	8	0		없음	없음	8	오른쪽	명목(N)
2	구매	숫자	8	0	구매여부	{0, 구매안함...	없음	6	오른쪽	명목(N)
3	향	숫자	8	0	향	없음	없음	6	오른쪽	척도(S)
4	기능	숫자	8	0	기능	없음	없음	6	오른쪽	척도(S)
5	원료	숫자	8	0	원료	없음	없음	6	오른쪽	척도(S)
6	브랜드	숫자	8	0	브랜드	없음	없음	6	오른쪽	척도(S)
7	추천	숫자	8	0	추천여부	천안함}...	없음	6	오른쪽	명목(N)
8	성별	숫자	8	0	성별	{1, 남자}...	없음	8	오른쪽	명목(N)
9										
10										

[분석] 메뉴에서 <회귀분석>-<이분형 로지스틱>을 선택한다.

<종속변수> 창에 '추천'을 입력하고 독립변수들은 <공변량> 창에 입력한다. 이때 공변량은 보통 계량형 변수이므로 이들 중 명목 또는 순서형 변수인 경우에는 [범주형] 버튼을 눌러 지정해주어야 한다.

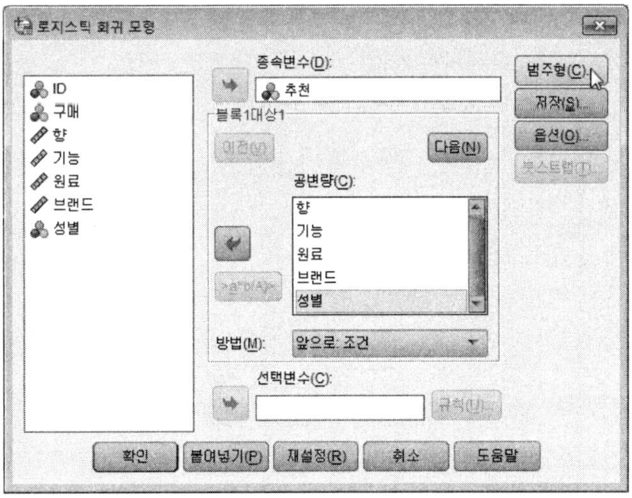

[범주형 변수 정의] 대화창에서 <범주형 공변량>에 '성별' 변수를 지정해 준다.

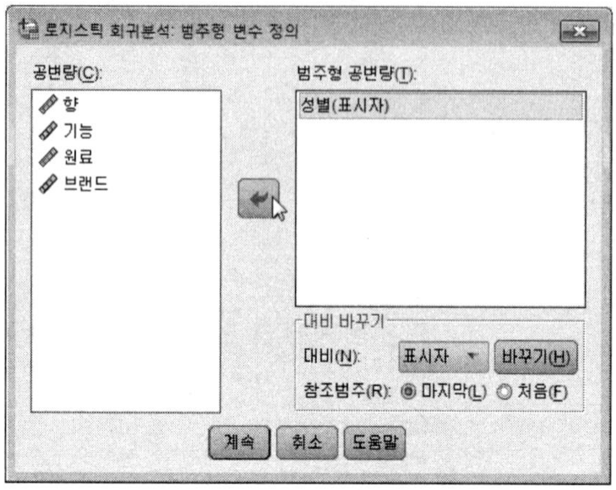

다시 [로지스틱 회귀모형] 대화창으로 돌아가 [옵션] 버튼을 눌러 [로지스틱 회귀분석: 옵션] 대화상자로 이동한다. 여기서는 분류의 정확도를 표시하는 '□분류도표'에 체크한다.

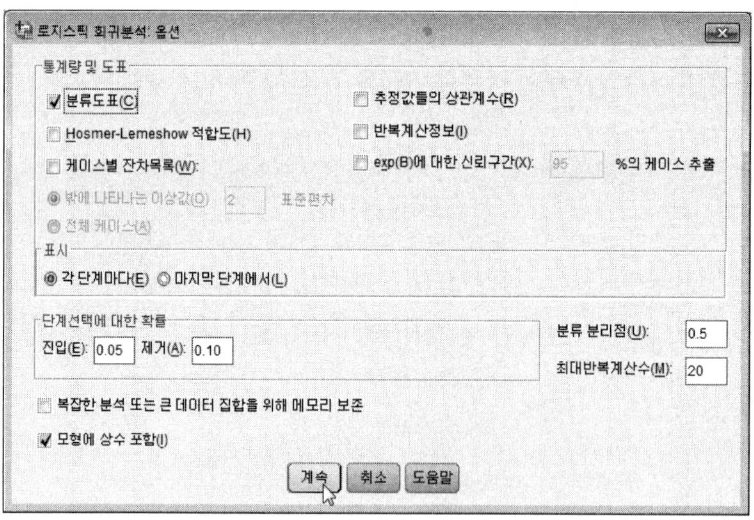

다시 [로지스틱 회귀모형] 대화창에서 변수선택 [방법]을 선택하는데 여기서는 전진선택 방법인 [앞으로: Wald]를 클릭한다.

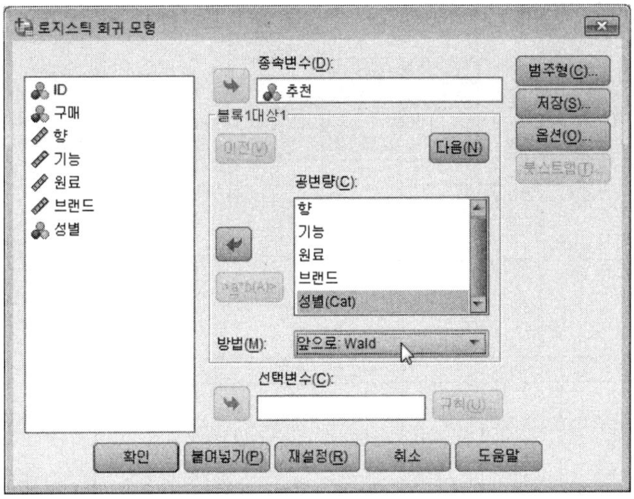

<출력결과>

케이스 처리 요약

가중되지 않은 케이스[a]		N	퍼센트
선택 케이스	분석에 포함	16	100.0
	결측 케이스	0	.0
	합계	16	100.0
비선택 케이스		0	.0
합계		16	100.0

a. 가중값을 사용하는 경우에는 전체 케이스 수의 분류표를 참조하십시오.

종속변수 코딩

원래 값	내부 값
추천안함	0
추천함	1

범주형 변수 코딩

		빈도	파라미터 코딩
			(1)
성별	남자	9	1.000
	여자	7	.000

자료의 요약을 보면 분석하는 자료는 모두 16개 이다.

종속변수 코딩은 원자료와 동일하게 '추천안함'이 0, '추천함'이 1이다. 즉, '추천안함'이 기준값 0이고 '추천'하는 것이 1이므로 출력결과에 사용되는 확률은 추천할 확률이다.

또한 범주형변수 코딩에서는 원자료는 '남자'=1, '여자'=2로 코딩되었지만 파라미터 코딩을 자동으로 여자를 기준값 0으로 하고 남자에 1을 부여하였다. 이는 여자가 0, 남자가 1이므로 오즈를 해석할 때 "여자에 비해 남자는..." 하고 해석하여야 한다.

분류표[a]

감시됨			예측 추천여부 추천안함	추천함	분류정확 %
1 단계	추천여부	추천안함	7	1	87.5
		추천함	2	6	75.0
	전체 퍼센트				81.3
2 단계	추천여부	추천안함	7	1	87.5
		추천함	2	6	75.0
	전체 퍼센트				81.3

a. 절단값은 .500입니다.

방정식에 포함된 변수

		B	S.E,	Wals	자유도	유의확률	Exp(B)
1 단계[a]	성별(1)	-3.045	1.345	5.122	1	.024	.048
	상수항	1.792	1.080	2.752	1	.097	6.000
2 단계[b]	향	.854	.472	3.270	1	.071	2.349
	성별(1)	-3.964	1.915	4.284	1	.038	.019
	상수항	-2.989	2.689	1.236	1	.266	.050

a. 변수가 1: 단계에 진입했습니다 성별. 성별.

b. 변수가 2: 단계에 진입했습니다 향. 향.

방정식에 포함되지 않은 변수

			점수	자유도	유의확률
1 단계	변수	향	4.842	1	.028
		기능	.780	1	.377
		원료	.854	1	.355
		브랜드	1.145	1	.285
	전체 통계량		5.483	4	.241
2 단계	변수	기능	.048	1	.827
		원료	.273	1	.601
		브랜드	.085	1	.770
	전체 통계량		.936	3	.817

출력결과에 의하면 2단계에 걸쳐 변수가 선택되는 데 처음에는 '성별' 변수가 다음으로는 '향' 변수가 선택되었다.

함수에 의한 분류 정확도는 81.3%로, 16명 중 13명을 정확히 예측하였다. 진입한 두 변수, '향'과 '성별'이 '추천'에 유의한 영향을 주고 있는데 각각의 유의확률은 0.071, 0.038 등이다. 계수를 해석하면 '향'에 대한 만족도가 1점 증가하면 추천승산이 2.349배 증가하고 여자에 비해 남자는 추천 승산이 0.19배로 줄어든다. (회귀계수는 음수)

'향'에 대한 유의확률이 0.05보다 낮지 않은데 모형에 포함된 이유는 1단계에서 유의확률이 0.028(방정식에 포함되지 않은 변수 출력결과)이어서 모형에 진입했고 모형의 다른 변수와 함께 유의확률이 0.071로 0.1보다 높지는 않아 제거되지 않은 것이다. ■

【예제 18.2】 다음은 노동부와 한국고용정보원에서는 2006년 고학력 청년층의 취업실태와 취업 이후 노동시장에서의 이동을 지속적으로 조사·분석하기 위하여 전문대 및 4년제 대학 졸업자들을 대상으로 조사한 「대졸자 직업이동경로조사」 자료의 일부분이다. ($n = 20,244$)

직장인들의 이직의사(y)에 영향을 줄 수 있는 독립변인들로는 전일제여부(X_1), 상용직여부(X_2), 정규직여부(X_3), 직장소재지(X_4), 직무만족도(X_5), 로그월급여(X_6), 노조유무(X_7), 교육수준일치도(X_8), 기술수준 일치도(X_9), 전공 일치도(X_{10}) 등 10개 변수를 선택하였고 여기서는 $X_1 - X_7$의 7개 변수에 대하여만 분석하고자 한다. (자료명: "18장_직업이동경로조사.sav")

<풀이> 자료는 다음과 같은 형태로 입력이 된다. [변수보기] 시트에서 사용된 변수들을 살펴보면 종속변수는 '이직의사'이고 여기에 영향을 미치는 직장의 고용 형태, 급여, 근무 형태, 만족도, 전공일치(분석 제외) 등에 관련된 독립변수로 분류될 수 있다. 종속변수는 이분형이고 독립변수에 계량변수와 명목변수가 혼합되어 있음을 알 수 있으므로 이분형 로지스틱회귀분석으로 분석해야 한다.

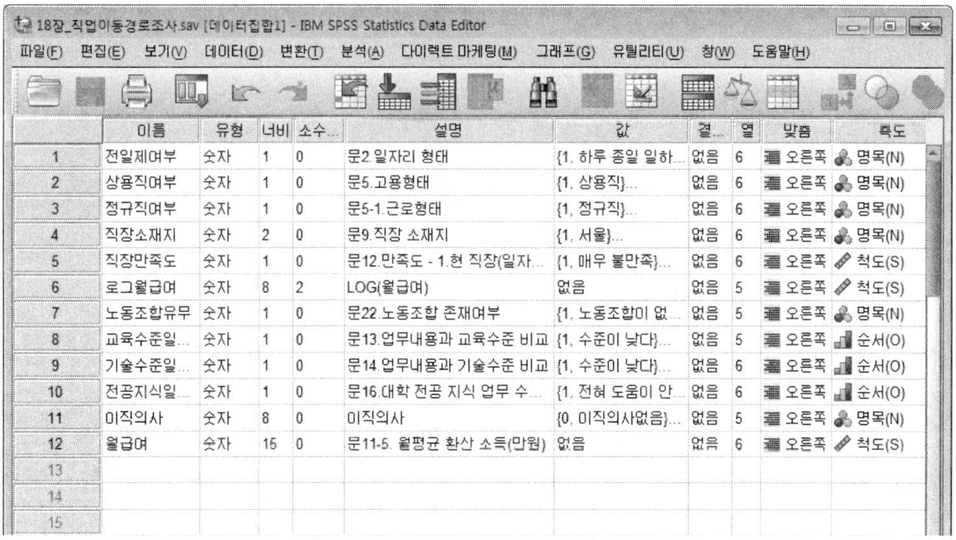

	이름	유형	너비	소수...	설명	값	결...	열	맞춤	척도
1	전일제여부	숫자	1	0	문2.일자리 형태	{1, 하루 종일 일하...	없음	6	오른쪽	명목(N)
2	상용직여부	숫자	1	0	문5.고용형태	{1, 상용직}...	없음	6	오른쪽	명목(N)
3	정규직여부	숫자	1	0	문5-1.근로형태	{1, 정규직}...	없음	6	오른쪽	명목(N)
4	직장소재지	숫자	2	0	문9.직장 소재지	{1, 서울}...	없음	6	오른쪽	명목(N)
5	직장만족도	숫자	1	0	문12.만족도 - 1.현 직장(일자...	{1, 매우 불만족}...	없음	6	오른쪽	척도(S)
6	로그월급여	숫자	8	2	LOG(월급여)	없음	없음	5	오른쪽	척도(S)
7	노동조합유무	숫자	1	0	문22.노동조합 존재여부	{1, 노동조합이 없...	없음	5	오른쪽	명목(N)
8	교육수준일...	숫자	1	0	문13.업무내용과 교육수준 비교	{1, 수준이 낮다}...	없음	5	오른쪽	순서(O)
9	기술수준일...	숫자	1	0	문14.업무내용과 기술수준 비교	{1, 수준이 낮다}...	없음	6	오른쪽	순서(O)
10	전공지식일...	숫자	1	0	문16.대학 전공 지식 업무 수...	{1, 전혀 도움이 안...	없음	6	오른쪽	순서(O)
11	이직의사	숫자	8	0	이직의사	{0, 이직의사없음}...	없음	5	오른쪽	명목(N)
12	월급여	숫자	16	0	문11-5. 월평균 환산 소득(만원)	없음	없음	6	오른쪽	척도(S)
13										
14										
15										

[분석] 메뉴의 <회귀분석>-<이분형 로지스틱>을 선택한다.

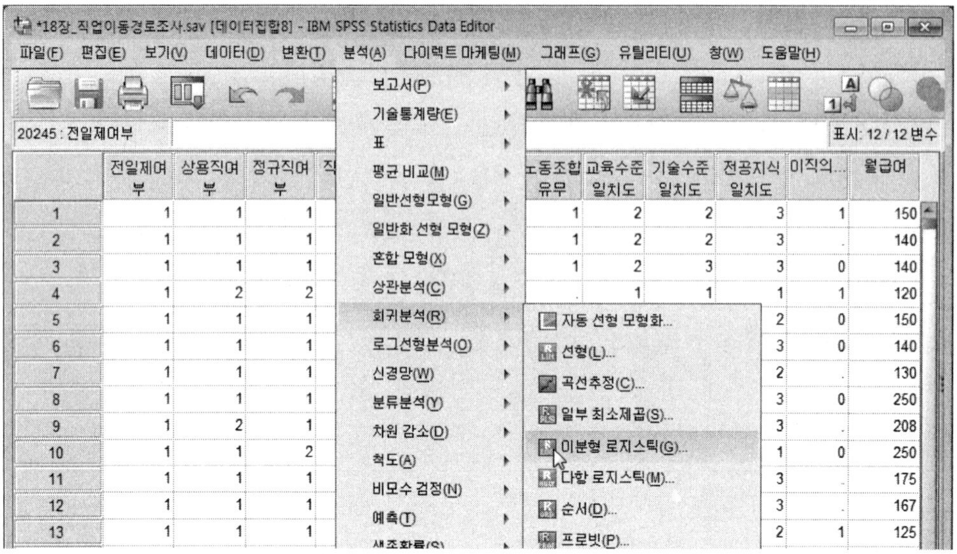

[로지스틱 회귀모형] 대화상자에서 <종속변수>로는 '이직의사' 변수를 입력하고 <공변량>에는 독립변수인 7개 변수를 지정 입력하고 범주형 변수를 정의한다.

[범주형 변수 정의]에서 <공변량> 변수 중에 범주형인 변수를 지정한다.

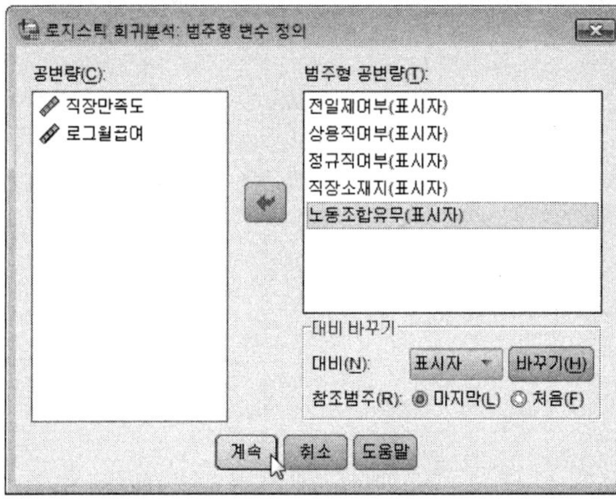

범주형 변수들은 사후에 오즈비(한 단위 증가시 오즈의 변화율) 해석을 위하여 변수값의 기준이 되는 항목(예. 서울)을 지정해주는 작업이 필요하다. 기준(참조범주) 값이 0, 다른 항목이 1의 값을 갖게 하는 <표시자> '대비'에서 '참조범주'를 <처음>으로 정하고 <바꾸기>를 각 변수마다 클릭하여 변경해준다.

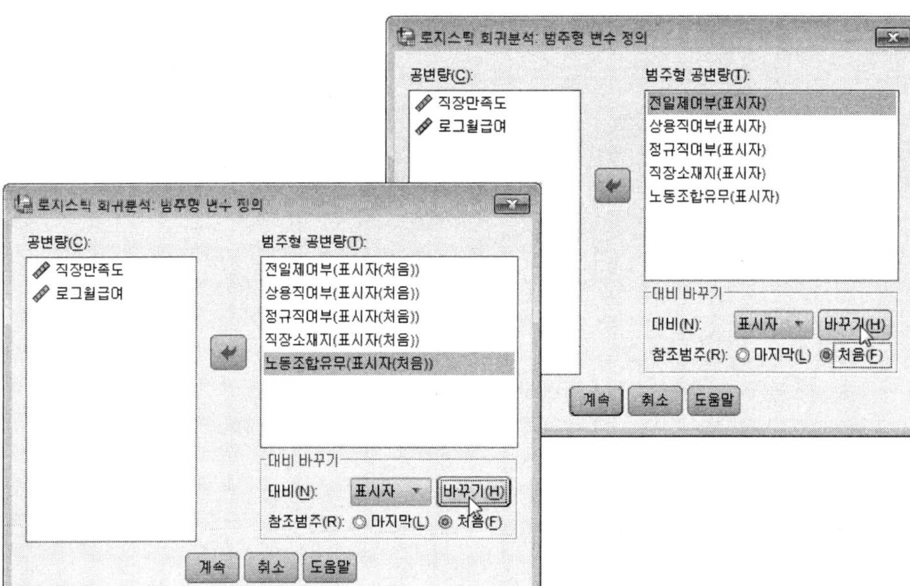

[옵션]에서는 <분류표>와 <적합도>에 체크하도록 한다.

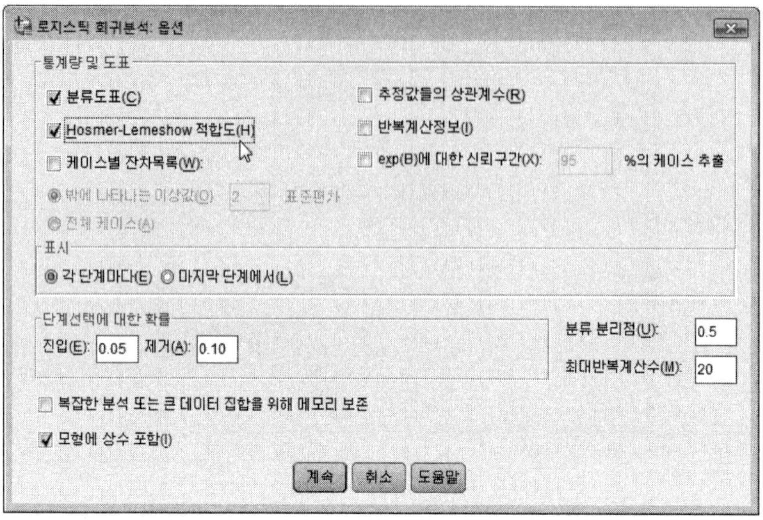

[로지스틱 회귀 모형] 대화상자에서 변수선택 방법으로 전진선택방법인 [앞으로: Wald]를 선택하고 [확인]을 눌러 실행한다.

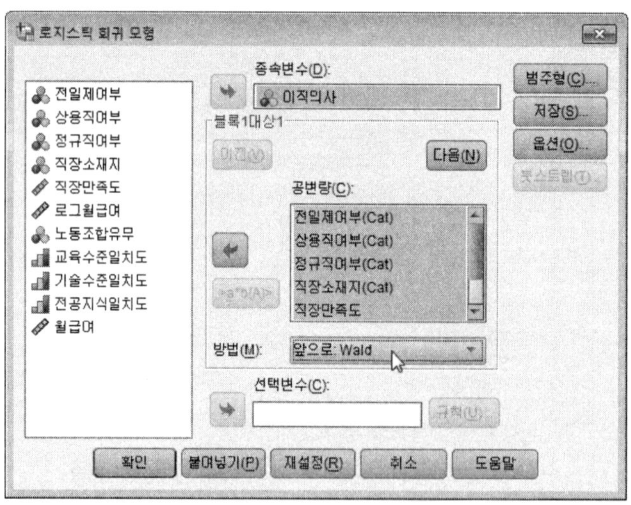

<출력결과> 모두 20,244케이스 중에서 이직에 관련된 의사를 밝힌 12,657명을 대상으로 분석하였다. 종속변수는 '이직의사'인데 "이직의사 없음= 0, 이직의사 있음=1"로 코딩이 되었다.

케이스 처리 요약

가중되지 않은 케이스[a]		N	퍼센트
선택 케이스	분석에 포함	12657	62.5
	결측 케이스	7587	37.5
	합계	20244	100.0
비선택 케이스		0	.0
합계		20244	100.0

a. 가중값을 사용하는 경우에는 전체 케이스 수의 분류표를 참조하십시오.

종속변수 코딩

원래 값	내부 값
미직의사없음	0
미직의사있음	1

다음 범주형 변수 코딩 결과는 참조범주 및 기준값을 표시해준다. '직장소재지'의 경우 "서울=0, 경기강원=1"이 파라미터 코딩 (1)로 지정되었다. 이는 뒤의 출력결과의 '직장소재지(1)'을 의미한다. 또한 '직장소재지(2)'는 파라미터 코딩 (2)와 같아서 "서울=0, 영남=1", '직장소재지(3)'은 "서울=0, 호남=1", '직장소재지(4)'는 "서울=0, 충청=1"이 된다.

범주형 변수 코딩

		빈도	파라미터 코딩			
			(1)	(2)	(3)	(4)
문9.직장 소재지	서울	4197	.000	.000	.000	.000
	경기강원	2956	1.000	.000	.000	.000
	영남	3048	.000	1.000	.000	.000
	호남	1270	.000	.000	1.000	.000
	충청	1186	.000	.000	.000	1.000
문5.고용형태	상용직	11393	.000	.000		
	임시직	1188	1.000	.000		
	일용직	76	.000	1.000		
문22.노동조합 존재여부	노동조합이 없음	8947	.000			
	노동조합이 있음	3710	1.000			
문5-1.근로형태	정규직	11512	.000			
	비정규직	1145	1.000			
문2.일자리 형태	하루 종일 일하는 일반직장	12281	.000			
	시간단위로 일하는 파트타임이나 아르바이트	376	1.000			

블록 0: 시작 블록

분류표[a,b]

감시됨			예측		
			이직의사		분류정확 %
			이직의사없음	이직의사있음	
0 단계	이직의사	이직의사없음	9120	0	100.0
		이직의사있음	3537	0	.0
	전체 퍼센트				72.1

a. 모형에 상수항이 있습니다.

b. 절단값은 .500입니다.

시작 전 단계에서 모두 '이직의사없음'으로 분류해도 기본적인 분류정확도가 72.1%이므로 각 단계별로 변수가 추가됨에 따라 분류정확도가 개선되어야 할 것이다.

여기서 출력결과가 생략하지만 변수선택은 모두 6 단계까지 진행된다. 아래의 모형요약표에서 '−2Log우도' 는 카이제곱 분포를 따르는 통계량이며 Akaike 정보기준 함수식(=−2Log우도+2k)의 앞부분이다. 마지막 6단계에서 AIC=12727.8(=12715.8+2×6)으로 전 단계 AIC=12739.4(=12729.4+2×5)보다 줄어들었으나 그 차이가 매우 적어 다음 7단계에서는 AIC가 줄어들지 않았음을 추측할 수 있다.

모형 요약

단계	-2 Log 우도	Cox와 Snell의 R-제곱	Nagelkerke R-제곱
1	13417.795[a]	.117	.169
2	12935.186[a]	.150	.217
3	12799.625[a]	.159	.230
4	12747.728[a]	.163	.235
5	12729.428[a]	.164	.236
6	12715.837[a]	.165	.238

a. 모수 추정값이 .001보다 작게 변경되어 계산반복수 5에서 추정을 종료하였습니다.

= Hosmer와 Lemeshow 검정 =

단계	카이제곱	자유도	유의확률
1	26.883	2	.000
2	24.256	8	.002
3	18.669	8	.017
4	22.596	8	.004
5	30.609	8	.000
6	23.351	8	.003

각 단계별로 분류정확도와 포함된 변수들의 계수, 오즈비 등이 출력된다. 분류정확도는 1단계 전체 74.8%에서 최종 75.3%로 소폭 증가하였지만 이직의사 있는 사람을 예측하는 정확도는 10%p 증가하였다.

최종단계에 포함된 변수를 보면 '직장만족도', '급여', '직장소재지', '상용직여부', '노동조합 여부', '정규직 여부' 등이 이직의사에 영향을 주었다.

분류표[a]

감시됨			예측		
			이직의사		
			이직의사없음	이직의사있음	분류정확 %
1 단계	이직의사	이직의사없음	8778	342	96.3
		이직의사있음	2850	687	19.4
	전체 퍼센트				74.8
2 단계	이직의사	이직의사없음	8459	661	92.8
		이직의사있음	2538	999	28.2
	전체 퍼센트				74.7
3 단계	이직의사	이직의사없음	8483	637	93.0
		이직의사있음	2517	1020	28.8
	전체 퍼센트				75.1
4 단계	이직의사	이직의사없음	8488	632	93.1
		이직의사있음	2513	1024	29.0
	전체 퍼센트				75.2
5 단계	이직의사	이직의사없음	8489	631	93.1
		이직의사있음	2500	1037	29.3
	전체 퍼센트				75.3
6 단계	이직의사	이직의사없음	8490	630	93.1
		이직의사있음	2491	1046	29.6
	전체 퍼센트				75.3

a. 절단값은 .500입니다.

방정식에 포함된 변수

		B	S.E,	Wals	자유도	유의확률	Exp(B)
1 단계[a]	직장만족도	-1.045	.029	1311.754	1	.000	.352
	상수항	2.645	.099	717.687	1	.000	14.079
2 단계[b]	직장만족도	-1.014	.029	1199.372	1	.000	.363
	로그월급여	-1.174	.055	451.534	1	.000	.309
	상수항	8.468	.298	810.103	1	.000	4761.358
6 단계[f]	상용직여부			26.569	2	.000	
	상용직여부(1)	.403	.079	26.354	1	.000	1.497
	상용직여부(2)	.316	.268	1.388	1	.239	1.371
	정규직여부(1)	.303	.082	13.734	1	.000	1.354
	직장소재지			118.808	4	.000	
	직장소재지(1)	-.173	.058	8.933	1	.003	.841
	직장소재지(2)	-.549	.060	83.010	1	.000	.578
	직장소재지(3)	-.602	.083	52.748	1	.000	.548
	직장소재지(4)	-.008	.079	.010	1	.920	.992
	직장만족도	-1.015	.030	1177.426	1	.000	.362
	로그월급여	-1.051	.062	291.017	1	.000	.350
	노동조합유무(1)	-.234	.053	19.806	1	.000	.791
	상수항	8.057	.334	582.367	1	.000	3155.968

a. 변수가 1: 단계에 진입했습니다 직장만족도. 직장만족도.

b. 변수가 2: 단계에 진입했습니다 로그월급여. 로그월급여.

c. 변수가 3: 단계에 진입했습니다 직장소재지. 직장소재지.

d. 변수가 4: 단계에 진입했습니다 상용직여부. 상용직여부.

e. 변수가 5: 단계에 진입했습니다 노동조합유무. 노동조합유무.

f. 변수가 6: 단계에 진입했습니다 정규직여부. 정규직여부.

출력결과를 표로 요약하면 다음과 같다.

(이직의사 없음=0, 있음=1)

변수설명	자료변수명	B	유의확률	Exp(B)
상용직	상용직여부		.000	
상용(=0) 임시(=1)	상용직여부(1)	.403	.000	1.497
상용(=0) 일용(=1)	상용직여부(2)	.316	.239	1.371
정규직(=0) 비정규직(=1)	정규직여부(1)	.303	.000	1.354
직장소재지	직장소재지		.000	
서울(=0) 경기강원(=1)	직장소재지(1)	−.173	.003	.841
서울(=0) 영남(=1)	직장소재지(2)	−.549	.000	.578
서울(=0) 호남(=1)	직장소재지(3)	−.602	.000	.548
서울(=0) 충청(=1)	직장소재지(4)	−.008	.920	.992
직무만족도	직장만족도	−1.015	.000	.362
로그월급여	로그월급여	−1.051	.000	.350
노조(무=0, 유=1)	노동조합유무(1)	−.234	.000	.791
상수		8.057	.000	3155.968

결과를 해석하면 이직의사에 상용직여부가 영향을 유의하게 영향을 준다. 구체적으로 상용직에 비해 임시직이 이직 승산이 1.497배 증가하고 (유의확률<0.001) 상용직에 비해 일용직은 1.37배 증가하나 통계적으로 유의하지 않다. 정규직에 비해 비정규직의 이직의사 오즈가 1.354배 높았으며, 서울에 비해 다른 지역에 있는 경우 이직의사 오즈가 낮다고 할 수 있다. 직무만족도가 높으면 이직의사 오즈가 낮아지며, 월급여도 유사한 결과를 보여준다. 노동조합이 있는 경우 이직의사 오즈가 낮아진다고 할 수 있다.

참고적으로 전일제 근무여부는 이직의사에 유의하게 영향을 주지 않았지만 전일제 변수 하나만 개별적으로 로지스틱 회귀분석하면 유의하게 영향을 준다는 점은 다중공선성의 개념으로 이해할 수 있을 것이다. 즉, 시간제나 전일제 근무는 상용직, 정규직 변수와 높은 연관을 갖기 때문이다. 그러므로 이 결과를 가지고 전일제 근무자나 시간제 근무자가 동일한 이직의사를 갖는다고 결론내리는 것은 현명하지 못하다. ■

Part Ⅶ. 데이터의 축소

19. 요인분석

20. 군집분석

Part Ⅶ. 데이터의 축소를 공부하기 전에

□ 데이터의 축소에 대하여 알아야 하는 이유

- 데이터의 수집이 과거에 비해 상대적으로 용이해져 자료의 규모가 커지는 추세이다.
- 데이터가 크면 정확성에서 유리할 수 있지만 모형이 복잡해짐으로 인해 직관적인 해석이 어려워 질 수도 있다.
- 변수의 차원(dimension)을 축소하기 위해 요인분석을 사용한다.
- 케이스의 재그룹(regrouping)하여 동질적인 소집단으로 나누기 위해 군집분석을 이용한다.

□ 요인분석에 대하여 알아야 할 내용

- 탐색적 요인분석(EFA)과 확증적 요인분석(CFA)의 차이
- EFA에서 고유값과 요인수 결정
- EFA에서 요인적재값의 해석과 직교회전
- AMOS를 이용한 CFA 분석방법
- 모형적합지수(Model Fit Index)의 종류와 기준

□ 군집 분석에 대하여 알아야 할 내용

- 군집수를 단계적으로 결정하는 계층적 군집분석
- 군집수를 미리 결정하고 집단을 나누는 k-평균법
- 군집수를 자동으로 계산해서 정하는 2단계 군집법

□ 요인분석과 군집분석의 사용 예

- 모바일 기기의 사용 동기에 대한 요인을 찾아낸다.
  ☞ 측정한 50개의 변수를 5개의 요인으로 축소한다.
- 모바일 기기의 사용 동기가 매체 이용경험에 따라 다른가?
  ☞ 응답자들을 매체 이용경험에 따라 2개의 군집으로 나누어 두 집단의 사용 동기에 차이가 있는가를 비교한다.

19장. 요인분석

19.1 요인분석의 개요

요인분석의 개요

요인분석(factor analysis 또는 인자분석)이란 주어진 변수에 내재하는 요인(factor)들을 찾아내어 변수(variable)의 축소(reduction) 및 요약(summarization), 변인의 해석을 주된 목적으로 하는 다변량분석이다.

요인분석은 대체로 변수 수가 많을 때 변수들 간의 유사성을 분석하여 변수들에 공통적으로 존재하는 공통요인(common factor)들로 변수들을 대체하여 적은 개수의 요인만으로 어떤 현상을 설명하고자 할 때 주로 사용한다.

예를 들어, 어떤 현상을 조사하기 위한 설문조사에 유사한 특성을 측정하는(예. 만족도, 중요도, 인지정도 등) 20문항 정도의 질문이 포함되어 있다면, (예. 가격만족도, 품질만족도, AS만족도 등, 브랜드중요도, 접근성중요도, 기능중요도 등) 이 질문들은 각각 하나의 변수로 간주되어 모형에 포함될 것이다. 각 20개 변수를 모두 이용하여 이들의 평균, 상관계수, 관계식 등을 표시하면 너무 방대하여 전체 현상을 직관적으로 파악하는데 어려움을 겪을 수 있다. 그러나 요인분석을 실시하면 분리된 차원으로 축소할 수 있고, 어떤 변수를 몇 개의 요인의 선형결합으로 나타낼 수 있다. 그래서 20여개의 변수가 아닌 비슷한 특성의 공통요인(물론 변수 수보다 적은)으로 전체 변수를 정리(묶거나 대표적인 변수 선택)할 수 있다.

다중회귀분석, 판별분석, 공준상관분석에서는 분석하고자하는 변수 중 몇은 종속변수, 나머지는 독립변수로 나뉘었지만, 요인분석에서는 모든 변수가 같은 역할을 하는데 관측된 변수들은 내재하는(측정 불가능한) 공통의 요인들에 의해 설명되는 종속변수의 역할을 한다.

요인분석의 가장 주된 목적은 수많은 원변수들이 포함하고 있는 정보의 손실을 최소화하면서 원변수들을 요약하여 새롭게 합성된, 적은 수의 요인 집합으로 줄이는 것이다. 그래서 요인분석은 독립적인 통계분석이라기보다는 다음 단계의 회귀분석, 경로분석, 판별분석 등을 위한 변수의 재조정 단계라 할 수 있다. SPSS에서도 요인분석이 [분석] 메뉴에서 <차원 축소> 범주에 포함되어 있다.

요인분석의 접근법

주어진 자료를 분석하여 공통요인을 추출하고 추출한 새로운 요인에 대한 해석을 시도한 것을 탐색적 요인분석(EFA: Exploratory Factor Analysis)이라 하고 기존에 알려진 요인분류가 새로운 자료에 잘 적용되는지를 확인하는 것을 확증적 요인분석(CFA: Confirmative Factor analysis)이라 한다.

최근 들어 AMOS 프로그램의 사용이 활발해지면서 요인분석에 대한 재검증방법인 확증적 요인분석이 많이 시행되고 있다. 원자료로부터 공통요인을 추출하여 변수의 축소와 해석을 시도한 것을 탐색적 요인분석이라 명하고 이에 대비하여 기존에 알려진 요인들, 이론적인 요인 틀에 조사한 자료가 잘 들어맞는지를 확인하는 요인분석을 확증적 요인분석으로 구별하고 있다.

대부분의 요인분석은 탐색적 요인분석의 범주에서 이루어지고 있으나 보수적인 연구 분야에서는 기존의 이론이나 사실을 존중하는 분위기와 새로 획득한 자료의 타당성을 입증하기 위하여 확증적 요인분석도 많이 시행하고 있다. 본서에서는 두 방법을 모두 소개하고 실제 예제를 통해 EFA는 SPSS에 의하여 해를 구하고 CFA는 AMOS를 이용하여 분석하면서 AMOS에 대한 간단한 사용법을 서술하겠다.

19.2 탐색적 요인분석(EFA)

요인분석의 모형

주어진 변수(종속변수의 역할)를 설명하는 잠재적 요인(독립변수의 역할)을 찾아내는데 이들은 모든 변수에 공통으로 포함되는 요인들이다.

자료가 p개의 변수 $(X_1, X_2, ..., X_p)$로 이루어져 있을 때 이들은 어떤 공통요인들 $(F_1, F_2, ..., F_m)$에 의해 설명된다고 가정하자. 이때 변수는 측정 가능한 자료이지만 공통요인은 측정할 수 없다.

$$
\begin{aligned}
X_1 &= \mu_1 + l_{11}F_1 + l_{12}F_2 + \cdots + l_{1m}F_m + \epsilon_1 \\
X_2 &= \mu_2 + l_{21}F_1 + l_{22}F_2 + \cdots + l_{2m}F_m + \epsilon_2 \\
&\vdots \\
X_p &= \mu_p + l_{p1}F_1 + l_{p2}F_2 + \cdots + l_{pm}F_m + \epsilon_p,
\end{aligned}
$$

여기서 F_j는 j번째 공통요인인데, 공통요인이라 표현하는 이유는 각 변수를 설명하는 함수식에 공통적으로 들어있는 요인이기 때문이다. l_{ij}는 i번째 변수의 j번째 요인의 적재값(loading)이고 공통요인의 개수는 m이다.

예를 들어 구매 만족도를 구성하는 공통요인이 심리적 만족(F_1)과 실용적 만족(F_2)으로 이루어져 있다면 디자인 만족도(X_1)와 가격 만족도(X_2)는 두 가지 요인의 선형결합(1차식이라는 의미)으로 이루어져 있다.

$$
\begin{aligned}
X_1 &= 0.9F_1 + 0.2F_2 + \epsilon_1, \\
X_2 &= 0.3F_1 + 0.8F_2 + \epsilon_2.
\end{aligned}
$$

윗 식에서 디자인 만족도는 F_1에 영향을 많이 받고 가격만족도는 F_2에 영향을 많이 받고 있음을 계수값의 크기를 통해 유추할 수 있다.

또한 ϵ는 잔차항에 해당되는데 유일요인(unique factor) 또는 특정요인(specific factor)이라 불린다. 공통요인은 여러 변수의 분산에 기여하지만 특정요인은 한 변수의 분산에만 기여한다. 앞의 예에서 두 요인(F_1, F_2)에 의해 설명되지 않는 디자인 만족도 부분이 ϵ_1이 된다.

【참고】 커뮤날리티(communality)

i 번째 변수의 분산은 다음과 같이 표시할 수 있다.

$$Var(X_i) = h_i^2 + \Psi_i \ ,$$

여기서 $h_i^2 = l_{i1}^2 + l_{i2}^2 + \cdots + l_{im}^2$로서 공통 요인에 의해 설명되는 분산의 양인데 i 번째 변수에 대한 커뮤날리티라 정의한다. 또한 $\Psi_i = Var(\epsilon_i)$는 i 번째 분산에만 기여하여 특정분산(specific variance)이라 한다.

요인적재값의 유도 ☞ 수학적 내용은 뒤 【참고】를 참고할 것

요인적재값(factor loading)은 공통요인이 변수에 주는 영향력을 의미한다. 적재값은 공분산행렬 또는 상관계수 행렬을 이용하여 유도한다.

우리가 공통요인의 공분산행렬이 단위행렬 $\boldsymbol{E}$(공통요인이 갖는 분산이 일정하고 서로 독립)가 되도록 가정한다면 다음이 성립한다.

$$\boldsymbol{\Sigma} = Cov(\boldsymbol{X}) = E(\boldsymbol{X} - \mu)(\boldsymbol{X} - \mu)' = \boldsymbol{LL}' + \boldsymbol{\Psi}$$

$$= \begin{bmatrix} l_{11}\, l_{12} \cdots l_{1m} \\ l_{21}\, l_{22} \cdots l_{2m} \\ \vdots \quad \vdots \quad \ddots \quad \vdots \\ l_{p1}\, l_{p2} \cdots l_{pm} \end{bmatrix} \begin{bmatrix} l_{11}\;\, l_{21} \cdots l_{p1} \\ l_{12}\;\, l_{22} \cdots l_{p2} \\ \vdots \quad \vdots \quad \ddots \quad \vdots \\ l_{1m}\, l_{2m} \cdots l_{pm} \end{bmatrix} + \begin{bmatrix} \Psi_1\; 0 \cdots 0 \\ 0\; \Psi_2 \cdots 0 \\ \vdots \quad \vdots \quad \ddots \quad \vdots \\ 0 \quad 0 \cdots \Psi_p \end{bmatrix}$$

즉, 요인적재값 l_{ij}는 $\boldsymbol{\Sigma}$를 분해함으로써 얻을 수 있다.[1)] 이러한 방법으로 l_{ij}를 추정하는 방법을 주성분방법(principal component method)이라 한

1) 실제 사용에서는 공분산보다는 상관계수 행렬을 분해한다. 이는 각 변수의 정보량을 동일하게 간주하기 위함이고 그래서 각 변수의 정보량은 1, 전체 변수들의 정보량을 p라고 간주한다.

다. 주성분 방법으로 요인의 계수 l_{ij}를 추정하면 이 값은 고유값(eigenvalue)이고 요인은 고유벡터(eigenvector)가 된다.

주성분 추정방법 외에 $\boldsymbol{X}$가 다변량 정규분포를 따른다는 가정 하에서 최대우도 추정법(maximum likelihood factor method)을 사용할 수도 있다. 이 방법은 공통요인의 개수에 관한 검정이 가능하다는 장점이 있다.

요인수의 결정
주어진 p개의 변수(variable)를 내재하는 m개의 요인(factor)으로 설명하는 것이기 때문에 m은 p보다는 적어야 요인에 의한 변수 요약의 목적을 달성할 수 있을 것이다.

주성분 방법으로 요인의 계수 l_{ij}를 추정하면 i번째 요인의 분산은 고유값 λ_i가 된다. $\boldsymbol{\Sigma}$를 이용하여 고유값을 구하면 (실은 표본공분산 행렬 $\boldsymbol{S}$를 이용) 모두 p개의 고유값을 구할 수 있고 이를 편의상 순서대로 표현한다. (즉, $\lambda_1 \geq \lambda_2 \geq \ \cdots \ \geq \lambda_p$)

이때 j번째 요인에 의해 설명되는 자료의 전체분산의 비율은 다음과 같이 표시한다.

$$\frac{\lambda_j}{s_{11} + s_{22} + \ \cdots \ + s_{pp}}$$, 단 s_{ii}는 $\boldsymbol{S}$의 대각선 원소.

그런데 일반적으로 $\boldsymbol{S}$ 대신에 표준화해준 상관행렬 $\boldsymbol{R}$을 이용하여 고유값($\lambda_1 \geq \lambda_2 \geq \ \cdots \ \geq \lambda_p$)을 구하기 때문에(각 변수의 분산은 1로 간주) j번째 요인의 분산에 대한 기여도는 다음과 같다.

$$\frac{\lambda_j}{p}$$, 여기서 p는 상관행렬의 대각원소의 합.

예를 들어 10개 변수를 이용해 요인분석하는데 어떤 요인의 고유값이 3.5이라면 그 요인이 전체 변동의 35%를 설명한다는 의미이다.

요인의 개수를 선택하는 방법에는 두 가지가 있는데, 첫 째 '$\lambda_m > 1$'의 값을 2) 갖는 경우까지만 m개의 요인을 선택하거나 두 번째로는 스크리 도표(scree plot) 등을 이용해 고유값이 급격히 감소하는 즉, 완만하게 감소하기 전까지 고유값에 해당하는 m개의 요인을 선택하는 것이다.3)

요인의 회전

요인적재값은 유일한 값이 아니라서 해석이 가능하도록 회전을 시켜주는 것이 요인의 특성을 파악하는데 도움이 된다.

요인적재값이 변수에 대한 영향력이기 때문에 각 변수들의 요인적재값을 구한 요인행렬(factor matrix)을 얻은 뒤 적재값 l_{ij}들의 패턴을 살펴 요인들의 의미를 해석하고자 할 것이다. 그러나 처음 구한 요인들(회전 전 요인, unrotated factors)은 해석하기 난해할 수 있으므로 뚜렷한 특징이 나타나도록 요인의 축을 회전하는 것이 필요하다. 요인적재값은 유일해(unique solution)가 아니어서 회전을 해주더라도 필요한 조건과 속성을 그대로 만족시켜주기 때문에 해석이 편리하도록 회전을 하는 것이다. 한 요인에 큰 적재값이 실리고 나머지 요인에서는 작은 적재값을 갖는 간단한 구조가 되도록 회전을 하는 것이 원칙이다.

요인들을 회전하는 방식에는 두 가지가 있다. 추출하는 요인들의 축이

---

2) SPSS에서도 적당한 요인의 수 m을 결정하는 기준으로 고유값 1 이상을 default로 하고 있다. 공분산 행렬의 분산값들은 변수들의 정보량을 의미하는데 이를 표준화한 상관계수 행렬을 이용하여 요인분석을 하면 정보량이 각 변수가 1이므로 변수의 수만큼 정보의 양을 갖고 있다고 간주한다. 변수들을 대체할 요인들을 선택함에 있어 새로운 요인의 정보의 양(분산)은 원래 변수가 갖고 있던 정보의 양(분산) 1보다는 커야한다는 취지로 고유값(분산추정값)이 1이상인 요인까지를 선택한다.

3) 예를 들어 고유값이 $\lambda_1 = 3.3, \lambda_2 = 0.9, \lambda_3 = 0.35, \lambda_4 = 0.25, \lambda_5 = 0.2$라면 1,2까지는 감소하고 3,4,5는 거의 비슷하기 때문에 두 번째 요인까지 선택하는 방법이 스크리 플롯을 이용한 방법이다.

90도가 되도록, 즉 공통요인들이 서로 독립임을 가정하고 회전하는 직교해법(orthogonal solution)과 요인들이 서로 연관성이 있어 축이 직각이 아닌 사각(斜角)을 허용하는 사각해법(oblique solution) 등이 있다. 직교해법은 수학적으로 다루기가 간단하다는 이점을 갖고 있으나 원래 변수들끼리 어느 정도의 상관관계가 존재하는데도 내재하는 공통요인들이 서로 연관이 없다고 가정하는 것에는 무리가 있으므로 사각해법이 더 융통성과 현실성을 갖고 있다고 할 수 있다.

직교회전의 방법은 행렬의 행을 단순화하는가(QUARTIMAX) 열을 단순화하는가(VARIMAX) 또는 그들의 절충(EQUIMAX)이냐에 따라 세 가지로 나뉜다. QUARTIMAX가 대수적으로 간단하지만 VARIMAX는 요인들을 더욱 명확히 분리해주기 때문에 VARIMAX 해법이 직교회전방법 중 가장 널리 쓰인다. 그리고 사각회전 방법으로 PROMAX가 주로 사용된다.

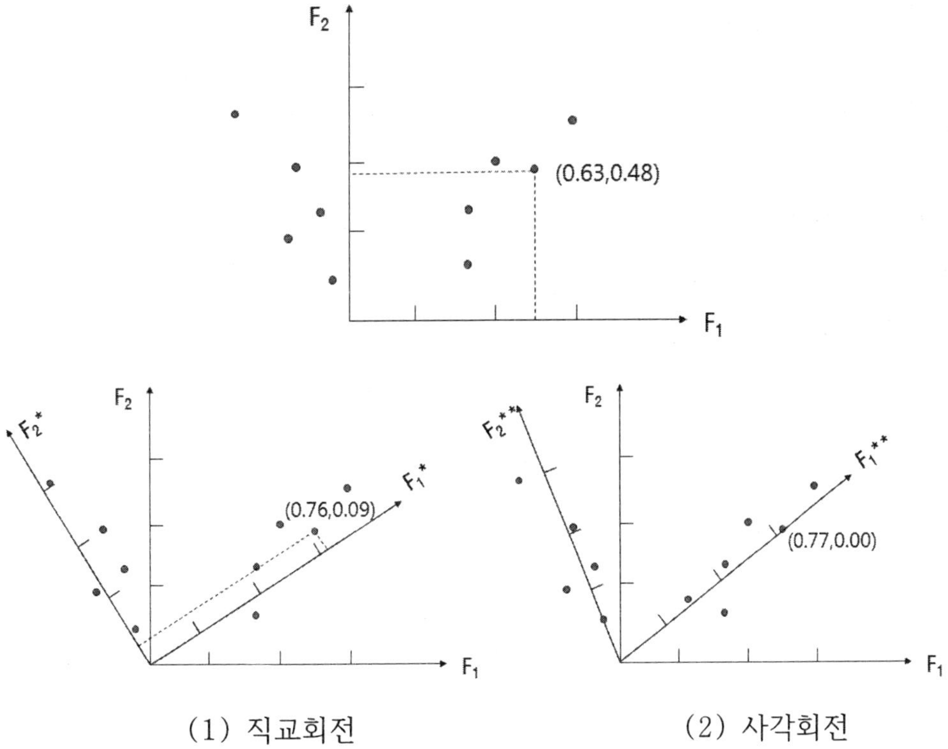

<그림 19.1> 회전 전 적재값과 직교회전 및 사각회전 후 적재값

【예제 19.1】 다음은 학생 101명에게 커피숍을 선택할 때 고려하는 7가지 변인(variable)에 대하여 각 중요도를 리커트 5점 척도(Likert 5-scale)로 측정한 자료이다. 요인분석을 통해 7개의 변인이 몇 개의 요인으로 축소될 수 있는지 분석하고, 각 요인의 의미를 해석하시오. (자료명: "19장_커피숍.sav")

<풀이> SPSS의 요인분석 도구를 이용한다. [분석] 메뉴에서 <차원감소>의 <요인분석>을 선택한다.

[요인분석] 대화상자에서 <변수>에 7개의 변수들을 지정하고, [요인회전] 대화상자를 열어 직교회전인 '◎베리멕스'를 선택한다.

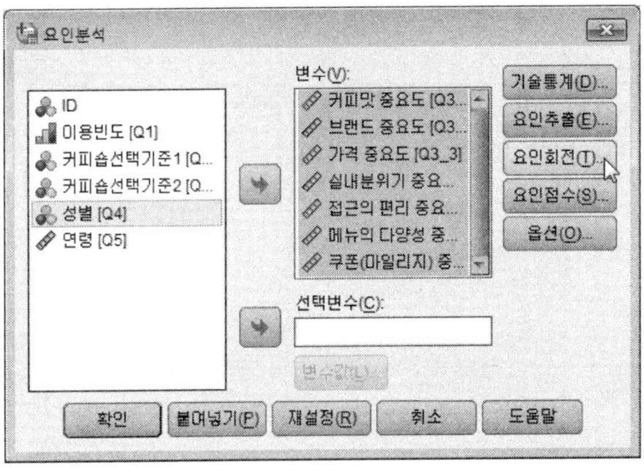

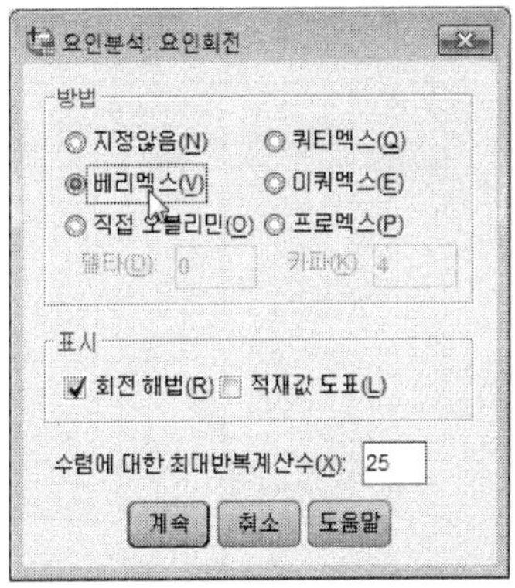

[요인분석: 요인추출] 대화상자에서 추출방법은 [주성분]을 선택하고 (default), '□스크리 도표'에 체크하며 <추출>되는 요인수를 '◎고유값 기준'으로 한다. 고유값은 자동으로 1로 주어져 있다. [요인분석: 옵션] 대화상자에서 <계수출력형식>을 '□크기순 정렬'로 정한다. 이렇게 해야 같은 요인에 속하는 변수가 연속적으로 출력되어 해석하기가 편리하다.

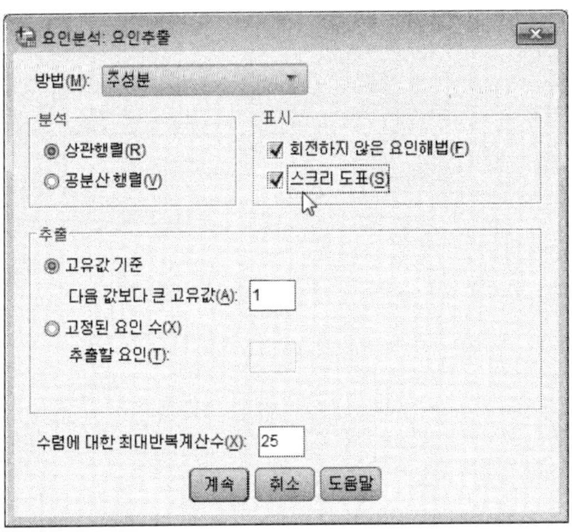

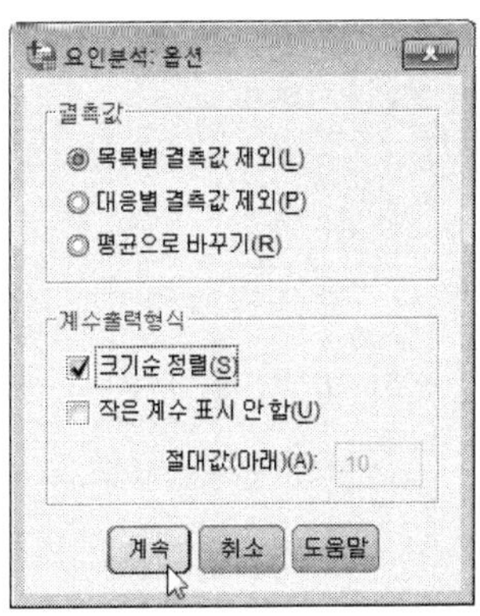

<출력결과> 아이겐 값이 1이상인 성분 3개가 요인으로 추출되었다. 각 요인의 고유값은 2.245, 1.365, 1.0406 등이고 이 세 개의 요인이 설명하는 총 변동은 전체변동의 64.438%(=(2.245+1.365+1.0406)/7)이다.

설명된 총분산

성분	초기 고유값			추출 제곱합 적재값			회전 제곱합 적재값		
	합계	% 분산	% 누적	합계	% 분산	% 누적	합계	% 분산	% 누적
1	2.245	32.070	32.070	2.245	32.070	32.070	1.598	22.829	22.829
2	1.365	19.506	51.576	1.365	19.506	51.576	1.529	21.837	44.666
3	1.040	14.863	66.438	1.040	14.863	66.438	1.524	21.772	66.438
4	.828	11.823	78.261						
5	.604	8.628	86.889						
6	.524	7.480	94.370						
7	.394	5.630	100.000						

추출 방법: 주성분 분석.

회전된 성분행렬에서 각 요인의 적재값의 크기를 살펴보면 '접근 편리성', '실내분위기' 등이 하나의 요인(F1)으로, '커피맛', '브랜드', '메뉴의 다양성' 등이 두 번째 요인(F2)으로, '가격', '쿠폰' 등이 세 번째 요인(F3)으로 분류된다.

성분행렬[a]

	성분		
	1	2	3
메뉴의 다양성 중요도	.690	.021	.375
쿠폰(마일리지) 중요도	.665	.117	-.469
가격 중요도	.643	.047	-.612
실내분위기 중요도	.587	-.521	.139
브랜드 중요도	.486	.461	.158
접근의 편리 중요도	.420	-.688	.281
커피맛 중요도	.397	.626	.428

요인추출 방법: 주성분 분석.

a. 추출된 3 성분

회전된 성분행렬[a]

	성분		
	1	2	3
접근의 편리 중요도	.849	-.086	-.016
실내분위기 중요도	.766	.039	.214
커피맛 중요도	-.083	.852	-.019
브랜드 중요도	-.011	.649	.229
메뉴의 다양성 중요도	.510	.578	.149
가격 중요도	.100	.056	.881
쿠폰(마일리지) 중요도	.113	.189	.792

요인추출 방법: 주성분 분석.

회전 방법: Kaiser 정규화가 있는 베리멕스.

a. 4 반복계산에서 요인회전이 수렴되었습니다.

회전된 성분행렬의 계수값을 이용해 각 요인에 이름을 붙이고 그 의미를 해석하기 위해 계수값을 다음과 같이 정리해보자.

접근의 편리 중요도=**0.849**×F1−0.086×F2−0.016×F3,

실내 분위기 중요도=**0.766**×F1+0.039×F2+0.214×F3.

즉, 접근성이나 실내분위기는 F1 요인에 의해 많이 설명되고(계수가 크다) 나머지 요인에 의해서는 별로 설명되지 않는다(계수가 작다). 그러므로 F1은 매장의 접근성이나 인테리어 등에 관련한 커피숍의 편의성 요인으로 해석할 수 있다.

다음 변수들에 관해 살펴보면 F2 요인에 계수가 높은 것을 알 수 있다.

커피맛 중요도 = $-0.083\times F1+\mathbf{0.852}\times F2-0.019\times F3$,

브랜드 중요도 = $-0.011\times F1+\mathbf{0.649}\times F2+0.229\times F3$,

메뉴의 다양성 중요도 = $0.510\times F1+\mathbf{0.578}\times F2+0.149\times F3$.

즉, F2는 커피의 맛과 브랜드, 메뉴 등 커피의 본질(맛과 본질)에 관한 요인으로 해석할 수 있다.

또한, 같은 방식으로 F3는 가격이나 쿠폰, 마일리지와 같은 경제적 요인으로 해석할 수 있다. 이러한 요인의 해석과 명칭부여(naming)에는 정답이 없다. 그러므로 분석자가 적재값의 크기를 보고 분석내용에 관한 지식을 통해 적절한 해석을 내려야 한다. ■

【참고】 원자료가 아닌 상관행렬만으로 요인분석하기

요인분석은 상관행렬을 기초로 요인적재값을 유도한다. 그러므로 이론적으로는 상관행렬만 있으면 요인분석이 가능하다. SPSS에서 상관행렬 자료만을 이용해 요인분석을 행하려면 <명령문>을 사용해야 한다.

【예제 19.2】 다음은 학생 220명의 6과목의 성적에 대한 상관계수 행렬이다. 요인분석을 통해 6개 변수에 내재히는 공통요인를 찾아내고 이들이 설명하는 전체 변동의 비율을 계산하시오.

		1	2	3	4	5	6
국 어	1	1.000	.439	.410	.288	.329	.248
영 어	2	.439	1.000	.351	.354	.320	.329
국 사	3	.410	.351	1.000	.164	.190	.181
물 리	4	.288	.354	.164	1.000	.595	.470
대 수 학	5	.329	.320	.190	.595	1.000	.464
기 하 학	6	.248	.329	.181	.470	.464	1.000

<풀이> SPSS는 자료가 케이스 단위로 입력이 되어야 하지만 이 문제와 같이 원자료는 존재하지 않고 케이스 수(n=220)와 상관계수행렬만을 알고 있을 때 데이터를 상관계수행렬 형태로 입력하고 SPSS의 <명령문>(syntax)을 이용한다.

빈 파일에서 [파일] 메뉴의 <새 파일>에서 <명령문>을 선택한다.

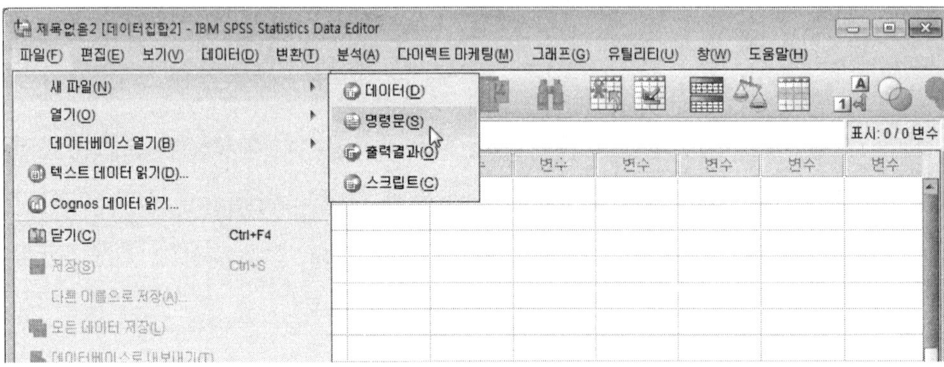

[명령문] 윈도의 왼편 창에서 상관계수 행렬을 MATRIX 명령어를 이용하여 입력한다.

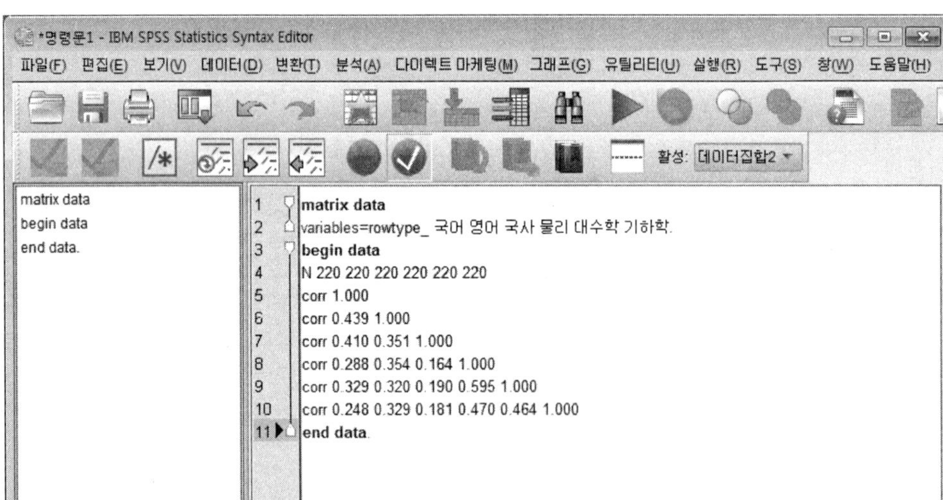

【주의】 SPSS 명령문의 끝에는 마침표(.)를 찍는다. 위 명령문에서 '기하학.', 'end data.' 임에 주의한다.

명령문의 입력을 마친 후 [실행] 메뉴에서 <모두>를 클릭하여 모든 명령문을 다 실행한다. (현재의 명령문은 두 명령문의 집합으로 되어 있다)

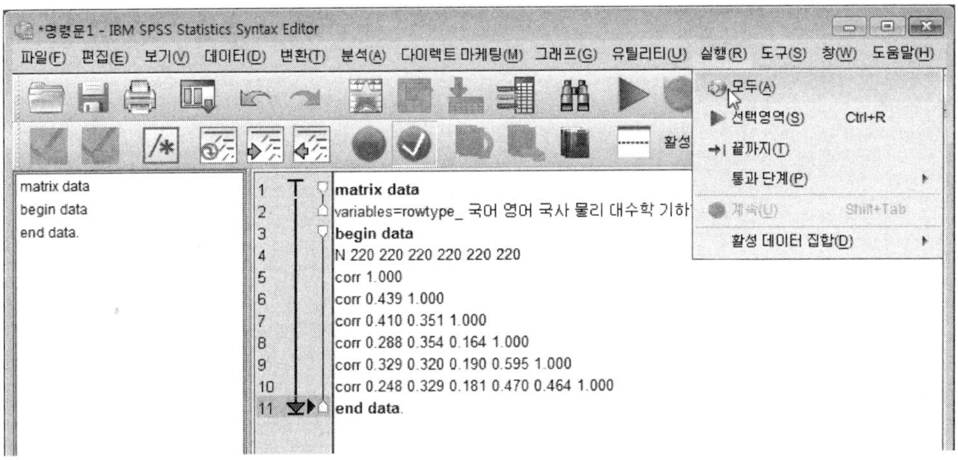

명령문을 실행하면 [데이터 보기] 창에 다음과 같이 자료가 입력된다.

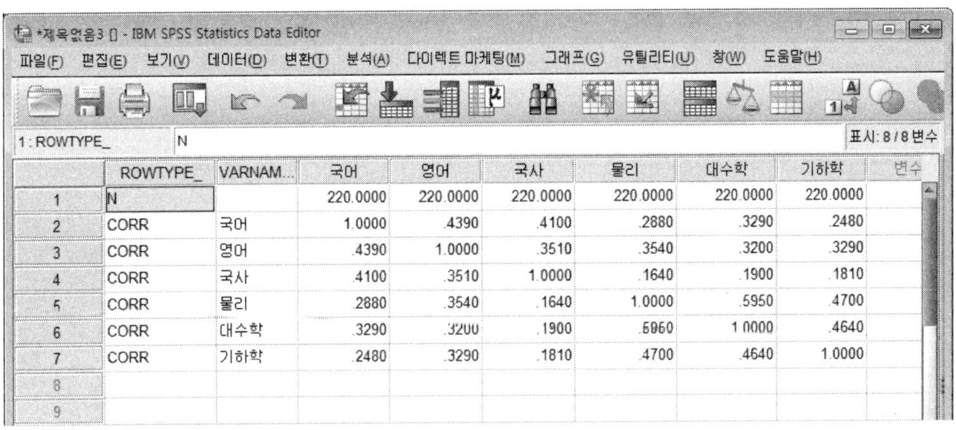

그러나 이 데이터를 이용하여 메뉴 형태로 요인분석을 실행할 수 없다. 계속 명령문을 이용해야 한다. 'MATRIX' 명령어를 입력하였던 [명령문] 창에 'FACTOR' 명령문을 입력하여야 한다.

명령어 문법을 모르는 (대부분의) 독자는 여기서 메뉴형태의 요인분석의 도움을 받는다. 즉, [분석] 메뉴에서 요인분석을 시행하는 절차를 밟으며 그때 발생하는 명령문을 빌려오면 된다.

(명령문 빌려오는 단계) [분석] 메뉴에서 <차원감소>의 <요인분석>을 선택한다.

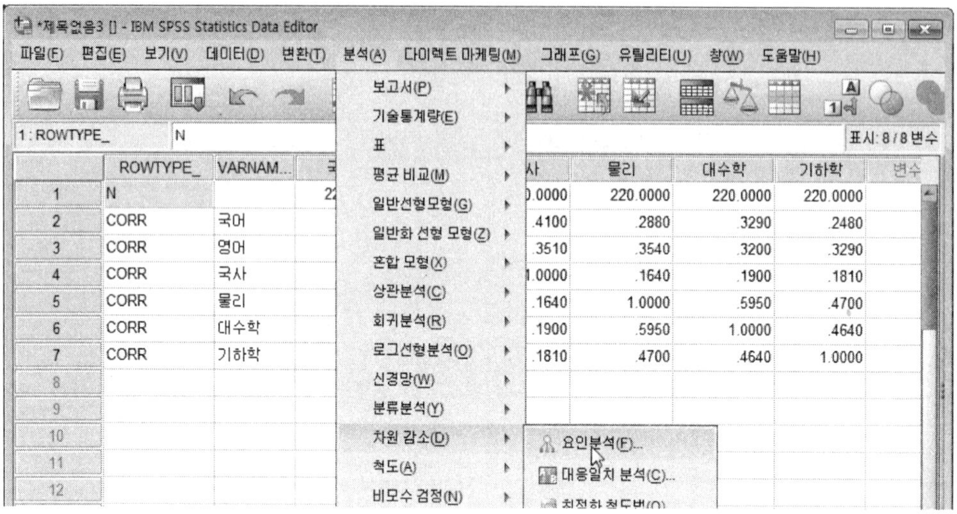

(명령문 빌려오는 단계) [요인분석] 대화상자에서 <변수>를 지정하고 [요인분석: 요인회전] 대화상자에서 '◎베리멕스' 방법을 선택한다.

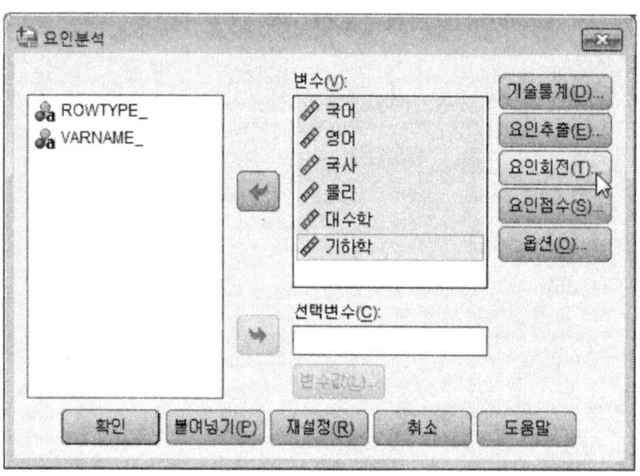

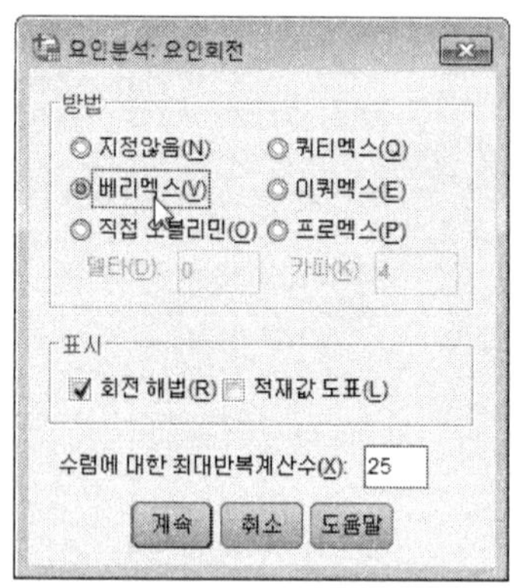

(명령문 빌려오는 단계) [요인분석] 대화상자에서 **[확인]을 누르지 말고**[4] (명령문) [붙여넣기]를 누른다.

---

4) 당연히 이 상태로 실행하면 입력된 자료가 상관계수행렬 형태라는 것을 어디서도 알려주지 않았기 때문에 정확한 결과가 나오지 않는다. 만약 이 상태로

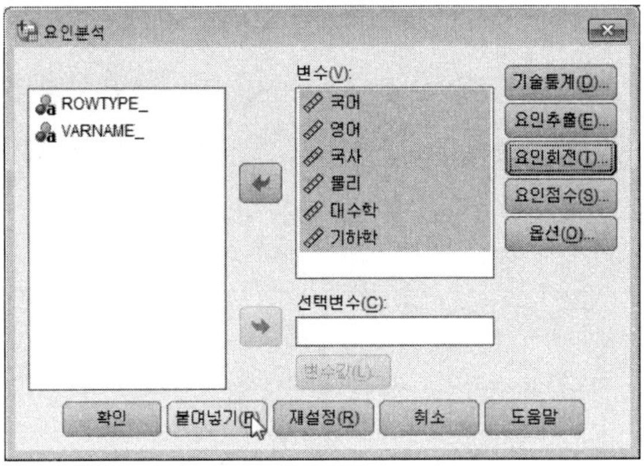

(명령문 빌려오는 단계) [명령문] 창에 지금까지 선택한 요인분석 실행 옵션들이 명령문 형식으로 붙여진 것을 확인할 수 있다.

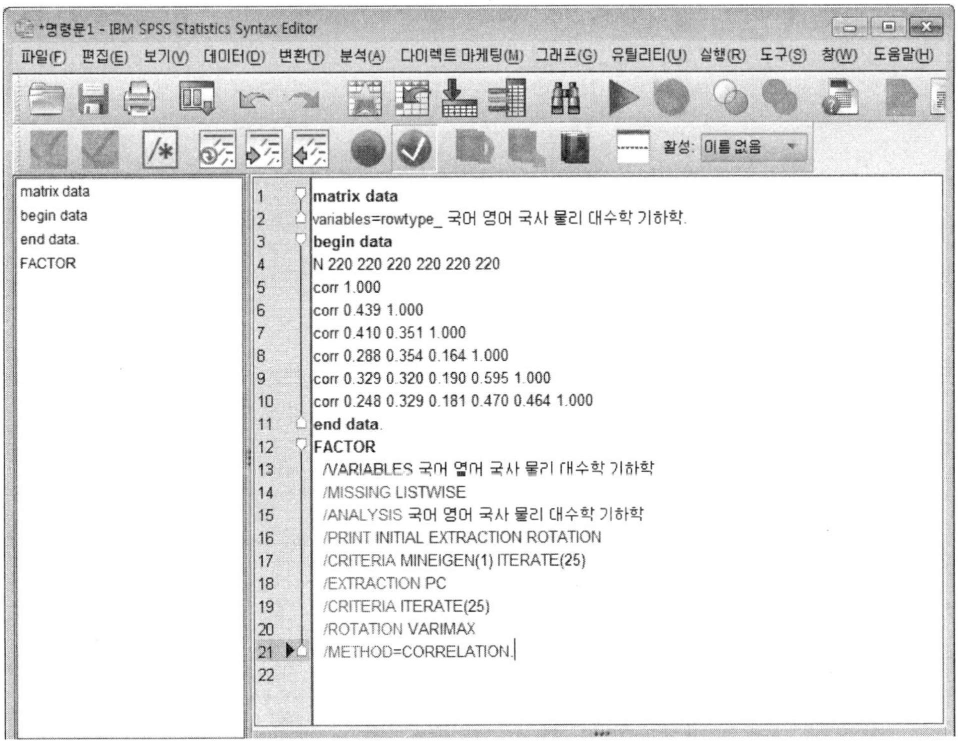

정확한 결과를 얻을 수 있다면 굳이 명령문 붙여오기를 할 필요가 없이 메뉴 방식으로 실행하였을 것이다.

(명령문 빌려오는 단계) Factor 명령어 뒤에 변수를 지정하는 방식이 케이스 입력방식(/VARIABLES)으로 되어 있는데 행렬형태로 지정을 바꾸어 줘야한다. 그러기 위해 Factor 명령문의 첫줄인 '/VARIABLES...' 행을 삭제하고 '/MATRIX IN(COR=*)'를 삽입한다.

```
FACTOR
  /MATRIX IN(COR=*)
  /MISSING LISTWISE
  /ANALYSIS 국어 영어 국사 물리 대수학 기하학
  /PRINT INITIAL EXTRACTION ROTATION
  /CRITERIA MINEIGEN(1) ITERATE(25)
  /EXTRACTION PC
  /CRITERIA ITERATE(25)
  /ROTATION VARIMAX
  /METHOD=CORRELATION.
```

명령문이 완성되었으므로 [선택 실행] 버튼을 누르고 출력결과를 얻는다.

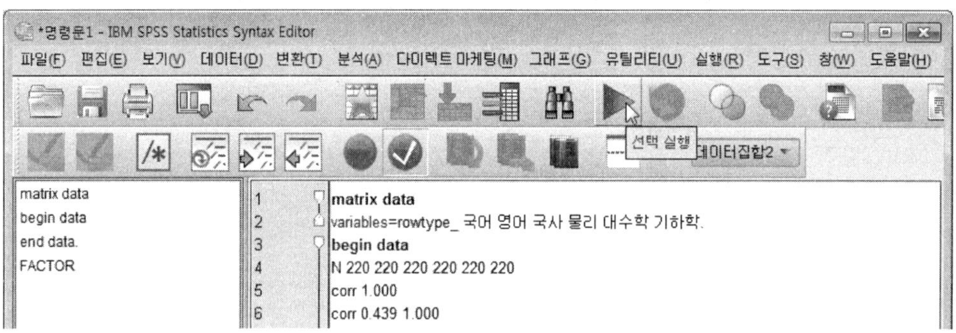

<출력결과>

설명된 총분산

성분	초기 고유값			추출 제곱합 적재값			회전 제곱합 적재값		
	합계	% 분산	% 누적	합계	% 분산	% 누적	합계	% 분산	% 누적
1	2.733	45.548	45.548	2.733	45.548	45.548	2.091	34.853	34.853
2	1.130	18.830	64.378	1.130	18.830	64.378	1.771	29.525	64.378
3	.615	10.253	74.630						
4	.601	10.020	84.651						
5	.525	8.747	93.397						
6	.396	6.603	100.000						

추출 방법: 주성분 분석.

고유값은 2.733, 1.130, 0.615,... 와 같이 계산되었는데 고유값이 1 이상인 요인만을 선택하므로 두 개의 요인이 선택되었다. 이 두 요인에 의해 전체 총분산의 64.378%(=(2.733+1.130)/6)가 설명되고 있다.

요인추출방법은 주성분 방법이고 최초의 요인적재값과 직교회전인 베리멕스 방법에 의하여 회전한 적재값 추정값 결과는 다음 오른편과 같다.

회전된 성분행렬[a]

	성분 1	성분 2
국어	.225	.764
영어	.349	.660
국사	-.003	.821
물리	.833	.147
대수학	.814	.180
기하학	.750	.154

요인추출 방법: 주성분 분석.
회전 방법: Kaiser 정규화가 있는 베리멕스.

앞의 성분행렬 출력결과에서 구한 요인적재값을 이용하여 변수들과 공통요인 들과의 관계식을 표시하면 다음과 같다. 공통성 표는 두 요인에 의해 설명되는 각 변수의 분산의 양을 표시한다.

국어 : $X_1 = \mu_1 + 0.225F_1 + 0.764F_2 + \epsilon_1$

영어 : $X_2 = \mu_2 + 0.349F_1 + 0.660F_2 + \epsilon_2$

국사 : $X_3 = \mu_3 - 0.003F_1 + 0.821F_2 + \epsilon_3$

물리 : $X_4 = \mu_4 + 0.833F_1 + 0.147F_2 + \epsilon_4$

대수학 : $X_5 = \mu_5 + 0.814F_1 + 0.180F_2 + \epsilon_5$

기하학 : $X_6 = \mu_6 + 0.750F_1 + 0.154F_2 + \epsilon_6$

공통성

	초기	추출
국어	1.000	.634
영어	1.000	.558
국사	1.000	.674
물리	1.000	.716
대수학	1.000	.694
기하학	1.000	.586

추출 방법: 주성분 분석.

각 변수들이 두 요인 F_1, F_2의 선형결합으로 표현되고 X_1이 갖고 있는 분산의 63.4%($= 0.225^2 + 0.764^2$=커뮤날리티)를 두 요인에 의해서 설명할 수 있다. 같은 방법으로 각 변수의 커뮤날리티는 X_2는 55.8%, X_3는 67.4%, X_4는 71.6%, X_5는 69.4%, X_6는 58.6% 등으로 계산할 수 있다.

각 변수들은 두 개의 공통 요인에 의해 설명되었는데, 이 요인의 의미를 찾아보자. 직교회전을 통해 한 변수와 요인의 관계 특성이 보다 뚜렷하게 나타나게 하였다. 국어, 영어, 국사와 같은 인문계열의 과목은 F_2에 적재값이 높게 걸리고 물리, 대수학, 기하학과 같은 자연계열의 과목은 F_1에 높은 적재값을 보이고 있다. 즉, 인문계열의 과목성적은 F_2 요인에 의해 설명이 많이 되고 자연계열 과목의 성적은 F_1 요인에 의해 주로 설명이 된다. 이러한 관계를 분석자가 주관적으로 해석하는 것이 요인에 명명(naming)하는 단계이다. 본서에서는 F_1 요인을 수리적 능력(이과 적성), F_2 요인을 언어적 능력(문과 적성)이라 명명하겠다. 이러한 명명하는 방법은 공식이 있는 것이 아니고 분석자의 자료에 대한 지식을 토대로 하고 있다. ■

【참고】 요인회전과 커뮤날리티의 무관성

회전 전 X_1의 커뮤날리티는 63.4%$(=0.658^2+0.449^2)$이고, 회전 후 X_1의 커뮤날리티는 63.4%$(=0.225^2+0.764^2)$으로 동일하다. 요인 회전의 불변성(invariance)으로 회전 전이나 후의 커뮤날리티는 동일하다는 사실을 위의 결과에서 확인해 볼 수 있다. 또한 회전 후에 계산한 고유값은 회전 전과 비교하여 약간 다르지만 누적값은 동일하다는 것도 확인 할 수 있다.

【참고】 요인의 명칭부여(naming)의 확증

요인분석에서 요인의 naming은 매우 주관적이다. 각 변수에 적재되는 각 변수의 가중치를 통하여 이것이 어떤 요인인가를 연구자의 직관과 경험에 의해 판단하는 것이다. 앞의 예제와 같이 우리가 상식적으로 알고 있는 요인으로 분리되어 검출될 때까지 요인수를 정할 수도 있지만 수학적으로 정한 요인을 해석하다 우리가 모르는 요인들 간의 관계를 파악할 수도 있기 때문에 탐색적 요인분석(EFA: exploratory factor analysis)은 언제나 논란의 여지를 갖고 있다. 또한 실제 자료분석을 하다보면 몇 개 케이스의 가감만으로도 요인의 수가 달라질 정도로 EFA의 결과는 매우 안정성이 낮다는 약점이 있다. 이론적으로 확실한 논리전개를 위하여 이론적이거나 과거의 연구결과로 어느 정도 근거가 확보된 요인들로 모형화하여 조사한 자료가 이러한 모형에 잘 들어맞는지를 확인하는 확증적 요인분석(CFA: Confirmatory Factor Analysis)을 선호하는 경향이 최근 들어 두드러진다.

【참고】 공분산의 분해 (Spectral decomposition)

요인적재값 유도를 위해 공분산 행렬을 분해하는 것을 수학용어(선형대수)로 Spectral decomposition이라 한다. 대칭인 정방행렬($n \times n$ 행렬)은 고유값을 대각선 원소로 하는 대각행렬과 고유벡터들로 만들어진 행렬의 곱 형태로 분해할 수 있다는 것이다. 즉,

$$\boldsymbol{\Sigma} = U \Lambda U'$$

의 형태인데 대략적으로 설명하면 $\Sigma = \lambda_1 \boldsymbol{X}_1 + \lambda_2 \boldsymbol{X}_2 + \cdots + \lambda_p \boldsymbol{X}_p$ 의 형태가 이루어지고 $\lambda_1 \geq \lambda_2 \geq \cdots \geq \lambda_p \geq 0$ 라면 p 보다 작은 수 m 개의 고유값만으로 Σ 를 근사적으로 표현할 수 있다는 아이디어이다.

$$\boldsymbol{\Sigma} \approx \lambda_1 \boldsymbol{X}_1 + \lambda_2 \boldsymbol{X}_2 + \cdots + \lambda_m \boldsymbol{X}_m.$$

【참고】 고유값(eigenvalue)**과 고유벡터**(eigenvector)

요인분석의 원리를 이해하려면 선형대수학에 대한 배경지식이 있어야 한다. 이러한 점이 비전공자에게 요인분석을 어렵게 느끼게 하는 원인인데 여기서 아이겐 값과 아이겐 벡터의 대략적인 개요를 설명함으로써 이해를 돕고자 한다.

어떤 벡터(x)에 행렬($\boldsymbol{A}$)을 곱하면 그 벡터는 방향과 크기가 변해 다른 벡터 y가 된다. 즉 $\boldsymbol{A}x = y$, 이를 선형변환이라 한다. 그런데 $\boldsymbol{A}x = \lambda x$와 같이 어떤 벡터는 선형변환을 통해서도 방향은 안 바뀌고 크기만 변하는 경우도 발생한다. 우리는 이때 이런 벡터 x를 행렬 $\boldsymbol{A}$의 아이겐벡터라 하고 상수 λ를 행렬 $\boldsymbol{A}$의 아이겐값이라 부른다.

예를 들어보자. 우리가 지구상의 한 위치를 3차원 벡터로 표시할 수 있다. (예.(위도, 경도, 고도)) 자전은 이 위치의 변동을 만들어내므로 3×3 행렬 $\boldsymbol{A}$로 표현할 수 있다. 즉, 아침에 x좌표의 내 위치가 자전을 통해 오후에는 $\boldsymbol{A}x = y$, 즉 y좌표로 이동한다. 그런데 내가 북극에 서 있다면 자전이 내 위치를 변화시킬 수 있는가? 남극에 서 있다면? 좌표 상에 변화가 없다. (지구가 23.5도 기울어진 것은 잊기로 한다) 변화가 없으니 극점에서의 위치변동은 $\boldsymbol{A}x = x$ 일 것이다. 자전(행렬)의 고유벡터는 지구

의 중심축이고 고유값은 1이 되는 예이다. 자전을 통해서도 위치를 변경할 수 없는 지축(고유벡터)이 있고 자전을 통해 위치가 높아지거나 낮아지지도 않는(고유값=1) 곳이 존재하는 것이다. 그런데 그곳이 남극, 북극 두 곳만 아니고 지축 상에 모든 점이기 때문에 고유벡터가 유일하지는 않다는 것을 짐작할 수 있다. 요인분석에 고유값과 고유벡터가 유용하게 쓰이는 이유는 앞서 간단히 설명한 spectral decomposition과 직교성 등의 특성으로 적재값과 분산의 계산을 간편하게 만들어 주기 때문이다.

【참고】 지구 자전의 고유값과 고유벡터 **

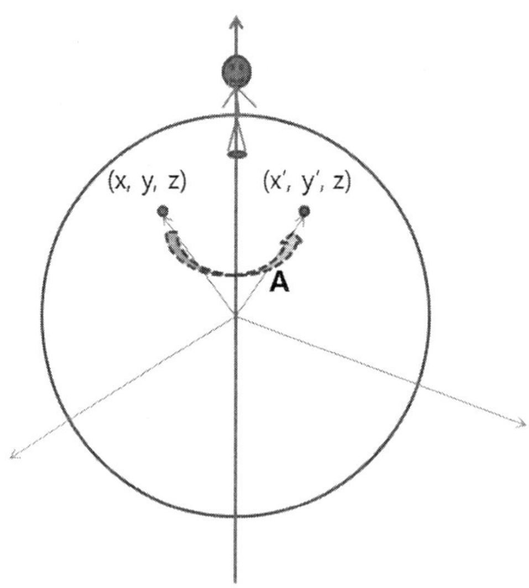

자전이 지구상에 있는 점을 θ 만큼 회전시킨다면 (높이, z는 같다고 가정 한다) 자전은 행렬 A로 표현할 수 있다.

$$A=\begin{pmatrix} \cos\theta & -\sin\theta & 0 \\ \sin\theta & \cos\theta & 0 \\ 0 & 0 & 1 \end{pmatrix}$$

그러면 원래 위치 좌표 (x, y, z)는 자전에 의해 (x', y', z)로 이동한다.

$$\begin{pmatrix} x' \\ y' \\ z \end{pmatrix}=\begin{pmatrix} \cos\theta & -\sin\theta & 0 \\ \sin\theta & \cos\theta & 0 \\ 0 & 0 & 1 \end{pmatrix}\begin{pmatrix} x \\ y \\ z \end{pmatrix}.$$

행렬 A의 고유값과 고유벡터를 구하면 각 1, z축$(0, 0, z)$이 나온다.

19.3 확증적 요인분석(CFA)

CFA의 개요

확증적 요인분석(CFA)은 요인(factor)의 구조를 미리 가정하고 이 구조모형이 자료를 얼마나 잘 적합 시키는가를 판단한다.

확증적 요인분석(CFA)의 가장 큰 특징은 요인(factor)의 구조를 미리 가정한다는 점이지만 이외에도 탐색적 요인분석(EFA)이 상관계수 행렬을 이용하는데 반해 CFA는 공분산 행렬을 이용한다는 점이다. 이는 확증적 요인분석의 목적이 요인들의 구조를 밝히기 보다는 자료의 정보를 얼마나 충실하게 설명하는가, 즉 가정된 모형의 적합성을 체크하기 위함이기 때문이다. 각 변수의 정보(변동)를 포함하는 (모형과 자료의) 공분산 행렬을 비교함으로써 모형과 자료의 적합정도를 판단한다.

또한 EFA에서는 요인을 공통요인이라 칭하고 각 독립변수 모두에 영향을 주지만 CFA에서는 대부분 한 변수는 한 요인에 의해 설명된다고 가정한다.

CFA의 도표

각 변수와 요인과의 관계를 표시하기 위해 그림으로 표현하는 것만큼 효과적인 방법은 없을 것이다. 관측이 가능한 변수들은 직사각형(□) 형태로 표현하고 관측이 불가능한 변수는 타원형(○) 형태로 표시한다.

예를 들어 5개의 변수 $X_1, X_2, \ldots, X_5$에 공통요인이 2개가 있는데(F_1, F_2) X_1, X_2, X_3는 F_1에 의하여 주로 설명되고 X_4, X_5는 F_2에 의해 설명이 된다고 가정하자. X_1, X_2, X_3는 요인 F_1을 구성하고 X_4, X_5는 요인 F_2를 구성하는 구조를 따르는 수식을 다음과 같이 표시할 수 있다.

$$X_1 = a_1F_1 + e_1,\ X_2 = a_2F_1 + e_2,\ X_3 = a_3F_1 + e_3,$$

$$X_4 = a_4F_2 + e_4,\ X_5 = a_5F_2 + e_5.$$

다음 <그림 19.2>은 5개의 변수를 측정하고 이를 두 개의 요인으로 설명하는 모형이다.

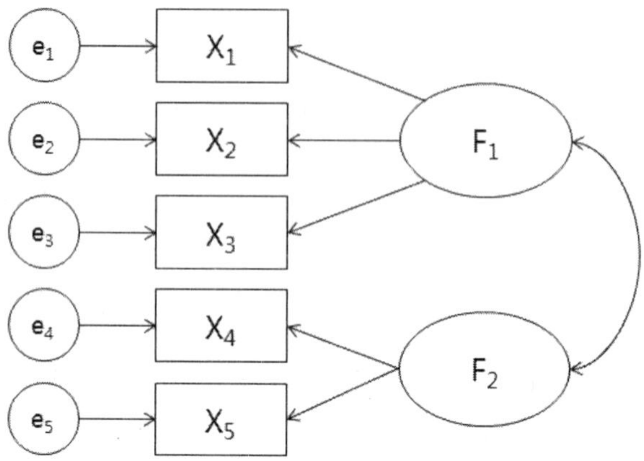

<그림 19.2> 관측된 변수와 내재하는 요인과의 관계도

그림에서는 독립변수 X_1이 F_1에 의해 설명된다. 그러나 X_1과 F_1이 완벽한 선형관계($X_1 = a_1 F_1$)가 아니므로 설명하지 못하는 부분은 오차항으로 대신하게 된다. 즉, $X_1 = a_1 F_1 + e_1$. 이러한 오차항 간에는 독립을 가정하지만 요인 간에는 상관관계가 존재할 수 있으므로 '↔' 표시로 두 요인 F_1, F_2의 상관관계를 규정한다.

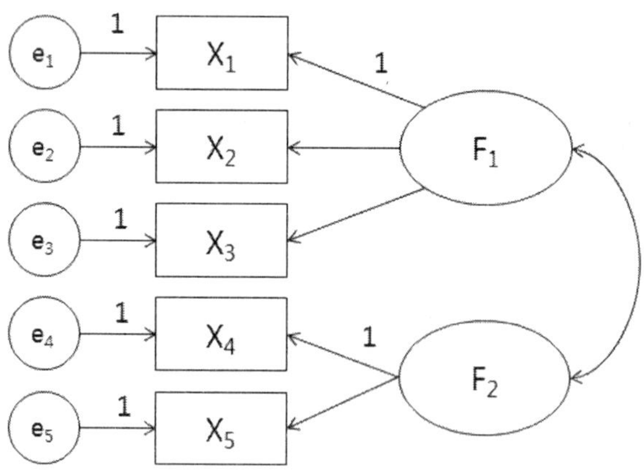

<그림 19.3> 변수와 요인과의 계수 중 미리 정하는 값

<그림 19.3>에서 몇 개의 계수는 미리 1로 정하였다. 몇 개의 계수를 고정하는 이유는 모형에 포함된 요인은 관측불가능이기 때문에 그 범위가 정해져 있지 않아 계수가 유일한 값으로 추정이 되지 않기 때문이다. 각 요인에 포함되는 변수에 적재되는 계수들의 비교를 위해서는 그 범위를 미리 규정할 필요가 있는데 각 요인에서 설명하는 변수의 계수 중의 하나는 1로 미리 정하여 놓고 나머지 계수는 이와 상대적인 값으로 구하는 방식을 취하게 된다. 또한 오차항이 각 변수에 적재하는 계수도 모두 1로 고정하는데 이는 오차항 간에 변동의 양을 비교하기 위함이다. 이러한 가정 아래 각 계수들의 값을 추정한 예를 다음 그림 <19.4>에 표시하였다.

$$X_1 = 1F_1 + e_1,\ X_2 = 1.08F_1 + e_2,\ X_3 = 0.93F_1 + e_3,$$
$$X_4 = 1F_2 + e_4,\ X_5 = 0.84F_2 + e_5.$$

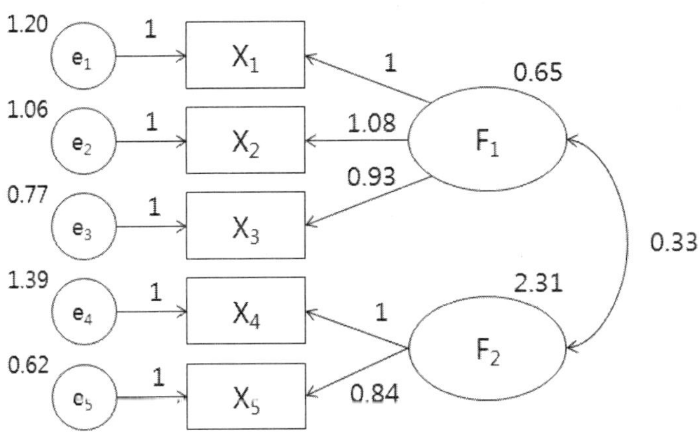

<그림 19.4> 변수와 요인과의 계수 추정값

예를 들어 $X_2 = 1.08F_1 + e_2$, $\widehat{Var}(e_2) = 1.06$이기 때문에 X_2의 변동 중에서 F_1에 의해 설명되는 정보의 양은 X_1의 변동 중에서 F_1에 의해 설명되는 정보의 양보다 많은 것을 알 수 있다($\because\ \widehat{Var}(e_1) = 1.20$). [5]

5) 각 오차항의 분산은 각 요인에 의해 설명하지 못하는 정보의 양으로 해석할 수 있다.

또한 두 요인의 공분산은 $\widehat{Cov}(F_1, F_2) = 0.33$ 이고, 각 요인의 분산은 $\widehat{Var}(F_1) = 0.65$, $\widehat{Var}(F_2) = 2.31$ 등으로 두 요인 사이에 약간의 연관관계가 존재하고 F_2의 분산이 크다는 것을 알 수 있다. 이는 각 요인점수를 추정하였을 때 F_2 요인점수의 분산이 크다는 의미이다. [6]

추정값의 개수와 자유도

제안한 모형의 적합도를 알기 위해서 카이제곱 검정을 시행하는데 이는 자유도(degree of freedom)에 의존한다. 검정을 이해하기 위해서는 추정하는 모수의 개수, 우리가 갖고 있는 정보의 개수(자유도) 등을 파악하고 있어야 한다.

총 정보의 개수: p개의 관측된 변수가 있다면 이들의 공분산 행렬($p \times p$ 행렬)이 자료가 된다. 공분산 행렬의 원소가 정보가 되는데 각 분산과 공분산(대칭이므로($\sigma_{ij} = \sigma_{ji}$) 절반만 이용)을 모두 더하여 $p(p+1)/2$개의 정보를 갖고 있는 셈이다. [7] 예를 들어 <그림 19.2>의 자료가 갖는 정보의 개수는 15 (=5×6/2)가 된다.

각 변수 추정값의 개수: 각 변수 추정치의 개수는 우선 요인의 적재값 계수와 요인의 분산, 공분산, 그리고 각 오차항의 분산 등이다. 예를 들어 <그림 19.2>에서는 적재값 계수 5개 중에서 2개는 1로 정하여 있으니 3개를 추정해야 하고, 두 요인의 분산 2, 두요인의 공분산 1, 오차항의 분산 5 등, 모두 11이다. 즉, 이 모형의 적합성을 검정하는 통계량의 자유도는 4(=15−11)가 된다.

---

6) 요인점수(factor score)는 요인분석 후에 각 개체별로 요인의 값을 추정한 가상 요인값이다. EFA에서는 요인점수를 새로운 변수로 저장하고 이를 다음 단계에 회귀분석, 판별분석 등에 사용하였으나 CFA에서는 이를 모형에서 바로 계산하여 저장하기 때문에 별다른 절차 없이 관계설정 만으로 다음 단계의 분석을 수행할 수 있다.

7) $1+2+\cdots+p = p(p+1)/2$

모형에 포함되는 모수와 계수의 개수를 표로 정리하면 다음과 같다.

	계수 Weights	공분산 Covariance	분산 variance	평균 Means	절편 intercepts	합계
고정값 (Fixed)	7 (1의 숫자)	0	0	0	0	7
추정값 (unlabeled)	3 (=5−2)	1 ($={}_2C_2$)	7 (=5+2)	0	0	11
합계	10	1	7			18

<표 19.1> CFA 분석의 모수와 추정값의 개수 예($p = 5$)

CFA와 AMOS

확증요인분석(CFA)는 AMOS 프로그램을 이용하여 편리하게 실행할 수 있다. AMOS는 구조방정식모형(SEM: Structural Equation Model)의 솔루션을 제공하는 소프트웨어로 SPSS에 추가 설치해 사용한다.

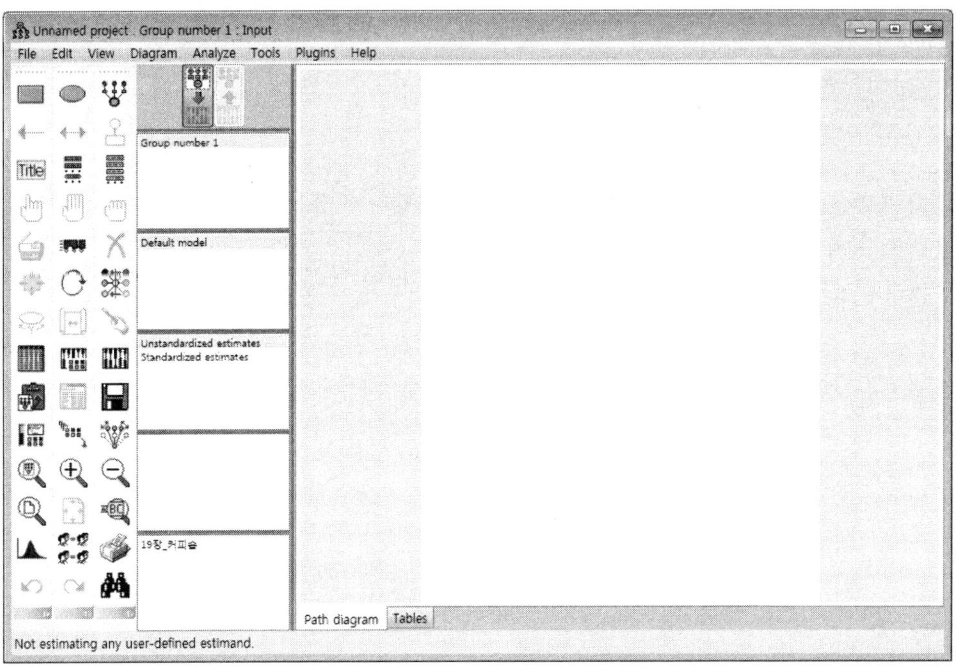

<그림 19.5> AMOS Graphic의 초기 실행 화면

【예제 19.3】 앞의 【예제 19.1】에서 7개의 변수가 3개의 요인으로 설명될 수 있음을 확증적 요인분석 하시오. 단, '커피맛', '브랜드', '메뉴' 변수는 '커피의 본질' 요인에 '가격', '쿠폰' 변수는 '가격' 요인에 '접근성', '인테리어' 등은 '편의성' 요인에 속함을 AMOS를 통해 분석하시오. (자료명: "19장_커피숍.sav")

<풀이>

먼저 AMOS Graphics를 실행하고 우측 공간에 모형의 그림을 그린다. 관측된 변수 $X_1, X_2, ..., X_7$을 표시하기 위해서 왼편의 메뉴 버튼에서 <관측변수 그리기(Draw observed variables)>를 선택한다.

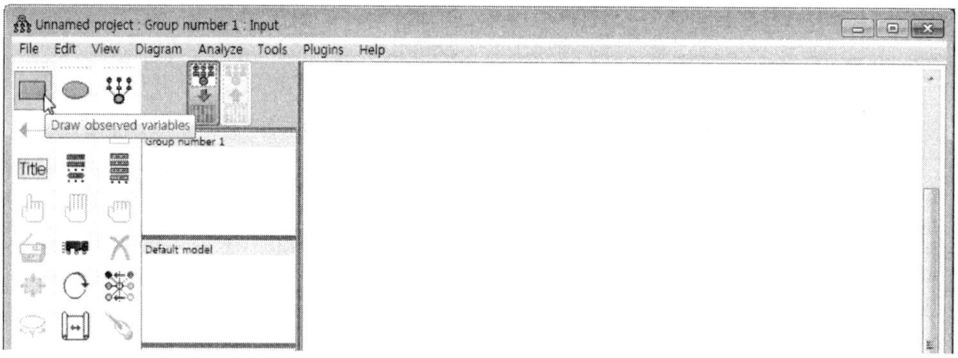

관측변수를 표시하는 사각형을 그린 뒤 이를 7개 동일하게 그리기 위해 복사하기(Duplicate objects) 버튼을 선택하고 그림을 복사하여 아래로 차례차례 드래그 한다.

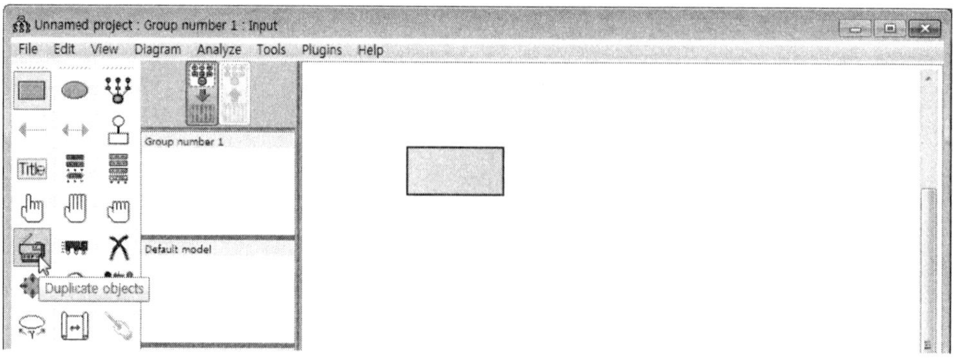

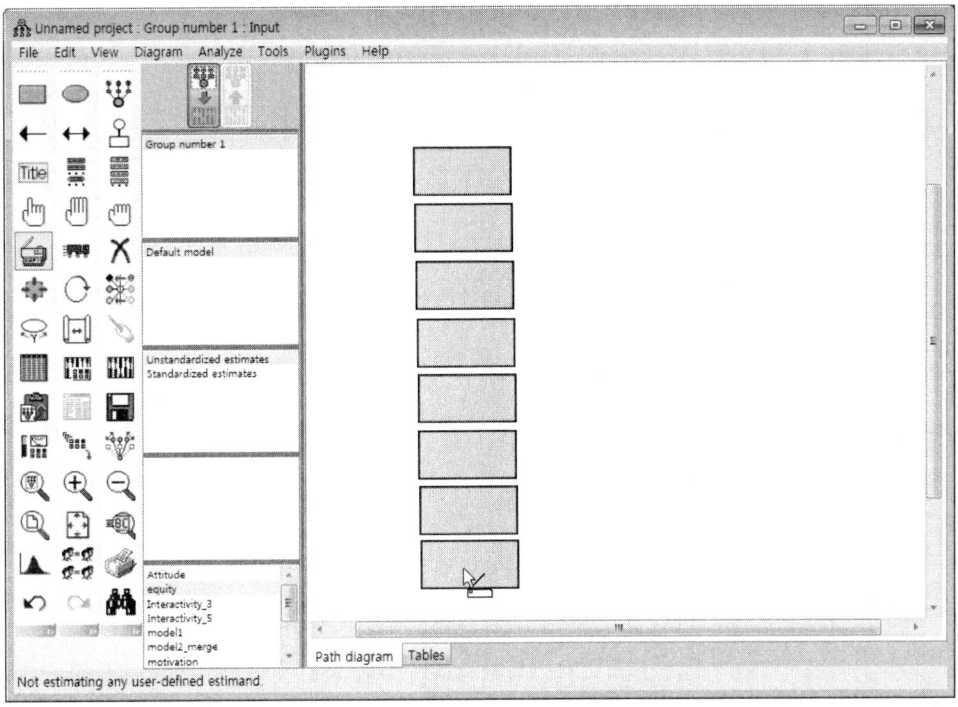

관측변수를 그렸으면 다음으로는 관측불가능 변수(즉, 요인)을 선택하고 타원을 그려주고(Draw unobserved variables) 이들의 관계를 규정하도록 이를 관측된 변수와 화살표로 연결해 준다.

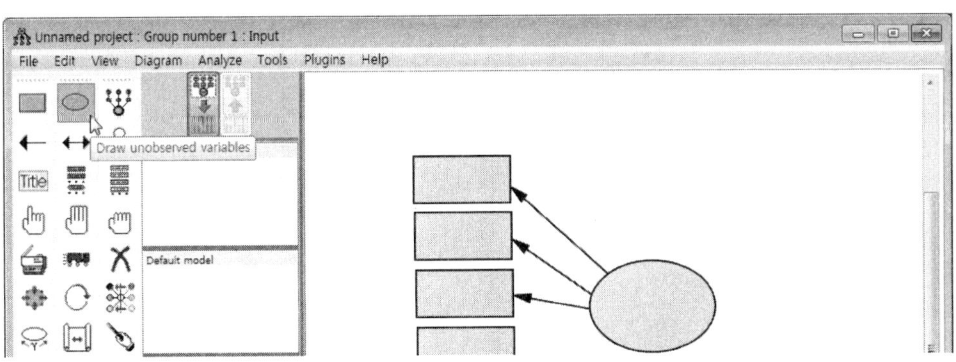

이후로도 독립변수항 마다 오차항을 그려주고 각 요인별로 (화살표 위에) 하나의 계수값을 1로 지정하는 작업을 수차례 반복해야 한다.

<u>그러나 실제로는 AMOS에서 이 작업을 간단히 수행할 수 있다.</u>

(**재시작**) 요인그리기 버튼으로 첫 번째 요인에 해당하는 원을 그려준다.

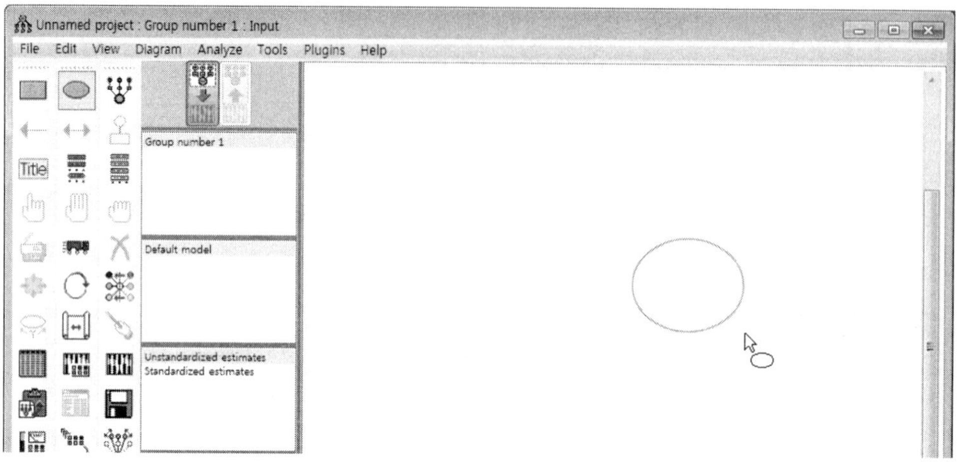

'지시변수 추가' (Draw a latent variable or add an indicator to a latent variable) 버튼을 누르고 커서를 앞에서 그린 타원 위에 올려놓고 클릭하면 잠재변수(오차항)가 포함된 지시변수가 하나씩 추가된다. 여기서는 3개의 지시변수를 추가하였다.

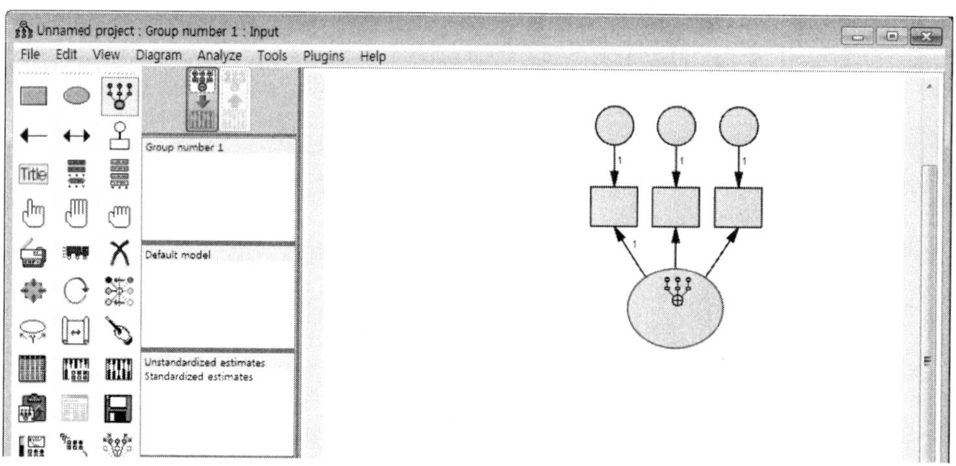

'지시변수 회전' (rotate the indicators of a latent variable) 버튼을 클릭하고 타원위에 커서를 놓고 클릭하면 타원을 중심으로 지시변수가 시계방향으로 90도 회전한다.

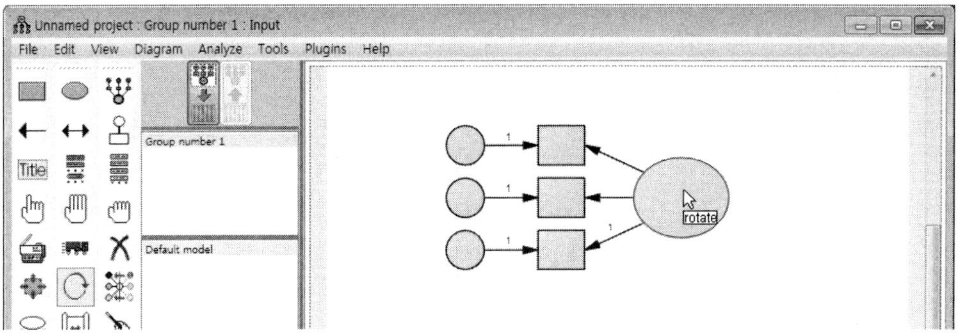

같은 요령으로 지시(관측)변수가 2개인 요인을 추가하고 정렬한다.

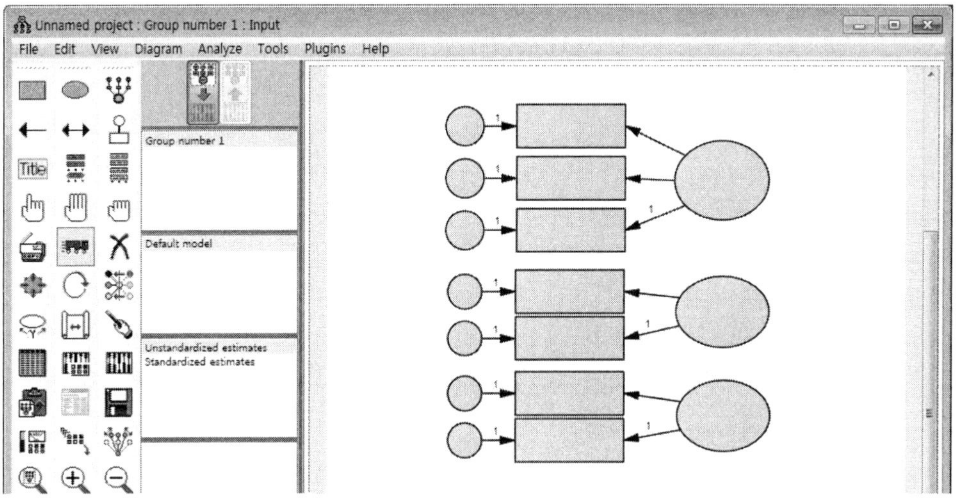

모형 그림이 완성되면 각 변수 그림에 데이터 셋에 포함된 변수를 지정하여야 한다. '데이터 파일 선택' (select data files) 버튼을 클릭한다.

【참고】 메뉴 버튼에 의한 그림의 편집

←	경로 그리기	↔	관계 경로 그리기		변수에 오차항 추가
	개별 개체 선택		전체 개체 선택		개체 선택 취소
	복제하여 추가		개체 이동	X	지우기 (삭제)
	개체 늘이기		개체 회전		뒤집기 (좌우)

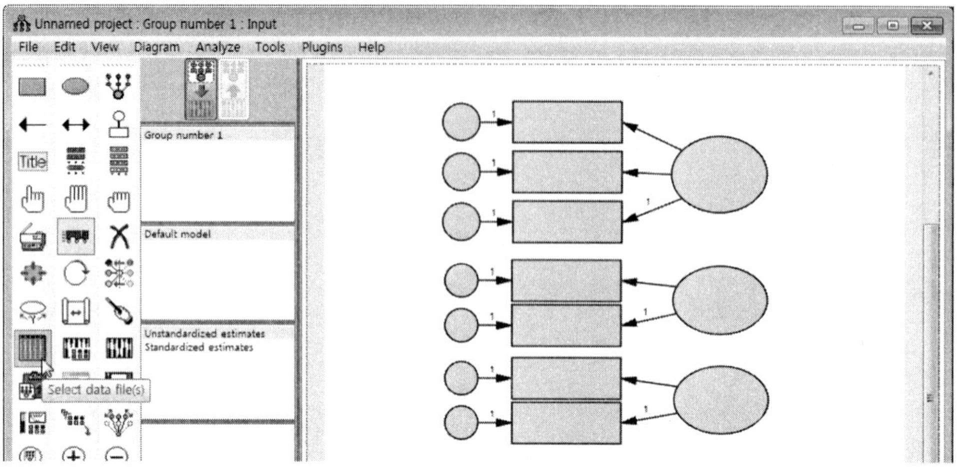

[File name]버튼을 누르고 분석하고자 하는 파일을 찾아 [열기] 한다.

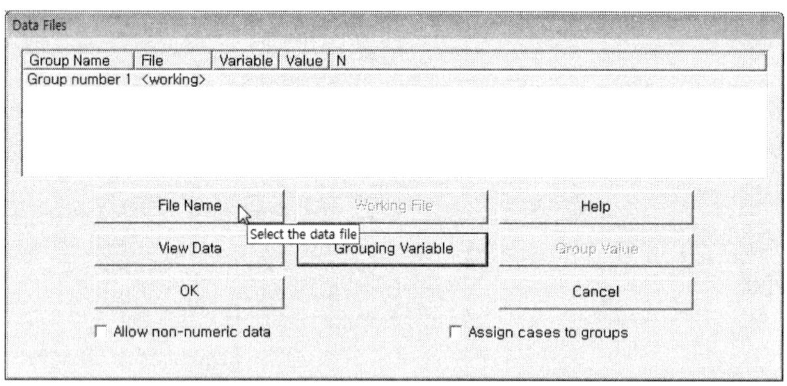

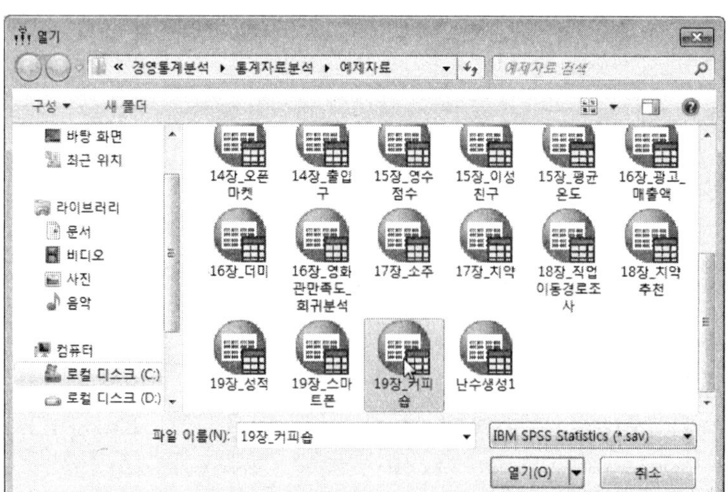

불러올 수 있는 파일형식은 SPSS 자료형식(.sav)이나 엑셀 형식 등이 가능하다. 여기서는 【예제 19.1】에서 분석한 자료 "19장_커피숍.sav"를 불러온다.

파일을 선택한 뒤 데이터에 있는 변수들을 그림에 지정하기 위해서 드래그 앤 드롭(Drag and Drop)을 사용할 수 있다. 먼저 '데이터 셋에 있는 변수 목록' (List variables in data set) 버튼을 클릭한다.

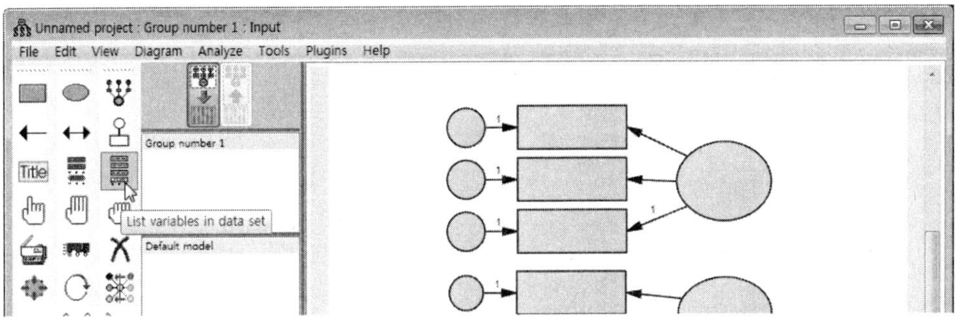

목록에서 변수를 선택하여 드래그해서 그림에 입력한다.

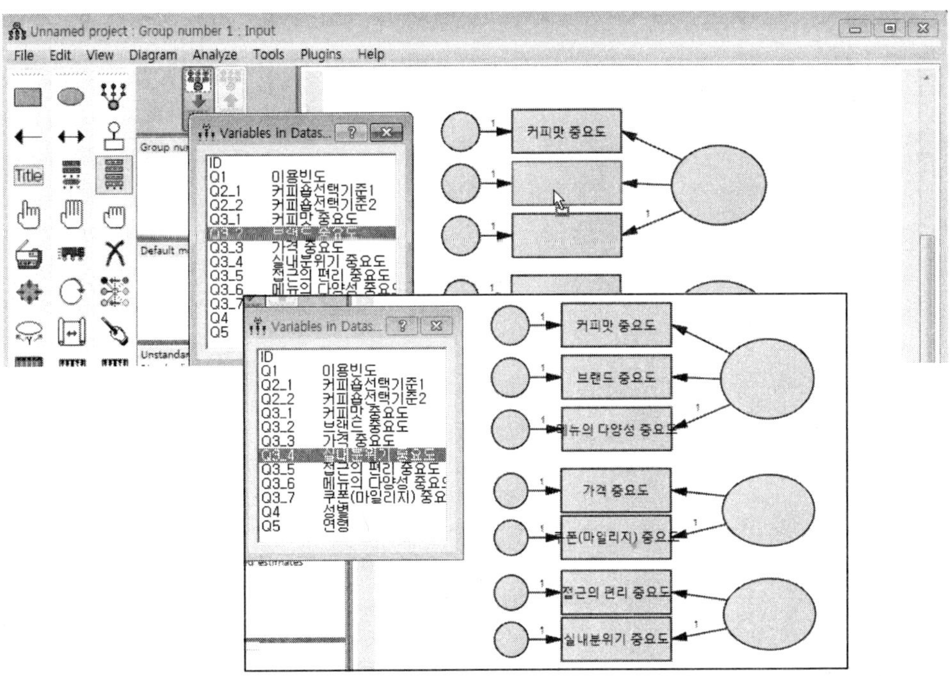

오차항은 직접 변수명을 입력한다. 오차항에서 마우스 우측 버튼을 눌러 팝업메뉴를 부르고 <Object Properties>(개체 특성)을 선택한다. 또는 오차항을 더블클릭하면 [Object Properties] 대화창이 활성화된다.

[Object properties] 대화창에서 변수명(variable name)을 e1로 정한다.8) 모든 오차항에 이와 같이 변수명을 e1~e7로 입력하였다.

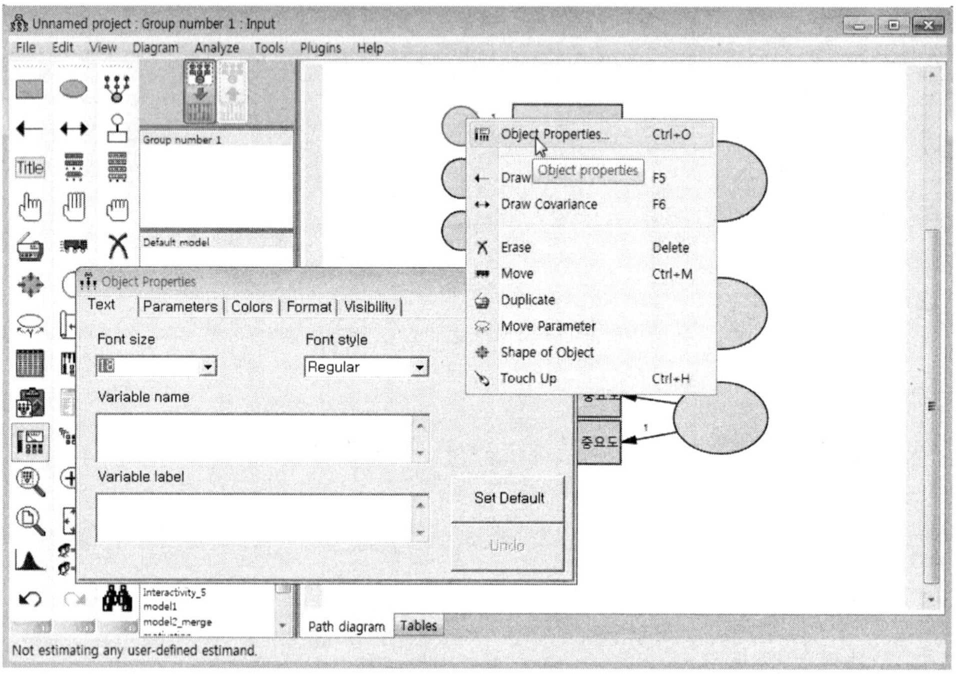

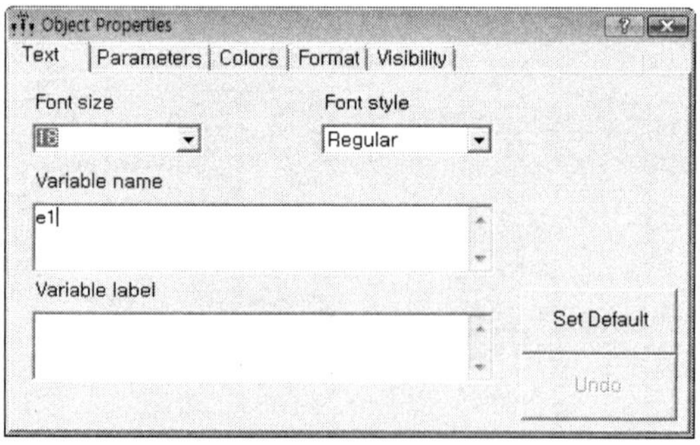

8) 원으로 표시된 변수는 관측 불가능한 변수이고 데이터 셋에 존재하지 않는 변수이므로 변수명을 사용자가 편의에 맞게 입력하여 주면 된다.

마찬가지로 요인도 직접 요인명을 F1, F2, F3 등과 같이 입력하고 요인들 간의 상관관계를 "↔"으로 표시한다. (Draw covariance) 다음과 같이 관측변수 7개가 3개의 요인으로 축약되는 모형그림을 완성한다.

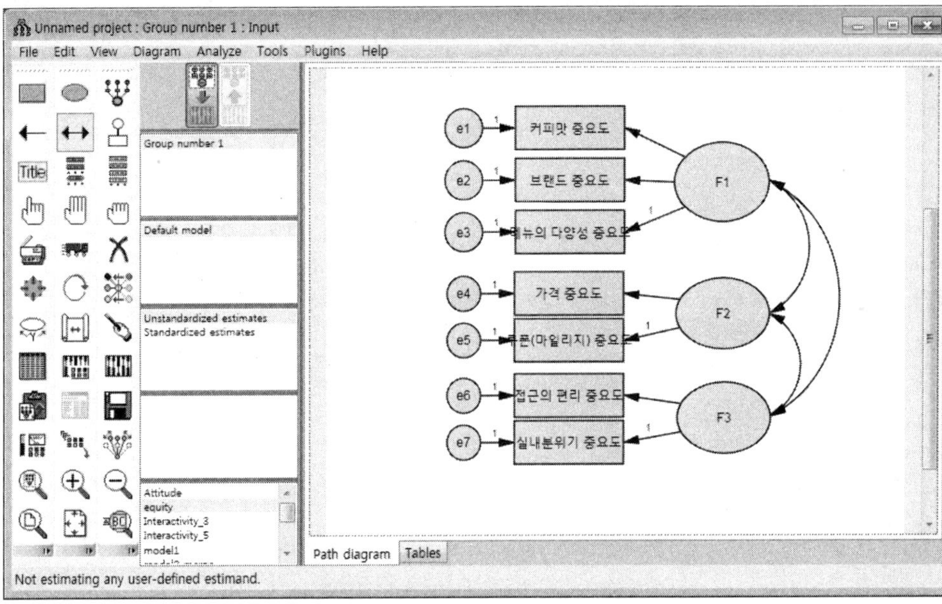

제안한 모형의 경로 그림이 완성되면 저장한다. (여기서는 "19장_커피숍.amw" 로 저장)

메뉴의 <Analyze>-<calculate estimates> 또는 메뉴모음 버튼에서 [calculate estimates](추정값 계산) 버튼을 눌러 모형 추정을 실행한다.

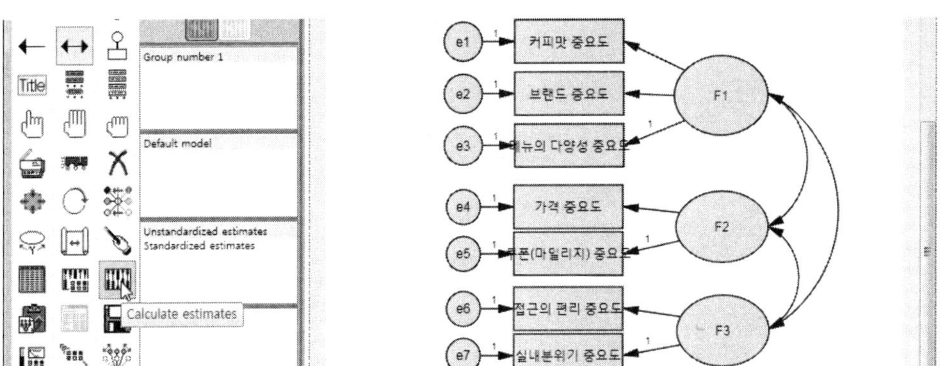

실행이 완료되면 [View Text](결과보기) 버튼을 눌러 출력결과를 확인한다. 또는 메뉴에서 <View>-<Text Output>을 선택하여 볼 수도 있다.

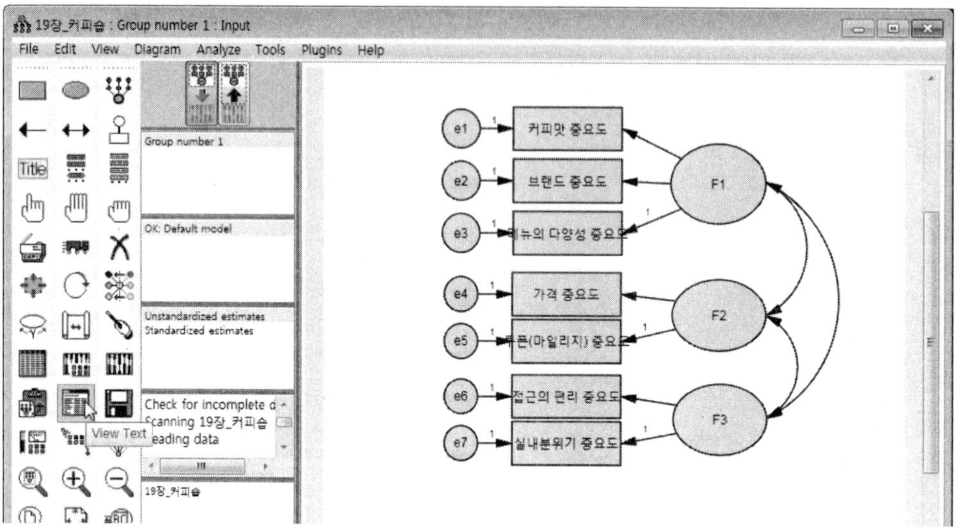

<출력결과>

[Amos Output] 창에 분석의 요약이 출력된다. <Notes for Model> 테이블에 카이제곱 적합도 검정 결과와 자유도 등이 계산되어 있다.

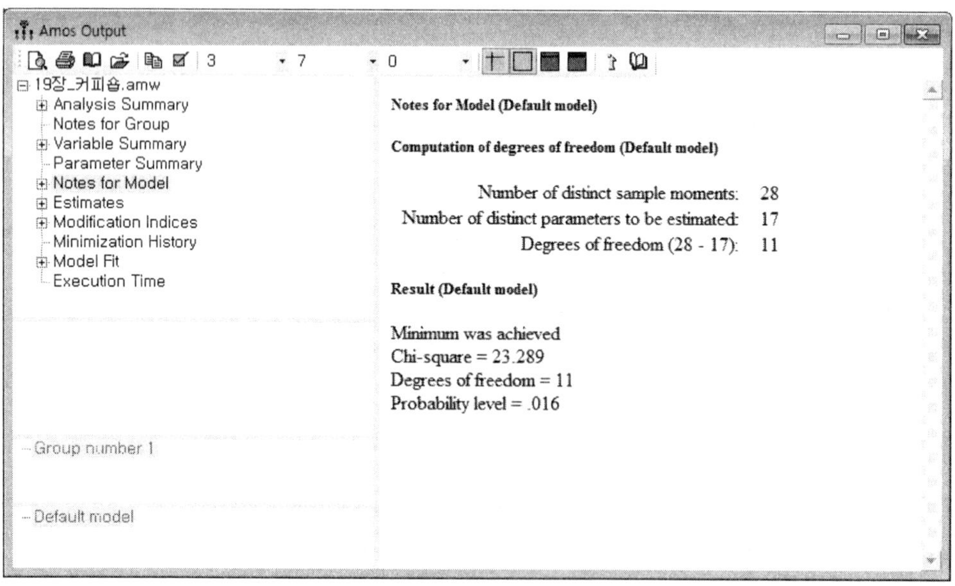

관측변수의 수 $p=7$이므로 전체 정보의 개수는 28(=7×8/2)이고 추정할 모수의 수는 관측변수 계수 4(=7−3(고정)), 오차항 분산 7, 요인 분산 3, 요인 간 공분산 3 등 모두 17이다. 그러므로 적합도 검정의 자유도는 11(=28−17)이 된다. 여기서 $\chi^2=23.289$이고 $p=0.016$이므로 귀무가설을 기각하여 (유의수준 5%) 모형이 적합하지 않다고 판단한다.[9]

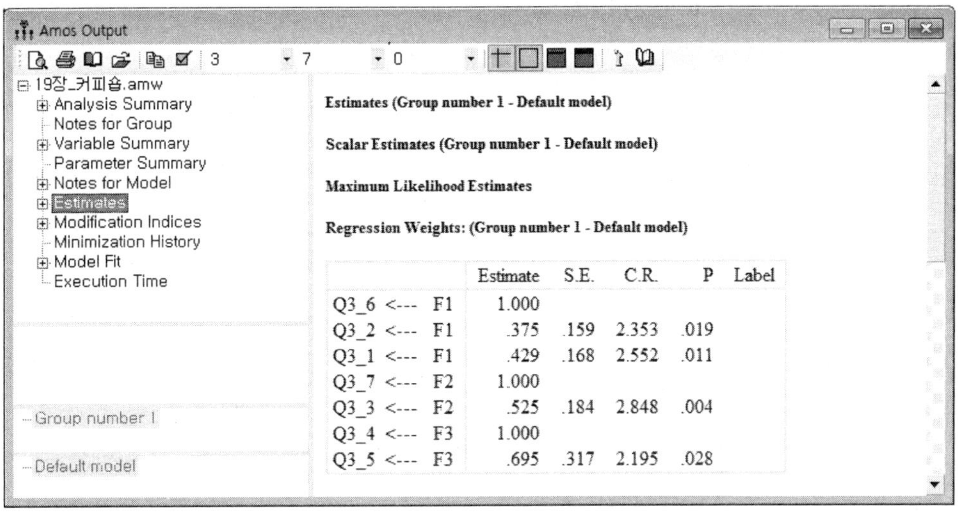

Estimates (Group number 1 - Default model)

Scalar Estimates (Group number 1 - Default model)

Maximum Likelihood Estimates

Regression Weights: (Group number 1 - Default model)

			Estimate	S.E.	C.R.	P	Label
Q3_6	<---	F1	1.000				
Q3_2	<---	F1	.375	.159	2.353	.019	
Q3_1	<---	F1	.429	.168	2.552	.011	
Q3_7	<---	F2	1.000				
Q3_3	<---	F2	.525	.184	2.848	.004	
Q3_4	<---	F3	1.000				
Q3_5	<---	F3	.695	.317	2.195	.028	

<Estimates> 목록에 각 경로계수의 추정값이 계산되어 있다. 요인 F1은 모형에 포함된 각 변수를 설명함에 유의성이 존재한다(유의확률 =0.019, 0.011 <5%). 요인 F2, F3도 마찬가지로 각 변수들을 유의하게 설명하고 있다. 7개의 변수를 3개의 요인들이 유의히게 설명하고 있음이 계수 추정과 검정의 결과이지만 CFA에서는 유의성보다는 모형이 얼마나 적합한가를 판단하는 모형적합지수(Model Fit Index)를 더 중요하게 고려한다. 각 모형 적합지수에 관해서는 다음 절에 자세히 설명하도록 하고 여기서는 그 결과만을 간략히 서술한다.

---

9) 모형이 적합하다고 판정되는 경우($p>0.05$)는 표본의 수가 작은 경우를 제외하고는 거의 발생하지 않는다. 실제 자료들은 표본이 크기 때문에 귀무가설이 채택되는 경우는 거의 없기 때문에 다른 통계량(모형적합지수)으로 모형의 적합성을 판정한다.

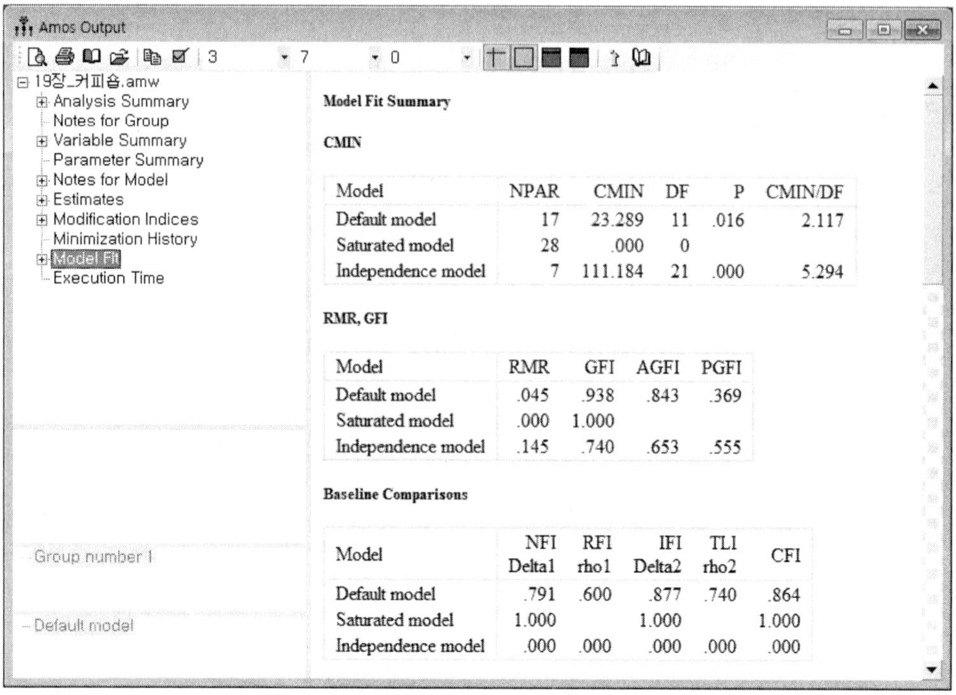

Model Fit Summary

CMIN

Model	NPAR	CMIN	DF	P	CMIN/DF
Default model	17	23.289	11	.016	2.117
Saturated model	28	.000	0		
Independence model	7	111.184	21	.000	5.294

RMR, GFI

Model	RMR	GFI	AGFI	PGFI
Default model	.045	.938	.843	.369
Saturated model	.000	1.000		
Independence model	.145	.740	.653	.555

Baseline Comparisons

Model	NFI Delta1	RFI rho1	IFI Delta2	TLI rho2	CFI
Default model	.791	.600	.877	.740	.864
Saturated model	1.000		1.000		1.000
Independence model	.000	.000	.000	.000	.000

<Model Fit> 목록에서 적합도 검정 통계량을 살펴보면 다음과 같다.

- CHMIN = 23.289이고 유의확률이 0.016이다.
- CHMIN/DF = 2.117은 3보다 작은 값이므로 모형이 적합이 우수하다.
- RMR = 0.045는 '적합성이 좋다'의 기준인 0.05보다 작으므로 모형이 적합하다.
- GFI = 0.938은 0.9보다 크므로 만족스러운 적합이다.
- CFI = 0.864는 0.9보다 작으므로 약간 부족한 적합을 보인다.
- RMSEA=0.106은 0.1보다 크므로 적합이 부족한 것으로 판단된다.

적합도 검정 통계량들을 점검해본 결과 가정한 모형은 자료를 대체로 잘 적합하고 있지만 몇 개의 지수가 만족스럽지 못함을 알 수 있다. 이는 현재의 모형에서 약간의 재설정이 더 필요함을 의미한다. 실제로는 수정지수(Modification Indices)를 검토하여 적합도를 높이는 방향으로 모형을 재설정한다.

【참고】 모형의 재설정

얼마나 적합도를 더 늘일 수 있는지 표시해주는 수정지수는 메뉴의 [View]에서 [Analysis Properties] 창의 [output] 탭의 '◎Modification Indices'를 클릭하여 얻는다. 어떤 경로에서 수정지수 값이 크면 그 경로를 추가하여 적합도를 높일 수 있다는 것을 의미하는 것이다.

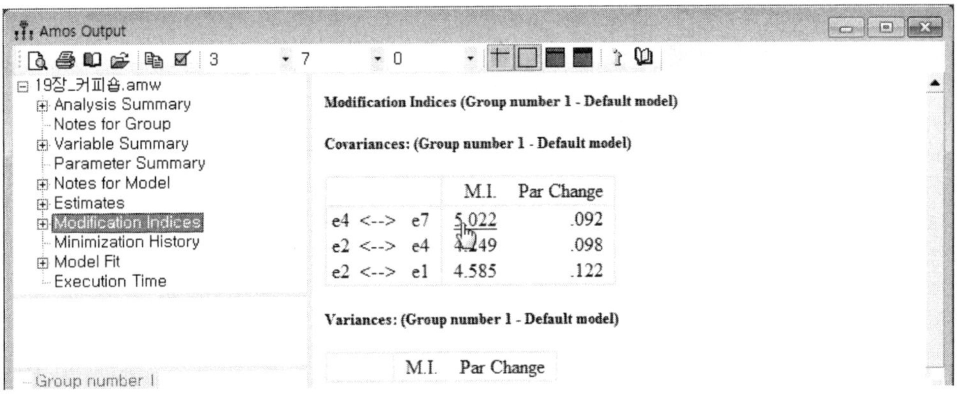

앞의 예제에서 적합도를 가장 높일 수 있는 방법은 오차항 e4와 e7 간에 상관관계를 규정해주는 것이다. 그러므로 모형도를 다음과 같이 수정하고 다시 추정값을 얻는다.

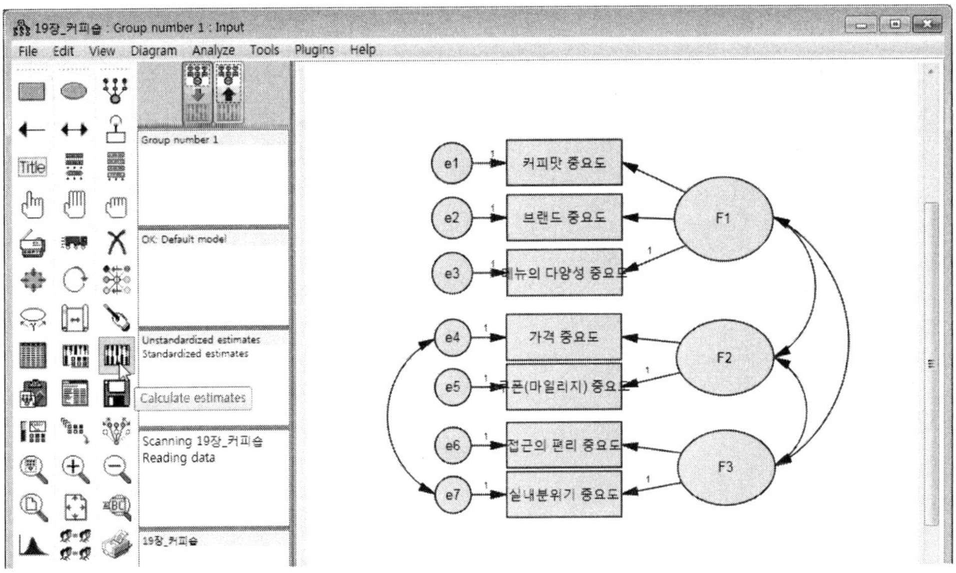

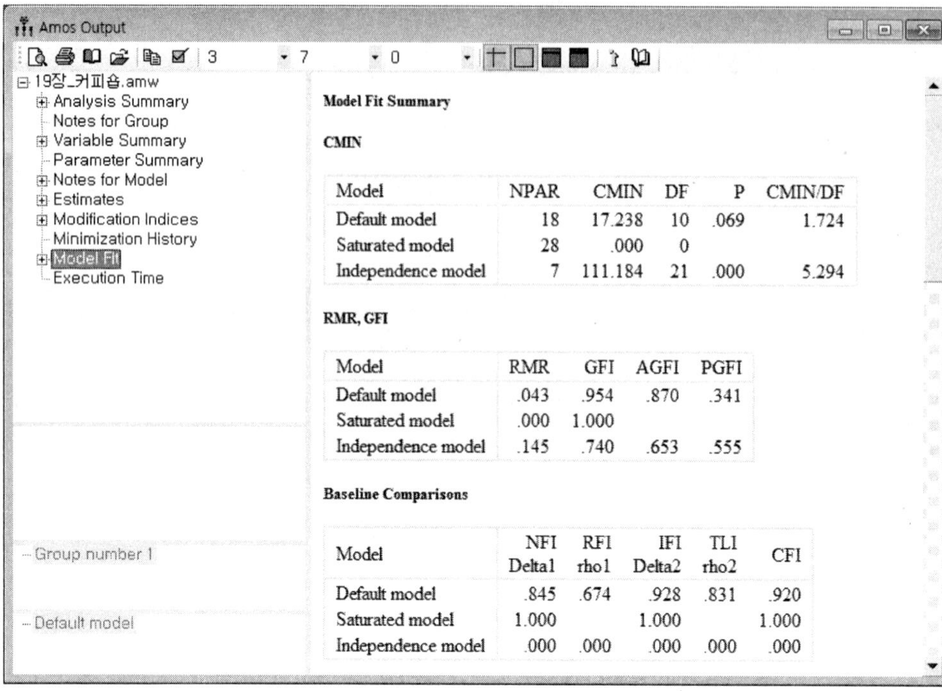

Model Fit Summary

CMIN

Model	NPAR	CMIN	DF	P	CMIN/DF
Default model	18	17.238	10	.069	1.724
Saturated model	28	.000	0		
Independence model	7	111.184	21	.000	5.294

RMR, GFI

Model	RMR	GFI	AGFI	PGFI
Default model	.043	.954	.870	.341
Saturated model	.000	1.000		
Independence model	.145	.740	.653	.555

Baseline Comparisons

Model	NFI Delta1	RFI rho1	IFI Delta2	TLI rho2	CFI
Default model	.845	.674	.928	.831	.920
Saturated model	1.000		1.000		1.000
Independence model	.000	.000	.000	.000	.000

개선된 모형에서 다시 적합지수를 구하면 추정하는 모수가 하나 늘었기 때문에 자유도는 하나 감소한 것을 알 수 있다. 모형의 적합도에 관한 카이제곱 통계량의 유의확률은 0.069로 높아져 모형이 적합하다고 판정하고, CMIN/DF도 2 이하로 떨어졌다. RMR과 GFI 등도 약간 개선되었지만 특히 CFI가 0.9 이상의 값이 나오는 등 많이 개선되었음을 알 수 있다. 단지 RMSEA=0.085가 아직 0.07 이상이어서 개선이 필요하다. 이는 역시 또 다른 경로를 모형에 추가함으로써 개선시킬 수 있을 것이다.

19.4 모형적합지수 **

모형적합지수의 개요 ☞ 이기훈(2013)에서 발췌

AMOS에서 제공하는 모형적합지수(model fit index)는 절대적합지수(absolute fit indices)와 상대적합지수(relative fit indices; 증분지수: incremental fit indices), 간결지수(parsimony index), 정보기준(information criterion) 등으로 나눌 수 있다.

절대적합지수는 제안한 모형이 표본자료를 얼마나 적절하게 적합 시키는지를 결정하여(McDonald and Ho, 2002) 어떤 모형이 가장 잘 적합 시키는지를 비교해준다. 이들 지수에는 카이제곱검정값(CHMIN), RMSEA, GFI, AGFI, RMR, SRMR 등이 있다. 이에 반해 상대적합지수는 기준모형과의 카이제곱값 비교에 의존한다. 여기서 기준모형은 모든 변수가 독립적이라고 가정한 독립모형을 채택한다(McDonald and Ho, 2002). 이들 상대적합지수에는 NFI, NNFI, CFI 등이 있다.

그런데 이들 지수는 포화모형(saturated model)에 가깝거나 모수가 많이 포함된 복잡한 모형을 가정할수록 지수값이 개선된다는 단점이 있다(Mulaik, James, Van Alstine, Bennet, Lind, and Stilwell, 1989; Crowley and Fan, 1997). 이는 회귀분석에서 모형에 독립변수의 수를 추가시키면 무조건 결정계수는 증가한다는 사실과 유사한 현상이다. 그래서 이를 개선한 간결지수(parsimony fit indices)로 PGFI, PNFI 등이 Mulaik at al. (1989)에 의해 제안되었다.

카이제곱 적합도 검정계수(CMIN)

AMOS에서 CMIN으로 출력되는 카이제곱적합도 검정값은 제안된 가설 $H_0 : \Sigma = \Sigma(\theta)$을 만족하는 공분산행렬(restricted covariance matrix) $\Sigma(\theta)$과 자료에 의해 구해진 표본공분산행렬 S와의 불일치 정도를 표시한다.

이는 우도비통계량(likelihood ratio test statistic)으로써 다음과 같이 유도된다.

$$\text{CMIN}= \chi^2 = (N-1)F_{\min} = (N-1)f(\Sigma(\theta), S) = (N-1)\frac{1}{2}tr[S^{-1}(S-\Sigma(\theta))]^2,$$

여기서 $f(\cdot)$는 불일치함수(discrepancy function)이고, N은 표본의 개수이다. 이는 표본수가 커지면 자유도가 $(p(p+1)/2-t)$인 카이제곱분포를 따른다. 여기서 p는 변수의 개수, t는 추정하는 모수의 개수이다.

CMIN 값은 완벽한 적합일 때 0의 값을 갖지만 실제 자료에서 작은 값을 가져 귀무가설이 채택되도록 하는 경우는 거의 드물다. 대부분의 분석에서 가설검정에 대한 유의확률이 0.001보다 작아 ($p<0.001$) 귀무가설 모형이 적합하지 않다는 결론을 내리게 된다. 통계량의 형태로 인해 표본의 크기가 큰 경우에는 값이 커질 수밖에 없기 때문에 이 값을 가지고 모형의 적합성을 판정하는 것은 비현실적이라고 많은 연구자가 지적한다(예. Bentler and Bonnet, 1980; Jöreskog and Sörbom, 1993). 이는 통계량이 갖는 정규성 가정이 만족하지 않을 때 적합한 모형임에도 기각하게 되는 특징(McIntosh, 2006)과 함께 이의 사용을 제한하는 이유가 된다.

그래서 CMIN 척도는 모형을 개선하는 과정에서 추가된 모수가 어느 정도 모형을 개선하는지 또는 개선의 여지가 있는지를 판단하는 도구로만 이용하는 것이 바람직하다(Byrne, 2001). 즉, 모형 1에서 χ^2값이 100인데 여기에 계수를 하나 추가해준 모형 2의 χ^2값이 80이라면 하나의 모수를 추가함으로써 매우 유의하게 χ^2값을 줄였으므로 이 새로 추가된 모수는 매우 의미가 있다고 판단하고($\chi_1^2=20$) 모형 1보다 모형 2를 선택하는 것이다.

CMIN/DF

CMIN의 약점을 개선하고자 자유도를 고려한 적합지수이다.

$$\text{CMIN/DF} = \chi^2/df.$$

Wheaton, Muthen, Alwin, and Summers(1977)는 새로운 적합도지수 CMIN/DF를 개발하였다. 이들은 이 값이 5 이하이면 적당하다고 하였지만 그 후로 1에서 2, 또는 1에서 3사이가 적당하다는 주장이 설득력을 얻고 있기 때문에(예. Byrne, 1989; Carmines and McIver, 1981) 기준값에 대한 공감대는 2 또는 3 이하로 보아야 할 것이다. 그러나 이 통계량은 이론적인 문제를 갖고 있다. 표본의 수가 크면 작은 평균 차이에서도 유의한 검정결과가 나오는 것이 고전적 통계가설의 한계인데 이를 인위적으로 수정하고자 하는 것은 위험하기 때문이다. 예를 들어 단일평균에 대한 t-검정통계량인 $T=\sqrt{n}(\overline{X}-\mu)/s$ 의 값이 표본수가 크면 항상 유의한 값이 나온다고 해서 이 통계량을 자유도 $(n-1)$로 나누어주는 행동은 하지 않는 것과 같은 이치이다. 또한 이 통계량을 제안하였던 Wheaton(1987) 마저도 후에 이 통계량의 문제점을 지적하고 사용하지 말기를 권유하였을 정도로 논란의 소지가 있는 통계량이다.

근사평균제곱오차제곱근(RMSEA)

RMSEA는 Steiger and Lind(1980)가 개발한 측도인데 추정된 모수들로 공분산행렬을 얼마나 잘 적합 시키는가를 측정해준다.

근사평균제곱오차제곱근(Root Mean Square Error of Approximation)은 개발된 지 수년이 지나서야 가장 중요한 적합성 측도로 인정받기 시작하였는데(Diamantopoulos and Siguaw, 2000; Byrne, 2001) 이는 간결성(parsimony) 특성 때문이다.

Steiger and Lind(1980)는 불일치 함수를 과거의 표본공분산행렬이 아닌 모공분산행렬을 사용하여 다음과 같이 정의하였다.

$$F_{\min}^{0}=f(\Sigma(\theta),\Sigma).$$

이러한 불일치 함수 기준은 알려지지는 않았지만 최적의 모수값이 존재하여 사용할 수 있다면 이는 모공분산행렬을 얼마나 잘 적합 시킬까하는 문제에 대한 해결방법이라 할 수 있다(Browne and Cudeck, 1993). 위와 같은 불일치 함수는 모형이 복잡할수록 개선되는 성질을 갖고 있기 때문에 Steiger and Lind(1980)는 이를 자유도로 나누는 방법을 제안하여 이를 RMS라 칭하였고 이는 후에 Browne and Cudeck(1993)에 의해 RMSEA로 명명된다.

$$\text{RMSEA} = \sqrt{\frac{F_{\min}^{0}}{df}}\,.$$

0에서 1사이의 값을 가지는 RMSEA가 어떤 값을 가져야 적합한 모형이라 할 수 있는가에 대하여는 그 기준이 조금씩 변화되어오고 있는 실정이다. Browne and Cudeck(1993)은 RMSEA가 0.05 이하이면 매우 근사한 적합(close fit), 0.08 이하이면 수용할 만한 적합, 그리고 0.1 이상이면 적합한 모형으로 채택하기 어렵다고 주장하였다. MacCallum, Browne, and Sugawara(1996)은 0.08 이하이면 좋은 적합(good fit), 0.08에서 0.1 사이이면 보통 적합(mediocre fit), 0.1 이상이면 안 좋은 적합(poor fit)이라 정의하였다. 현재로는 Hu and Bentler(1999)의 0.06 이하일 때 적당한 적합, 또는 Steiger(2007)의 0.07 이하일 때는 적절한 적합이라는 주장이 학자들 사이에서 주로 공감하는 기준이다(Hooper, Coughlan, and Mullen, 2008).

AMOS의 출력에는 LO90, HI90과 같이 90% 신뢰구간의 상한과 하한이 제공된다. Coffman(2008)은 RMSEA가 과소추정하는 경향이 있지만 신뢰구간은 정확한 추정이 이루어지고 있음을 실증하였기 때문에 RMSEA로 모형의 적합성을 판정할 때 신뢰구간을 참조하는 것이 좋은 방법이라 할 수 있다. 그러므로 RMSEA는 하한이 0에 가깝고 상한은 0.08이 넘지 않으면 좋은 적합이라는 판단을 가능하게 하는 지수라 할 수 있다.

그리고 이와 동시에 출력되는 PCLOSE라는 측도는 다음과 같은 RMSEA가 0.05라는 귀무가설을 검정하는 유의확률(p-value)이다.

$$H_0: \text{RMSEA} \le 0.05.$$

정리하면 RMSEA가 0.06 이하 HI90이 0.08 이하, PCLOSE가 0.05 이상이면 좋은 적합 모형이라 할 수 있다.

적합도검정지수(GFI)

> 적합도검정지수(Goodness-of-Fit Index)는 Jöreskog and Sörbom (1984)이 제안한 적합도지수로서 모형의 공분산행렬에 의해 설명되는 표본공분산행렬의 비율을 의미한다.

GFI를 불일치함수를 이용해서 표현하면 다음과 같다.

$$\mathrm{GFI}=1-\frac{F_{\min}}{F_{\min}^{*}}=1-\frac{f(\Sigma(\theta),S)}{f(\Sigma(\theta),\mathbf{0})},$$

여기서 $F_{\min}^{*}$은 모공분산행렬이 모든 원소가 0인 영행혈이라 가정하고 구한 불일치함수값, 즉 총변동을 의미한다. GFI는 총변동 중에서 표본공분산행렬에 의해 설명되지 못한 부분을 빼준 즉, 표본공분산행렬에 의해 설명되는 변동과 총변동의 비율을 의미한다. 이 값이 높으면 전체변동 중에서 표본공분산행렬에 의해 설명되는 부분이 많다는 의미이므로 제안한 모형의 적합성이 높다고 판단하게 된다. 일반적으로 0.9 이상이면 적당하다고 보지만 Miles and Shevlin(1998)과 같이 0.95 이상이 바람직한 경우로 보기도 한다.

이 값은 회귀분석의 결정계수와 마찬가지로 모수의 수가 많아지면 증가하는 특성을 가지고 있고(MacCallum and Hong, 1997) 표본수가 많으면 과대 추정하는 상향편의(upward bias)가 존재하기 때문에(Bollen, 1990; Miles and Shevlin, 1998) 이 지수의 사용을 추천하지 않기도 한다(Sharma, Mukherjee, Kumar, and Dillon, 2005).

GFI에 간결성(parsimony)을 보완하기 위하여 자유도로 보정한 것이 다음의 수정적합도지수 AGFI이다.

$$\mathrm{AGFI}=1-(\frac{d}{df})\frac{F_{\min}}{F_{\min}^{*}},$$

여기서 $d=p(p+1)/2$. AGFI가 0.9 이상이면 좋은 적합으로 판단할 수 있지만 표본수가 많아짐에 따라 증가하는 특성이 있기 때문에 사용을 추천하지는 않는다. GFI와 AGFI는 제안된 모형과 아무것도 가정되지 않은 모형과의 비교를 하기 때문에 절대지수로 분류되기도 한다(Hu and Bentler, 1995). 두 지수가 가지고 있는 단점에도 불구하고 이러한 특징과 역사성으로 인하여 많은 논문에서 다른 지수와 함께 공표하는 것이 관례로 되어 있다.

평균제곱잔차제곱근(RMR)

평균제곱잔차제곱근(Root Mean Square Residual, RMR)과 표준평균제곱잔차제곱근(SRMR)은 표본공분산행렬과 가설모형의 공분산행렬과의 잔차제곱합을 기초로 이루어져있다.

RMR은 다음과 같이 정의된다.

$$\text{R}=\sqrt{\Sigma\Sigma_{i \le j}(s_{ij}-\sigma_{ij})^2/d},$$

여기서 $s_{ij}, \sigma_{ij}\,(i,j=1,...,p)$는 각각 표본공분산행렬과 가설모형 공분산행렬의 원소들이다.

RMR은 공분산행렬 원소들의 크기, 단위에 따라 값이 크게 나올 수도 있어 해석이 어렵기 때문에 이를 사용하려면 공분산행렬(covariance matrix)이 아닌 상관행렬(correlation matrix)을 이용해야 한다(Hu and Bentler, 1995; Jöreskog and Sörbom, 1984). 상관행렬의 RMR인 표준화된 SRMR은 0에서 1사이의 값을 가지며 그 값이 0.05 이하면 좋은 적합모형이라 할 수 있다(Byrne, 1998; Diamantopoulos and Siguaw, 2000), 그래서 0.08 이하이면 좋은 적합이라는 주장도 있다(Hu and Bentler, 1995).

$$\text{SRMR}=\sqrt{\Sigma\Sigma_{i \le j}(r_{ij}-\rho_{ij})^2/d},$$

여기서 $r_{ij}, \rho_{ij}\,(i,j=1,...,p)$는 각각 표본상관행렬과 가설모형상관행렬의 원소들이다. SRMR을 AMOS에서 출력하기 위해서는 메뉴의 Plugins에서 Standardized RMR을 클릭하고 Calculate Estimates를 실행하면 된다. RMR과 SRMR은 모수의 수, 표본의 수가 증가하면 개선된 값을 나타내는 특성을 갖고 있다.

표준적합지수(NFI)

표준적합지수(Normed-fit index, NFI)는 Bentler and Bonnet(1980)이 제안한 증분적합지수(상대적합지수)의 하나로서 모든 변수가 독립인 기본모형(independence model)의 카이제곱값과 가설모형의 카이제곱값을 비교하는 것이다.

NFI는 다음과 같이 정의된다.

$$\text{NFI}=1-\frac{F_{\min}}{F_{\min}^{(0)}}=1-\frac{f(\Sigma(\theta),S)}{f(\Sigma(\theta),\Sigma^{(0)})}=\frac{\chi^2_{\in \text{dep}}-\chi^2_H}{\chi^2_{\in \text{dep}}},$$

여기서 $\Sigma^{(0)}$는 모든 변수가 독립이라는 가정 하에서 유도한 공분산행렬이고 이때 불일치함수값인 카이제곱값은 $\chi^2_{\in \text{dep}}$로 표시하였다. NFI는 0과 1 사이의 값을 가지며 Bentler and Bonnet(1980)은 0.9 이상이면, Hu and Bentler(1999)는 0.95 이상이어야 적합한 모형으로 판단할 수 있다고 주장한다. 이 지수의 가장 큰 약점은 표본수에 매우 민감하며 특히 적은 표본에서 적합도를 과소 추정하는 경향이 있다(Mulaik et al, 1989).

TLI(Tucker-Lewis index)로도 불리는 비표준적합지수(Non Normed-fit index, NNFI)는 Tucker-Lewis 계수를 이용하여 Bentler and Bonnet(1980)이 제안한 것으로 다음과 같다.

$$\text{NNFI}=\text{TLI}=\left(\frac{F_{\min}^{(0)}}{df_{(0)}}-\frac{F_{\min}}{df}\right)\Big/\left(\frac{F_{\min}^{(0)}}{df_{(0)}}-\frac{1}{N}\right),$$

여기서 $df_{(0)}$은 모든 변수가 독립인 기본모형의 자유도이다.

NNFI는 보통 0과 1사이의 값을 가지지만 비표준(non normed)의 특성으로 인해 1 이상의 값이 나오는 경우도 있다(Byrne, 1998). Hu and Bentler(1999)는 NNFI가 0.95 이상이면 좋은 적합이라고 제시했지만 적은 표본에서 다른 지수들에 비해 낮은 값이 나오는 현상이 발생하기도 한다(Bentler, 1990; Kline, 2005; Tabachnick and Fidell, 2007). 그러나 모의실험 연구에 의하면 좋은 결과를 보여준다고 추천하는 연구자도 있다(예. Sharma et al, 2005; McDonald and Marsh, 1990).

비교적합지수(CFI)

비교적합지수(Comparative Fit Index, CFI)는 Bentler(1990)가 표본수에 민감한 NFI를 수정하여 제안한 것으로 표본수가 작을 때에도 우수한 지수이다(Tabachnick and Fidell, 2007).

NFI와 마찬가지로 모든 변수가 독립으로 가정한 기본모형과 가설모형을 비교하였다.

$$\mathrm{CFI} = 1 - \frac{\max(F_{\min} - N \cdot df,\ 0)}{\max(F_{\min}^{(0)} - N \cdot df_{(0)},\ 0)}.$$

CFI는 0과 1사이의 값을 가지며 0.9 이상이면 좋은 적합을 보인다고 제시되었으나(Bentler, 1990) 후에 0.95 이상이어야 한다는 의견도 제시되었다(Hu and Bentler, 1999). 지수가 표본의 수에 영향을 받지 않기 때문에 연구자들이 적합도지수 중에서 가장 중요하게 제시하는 지수 중의 하나이다(Bentler, 1990; Fan, Thompson, and Wang, 1999).

간결적합지수(PGFI)

모수의 수가 많아지고 모형이 복잡해질수록 대부분의 적합지수가 증가하는 문제점을 극복하기 위해 모형의 간결성을 고려한 간결적합지수(Parsimony Goodness-of-Fit Index, PGFI)와 간결표준적합지수(Parsimonious Normed Fit Index, PNFI) 등의 지수를 제안하였다.

PGFI는 GFI를 기반으로 자유도를 고려해준 값(Mulaik et al, 1989)이고, PNFI도 NFI를 기반으로 자유도를 고려해준 값으로 다음과 같다.

$$\mathrm{PGFI} = \mathrm{GFI} \cdot \frac{df}{d_{(0)}}. \qquad \mathrm{PNFI} = \mathrm{NFI} \cdot \frac{df}{d_{(0)}}.$$

이러한 값들은 기존의 지수값을 많이 감소시키기 때문에 적합정도에 관한 특별한 기준을 제시하지 못하고 있어 다른 지수들과 함께 사용하면서 참고해야 할 것이다.

모형적합지수의 기준

어떤 적합지수를 분석결과에 제시하고 그 기준은 어떻게 정하여야 하는지를 정리하고 제언하고자 한다.

SEM을 이용한 논문을 작성한 연구자들이 주로 제시하는 모형적합지수는 CFI, GFI, NFI, NNFI 등인데 (McDonald and Ho, 2002) 앞에서 언급한 바와 같이 GFI는 적절한 지수라 보기 어려움에도 많은 연구자가 아직도 모형적합 분석결과에 대표적으로 제시하고 있다는 사실은 지수의 우수성이나 적절성보다 역사적인 관행에 따라 지수를 제시하는 경향이 있다는 것을 의미한다.

가장 기본적인 카이제곱통계량 값(CMIN)과 자유도, 유의확률 등은 그 적절성을 떠나 제시해야 하는 매우 필수적인 지표라는 주장은 많은 연구자에게 동의를 얻고 있다(예. Kline, 2005; Hayduk, Cummings, Boadu, Pazderka-Robinson, and Boulianne, 2007).

이러한 기본적인 통계량에 부가적으로 어떤 지수를 포함시킬 것인가가 가장 고민스러운 부분일 것이다. Kline(2005)은 적합지수 표기에 카이제곱통계량, RMSEA, CFI, SRMR 등이 반드시 포함되어야 한다고 주장하고 있어 RMSEA, CFI, SRMR의 중요성을 강조하고 있다.

Hu and Bentler(1999)는 SRMR이 가장 중요한 지수라는 믿음을 갖고 추가적으로 이와 함께 한 개의 적합지수를 추가 제시하는 두개지수 표현방식(two-index presentation format)을 제안하였는데 'NNFI≥0.96 & SRMR≤0.09', 'RMSEA≤0.06 & SRMR≤0.09', 'CFI≥0.96 & SRMR≤0.09' 등과 같이 SRMR은 항상 0.09 미만이고 함께 NNFI 또는 CFI, RMSEA가 기준을 만족하는지를 제시하도록 하고 있다.

본서의 저자는 필수적으로 제시하여야 하는 지표로 CMIN, df, p-값, CFI, SRMR, RMSEA 등을 제안한다. 그리고 필수지표 중에서 기준을 만족하지 못하는 지표값이 있어 부가적인 보완이 필요한 경우, AGFI, NNFI

등을 추가적으로 제시하고, 정보 측면이나 간결성 측면에서 제안한 모형의 우수성을 언급하고 싶을 때는 PGFI, PNFI, AIC 등을 제시하기를 권장한다. 필수지표의 기준에 관하여는 RMSEA가 0.06 또는 0.07 이하라는 기준이 양립하는데 SRMR이 0.05 이하라면 0.07 기준도 무난할 것으로 판단된다. 그리고 CMIN/DF의 경우에도 2 또는 3 이하의 기준이 있지만 반드시 만족해야할 지표는 아니라는 주장이 있기 때문에 참고로만 하길 제안한다.

지수	적합성 기준 좋음(적당함)	제시/ 추천	비고
CMIN	p>0.05	필수제시	적합성에 관계없이 기본적인 자료
CMIN/DF	<2 (또는 <3)	필수제시	주관적이라 참고자료로만 활용
RMR	<0.05	비추천	SRMR 사용추천
SRMR	<0.05(<0.08)	필수제시	AMOS의 Plugins에서 추가로 계산
RMSEA	<0.06(<0.07)	필수제시	0.1이상이면 부적절한 적합
GFI	>0.95	비추천	모형이 복잡하면 증가
AGFI	>0.95	추천	간결성을 보정한 GFI
NFI	>0.95(>0.90)	비추천	표본수가 많으면 증가
NNFI(TLI)	>0.95(>0.90)	추천	(0~1)의 범위를 벗어날 수 있음
CFI	>0.95(>0.90)	필수제시	표본수와 무관한 측도
PGFI	없음	추천	간결성을 고려, 뚜렷한 기준이 없음
PNFI	없음	추천	간결성을 고려, 뚜렷한 기준이 없음
AIC	없음	추천	변수 추가가 모형에 주는 영향 파악

<표 19.2> 적합도지수 기준 및 제시 필요성

【예제 19.4】 다음 자료는 300명의 응답자에게 얻은 스마트폰 사용이유에 대한 설문자료 중의 일부이다. 스마트폰의 앱을 사용하는 이유가 사용의 편리성(PEU), 사용의 유용성(PU), 사회적 관계성(SN) 등의 세 가지 요인으로 구성된다고 가정하고 각 요인별로 3-4개의 문항에 대하여 7점 척도로 측정한 자료이다. 11개 문항에 대한 확증적요인분석(Confirmatory Factor Analysis: CFA)을 실시하고 이때 적합도지수를 계산하시오. (자료명: “19장_스마트폰.sav”)

<풀이> 자료의 변수는 다음과 같이 입력되어 있다.

스마트폰 사용에 대한 변수는 ‘b01’~‘b11’까지 11개의 변수이다. 이들 중 ‘b01’~‘b04’은 사용의 편리성(PEU) 요인으로, ‘b05’~‘b07’은 사용의 유용성(PU) 요인으로, 그리고 ‘b08’~‘b11’은 사회적 관계성(SN) 요인으로 설명된다고 가정하고 이에 대한 확증적 요인분석(CFA)을 실시한다.

다음과 같이 AMOS Graphic에서 모형을 그리고 추정값을 계산한다.

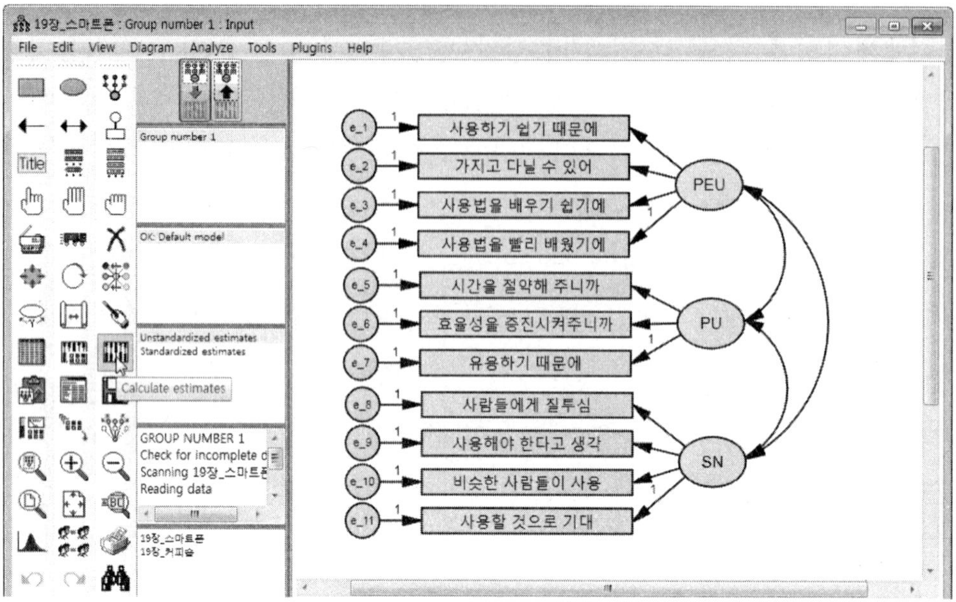

Text Output에 모형적합지수가 RMSEA(>0.7)를 제외하고는 우수하게 나타났다. 모형을 개선하기 위해서 수정지수(Modification Index)를 체크하였다. (수정지수를 출력하기 위해서는 (Analysis properties)에서 [Output]의 '□Modification Indices'에 체크한다)

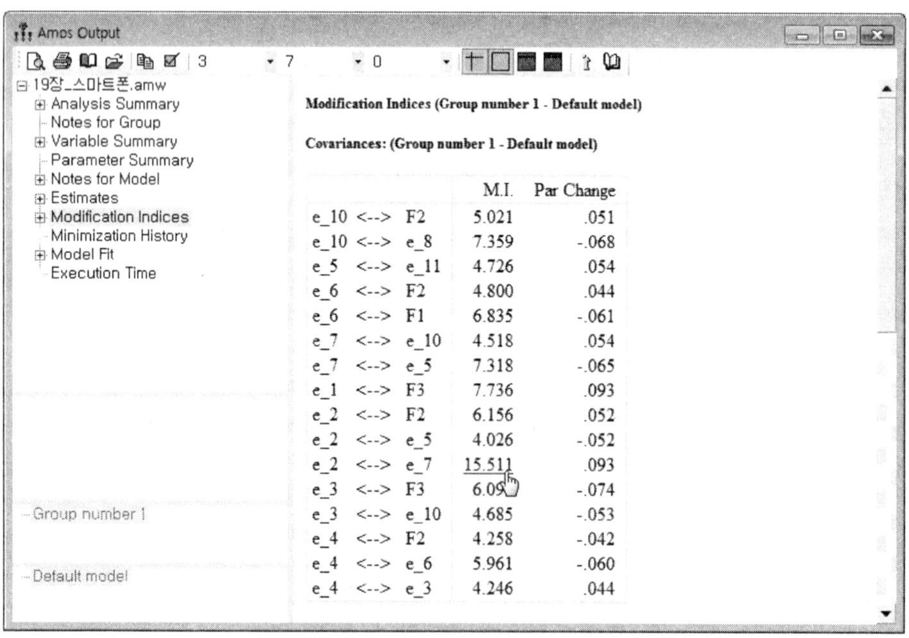

Modification Indices (Group number 1 - Default model)

Covariances: (Group number 1 - Default model)

			M.I.	Par Change
e_10	<-->	F2	5.021	.051
e_10	<-->	e_8	7.359	-.068
e_5	<-->	e_11	4.726	.054
e_6	<-->	F2	4.800	.044
e_6	<-->	F1	6.835	-.061
e_7	<-->	e_10	4.518	.054
e_7	<-->	e_5	7.318	-.065
e_1	<-->	F3	7.736	.093
e_2	<-->	F2	6.156	.052
e_2	<-->	e_5	4.026	-.052
e_2	<-->	e_7	15.511	.093
e_3	<-->	F3	6.09	-.074
e_3	<-->	e_10	4.685	-.053
e_4	<-->	F2	4.258	-.042
e_4	<-->	e_6	5.961	-.060
e_4	<-->	e_3	4.246	.044

수정지수에 의하면 오차항 e_2과 e_7 사이에 관계 경로를 갖는 모형(모형2)을 지정해주면 적합지수가 개선될 수 있음을 보여주고 있다.

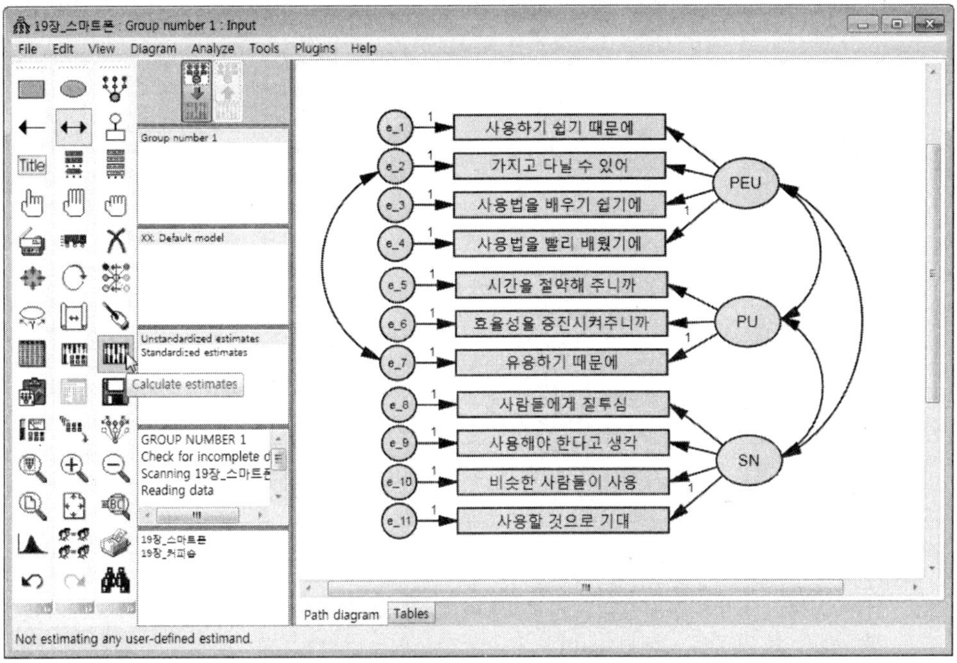

이러한 모형에서도 RMSEA(>0.6)가 우수하지 못해서 수정지수를 참고해 한 번 더 모형(모형3)을 재설정하였다. 이를 요약하면 다음 그림과 같다.

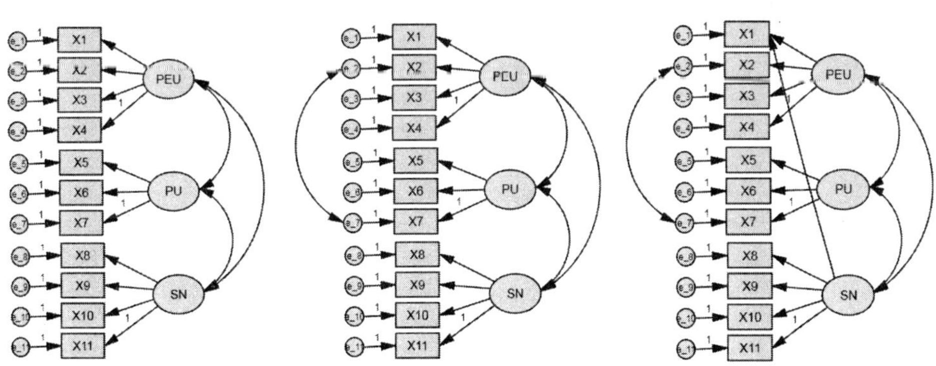

모형1 모형2 모형3

<그림 19.5> 스마트폰 앱 사용이유 요인에 대한 모형

모형적합지수	모형1	모형2	모형3
CMIN	103.290	87.272	79.172
df	41	40	39
p-value	0.000	0.000	0.000
CMIN/df	2.519	2.182	2.03
RMR	0.047	0.045	0.039
SRMR	0.046	0.043	0.037
RMSEA	0.071	0.063	0.059
CFI	0.970	0.978	0.981
GFI	0.938	0.948	0.952
AGFI	0.899	0.914	0.920
NFI	0.952	0.960	0.963
TLI	0.960	0.969	0.973
PGFI	0.582	0.575	0.563
PNFI	0.710	0.698	0.683
AIC	153.290	139.272	133.172

<표 19.3> 스마트폰 앱 사용 요인에 대한 모형별 적합지수

각 세 요인에 따라 구성한 11개 질문항목이므로 세 모형 중에 '모형1'이 연구자가 선택하기를 원하는 모형이라 할 수 있다. <표 19.3>에서 '모형1'의 적합지수를 보면 SRMR=0.046, CFI=0.970 등으로 우수한 적합도를 보여주고 있다. 그러나 RMSEA=0.071, AGFI=0.899 등으로 몇 개의 지수가 적합기준에 약간 미달하는 결과를 보이기 때문에 좀 더 개선된 모형이 필요하였다. 그래서 <그림 19.5>와 같이 오차항 간의 상관관계를 포함한 '모형2'를 제안하여 본 결과 SRMR=0.043, CFI=0.978, RMSEA=0.063, AGFI=0.914 등으로 주요 적합지수가 개선되면서 모형이 적절하게 자료를 적합한다고 판정할 수 있다. 엄격한 RMSEA 기준(≤ 0.06)을 만족하기 위해서 경로가 추가된 모형 '모형3'을 제안하였고 이의 적합도지수를 구해보면 SRMR=0.037, CFI=0.981, RMSEA=0.059, AGFI=0.920 등을 얻을 수 있었다. 크지는 않지만 약간 개선된 지수를 얻을 수 있었고, 특히 RMSEA가 0.06보다 작은 값을 갖게 되어 여러 지수들로 판단하여도 만족할 만한 적합이라 볼 수 있다.

하지만 단순히 적합지수를 줄여주는 방향으로 선택한 '모형3'은 우리가 원하는 이론적 모형과는 거리가 있어 그 모형의 근거나 타당성도 설명하기 어렵다. 그리고 우리가 주목해야 할 것은 간결성을 고려한 PGFI와 PNFI이다. 이들은 모수의 수가 증가함에 따라 오히려 감소하는 값을 보여주고 있는데 이들 지수의 관점에서는 모수를 추가해서 모형을 더 복잡하게 만드는 것이 실익이 없다고 판단하게 한다. 그러므로 이러한 자료에서는 첫 번째 모형이 'RMSEA≤0.07'의 기준에 0.001 미달하지만 간결성과 가설모형의 이론적 근거를 감안하여 '모형1'을 선택하는 것이 바람직하다고 할 수 있다. ■

【참고】 신뢰성 계수 (Reliability coefficient)

같은 요인에 의해 설명되는(포함되는) 변수들 간에 내적일관성(internal consistency)이 유지된다면 변수들의 평균으로 그 요인값을 대체할 수 있다. 그래서 같은 요인에 포함되는 변수들 간의 일관성(신뢰성)이 존재하는지 크론바하 알파로 점검한다. 앞의 예제에서는 다음과 같이 [분석] 메뉴에서 <척도>-<신뢰도 분석>을 선택한다.

첫 번째 PEU 요인에 속하는 'b01'~'b04' 변수를 [신뢰도분석] 창에서 <항목> 입력칸으로 보내고 [확인]을 눌러 신뢰도 계수 알파를 얻는다. 나머지 변수들에 대해서도 이 작업을 각각 반복한다.

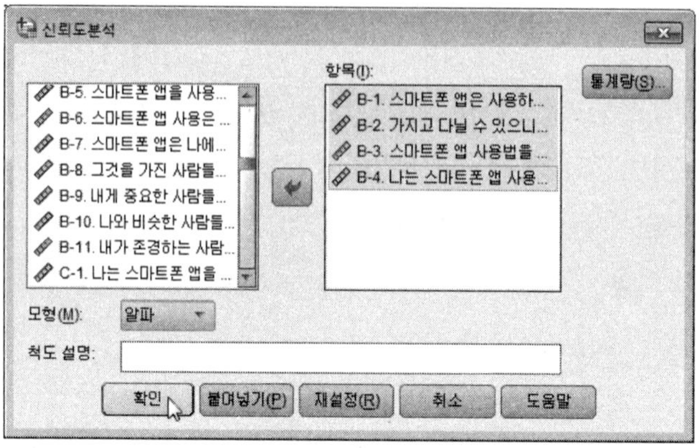

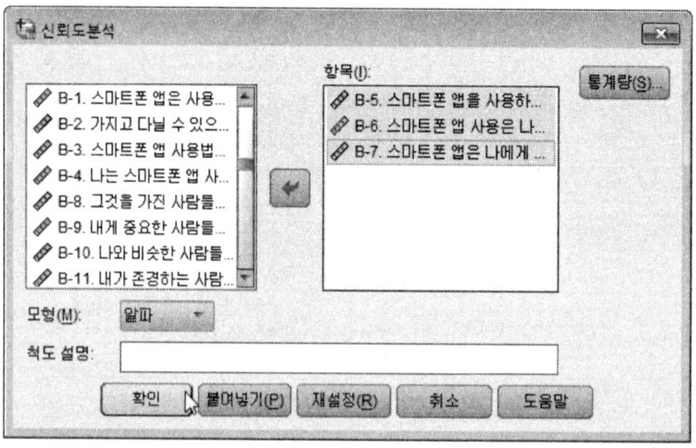

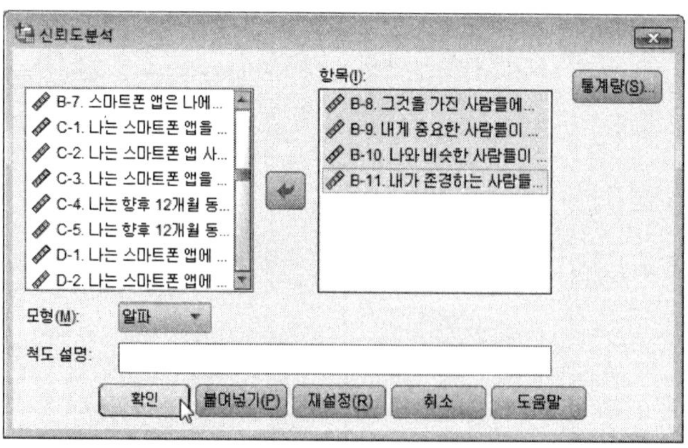

신뢰도 통계량

Cronbach의 알파	항목 수
.876	4

신뢰도 통계량

Cronbach의 알파	항목 수
.852	3

신뢰도 통계량

Cronbach의 알파	항목 수
.910	4

출력결과 모든 요인에서 각 변수들의 신뢰도가 높았다.(>0.7) 그러므로 각 변수들은 그 값들의 평균으로 요인값을 대체한다. 예를 들어 측정 불가능하였던 PEU는 'b01'~'b04' 변수들의 평균값으로 변수를 계산해준다.

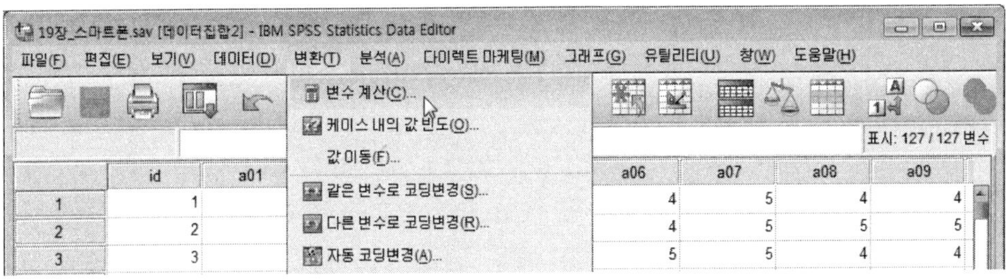

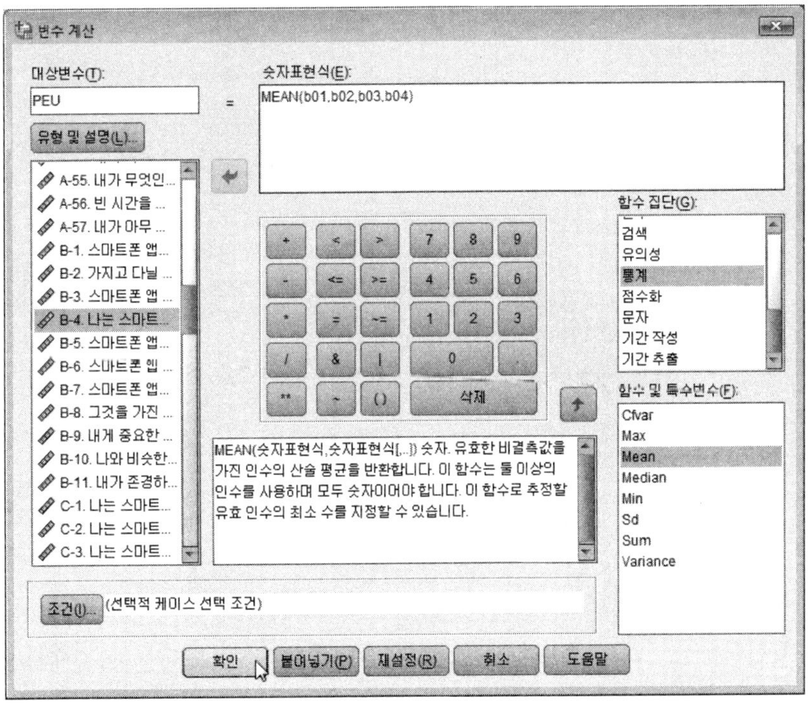

즉, 측정이 불가능하거나 여러 변수들의 조합으로 이루어진 요인의 경우 변수들이 일관적이라 판단되면 새로운 변수로 계산하여 분석에 사용한다.

【참고】 타당성 계수 (Validity coefficient)

앞의 9장에서 소개한 타당성 계수들은 AMOS 에서 표준화 계수를 이용해서 구한다. 표준화해준 값의 요인적재값과 오차항의 분산을 출력하기 위해서 [Analysis Properties] 대화창에서 '□ Standardized estimates'와 '□ Squared multiple correlations'에 체크한다.

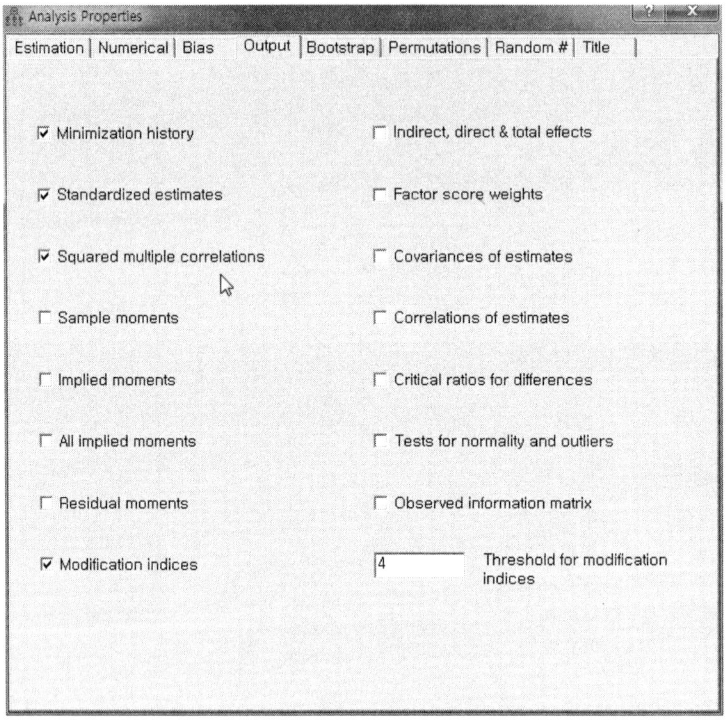

여기서는 우리가 추출한 요인들이 집중타당성(유사한 개념들의 측정값 사이에는 상관관계가 높게 나옴)이 있는가를 판정하기 위하여 표준화된 요인적재값을 이용하여 개념신뢰도를 측정할 것이다. 또한 요인들의 판별타당성(상이한 개념들의 측정요인들 간에는 상관관계가 낮게 나오는 특성)을 점검하기 위하여 분산추출지수를 구하는데 이 또한 표준화된 요인적재값을 사용한다.

Analysis Properties를 조정한 후에 다음과 같이 추정값을 계산한다.

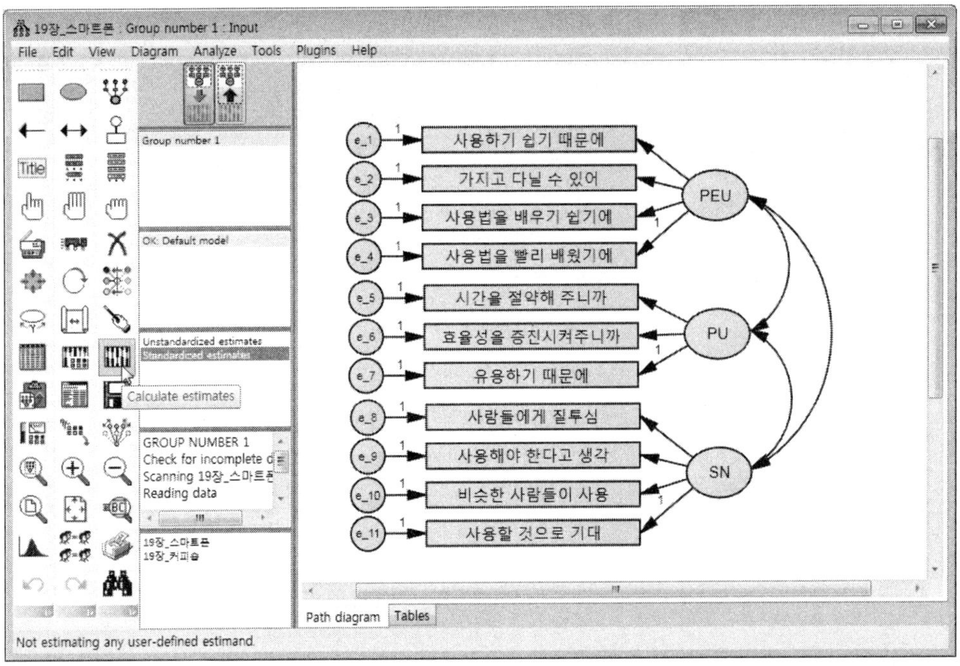

표준화된 요인적재값은 'Standardized regression Weights'에 출력되고 표준화된 모형의 오차항의 분산은 "1-(다중상관계수)"이므로 'Squared Multiple Correlations' 출력을 저장한다.

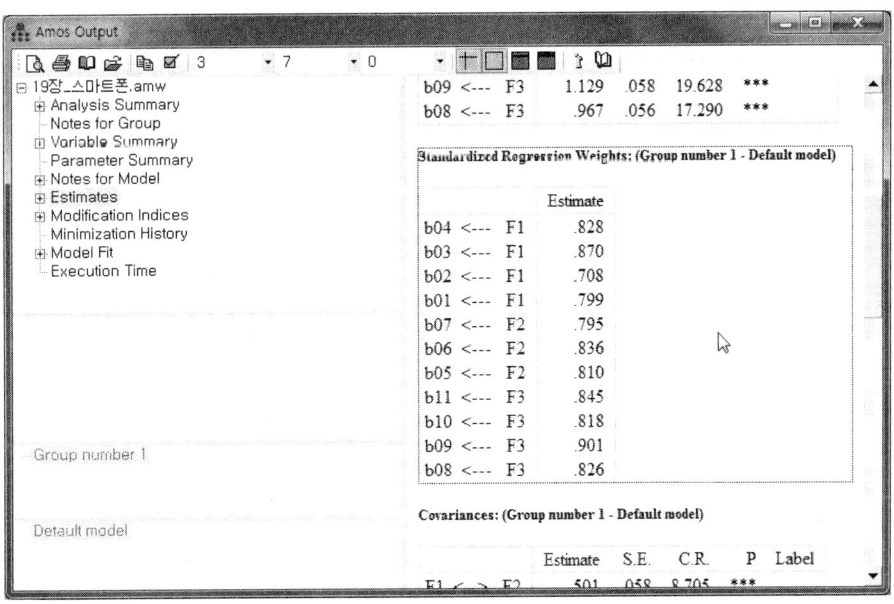

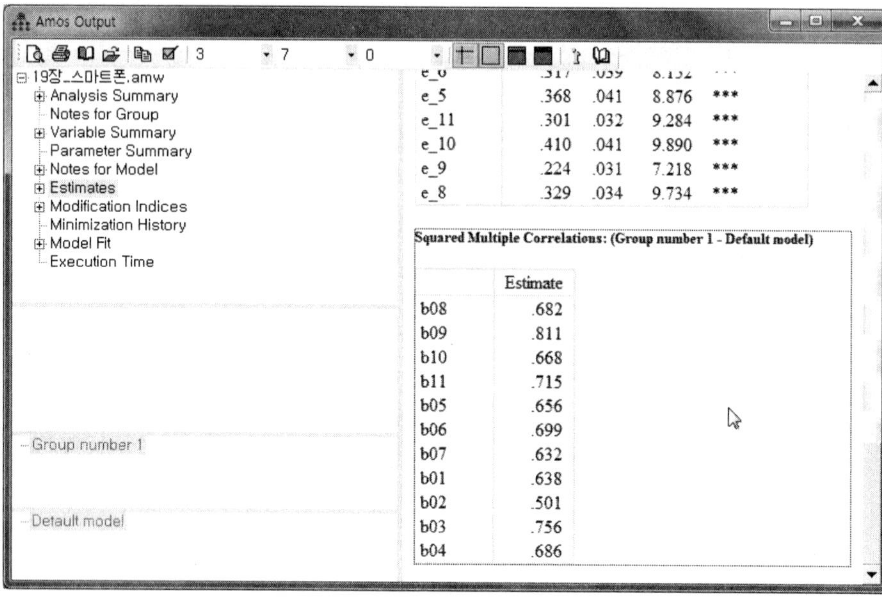

출력결과를 필요한 값만 정리하면 다음과 같다.

Standardized Regression Weights				Squared Multiple Correlation		
변수		요인	Estimate	변수	Estimate	분산
b01	<---	F1	0.799	b01	0.638	0.362
b02	<---	F1	0.708	b02	0.501	0.499
b03	<---	F1	0.870	b03	0.756	0.244
b04	<---	F1	0.828	b04	0.686	0.314
b05	<---	F2	0.810	b05	0.656	0.344
b06	<---	F2	0.836	b06	0.699	0.301
b07	<---	F2	0.795	b07	0.632	0.368
b08	<---	F3	0.826	b08	0.682	0.318
b09	<---	F3	0.901	b09	0.811	0.189
b10	<---	F3	0.818	b10	0.668	0.332
b11	<---	F3	0.845	b11	0.715	0.285

개념신뢰도(Construct Reliability, CR)는 다음과 같이 정의한다.

$$CR = (\sum_{i=1}^{a} Z_i)^2 / [(\sum_{i=1}^{a} Z_i)^2 + \sum_{i=1}^{a} Var(e_i)],$$

여기서 Z_i는 표준화한 요인계수이고 a는 요인을 구성하는 변수의 개수이다. 이는 전체분산 중에 요인에 의해 설명되는 양을 설명하는 개념이다.

그러므로 각 요인의 개념신뢰도는 예제 데이터에서 다음과 같이 계산된다.

$$CR_1 = \frac{(0.799+0.708+0.870+0.828)^2}{(0.799+0.708+0.870+0.828)^2+0.362+0.499+0.244+0.314} = 0.879$$

$$CR_2 = \frac{(0.810+0.836+0.795)^2}{(0.810+0.836+0.795)^2+0.344+0.301+0.368} = 0.855$$

$$CR_3 = \frac{(0.826+0.901+0.818+0.845)^2}{(0.826+0.901+0.818+0.845)^2+0.318+0.189+0.332+0.285} = 0.911\ .$$

또한 분산추출지수(AVE)는 다음과 같이 정의한다.

$$AVE_1 = \sum_{i=1}^{a} Z_i^2 / [\sum_{i=1}^{a} Z_i^2 + \sum_{i=1}^{a} Var(e_i)] = \sum_{i=1}^{a} Z_i^2 / a.$$

이는 변수의 정보가 요인에 의해 설명되는 비율로 이해할 수 있다. 각 요인의 분산추출지수는 예제 데이터에서 다음과 같이 계산된다.

$$AVE_1 = (0.799^2+0.708^2+0.870^2+0.828^2)/4 = 0.645$$

$$AVE_2 = (0.810^2+0.836^2+0.795^2)/3 = 0.662$$

$$AVE_3 = (0.826^2+0.901^2+0.818^2+0.845^2)/4 = 0.719\ .$$

요인들의 판별타당성이 있다고 말하려면 요인들 간의 상관계수 제곱값의 최댓값보다 모든 AVE가 커야 한다.

Correlations: (Group number 1 - Default model)

	Estimate
F1 <--> F2	.808
F1 <--> F3	.337
F2 <--> F3	.279

그런데 가장 큰 상관계수는 요인 F1과 F2의 0.808이므로 0.653(=0.808^2)보다 모든 AVE가 커야 한다. 그러므로 F1을 제외하고는 판별타당성이 있다고 판단한다.

20장. 군집분석

20.1 군집분석의 개요

군집분석의 개요

군집분석(cluster analysis, 집락분석)은 다변량 자료[10]를 각 특성의 유사성에 따라 여러 그룹(군집 또는 집락)으로 나누는 통계적 분석기법이다.

군집분석은 각 개체를 변수 특성이나 미리 정해진 기준에 맞추어 각 군집 내에 유사한 것들끼리 모이도록 분류하는 것이다. 요인분석이 변수(variable)를 그 속성에 따라 정리하는 다변량 기법이라면 군집분석은 개체(case)를 유사성에 따라 정리하는 기법이라 할 수 있다.

군집분석과 판별분석의 차이점

판별분석은 이미 분류된 자료(그룹의 수와 소속이 알려짐)를 바탕으로 분류규칙을 파악한 다음 새로운 집단을 그 규칙에 맞추어 분류하기 때문에 supervised classification이라 부르고, 군집분석은 군집으로 분류되었던 기존의 사례를 참조할 수 없으므로 (그룹의 수와 소속이 알려져 있지 않음) unsupervised classification이라 부른다.

군집분석은 개체를 어떤 집단에 분류하는 판별분석(discriminant analysis)과 비교되기도 하는데 판별분석에 따른 분류(classification)와 구별되는 점은 판별분석은 이미 알려진 그룹의 구조(소속)와 수에 맞추어(예. 성공집단과 실패집단) 각 그룹에 분류하는 규칙을 정립하고 새로운 개체를 할당하는 것이 목적이지만, 군집분석은 그룹의 수나 구조가 가정되

10) 유사한 속성에 대하여 한 응답자에게 다수의 응답을 얻은 자료를 의미한다. 예를 들어 설문조사 자료가 대표적인 다변량 자료이다.

어 있지 않고 자료들의 유사성(similarity) 또는 근접성(proximity)에 근거한 주관적인 그룹화(grouping) 방법이라 할 수 있다.

군집분석의 사용

군집분석은 자료의 속성에 따른 집단별 특성을 분석하고자 할 때 유용하게 사용된다. 또한 집단을 나누는 특성의 영향력을 분석하고자 할 때도 유용하게 사용된다.

예를 들어 조사자가 주류 소비자들을 음주 취향이나 라이프 스타일(life style) 등에 따라서 몇 개의 집단으로 나누고 목표(target) 고객을 찾고자 한다. 조사자는 소비자들의 라이프 스타일이 비슷하거나 음주, 구매 행동 등이 유사한 개체끼리 묶어서 소수의 집단으로 분류하고 나누어진 군집 간에 취향이나 행동 등이 유의하게 차이를 보인다면 전체 소비자를 이러한 특성에 따라 분류할 수 있다는 의미이므로 이에 근거한 고객 세분화(segmentation)가 가능하다. 또한 이렇게 세분화된 집단에서 선호하는 주종(예. 소주 맥주), 브랜드 선호도, 또는 소비 행태 등이 다르다면[11] 주류회사가 세분화된 집단들의 특성을 분석하여 목표고객을 찾기 위한 수단으로도 사용할 수 있을 것이다.

또 다른 사용 예를 들어 어떤 광고의 효과를 고관여(high involvement) 집단과 저관여(low involvement) 집단으로 나누어 분석하고자 할 때 관여도에 관련된 변수들을 이용한 군집분석을 통하여 소비자를 분류할 수 있다. 이에 따라 관여도에 따른 그룹 간 차이를 분석할 수 있는데, 집단별 특성의 평균비교, 회귀분석을 통한 회귀계수 차이 검정, 경로분석을 통한 관여도의 조절효과(moderating effect) 검정 등 다양한 분석을 가능하게 한다.

군집분석은 이 외에도 여러 분야에서 매우 유용한 자료분석 도구이다. 예를 들어 조사자가 응답자에게 어떤 자료를 얻었을 때, 그 중에는 쓸모없는 자료들(모두 동일한 번호에 체크한 성의 없는 답변 등)도 많이 있는데

11) 집단을 나누는데 사용한 특성이 아닌 다른 특성들의 차이를 의미한다.

이들을 군집분석을 통해 분리해 낼 수 있다. 이렇게 가치가 없는 설문 자료의 군집을 제거하여 유용한 자료들만으로 분석을 진행하고자 할 때도 사용할 수 있다.

군집분석의 준비 사항

군집분석을 수행하기 위해서는 먼저 두 가지를 결정하여야 한다. 유사성(또는 근접성, similarity)의 척도(measure)로 무엇을 사용할 것인가, 군집을 분류하는 알고리즘은 어떤 방법을 택할 것인가 등이다.

유사성을 측정하는 방법으로는 개체간의 거리, 적합성, 일치여부(matching) 등이 있는데 이는 군집변수의 계량형, 도수형(counts), 이항형(binary) 등에 따라 결정한다.

두 번째 결정할 것은 알고리즘의 선택인데 계층적 방법(hierarchical cluster analysis)과 k-평균법(k-means cluster)이 가장 많이 사용되며 SPSS에서는 이 두 가지 방법 외에도 2단계 군집분석(two-step cluster)을 제공하고 있다. 계층적 방법들은 자료를 순차적으로 군집으로 묶어가면서 유동적으로 연구자가 군집수를 결정하도록 하는 방법이고 k-평균법은 미리 정해진 군집수 k에 맞추어 군집을 나누는 방법이다. 계층적 방법의 계산량이 k-평균법보다 방대하므로 표본수가 작을 때는(보통 250 이하) 계층적 방법이 선호되고 표본수가 클 때는 k-평균법을 사용한다. 그런데 표본수가 1,000개 정도로 매우 크거나 군집변수가 계량형과 명목형의 혼합형일 때는 2단계 군집방법을 사용하여야 한다.

알고리즘	군집수	케이스 수	군집변수
계층적 군집방법	분석자가 유추	250 이하	계량형 또는 명목만
k-평균법	분석자가 미리 결정	250 이상	계량형 또는 명목만
2단계 군집분석	자동 계산	1000 내외	계량형과 명목의 혼합

<표 20.1> 군집방법의 종류와 특성

20.2 계층적 군집분석

계층적 군집분석의 개요

계층적 군집분석(hierarchical clustering method)은 순차적으로 개체를 군집에 포함시키는 직관적인 방법이다. 이는 각 개체에서부터 시작하여 가장 유사한 것들끼리 계속 묶어가는 응집방법(agglomerative method)과 전체자료를 서로 상이한 것부터 계속 나누어 가는 분해방법(divisive method) 등이 있다.

계층적 군집방법을 위해서는 세 가지를 결정해줘야 한다. 첫 번째 각 개체의 유사성을 측정하는 측도(measure)를 결정해야 하고, 두 번째로는 군집을 묶어 나가는 방법을 결정해야 하고 마지막으로 군집의 수를 결정해줘야 한다.[12)]

유사성의 측도

개체의 특성이 계량적인 척도(metric scale)로 측정되어 있을 때 개체 간의 유사성을 측정하기 위하여 가장 많이 사용하는 측도(measure)는 개체들 간의 거리(distance)에 대한 측도이다.

구간 척도 및 비율 척도(scale)에 대한 유사성의 측도(measure)로는 유클리디언 거리(Euclidean distance), 제곱 유클리디언 거리(squared Euclidean distance), Minkowski 거리 등이 사용되고 있다. 유클리디언 거리법은 개체 간의 기하학적인 거리를 유사성의 측도로 삼는 방법이다.

예를 들어 2차원 좌표 상에 두 개체 $(x_1,\ y_1)$과 $(x_2,\ y_2)$가 있다면 이들의 기하학적 거리는 $\sqrt{(x_1-x_2)^2+(y_1-y_2)^2}$이 된다. 일반적으로 표현하여 p개 변수를 포함하는 두 관측값 $\boldsymbol{X}=(x_1,\ldots,x_p)'$, $\boldsymbol{Y}=(y_1,\ldots,y_p)'$가 있을 때, 두 값의 기하학적 거리는 다음과 같이 정의된다.

---

12) 군집의 수에 대한 정보가 없기 때문에 몇 개의 군집으로 나누어야 하는가에 대한 정답은 없다.

$$d(\boldsymbol{X}, \boldsymbol{Y}) = \sqrt{(x_1 - y_1)^2 + \cdots + (x_p - y_p)^2} = \sqrt{(\boldsymbol{X} - \boldsymbol{Y})'(\boldsymbol{X} - \boldsymbol{Y})}.$$

제곱 유클리디언 거리는 기하학적 거리인 유클리디언 거리를 제곱한 값이다.[13] 유클리디언 거리는 멀리 떨어진 값에 가중값을 더 주게 되는 결과를 가져와서 이상값(outlier)에 영향을 덜 받게 해주는 장점이 있다.

유클리디언 거리(또는 제곱 유클리디언 거리)는 가장 많이 사용되는 근사성의 측도이지만 각 변수의 단위에 따라서 결과가 다르게 나올 수 있다는 점에 유의해야 한다. 그래서 단위에 관계없이 일정한 유클리디언 거리를 얻기 위해 표준화된 유클리디언 측도를 사용한다.

개체의 측정변수가 빈도수로 표현되었을 때 SPSS에서는 두 집단 빈도수의 동일성 검정(equality test for two set of frequencies)을 위한 카이제곱 통계량에 기초하여 유사성을 측정하고 있다. 이 또한 표준화된 거리 제곱과 유사한 형태이다.

측정변수들이 의미 있는 계량적인 척도로 나타내지지 않고, 단지 어떤 특성의 존재 유무로만 표현되는 경우가 있다. 이때는 이항 변수(binary variable)를 사용하여 개체들 간의 유사성을 측정한다.

계층적 군집방법의 알고리즘

개체를 분류할 수 있는 모든 경우를 고려해서 그 중에서 가장 그룹화가 잘된 것을 찾는다는 것은 불가능하므로 차례로 유사한 것부터 묶어나가는 순차적인 방법을 이용한다.

응집형 계층적 군집방법은 다음과 같은 절차를 따른다.

① 개체의 수가 n일 때 각 개체들 간의 거리들로 이루어진 $n \times n$ 대칭 행렬 $D = \{d_{ik}\}$를 구한다.

② 거리 행렬 D에서 가장 가까운 거리를 갖는 쌍을 찾는다. 이때 가장 근접한 쌍이 U, V라 하자.

---

13) SPSS의 계층적 군집방법에서 제곱 유클리디언 거리가 default(기본설정)로 지정되어 있다.

③ U, V를 합치고 난 후 거리 행렬을 조정한다. 우선 U, V에 해당하는 행과 열을 없애고 U, V와 나머지 군집과의 거리로 거리행렬을 만든다.
④ ①-③번까지의 절차를 $n-1$번 반복한다. (모든 개체가 한 군집이 될 때까지)

그런데 위의 절차에서 두 개체로 한 군집을 이룬 뒤 그 군집과 다른 개체와의 거리는 어떤 방법으로 측정할 것인가를 결정해줘야 한다. 이 방법에 따라 계층적 군집방법에는 다음과 같은 방법들이 존재한다.

i) 단일연결법(single linkage, 최소거리 기준): [14] 가장 거리가 짧은 두 개체를 한 군집으로 묶은 뒤에 두 개체 중의 하나와 거리가 가장 짧은 세 번째 개체를 군집으로 포함시킨다. 즉 개체 간에 최소거리가 기준이 되어 군집을 나누는 방법이다.
ii) 완전연결법(complete linkage, 최장거리 기준): [15] 가장 가까운 개체를 한 군집으로 묶은 뒤에 이 군집과 다른 개체와의 최대 거리를 구하여 거리 행렬로 삼는다. 그리고 이 최대거리가 최소화하는 개체들끼리 군집을 나눈다.
iii) 평균연결법(average linkage, 평균거리 기준): [16] 군집과 군집간의 거리를 포함된 개체들의 모든 쌍의 평균거리를 이용하는 방법이다.

이 외에도 SPSS에서는 집단-내 연결, 중심점 군집화, 중위수 군집화, Ward의 방법 등을 제공한다.

앞에서 설명한 세 가지 방법들은 기본적인 절차와 개념은 같고, 단지 거리를 산출하는 방법만이 다를 뿐이다. 군집분석은 자료의 이상값 또는 잡음변수(noise variable)의 출현에 매우 민감하게 반응하기 때문에 여러 가지 방법을 동시에 사용하여 군집을 분류해보는 것이 합리적이다. 서로 다

14) SPSS에서는 '가장 가까운 항목' 방법이다.
15) SPSS에서는 '가장 먼 항목' 방법이다.
16) SPSS에서는 '집단-간 연결' 방법이다.

른 방법의 군집분류가 거의 일치한다면 그 결과는 매우 신빙성이 있다.

군집수의 결정

계층적 군집분석 방법은 전체 개체(또는 변수)가 마지막 하나의 군집이 될 때까지 분류를 계속한다. 여기서 우리가 갖는 문제는 이러한 분류절차를 어디에서 마감해야 할 것인가이다. 즉 궁극적으로 몇 개의 군집으로 나눌 것인가를[17] 결정해줘야 한다.

계층적 군집분석에서는 군집들 간의 유의성 검정과 같은 통계적 수치를 제공하여 주지 않기 때문에 분류된 군집간의 통계적으로 유의적인 차이를 알아낼 수는 없다. 그러므로 덴드로그램이나 다른 도표 등을 보고 균형적인 크기로 군집을 나누든가, 여러 가지(2-3가지) 경우의 군집들을 서로 비교하여 가장 적합한 군집수를 선택하도록 한다. 즉, 연구자의 직관, 이해에 따라 어느 정도의 차이를 보이는 군집들로 분류를 마감하고, 분류된 군집들의 수치적인 특징으로 그 군집들의 명칭(label)이나 속성을 부여해야 한다.

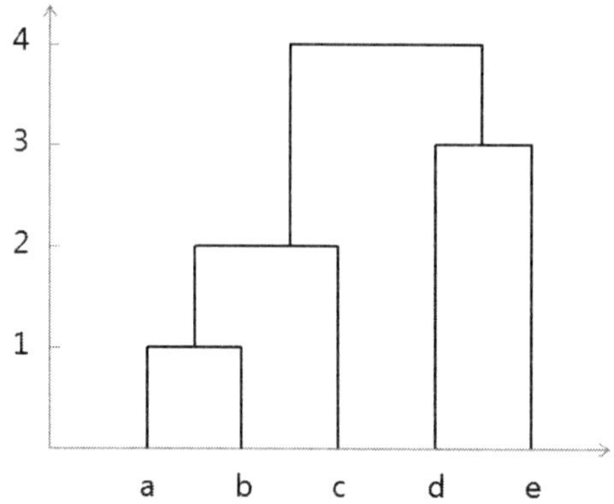

<그림 20.1> 덴드로그램의 예

덴드로그램에 의한 군집절차

① a와 b의 거리=1
② (a,b),(c),(d),(e) 등 네 그룹
③ (a,b,c),(d),(e) 등 세 그룹
④ (a,b,c),(d,e) 등 두 그룹
⑤ (a,b,c,d,e) 한 그룹

17) k-평균법은 군집의 수를 미리 정하여 군집을 분류하고 2단계 군집법은 AIC 기준 등에 의하여 군집수를 결정해준다.

> **【예제 20.1】** 다음은 일반인 50명에게 라면을 선택할 때 고려하는 7가지 변인[18](variable)에 대하여 조사한 자료이다. 이러한 특성에 따라 50명의 개체를 적당한 수의 군집으로 나누도록 군집분석하시오. 또한 각 군집별 군집변수의 평균을 비교하여 군집의 특성을 분석하시오. (자료명: "20장_라면취향.sav")

<풀이> 자료의 형태는 다음과 같다. 단, 케이스 수 n은 50이다.

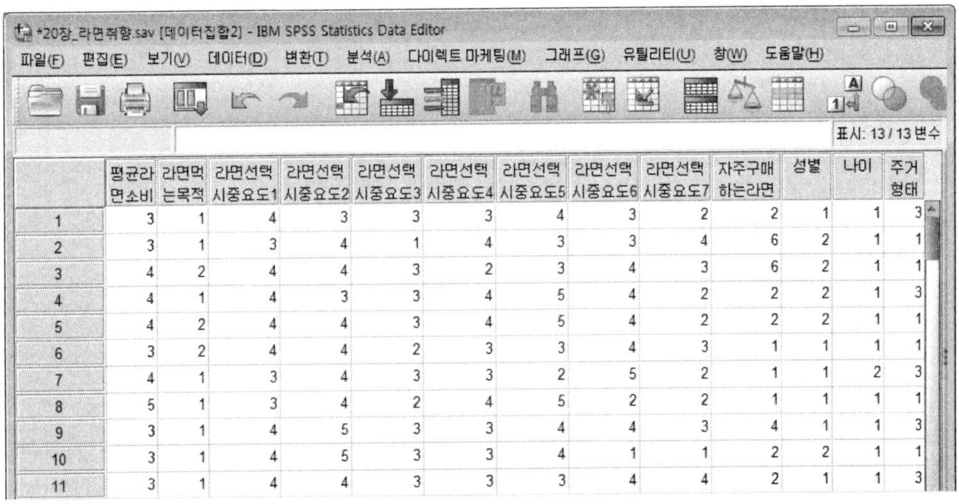

*20장_라면취향.sav [데이터집합2] - IBM SPSS Statistics Data Editor

파일(F) 편집(E) 보기(V) 데이터(D) 변환(T) 분석(A) 다이렉트 마케팅(M) 그래프(G) 유틸리티(U) 창(W) 도움말(H)

표시: 13 / 13 변수

	평균라면소비	라면먹는목적	라면선택시중요도1	라면선택시중요도2	라면선택시중요도3	라면선택시중요도4	라면선택시중요도5	라면선택시중요도6	라면선택시중요도7	자주구매하는라면	성별	나이	주거형태
1	3	1	4	3	3	3	4	3	2	2	1	1	3
2	3	1	3	4	1	4	3	3	4	6	2	1	1
3	4	2	4	4	3	2	3	4	3	6	2	1	1
4	4	1	4	3	3	4	5	4	2	2	2	1	3
5	4	2	4	4	3	4	5	4	2	2	2	1	1
6	3	2	4	4	2	3	3	4	3	1	1	1	1
7	4	1	3	4	3	3	2	5	2	1	1	2	3
8	5	1	3	4	2	4	5	2	2	1	1	1	1
9	3	1	4	5	3	3	4	4	3	4	1	1	3
10	3	1	4	5	3	3	4	1	1	2	2	1	1
11	3	1	4	4	3	3	3	4	4	2	1	1	3

*20장_라면취향.sav [데이터집합2] - IBM SPSS Statistics Data Editor

파일(F) 편집(E) 보기(V) 데이터(D) 변환(T) 분석(A) 다이렉트 마케팅(M) 그래프(G) 유틸리티(U) 창(W) 도움말(H)

	이름	유형	너비	소...	설명	값	결측값	열	맞춤	측도
1	평균라면소비	숫자	11	0	평균라번소비	{1, 히루에1~2번}	없음	4	오른쪽	명목(N)
2	라면먹는목적	숫자	11	0	라면먹는목적	{1, 식사대용으로}...	없음	4	오른쪽	명목(N)
3	라면선택시중요도1	숫자	11	0	면	{1, 매우중요하지않다}...	없음	6	오른쪽	척도(S)
4	라면선택시중요도2	숫자	11	0	국물맛	{1, 매우중요하지않다}...	없음	6	오른쪽	척도(S)
5	라면선택시중요도3	숫자	11	0	영양가	{1, 매우중요하지않다}...	없음	6	오른쪽	척도(S)
6	라면선택시중요도4	숫자	11	0	충분한 양	{1, 매우중요하지않다}...	없음	6	오른쪽	척도(S)
7	라면선택시중요도5	숫자	11	0	가격	{1, 매우중요하지않다}...	없음	6	오른쪽	척도(S)
8	라면선택시중요도6	숫자	11	0	브랜드	{1, 매우중요하지않다}...	없음	6	오른쪽	척도(S)
9	라면선택시중요도7	숫자	11	0	신제품	{1, 매우중요하지않다}...	없음	6	오른쪽	척도(S)
10	자주구매하는라면	숫자	11	0	자주구매하는라...	{1, 삼양라면}...	없음	6	오른쪽	명목(N)
11	성별	숫자	11	0	성별	{1, 남자}...	없음	4	오른쪽	명목(N)
12	나이	숫자	11	0	나이	{1, 20세~25세}...	없음	4	오른쪽	명목(N)
13	주거형태	숫자	11	0	주거형태	{1, 가족과 함께}...	없음	3	오른쪽	명목(N)
14										

18) 면, 국물 맛, 영양가, 충분한 양, 가격, 브랜드, 신제품 등

[분석] 메뉴의 <분류분석>의 <계층적 군집분석>을 선택한다.

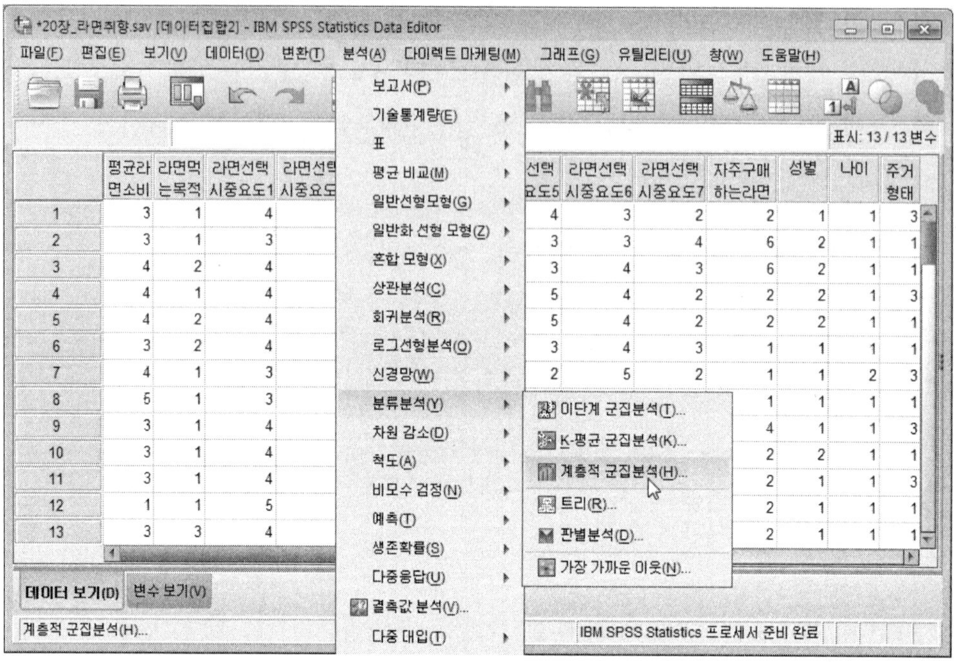

[계층적 군집분석] 대화창에서 <변수>를 입력한다. 여기서는 중요도를 측정한 7개 변수('면', '국물맛', '영양가' 등)를 입력하였다. 다음 [방법] 버튼을 눌러 군집분석하는 알고리즘을 선택한다.

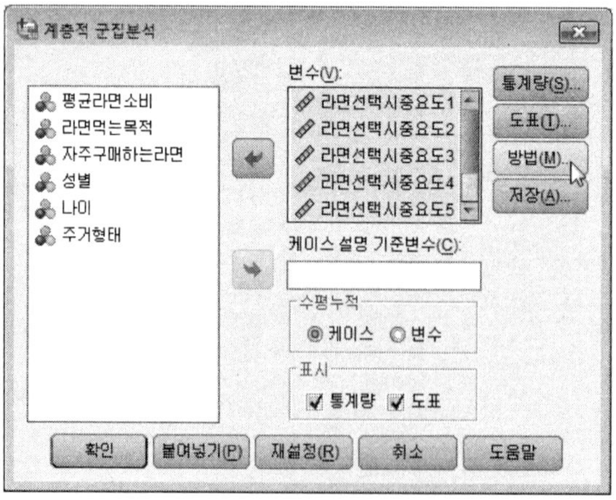

여기서 집단-간 연결(default)을 선택한다. 이는 UPGMA(unweighted pair-group method using average)라 불리는데 두 군집 간의 거리로서 군집 간 모든 쌍의 개체의 거리 평균을 사용한다.

또한 계량척도에 대한 거리측도는 제곱 유클리디언 거리가 기본으로 설정(default)되어 있다. 펼침 막대를 누르면 기타 군집방법과 등간측도에서 다른 거리측도 등을 확인 할 수 있다. 여기서는 수정 없이 [계속] 버튼을 누른다.

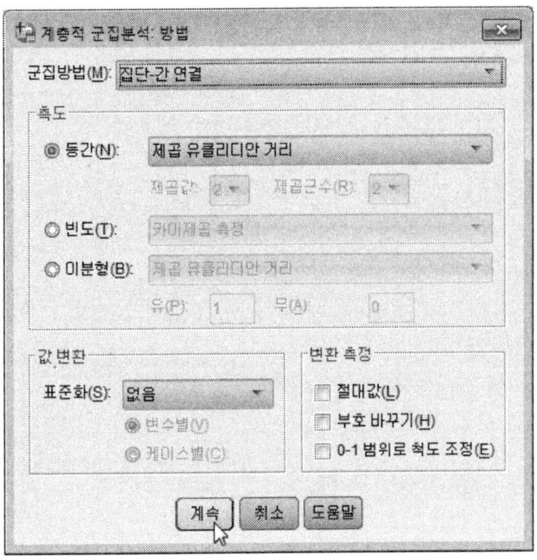

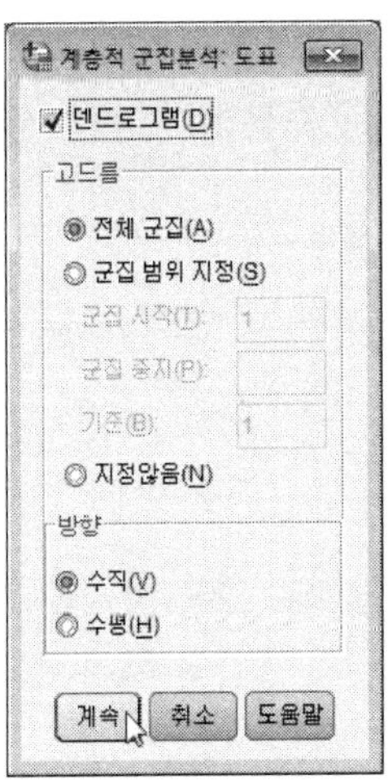

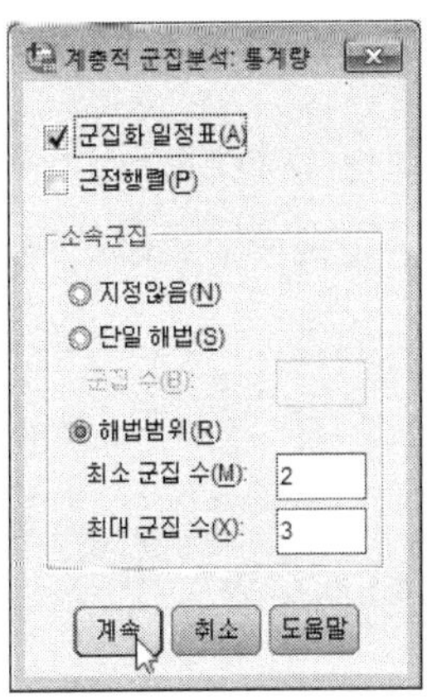

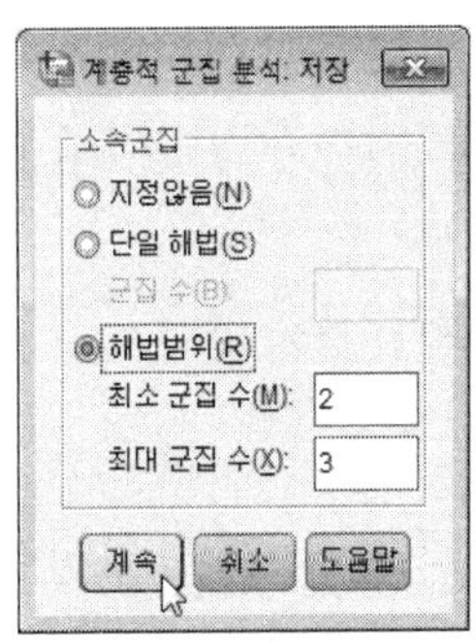

[계층적 군집분석: 도표] 대화상자에서 '□덴드로그램'과 <고드름> 도표 (icicle plots)에 '◎전체군집'을 선택한다.

[계층적 군집분석: 통계량]에서 <소속군집>의 '군집수의 해법범위'를 2~3으로 지정한다.

[계층적 군집분석: 저장]에서 소속군집 수를 역시 2~3으로 지정하면 소속군집 변수가 생성된다. 이때 2개 또는 3개 군집의 출력결과를 이용해 어떤 군집수가 적절한지를 판단할 수 있다.

옵션을 다 선택한 후 [계층적 군집방법] 대화상자에서 [확인] 버튼을 눌러 군집분석을 실행하면 [데이터 보기] 시트에서 새로운 변수(소속군집 변수인 CLU3_1과 CLU2_1)가 생성된 것을 확인 할 수 있다.

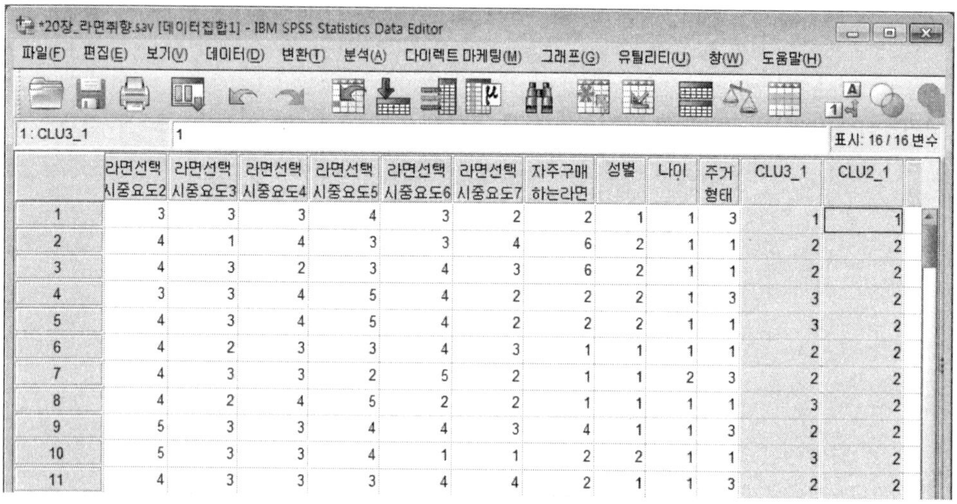

	라면선택 시중요도2	라면선택 시중요도3	라면선택 시중요도4	라면선택 시중요도5	라면선택 시중요도6	라면선택 시중요도7	자주구매 하는라면	성별	나이	주거 형태	CLU3_1	CLU2_1
1	3	3	3	4	3	2	2	1	1	3	1	1
2	4	1	4	3	3	4	6	2	1	1	2	2
3	4	3	2	3	4	3	6	2	1	1	2	2
4	3	3	4	5	4	2	2	2	1	3	3	2
5	4	3	4	5	4	2	2	2	1	1	3	2
6	4	2	3	3	4	3	1	1	1	1	2	2
7	4	3	3	2	5	2	1	1	2	3	2	2
8	4	2	4	5	2	2	1	1	1	1	3	2
9	5	3	3	4	4	3	4	1	1	3	2	2
10	5	3	3	4	1	1	2	2	1	1	3	2
11	4	3	3	3	4	4	2	1	1	3	2	2

출력결과 중에 고드름 도표는 아래로 길게 내려올수록 거리가 가까운 개체를 의미한다. 세로축의 군집의 수는 가상의 가로선을 그었을 때 빈 칸이 없는 곳 까지 하나의 군집으로 분류된다는 의미이다. 다음 그림에서는 세 군집으로 나눈 경우를 점선으로 표시한 것이다.

덴드로그램과 고드름 도표는 근본적으로 같은 그림이라 할 수 있다. 덴드로그램에서는 응집되는 순서대로 각 거리를 표시하고 있다. 여기서는 출력그림은 생략한다.

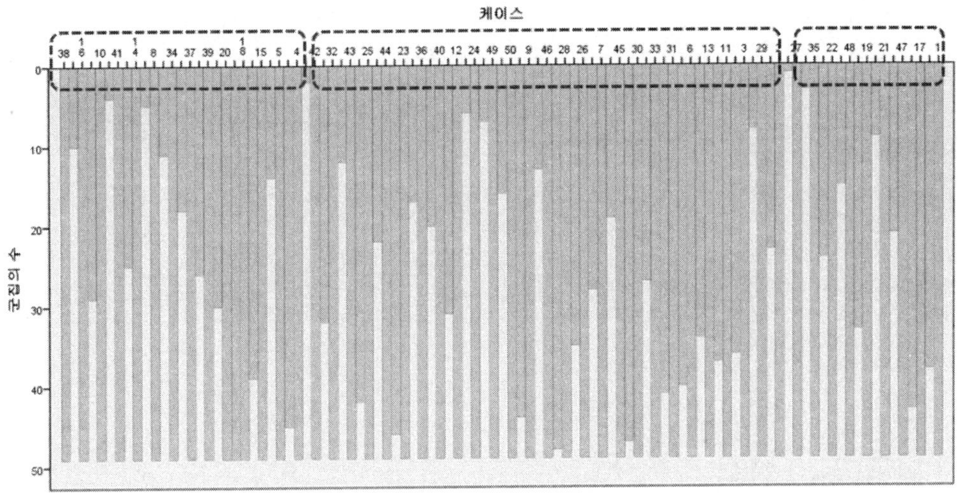

두 군집의 특성 비교를 위하여 각 군집별 (군집분석에 사용한) 중요도 변수의 평균을 구하여 본다. [분석] 메뉴의 <표>-<통계표 작성>을 선택한다. 각 2개 군집, 3개 군집의 경우 군집변수들의 평균을 구해본다.

[통계표 작성] 대화상자에서 열 변수를 중요도 변수를 위치하고 행에는 세 집단 분류변수인 CLU3_1, 두 집단 분류변수 CLU2_1를 위치한다. 이때 변수리스트에는 알고리즘인 'Average Linkage'로 표시되고 있다.

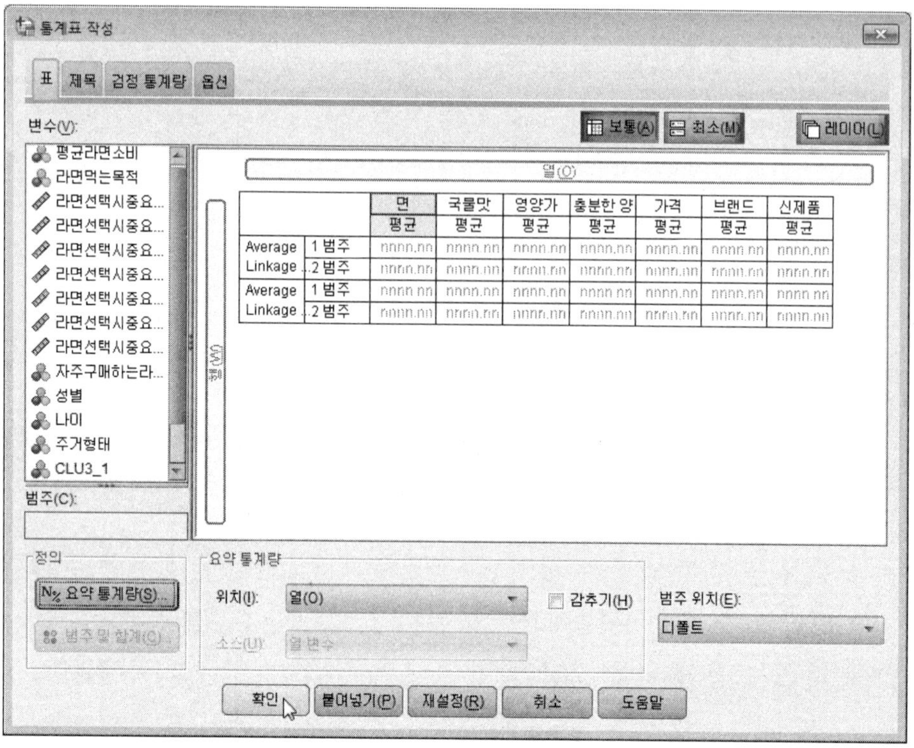

<출력결과> 두 군집은 각 9개체와 41개체로 나누어졌고, 군집 2가 군집 1에 비해 면, 국물 맛, 영양가, 양, 등을 중요하게 생각하며 군집 1은 가격만 중요하게 생각하고 있다. 세 군집은 41개체를 27와 14개로 나눈 것인데 군집 1은 가격을, 군집 2는 맛과 브랜드를 군집 3은 거의 모든 것을 중요하게 생각하는 집단으로 분류될 수 있다. (2보다는 3 분류가 적절?)

		면	국물맛	영양가	충분한 양	가격	브랜드	신제품
		평균	평균	평균	평균	평균	평균	평균
Average Linkage (Between Groups)	1	3.00	2.22	2.56	2.67	3.56	2.89	2.78
	2	3.85	4.39	2.85	3.32	3.41	3.71	2.66

		면	국물맛	영양가	충분한 양	가격	브랜드	신제품
Average Linkage (Between Groups)	1	3.00	2.22	2.56	2.67	3.56	2.89	2.78
	2	3.81	4.30	2.48	2.96	2.89	4.04	2.85
	3	3.93	4.57	3.57	4.00	4.43	3.07	2.29

나누어진 군집 간에 군집변수가 아닌 다른 변수 즉, 소비행태나 브랜드 선호도에서 차이가 있는가를 파악하기 위해 교차분석을 시행할 수 있다.■

20.3 k-평균 군집분석

k-평균법의 개요

> k-평균법(k-means clustering method)은 군집의 수 k를 미리 정하여 주면 k개의 중심점을 임의로 잡고 이 중심점에 가까운 개체들을 k개의 군집으로 분류하고 다시 k개의 중심점을 수정하고 이에 따라 개체를 분류하는 작업을 반복한다.

k-평균법은 계층적 군집분석에 비하여 계산량이 적어 빠르게 계산하는 장점을 가진 군집분석법이다. k개의 중심에 가까운 개체들을 k개의 군집으로 분류하고 다시 k개의 중심점을 수정하고 각 군집 내 '분산'이 최소가 될 때까지 군집화를 실행한다. 각 군집을 나누는 변수들의 군집 간 차이가 극대화되므로 군집을 나눈 뒤 ANOVA 등으로 군집 간 차이를 보여주어야 할 때 유리한 분석법이다.

(응집형) 계층적 군집방법은 어떤 개체들이 같은 군집에 속하게 되면 다시 분리되지 않는다는 특징을 갖고 있는데 반하여 k-평균법은 한번 같은 군집에 속했더라도 다음 단계에서 다시 분리될 수 있다.

k-평균법의 알고리즘

> 개체간 거리를 구하기 위해 계속적으로 좌표들의 거리를 구해주며 다음과 같은 단계를 거친다.

① N개의 개체 중에서 k개의 개체를 임의로 선택하여 군집의 중심점(centroid)으로 정한다. 이들 중심점과 각 개체들 간의 거리를 구한다.

② k개의 중심점 중에서 가장 가까운 거리를 갖도록 모든 개체를 k개 그룹으로 나눈다.

③ k개의 중심점을 다시 계산한다. 그리고 새로운 중심점과 나머지 개체들과 거리를 다시 계산하여 거리 행렬을 조정한다.

④ ①-③번까지의 절차를 반복한다. (k개 중심점의 변화가 없을 때까지)

【참고】 알고리즘의 계산 예

2차원 좌표로 측정된 5개의 개체가 있다고 하자. 이를 두 개의 군집으로 나누고자 한다.(k=2) 첫 번째 중심점으로 2, 3 개체로 잡고 이때 각 개체와 중심점의 거리를 구한다.

개체	x	y	중심점
1	1	3	
2	3	4	c_1
3	3	1	c_2
4	4	1	
5	4	2	

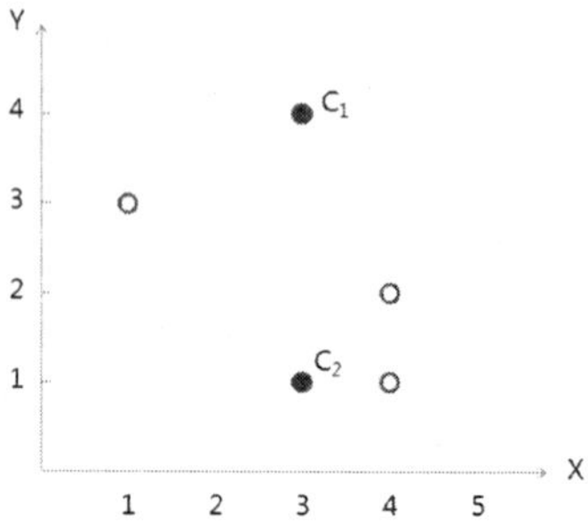

각 중심점과의 거리는 다음과 같고 이에 따른 군집 분류를 표시하였다.

개체	x	y	c_1과 거리	c_2과 거리	군집
1	1	3	2.24	2.83	1
2	3	4	0	3	1
3	3	1	3	0	2
4	4	1	3.16	1	2
5	4	2	2.24	1.41	2

개체 (1, 2)는 군집 1에 개체 (3, 4, 5)는 군집 2에 분류되고 이에 따른 새로운 중심점은 다음과 같이 구한다.

$$c_1 = \left(\frac{1+3}{2}, \frac{3+4}{2}\right) = (2,\ 3.5)$$

$$c_2 = \left(\frac{3+4+4}{3}, \frac{1+1+2}{3}\right) = (3.67,\ 1.33)$$

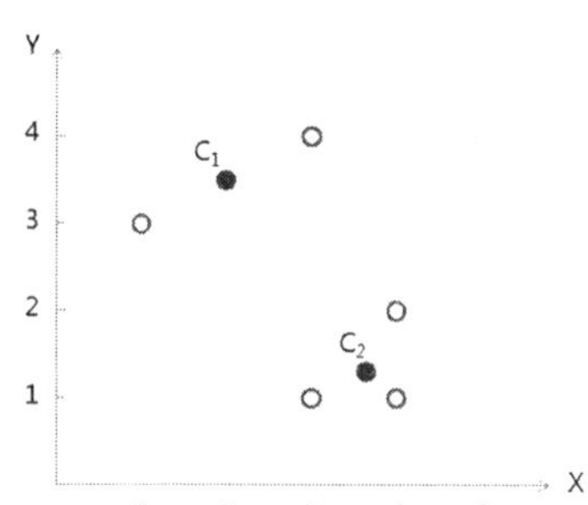

개체	x	y	c_1과 거리	c_2과 거리	군집
1	1	3	**1.12**	3.15	1
2	3	4	**1.12**	2.75	1
3	3	1	2.69	**0.75**	2
4	4	1	3.16	**0.47**	2
5	4	2	2.24	**0.75**	2

개체 분류에 변함이 없고 이에 따라 각 군집의 중심점에도 변동이 없으므로 알고리즘을 여기서 마친다. 결론적으로 개체 1, 2는 군집 1에 개체 3, 4, 5는 군집 2에 분류한다.

【예제 20.2】 【예제 20.1】의 자료를 k-평균법을 이용하여 군집을 세 개로 분류하고 각 군집의 특성을 분석하시오.

<풀이> [분석] 메뉴의 <분류분석>-<K-평균 군집분석>을 선택한다.

[K-평균 군집분석] 대화상자에서 변수를 지정하고 군집의 수는 3으로 정하였다. 방법은 <반복계산 및 분류하기>를 선택하여 초기값(중심점)의 변동에도 결과가 일치하는가를 확인하도록 한다.

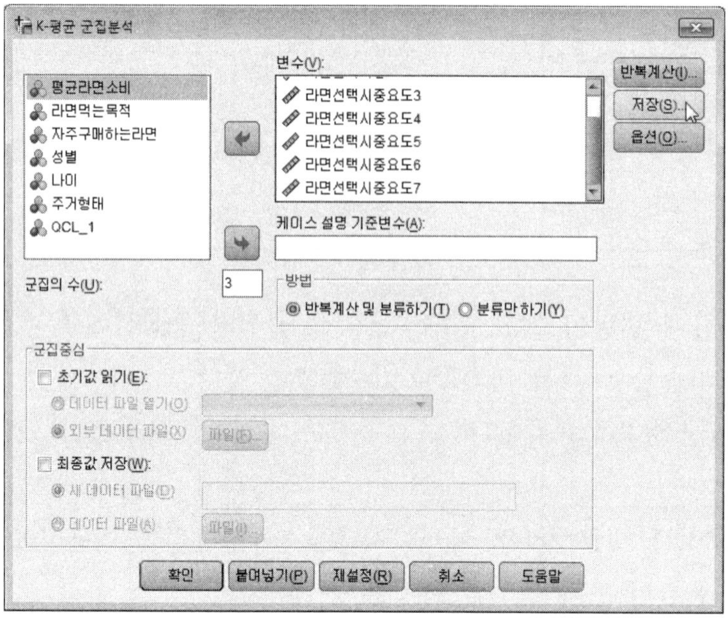

[K-평균 군집분석] 대화상자에서 [저장] 버튼을 눌러 나온 [K-평균 군집: 새 변수 저장] 대화상자에서 '□소속군집'에 체크하면 소속군집이 변수로 저장되어 다음 단계의 분석이 가능하다.

[옵션] 대화상자에서 <통계량>의 '□분산분석표'에 체크하여 각 특성 간 평균비교 검정을 실시한다.

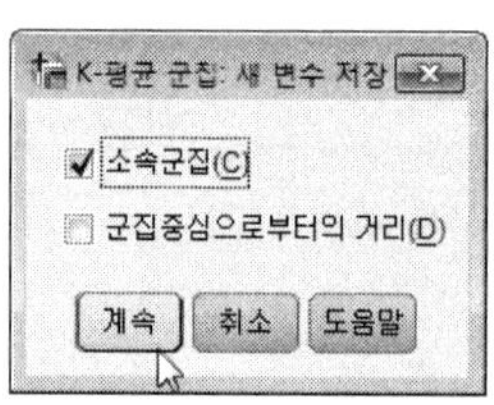

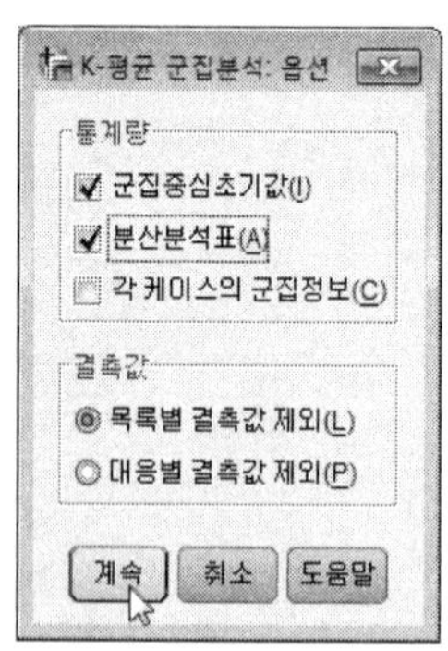

<출력결과>에는 군집별 각 특성값의 평균이 표시되고 이 특성값의 차이에 대한 평균비교를 실시하였다. 각 개체는 군집 1에 14개체, 군집 2에 21, 군집 3에 15개체 등이 배정되었다.

최종 군집중심

	군집		
	1	2	3
면	4	3	4
국물맛	5	3	5
영양가	3	2	4
충분한 양	3	3	4
가격	3	3	5
브랜드	4	3	3
신제품	2	3	2

각 군집의 케이스 수

군집	1	14.000
	2	21.000
	3	15.000
유효		50.000
결측		.000

분산분석

	군집		오차		F	유의확률
	평균제곱	자유도	평균제곱	자유도		
면	6.069	2	.348	47	17.433	.000
국물맛	11.867	2	.644	47	18.427	.000
영양가	5.764	2	.606	47	9.516	.000
충분한 양	5.914	2	.429	47	13.780	.000
가격	14.674	2	.404	47	36.354	.000
브랜드	4.305	2	.717	47	6.003	.005
신제품	6.204	2	.606	47	10.242	.000

다른 군집의 여러 케이스 간 차이를 최대화하기 위해 군집을 선택했으므로 F 검정은 기술통계를 목적으로만 사용되어야 합니다. 이 경우 관측유의수준은 수정되지 않으므로 군집평균이 동일하다는 가설을 검정하는 것으로 해석될 수 없습니다.

분산분석결과 세 평균 간의 동일성 검정에서 모두 유의한 차이가 존재하는 것으로 판단된다. (유의확률 <0.01) [19]

		면	국물맛	영양가	충분한 양	가격	브랜드	신제품
		평균	평균	평균	평균	평균	평균	평균
케이스 군집 번호	1	4.29	4.57	2.50	3.00	2.57	4.21	2.07
	2	3.14	3.19	2.48	2.81	3.24	3.38	3.24
	3	3.93	4.60	3.53	3.93	4.53	3.20	2.47

각 군집의 군집변수 평균을 구해본 결과([분석] 메뉴의 <표> 이용) 군집 1은 맛과 브랜드만을 중요하게 생각하는 집단이고 군집 2는 가격을 제외하고는 중요하게 생각하는 것이 없는 집단, 군집 3은 거의 모든 점을 중요하게 생각하는 집단으로 해석할 수 있다. 이 결과는 앞서의 계층적 방법과 유사한 결과를 가져온다. 단지 평균을 중심으로 그룹핑을 하였기 때문에 계층적 방법에 의한 군집 보다는 평균차이가 좀 더 선명하게 두드러지는 특징이 있다. ■

19) 각 평균의 차이가 최대화되도록 분류한 집단에서의 분산분석표이기 때문에 일반적인 분산분석과 같은 의미로 해석하면 안 된다.

20.4 2단계 군집분석

2단계 군집분석의 개요

> 이단계 군집분석(2-step Cluster analysis)은 SPSS에서 제공하는 군집방법의 하나로서 분류변수에 계량변수와 명목변수가 동시에 포함될 때 사용할 수 있는 분석이다.[20] 또한 대용량의 데이터를 군집분석할 때 유용하고 군집의 수를 자동으로 결정해주는 장점이 있다.

이 방법은 분류하는데 사용하는 변수가 모두 계량형이면 유클리디언 측도를 사용하고 명목변수가 포함되면 로그-우도(log-likelihood) 측도를 사용한다. 로그-우도 측도를 사용하기 위해서는 명목변수들이 다항분포(multinomial distribution)를 따르고 계량변수들은 각자 독립적으로 정규분포를 따른다는 가정이 필요하다.[21] 그러나 이러한 가정이 맞지 않더라도 계산값에는 크게 영향을 주지 않는 로버스트한 특성을 갖고 있음이 알려져 있다.

계층적 군집분석의 단점은 개체간 거리를 계산하는 측도도 다양하고 군집간 거리를 정의하는 방법도 다양하기 때문에 방법에 따라 결과가 다르게 나온다는 것이다. 또한 명목변수가 포함되어 있을 때 유클리디언 거리를 기본적으로 사용하면서 가중값만 다르게 주는 형식을 취하기 때문에 가중값의 임의성 때문에 그 결과가 안정적이지 못하다.

Banfield와 Raftery(1993)가 가우시안 혼합 모형(Gaussian Mixture Model)에서 모형에 기초한 거리측도를 개발하였고 Melia와 Heckerman

---

20) 계층적 방법은 분류하는 변수가 모두 계량적이거나 명목적일 때만 유용하다. k -평균법은 분류변수가 계량적일 때만 사용가능하다.

21) 통계학에서 우도(likelihood)라는 단어가 사용되면 이는 자료의 분포가 가정되었다는 것을 의미한다. 예를 들어 최대우도통계량(MLE: Maximum Likelihood Estimator)은 자료의 모집단이 정규분포(대부분)임을 가정하고 이런 자료가 나올 가능성이 최대가 되는 모수(예 평균, 기울기)의 값을 추정한 통계량이 된다.

(1997)이 이러한 확률모형 개념을 명목변수에 적용하였다. SPSS에서는 이러한 '모형 기반' 거리척도를 연속형 계량변수와 범주형 명목변수 모두에 적용할 수 있도록 확장하였다.

2단계 군집분석의 알고리즘

이단계 군집분석에서는 자동으로 최적의 군집수를 결정하여준다. Fraley와 Raftery(1998)는 군집수를 결정하기 위한 기준으로 BIC (Bayesian Information Criterion, 또는 Schwartz 베이지안 기준)를 제안하였고 이와 함께 SPSS에서는 Akaike 정보기준(AIC)에 의하여 결정된 최적의 군집을 제공하고 있다.

이단계 군집방법은 대용량의 데이터를 위해서 첫 번째 단계(first step)에서는 전체 데이터 셋을 CF tree(군집 기능 나무)를 이용한 축차적 방법[22]으로 부군집(sub-cluster)으로 나눈다.[23] 두 번째 단계(second step)에서는 최적의 군집수에 맞추어 부군집을 군집분석한다. 전 단계의 군집(pre-cluster step)이 최종 단계의 군집에 영향을 주지 않을 때까지 반복하여 부 군집에 들어있는 개체를 최종적으로 한 군집에 배정한다.

【예제 20.3】 다음은 IPTV를 시청하는 동기에 대한 500명의 응답자료이다. IPTV를 시청하는 5개 동기(항시적 접속성, 오락, 정보, 시간보내기, 유행추구 등)를 측정하였는데 이러한 동기 변수들에 의하여 자료를 군집으로 나누고 이들 차이를 분석하시오. (자료명: "20장_IPTV.sav")

<풀이> SPSS에 의하여 <이단계 군집분석>을 행하고 부차적인 분석으로 각 군집의 특성을 비교한다.

---

22) SPSS에서는 응집형 방법을 사용한다.

23) CF tree 방법은 입력순서에 따라 영향을 받으므로 최적의 부군집 분류를 위해 자료의 순서가 무작위로 배정되어 있어야 한다.

[이단계 군집분석] 대화상자에서 <연속형 변수>에 5개 동기 변수를 입력하고 거리측정은 로그-우도로 정하였다. 군집기준은 AIC 기준으로 선택하고 [출력결과] 버튼을 클릭한다.

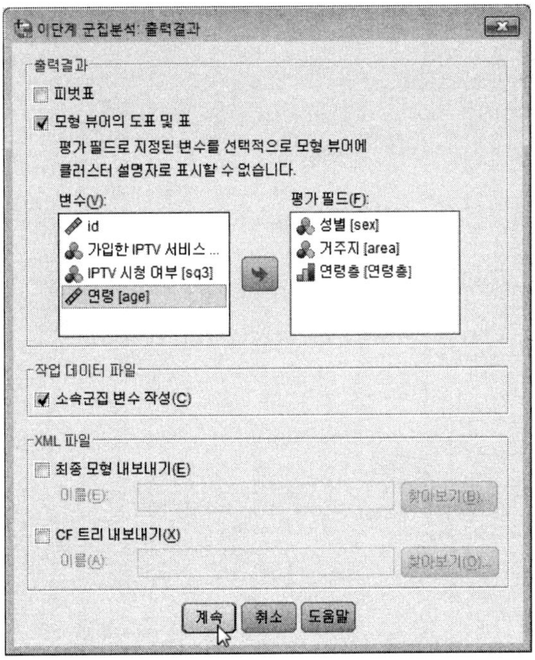

[이단계 군집분석: 출력결과] 창에서 [모형뷰어] 창에서 볼 <평가필드>로 정할 변수로 성별, 거주지, 연령층 등을 선택한다. <작업 데이터 파일>에서 '□소속군집 변수 작성'을 선택한다.

모형 요약

알고리즘	TwoStep
입력	5
군집	2

군집 품질

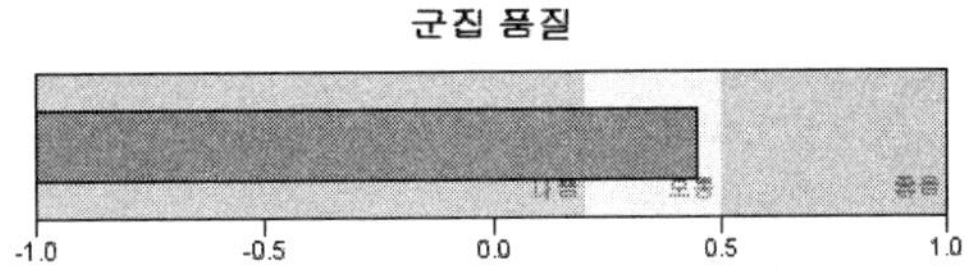

출력결과에 2개의 군집으로 자동 설정되었다. 군집의 품질은 보통이상으로 판단된다. 위의 출력결과를 더블클릭하면 [모형뷰어] 창이 뜨면서 모형요약과 군집 크기 등을 확인할 수 있다. 군집은 2개 각 군집의 크기는 160(32%)~340(68%) 크기 수준이다.

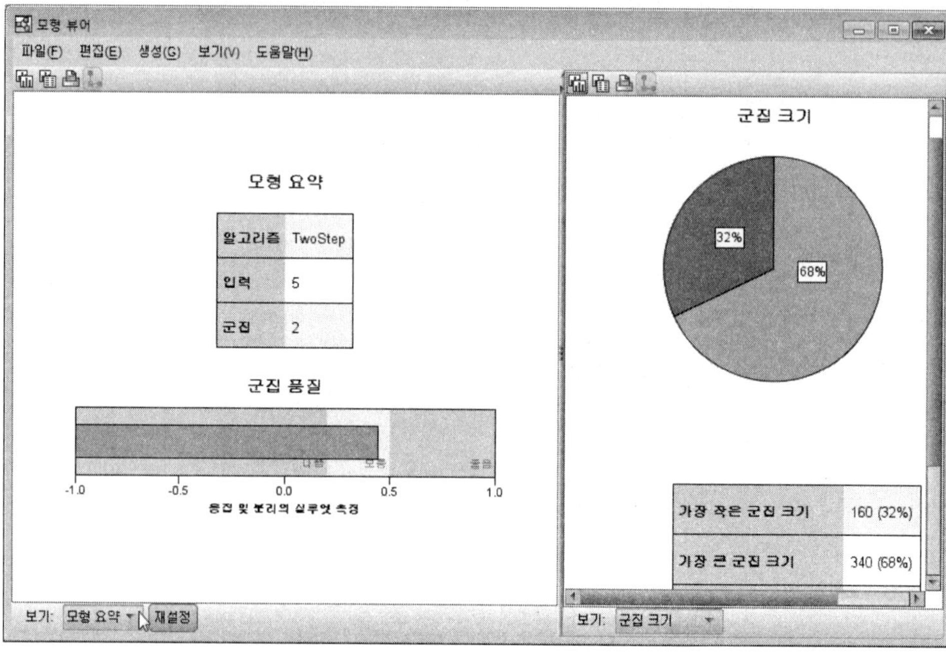

왼쪽 창 아래의 [군집] 탭을 누르면 군집별 변수들의 평균이 표로 정리되어 있고 표의 셀을 클릭하면 전체분포 중에 군집의 분포가 표시된다.

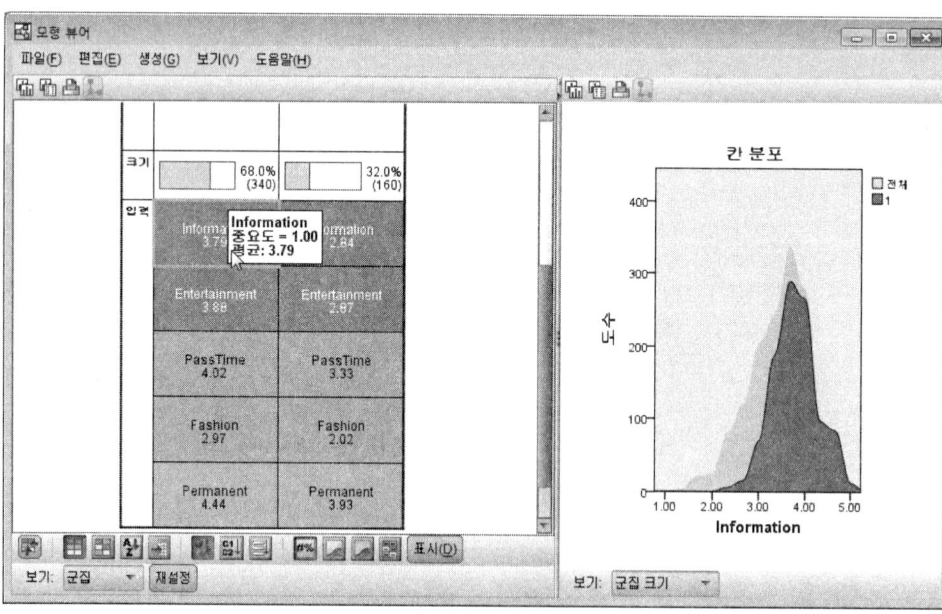

저장된 군집변수를 통해 신뢰구간 도표에 의한 집단 간 평균비교 등 부차적인 분석을 행할 수 있다. 일단 각 집단의 군집변수 평균을 표로 표시하면 다음과 같다. ([분석] 메뉴의 <평균비교>-<집단별 평균 분석>)

보고서

TwoStep 군집 수		Permanent	Entertainment	Information	PassTime	Fashion
1	평균	4.4426	3.8765	3.7853	4.0228	2.9693
	N	340	340	340	340	340
	표준편차	.35462	.47227	.48577	.45849	.73670
2	평균	3.9344	2.8663	2.8354	3.3344	2.0214
	N	160	160	160	160	160
	표준편차	.55406	.66303	.54433	.57386	.61350
합계	평균	4.2800	3.5532	3.4813	3.8025	2.6660
	N	500	500	500	500	500
	표준편차	.48947	.71702	.67190	.59251	.82737

집단 1은 모든 동기가 다 높은 집단이고 집단 2는 모든 종기가 낮은 집단이다. 이러한 분류가 연구목적과 맞지 않을 때는 다음과 같이 <군집수>의 '◎고정 수 지정'에서 원하는 군집수를 적어준다. ■

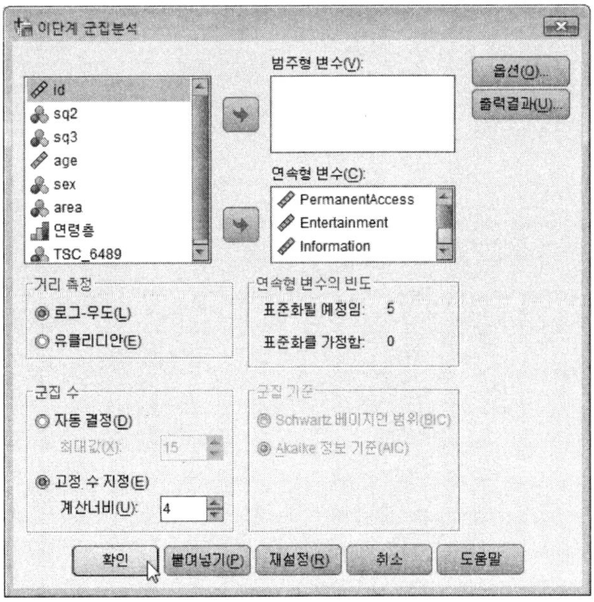

Part Ⅷ. 변수의 영향력

21. 일반선형모형

22. 공분산분석

23. 혼합모형

24. 컨조인트분석

Part Ⅶ. 변수의 영향력을 공부하기 전에

□ 변수의 영향력에 대하여 알아야 하는 이유

- 변수의 영향력을 보는 가장 기초적인 수준은 회귀분석이다.
- 명목변수, 계량변수 등의 영향력을 종합적으로 보기위해서는 일반선형모형을 사용해야 한다.
- 일반선형모형으로 명목변수들만의 영향력을 보면 실험계획법(2원배치, 3원배치 등)과 동일하다.
- 일반선형모형으로 계량변수들의 영향력은 제거하고 명목변수들만의 영향력을 보려면 공분산분석한다.
- 일반적인 회귀분석 모형의 가정을 따르지 않는 자료의 형태일 때 혼합모형을 고려한다.
- 선호도는 각 속성의 효용의 합으로 나타난다고 가정할 때 각 속성의 효용을 컨조인트분석으로 추정한다.

□ 일반선형모형에 대하여 알아야 할 내용

- 모수요인과 변량요인의 차이
- 모형에 상호작용의 추가

□ 공분산분석에 대하여 알아야 할 내용

- 공분산분석의 필요성과 의미
- 사후분석의 절차

□ 혼합모형에 대하여 알아야 할 내용

- 변량요인의 처리

□ 컨조인트분석에 대하여 알아야 할 내용

- 직교배열법이 필요한 이유
- 각 속성의 효용값 및 자극(수준)에서 효용값

21장. 일반선형모형

21.1 일반선형모형의 개요

일반선형모형의 개요

> 어떤 종속변수가 어떤 요인(명목변수)에 의해 영향을 받을 때 그 영향력이 유의(significant)한가를 일반선형모형에 의해 분석한다.

본서의 '13장. 평균비교'에서 집단 간의 평균이 같은가를 검정하였는데 이를 일원배치 분산분석이라 하였다. 여기서 일원(一元, one factorial)이라는 것은 집단을 나누는 인자(factor)가 하나인 경우를 의미한다. 만약 집단을 나누는 인자가 둘 또는 셋 등이라면 이는 이원배치 분산분석, 삼원배치 분산분석 등이 될 것이다. SPSS에서 이원배치 이상의 다원(多元)배치 자료는 일반선형모형분석(GLM: generalized linear model)을 사용하여 분석할 수 있다. 이러한 일반적인 실험계획(experimental designs)자료 외에도 공분산분석 자료, 회귀분석 자료 등을 일반화선형모형 분석을 이용하여 구할 수 있다.

모수요인과 변량요인

> 종속변수에 영향을 주는 요인(명목변수)은 통제(control) 가능성에 따라 모수요인과 변량요인으로 나눈다. 통제가 가능해서 실험의 재현이 가능한 경우는 모수요인, 통제가 불가능해 재현되지 못하는 요인을 변량요인이라 한다.

예를 들어 모수요인(fixed factor)은 성별, 투약수준, 실험온도 등처럼 실험 조건을 통제가능하다. 변량요인(random factor)은 무한한 집단에서 표본으로 뽑힌 요인으로 설명되는데 실험일자, 실험용기, 실험병원 등과같이 여러 개중에서 랜덤하게 선택된 요인의 의미를 갖고 있다.

만약 어떤 임상실험에서 A약제의 통증완화효과(종속변수)를 보기 위해 투약수준(100㎎, 500㎎, 1000㎎)을 따라 달리 해가며 질병의 정도(중증, 경증)에 따라 분류된 환자들에게 실험을 하였다면 이들 조건은 둘 다 통제 가능하므로 모수요인이라 할 수 있고, 이렇게 모수요인으로만 이루어진 모형을 모수모형(fixed effect model)이라 한다. 그런데 이들 요인 외에도 병원 간 차이도 있는가를 보기위해 여러 병원에서 실험을 진행했다면 병원은 변량요인이 되고 이러한 모형은 모수와 변량이 혼합되었다는 의미로 혼합모형(mixed effect model)이라 한다. 이에 대한 설계는 다음 표와 같다. (셀 안에 '•'은 가상 측정값을 표시한 것임)

투약량 / 증세	100	500	1000
경증	• • • • •	• • • •	• • • •
중증	• • • •	• • • • •	• • •

투약량 / 증세		100	500	1000
가 병원	경증	• •	• •	• •
	중증	• •	• •	• •
나 병원	경증	• •	• •	• • •
	중증	• •	• • •	• •
다 병원	경증	• •	• •	• • •
	중증	• •	• • •	• •

<표 21.1> 모수모형과 혼합모형

위의 좌측 표는 실험에 영향을 주는 요인이 '증세'(모수요인), '투약량'(모수요인)이므로 모수모형이라하고 특히 실험에 영향을 주는 요인이 두 개이므로 이원배치 모수모형이라 한다. 위 우측 표는 실험에 영향을 주는 요인이 '증세'(모수요인), '투약량'(모수요인), '병원'(변량요인)이므로 혼합모형이라 하고 또한 요인이 3개이므로 삼원배치 혼합모형이라 한다.

이 장에서는 선형모형 중에서 가장 간단한 형태인 이원배치 모형만을 다음 절에서 설명하겠다.

21.2 이원배치분산분석

이원배치분산분석의 개요

이원배치(two-way layout, two factorial design)는 실험결과(종속변수)에 두 개의 요인(factor)이 영향을 주는 실험계획이다. 우리는 두 요인의 효과와 상호작용 효과에 관심을 갖는다.

이원배치 실험은 각 요인이 교차하는 수준의 조합(셀: cell)에서 관측값을 얻는데, 여기서는 처리 A의 수준수가 a이고, 처리 B의 수준수가 b, 각 셀에서 측정수가 동일한 자료구조를 가정한다.

처리A \ 처리B	1	2	…	b	평균
1	y_{111} y_{112} ⋮ y_{11r}	y_{121} y_{122} ⋮ y_{12r}	…	y_{1b1} y_{1b2} ⋮ y_{1br}	$\bar{y}_{1\cdot\cdot}$
2	y_{211} y_{212} ⋮ y_{21r}	y_{221} y_{222} ⋮ y_{22r}	…	y_{2b1} y_{2b2} ⋮ y_{2br}	$\bar{y}_{2\cdot\cdot}$
⋮	⋮	⋮	⋱	⋮	⋮
a	y_{a11} y_{a12} ⋮ y_{a1r}	y_{a21} y_{a22} ⋮ y_{a2r}	…	y_{ab1} y_{ab2} ⋮ y_{abr}	$\bar{y}_{a\cdot\cdot}$
평균	$\bar{y}_{\cdot 1\cdot}$	$\bar{y}_{\cdot 2\cdot}$	…	$\bar{y}_{\cdot b\cdot}$	$\bar{y}_{\cdot\cdot\cdot}$

<표 21.2> 반복이 있는 이원배치 자료의 구조

이러한 자료에서 우리가 관심을 갖는 것은 요인의 주효과(main effect)와 교호작용(상호작용, interaction)에 관한 검정이다. 주효과는 처리간의 차이를 표현하는 것이고, 교호작용은 각 요인들이 결합하여 생기는 상승/하강의 효과를 의미한다. 이들 효과를 포함하는 이원배치 자료의 수학적 모형은 다음과 같다.

$$y_{ijk} = \mu + \alpha_i + \beta_j + (\alpha\beta)_{ij} + \epsilon_{ijk}, (i=1,\ldots,a;\ j=1,\ldots,b;\ k=1,\ldots,r)$$

여기서, μ는 전체평균, α_i와 β_j는 각각 처리 A, B의 주효과, $(\alpha\beta)_{ij}$는 A와 B의 교호작용효과, 그리고 $\epsilon_{ijk} \sim N(0, \sigma^2)$.

주효과와 교호작용에 대한 다음과 같은 가설의 검정에 관심을 갖는다.

$$H_{0A}: \alpha_1 = \alpha_2 = \cdots = \alpha_a = 0$$

$$H_{0B}: \beta_1 = \beta_2 = \cdots = \beta_b = 0$$

$$H_{0AB}: (\alpha\beta)_{11} = (\alpha\beta)_{12} = \cdots = (\alpha\beta)_{ab} = 0$$

위의 가설들을 검정하기 위한 통계량을 유도하여 보자. 각 관찰값과 전체 평균과의 변동값인 전체제곱합(SST: total sum of squares)을 각 요인과 교호작용이 설명하는 변동으로 다음과 같이 네 부분으로 나눈다.[1)]

$$\sum_{i=1}^{a}\sum_{j=1}^{b}\sum_{k=1}^{r}(y_{ijk}-\overline{y}_{...})^2 = br\sum_{i=1}^{a}(\overline{y}_{i..}-\overline{y}_{...})^2 + ar\sum_{j=1}^{b}(\overline{y}_{.j.}-\overline{y}_{...})^2$$

$$+ r\sum_{i=1}^{a}\sum_{j=1}^{b}(\overline{y}_{ij.}-\overline{y}_{i..}-\overline{y}_{.j.}+\overline{y}_{...})^2 + \sum_{i=1}^{a}\sum_{j=1}^{b}\sum_{k=1}^{r}(y_{ijk}-\overline{y}_{ij.})^2$$

$$SST = SSA + SSB + SSA*B + SSE,$$

여기서 SSA와 SSB는 처리제곱합(sum of squares due to treatments)이고, SSA*B는 교호작용제곱합(sum of squares due to interaction)이며, SSE는 오차제곱합(sum of squares due to error)이다. 또한 이들을 각각

1) 각 처리조합수준, 즉 한 실험 셀에서 반복측정하지 않은 경우에는 (r=1) SSA*B와 SSE를 분리해서 구할 수 없기 때문에 교호작용효과를 검정할 수 없다. 이때 유의할 것은 교호작용이 존재하지 않는 것이 아니고 오차항과 교락(confounding)되어 있어 분리 추출할 수 없는 것뿐이라는 점이다. 그런 경우에는 SSE(SSA*B가 포함된)의 값이 크게 나와도 이것이 오차항의 분산 때문인지, 아니면 교호작용의 영향 때문인지를 알 수가 없다.

의 자유도로 나누어 준 것을 차례로 MSA, MSB, MSA*B, MSE라 한다. 각 처리제곱합의 자유도는 'df=처리수준수−1'이다. SSE의 자유도는 각 셀에서 $(r-1)$개씩 있으므로 $ab(r-1)$이고, 교호작용제곱합의 자유도는 각 수준의 행$(a-1)$과 열$(b-1)$을 맞추기 위해 $(a-1)(b-1)$이 된다.

반복이 있는 이원배치의 분산분석표(ANOVA table)는 다음과 같다.

요인	제곱합	자유도	평균제곱합	검정통계량(F)
A 처리	SSA	a−1	MSA	MSA/MSE
B 처리	SSB	b−1	MSB	MSB/MSE
A*B(교호작용)	SSA*B	(a−1)(b−1)	MSA*B	MSA*B/MSE
오차	SSE	ab(r−1)	MSE	
전체	SST	abr−1		

<표 21.3> 이원배치의 분산분석표(반복이 있는 경우)

【예제 21.1】 다음은 어떤 비만 치료제에 대한 실험결과의 일부이다. 시험약은 위약(Placebo)과 두 가지 함량(Low, Medium)으로 투약하고 3개의 병원에서 총 294명의 환자를 대상으로 진행하였다. 측정한 값은 체중 변화율과 허리둘레, 체지방 변화율 등이다. 시험약군에 따른 또한, 성별 간에 체중변화율에 차이가 있는지를 분석하고 각 요인들 간에 교호작용이 있는가를 검정하시오. (자료명: "21장_체중.sav")

<풀이> 입력된 자료의 [변수보기] 시트는 다음과 같다.

[분석] 메뉴에서 <일반선형모형>의 <일변량>을 선택한다.2)

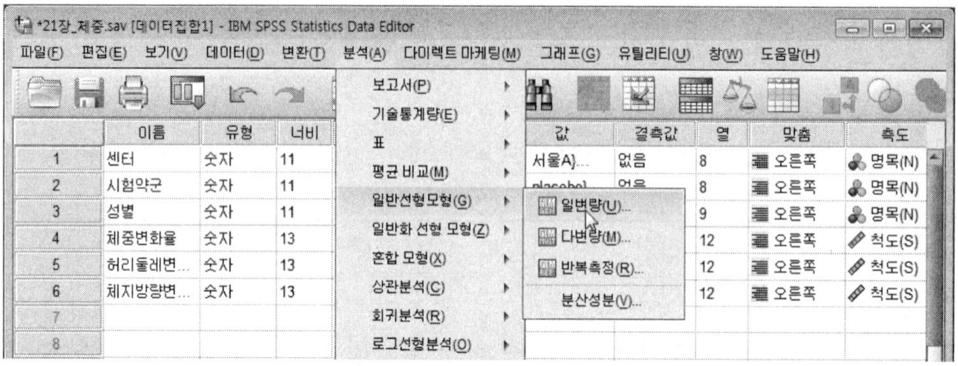

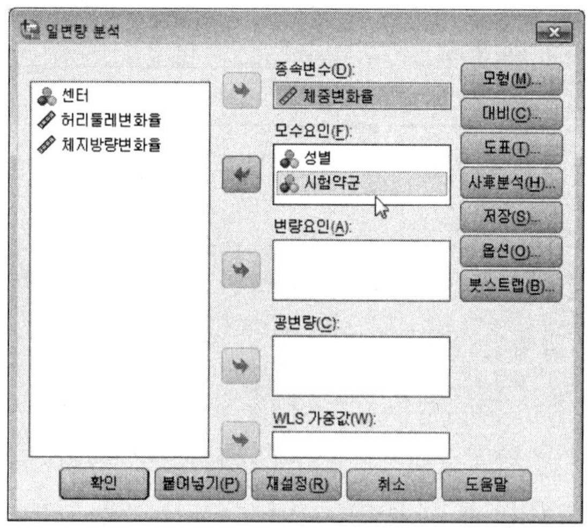

[일변량 분석] 대화상자에서 '체중변화율'을 <종속변수>로 입력하고 처리요인인 '성별', '시험약군' 변수를 <모수요인>에 추가한다.3)

---

2) 분석하는 종속변수가 하나(여기서는 체중변화율)인 경우에는 [일변량]으로 분석하고 분석하는 종속변수에 여러 변수(예. 체중변화율, 허리둘레변화율, 체지방변화율)를 동시에 고려하고자 할 때 [다변량]으로 분석한다.

3) 실험에 영향을 주는 요인변수를 <모수요인>이나 <변량요인>으로 지정하게 된다. 여기서는 이원배치이므로 두 개의 요인을 지정해야 한다. 모수요인과 변량요인의 구별은 간략히 말하면 실험조건의 통제가 가능한가, 실험조건이 우연성에 의한 것인가로 판단한다. 투약조건은 통제가능하기 때문에 모수요인이고 남녀도 효과에 따른 투약시 구별이 가능하기 때문에 모수요인이다. 뒤에서 추가 분석할 '센터' 요인은 만약에 센터 간 차이가 존재한다고 하더라도 동일한 약을 다른 병원에서 투약 받는다고 효과가 다르다고 추측하기는 어려워 우연한 변동이라 고려할 수밖에 없다는 점에서 변량요인으로 지정할 것이다.

[모형] 탭을 클릭해 [일변량: 모형] 대화상자에서 <모형설정>에 완전모형설정을 체크하면 주효과와 교호작용이 모두 포함된 모형으로 분석하게 된다.

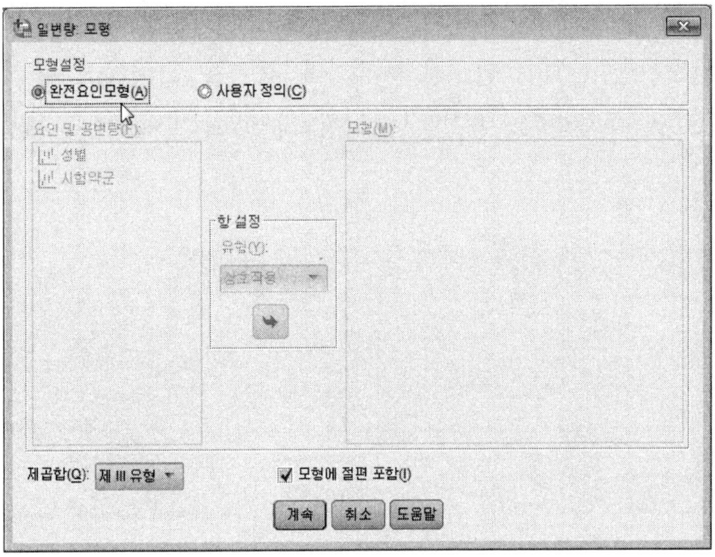

[일변량 분석] 대화상자에서 <사후분석>(post-hoc analysis) 버튼을 클릭하여 주효과가 검출되었을 때 어떤 수준의 평균들이 서로 다르다고 할 수 있는지 평균비교를 한다. (사후분석은 '13장. 평균비교'를 참조)

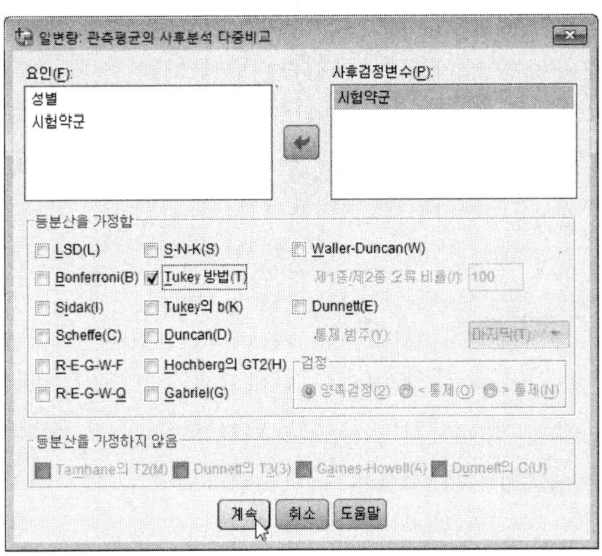

[일변량: 관측평균의 사후분석 다중비교] 대화상자에서 평균을 비교할 변수를 시험약군으로 정하고 비교방법은 'Tukey' 방법을 선택하였다.

[일변량 분석] 대화상자에서 [도표] 버튼을 클릭하여 그림으로 교호작용과 주효과의 존재를 파악할 수 있도록 하였다. [일변량: 프로파일 도표]에서 <수평축 변수>와 <선구분 변수>에 요인을 입력하고 <추가> 버튼을 눌러 도표를 추가한다. 여기서는 시험약군과 성별에 따른 체중변화율이 도표로 표시될 것이다.

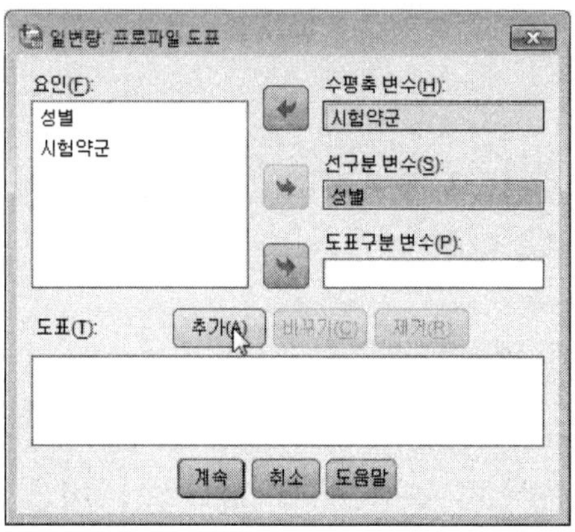

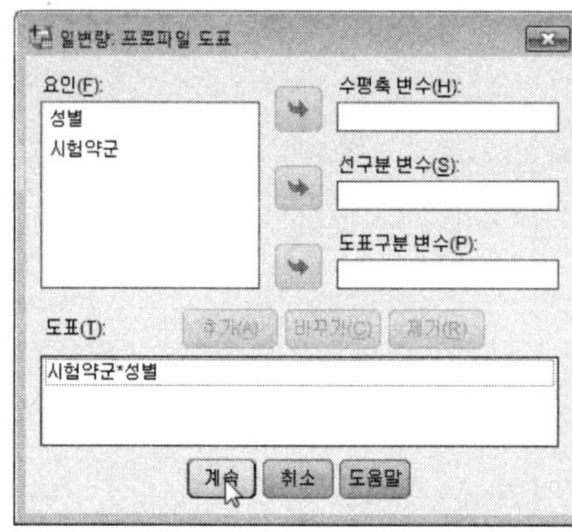

<출력결과>에 두 요인의 수준과 각 수준별 표본수가 표시된다. 시험약군은 3 수준이고 각 수준별 조사된 표본수는 각 96, 100, 98 명이다.

개체-간 요인

		변수값 설명	N
성별	1	남자	102
	2	여자	192
시험약군	1	placebo	96
	2	Low	100
	3	Medium	98

다음의 개체 간 효과 검정을 위한 분산분석표를 해석하면 성별 간에 차이는 유의하지 않았고(유의확률=0.486), 시험약군의 효과는 유의하게 검출되었다(유의확률<0.001). 또한 두 요인의 교호작용도 존재하지 않는 것으로 분석되었다(유의확률=0.969).

시험약군 간에 차이가 존재한다고 검정결과가 나왔기 때문에 시험약군 간에 어떤 수준에서 평균차이가 존재하는가에 대한 사후분석을 실시하였다. Tukey 방법에 의하면 'Medium'과 'Low'가 동일집단으로 판정되고,

'Low'와 'Placebo'가 동일집단으로 파악되었다. 단, 'Medium'과 'Placebo'는 평균이 다른 집단으로 판정되었다.

개체-간 효과 검정

종속 변수:체중변화율

소스	제 III 유형 제곱합	자유도	평균 제곱	F	유의확률
수정 모형	.025[a]	5	.005	4.119	.001
절편	.060	1	.060	50.404	.000
성별	.001	1	.001	.488	.486
시험약군	.021	2	.011	8.800	.000
성별 * 시험약군	7.542E-5	2	3.771E-5	.031	.969
오차	.345	288	.001		
합계	.441	294			
수정 합계	.370	293			

a. R 제곱 = .067 (수정된 R 제곱 = .051)

동일집단군

체중변화율

Tukey HSD[a,b,c]

시험약군	N	집단군 1	집단군 2
Medium	98	-.02676	
Low	100	-.01535	-.01535
placebo	96		-.00451
유의확률		.056	.074

동일 집단군에 있는 집단에 대한 평균이 표시됩니다.
관측평균을 기준으로 합니다.
오류 조건은 평균 제곱(오류) = .001입니다.

다음 출력은 교호작용 효과와 주효과를 동시에 파악할 수 있는 프로파일 도표이다. 그림에 의하면 남자에 비해 여자의 체중변화율이 약간 낮음을 알 수 있고(통계적으로 유의하지는 않음) 시험약군은 각 수준별로 많은 차이를 보이고 있다. 두 직선의 기울기가 다르지 않다는 것은 교호작용이 존재하지 않음을 의미한다. ■

프로파일 도표

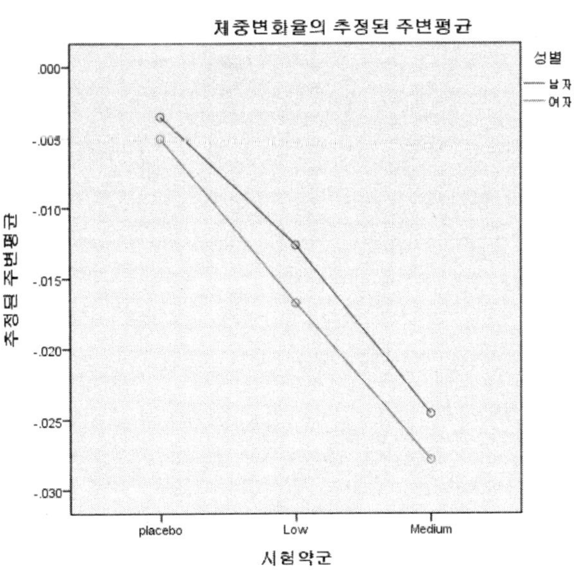

【참고】 다음은 '센터'라는 변량요인을 모형에 추가하여 3원배치로 분석하는 과정이다.

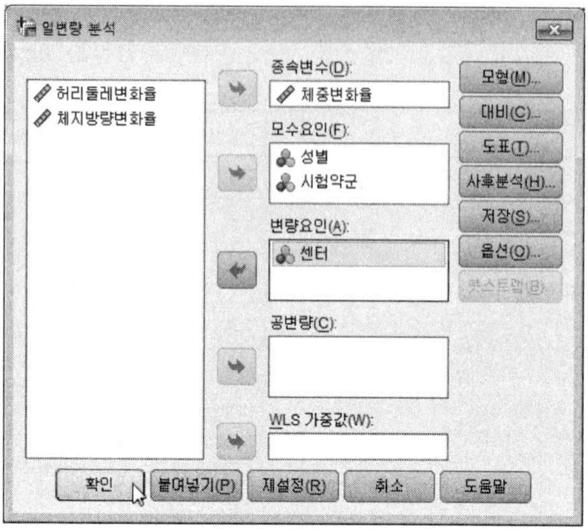

개체-간 효과 검정

종속 변수:체중변화율

소스		제 III 유형 제곱합	자유도	평균 제곱	F	유의확률
절편	가설	.052	1	.052	48.007	.018
	오차	.002	2.070	.001[a]		
성별	가설	3.207E-5	1	3.207E-5	.013	.920
	오차	.005	2.030	.002[b]		
시험약군	가설	.021	2	.011	9.508	.028
	오차	.005	4.142	.001[c]		
센터	가설	.002	2	.001	.354	.731
	오차	.008	2.699	.003[d]		
성별 * 시험약군	가설	.000	2	8.034E-5	.146	.868
	오차	.002	4.297	.001[e]		
성별 * 센터	가설	.005	2	.003	4.630	.091
	오차	.002	4.020	.001[f]		
시험약군 * 센터	가설	.004	4	.001	2.072	.249
	오차	.002	4	.001[g]		
성별 * 시험약군 * 센터	가설	.002	4	.001	.451	.772
	오차	.330	276	.001[h]		

완전모형으로 분석한 분산분석표 결과에 의하면 여전히 유의한 시험약군의 효과가 검출되었다. 그러나 제곱합의 크기에는 변화가 없지만 검정통계량의 분모인 평균제곱오차의 값과 자유도가 달라져서 통계량 값과 유의확률이 다르게 나왔다. 이는 모수요인과 변량요인에 따른 평균제곱(MS)의 기댓값이 다르고 이에 따른 통계량의 분모가 결정되기 때문이다.

22장. 공분산분석

22.1 공분산분석의 개요

공분산분석(ANCOVA)의 개요

어떤 종속변수가 어떤 요인(명목변수)에 의해 영향을 받을 때 그 영향력이 유의(significant)한가를 일반선형모형에 의해 분석하는데 이때 종속변수에 영향을 주는 변인(공변량)을 제거하고 요인들의 효과만을 보고자 할 때 공분산분석(Analysis of Covariance: ANCOVA)을 한다.

분산분석(다원배치)에서는 종속변수는 계량변수이지만 집단을 나누는 요인은 모두 명목변수이다. 그런데 데이터에는 실험에 영향을 주는 어떤 계량변수가 존재할 수 있고 이러한 정보를 이용하면 좀 더 정확한 분산분석을 실행할 수 있다. 실험에 영향을 주지만 연구자가 분석 목적에 포함시키지 않은 변인을 공변량(covariates)이라 표현한다.

예를 들어 두 교육방법의 교육성과 차이에 관심을 가질 때 연구자의 관심은 교육방법에 의한 차이이지만 교육성과에 실험참여자의 지능이나 지식수준 등이 영향을 미치게 된다. 이때 실험설계상 종속변수는 교육성과지표, 모수요인은 교육방법, 공변량은 지능, 지식수준 등이 된다. 이러한 공변량의 영향력을 제거하고 관심 있는 요인에 대하여 분산분석을 시행하는 절차를 공분산분석이라 한다.

공분산분석(ANCOVA)의 목적

공분산분석의 가장 큰 목적이자 기대효과는 검정력(power)의 증가이고, 또 다른 목적은 교락성(confounding)의 제거이다

자료를 설명하는 모형에 공변량 변수를 포함하게 되면 추정된 모형의 자료에 대한 적합성을 높여 잔차에 의해 계산되어지는 평균제곱오차

(MSE)의 값의 정밀성을 높일 수 있다. 즉, 각 효과의 유의성을 검정하는 검정통계량의 분모 값에 해당되는 오차항의 분산을 정확하게 추정해주기 때문에 검정력을 높일 수 있다. 일반적인 분산분석에서는 처리효과가 존재하지 않다가도 모형에 공변량을 포함하면 처리효과가 유의하게 판정되는 경우를 기대할 수 있다.

공분산분석의 또 다른 목적은 교락성(confounding)을 제거해줄 수 있다는 것이다. 교락성은 실험에 의도되지 않은 요인이 실험결과에 영향을 줌에도 이를 분리해서 검출해내지 못하게 두 요인의 효과가 혼합되어 있는 것을 의미한다. 앞의 예에서 교육방법에 따라 두 집단으로 나누어 교육성과를 측정하는데 우연히 한 집단에 다른 집단에 비해 지능이 높은 실험자가 많이 포함되어 있다면 교육성과의 차이가 교육방법에 의한 차이인지 지능에 의한 차이인지 판단하기 어렵다. 즉 실험효과와 공변량(지능) 효과가 confounding 되어있는 것이다. 공분산분석은 이렇게 교락 되어 있을 가능성이 있는 변인을 공변량으로 모형에 포함시킴으로써 그 영향을 분리해낼 수 있다.

22.2 공분산분석의 실행

공분산분석(ANCOVA)의 모형

하나의 종속변수가 여러 요인(명목변수)에 의해 설명되는 선형모형에 공변량(covariates)을 추가해준다.

예를 들어, 두 개의 공변량 변수 x_1, x_2를 포함한 이원배치 자료의 수학적 모형은 다음과 같다.

$$y_{ij} = \mu + \alpha_i + \beta_j + (\alpha\beta)_{ij} + \gamma_1 x_{1ij} + \gamma_2 x_{2ij} + \epsilon_{ij},$$

여기서, μ는 전체평균, α_i, β_j, $(\alpha\beta)_{ij}$는 주효과와 교호작용효과, 그리고 γ_1, γ_2는 공변량에 대한 회귀계수이다.

공분산분석의 조건

공변량 변인의 효과를 제거하고 나머지 변량으로 요인의 효과를 검출하려는 공분산분석에서는 요인에 따라 나눈 각 그룹에서 동일하게 공변량의 영향력을 제거한다는 가정이 필요할 것이다.

공분산분석을 위해서는 일반적인 분산분석의 가정 외에도 부가적으로 필요한 가정이 있다. 이는 ① 처리효과와 공변량의 독립성 가정과 ② 집단간에 공변량 회귀계수의 동일싱 가정 등이다. 이러한 가정은 공변량이 각 그룹에서 동일한 영향을 주어야 함을 의미한다. 첫 번째 가정은 각 처리수준(그룹)마다 공변량의 평균이 동일함을 의미하고 두 번째 가정은 각 처리수준에서 종속변수에 대하여 공변량의 회귀계수의 기울기가 동일함을 의미한다.

이들 가정이 만족하는지를 체크하는 방법으로 평균비교, 회귀계수의 동일성 검정, 산점도에 의한 검토 등을 생각할 수 있는데 가장 간단한 방법은 공변량과 요인들과의 교호작용이 존재하는가를 검정하는 것이다. 교호작용이 존재하지 않으면 이들 가정이 만족하는 것으로 판단하여 공분산분석을 적용할 수 있다.

【참고】 공분산분석에서 사후분석이 가능한가?

SPSS의 <일반선형모형> 분석에서 공분산분석을 위하여 공변량 변수를 지정하면 [사후분석] 버튼이 비활성화된다. 즉, 공분산분석 모형에서는 일반적인 사후분석이 불가능하다. 일반적인 사후분석은 각 집단별 평균을 중심으로 평균의 동일성을 검정하지만 공분산 분석에서는 각 집단의 평균이 의미가 없다. 즉, 공변량의 영향으로 수정된 평균이 의미가 있기 때문에 이를 추정한 값으로 사후분석을 실행할 수 있다.

뒤의 예제 출력결과에서 설명하겠지만 SPSS의 공분산분석에서 가능한 사후분석방법은 LSD, Bonferroni, Sidak 등의 방법뿐이다. 이들 방법의 공통점은 전제적인 비교가 아닌 둘씩 짝지어 평균의 동일성을 검정하는 방법이라는 것이다. 전체적인 평균과 가능한 대비를 고려해 다중비교를 하려면 이들 분포에 대한 지식이 있어야 하는데(예. 쉐페, 투키, 던칸) 공변량의 일정한 값에서의 추정값을 이용하여 수정한 집단별 평균값의 분포를 정하기가 쉽지 않기 때문에 세 가지 방법만을 제공하고 있다. '13장. 평균비교'에서 설명한 바와 같이 일반 연구자가 사용할 때 가장 보수적(conservative)[4] 비교방법인 Bonferroni 방법보다는 덜 보수적인 Sidak의 방법을 선호할 수 있을 것이다.

【예제 22.1】 병원에서 통증환자들에게 두 가지 치료방법으로 치료하고 통증변화량을 조사하였다. 치료효과에 영향을 주는 요인으로 치료군(방법)과 성별요인을 고려하였고 이들 요인의 효과를 조사하고자 한다. 질병의 특성상 나이가 치료효과에 영향을 주기 때문에 나이 요인을 공변량으로 정하고 공분산분석 하시오. (자료명: "22장_통증.sav")

---

4) 어떤 검정법이 보수적이라는 것은 제 1종의 오류를 주어진 조건(예. 5%)보다 적게 맞춰주는 경향(예. 3%)을 갖고 있다는 의미이다.

<풀이> 데이터의 [변수 보기] 시트에 변수명을 다음과 같이 입력되어 있다. 치료군은 "시험약=1, 대조약=2", 성별은 "남자=1, 여자=2"인 명목변수로 이들 두 요인의 효과에 대하여 검정하고자 한다.

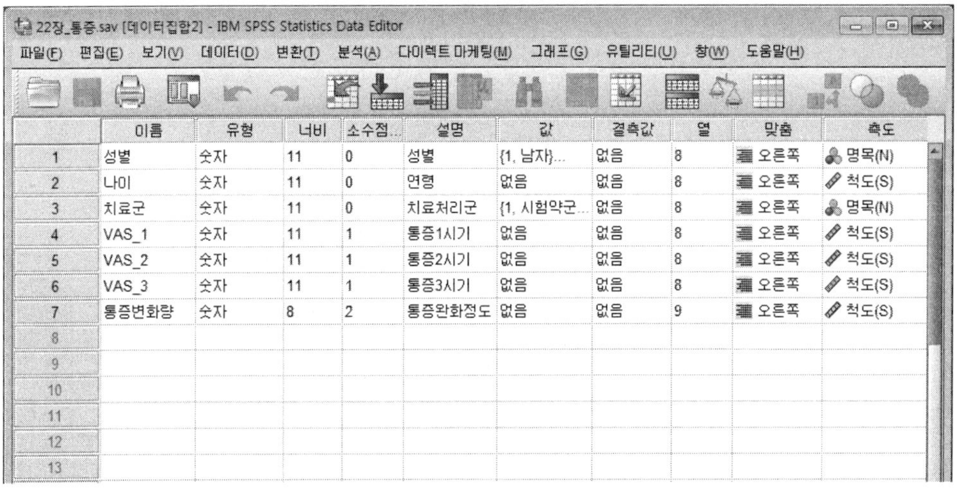

[분석] 메뉴의 <일반선형모형>의 <일변량>을 선택한다.

[일변량분석] 대화창에서 <종속변수>는 '통증변화량', <모수요인>으로는 '치료군', '성별'로 정하고 <공변량>에 '나이' 변수를 입력한다.5) 모수요인이 통증변화량에 주는 효과를 검출하는데 나이에 의한 영향을 제거한다는 의미이다.

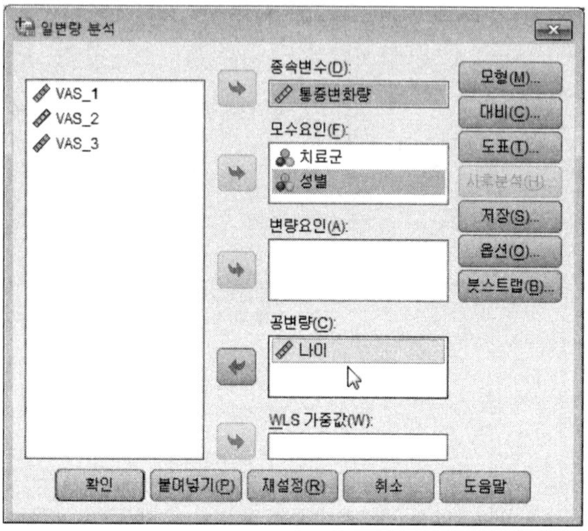

[사후분석] 대신 [대비]를 이용하여 평균의 차이를 비교할 수 있다.6)

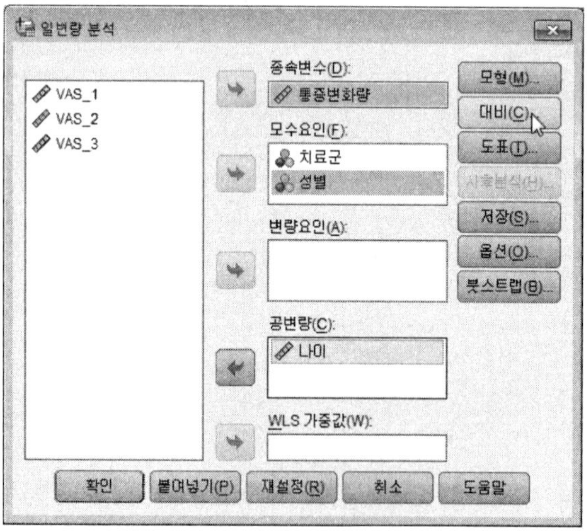

5) 공변량 변수를 지정하면 [사후분석] 버튼이 비활성화 된다.

6) [옵션] 대화상자에서 평균비교도 가능하다.

[일변량: 대비] 대화상자에서 대비(contrast)의 평균검정을 위하여 평균비교를 위하는 변수와 대비종류를 결정하고 <바꾸기> 버튼을 클릭한다.

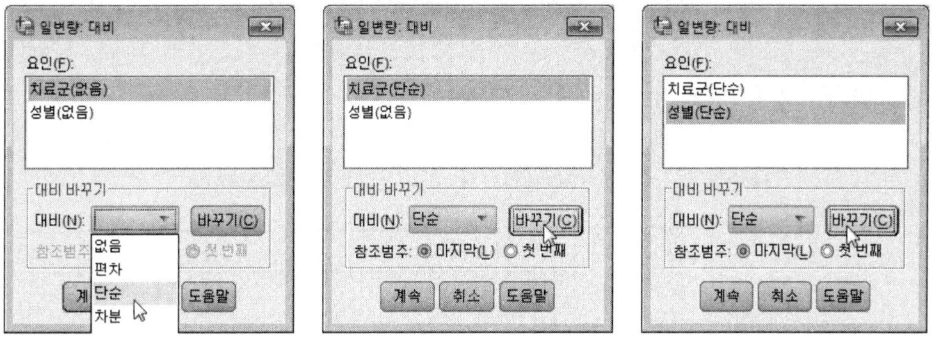

여기서 참조는 단순, 참조범주는 마지막을 선택하였다. 예를 들어 집단의 수가 3이라면 이러한 선택은 '$\mu_1 - \mu_3 = 0$', '$\mu_2 - \mu_3 = 0$'을 검정하게 된다. 여기서는 집단의 수가 치료군, 성별 모두 2이므로 '$\mu_1 - \mu_2 = 0$'즉 남자평균과 여자평균의 차이, 시험약군과 대조군의 차이를 검정한다.

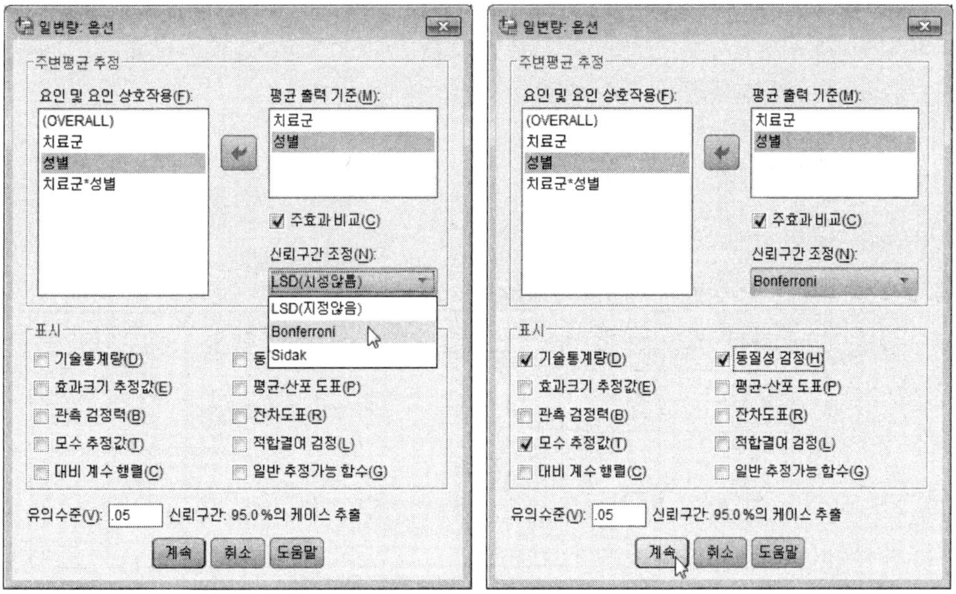

[옵션]에서 <주효과비교>로 사후분석을 실행할 수도 있다. 공분산분석에서 평균비교를 위하여 공변량으로 조정된 주변평균(marginal mean)을

우선 추정하고 이를 바탕으로 평균차이 검정을 실시한다. 여기 예제에서는 그룹의 수가 2로 매우 적으므로 Bonferroni 방법을 사용하도록 한다. 또한 <기술통계량>, <모수추정값>, <동질성검정> 등에 체크한다.

<출력결과>에 기초통계량으로 각 집단의 평균, 집단 내 요인 수준에 따른 평균, 표준편차, 표본수 등이 출력된다.

기술통계량

종속 변수:통증변화량

치료군	성별	평균	표준편차	N
시험약군	남자	-.9200	1.33304	5
	여자	-1.7200	.94710	5
	합계	-1.3200	1.16886	10
대조약군	남자	-.0400	.59414	5
	여자	-.4400	.99649	5
	합계	-.2400	.80166	10
합계	남자	-.4800	1.07786	10
	여자	-1.0800	1.13803	10
	합계	-.7800	1.12184	20

개체-간 효과 검정

종속 변수:통증변화량

소스	제 III 유형 제곱합	자유도	평균 제곱	F	유의확률
수정 모형	11.660[a]	4	2.915	3.569	.031
절편	5.365	1	5.365	6.569	.022
나이	3.828	1	3.828	4.686	.047
치료군	6.654	1	6.654	8.146	.012
성별	5.070	1	5.070	6.207	.025
치료군 * 성별	.002	1	.002	.003	.960
오차	12.252	15	.817		
합계	36.080	20			
수정 합계	23.912	19			

a. R 제곱 = .488 (수정된 R 제곱 = .351)

<표 22.1> 기술통계량과 공분산분석의 분산분석표

요인의 효과 검정을 위한 분산분석표를 보면 치료군(유의확률=0.012)과 성별(유의확률=0.025)의 유의한 효과가 검출되었다.

【참고】 이원배치의 결과 비교

나이를 공변량에 포함하지 않은 일반적인 이원배치에서는 성별의 효과가 유의하게 판정되지 않았었다.(유의확률=0.2) 평균제곱오차는 이원배치 분산분석에서 1.005가 공분산분석에서 0.817로 줄어들고 성별요인 제곱합은 늘어난 것을 확인할 수 있다

개체-간 효과 검정

종속 변수:통증변화량

소스	제 III 유형 제곱합	자유도	평균 제곱	F	유의확률
수정 모형	7.832[a]	3	2.611	2.598	.088
절편	12.168	1	12.168	12.107	.003
치료군	5.832	1	5.832	5.803	.028
성별	1.800	1	1.800	1.791	.200
치료군 * 성별	.200	1	.200	.199	.662
오차	16.080	16	1.005		
합계	36.080	20			
수정 합계	23.912	19			

a. R 제곱 = .328 (수정된 R 제곱 = .201)

<표 22.2> 이원배치 분산분석표

다음은 치료군 효과에 대한 사후분석 결과이다.[7] 각 치료군 수준에서의 평균 추정값(주변평균)이 일반적인 평균과 다름을 확인할 수 있다. 즉 공변량 분석에서 수정된 시험약군의 평균 −1.359인데 반하여 시험약군의 집단평균은 −1.32이다. 여기서 주변평균은 나이가 62.8일 때의 종속변수의 추정값이다.

추정값

종속 변수:통증변화량

치료군	평균	표준오차	95% 신뢰구간	
			하한값	상한값
시험약군	-1.359[a]	.286	-1.969	-.749
대조약군	-.201[a]	.286	-.811	.409

a. 모형에 나타나는 공변량은 다음 값에 대해 계산됩니다.: 연령 = 62.80.

보고서

통증변화량

치료군	평균	N	표준편차
시험약군	-1.3200	10	1.16886
대조약군	-.2400	10	.80166
합계	-.7800	20	1.12184

<표 22.3> 주변평균(공분산분석)과 집단평균의 비교

두 집단의 평균 차이는 다음과 같이 1.158로 추정되고 동일성 검정에 대한 유의확률은 0.012로 두 평균차이가 유의하다.[8]

대응별 비교

종속 변수:통증변화량

(I) 치료군	(J) 치료군	평균차(I-J)	표준오차	유의확률[a]	차이에 대한 95% 신뢰구간[a]	
					하한값	상한값
시험약군	대조약군	-1.158*	.406	.012	-2.023	-.293
대조약군	시험약군	1.158*	.406	.012	.293	2.023

추정된 주변평균을 기준으로

*. 평균차는 .05 수준에서 유의합니다.

a. 다중비교에 대한 조정: Bonferroni

<공분산분석의 가정 체크> 공분산 분석의 가정으로 집단 간 공변량 회귀계수의 동일성이 필요하였다. 이를 살펴보는 방법은 산점도를 이용할 수도 있고 다음과 같이 교호작용항의 검정을 이용할 수도 있다. [일변량: 모형] 대화상자에서 모형에 나이와 집단 간의 교호작용 항을 포함한다.

---

7) 실제로는 더 이상 사후분석이 필요하지 않다. 수준수가 2이라서 유의성이 곧 두 평균의 차이를 의미하기 때문이다.

8) 수준수가 2이므로 <표 22.1>의 F 검정결과의 유의확률과 동일하다.

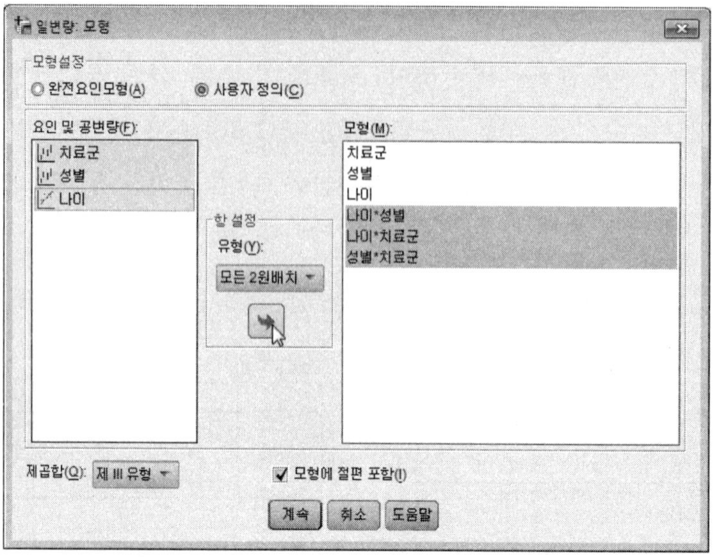

개체-간 효과 검정

종속 변수:통증변화량

소스	제 III 유형 제곱합	자유도	평균 제곱	F	유의확률
수정 모형	11.754a	6	1.959	2.095	.124
절편	3.454	1	3.454	3.693	.077
치료군	.003	1	.003	.004	.953
성별	.013	1	.013	.014	.909
나이	2.749	1	2.749	2.940	.110
성별 * 나이	.093	1	.093	.099	.758
치료군 * 나이	.062	1	.062	.066	.801
치료군 * 성별	.047	1	.047	.051	.825
오차	12.158	13	.935		
합계	36.080	20			
수정 합계	23.912	19			

a. R 제곱 = .492 (수정된 R 제곱 = .257)

분산분석표에서 나이와 성별의 교호작용(유의확률=0.758), 치료군과 나이의 교호작용(유의확률=0.801) 등이 모두 유의하지 않아 각 집단별 나이에 의한 회귀계수가 다르지 않은 것으로 판정되었다.9) 그러므로 공분산분석을 실행하는데 문제가 없다고 판단된다.

교호작용(interaction) 검정이 아니더라도 산점도를 통해 집단 간 회귀계수가 다르다고 볼 수 있는지 판단할 수 있다. 다음과 같이 치료군(요인)

9) 명목변수와 계량변수 간 교호작용항의 회귀계수 유의성 검정은 명목집단별 계량변수의 회귀직선의 동일성 검정과 일치한다. ('16장. 회귀분석' 참조)

별로 나이(공변량)에 따른 통증변화량(종속변수)을 도표로 그려본다.

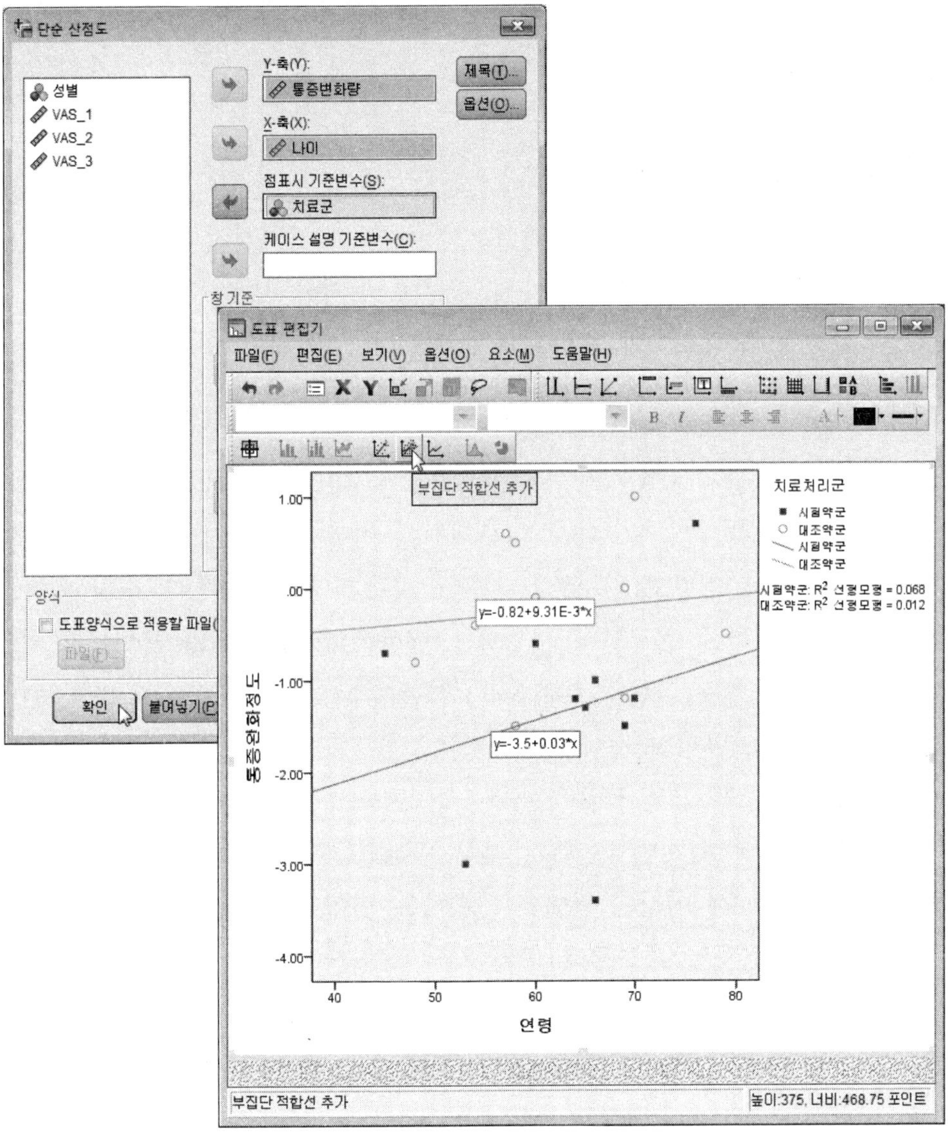

앞의 그림과 같이 산점도를 편집하면(점표시, 부집단 적합선 추가) 치료군 별 나이에 따른 통증변화량의 기울기가 별 차이가 없음을 알 수 있다. 그러므로 공분산분석을 실행하는데 문제가 없다고 결론을 내릴 수 있다. ■

23장. 선형혼합모형

23.1 선형혼합모형의 개요

선형혼합모형(LMM)의 개요

일반적인 선형모형(분산분석, 회귀분석)에 의한 자료분석에서 변량인자에 의한 효과를 고려하지 해야 될 경우에 이러한 모형에 대하여 분석하는 절차를 고정효과와 변량효과가 모형에 포함되어 있기 때문에 선형혼합모형(Linear Mixed Model, LMM) 분석이라 부른다.

예를 들어 서울시내 1,000명의 고등학생을 대상으로 한 조사에서 실제로 이러한 조사가 3개 학교에서 이루어졌고 이들 고등학교가 동일한 성격의 고등학교(예. 일반고, 특목고, 자사고 등)가 아니라면 각 집단에서의 조사 자료는 이러한 변량인자의 효과에 영향을 받을 것이라 본다. 즉, 각 학교표본 별로 평균(절편), 표준오차, 회귀계수(효과크기) 등이 다르다고 가정하는 것이 일반적일 것이다.10)

물론 변량인자의 수가 적을 때에는(예. 3개 고등학교) 더미변수를 사용하여 계산할 수도 있지만 그 수가 너무 많다면 (예. 20개 고등학교) 혼합모형(Mixed Model)이라는 방법을 사용하는 것이 바람직하다.

또한 한 개체(응답자)로부터 여러 개의 응답자료를 얻어 집단 내 상관계수가 존재하는 경우에도 개체 간에 독립성 가정을 요구하는 일반선형모형(GLM)을 사용할 수는 없지만 혼합모형으로는 분석이 가능하다.

10) 이러한 차이를 고려하지 않고 일반적인 분석에 의하여 검정하면 표준오차의 추정이 잘못되기 때문에 제 1종의 오류를 크게 하여 준다.

23.2 선형혼합모형의 실행

선형혼합모형(LMM)의 모형 예

회귀분석모형에 변량인자가 포함된 경우의 데이터의 구조와 모형식에 관한 예이다.

일반적인 회귀분석을 실시하고자 하는데 다음과 같이 한 응답자로부터 여러 회의 응답자료를 얻었다고 가정하자. 이는 한 소비자가 한 전자 제품(예. 세탁기, 청소기)의 사용 경험이 있는 세 가지 브랜드에 대하여 각 속성별 만족도와 전체만족도를 조사한 가상자료이다.

응답자 ID	사용제품 제조사	전체만족도 y	가격만족도 x_1	성능만족도 x_2	디자인만족도 x_3
1	SSG	7	7	7	6
	LGG	8	5	8	7
	HKH	6	8	8	6
2	AEG	9	9	10	9
	SSG	8	9	8	7
	LGG	9	8	9	6
⋮	⋮	⋮	⋮	⋮	⋮
100	HKK	3	5	5	5
	ELS	4	4	7	5
	AEG	5	5	6	6

윗 자료에 대하여 고려할 수 있는 수학적 모형은 다음과 같다.

$$y_i = \beta_0 + \beta_1 x_{1i} + \beta_2 x_{2i} + \beta_3 x_{3i} + e_i, \ (i = 1, 2, ..., 300)$$

그런데 실제로 이 자료는 300개의 독립된 자료가 아니고 100명에게 3번씩 응답을 받았으므로 100개의 독립된 자료이다. 응답자들 간에 평가점수의 평균(전체적으로 후한 점수 또는 박한 점수)이 차이가 있을 수 있고 회귀계수(성능만족이 전체 만족도에 크게 영향을 주는 사람 또는 디자인 만족이 전체 만족도에 강하게 영향을 부는 사람)에 차이가 있을 수도 있다. 여기서는 간단히 표현하기 위하여 개체 간 절편에만 차이가 있다고 가정하고 수학적 모형을 다음과 같이 표현하도록 한다.

$$y_{ij} = \beta_0 + \alpha_i + \beta_1 x_{1ij} + \beta_2 x_{2ij} + \beta_3 x_{3ij} + e_{ij},\ (i=1,2,...,100;\ j=1,...,3)$$

여기서 β는 고정효과에 대한 회귀계수이고 α는 변량효과라 할 수 있다.

이러한 모형에 대하여 분석하는 절차를 고정효과와 변량효과가 모형에 포함되어 있기 때문에 선형혼합모형(Linear Mixed Model, LMM)분석이라 부른다.[11] 위에서 보여준 모형을 특히 변량절편모형(random intercept model)이라 하고 본 절에서는 이와 관련된 예제와 출력결과의 해석만 간단히 소개하고자 한다.

【예제 23.1】 다음은 각 기업체의 사회공헌활동에 대하여 소비자들의 평가와 태도에 대하여 조사한 자료이다. 기업의 사회공헌활동이 감성적/정보적 여부(INFO), 부합성(FIT), 집중성(CONC) 등에 따라 웹사이트에 대한 태도(ATWEB), 기업의 CSR에 대한 태도(ATCSR), 기업에 대한 태도(ATCOP) 등에 어떤 영향을 주는가를 100개의 기업 중 각 소비자에게 랜덤하게 배정된 3개의 기업에 대하여 응답자료를 얻었다. 독립변인인 '감성적/정보적 여부', '부합성', '집중성' 등이 종속변인인 '기업에 대한 태도'에 어떤 영향을 주는가 혼합모형으로 분석하시오. (자료명: "23장_사회공헌.sav")

<풀이> 자료는 다음과 같은 형태로 입력이 된다. 200명의 응답자에게 각 3개의 기업체(국내 100대 기업 배정)에 대한 평가를 얻었고 600 케이스 중 불성실한 답변을 제외하고 549케이스(187명)만 입력하였다.

11) 구체적으로 경제학 분야에서는 'random coefficient regression models'이라 부르고, 사회과학 분야에서는 'multilevel modeling', 통계학자들은 'covariance components models'로 부른다.

모형은 다음과 같이 간략하게 표현할 수 있다.

ATCOP = 절편 + ID# + INFO + FIT + CONC + 오차,

즉, 기업에 대한태도=절편+응답자효과+감성+부합성+집중성+오차.

[분석] 메뉴의 <혼합모형>-<선형>을 선택한다.

[선형 혼합 모형: 개체 및 반복 지정] 대화상자에서 변량인자로 응답자 ID 변수인 'ID#'을 <개체>에 입력한다.

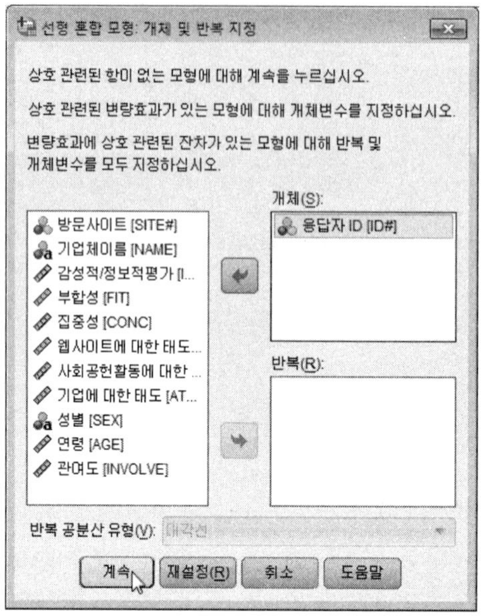

[선형 혼합 모형] 대화상자에서 종속변수는 'ATCOP'를 입력하고 독립변수는 계량형 변수만 있으므로 모두 <공변량>에 입력하였다. 즉, 기업에 대한 태도에 영향을 주는 변수, 'INFO', 'FIT', 'CONC' 변수를 공변량에 입력한다. 다음으로 입력된 독립변인들이 고정효과인지 변량효과인지를 각각 [고정] 버튼과 [임의] 버튼을 클릭해 지정해준다.

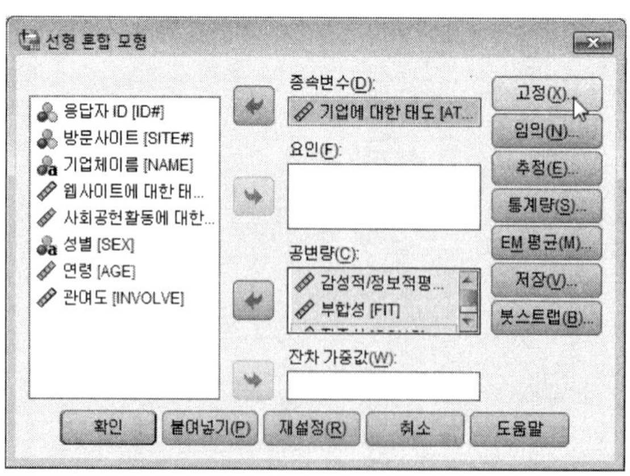

[선형 혼합 모형: 고정 효과]에서 <고정효과>로 각 변수들의 주효과만 모형에 포함하도록 하였다. [선형 혼합 모형: 변량효과] 대화상자에서 개체집단으로 'ID#'을 지정하고 변량효과의 <절편포함>에 체크해준다.

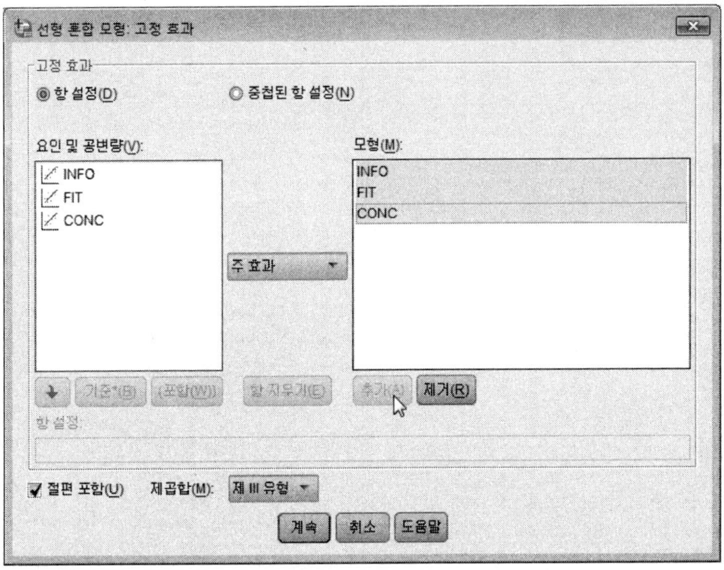

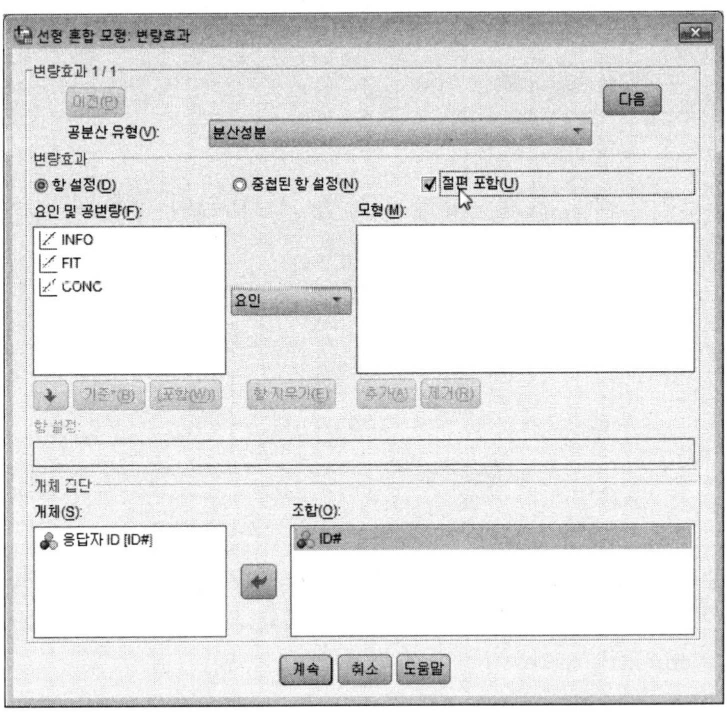

[선형 혼합 모형: 추정]에서 추정방법으로 최대우도(ML) 방법을 선택하였다.[12] 그리고 [통계량]에서 <공분산 모수 검정>에 체크한다.

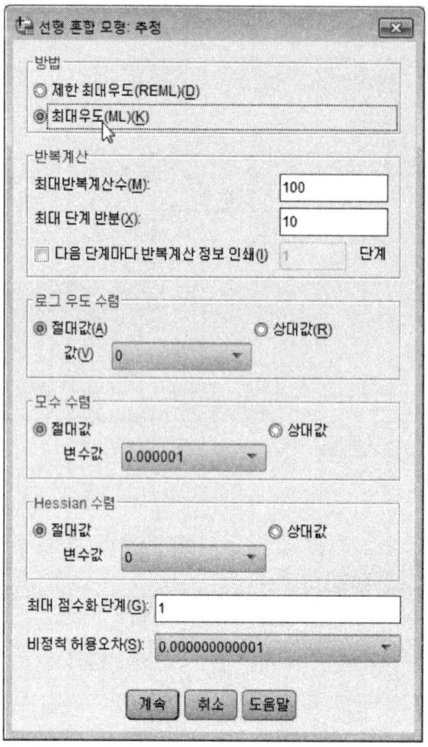

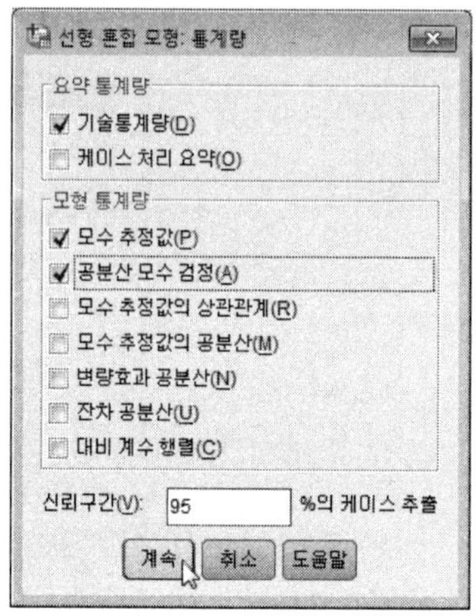

<출력결과> 카이제곱 통계량값과 AIC 등 정보 값이 출력된다.[13]

정보 기준[a]

-2 로그 우도	1609.458
Akaike 정보 기준(AIC)	1621.458
Hurvich & Tsai 기준(AICC)	1621.613
Bozdogan 기준(CAIC)	1653.306
Schwartz 베이지안 기준 (BIC)	1647.306

정보 기준은 가능한 작은 형태로 출력됩니다.

a. 종속변수: 기업에 대한 태도.

12) 제한최대우도(REML) 방법이 편의(bias)를 줄이는 좋은 방법이지만 고정효과에 대한 검정만을 원할 때는 ML 방법을 사용해야 한다.

13) $AIC = -2\log\text{우도} + 2k$ 이다. 즉 카이제곱 통계량값에 모수의 수 6(고정절편, 3고정효과, 변량절편, 1변량효과 등)의 두 배를 더한 수이다.

다음 표의 고정효과 검정에서, 여기서는 회귀계수의 유의성 검정 결과 모두 유의한 효과를 보이고 있다. 각 회귀 계수의 추정값은 일반적인 중회귀분석에서의 회귀계수 값(<표 23.1> 참조)과 거의 유사하다.14)

제3 유형 고정 효과 검정a

소스	분자 df	분모 df	거짓	유의확률
절편	1	548.627	544.620	.000
INFO	1	510.159	20.728	.000
FIT	1	534.393	26.150	.000
CONC	1	519.449	67.418	.000

a. 종속변수: 기업에 대한 태도.

고정 효과 추정값a

모수						95% 신뢰구간	
	추정값	표준오차	자유도	t	유의확률	하한값	상한값
절편	5.402383	.231493	548.627	23.337	.000	4.947661	5.857105
INFO	-.182061	.039989	510.159	-4.553	.000	-.260625	-.103497
FIT	-.204221	.039936	534.393	-5.114	.000	-.282672	-.125771
CONC	.311532	.037942	519.449	8.211	.000	.236994	.386069

a. 종속변수: 기업에 대한 태도.

계수a

모형		비표준화 계수		표준화 계수		
		B	표준오차	베타	t	유의확률
1	(상수)	5.281	.235		22.434	.000
	감성적/정보적평가	-.150	.043	-.139	-3.511	.000
	부합성	-.207	.042	-.196	-4.993	.000
	집중성	.317	.040	.310	7.902	.000

a. 종속변수: 기업에 대한 태도

<표 23.1> 일반선형회귀분석에서의 회귀계수 추정값

LMM에 의한 분석이 필요했는지를 판정하기 위해 ICC 값을 계산해본다. ICC(intraclass correlation)는 그룹효과에서 개체간의 효과가 차지하는 비중을 의미한다15).

---

14) 그러나 LMM의 필요성은 다음의 ICC로 판정한다.

15) 그룹(개체)에서 생기는 변량효과의 양을 그룹(개체) 간(between-groups) 분산과 그룹(개체) 내(within-groups) 분산으로 분리하였을 때 전체 변동 중에 개체 간 변동의 비율을 의미한다. 이 값이 유의하지 않으면 LMM과 일반적인 선형모형분석이 차이가 없다는 것을 의미한다.

다음 출력결과에서는 ICC는 다음과 같이 계산된다.

$$ICC = 29.4\% \ (= 0.341758/(0.341758 + 0.841263).$$

절편(개체=ID#) 분산에 대한 유의확률은 0.000이므로 개체 간 유의한 차이가 존재한다. 즉, LMM에 의한 분석이 유효하다.[16] ■

공분산 모수 추정값[a]

모수		추정값	표준오차	Wald Z	유의확률	95% 신뢰구간	
						하한값	상한값
잔차		.841263	.062415	13.479	.000	.727410	.972935
절편 [개체 = ID#]	분산	.341758	.068428	4.994	.000	.230829	.505998

a. 종속변수: 기업에 대한 태도.

16) 여기서는 이 결과에 관계없이 개체 간 종속성이 명확하므로 LMM 방법을 사용해야 한다.

24장. 컨조인트분석

24.1 컨조인트분석의 개요

컨조인트분석의 개요

컨조인트분석(Conjoint Analysis)은 마케팅에서 주로 사용되는 기법으로 제품이나 서비스를 구성하고 있는 여러 속성의 가치를 결정하는 것이다. 이를 통해 소비자들의 구매행동을 예측하고 여러(conjoint) 속성의 최적의 결합을 통해 최상의 제품 또는 서비스를 제공하도록 한다.

예를 들어 열차를 이용하는 고객에게 어떠한 점에 중점을 두고 최상의 서비스를 제공할 것인가에 관심을 갖는다고 하자. 교통서비스가 가격, 소요시간, 안락함, 안전성 등의 속성으로 구성되어 있다고 가정하고 소비자들이 각 속성에 대해 갖고 있는 가치를 추정한다면 각 속성들이 소비자의 선택행동에 어떤 영향을 주는지를 알 수 있다.

그런데 만약 소비자가 가격에 가장 큰 가치를 두고 있다 하더라도 가격을 무한정 낮출 수 있는 것이 아니므로 가격은 다소 높더라도 빠르게 안락하게 갈 수 있게 서비스를 제공한다면 (즉, 다른 속성을 개선하면) 소비자가 선호할 수 있을 것이다. 이렇듯 컨조인트분석은 여러 속성의 결합(combination)으로 최적의 결정을 할 수 있도록 도와준다.

선호도에 영향을 주는 각 속성에 대한 중요도는 응답자들에게 직접 물어서 그 중요도를 파악할 수도 있다. 그러나 이러한 경우 가장 중요한 속성을 찾을 수는 있겠지만 각 속성에서의 수준은 어떤 경우가 가장 선호되는지 상대적인 중요도는 파악하기 힘들다. 컨조인트분석은 각 속성의 중요도뿐만 아니라 각 속성의 수준의 중요도도 같이 파악되어 소비자들이 선호하는 결합을 찾아내는데 매우 유용한 분석방법이다.

24.2 컨조인트분석의 실행

컨조인트분석의 설계

컨조인트분석을 위해서는 제품을 구성하는 속성을 측정 가능한 소수의 수준으로 분류하여 각 수준의 조합으로 제품을 완성한다.

예를 들어 A 화장품회사에서 남성들이 스킨로션을 구매함에 있어 중요하게 생각하는 속성이 '향', '가격', '기능', '원산지' 등과 같음을 사전조사를 통해 알게 되었다. 소비자들이 어떤 향과 가격, 기능을 가진 제품을 선호하는지 알고 싶어 각 속성의 가치를 추정하고자 한다. 이때 각 속성에 대한 수준(자극)은 다음과 같이 정할 수 있다고 하자.

속성	향	가격	기능	원산지
수준(자극)	부드러운향 시원한 향 짙은 향	35,000원 60,000원	미백 주름제거 피부보호	국내산 수입산

<표 24.1> 화장품 선호에 영향을 주는 속성 및 수준

이러한 조합들을 소비자에게 제안하고 가장 선호하는 제품에서부터 선호하지 않는 제품까지 순위를 부여하도록 하는 것이 조사방법이다. 그러기 위해서 다음과 같이 각 속성의 조합으로 카드를 만든다.

1	2		35	36
부드러운 향	부드러운 향		짙은 향	짙은 향
35,000원	35,000원	…	60,000원	60,000원
미백	미백		피부보호	피부보호
국내산	수입산		국내산	수입산

그런데 이러한 조합의 모든 경우의 수는 3×2×3×2=36가지이다. 36개의 카드를 응답자들이 순위를 매기기에는 그 신뢰성이 의심이 되기 때문에 여기서 그 일부만을 뽑아서 카드를 만들게 되는데 이때 직교배열법을

사용한다. 직교배열법(orthogonal array)은 각 속성별로 출현하는 횟수가 일정하도록 조합을 만들어주는 수학적 기법이다.

간단히 예를 들어 3개의 속성에 2개의 자극이 존재하면 다음과 왼쪽 표와 같은 조합의 모두 8개의 카드가 필요하다. (2×2×2=8)

번호	속성1	속성2	속성3
1	1	1	1
2	1	1	2
3	1	2	1
4	1	2	2
5	2	1	1
6	2	1	2
7	2	2	1
8	2	2	2

⇨

번호	속성1	속성2	속성3
1	1	1	2
2	1	2	2
3	2	1	1
4	2	2	1

왼쪽 편에 음영이 표시된 조합을 선택하면 4장의 카드만으로도 각 속성의 모든 수준이 2번씩 포함된다. 이렇게 선택된 속성조합을 직교배열이라 부른다. 앞의 화장품 예에서는 9장의 카드로 직교배열이 가능하다. 즉 다음과 같이 카드를 만든다.

부드러운 향 60,000원 주름방지 수입산	시원한 향 35,000원 피부보호 수입산	시원한 향 35,000원 주름반지 국산
시원한향 60,000원 미백 국산	짙은 향 35,000원 미백 수입산	짙은 향 35,000원 주름방지 국산
부드러운 향 35,000원 미백 국산	부드러운 향 35,000원 피부보호 국산	짙은 향 60,000원 피부보호 국산

이러한 직교배열은 SPSS에서 [데이터] 메뉴의 <직교계획>-<생성>을 이용하여 구할 수 있다. 이러한 절차는 다음 예제를 통해 소개할 것이다. 위의 화장품 직교배열에서 '향'이나 '기능'은 각 속성의 수준이 9번으로 균등하지만 '가격'과 '원산지'는 각 6번, 3번 출현하는 등 균형이 맞지는 않는다. 직교배열이 각 수준이 모두 동일하게 출현하는 것이 아닐 수도 있음을 보여준다. 그러나 이러한 조합이면 각 수준에서의 가치를 추정할 때 최소한의 조건을 충족하다고 간주하는 것이다.

다음 단계로 이 카드를 응답자에게 보여주고 각자 선호하는 순위를 부여하도록 하고 이를 분석하는 것이 컨조인트분석의 절차이다. 그러한 자료를 컨조인트분석하면 다음과 같이 각 속성에 대한 가치(value) 즉, 효용치(utility)가 산출될 수 있는데 다음과 같은 값을 가정해 보자.

향		가격		기능		원산지	
부드러운 향	0.61	35,000원	0.75	미백	0.34	국내산	0.45
시원한 향	0.72			주름제거	0.32		
짙은 향	0.58	60,000원	0.35	피부보호	0.52	수입산	0.64

<표 24.2> 속성의 수준과 효용값(utility)

'가상'의 자료에 대하여 해석을 하자면 효용간의 차이가 가장 큰 것은 '가격' 속성이었고 '향'에서는 시원한 향이 가장 효용이 높았으며 '기능'에서는 피부보호의 효용이 가장 높음을 알 수 있다. 신제품 개발을 위하여 최적의 조합을 찾기 위해 다음과 같이 효용의 합을 구하였다.

화장품	수준조합	총효용
A화장품	부드러운 향, 35000원, 미백	1.70
B화장품	시원한 향, 60000원, 피부보호	1.69
C화장품	짙은 향, 60000원, 주름제거	1.35
D화장품	시원한 향, 35000원, 피부보호	1.99

<표 24.3> 속성의 수준조합에 따른 총효용값

앞의 표에서는 몇 가지 가능한 조합에 대하여 총효용을 계산하였다. 이러한 분석을 통해 제품의 가능한 구성들의 효용값을 구해 소비자들이 선택할 가능성이 높은 제품을 개발하는데 도움을 줄 수 있을 것이다.[17)]

> **【예제 24.1】** 소비자들이 인천↔상해 구간 항공사를 이용할 때 서비스 속성에 대한 가치를 분석하고 어떤 서비스 속성의 조합이 가장 소비자에게 선호되는지를 컨조인트분석하려 한다.
>
> 단, 항공사 브랜드 속성의 수준은 'KAL', '진에어', '제주항공' 등이고, 가격이 각 '40만원', '32만원', '28만원' 등이다. 또한 제공하는 기내 서비스 자극은 '식음료 제공', '음료만 제공', '없음' 등 모든 수준의 조합수는 27(=3×3×3)가지 경우이다.
>
> 이러한 자극 수준에 따른 직교배열표를 생성하고 카드를 만든 다음 이에 따른 선호도를 차례로 조사하였다. (자료명: "24장_항공사_자료.sav", "24장_항공사_직교배열.sav" 등) [18)]

<풀이> 먼저 모든 속성의 수준에 따르는 27가지의 카드를 가지고 순위를 매기기 어려우므로 그 일부만의 조합으로 실행하도록 직교배열을 얻는다. SPSS에서 [데이터] 메뉴의 <직교계획>-<생성>을 선택한다.

---

17) 실제로는 단순하게 효용의 최댓값을 갖는 제품을 개발하는 것은 아니다. 각 응답자별로 각 속성에 대한 효용값이 계산되고 그 효용값에 따라 응답자들을 군집분석하면 응답자가 여러 군집으로 나누어질 것이다. (예. 향을 중요하게 생각하는 그룹, 국내산 저렴한 가격을 선호하는 집단 등) 이렇게 몇 개의 집단으로 응답자를 세분화(segmentation)한 다음 각 집단의 인구통계학적 특성이나 라이프 스타일 등을 파악해 표적(target)집단을 찾게 되면 (예. 젊은 직장 남성) 그 집단에서 효용을 최대화하는 조합을 다시 찾을 수 있다.

18) 위 예제는 SPSS를 이용하여 컨조인트분석을 하는데 SPSS에서 컨조인트분석을 메뉴방식으로 지원하지 않기 때문에 명령문을 통해 실행한다. 명령문 실행이 익숙하지 않은 대부분의 독자는 본문의 명령문을 그대로 복사해서 실행하는 방식을 추천한다.

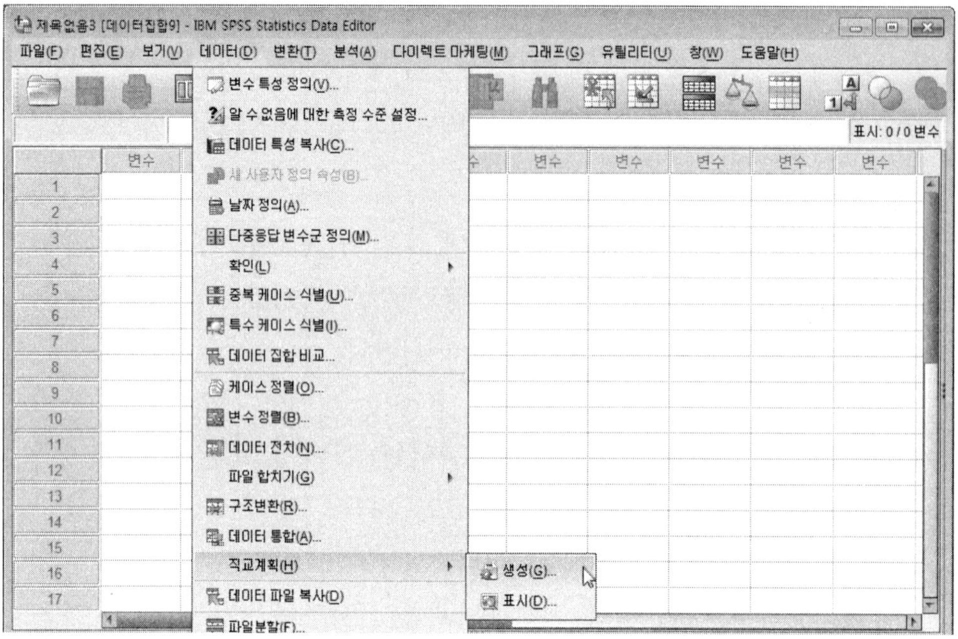

직교계획을 생성하기 위해 각 요인과 요인수준을 입력해야 한다. 먼저 [직교계획 생성] 대화창에서 '항공사'를 <요인이름>에 적고 [추가] 버튼을 눌러 창으로 이동한 뒤 [값 정의]를 클릭한다.

[직교계획 생성: 값 정의] 창에서 <값>은 간단히 1,2,3으로 적고 <설명> 값에 각 항공사명을 적어준다.

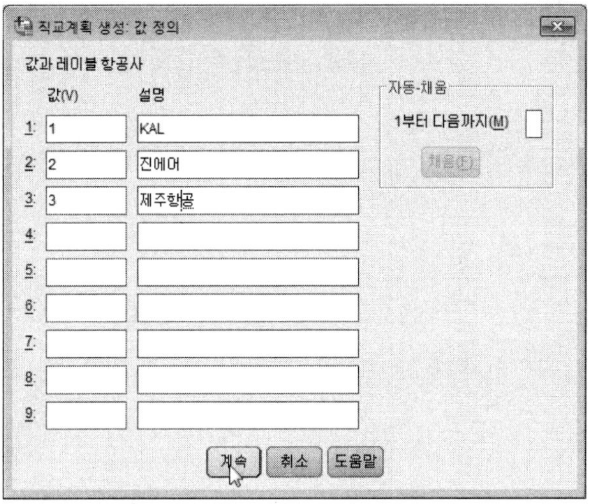

마찬가지로 '서비스' 요인을 추가하고 값을 정의하고 '가격'도 입력해준다.

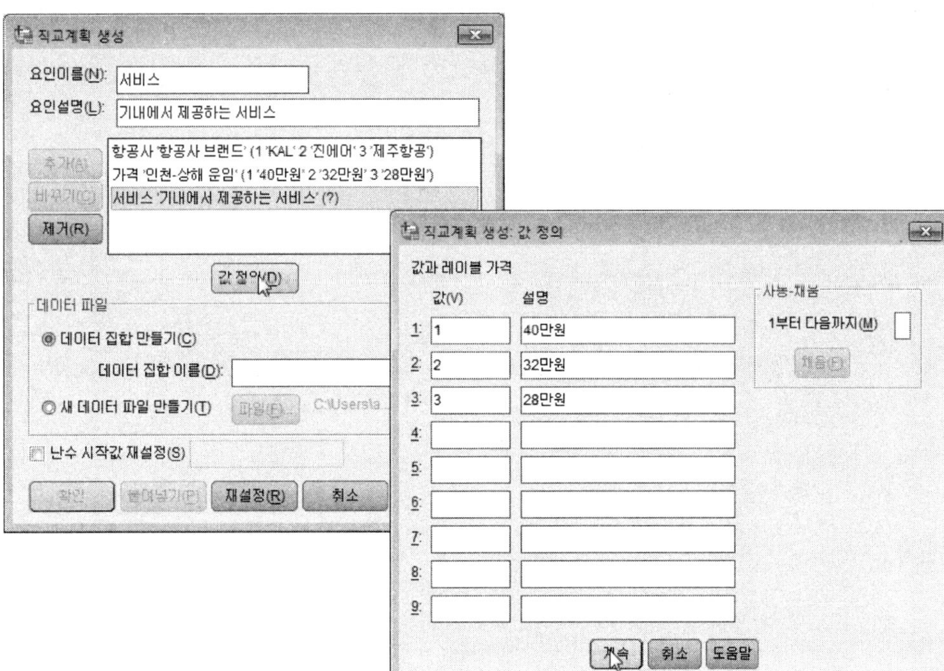

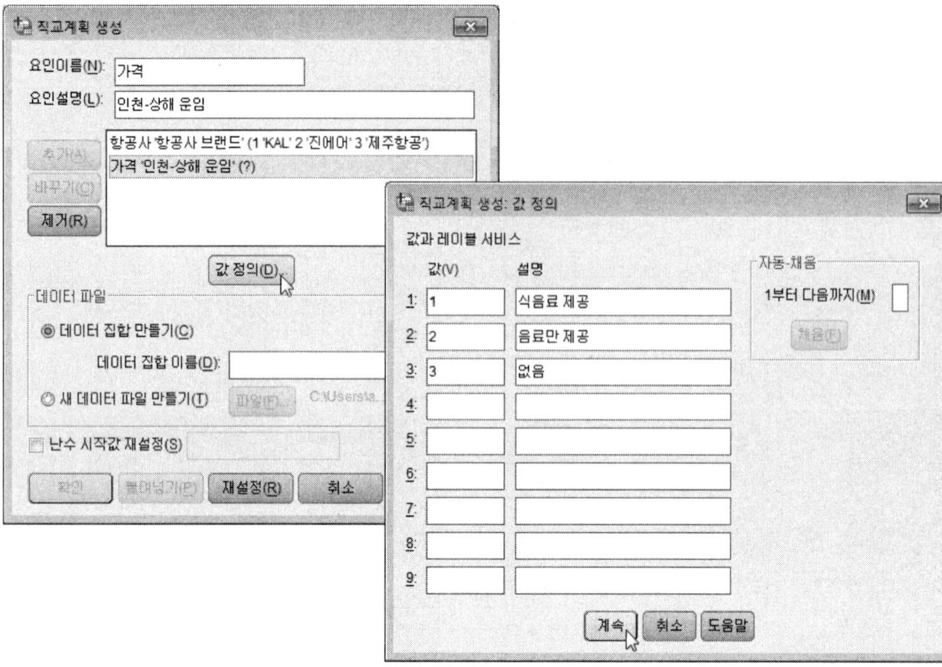

모든 조합의 수가 27가지까지 가능한데 [옵션] 창에서 <생성에 필요한 최소 케이스 수>에 9개 이상을 지정하였다. 그러면 자동으로 9개가 넘는 수 중에서 직교배열이 가능한 수를 계산해 출력해준다.

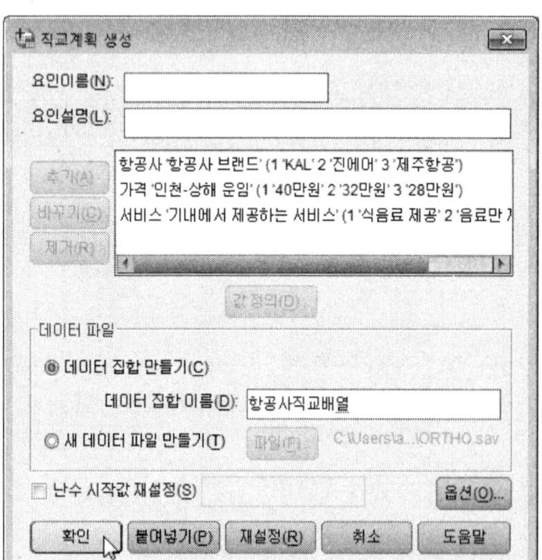

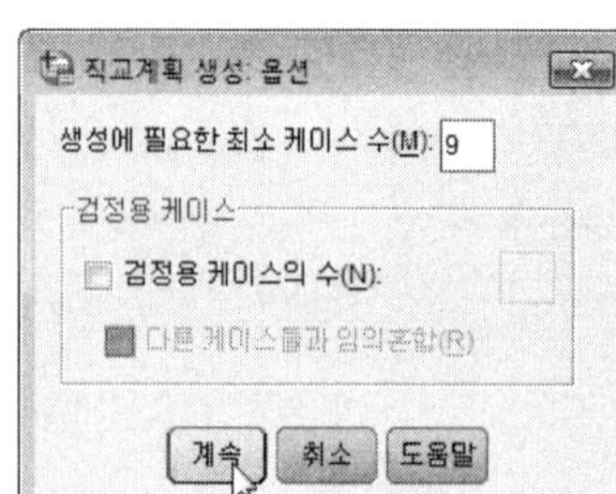

직교배열의 저장은 데이터 파일을 만들거나 집합으로 저장하면 [제목 없음] 창에 출력되는데 여기서는 이 파일을 다른 이름으로 저장하였다. (자료명: "24장_항공사_직교배열.sav")

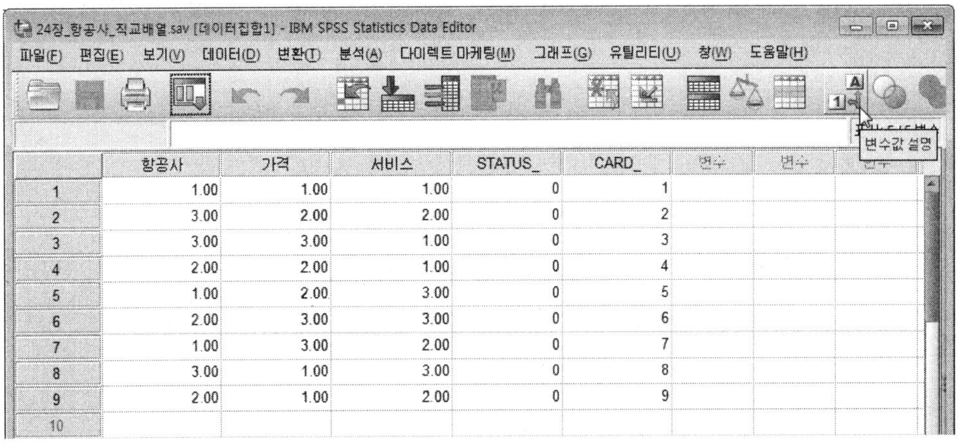

	항공사	가격	서비스	STATUS_	CARD_
1	1.00	1.00	1.00	0	1
2	3.00	2.00	2.00	0	2
3	3.00	3.00	1.00	0	3
4	2.00	2.00	1.00	0	4
5	1.00	2.00	3.00	0	5
6	2.00	3.00	3.00	0	6
7	1.00	3.00	2.00	0	7
8	3.00	1.00	3.00	0	8
9	2.00	1.00	2.00	0	9

메뉴에서 변수값 설명 버튼을 누르면 선택된 9가지 카드가 무엇인지 [데이터 보기] 시트에서도 확인할 수 있다. 여기서 각 항공사, 가격, 서비스 등의 모든 수준이 3번씩 포함됨을 알 수 있다.

	항공사	가격	서비스	STATUS_	CARD_
1	KAL	40만원	식음료 제공	계획	1
2	제주항공	32만원	음료만 제공	계획	2
3	제주항공	28만원	식음료 제공	계획	3
4	진에어	32만원	식음료 제공	계획	4
5	KAL	32만원	없음	계획	5
6	진에어	28만원	없음	계획	6
7	KAL	28만원	음료만 제공	계획	7
8	제주항공	40만원	없음	계획	8
9	진에어	40만원	음료만 제공	계획	9

[변수 보기] 시트에서 각 변수의 수준을 확인 할 수 있다. 'STATUS_'는 조사 계획에 쓸 것인지 검증에 쓸 것인지를 표시한다. [19]

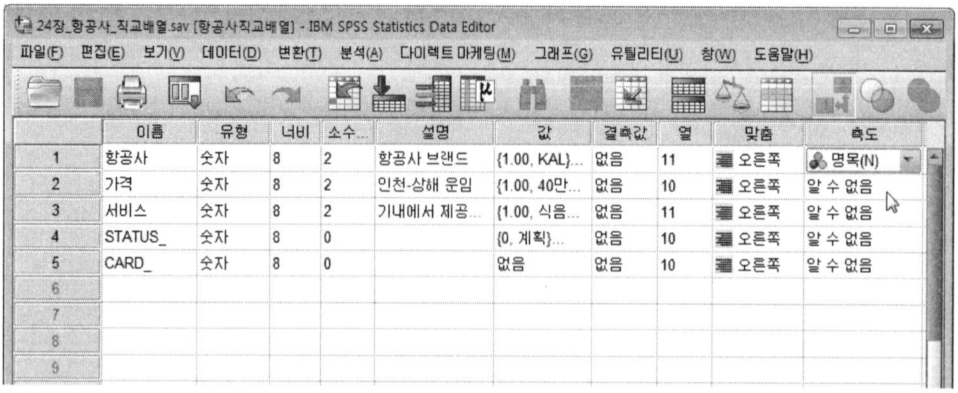

다음은 직교계획에 의해 생성된 배열을 출력하여 카드를 만들기 위한 작업이다. [데이터] 메뉴에서 <직교계획>-<표시>를 선택한다.

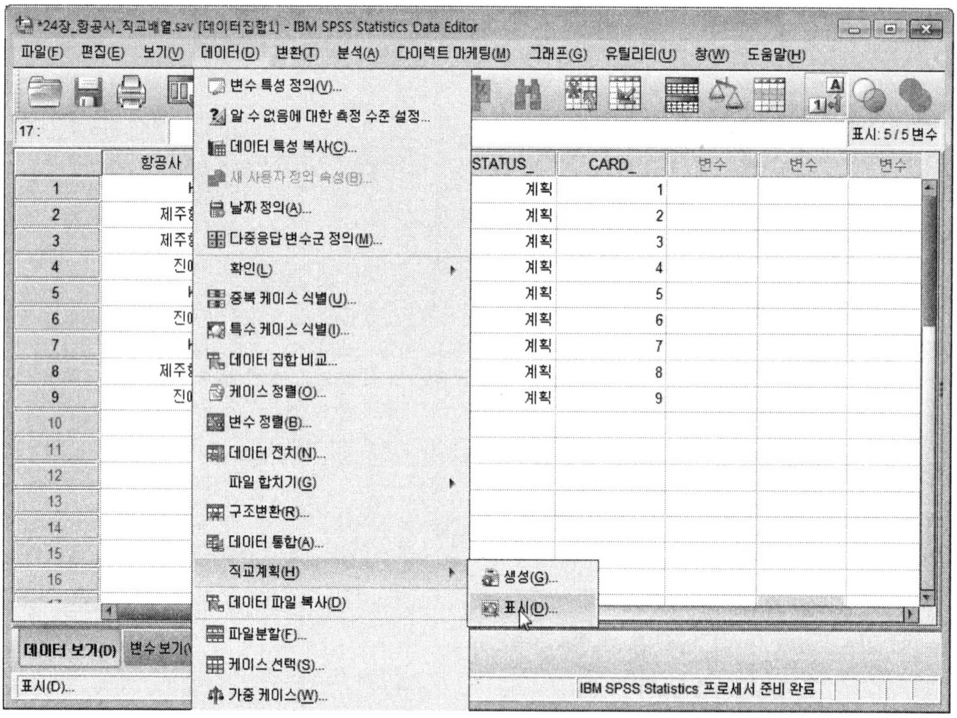

19) 여기서 'STATUS' 변수는 검정을 위한 상태를 의미하고, 이 모든 9장의 카드가 '계획'인 것은 9개의 카드에 의해 분석하고 나머지 카드로는 검증을 한다는 의미이다. 현재 검정용 카드가 전혀 생성되지 않았는데 앞에 [옵션] 창에서 <검정용 케이스 수>를 지정하면 추가적인 카드가 생성된다.

[계획 표시하기] 대화창에서 <요인>에 속성변수들을 모두 보내고 <형식>에서 '□실험자 목록'에 클릭한다. 또는 <출력결과>에서 9장의 카드를 프린트하기 원한다면 '□개체들의 프로파일'을 선택하여 9개의 프로파일표를 얻는다.

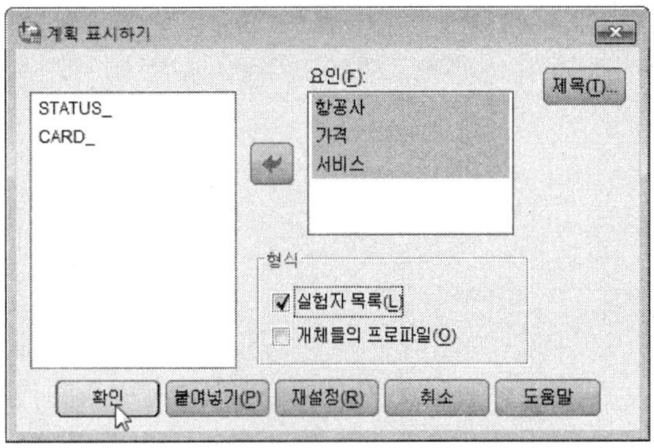

출력결과는 다음 9장이 각 속성별로 어떤 수준값을 갖는가를 표시한다. 이 표를 이용해 소비자가 선택할 9장의 카드를 준비한다.

카드 목록

	카드 ID	항공사 브랜드	인천-상해 운임	기내에서 제공하는 서비스
1	1	KAL	40만원	식음료 제공
2	2	제주항공	32만원	음료만 제공
3	3	제주항공	28만원	식음료 제공
4	4	진에어	32만원	식음료 제공
5	5	KAL	32만원	없음
6	6	진에어	28만원	없음
7	7	KAL	28만원	음료만 제공
8	8	제주항공	40만원	없음
9	9	진에어	40만원	음료만 제공

1. KAL 40만원 식음료제공	2. 제주항공 32만원 음료만제공	3. 제주항공 28만원 식음료제공	…	8. 제주항공 40만원 제공없음	9. 진에어 40만원 음료만제공

이 카드를 응답자에게 나누어주고 선호하는 순서에 따라 순위를 매겨줄 것을 요청한다.

다음은 대학생 37명을 대상으로 얻은 자료이다.[20] 예를 들어 1번 응답자는 선호순이 카드 3, 8, 6, 2, 1, 5, 4, 9, 7 순이다.

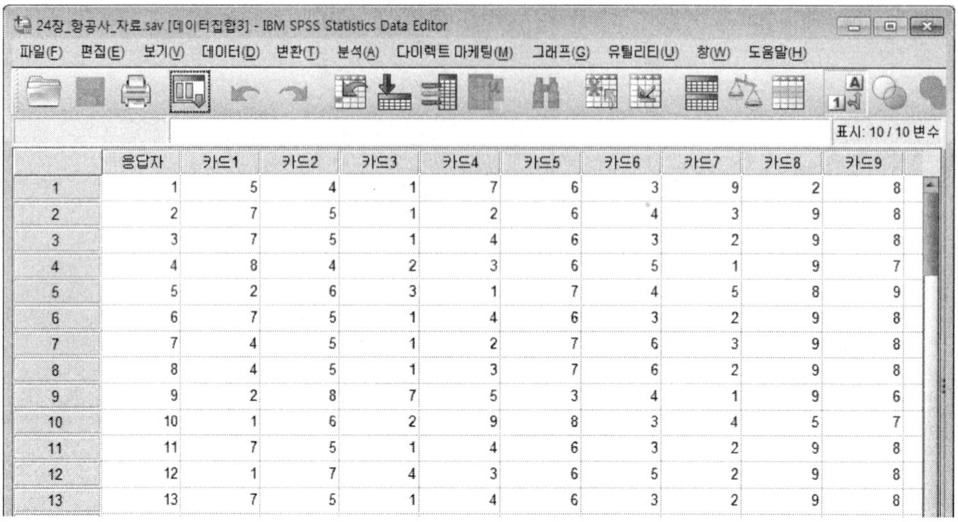

	응답자	카드1	카드2	카드3	카드4	카드5	카드6	카드7	카드8	카드9
1	1	5	4	1	7	6	3	9	2	8
2	2	7	5	1	2	6	4	3	9	8
3	3	7	5	1	4	6	3	2	9	8
4	4	8	4	2	3	6	5	1	9	7
5	5	2	6	3	1	7	4	5	8	9
6	6	7	5	1	4	6	3	2	9	8
7	7	4	5	1	2	7	6	3	9	8
8	8	4	5	1	3	7	6	2	9	8
9	9	2	8	7	5	3	4	1	9	6
10	10	1	6	2	9	8	3	4	5	7
11	11	7	5	1	4	6	3	2	9	8
12	12	1	7	4	3	6	5	2	9	8
13	13	7	5	1	4	6	3	2	9	8

이 자료를 컨조인트분석하기 위해서는 명령문을 사용해 줘야 한다. [파일] 메뉴에서 <새 파일>-<명령문>을 선택한다.

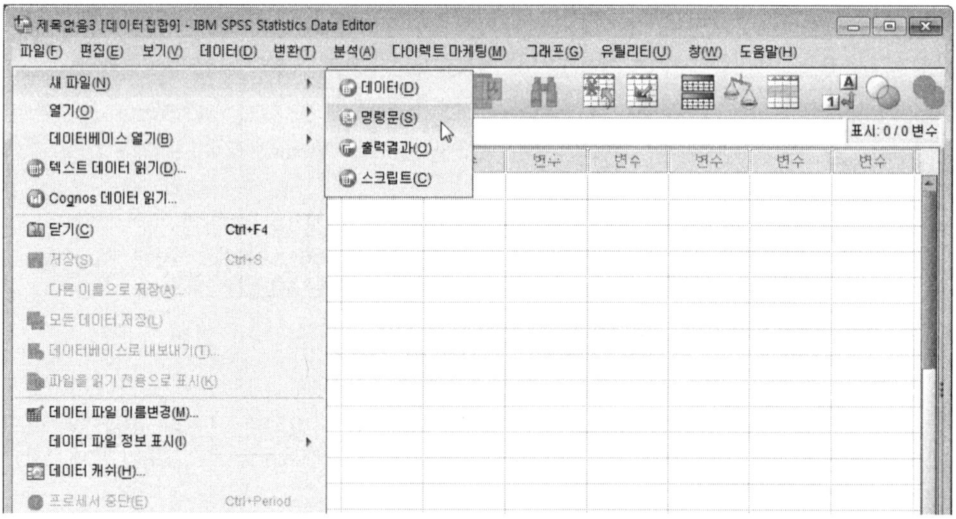

---

20) 진에어 프로모션에 참여하는 대학생들을 대상으로 한 조사이므로 항공사 선호도가 일반대학생들과는 다를 수 있음.

[명령문] 편집창에서 'CONJOINT' 명령문을 작성한다. 여기에 필요한 파일은 직교배열자료와 순위자료가 필요하고 저장할 자료명을 지정해 주면 된다. 작성이 완료되면 [실행]의 <모두>를 클릭하여 실행한다.

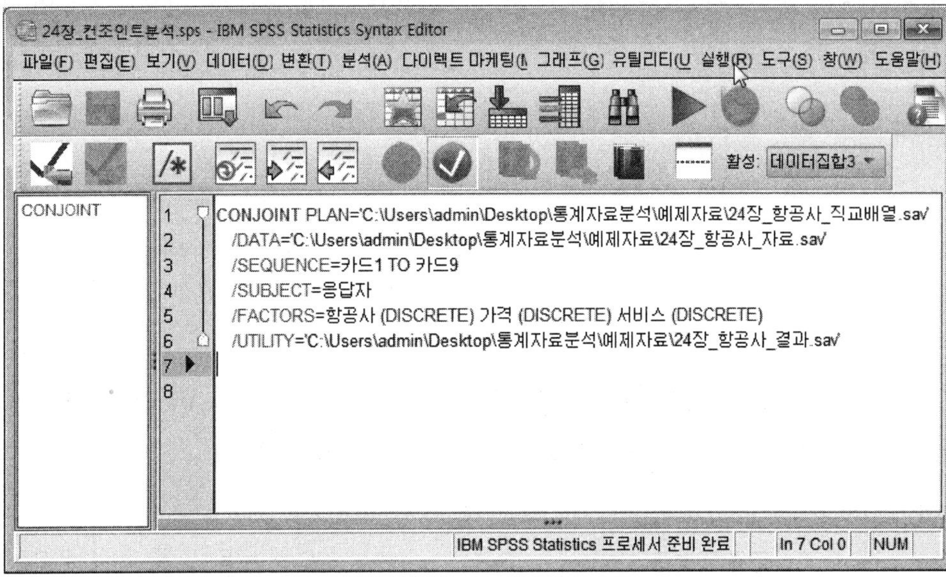

<출력결과>에는 다음과 같이 각 속성 자극의 효용(유틸리티) 추정값, 각 속성의 순위선정(선호도)에 영향을 주는 정도인 중요도 값이 표시된다. 또한 관측값과 추정값 간의 상관계수를 표시하고 있다.

전체 통계량

유틸리티

		유틸리티 추정	표준 오차
항공사	KAL	1.649	.455
	진에어	-.369	.455
	제주항공	-1.279	.455
가격	40만원	-1.640	.455
	32만원	.874	.455
	28만원	.766	.455
서비스	식음료 제공	.577	.455
	음료만 제공	-.144	.455
	없음	-.432	.455
(상수)		5.000	.322

중요도 값

항공사	42.386
가격	38.319
서비스	19.295

평균 중요도 점수

상관계수[a]

	값	유의확률
Pearson의 R	.967	.000
Kendall의 타우	.833	.001

a. 관측 및 추정 기본 설정 간 상관관계

각 응답자들이 각 속성 수준에서 갖는 효용값은 결과 파일(자료명: "24장_항공사_결과.sav")에 저장되어 있다.

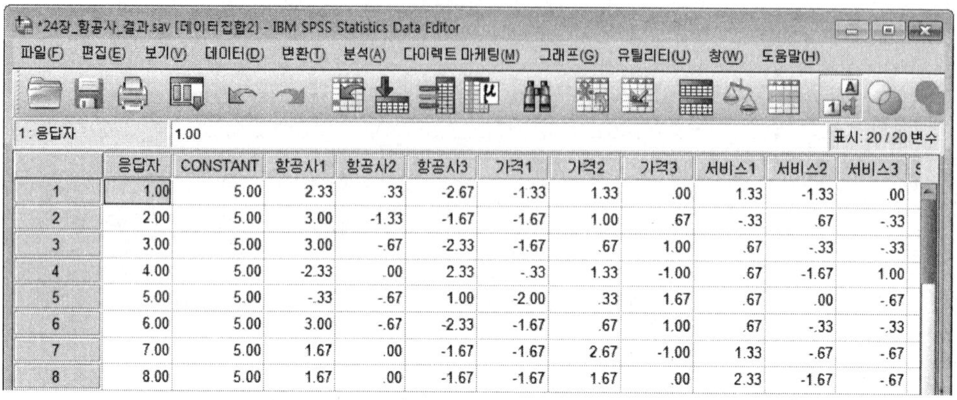

	응답자	CONSTANT	항공사1	항공사2	항공사3	가격1	가격2	가격3	서비스1	서비스2	서비스3
1	1.00	5.00	2.33	.33	-2.67	-1.33	1.33	.00	1.33	-1.33	.00
2	2.00	5.00	3.00	-1.33	-1.67	-1.67	1.00	.67	-.33	.67	-.33
3	3.00	5.00	3.00	-.67	-2.33	-1.67	.67	1.00	.67	-.33	-.33
4	4.00	5.00	-2.33	.00	2.33	-.33	1.33	-1.00	.67	-1.67	1.00
5	5.00	5.00	-.33	-.67	1.00	-2.00	.33	1.67	.67	.00	-.67
6	6.00	5.00	3.00	-.67	-2.33	-1.67	.67	1.00	.67	-.33	-.33
7	7.00	5.00	1.67	.00	-1.67	-1.67	2.67	-1.00	1.33	-.67	-.67
8	8.00	5.00	1.67	.00	-1.67	-1.67	1.67	.00	2.33	-1.67	-.67

출력결과를 그림으로 표시하면 다음과 같다. 단, 효용값은 출력결과에 일괄적으로 3점을 더해 양(+)의 값으로 바꾸어 주었다.

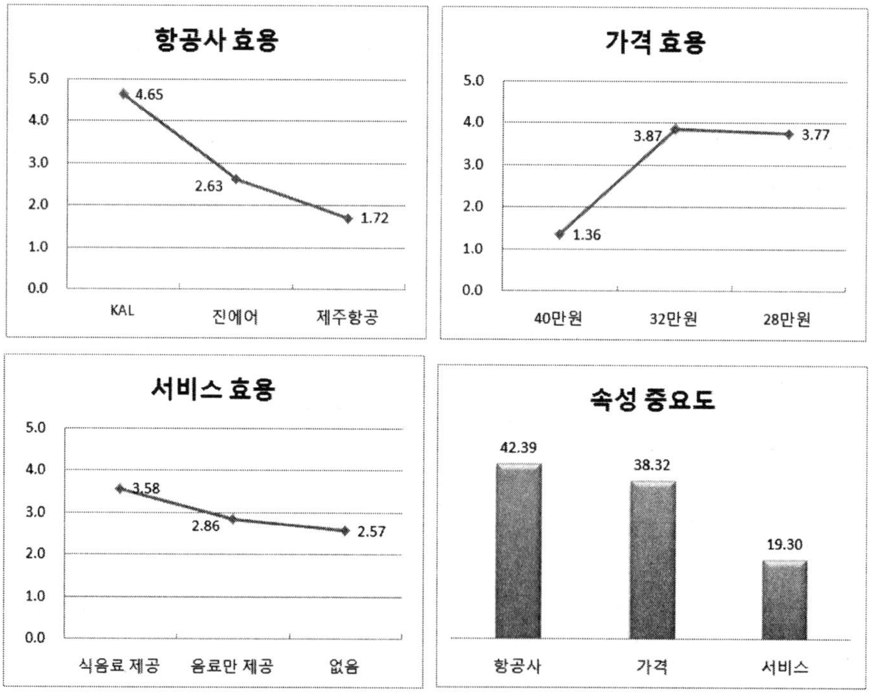

<그림 24.1> 항공사 이용고객의 효용과 선호도에 미치는 속성의 중요도

도표를 보면 가격에서 가장 싼 28만원보다 32만원의 효용이 약간 높게 나온 것이 흥미로운 사실이다. 항공운임 가격이 안전이라는 속성과 연관되어있음을 짐작하게 한다. 또한 대학생들에게는 기내 서비스는 효용 면에서 별로 큰 차이를 주지 못하고 있음을 알 수 있다. 종합하면 선호도에 가장 큰 영향을 주는 것은 '항공사 브랜드'와 '가격'으로 해석할 수 있다. 저비용 항공사의 입장에서는 기내 서비스를 과감히 생략하고 가격전략에 치중하는 것이 바람직하나 파격가보다는 소비자들이 용납할 수 있는 적정가가 더 선호된다는 사실을 기억해야 할 것이다. 그리고 브랜드 차별화에도 항상 노력해야 할 것이다. ■

참 고 문 헌

성태제 (2002). <타당도와 신뢰도>, 학지사, 서울.

이기훈 (2004). <Excel을 이용한 통계학 (제 3판)>, 자유아카데미.

이기훈 (2011). <경영통계자료분석>, 전주대학교 출판부.

이기훈 (2006). 임상시험에서 근삿값을 사용한 표본크기 결정, <산경논총>, 26, 77-90.

이기훈 (2007). 임상시험에서 SAS를 이용한 무작위 배정, <산경논총>, 27, 89-103.

이기훈, 정성석 (2008). 2단계 로지스틱 회귀모형을 이용한 직무만족도와 이직행동에 관한 연구-대졸자 직업이동경로조사 자료를 중심으로. <한국통계학회논문집>, 15(6), 859-873.

이기훈 (2008). 크론바하 신뢰도 계수에 관한 이해. <산경논총>, 28, 43-54.

이기훈 (2010). 강의평가의 타당성과 신뢰성에 관한 연구-전주대학교 강의 평가를 중심으로. <한국데이터정보과학회지>, 21(1), 87-98.

이기훈 (2013). 구조방정식모형에서 모형적합도 지수에 관한 연구. <산경논총>, 33, 1-20.

Banfield, J. D. and Raftery, A. E. (1993). Model-based Gaussian and non-Gaussian clustering. *Biometrics*, 49, 803-821.

Bartlett, J. E., Kotrlik, J. W., and Higgins, C. C. (2001). Organizational Research: Determining Appropriate Sample Size in Survey Research. *Information Technology, Learning, and Performance Journal*, 19(1), 43-50.

Bentler, P. M. (1990). Comparative fit indexes in structural models, *Psychological Bulletin*, 107, 238-246.

Bentler, P. M. and Bonnet, D. C. (1980). Significance Tests and

Goodness of Fit in the Analysis of Covariance Structures, *Psychological Bulletin*, 88 (3), 588−606.

Bollen, K. A. (1990). Overall Fit in Covariance Structure Models: Two Types of Sample Size Effects, *Psychological Bulletin*, 107 (2), 256−59.

Browne, M. W. and Cudeck, R. (1993). *Alternative ways of assessing model fit. In K.A. Bollen & J.S. Long (Eds.), Testing structural equation models*. Newbury Park: Sage.

Byrne, B. M. (1989). *A primer of LISREL: Basic applications and programming for confirmatory factor analytic models*, Springer−Verlag, New York.

Byrne, B. M. (1998). *Structural Equation Modeling with LISREL, PRELIS and SIMPLIS: Basic Concepts, Applications and Programming*. Mahwah, New Jersey: Lawrence Erlbaum Associates.

Byrne, B. M. (2001). *Structural equation modeling with AMOS: Basic concepts, applications and programming*. Mahwah, N.J.: Lawrence Erlbaum Associates.

Carmines, E. G. and McIver, J. P. (1981). *Analyzing Models with Unobserved Variables. In G.W. Bohrnstedt & E.F. Borgatta (Eds.), Social Measurement*: Current Issues, Beverly Hills, CA: Sage.

Coffman, D. L. (2008). Model misspecification in covariance structure models: Some implications for power and Type I error. *Methodology*, 4(4), 159−167.

Cronbach, L. J. (1951). Coefficient alpha and the internal structure of tests. *Psychometrika*, 16, 297-334.

Cronbach, L. J., Gleser, G. C., Nanda, H., & Rajaratnam, N. (1972).

The Dependability of behavioral measurements: Theory of generalizability for scores and profiles. Wiley, New York.

Cronbach, L. J., Rajaratnam, N., & Gleser, G. C. (1963). Theory of generalizability: a liberalization of reliability theory, *The British Journal of Statistical Psychology*, 16, 137—163.

Cronbach, L. J., Shavelson, R. J. (2004). My Current Thoughts on Coefficient Alpha and Successor Procedures, *Educational and Psychological Measurement*, 64(3), 391−418.

Crowley, S. L. and Fan, X. (1997). Structural Equation Modeling: Basic Concepts and Applications in Personality Assessment Research, *Journal of Personality Assessment*, 68(3), 508−31.

Diamantopoulos, A. and Siguaw, J. A. (2000). *Introducing LISREL.* London: Sage Publications.

Fan, X., Thompson, B., and Wang, L. (1999). Effects of Sample Size, Estimation Methods, and Model Specification on Structural Equation Modeling Fit Indexes, *Structural Equation Modeling*, 6 (1), 56−83.

Fraley, C. and Raftery, A. E. (1998). How many clusters? Which clustering methods? Answers via model−based cluster analysis. *Computer Journal*, 41, 578−588.

Gans, D. J. (1991). Preliminary tests on variances. *Am. Stat.*, 45, 258.

Hair, J., Anderson, R., Tatham, R., and Black, W. (2006). *Multivariate Data Analysis*. NJ: Pearson/Prentice Hall, Inc., 2006.

Hayduk, L., Cummings, G. G., Boadu, K., Pazderka−Robinson, H., and Boulianne, S. (2007). Testing! Testing! One, Two, Three -Testing the theory in structural equation models!,

Personality and Individual Differences, 42 (2), 841−50.

Hooper, D., Coughlan, J., and Mullen, M. R. (2008). Structural Equation Modelling: Guidelines for Determining Model Fit. *The Electronic Journal of Business Research Methods*. 6(1), 53 − 60, available online at www.ejbrm.com

Hu, L. and Bentler, P. M. (1995). *Evaluating Model Fit. In R. H. Hoyle (Ed.) Structural Equation Modeling: Concepts, issues and applications*. Thousand Oaks, CA: Sage.

Hu, L. T. and Bentler, P. M. (1999). Cut−off criteria for fit indexes in covariance structure analysis: Conventional criteria versus new alternatives. *Structural Equation Modeling*, 6, 1−55.

Johnson, R. A. and Wichern, D. W. (1982). *Applied Multivariate Statistical Analysis*. Prentice Hall, Englewood Cliffs, NJ.

Jöreskog, K. G. and Sörbom, D. (1984). *Lisrel 6. Analysis of linear structural relationships by maximum likelihood, instrumental variables, and least squares methods*. Mooresville, Indiana: Scientific Software.

Jöreskog, K. G. and Sörbom, D. (1993), *LISREL 8. Structural Equation Modeling with the SIMPLIS Command Language*. Chicago, IL: Scientific Software International Inc.

Kline, R. B. (2005). *Principles and Practice of Structural Equation Modeling (2nd Edition ed.)*. New York: The Guilford Press.

Knoke, D., Burke, P.J. (1980). *Log−Linear Models*, Sage, Beverly Hills, CA.

Knuth, D. (1981). *The art of computer programming, vol.2, Seminumerical algorithms, 2nd ed.*, Addison−Wesley, Reading, MA.

Kuder, G. F., Richardson, M. W. (1937). The theory of the

estimation of test reliability, *Psychometrika*, 2. 151−160.

Linn, R. L. (1997). Evaluating the validity of assessments: The consequences of use. *Educational Measurement: Issue and Practice*, 16, 14−15.

MacCallum, R. C., Browne, M. W., and Sugawara, H. M. (1996). Power Analysis and Determination of Sample Size for Covariance Structure Modeling, *Psychological Methods*, 1(2), 130−49.

MacCallum, R. C., and Hong, S. (1997). Power analysis in covariance structure modeling using GFI and AGFI. *Multivariate Behavioral Research,* 32, 193−210.

MacQueen, J. B. (1967). Some Methods for Classification and Analysis of Multivariate Observations, *Proceedings of 5−th Berkeley Symposium on Mathematical Statistics and Probability*, Berkeley, University of California Press, 1, 281−297.

Marsaglis, G. (1996) *DIEHARD : A battery of test of randomness*, http://stat.fsu.edu/~geo

McCullough, B. D. and Wilson, B. (1999). On the accuracy of statistical procedure in Microsoft Excel 97, *Computational Statistics & Data Analysis*, 31, 27−37.

McCullough, B. D. and Wilson, B. (2002). On the accuracy of statistical procedures in Microsoft Excel 2000 and Excel XP. *Computational Statistics & Data Analysis*, 40, 713−721.

McDonald, R. P. and Ho, M−H. R. (2002). Principles and Practice in Reporting Statistical Equation Analyses, *Psychological Methods*, 7(1), 64−82.

McDonald, R. P. and Marsh, H. W. (1990). Choosing a multivariate model: Noncentrality and Goodness of fit. *Psychological Bulletin*, 107, 247−255.

McIntosh, C. (2007). Rethinking fit assessment in structural equation modelling: A commentary and elaboration on Barrett, *Personality and Individual Differences*, 42(5), 859−67.

Mehrens, W. A. (1997). The consequences of consequential validity. *Educational Measurement: Issues and Practice*, 16, 16−18.

Melia, M. and Heckerman, D. (1998). An experimental comparison of several clustering and initialization methods. *Microsoft Research Technical Report* MSR−TR−98−06.

Messick, S. (1998). Test validity: A matter of consequence. *Social Indicators Research*, 45, 35−44.

Miles, J. and Shevlin, M. (1998). Effects of sample size, model specification and factor loadings on the GFI in confirmatory factor analysis, *Personality and Individual Differences*, 25, 85−90.

Miller, D. E., and Kunce, J. T. (1973). Prediction and statistical overkill revisited. *Measurement and Evaluation in Guidance*, 6(3), 157−163.

Moser, B. K., Stevens, G. R., and Watts, C. L. (1989). The two−sample t−test versus Satterwaite's approximate F test. *Commun Stat. Theory and Methodology*, 18, 3963-75.

Moss, S. C., Prosser, H., Costello. H., et al. (1998). Reliability and validity of the PAS−ADD Checklist for detecting psychiatric disorders in adults with intellectual disability. *Journal of Intellectual Disability Research,* 42, 173−183.

Mulaik, S. A., James, L. R., Van Alstine, J., Bennet, N., Lind, S., and Stilwell, C. D. (1989). Evaluation of Goodness−of−Fit

Indices for Structural Equation Models, *Psychological Bulletin*, 105(3), 430−45.

Mushquash, C. and O'Connor, B. P. (2006). SPSS and SAS programs for generalizability theory analyses. *Behavior Research Methods*, 38, 542−547.

Nagpal, J., Kumar, A., Kakar, S., and Bhartia, A. (2010) The Development of 'Quality of Life Instrument for Indian Diabetes Patients (QoLID) : A Validation and Reliability Study in Middle and Higher Income Groups. JAPI 2010; 58: 295−304.

Popham, W. J. (1997). Consequential validity: Right concern−wrong concept. *Educational Measurement: Issues and Practice*, 16, 9−13.

Quinn, G. P. and Keough, M. J. (2002). *Experimental design and data analysis for biologists*. Cambridge: Cambridge University Press.

Rotz, W., Falk, E., Wood, and D., Mulrow, J. (2002). A comparison of random number generators used in business, *Proceedings of the 2001 Joint Statistical Meetings*, American Statistical Association, Alexandria, VA.

Sharma, S., Mukherjee, S., Kumar, A., and Dillon, W. R. (2005). A simulation study to investigate the use of cutoff values for assessing model fit in covariance structure models, *Journal of Business Research*, 58(1), 935−43.

Shepard, L. A. (1997). The centrality of test use and consequences for test validity. *Educational Measurement: Issues and Practice*, 16, 13−24.

Spearman, C. (1910). Correlation calculated with faulty data. *British*

Journal of Psychology, 3, 271−295.

Steiger, J. H. (2007). Understanding the limitations of global fit assessment in structural equation modeling, *Personality and Individual Differences*, 42 (5), 893−98.

Steiger, J. H. and Lind, J. M. (1980). Statistically based tests for the number of factors. Paper presented at the annual meeting of the Psychometric Society, Iowa City, IA.

Sturges, H. (1926). The choice of a class−interval. *J. Amer. Statist. Assoc.*, 21, 65-66.

Tabachnick, B. G. and Fidell, L. S. (2007). *Using Multivariate Statistics (5th ed.)*. New York: Allyn and Bacon.

Yates, D., Moore, D. S., and McCabe, G. P. (1999). *The Practice of Statistics*, Second Edition. Freeman and Company

Wheaton, B. (1987). Assessment of fit in over identified models with latent variables. *Sociological Methods and Research*, 16, pp. 118−154.

Wheaton, B., Muthen, B., Alwin, D. F., and Summers, G. (1977). Assessing Reliability and Stability in Panel Models, *Sociological Methodology*, 8(1), 84−136.

Zumbo, B. D. and Zimmerman, D. W. (1993). Symposium on alternatives to classical statistical procedures: Introduction to the symposium. *Canadian Psychology*, 34, 381−383.

표준정규분포표

$$\Pr(Z \leq z) = \Phi(z),\ Z \sim N(0,1)$$

z	0.00	0.01	0.02	0.03	0.04	0.05	0.06	0.07	0.08	0.09
0.0	0.5000	0.5040	0.5080	0.5120	0.5160	0.5199	0.5239	0.5279	0.5319	0.5359
0.1	0.5398	0.5438	0.5478	0.5517	0.5557	0.5596	0.5636	0.5675	0.5714	0.5753
0.2	0.5793	0.5832	0.5871	0.5910	0.5948	0.5987	0.6026	0.6064	0.6103	0.6141
0.3	0.6179	0.6217	0.6255	0.6293	0.6331	0.6368	0.6406	0.6443	0.6480	0.6517
0.4	0.6554	0.6591	0.6628	0.6664	0.6700	0.6736	0.6772	0.6808	0.6844	0.6879
0.5	0.6915	0.6950	0.6985	0.7019	0.7054	0.7088	0.7123	0.7157	0.7190	0.7224
0.6	0.7257	0.7291	0.7324	0.7357	0.7389	0.7422	0.7454	0.7486	0.7517	0.7549
0.7	0.7580	0.7611	0.7642	0.7673	0.7704	0.7734	0.7764	0.7794	0.7823	0.7852
0.8	0.7881	0.7910	0.7939	0.7967	0.7995	0.8023	0.8051	0.8078	0.8106	0.8133
0.9	0.8159	0.8186	0.8212	0.8238	0.8264	0.8289	0.8315	0.8340	0.8365	0.8389
1.0	0.8413	0.8438	0.8461	0.8485	0.8508	0.8531	0.8554	0.8577	0.8599	0.8621
1.1	0.8643	0.8665	0.8686	0.8708	0.8729	0.8749	0.8770	0.8790	0.8810	0.8830
1.2	0.8849	0.8869	0.8888	0.8907	0.8925	0.8944	0.8962	0.8980	0.8997	0.9015
1.3	0.9032	0.9049	0.9066	0.9082	0.9099	0.9115	0.9131	0.9147	0.9162	0.9177
1.4	0.9192	0.9207	0.9222	0.9236	0.9251	0.9265	0.9279	0.9292	0.9306	0.9319
1.5	0.9332	0.9345	0.9357	0.9370	0.9382	0.9394	0.9406	0.9418	0.9429	0.9441
1.6	0.9452	0.9463	0.9474	0.9484	0.9495	0.9505	0.9515	0.9525	0.9535	0.9545
1.7	0.9554	0.9564	0.9573	0.9582	0.9591	0.9599	0.9608	0.9616	0.9625	0.9633
1.8	0.9641	0.9649	0.9656	0.9664	0.9671	0.9678	0.9686	0.9693	0.9699	0.9706
1.9	0.9713	0.9719	0.9726	0.9732	0.9738	0.9744	0.9750	0.9756	0.9761	0.9767
2.0	0.9772	0.9778	0.9783	0.9788	0.9793	0.9798	0.9803	0.9808	0.9812	0.9817
2.1	0.9821	0.9826	0.9830	0.9834	0.9838	0.9842	0.9846	0.9850	0.9854	0.9857
2.2	0.9861	0.9864	0.9868	0.9871	0.9875	0.9878	0.9881	0.9884	0.9887	0.9890
2.3	0.9893	0.9896	0.9898	0.9901	0.9904	0.9906	0.9909	0.9911	0.9913	0.9916
2.4	0.9918	0.9920	0.9922	0.9925	0.9927	0.9929	0.9931	0.9932	0.9934	0.9936
2.5	0.9938	0.9940	0.9941	0.9943	0.9945	0.9946	0.9948	0.9949	0.9951	0.9952
2.6	0.9953	0.9955	0.9956	0.9957	0.9959	0.9960	0.9961	0.9962	0.9963	0.9964
2.7	0.9965	0.9966	0.9967	0.9968	0.9969	0.9970	0.9971	0.9972	0.9973	0.9974
2.8	0.9974	0.9975	0.9976	0.9977	0.9977	0.9978	0.9979	0.9979	0.9980	0.9981
2.9	0.9981	0.9982	0.9982	0.9983	0.9984	0.9984	0.9985	0.9985	0.9986	0.9986
3.0	0.9987	0.9987	0.9987	0.9988	0.9988	0.9989	0.9989	0.9989	0.9990	0.9990

t 분포표

$$t(\alpha,\phi),\ \Pr(T \geq t(\alpha,\phi)) = \alpha,\ T \sim t(\phi)$$

ϕ \ α	0.25	0.1	0.05	0.025	0.01	0.005
1	1.000	3.078	6.314	12.706	31.821	63.656
2	0.816	1.886	2.920	4.303	6.965	9.925
3	0.765	1.638	2.353	3.182	4.541	5.841
4	0.741	1.533	2.132	2.776	3.747	4.604
5	0.727	1.476	2.015	2.571	3.365	4.032
6	0.718	1.440	1.943	2.447	3.143	3.707
7	0.711	1.415	1.895	2.365	2.998	3.499
8	0.706	1.397	1.860	2.306	2.896	3.355
9	0.703	1.383	1.833	2.262	2.821	3.250
10	0.700	1.372	1.812	2.228	2.764	3.169
11	0.697	1.363	1.796	2.201	2.718	3.106
12	0.695	1.356	1.782	2.179	2.681	3.055
13	0.694	1.350	1.771	2.160	2.650	3.012
14	0.692	1.345	1.761	2.145	2.624	2.977
15	0.691	1.341	1.753	2.131	2.602	2.947
16	0.690	1.337	1.746	2.120	2.583	2.921
17	0.689	1.333	1.740	2.110	2.567	2.898
18	0.688	1.330	1.734	2.101	2.552	2.878
19	0.688	1.328	1.729	2.093	2.539	2.861
20	0.687	1.325	1.725	2.086	2.528	2.845
21	0.686	1.323	1.721	2.080	2.518	2.831
22	0.686	1.321	1.717	2.074	2.508	2.819
23	0.685	1.319	1.714	2.069	2.500	2.807
24	0.685	1.318	1.711	2.064	2.492	2.797
25	0.684	1.316	1.708	2.060	2.485	2.787
26	0.684	1.315	1.706	2.056	2.479	2.779
27	0.684	1.314	1.703	2.052	2.473	2.771
28	0.683	1.313	1.701	2.048	2.467	2.763
29	0.683	1.311	1.699	2.045	2.462	2.756
30	0.683	1.310	1.697	2.042	2.457	2.750
40	0.681	1.303	1.684	2.021	2.423	2.704
50	0.679	1.299	1.676	2.009	2.403	2.678
60	0.679	1.296	1.671	2.000	2.390	2.660
80	0.678	1.292	1.664	1.990	2.374	2.639
100	0.677	1.290	1.660	1.984	2.364	2.626
120	0.677	1.289	1.658	1.980	2.358	2.617
150	0.676	1.287	1.655	1.976	2.351	2.609
200	0.676	1.286	1.653	1.972	2.345	2.601
10000	0.675	1.282	1.645	1.960	2.327	2.576

카이제곱분포표

$$\chi^2(\alpha,\phi),\ \Pr(X \geq \chi^2(\alpha,\phi)) = \alpha,\ X \sim \chi^2(\phi)$$

ϕ \ α	0.995	0.99	0.975	0.95	0.5	0.05	0.025	0.01	0.005
1	0.000	0.000	0.001	0.004	0.455	3.841	5.024	10.827	7.879
2	0.010	0.020	0.051	0.103	1.386	5.991	7.378	13.815	10.597
3	0.072	0.115	0.216	0.352	2.366	7.815	9.348	16.266	12.838
4	0.207	0.297	0.484	0.711	3.357	9.488	11.143	18.466	14.860
5	0.412	0.554	0.831	1.145	4.351	11.070	12.832	20.515	16.750
6	0.676	0.872	1.237	1.635	5.348	12.592	14.449	22.457	18.548
7	0.989	1.239	1.690	2.167	6.346	14.067	16.013	24.321	20.278
8	1.344	1.647	2.180	2.733	7.344	15.507	17.535	26.124	21.955
9	1.735	2.088	2.700	3.325	8.343	16.919	19.023	27.877	23.589
10	2.156	2.558	3.247	3.940	9.342	18.307	20.483	29.588	25.188
11	2.603	3.053	3.816	4.575	10.341	19.675	21.920	31.264	26.757
12	3.074	3.571	4.404	5.226	11.340	21.026	23.337	32.909	28.300
13	3.565	4.107	5.009	5.892	12.340	22.362	24.736	34.527	29.819
14	4.075	4.660	5.629	6.571	13.339	23.685	26.119	36.124	31.319
15	4.601	5.229	6.262	7.261	14.339	24.996	27.488	37.698	32.801
16	5.142	5.812	6.908	7.962	15.338	26.296	28.845	39.252	34.267
17	5.697	6.408	7.564	8.672	16.338	27.587	30.191	40.791	35.718
18	6.265	7.015	8.231	9.390	17.338	28.869	31.526	42.312	37.156
19	6.844	7.633	8.907	10.117	18.338	30.144	32.852	43.819	38.582
20	7.434	8.260	9.591	10.851	19.337	31.410	34.170	45.314	39.997
21	8.034	8.897	10.283	11.591	20.337	32.671	35.479	46.796	41.401
22	8.643	9.542	10.982	12.338	21.337	33.924	36.781	48.268	42.796
23	9.260	10.196	11.689	13.091	22.337	35.172	38.076	49.728	44.181
24	9.886	10.856	12.401	13.848	23.337	36.415	39.364	51.179	45.558
25	10.520	11.524	13.120	14.611	24.337	37.652	40.646	52.619	46.928
26	11.160	12.198	13.844	15.379	25.336	38.885	41.923	54.051	48.290
27	11.808	12.878	14.573	16.151	26.336	40.113	43.195	55.475	49.645
28	12.461	13.565	15.308	16.928	27.336	41.337	44.461	56.892	50.994
29	13.121	14.256	16.047	17.708	28.336	42.557	45.722	58.301	52.335
30	13.787	14.953	16.791	18.493	29.336	43.773	46.979	59.702	53.672
40	20.707	22.164	24.433	26.509	39.335	55.758	59.342	73.403	66.766
50	27.991	29.707	32.357	34.764	49.335	67.505	71.420	86.660	79.490
80	51.172	53.540	57.153	60.391	79.334	101.879	106.629	124.839	116.321
100	67.328	70.065	74.222	77.929	99.334	124.342	129.561	149.449	140.170

F 분포표

$$F(\alpha, \phi_1, \phi_2),\ \Pr(F \geq F(\alpha, \phi_1, \phi_2)) = \alpha,\ F \sim F(\phi_1, \phi_2)$$

$$\alpha = 0.1$$

ϕ_2 \ ϕ_1	1	2	3	4	5	6	7	8	9	10	15	20	25	30	60	120
1	39.86	49.50	53.59	55.83	57.24	58.20	58.91	59.44	59.86	60.19	61.22	61.74	62.05	62.26	62.79	63.06
2	8.53	9.00	9.16	9.24	9.29	9.33	9.35	9.37	9.38	9.39	9.42	9.44	9.45	9.46	9.47	9.48
3	5.54	5.46	5.39	5.34	5.31	5.28	5.27	5.25	5.24	5.23	5.20	5.18	5.17	5.17	5.15	5.14
4	4.54	4.32	4.19	4.11	4.05	4.01	3.98	3.95	3.94	3.92	3.87	3.84	3.83	3.82	3.79	3.78
5	4.06	3.78	3.62	3.52	3.45	3.40	3.37	3.34	3.32	3.30	3.24	3.21	3.19	3.17	3.14	3.12
6	3.78	3.46	3.29	3.18	3.11	3.05	3.01	2.98	2.96	2.94	2.87	2.84	2.81	2.80	2.76	2.74
7	3.59	3.26	3.07	2.96	2.88	2.83	2.78	2.75	2.72	2.70	2.63	2.59	2.57	2.56	2.51	2.49
8	3.46	3.11	2.92	2.81	2.73	2.67	2.62	2.59	2.56	2.54	2.46	2.42	2.40	2.38	2.34	2.32
9	3.36	3.01	2.81	2.69	2.61	2.55	2.51	2.47	2.44	2.42	2.34	2.30	2.27	2.25	2.21	2.18
10	3.29	2.92	2.73	2.61	2.52	2.46	2.41	2.38	2.35	2.32	2.24	2.20	2.17	2.16	2.11	2.08
11	3.23	2.86	2.66	2.54	2.45	2.39	2.34	2.30	2.27	2.25	2.17	2.12	2.10	2.08	2.03	2.00
12	3.18	2.81	2.61	2.48	2.39	2.33	2.28	2.24	2.21	2.19	2.10	2.06	2.03	2.01	1.96	1.93
13	3.14	2.76	2.56	2.43	2.35	2.28	2.23	2.20	2.16	2.14	2.05	2.01	1.98	1.96	1.90	1.88
14	3.10	2.73	2.52	2.39	2.31	2.24	2.19	2.15	2.12	2.10	2.01	1.96	1.93	1.91	1.86	1.83
15	3.07	2.70	2.49	2.36	2.27	2.21	2.16	2.12	2.09	2.06	1.97	1.92	1.89	1.87	1.82	1.79
16	3.05	2.67	2.46	2.33	2.24	2.18	2.13	2.09	2.06	2.03	1.94	1.89	1.86	1.84	1.78	1.75
17	3.03	2.64	2.44	2.31	2.22	2.15	2.10	2.06	2.03	2.00	1.91	1.86	1.83	1.81	1.75	1.72
18	3.01	2.62	2.42	2.29	2.20	2.13	2.08	2.04	2.00	1.98	1.89	1.84	1.80	1.78	1.72	1.69
19	2.99	2.61	2.40	2.27	2.18	2.11	2.06	2.02	1.98	1.96	1.86	1.81	1.78	1.76	1.70	1.67
20	2.97	2.59	2.38	2.25	2.16	2.09	2.04	2.00	1.96	1.94	1.84	1.79	1.76	1.74	1.68	1.64
21	2.96	2.57	2.36	2.23	2.14	2.08	2.02	1.98	1.95	1.92	1.83	1.78	1.74	1.72	1.66	1.62
22	2.95	2.56	2.35	2.22	2.13	2.06	2.01	1.97	1.93	1.90	1.81	1.76	1.73	1.70	1.64	1.60
23	2.94	2.55	2.34	2.21	2.11	2.05	1.99	1.95	1.92	1.89	1.80	1.74	1.72	1.69	1.62	1.59
24	2.93	2.54	2.33	2.19	2.10	2.04	1.98	1.94	1.91	1.88	1.78	1.73	1.70	1.67	1.61	1.57
25	2.92	2.53	2.32	2.18	2.09	2.02	1.97	1.93	1.89	1.87	1.77	1.72	1.68	1.66	1.59	1.56
26	2.91	2.52	2.31	2.17	2.08	2.01	1.96	1.92	1.88	1.86	1.76	1.71	1.67	1.65	1.58	1.54
27	2.90	2.51	2.30	2.17	2.07	2.00	1.95	1.91	1.87	1.85	1.75	1.70	1.66	1.64	1.57	1.53
28	2.89	2.50	2.29	2.16	2.06	2.00	1.94	1.90	1.87	1.84	1.74	1.69	1.65	1.63	1.56	1.52
29	2.89	2.50	2.28	2.15	2.06	1.99	1.93	1.89	1.86	1.83	1.73	1.68	1.64	1.62	1.55	1.51
30	2.88	2.49	2.28	2.14	2.05	1.98	1.93	1.88	1.85	1.82	1.72	1.67	1.63	1.61	1.54	1.50
40	2.84	2.44	2.23	2.09	2.00	1.93	1.87	1.83	1.79	1.76	1.66	1.61	1.57	1.54	1.47	1.42
60	2.79	2.39	2.18	2.04	1.95	1.87	1.82	1.77	1.74	1.71	1.60	1.54	1.50	1.48	1.40	1.35
120	2.75	2.35	2.13	1.99	1.90	1.82	1.77	1.72	1.68	1.65	1.55	1.48	1.44	1.41	1.32	1.26

F 분포표 $\alpha = 0.05$

ϕ_2 \ ϕ_1	1	2	3	4	5	6	7	8	9	10	15	20	25	30	60	120
1	161.4	199.5	215.7	224.6	230.2	234.0	236.8	238.9	240.5	241.9	245.9	248.0	249.3	250.1	252.2	253.3
2	18.51	19.00	19.16	19.25	19.30	19.33	19.35	19.37	19.38	19.40	19.43	19.45	19.46	19.46	19.48	19.49
3	10.13	9.55	9.28	9.12	9.01	8.94	8.89	8.85	8.81	8.79	8.70	8.66	8.63	8.62	8.57	8.55
4	7.71	6.94	6.59	6.39	6.26	6.16	6.09	6.04	6.00	5.96	5.86	5.80	5.77	5.75	5.69	5.66
5	6.61	5.79	5.41	5.19	5.05	4.95	4.88	4.82	4.77	4.74	4.62	4.56	4.52	4.50	4.43	4.40
6	5.99	5.14	4.76	4.53	4.39	4.28	4.21	4.15	4.10	4.06	3.94	3.87	3.83	3.81	3.74	3.70
7	5.59	4.74	4.35	4.12	3.97	3.87	3.79	3.73	3.68	3.64	3.51	3.44	3.40	3.38	3.30	3.27
8	5.32	4.46	4.07	3.84	3.69	3.58	3.50	3.44	3.39	3.35	3.22	3.15	3.11	3.08	3.01	2.97
9	5.12	4.26	3.86	3.63	3.48	3.37	3.29	3.23	3.18	3.14	3.01	2.94	2.89	2.86	2.79	2.75
10	4.96	4.10	3.71	3.48	3.33	3.22	3.14	3.07	3.02	2.98	2.85	2.77	2.73	2.70	2.62	2.58
11	4.84	3.98	3.59	3.36	3.20	3.09	3.01	2.95	2.90	2.85	2.72	2.65	2.60	2.57	2.49	2.45
12	4.75	3.89	3.49	3.26	3.11	3.00	2.91	2.85	2.80	2.75	2.62	2.54	2.50	2.47	2.38	2.34
13	4.67	3.81	3.41	3.18	3.03	2.92	2.83	2.77	2.71	2.67	2.53	2.46	2.41	2.38	2.30	2.25
14	4.60	3.74	3.34	3.11	2.96	2.85	2.76	2.70	2.65	2.60	2.46	2.39	2.34	2.31	2.22	2.18
15	4.54	3.68	3.29	3.06	2.90	2.79	2.71	2.64	2.59	2.54	2.40	2.33	2.28	2.25	2.16	2.11
16	4.49	3.63	3.24	3.01	2.85	2.74	2.66	2.59	2.54	2.49	2.35	2.28	2.23	2.19	2.11	2.06
17	4.45	3.59	3.20	2.96	2.81	2.70	2.61	2.55	2.49	2.45	2.31	2.23	2.18	2.15	2.06	2.01
18	4.41	3.55	3.16	2.93	2.77	2.66	2.58	2.51	2.46	2.41	2.27	2.19	2.14	2.11	2.02	1.97
19	4.38	3.52	3.13	2.90	2.74	2.63	2.54	2.48	2.42	2.38	2.23	2.16	2.11	2.07	1.98	1.93
20	4.35	3.49	3.10	2.87	2.71	2.60	2.51	2.45	2.39	2.35	2.20	2.12	2.07	2.04	1.95	1.90
21	4.32	3.47	3.07	2.84	2.68	2.57	2.49	2.42	2.37	2.32	2.18	2.10	2.05	2.01	1.92	1.87
22	4.30	3.44	3.05	2.82	2.66	2.55	2.46	2.40	2.34	2.30	2.15	2.07	2.02	1.98	1.89	1.84
23	4.28	3.42	3.03	2.80	2.64	2.53	2.44	2.37	2.32	2.27	2.13	2.05	2.00	1.96	1.86	1.81
24	4.26	3.40	3.01	2.78	2.62	2.51	2.42	2.36	2.30	2.25	2.11	2.03	1.97	1.94	1.84	1.79
25	4.24	3.39	2.99	2.76	2.60	2.49	2.40	2.34	2.28	2.24	2.09	2.01	1.96	1.92	1.82	1.77
26	4.23	3.37	2.98	2.74	2.59	2.47	2.39	2.32	2.27	2.22	2.07	1.99	1.94	1.90	1.80	1.75
27	4.21	3.35	2.96	2.73	2.57	2.46	2.37	2.31	2.25	2.20	2.06	1.97	1.92	1.88	1.79	1.73
28	4.20	3.34	2.95	2.71	2.56	2.45	2.36	2.29	2.24	2.19	2.04	1.96	1.91	1.87	1.77	1.71
29	4.18	3.33	2.93	2.70	2.55	2.43	2.35	2.28	2.22	2.18	2.03	1.94	1.89	1.85	1.75	1.70
30	4.17	3.32	2.92	2.69	2.53	2.42	2.33	2.27	2.21	2.16	2.01	1.93	1.88	1.84	1.74	1.68
40	4.08	3.23	2.84	2.61	2.45	2.34	2.25	2.18	2.12	2.08	1.92	1.84	1.78	1.74	1.64	1.58
60	4.00	3.15	2.76	2.53	2.37	2.25	2.17	2.10	2.04	1.99	1.84	1.75	1.69	1.65	1.53	1.47
120	3.92	3.07	2.68	2.45	2.29	2.18	2.09	2.02	1.96	1.91	1.75	1.66	1.60	1.55	1.43	1.35

F 분포표 $\alpha = 0.01$

ϕ_1 / ϕ_1	1	2	3	4	5	6	7	8	9	10	15	20	25	30	60	120
1	4052.2	4999.3	5403.5	5624.3	5764.0	5859.0	5928.3	5981.0	6022.4	6055.9	6157.0	6208.7	6239.9	6260.4	6313.0	6339.5
2	98.50	99.00	99.16	99.25	99.30	99.33	99.36	99.38	99.39	99.40	99.43	99.45	99.46	99.47	99.48	99.49
3	34.12	30.82	29.46	28.71	28.24	27.91	27.67	27.49	27.34	27.23	26.87	26.69	26.58	26.50	26.32	26.22
4	21.20	18.00	16.69	15.98	15.52	15.21	14.98	14.80	14.66	14.55	14.20	14.02	13.91	13.84	13.65	13.56
5	16.26	13.27	12.06	11.39	10.97	10.67	10.46	10.29	10.16	10.05	9.72	9.55	9.45	9.38	9.20	9.11
6	13.75	10.92	9.78	9.15	8.75	8.47	8.26	8.10	7.98	7.87	7.56	7.40	7.30	7.23	7.06	6.97
7	12.25	9.55	8.45	7.85	7.46	7.19	6.99	6.84	6.72	6.62	6.31	6.16	6.06	5.99	5.82	5.74
8	11.26	8.65	7.59	7.01	6.63	6.37	6.18	6.03	5.91	5.81	5.52	5.36	5.26	5.20	5.03	4.95
9	10.56	8.02	6.99	6.42	6.06	5.80	5.61	5.47	5.35	5.26	4.96	4.81	4.71	4.65	4.48	4.40
10	10.04	7.56	6.55	5.99	5.64	5.39	5.20	5.06	4.94	4.85	4.56	4.41	4.31	4.25	4.08	4.00
11	9.65	7.21	6.22	5.67	5.32	5.07	4.89	4.74	4.63	4.54	4.25	4.10	4.01	3.94	3.78	3.69
12	9.33	6.93	5.95	5.41	5.06	4.82	4.64	4.50	4.39	4.30	4.01	3.86	3.76	3.70	3.54	3.45
13	9.07	6.70	5.74	5.21	4.86	4.62	4.44	4.30	4.19	4.10	3.82	3.66	3.57	3.51	3.34	3.25
14	8.86	6.51	5.56	5.04	4.69	4.46	4.28	4.14	4.03	3.94	3.66	3.51	3.41	3.35	3.18	3.09
15	8.68	6.36	5.42	4.89	4.56	4.32	4.14	4.00	3.89	3.80	3.52	3.37	3.28	3.21	3.05	2.96
16	8.53	6.23	5.29	4.77	4.44	4.20	4.03	3.89	3.78	3.69	3.41	3.26	3.16	3.10	2.93	2.84
17	8.40	6.11	5.19	4.67	4.34	4.10	3.93	3.79	3.68	3.59	3.31	3.16	3.07	3.00	2.83	2.75
18	8.29	6.01	5.09	4.58	4.25	4.01	3.84	3.71	3.60	3.51	3.23	3.08	2.98	2.92	2.75	2.66
19	8.18	5.93	5.01	4.50	4.17	3.94	3.77	3.63	3.52	3.43	3.15	3.00	2.91	2.84	2.67	2.58
20	8.10	5.85	4.94	4.43	4.10	3.87	3.70	3.56	3.46	3.37	3.09	2.94	2.84	2.78	2.61	2.52
21	8.02	5.78	4.87	4.37	4.04	3.81	3.64	3.51	3.40	3.31	3.03	2.88	2.79	2.72	2.55	2.46
22	7.95	5.72	4.82	4.31	3.99	3.76	3.59	3.45	3.35	3.26	2.98	2.83	2.73	2.67	2.50	2.40
23	7.88	5.66	4.76	4.26	3.94	3.71	3.54	3.41	3.30	3.21	2.93	2.78	2.69	2.62	2.45	2.35
24	7.82	5.61	4.72	4.22	3.90	3.67	3.50	3.36	3.26	3.17	2.89	2.74	2.64	2.58	2.40	2.31
25	7.77	5.57	4.68	4.18	3.85	3.63	3.46	3.32	3.22	3.13	2.85	2.70	2.60	2.54	2.36	2.27
26	7.72	5.53	4.64	4.14	3.82	3.59	3.42	3.29	3.18	3.09	2.81	2.66	2.57	2.50	2.33	2.23
27	7.68	5.49	4.60	4.11	3.78	3.56	3.39	3.26	3.15	3.06	2.78	2.63	2.54	2.47	2.29	2.20
28	7.64	5.45	4.57	4.07	3.75	3.53	3.36	3.23	3.12	3.03	2.75	2.60	2.51	2.44	2.26	2.17
29	7.60	5.42	4.54	4.04	3.73	3.50	3.33	3.20	3.09	3.00	2.73	2.57	2.48	2.41	2.23	2.14
30	7.56	5.39	4.51	4.02	3.70	3.47	3.30	3.17	3.07	2.98	2.70	2.55	2.45	2.39	2.21	2.11
40	7.31	5.18	4.31	3.83	3.51	3.29	3.12	2.99	2.89	2.80	2.52	2.37	2.27	2.20	2.02	1.92
60	7.08	4.98	4.13	3.65	3.34	3.12	2.95	2.82	2.72	2.63	2.35	2.20	2.10	2.03	1.84	1.73
120	6.85	4.79	3.95	3.48	3.17	2.96	2.79	2.66	2.56	2.47	2.19	2.03	1.93	1.86	1.66	1.53

색 인

|저자소개|

이 기 훈

성균관대학교 통계학과 졸업

서울대학교 대학원 계산통계학과 졸업(석사, 박사)

현 : 전주대학교 경영학부 교수

산업경영종합연구소 소장 역임

Ohio State Univ., Univ. of North Carolina 방문교수

E-mail: khlee@jj.ac.kr

HomePage: http://webbuilder.jj.ac.kr/user/khlee/

■ 주요저서

Excel을 이용한 통계학 (자유아카데미)

통계자료분석 -이론과 SAS- (자유아카데미)

경영통계자료분석 (전주대학교 출판부)

SPSS를 이용한 통계자료분석

|**저 자** 이 기 훈

|**펴 낸 이** 주 정 희

|**펴 낸 곳** 자유아카데미

|**주 소** 경기도 파주시 회동길 37-42 파주출판도시

|**전 화** 031-955-1321

|**팩 스** 031-955-1322

|**홈페이지** www.freeaca.com

|**전자우편** main@freeaca.com(대표) editor@freeaca.com(편집)

|**등 록** 제406-2003-017호, 1980. 7. 12

|**제1판1쇄** 2014년 2월 28일 발행

|**정 가** 32,000원

저자와의 협의하에 인지생략

ISBN 978-89-7338-441-9 93310